suhrkamp taschenbuch
wissenschaft 2180

Ein richtig verstandener Humanismus ist die Antwort auf die aktuelle Unordnung der Welt – so lautet die Zentralthese des neuen Buches von Julian Nida-Rümelin, der unter »Humanismus« weit mehr versteht als eine Geisteshaltung oder gar das angestaubte Relikt längst vergangener Zeiten. Humanismus ist vor allem eine Praxis der Menschlichkeit und damit die einzige Hoffnung auf eine friedliche, gerechte und prosperierende Weltgesellschaft der Zukunft. Damit der Humanismus seine Prägekraft zurückgewinnt, die er in einigen Phasen der Weltgeschichte hatte, muss er revitalisiert, muss er von Grund auf erneuert werden. Die Texte in diesem Band wollen dazu einen Beitrag leisten.

Julian Nida-Rümelin lehrt Philosophie und politische Theorie an der Ludwig-Maximilians-Universität München. Im Suhrkamp Verlag erschienen: *Demokratie als Kooperation* (stw 1430), *Ethische Essays* (stw 1565) und *Philosophie und Lebensform* (stw 1932).

Julian Nida-Rümelin
Humanistische Reflexionen

Suhrkamp

2., durchgesehene Auflage

Bibliografische Information der Deutschen Nationalbibliothek
Die Deutsche Nationalbibliothek verzeichnet diese Publikation
in der Deutschen Nationalbibliografie; detaillierte bibliografische Daten
sind im Internet über http://dnb.d-nb.de abrufbar.

2. Auflage 2018

Erste Auflage 2016
suhrkamp taschenbuch wissenschaft 2180

Umschlag nach Entwürfen von
Willy Fleckhaus und Rolf Staudt
Druck: Druckhaus Nomos, Sinzheim
Printed in Germany
ISBN 978-3-518-29780-3

Inhalt

Διὸ δεῖ ἕπεσθαι τῷ ξυνῷ. τοῦ λόγου δ' ἐόντος ξυνοῦ ζώουσιν οἱ πολλοὶ ὡς ἰδίαν ἔχοντες φρόνησιν.

Heraklit

Vorwort

Beginnend mit meiner Habilitationsschrift zur Kritik des Konsequentialismus,[1] später dann in der Auseinandersetzung mit dem naturalistisch motivierten Angriff auf die Idee menschlicher Freiheit und menschlicher Verantwortung,[2] schließlich in meiner Kritik des *Homo oeconomicus*[3] und in den jüngsten bildungstheoretischen Auseinandersetzungen[4] ist mir ein grundlegender philosophischer Konflikt im Laufe der Jahre immer deutlicher geworden: der zwischen humanistischem und anti-humanistischem Denken. Was ich jeweils bei aller Unterschiedlichkeit der Themen kritisiere, stellt sich als eine Spielart anti-humanistischen Denkens heraus. Dieser rote Faden meiner eigenen Arbeit ist mir erst mit der Zeit bewusst geworden, oder besser: Mir war nicht von Anbeginn klar, dass ich mit meiner Kritik in einer größeren Tradition der humanistischen Revolten gegen anti-humanistische Theorie und Praxis seit der Antike stehe.

Den Terminus »humanistisch« zur Charakterisierung meiner eigenen Position verwendete ich meines Wissens zum ersten Mal im September 2003 in einem Vortrag *Freedom without Foundations?* vor der Gesellschaft für Analytische Philosophie. Die schriftliche Fassung dieses Vortrages bildete dann 2005 das erste Kapitel des zweiten Reclam-Bändchens *Über menschliche Freiheit* und ist aus diesem Grund hier noch einmal abgedruckt (Kap. 7). Ein Jahr später erschien unter dem Titel *Humanismus als Leitkultur* eine Sammlung einiger meiner politischen Reden aus fünf Jahren in kulturpo-

1 Julian Nida-Rümelin (im Folgenden JNR), *Kritik des Konsequentialismus*, München 1993.

2 Vgl. dazu meine Debatte mit dem Neurowissenschaftler Wolf Singer in: Berlin Brandenburgische Akademie der Wissenschaften (Hg.), *Zur Freiheit des Willens II*, Berlin 2006, sowie: JNR, *Über menschliche Freiheit*, Stuttgart 2005; Dieter Sturma (Hg.), *Vernunft und Freiheit. Zur praktischen Philosophie von Julian Nida-Rümelin*, Berlin 2012.

3 JNR, *Die Optimierungsfalle*, München 2011.

4 JNR, *Philosophie einer humanen Bildung*, Hamburg 2013; *Der Akademisierungswahn. Zur Krise beruflicher und akademischer Bildung*, Hamburg 2014; *Auf dem Weg in eine neue deutsche Bildungskatastrophe. Zwölf unangenehme Wahrheiten* (zus. mit Klaus Zierer), Freiburg 2015.

litischen Ämtern.[5] Das Buch beanspruchte nicht eine systematische Theorie des Humanismus vorzustellen, sondern war eher als ein Nachlesebuch gedacht mit einer Vielzahl von politischen Stellungnahmen zu unterschiedlichen Themen, die jedoch von einer gemeinsamen humanistischen Grundüberzeugung geprägt waren.

Der vorliegende Band trägt den Titel *Humanistische Reflexionen*, er enthält verschiedene Stücke des Nachdenkens, der Erörterung unterschiedlicher Aspekte der theoretischen und der praktischen Philosophie in einem spezifischen, nämlich humanistischen Modus und schließt mit einem »Plädoyer für einen erneuerten Humanismus«, in dem die in meinen Augen zentralen Elemente eines erneuerten philosophischen Humanismus vorgestellt werden. Wer keine hinreichende Verwandtschaft mit früheren Definitionsversuchen humanistischen Denkens erkennen kann, der nehme diese Stücke als sich wechselseitig stützende Elemente einer spezifischen philosophischen Perspektive, wie immer man sie dann bezeichnen mag.

In der Tat wird unter *Humanismus* sehr Unterschiedliches verstanden, darunter die Betonung alter Sprachen, griechischer und römischer Geschichte und Kultur im Bildungswesen, der Deutsche Idealismus und seine geisteswissenschaftlichen Ausläufer im 19. Jahrhundert, die neue literarische Sensibilität der italienischen Frührenaissance, aber auch die These von der Sonderstellung der menschlichen Spezies, verbunden mit einer Abwertung allen nichtmenschlichen Lebens. Keine der genannten Charakterisierungen von Humanismus spielt in diesem Band eine Rolle. Diese beziehen sich in meinen Augen nicht auf den Kern humanistischen Denkens und humanistischer Praxis, sondern auf bestimmte historische und kulturelle Begleitphänomene. Meine eigene praktische Philosophie steht nicht in der Tradition des Deutschen Idealismus, eher in der der analytischen und pragmatistischen sowie der aristotelischen Philosophie, wenn es auch Berührungspunkte zum analytischen Hegelianismus der Gegenwart gibt (Brandom, McDowell u. a.) und ich vertrete nicht die These einer absoluten Sonderstellung der menschlichen Spezies, habe mich im Gegenteil für eine Ethik des gleichen Respekts bei Berücksichtigung der biologischen Differenzen im Umgang mit Tieren ausgesprochen.[6]

5 JNR, *Humanismus als Leitkultur*, München 2006.

6 Vgl. JNR: »Tierethik«, in JNR (Hg.), Handbuch Angewandte Ethik, München ^{2}2005.

Das »Plädoyer für einen erneuerten Humanismus« abstrahiert von einer Formenlehre des Humanismus und versucht, den Kern genuin humanistischen Denkens zu fassen: nicht im Sinne einer geisteswissenschaftlichen, historischen oder kulturtheoretischen Rekonstruktion, sondern im Sinne einer in sich stimmigen philosophischen Positionierung – im Zweifelsfall ist es lediglich meine Positionierung, auch wenn mir Gemeinsamkeiten mit anderen humanistischen Denkern auf der Hand zu liegen scheinen. Der philosophische Humanismus hat, wie kaum eine andere philosophische Strömung, eine politische Dimension. In der Tat bin ich davon überzeugt, dass die neuen Fanatismen und Fundamentalismen, die Kommerzialisierung und Infantilisierung der westlichen Kultur und der Kulturen weltweit nicht nur einer philosophischen, sondern auch einer politischen Antwort bedürfen und dass diese humanistisch sein sollte.

Die Texte dieses Bandes sind überwiegend in den letzten Jahren seit Erscheinen des stw-Bandes *Philosophie und Lebensform* (2009) entstanden; ältere Texte wurden dann aufgenommen, wenn sie zum Verständnis der Thematik unverzichtbar erschienen. Einige Textfassungen weichen in dem einen oder anderen Detail von schon erschienenen ab. Meist als Vorträge gehalten, wurde auch in der schriftlichen Form die Besonderheit der mündlichen Rede beibehalten und der Anmerkungsapparat sparsam eingesetzt. Dem Band wurde kein Personen- und Sachregister beigefügt, da das detaillierte Inhaltsverzeichnis am Ende des Buches wohl hinreichend Orientierung bietet.

Ich danke Elizabeth Bandulet und Niina Zuber für Verschriftlichungen und redaktionelle Glättungen, Rebecca Gutwald für die Übersetzung eines der Texte (Kap. 5) aus dem Englischen, Jan-Erik Strasser für die sorgfältige Lektorierung des Manuskriptes und Eva Gilmer für die wie immer reibungslose Zusammenarbeit mit dem Suhrkamp Verlag.

München, im Dezember 2015 Julian Nida-Rümelin

Erster Teil: Wahrheit und Begründung

1. Veritas filia temporis[1]

I. Vorbemerkung

In diesem Vortrag geht es mir um die Überwindung eines doppelten Schismas in der modernen Philosophie: des Schismas zwischen Realisten und Antirealisten und desjenigen zwischen theoretischer und praktischer Vernunft. Nun bin ich nicht so vermessen anzunehmen, dass sich mit einem Vortrag – selbst wenn er auf dem bedeutendsten Kongress der deutschsprachigen Philosophie gehalten wird – zwei in der modernen Philosophie tief verwurzelte Schismen zu Grabe tragen lassen. Die bescheidenere Formulierung meines Vortragsziels lautet daher: Ich möchte Sie davon überzeugen, dass sich diese Schismen überwinden lassen, und deutlich machen, wie sie sich überwinden lassen. Zugleich aber möchte ich erläutern, wie es zu diesen Schismen kommen konnte und warum sie einen so dominierenden Einfluss auf das moderne, auch auf das zeitgenössische, philosophische Denken erringen konnten.

Dieser Vortrag richtet sich sowohl an die Kolleginnen und Kollegen aus dem Fach als auch an ein breiteres Publikum, das ein Interesse an der Philosophie hierher geführt hat, wie es sich für einen Abendvortrag gehört. Dies stellt mich, wie die anderen, die auf diesem Kongress einen Abendvortrag übernommen haben, vor eine gewisse Herausforderung: Kann man ein komplexes und intrikates philosophisches Argument so entwickeln, dass es sowohl diejenigen, die die Philosophie zum Beruf gemacht haben, als auch diejenigen, die ein außerberufliches Interesse an philosophischen Fragen entwickelt haben, gleichermaßen anspricht? Ich denke, das sollte möglich sein – ob es mir gelingt, steht auf einem anderen Blatt. Die interessantesten Beiträge in der Geschichte des philosophischen Denkens haben sich jedenfalls nicht eines bestimmten Jargons bedient, sondern versucht, Genauigkeit mit Verständlichkeit zu verbinden. Dass auch große Köpfe an dieser Aufgabenstellung immer wieder gescheitert sind, ist nicht ermutigend, ich versuche es hier trotzdem.

1 Vortrag, gehalten am 30.9.2014 auf dem XIII. Kongress der Deutschen Gesellschaft für Philosophie.

II. Anmerkungen zur Historie des Schismas

Wie so vieles in der Philosophie (genauer: in der Philosophie unseres Kulturkreises) kann man die Ursprünge dieses Schismas, das es zu überwinden gilt, bis auf Platon zurückverfolgen. In der berühmten Kaskade der drei Gleichnisse – des Sonnen-, des Linien- und des Höhlengleichnisses – geht es um das Verhältnis von *doxa* und *epistèmè*, von bloßer Meinung und sicherem Wissen. Platon ist der Überzeugung, dass Wissen nur auf dem Wege der Philosophie und der Wissenschaft (was damals noch nicht zu trennen war) zu erreichen ist. Da nicht alle diesen Weg gehen können, müssen sich die Vielen auf die Wenigen verlassen, die in der Lage sind, den philosophischen Weg zu gehen, und ihrem Rat folgen. Das Spannungsverhältnis zwischen philosophischem Wissen und Alltagserfahrung bleibt jedoch *in praxi* bestehen, wie die resignativen Schlusspassagen des Höhlengleichnisses deutlich machen und wie es das Menetekel des Todes von Sokrates, nicht nur für Platon, drastisch vor Augen führte. Wissen verlangt nach einer radikalen Distanz von den Praktiken und Urteilen der Alltagswelt. Diese radikale Lösung über die Wenigen, die ihr Leben der Philosophie widmen, hat eine stilbildende und zugleich hochproblematische Konsequenz: Es ist die Abwertung dessen, was im Anschluss an Husserl als »lebensweltliches Wissen«, im Anschluss an Wittgenstein und die *Ordinary-language*-Philosophie als »Alltagssprache«, im Anschluss an die schottische Aufklärungsphilosophie als »*common sense*« und im Anschluss an Dewey als »Erfahrung« bezeichnet werden könnte.

Der Widerstand gegen diese radikale Abwertung formiert sich schon früh, nämlich bei einem – allerdings rund vierzig Jahre jüngeren – Schüler Platons: bei Aristoteles. In der *Nikomachischen Ethik* wird nicht nur die Ideenlehre Platons geradezu brüsk verworfen, sondern auch die Lebenserfahrung und das Alltagswissen in Gestalt des *phronimos* aufgewertet. Dem Intellektualismus Platons wird – so könnte man in historisch verzerrender Terminologie sagen – der Pragmatismus erfahrungsgesättigter Lebensklugheit entgegengestellt.

Platon ist, wie Aristoteles, zweifellos im philosophischen Sinne Realist. Aber während sich die Realität für Aristoteles in Gestalt eines *topischen* Vorgehens aus unseren lebensweltlichen Überzeugungen erschließt, müssen diese für Platon radikal in Frage gestellt werden, um hinter den Schattenbildern des alltäglichen Erfahrungswissens das eigentlich Seiende, nämlich die Formen und Strukturen, also das, was irreführend als »Ideen« übersetzt wird, zu enthüllen. Aber führt die *topische* Methode nicht geradewegs in einen Relativismus unterschiedlicher Perspektiven? Ist nicht etwa die normativ weitgehend abstinente Beschreibung, die Aristoteles unterschiedlichen Verfassungsformen angedeihen lässt, ein Beleg und ist nicht die Ziviltheologie, wonach jede griechische Stadt gut beraten ist, dem gemeinsamen Glauben an die Götter Ausdruck zu geben und die Beteiligung an den entsprechenden Riten und Festlichkeiten als Bürgerpflicht zu etablieren, ein Warnsignal, jedenfalls für gläubige Menschen? Die topische Methode als Weg in den Agnostizismus nicht nur in der Theologie? Und ist die Abwertung der Wissenschaft jedenfalls dort, wo sie eine Genauigkeit fordert, die dem Gegenstand unangemessen ist,[2] nicht eine Form des Quietismus, der sich mit den überkommenen Vorstellungen und Gebräuchen arrangiert, etwa in der bemerkenswert unkritischen Akzeptanz dreier vermeintlicher Herrschaftsformen von Natur: der der Eltern über die Kinder, der der Freien über die Sklaven und der der Männer über die Frauen? Ist da nicht die platonische Utopie einer gerechten Stadt vorzuziehen, die mit überkommenen Praktiken der Unaufgeklärtheit und Unterdrückung radikal bricht, Männer und Frauen gleich behandelt, die Familien auflöst (jedenfalls für die Angehörigen des Wächterstandes) und Gerechtigkeit als praktische Umsetzung philosophischer Erkenntnis realisiert?

Auch wenn der Gegensatz von Platonismus und Aristotelismus das weitere philosophische Denken in der Antike und im Mittelalter beeinflusst, so kommt es zur eigentlichen Ausprägung des Schismas, um das es uns in diesem Vortrag geht, erst mit der *scientia nova* und dem neuzeitlichen Rationalismus. Man mag vermuten, dass sich kulturell in der italienischen und dann gesamteuropäischen Renaissance ein Muster wiederholt, das auch Platon zu seiner Philosophie inspirierte, nämlich das einer tiefgehenden und umfassenden Entwertung vertrauter Praktiken und Überzeugungen. In der frühen Neuzeit nimmt das die Form des klerikalen Autori-

2 Vgl. Aristoteles' Ausführungen zur angemessenen Genauigkeit der Ethik in: Aristoteles, *Nikomachische Ethik*, übers. von Eugen Rolfes, hg. von Günther Bien, Hamburg 1985, 1094b11-1095a11, 1098a20-33, 1102a23-26.

tätsverfalls, der Abwertung des aristotelisch-thomasischen Weltbildes sowie der über Glaubens- und Moralgewissheiten gestifteten einheitlichen christlichen Lebensform an. Erst das Zwillingspaar aus *globaler Skepsis* und *Zertismus*, also die subjektive Erschütterung lebensweltlicher normativer wie empirischer Gewissheiten und die Identifikation von Wissen mit Unbezweifelbarkeit führt zum *rationalistischen Irrweg* der Philosophie, der diese über weite Strecken bis heute prägt. Unter »Rationalismus« verstehe ich dabei eine spezifische Methodik, eine Vorgehensweise in der Theoriebildung und schließlich eine philosophische Erkenntnistheorie, wonach aller Intuition, aller lebensweltlichen Erfahrung, allem Common Sense, aller etablierten Pragmatik zu misstrauen und diese durch ein methodisch-wissenschaftlich gesichertes, deduktives Verfahren des Wissenserwerbs zu ersetzen sei.

René Descartes, der prototypische Vertreter des neuzeitlichen Rationalismus, führt das in den *Meditationes*[3] in beispielloser Konsequenz vor: Weil unsere Sinne uns gelegentlich täuschen, sollten wir überhaupt kein Vertrauen mehr in diese setzen, sie fallen als Erkenntnisquelle aus. Was bleibt, ist das *cogito*, die Existenz eines wohlwollenden Gottes und die logische Deduktion. Der neuzeitliche Rationalismus ist ein umfassendes *Ersetzungsprogramm*: Lebensweltliches Erfahrungswissen normativer und empirischer Art soll durch logische Deduktion aus minimalen, selbstevidenten und damit unbezweifelbaren Axiomen ersetzt werden.

Wer glaubt, dies sei lediglich ein merkwürdiger Auswuchs einer kulturellen Krise im Gefolge des Verfalls theologischer Autorität in der damaligen Zeit gewesen, dem empfehle ich eine gründliche Lektüre von *Moral Thinking*, der letzten Monographie von Richard Hare, die in aller Deutlichkeit an einem Rationalismus kartesischer Radikalität festhält, alle moralische Intuition entsorgt und diese durch ein mit den Mitteln der Sprachlogik vermeintlich deduzierbares Prinzip zu ersetzen sucht.[4] Hare hat dabei zeitlebens in immer wieder neuen Anläufen deutlich gemacht, dass ein solcher Rationalismus keineswegs in den abstrakten Sphären der Prinzipien verharren muss, sondern sich auf ganz konkrete Alltagsprobleme, wie zum Beispiel die Ethik der Stadtplanung oder die Ethik der

3 Vgl. René Descartes, *Meditationes de prima philosophia*, hg. u. übers. von Christian Wohlers, Hamburg 2008.

4 Vgl. Richard Hare, *Moral Thinking*, Oxford 1984.

menschlichen Fortpflanzung, anwenden lässt, mit teilweise (wie zu erwarten) hochgradig kontraintuitiven Ergebnissen. Peter Singer, sein Meisterschüler, ist der bekannteste Vertreter dieser Form des ethischen Rationalismus, dem die Abwertung allen lebensweltlichen Orientierungswissens Bewunderung wie Kritik, einschließlich eines höchst problematischen Auftritts- und Redeverbots in deutschsprachigen Teilen Mitteleuropas, einbrachte.[5] Die Gegenseite vertraut dagegen auf lebensweltliche Erfahrung. Ihr prominentester Vertreter, Bernard Williams, hängt einem *relativism from the distance* an und ist skeptisch gegenüber der Möglichkeit ethischer Theorie im Allgemeinen und rationalistischer Theorie im Besonderen.[6]

Die Tatsache, dass sich dieses Schisma so lange hält, dass es über Jahrhunderte das philosophische Denken, nicht nur in unserem Kulturkreis, prägt und sich in der Neuzeit radikal vertieft, in der Gegenwart auch in Gestalt der Auseinandersetzung zwischen einer rationalitäts- und objektivitätskritischen Postmoderne und ihren universalistischen und objektivistischen Opponenten, muss uns zu denken geben. Es ist schwer vorstellbar, dass ein solcher Gegensatz lediglich Folge eines Irrtums ist. Vielmehr ist anzunehmen, dass auf beiden Seiten gute Gründe zur Geltung gebracht werden, die dieses Schisma prolongieren und vertiefen. Bevor wir das systematisch zu klären suchen, möchte ich kurz auf zwei zeitgenössische Philosophen eingehen, die Wichtiges zu dieser Thematik beigetragen haben.

Der eine ist Hilary Putnam, der im Laufe seines Lebens mit einer zwar irritierenden Wandlungsfähigkeit, aber immer mit starken Argumenten unterschiedliche Positionen zur Realismus-Problematik eingenommen hat und dessen – in meinen Augen gescheiterte – Konzeption des *internen Realismus* Elemente enthält, die auch dann zu berücksichtigen sind, wenn sie zur Rechtfertigung einer irrigen These gebraucht werden. Der andere ist ein Vorgänger im Amt des Präsidenten der Deutschen Gesellschaft für Philosophie, nämlich Herbert Schnädelbach, der einen objektivistischen Standpunkt gegen die Historisierung der Vernunft verteidigt.

Ich greife diese zwei Philosophen heraus, weil beide über die besondere Begabung verfügen, kritisch und undogmatisch, vor allem

5 Vgl. Peter Singer, *Practical Ethics*, Cambridge 2011.

6 Vgl. Bernard Williams, *Moral Luck*, Cambridge 1981.

völlig unbeeindruckt von »Schul-Zugehörigkeiten« zu argumentieren. Beide überwinden souverän ideologische Mauern, die es auch in der Philosophie – jedenfalls für eine lange Zeit – gegeben hat: Der Analytiker Hilary Putnam geht mit großem Interesse und Respekt auf die kontinentale, speziell die klassisch deutsche philosophische Tradition ein, während der von Kant und Hegel, aber auch der Kritischen Theorie geprägte Herbert Schnädelbach auch Argumente aus der analytischen Philosophie berücksichtigt. Putnam wie Schnädelbach befassen sich mit dem Verhältnis von Vernunft und Geschichte.[7] Putnam stellt die objektiven und die subjektiven Auffassungen von Vernunft einander gegenüber, kritisiert den »metaphysischen Realismus« als einen überzogenen Objektivismus und die Postmoderne als einen überzogenen Subjektivismus und bietet seine Konzeption eines »internen Realismus« als Lösung an. Dreh- und Angelpunkt seiner Argumentation ist das berühmte Gedankenexperiment der Gehirne im Tank.

Metaphysische Realisten, wie sie von Putnam charakterisiert werden, sind davon überzeugt, dass es *de facto* sein kann (wie unwahrscheinlich auch immer), dass wir Gehirne im Tank sind, deren Sinneswahrnehmungen und Weltbilder von Reizungen des in einer Flüssigkeit schwimmenden neurophysiologischen Systems ausgelöst werden, während die Kritiker des metaphysischen Realismus dies als unmöglich erachten, da wir uns damit (als Gehirne im Tank) nicht auf die Welt, sondern in Wirklichkeit auf etwas anderes, nämlich auf diese Reizungen (mit unseren Wahrnehmungen und Begriffen), bezögen. Die These Putnams lautet: Selbst wenn wir Gehirne in einem Tank wären, könnten wir jedenfalls nicht sagen oder denken, dass wir es sind. Ähnlich wie die Äußerung »Ich existiere nicht« selbst-widerlegend ist, weil man seiner eigenen Existenz gewiss ist, wenn man über sie nachdenkt (das kartesische Argument zur Überwindung der Skepsis), so gilt, dass wenn Gehirne überlegen können, ob sie Gehirne im Tank sind, sie dann keine Gehirne im Tank sind, weil Gehirne im Tank gar nicht denken können, dass sie Gehirne im Tank sind. Der metaphysische Realist, wie ihn Putnam charakterisiert, wird jedoch ungerührt entgegnen: Logisch und physikalisch sei es möglich, dass wir Gehirne im Tank

7 Vgl. Hilary Putnam, *Vernunft, Wahrheit und Geschichte*, Frankfurt/M. 1990 (Erstausgabe: *Reason, Truth and History*, Cambridge 1989); Herbert Schnädelbach, *Vernunft und Geschichte*, Frankfurt/M. 1987.

sind, das genüge. Putnam bestreitet, dass sich diese realistische Position überhaupt kohärent einnehmen lässt. Ausgehend von diesem Lackmustest entwickelt er im Weiteren eine Vielzahl von Argumenten, die die anti-realistische Ausgangsthese aufrechterhalten, aber die relativistischen Konsequenzen zu vermeiden suchen. Wahrheit wird schließlich mit idealer Rechtfertigbarkeit identifiziert und damit versucht Putnam in dieser Phase seines Nachdenkens über den Realismus den postmodernen Fallstricken des Antirealismus, wie er ihn vor allem in Richard Rorty exemplifiziert sieht, zu entgehen.[8]

Herbert Schnädelbach befasst sich mit dem Grundproblem, dass wir uns »zugleich als vernünftige und als historische Wesen verstehen müssen«,[9] und versucht, den klassischen Gegensatz von Vernunft und Geschichte, zwischen Allgemeinem und Partikularem, zwischen Ewigem und Vergänglichem, zwischen Notwendigem und Zufälligem aufzulösen. Er verteidigt eine im Ganzen objektivistische Erkenntnistheorie gegen die historistische (Selbst-) Interpretation der Vernunft. Schnädelbachs Überlegungen münden in die These, dass eine zeitgemäße Philosophie nur als *Theorie der Rationalität* auftreten kann.[10] In der Tat spricht vieles dafür, die zeitgenössische Residualwissenschaft Philosophie, aus der all diejenigen Bereiche ausgewandert sind, die sich zu methoden- und paradigmengeleiteten natur-, geistes- oder sozialwissenschaftlichen Einzeldisziplinen verselbstständigt haben, als Theorie der praktischen wie theoretischen Rationalität zu verstehen.

Was bei Schnädelbach als Auseinandersetzung mit dem Historismus auftritt, ist bei Putnam die Auflehnung gegen die postmodernen Implikationen des Anti-Realismus. Schnädelbach formuliert die historistische Herausforderung folgendermaßen:

> Was wir für unsere Vernunft halten, hat es nicht immer gegeben; unser individuelles und kollektives Vermögen vernünftig zu denken und zu handeln, ist offenbar entstanden, und es hat sich verändert – [...] – als Entstandene und sich Wandelnde hat die Vernunft eine Geschichte.[11]

8 Vgl. Robert Brandom, *Rorty and His Critics*, Malden/MA u.a. 2000; Richard Rorty, »Hilary Putnam and the Relativist Menace«, in: ders., *Truth and Progress. Philosophical Papers. Vol. 3*, New York 1998, S. 43-62.

9 Vgl. Schnädelbach, *Vernunft und Geschichte*, S. 7.

10 Vgl. Herbert Schnädelbach (Hg.), *Rationalität. Philosophische Beiträge*, Frankfurt/M. 1984, insbes. S. 8-14.

11 Vgl. Schnädelbach, *Vernunft und Geschichte*, S. 9.

Andererseits könne man die Geschichte »nicht bloß als das ›ganz Andere‹ der Vernunft ansehen. Wäre das Geschichtliche nur ein struktur- und sinnloses Chaos, bliebe es unserer Vernunft unzugänglich, denn es gäbe da nichts zu verstehen und zu erklären«.[12] Wer von Geschichte rede, setze Vernunft voraus, meint Schnädelbach. Ich kann mir diesen Geschichtsoptimismus nicht zu eigen machen und sehe auch den systematischen Zusammenhang anders, aber damit ist eine Herausforderung formuliert, die ich als Spannungsverhältnis zwischen der *Objektivität der Wahrheit* (und insofern des Wissens) und der *Partikularität der Begründung* (theoretischer wie praktischer Vernunft) nun näher analysieren werde.

III. Der systematische Kern des Schismas

Unser alltäglicher Wissensbegriff ist zweifellos objektivistisch. Die Menschen im Mittelalter hatten gute Gründe für die Überzeugung, dass sich die Sonne und die übrigen Gestirne um die Erde drehen. Diese Überzeugung war nicht Ausdruck einer Irrationalität, sondern angesichts der gegebenen Daten und des Augenscheins wohlbegründet. Die Tatsache, dass die astronomischen Beschreibungen der Bahnen von Planeten auf der Basis dieser Überzeugung mit zunehmender Genauigkeit ziemlich kompliziert wurden, spricht zunächst nicht dagegen, dass diese Überzeugung wohlbegründet war. In dem Moment, in dem eine alternative Theorie und eine auf diese gestützte, weit einfachere Beschreibung der Planetenbewegungen möglich waren, wurde die Wohlbegründetheit des geozentrischen Weltbildes jedoch fragwürdig. Galileo Galilei jedenfalls war überzeugt, die besseren Argumente zu haben, und selbst sein intellektuell ebenbürtiger Widerpart Kardinal Bellarmin war sich nicht sicher, ob die Argumente Galileis nicht möglicherweise die besseren seien. Er zog sich daher auf pragmatische Gegengründe zurück: Könne Galilei wirklich verantworten, dass die Autorität des Klerus, ja die der Heiligen Schrift, durch eine solche theoretische Revolution in Mitleidenschaft gezogen wird, mit all den Unruhen und Verwerfungen, die das vermutlich zur Folge hätte?[13] Die gali-

12 Ebd.

13 Der anarchistische Erkenntnistheoretiker Paul Feyerabend zeigte in *Against*

leische Sicht setzte sich jedenfalls durch, die von einer grausigen Blutspur begleiteten Rückzugsgefechte der Kirche konnten der Wirkung des besseren Argumentes nicht mehr trotzen. Seitdem sind die allermeisten Menschen davon überzeugt, dass sich die Erde um die Sonne dreht und nicht umgekehrt.[14]

Der Übergang vom geozentrischen zum heliozentrischen »Weltbild«, wie es gerne genannt wird, ist in der Tat eine epistemische Revolution, aber eine, die unsere Alltagserfahrungen und unsere Alltagspraxis fast vollständig unberührt lässt. Es ändert nicht unser Weltbild als ganzes, sondern einen eher marginalen Teil, der die Interpretation der Himmelserscheinungen angeht, das heißt genauer die erklärende Theorie der Himmelserscheinungen. Man könnte auch ohne eine solche erklärende Theorie gut leben, sie ist lebensweltlich zunächst so gut wie irrelevant, sie erhält ihr pragmatisches Gewicht dadurch, dass eine machtvolle Institution, nämlich die damalige christliche Kirche, ihre Autorität unter anderem auch an die Aufrechterhaltung der geozentrischen Interpretation der Himmelserscheinungen knüpfte. Der Wandel vom geozentrischen zum heliozentrischen »Weltbild« war keine grundstürzende epistemische Revolution, sie wurde zu einer kulturellen und schließlich auch politischen dadurch, dass diese hochtheoretische Auseinandersetzung mit klerikalen versus wissenschaftlichen Autoritätsansprüchen aufgeladen wurde. Man geht vermutlich nicht zu weit, wenn man den Sieg der wissenschaftlichen Argumente über die klerikalen als wichtiges Vorspiel der Aufklärung und dann der Europäischen Moderne interpretiert.

Wir haben heute, nach rund einem halben Jahrtausend, sehr gute Gründe, die heliozentrische Interpretation der Himmelserscheinungen für die richtige und die geozentrische für die falsche zu halten. Wir glauben zu wissen, dass die heliozentrische Interpretation die zutreffende und die geozentrische die unzutreffende ist. Niemand wird sagen, dass der Kleriker des 13. Jahrhunderts *wusste*, dass sich die Sonne um die Erde dreht. Wir werden sagen, dass er davon *überzeugt* war oder dass er *meinte* oder *glaubte*, aber auf

Method charakteristischerweise Sympathie für die Argumentation von Kardinal Bellarmin.

14 Tatsächlich drehen sich Sonne und Erde um ihren gemeinsamen Schwerpunkt, der aber wegen des gewaltigen Größenunterschieds nahe am Mittelpunkt der Sonne liegt.

keinen Fall, dass er das *wusste*. Warum? Wir können das deswegen nicht sagen, weil wir überzeugt sind, dass sich die geozentrische Interpretation als falsch herausgestellt hat. Eine falsche Überzeugung ist aber kein Wissen. Unser alltäglicher Wissensbegriff ist zweifellos objektivistisch: Er schließt falsche Überzeugungen, wie gut auch immer sie begründet sein mögen, als Wissen aus.

Im *Theaitetos*-Dialog hatte der platonische Sokrates Wissen als wohlbegründete wahre Meinung charakterisiert und alle subjektivistischen Konkurrenten, deren wichtigste Vertreter im Dialog auftauchen und die uns durchaus aus marxistischen und poststrukturalistischen Kontexten vertraut sind, widerlegt. Der ausführliche Dialog endet mit der kryptischen Feststellung, dass man mit dem Ergebnis noch nicht wirklich zufrieden sein könne. Platonverehrer werden vermuten, dass er das, was Edmund Gettier rund 2500 Jahre später in dem kurzen Aufsatz »Is Justified True Belief Knowledge?« ausführte,[15] schon wusste oder ahnte, nämlich dass diese beiden Bedingungen – erstens die *Wahrheit der Überzeugung* und zweitens ihre *Wohlbegründetheit* – noch nicht ausreichen, dass vielmehr ein geeigneter Zusammenhang zwischen der betreffenden Tatsache und der Begründung bestehen muss, um von »Wissen« sprechen zu können. Diese Gettier-Herausforderung ist, obwohl unterdessen ein halbes Jahrhundert alt, bis heute nicht wirklich bewältigt. Eine *kausale Theorie* der Erkenntnis kann nicht die adäquate Antwort auf diese Herausforderung sein, weil es Gründe sind, die unser Wissen konstituieren und Gründe keine Ursachen im naturwissenschaftlichen Sinne sein können.[16]

An der Verbindung von Wahrheit und Begründung nimmt mein Argument zur Überwindung des Schismas seinen Ausgangspunkt: Wahrheit lässt sich nicht anders als objektivistisch verstehen, während die Wohlbegründetheit auf die jeweiligen epistemischen Bedingungen der Begründung bezogen bleibt. Die geozentrische Interpretation war im 12. Jahrhundert wohlbegründet, aber falsch, daher glaubten die Menschen zu wissen, dass sie in einer geozentrischen Welt lebten. Da sie sich aber geirrt haben, war dies eine irrtümliche Überzeugung, sie wussten es nicht, sondern sie mein-

15 Edmund Gettier, »Is Justified True Belief Knowledge?«, in: *Analysis* 23 (1963), S. 121-123.

16 Auf diese Teilproblematik gehe ich im zweiten Teil, v. a. Kap. 5, dieses Bandes ein.

ten es, allerdings mit guten Gründen. Alternativ können wir auch sagen: Die geozentrische Überzeugung war rational, aber falsch. Nicht jede irrtümliche Überzeugung ist irrational. Rationale Überzeugungen sind nicht notwendigerweise Wissen.

Friedrich Nietzsche irrt, wenn er Wissen definiert als das, was jeweils für wahr gehalten wird. Hier fehlen beide Bedingungen, erstens die der Wahrheit und zweitens die der Wohlbegründetheit. Vieles wird für wahr gehalten, was nicht wahr und zudem noch nicht einmal wohlbegründet ist. Es gibt nicht nur Schwarmintelligenz, für deren Beleg gerne und oft zutreffend die Internet-Enzyklopädie Wikipedia angeführt wird, sondern auch Schwarm-Idiotie, wie die Kriegsbegeisterung zu Beginn des Ersten Weltkrieges, die antikommunistische Paranoia in den USA während der McCarthy-Ära und die aktuelle polemische Aufrüstung auf beiden Seiten angesichts des Ukraine-Konfliktes belegen, um dramatischere Beispiele aus der jüngeren deutschen Geschichte auszuklammern. Auch wenn alle etwas für wahr halten und gute Gründe für diese Überzeugung sprechen, handelt es sich noch nicht um Wissen, weil Wahrheit objektiv ist.

Man beachte den Unterschied zwischen Begründung und Wahrheit: Die Begründung für eine geozentrische Interpretation der Himmelserscheinungen im 12. Jahrhundert kann damals eine gute Begründung gewesen sein, trotz der Irrtümlichkeit der geozentrischen Interpretation, und diese Eigenschaft verliert die Begründung nicht dadurch, dass sich die begründete Überzeugung als falsch herausgestellt hat. Die Irrtümlichkeit einer Überzeugung mag ein Indiz dafür sein, dass die vorgebrachte Begründung für diese Überzeugung keine gute Begründung war, aber es gibt keinen zwingenden Zusammenhang dieser Art: *Auch irrtümliche Überzeugungen können wohlbegründet sein.* Das, was für Wissen gehalten wurde (die geozentrische Interpretation), hat sich als falsch herausgestellt, war also auch damals kein Wissen, während die – wie wir annehmen wollen – gute Begründung für die geozentrische Interpretation davon nicht tangiert ist. Diese Begründung wird nicht dadurch irrational, dass sich die geozentrische Interpretation als falsch herausgestellt hat. Die Kosmologien des 13. Jahrhunderts könnten sogar perfekt rational gewesen sein, doch selbst perfekte epistemische Rationalität garantiert keine Wahrheit und daher kein Wissen – nicht nur Nietzsche irrt, sondern auch Putnam.

Diese Asymmetrie zwischen Wahrheit und Begründung sollten wir als Stoppschild für alle epistemischen Wahrheitsdefinitionen verstehen. Diese sind allesamt inadäquat, auch dann, wenn der objektivistische Charakter des Wahrheitsbegriffes (und in dieser Hinsicht des Wissensbegriffes) durch die Idealität einer Rechtfertigung, durch ideale Rechtfertigbarkeit zu berücksichtigen versucht wird. Jürgen Habermas wie Hilary Putnam verstehen sich als Kognitivisten und grenzen sich insofern scharf von postmodernen und neo-pragmatistischen Erkenntnistheorien ab. Zugleich aber sind sie Antirealisten (bei Habermas gilt dies nur noch für die Interpretation praktischer Diskurse, während die theoretischen und speziell die naturwissenschaftlichen von Habermas seit den 1990er Jahren realistisch interpretiert werden und er damit von seiner ursprünglichen Konsensus-Theorie der Wahrheit für diesen Bereich abrückt[17]): Sie versuchen die Objektivität des Wissens über die Idealität der Begründung zu erfassen. Für beide geht Wahrheit in Begründetheit auf, beide hängen einem epistemischen Wahrheitsbegriff an.

Mir scheint es offenkundig zu sein, dass es sich hier implizit um eine Petitio Principii handelt: Wenn man einer realistischen Interpretation begründender Diskurse anhängt, liegt es nahe, anzunehmen (besser sollte man sagen: »zu hoffen«), dass wir uns durch den Austausch von Gründen in der Regel der Wahrheit annähern. Aber man darf diesen *epistemischen Optimismus* nicht zu einer *Wahrheitsdefinition* überhöhen, wonach ideale Begründung Wahrheit konstituiert, wonach Wahrheit nichts anderes sei als ideale Begründetheit, wonach es *analytisch* wäre, dass nur solche Überzeugungen (Hypothesen, Theorien etc.) in idealer Weise gerechtfertigt werden können, die tatsächlich wahr sind. Es mag ja sein, dass es sich so verhält, aber dann würde es sich um eine überaus erfreuliche, wenn auch höchst unwahrscheinliche *kontingente* Tatsache handeln und nicht um eine begriffliche Wahrheit. Ein Realist könnte sogar – unvernünftigerweise – postulieren, dass ideale Begründungen eben solche sind, die ausschließlich wahre Überzeugungen rechtfertigen, aber damit würde der (ideale) Begründungsbegriff über einen

17 Vgl. seine Aufsätze in *Wahrheit und Rechtfertigung*, Frankfurt/M. 1999, sowie: Jürgen Habermas, »Wahrheitstheorien«, in: Helmut Fahrenbach (Hg.), *Wirklichkeit und Reflexion, Festschrift zum 60. Geburtstag von Walter Schulz*, Pfullingen 1973, S. 211-265.

nicht-epistemischen, eben realistischen Wahrheitsbegriff expliziert und nicht umgekehrt!

Wir sollten die beiden Kriterien von Wissen – Wahrheit und Begründetheit – nicht miteinander vermengen, weder, indem wir Wahrheit in Begründetheit aufgehen lassen, wie epistemische Wahrheitsdefinitionen ganz unterschiedlicher Typen, von postmodernen, relativistischen und subjektivistischen bis hin zu internalistischen und kognitivistischen, noch, indem wir Begründung begrifflich an Wahrheit binden. *Das Schisma lässt sich nicht in Gestalt einer Fusion von Wahrheit und Begründung überwinden.*

IV. Überwindung des Schismas

Das Schisma lässt sich überwinden, wenn wir eine *konsequent epistemische Perspektive* einnehmen. Ich spreche hier nicht von einer »epistemologischen« oder »erkenntnistheoretischen« Perspektive, sondern von einer »epistemischen«. Begründungen sind erforderlich, um (epistemische) Unsicherheiten zu beheben oder wenigstens zu mildern. Wir wollen wissen, ob p oder nicht-p, sind uns aber nicht gewiss, ob p oder nicht-p (p sei eine beliebige Proposition). Eine soziologische Proposition wäre zum Beispiel die Fragestellung, ob die Zahl der Kinder pro Frau bei steigender Integration von Frauen in die Erwerbsarbeit sinkt oder nicht (in Europa scheint sie zu steigen, in Indien zu sinken). Oder, ob ein Steuersystem mit proportionaler, nicht progressiver Besteuerung gerecht ist oder nicht. Begründungen beziehen sich auf empirische, hier sozialwissenschaftliche Tatsachen oder auf evaluative, hier die Gerechtigkeit eines Steuersystems. »Hat Fritz wirklich die Absicht zu kommen oder tut er nur so?« bezieht sich auf einen intentionalen Sachverhalt. »Ist dies der passende Schlüssel für die Schlafzimmertür?« bezieht sich auf einen lebensweltlichen empirischen Sachverhalt. »Soll ich mein Versprechen, das ich ihr gegeben habe, halten, obwohl sie mich zuletzt schwer gekränkt hat?« bezieht sich auf einen lebensweltlichen normativen Sachverhalt.

Gelungene Begründungen beheben Zweifel oder mildern sie. Im dialogischen Fall differieren die Ungewissheiten, die einen Begründungsbedarf auslösen: Die eine Person findet etwas zweifelhaft, was eine andere Person nicht für zweifelhaft hält. Oder sie differieren im Grade der epistemischen Unsicherheit, des Zweifels. Die eine hält etwas für hochgradig gewiss, die andere hat gewisse Zweifel, ist aber immer noch geneigt anzunehmen, dass die Proposition zutrifft. Im dialogischen Fall ist eine gelungene Begründung dadurch charakterisiert, dass gemeinsame, von den beiden Beteiligten nicht bezweifelte Propositionen herangezogen werden, um die epistemische Differenz bezüglich der in Frage stehenden Propositionen zu beheben. Neben den von den beiden Beteiligten nicht bezweifelten Propositionen, die für das begründende Argument herangezogen werden, spielen das geteilte Hintergrundwissen und die geteilte inferentielle Praxis eine konstitutive Rolle für gelungene Begründungen: Es macht gelungene Begründungen aus, dass sie am Ende eine epistemische Differenz beheben – ausgehend von gemeinsamem Hintergrundwissen (geteilten propositionalen Einstellungen) und einer geteilten inferentiellen Praxis.[18] Begründungen sind erfolgreich vor einem *geteilten Hintergrund*, zu dem nicht nur empirische, sondern auch mentale (speziell intentionale), evaluative und normative sowie inferentielle Elemente gehören.

Bis hierhin scheinen wir uns mit Trivialitäten aufzuhalten. Aber Vorsicht: Je weiter sich die Philosophie von diesen Trivialitäten entfernt, in umso gefährlicheres Fahrwasser gerät sie. Die Geschichte des philosophischen Denkens ist voll von Beispielen der Erörterung von Fragestellungen, die sich nicht erörtern lassen, weil sie das in Frage stellen, was Voraussetzung vernünftiger Begründung ist. Der schon erwähnte Descartes ist das vielleicht berühmteste Beispiel: Wer vom lebensweltlichen Erfahrungshintergrund *in toto* zu abstrahieren sucht, verliert jede Basis erfolgreicher Begründung, er nimmt – und sei es nur als philosophisches Experiment, das seit Descartes als »methodischer Zweifel« bezeichnet wird – den

18 Unterdessen ist eine eigene Disziplin namens *rational belief dynamics* entstanden, die rationale Überzeugungsänderungen mit den Methoden der Entscheidungs- und Wahrscheinlichkeitstheorie expliziert. Bis heute dominiert in den Analysen das AGM-Modell, das auf ein gemeinsames Paper von Alchourrón, Gärdenfors und Makinson zurückgeht (Carlos Alchourrón, Peter Gärdenfors, David Makinson, »On the Logic of Theory Change«, in: *Journal of Symbolic Logic* 50 [1985], S. 510-530). Auch deutsche Autoren haben zu diesem Zweig interdisziplinärer Epistemologie (Computerwissenschaft, Philosophie, Entscheidungstheorie, Mathematik und Logik) wichtige Beiträge geleistet, u. a. Wolfgang Spohn, *The Laws of Belief*, Oxford 2012; Luc Bovens, Stephan Hartmann, *Bayesian Epistemology*, Oxford 2003.

Zusammenbruch des epistemischen Systems als ganzen in Kauf. Wenn er dann verzweifelt versucht, diesen Zusammenbruch zu verhindern, hält er sich an dem einen oder anderen, vermeintlich noch nicht kollabierten Element des epistemischen Systems fest und hofft, mit diesem allein dessen Stabilität aufrechtzuerhalten oder wiederherzustellen. Das muss scheitern. Manchmal sieht man es sofort, meist erst nach genauerer Analyse (Richard Hares Ethik ist dafür ein zeitgenössisches Beispiel).[19]

Wenn ich für eine konsequent epistemische Perspektive plädiere, dann ist gerade dieses damit gemeint: Mit dem Kontext, in dem alles Begründen stattfindet, sorgsam umzugehen, keiner philosophischen Hybris zu verfallen. Um etwas bezweifeln zu können, muss es sehr viel Unbezweifeltes geben. Wenn wir Zweifel beheben wollen, können wir nicht aussteigen aus dem Kontext des Unbezweifelten. Die konsequent epistemische Perspektive bleibt immer innerhalb unserer geteilten Erfahrungswelt. Die begriffliche Relativität unserer Erfahrungswelt rechtfertigt keinen Anti-Realismus, wie Goodman oder Putnam meinen. Aber während Goodman, Putnam oder auch Habermas den Kognitivismus über ideale Rechtfertigbarkeit zu retten suchen, kapituliert das, was jenseits des Atlantiks irreführend als *continental philosophy* bezeichnet wird, marxistisch oder strukturalistisch inspiriert vor dieser (kulturell verfassten) Begriffsrelativität und verabschiedet sich in Gestalt der Logozentrismuskritik von theoretischer und praktischer Vernunft.

Die konsequent epistemische Perspektive erlaubt nicht die Neukonstruktion des inferentiellen Rahmens unserer Lebensform. Wir können nicht postulieren, wie jeweils Gründe vorzubringen sind, weil wir schon immer Teil dieses Spiels des Gebens und Nehmens von Gründen sind. Der gesamte Kulturalisations- und Sozialisationsprozess ist auf diese Fähigkeit der Deliberation abgestellt. Wir werden nicht zu bestimmten Praktiken abgerichtet, sondern zu einer deliberativen Praxis befähigt, die unser Handeln und Urteilen leitet. Menschliche Freiheit ist nichts anderes als das: sich im Handeln und Urteilen, aber auch in emotiven Einstellungen von Gründen leiten zu lassen.[20]

19 Vgl. die Beiträge von Franz von Kutschera und mir in: Christoph Fehige, Georg Meggle (Hg.), *Moralisches Denken*, Frankfurt/M. 1995.

20 Zu dieser Konzeption einer über das Wirken von Gründen vermittelten Freiheit vgl. Kap. 7 in diesem Band. Vgl. dazu auch die kritische Diskussion in Dieter

Verantwortliche, humane Bildung richtet nicht ab, sondern befähigt zur Autorschaft des eigenen Lebens. Diese Autorschaft besteht aber nicht darin, alles neu zu konstruieren, sondern darin, im Rahmen einer geteilten Praxis des Gründegebens und -nehmens ein Leben zu gestalten.[21] Wir können weder individuell noch kollektiv diese Welt der Gründe[22] neu erfinden, nachdem wir die alte vernichtet haben. Das war zu allen Zeiten immer nur eine philosophische Spielerei und seriöse Philosophie sollte sich solcher Spielereien enthalten. »Der vernünftige Mensch hat bestimmte Zweifel *nicht*«, so Wittgenstein in *Über Gewißheit*. Der philosophische Zweifel, der über das, was sich vernünftigerweise bezweifeln lässt, hinausgeht, ist unseriös, eine intellektuelle Spielerei, die, wenn ernst genommen, zerstörerische Folgen für die theoretische und die praktische Vernunft hat. Rationalismus und (globale) Skepsis sind Zwillingsbrüder im Geiste. Die zeitgenössische postmoderne Skepsis und der frühneuzeitliche Rationalismus sind zwei unterschiedliche philosophische Haltungen, die aber eines gemeinsam haben: die Aufgabe der epistemischen Perspektive. Im einen Fall wird Wissen über vermeintlich unbezweifelbare Deduktionen aus unbezweifelbaren Axiomen gesichert und im anderen wird Wissen in seinen beiden Elementen – Übereinstimmung mit den Tatsachen und Wohlbegründetheit – aufgegeben.

Eine konsequent epistemische Perspektive beinhaltet – manche mögen das als paradox empfinden – einen robusten, *unaufgeregten Realismus*. Wir begründen Überzeugungen, dass etwas tatsächlich der Fall ist, wobei sich der Inhalt unserer Überzeugungen auf die Welt bezieht (auf die Welt im weitesten Sinne, nicht lediglich auf die physische Welt). Es geht uns also nicht lediglich um Mitteilungen (Deskriptionen) oder Ausdrücke (Expressionen) eigener subjektiver Zustände, es geht uns (im Regelfall) nicht darum, herauszufinden, was in unserer Kultur geglaubt wird oder von idealen Personen in einer idealen Diskurssituation geglaubt würde, son-

Sturma (Hg.), *Vernunft und Freiheit. Zur praktischen Philosophie von Julian Nida-Rümelin*, Berlin 2012.

21 Zu dieser Konzeption einer humanen Bildung vgl. Kap. 8 in diesem Band.

22 Ich hatte den vorausgegangenen Kongress der Deutschen Gesellschaft für Philosophie unter diesen Titel gestellt; die *Proceedings* sind eine Fundgrube philosophischer Analysen dieser *Welt der Gründe*: JNR, Elif Özmen (Hg.), *Welt der Gründe*, Hamburg 2012.

dern darum, was tatsächlich der Fall ist, wie es sich verhält, welche empirischen oder normativen Sachverhalte tatsächlich bestehen. Wir begründen propositionale und nicht propositionale Einstellungen: empirische, normative oder evaluative Überzeugungen, Handlungen, Praktiken und Institutionen, aber auch emotive Einstellungen nicht propositionaler Art. Der Inhalt unserer Überzeugungen tritt erst als Wissens- oder Geltungsanspruch in die Welt der Gründe ein. Aber der Inhalt selbst ist nicht epistemisch. Wir führen Gründe an für die Überzeugung, dass sich das Universum ausdehnt, wir rechtfertigen die Überzeugung (oder auch die hohe epistemische Wahrscheinlichkeit, die wir diesem Sachverhalt beimessen), aber der Sachverhalt selbst ist objektiv, nicht subjektiv, Teil der Welt, nicht Teil eines epistemischen Systems. Diese Gründe haben nicht nur eine theoretische, sondern auch eine praktische Rolle, sie verändern nicht nur unsere epistemischen Einstellungen, sondern auch unsere Praxis, sie motivieren uns. Gründe *sprechen für* Überzeugungen und Handlungen (unter anderem), *Gründe sind immer zugleich normativ und inferentiell.* Gründe stiften einen Zusammenhang zwischen Tatsachen (von denen wir überzeugt sind) und Vermutungen, dass etwas der Fall ist oder der Fall sein wird (theoretische, empirische, deskriptive Gründe), oder zwischen Tatsachen und Handlungen (normative Gründe), zwischen Tatsachen und Bewertungen (evaluative Gründe), zwischen Tatsachen und Emotionen (emotive Gründe). Diese Kategorien von Gründen dürfen aber die Doppelrolle von Gründen als inferentielle und normative in allen Kategorien nicht verdecken. Auch ein physikalisches Argument für die Falschheit einer Hypothese hat eine normative Rolle: Zum Beispiel spricht es dafür, diese Hypothese fallenzulassen, sie in begründenden Argumenten nicht mehr anzuführen oder vorauszusetzen, eine Theorie, die ohne diese Hypothese nicht aufrechtzuerhalten ist, aufzugeben, nicht so zu tun, als habe man keinen Grund, diese Hypothese zurückzuweisen, usw.

Gründe sind keine Tatsachen (wie Scanlon meint),[23] sondern Relationen zwischen Tatsachen und dem zu Begründenden. Begründungen haben eine inferentielle, logische Struktur, Gründe sind immer in ein System von Gründen eingebettet, die in Gestalt verbal vorgebrachter Begründungen nur in winzigen Ausschnitten

23 Thomas Scanlon, *Being Realistic About Reasons*, Oxford 2014.

explizit werden. Deskriptive, normative, evaluative und emotive Gründe spannen ein Netz auf, in dem Deliberation stattfindet. Dieses Netz wird modifiziert, verbessert, einzelne Gründe werden fallengelassen, andere treten hinzu, strukturelle Merkmale dieses Netzes in Gestalt bestimmter inferentieller Invarianzen werden modifiziert, übermäßige Spannungen durch neue Verknüpfungen gemildert, aber all das findet statt, ohne dass wir dieses Netz verlassen können. Wir bewegen uns, auch wenn wir es zum Teil verändern, immer innerhalb dieses Netzes, wir sind darauf angewiesen, wenn wir nicht abstürzen wollen. Es gibt keinen externen, erkenntnistheoretischen oder epistemologischen Standpunkt, von dem aus dieses Netz *ab ovo* neu geknüpft werden könnte, und insofern muss auch das faszinierende Projekt einer konsequenten Rationalisierung durch Neukonstruktion[24] der Erlanger Schule als gescheitert gelten. Welche Teile dieses Netzes auch immer neu aufgebaut werden sollen und was auch immer der Gegenstand dieser Neukonstruktion ist, diese findet immer innerhalb des großen Gesamtnetzes einer durch Gründe gestifteten diskursiven Lebensform statt, sie bleibt, ob dies den Konstrukteuren nun bewusst ist oder nicht, immer lebensweltlich eingebettet – oder wird irrational. Die Voraussetzungen, die an den einzelnen Stellen einer Argumentation gemacht werden, beziehen sich auf eine unübersehbare Vielzahl von Elementen und strukturellen Merkmalen des Gesamtnetzes, auf konkrete Überzeugungen, Inferenzen und Invarianzen. Nicht nur die konkreten Einzelteile, sondern auch die strukturellen Merkmale können unter bestimmten Bedingungen in Frage gestellt werden. Die Invarianzen der Anschauungsformen von Raum und Zeit, von denen Kant spricht, sind durch die moderne Physik infrage gestellt worden, ohne dass dies unser lebensweltliches Wissen in irgendeiner Weise tangiert hätte. Es gibt kein synthetisches Apriori, sondern nur graduelle Unterschiede der epistemischen Erschütterbarkeit. Manches lässt sich erst in Frage stellen, wenn sehr vieles andere schon in Frage gestellt worden ist, auch dafür ist die Entwicklung der modernen Physik ein Beispiel. Aber die Revolutionen in den Einzelwissenschaften finden *an der Peripherie unserer*

24 Paul Lorenzen, »Diesseits von Idealismus und Realismus«, in: Peter Janich (Hg.), *Entwicklungen der methodischen Philosophie*, Frankfurt/M. 1992, S. 207-217; Gernot Böhme (Hg.), *Protophysik – Für und wider eine konstruktive Wissenschaftstheorie der Physik*, Frankfurt/M. 1976.

geteilten Lebensform statt, *im Zentrum gibt es keine epistemischen Revolutionen*. Dort kann es auch deswegen stürmischer zugehen, weil weit weniger auf dem Spiel steht. Der Szientismus möchte die Peripherie zum Zentrum machen und muss damit scheitern.

Der robuste Realismus unserer Lebenswelt ist deswegen *unaufgeregt*, weil es keiner weiteren Interpretation bedarf, die Gewisses noch gewisser machen könnte. Selbstverständlich gibt es die mittelgroßen physischen Gegenstände unserer Lebenswelt völlig unabhängig von der Art und Weise, in der sie beschrieben werden. Selbstverständlich ist die Diskriminierung einer Person aufgrund ihrer Hautfarbe unzulässig. Selbstverständlich ist die gezielte existenzielle Beschädigung der Selbstachtung (die Verletzung der menschlichen Würde) einer Person inhuman. Selbstverständlich ist Hass auf eine Person, die nichts Unrechtes getan hat, irrational. Die Tatsache, dass unterschiedliche Begriffssysteme unterschiedliche Individuierungen vornehmen, kann diese Form eines umfassenden lebensweltlichen Realismus nicht erschüttern. In der Peripherie dünnt der Realismus aus, und hierfür bietet die moderne Physik beeindruckendes Anschauungsmaterial. Aber interessanterweise scheint die physikalische Beschreibung des Mikrokosmos an der lebensweltlichen, empirischen Erfahrung nichts verändern zu können. Jedenfalls hat die moderne Physik daran bislang nichts geändert.

Warum sollte sich dies für die mentalen Gegenstände unserer Lebenswelt anders darstellen? Dass wir selbst und andere Menschen Wahrnehmungen, Empfindungen, Intentionen, propositionale und nichtpropositionale Einstellungen, Wünsche, Überzeugungen und Erwartungen haben (Erwartungen in der schönen Doppelbedeutung von empirisch und normativ), dass also all die Gegenstände der von Szientisten gerne abgewerteten *folk psychology* real sind, kann nicht ernsthaft bezweifelt werden. Der robuste Realismus unserer Lebenswelt umfasst physische wie mentale Entitäten. Und so, wie die Physik sich an der lebensweltlichen Empirie physischer Entitäten bewähren muss, so muss sich die Psychologie an der lebensweltlichen Realität mentaler Phänomene bewähren. Nicht die Physik beweist die Existenz oder Nicht-Existenz der physischen Gegenstände unserer Lebenswelt, sondern sie muss mit diesen kompatibel sein. Nicht die Psychologie erweist die Existenz oder Nicht-Existenz mentaler Zustände unserer Lebenswelt, sondern sie muss mit diesen kompatibel sein. Da das epistemische System ein Ganzes ist, mit fließenden Übergängen und graduellen Differenzen epistemischer Gewissheiten, Begründungsformen und experimentellen Praktiken, ist allerdings nicht ausgeschlossen, dass von der Peripherie ein Einfluss auf das Zentrum der geteilten Lebensform ausgeht: Auch die Physik oder die Psychologie können das Netz verändern und auf die Zentralbereiche der lebensweltlichen Praxis des Gründegebens und -nehmens einwirken.

Der robuste Realismus unserer Lebenswelt ist *kein ontologisches Postulat*, sondern ein Merkmal des alternativlosen epistemischen Systems, innerhalb dessen wir uns bewegen, ja bewegen müssen. Die Option, auf empirische oder normative Wahrheitsansprüche zu verzichten, gibt es nicht, weil wir das epistemische System der geteilten Lebensform[25] nicht verlassen können. Aber auch die Abschwächung über epistemische Definitionen von Wahrheit sind mit einer konsequent epistemischen Perspektive unvereinbar, denn wir bringen Gründe vor, um Überzeugungen zu rechtfertigen: Überzeugungen, dass es sich so und nicht anders verhält, dass diese Handlung geboten ist oder nicht, dass diese emotive Einstellung gerechtfertigt ist oder nicht etc. Wir wollen, indem wir Begründungen vorbringen, nicht die Behauptung aufstellen, dass unter bestimmten Bedingungen alle rationalen Personen zu einer bestimmten Überzeugung kämen (ideale Rechtfertigbarkeit). Wir wollen auch nicht lediglich sagen, dass sich in unserer Kultur Menschen auf dieses oder jenes *de facto* einigen (Konventionalismus). Wir reden nicht über epistemische Zustände irgendwelcher Art, weder über diejenigen idealer Personen unter idealen Bedingungen noch über diejenigen realer Personen in spezifischen kulturellen Kontexten, noch gar über eigene epistemische Zustände (Subjektivismus), sondern über reale Sachverhalte empirischer, normativer, evaluativer oder emotiver Art.[26] Dieser robuste Realismus ist insofern »unauf-

25 Auf das Verhältnis von Lebenswelt und Lebensform will ich hier nicht weiter eingehen, das habe ich in *Philosophie und Lebensform* (Kap. 1) getan.

26 Die Tatsache, dass unter den Sachverhalten, die wir begründen oder bezweifeln, auch epistemische sind, kann den robusten lebensweltlichen Realismus nicht erschüttern. Beispiel: »Stimmt es, dass der Angeklagte davon überzeugt war, dass es zu seiner Handlung keine Alternative gab?« Die Gründe, die dafür und dagegen vorgebracht werden können, beziehen sich auf den realen Sachverhalt, ob *der Angeklagte davon überzeugt war, dass es zu seiner Handlung keine Alternative gab.*

geregt«, als er nicht auf eine ontologische Hypostasierung oder philosophische Theorie warten muss, um plausibel zu sein.

V. Ein neues Schisma zwischen theoretischer und praktischer Vernunft?

Das neue Schisma, von dem nun die Rede sein soll, prägt die zeitgenössische Philosophie in hohem Maße. Ich illustriere dies, indem ich einige ihrer bedeutendsten Repräsentanten anführe:

Jürgen Habermas hat seine konsenstheoretische Konzeption der Wahrheit in den 1990er Jahren aufgegeben.[27] In den Naturwissenschaften, so der späte Habermas, gehe es nicht darum, herauszufinden, was das Ergebnis eines idealen Diskurses sein würde, sondern darum, Sachfragen zu klären, es gehe nicht darum, die allgemeine Akzeptabilität von Theorien im Diskurs zu eruieren, sondern naturwissenschaftliche Tatsachen und Regularitäten zu klären, insbesondere Kausalbeziehungen. Theoretische Vernunft bedarf demnach einer realistischen Interpretation der Gegenstände und einer (naturwissenschaftlichen) Rechtfertigung. Anders im Bereich der praktischen Vernunft, im Bereich dessen, was Habermas »Moralität« nennt, also dem Bereich der Rechtfertigung von Normen mit allgemeinem Geltungsanspruch. Hier geht es dem diskursethischen Programm entsprechend um die Klärung der Akzeptabilität gegenüber jeder Person. In einer Diskussion mit Ronald Dworkin zeigte sich, dass der Anti-Realismus im Bereich der praktischen Vernunft für Habermas auch eine politische Dimension hat, nämlich die der kollektiven Autonomie: Die Bürger eines Staates sollten die Möglichkeit haben, die für sie geltenden Normen in einem öffentlichen und möglichst rationalen Diskurs zu klären; es geht nicht darum herauszufinden, welche wechselseitigen Verpflichtungen sie sich schulden.[28]

Es wäre ein offenkundiger Denkfehler, diesen Typ Sachverhalte als Argument für epistemische Wahrheitsdefinitionen heranzuziehen.

27 Vgl. Jürgen Habermas, *Wahrheit und Rechtfertigung.*

28 Ronald Dworkin, der als Rechtsphilosoph und politischer Theoretiker nicht weit von Habermas entfernt ist, verbindet seine linksliberalen inhaltlichen Positionen mit einem geradezu vehementen metaethischen Realismus, zuletzt in *Justice for Hedgehogs*, Cambridge/MA 2011.

Die erste wichtige Publikation von John Rawls[29] entwickelt ein Entscheidungsverfahren für die Ethik, das Parallelen zu Rudolf Carnaps Wissenschaftstheorie hat und später zur berühmt gewordenen Theorie des *reflective equilibriums*, des reflektiven Gleichgewichtes, modifiziert wird. Schon der frühe Rawls ist davon überzeugt, dass ethische Theorien ganz normale Theorien sind, die sich rechtfertigen lassen, wie andere auch. Die *Theory of Justice* von 1971 wird ebenfalls als ein Zweig der normativen Rationalitätstheorie präsentiert, und das Begründungsverfahren unterscheidet sich nicht von dem anderer Theorien, wie Rawls betont. Man geht aus von bestimmten Daten bzw. wohlbegründeten moralischen Urteilen (*well-considered moral judgements*) im Bereich der Ethik, systematisiert diese, modifiziert sie im Prozess ihrer Systematisierung und verändert wiederum das Ergebnis der Systematisierung, um eine möglichst weitgehende Übereinstimmung zwischen den wohlbegründeten moralischen Urteilen und der Theorie herzustellen – im Falle der Theorie von John Rawls eine vertragstheoretische Rekonstruktion der Prinzipien einer gerechten Grundstruktur der Gesellschaft. Man geht vor und zurück, von den »Daten« zur Theorie und umgekehrt. Die Kohärenz des Ganzen rechtfertigt die Theorie (hier die Prinzipien der Gerechtigkeit), wirkt aber auch auf die Urteile zurück: Im Lichte einer systematisierenden Theorie sind wir bereit, sperrige Wahrnehmungsurteile oder sperrige Moralurteile zu revidieren. Die Daten sind nicht einfach das Gegebene und die Theorie das aus ihnen Konstruierte oder durch sie Gerechtfertigte. Das Equilibrium wird in beide Richtungen hergestellt und verlangt in beide Richtungen Modifikationen.

Spätestens mit den *Dewey Lectures* von 1980, der Geburtsstunde des so genannten *Kantian Constructivism*, treten aber auch bei Rawls theoretische und praktische Vernunft auseinander:[30] Die Gerechtigkeitstheorie ist nun keine Theorie im Wortsinne mehr, sondern hat eher den Charakter eines Arrangements zum wechselseitigen Vorteil, getragen vom öffentlichen Vernunftgebrauch und einem sich überlappenden Gerechtigkeitssinn über die unterschiedlichen Partialkulturen einer modernen Gesellschaft hin-

29 John Rawls, »Outline of a Decision Procedure for Ethics«, in: Samuel Freeman (Hg.), *John Rawls. Collected Papers*, Cambridge/MA 1999, S. 1-19.

30 John Rawls, »Kantian Constructivism in Moral Theory«, in: *Journal of Philosophy* 77 (1980), S. 515-557.

weg. Im *Kantian Constructivism* von Christine Korsgaard radikalisiert sich dieses Programm: Nun geht es um die Schaffung eines Selbstbildes (*self-image*) und dann später in einer Wendung zum klassischen Kantianismus um die konstitutiven Bedingungen der Handlungsfähigkeit (*agency*) überhaupt.[31]

Der Wissenschaftstheoretiker Gilbert Harman kommt zu dem Ergebnis, dass die Standards naturwissenschaftlicher Rationalität, wie sie für die moderne Physik gelten, in moralischen Alltagsdiskursen nicht erfüllt sind und es daher in der Ethik nicht um Erkenntnisfragen gehen kann, sondern nur um solche der subjektiven Präferenz.[32] Auch hier treten theoretische und praktische Vernunft auseinander.

Bernard Williams, der große Moralist der zweiten Hälfte des 20. Jahrhunderts, skeptisch gegenüber ethischen Theorien, aber überzeugt von der Notwendigkeit der Klärung moralischer Fragen, ist trotz dieser Differenz zum zeitgenössischen ethischen Mainstream Anhänger der Trennungsthese, also einer von David Hume inspirierten halbierten, auf empirische Urteile reduzierten Rationalität.[33] Das Ergebnis ist ein konsequenter *relativism from the distance*: Es gibt keine Möglichkeit, moralische Fragen aus der kulturellen Distanz allgemeingültig zu klären.

John Mackie schließlich ist der Erste, der das Programm des ethischen Subjektivismus analytischer Provenienz zu Grabe trägt und zugleich in einer paradox anmutenden Kombination erneuert.[34] Demnach saß die gesamte *Ordinary-language*-Philosophie der Moral, die analytische Metaethik von Ayer bis Hare, einem fundamentalen – linguistischen – Irrtum auf: Die Moralsprache kann demnach nur objektivistisch interpretiert werden, nicht subjektivistisch, wie es analytische Philosophen über Jahrzehnte unternommen haben. Zugleich aber ist damit die Moralsprache – wir können durchaus erweitert sagen: die moralische Verständigungspraxis der Lebenswelt – von einem fundamentalen (erkenntnistheoretischen) Irrtum geprägt, wonach es tatsächlich um die Klärung von Sachfragen geht. Während die analytischen Metaethiker es unternommen

31 Christine Korsgaard, *The Sources of Normativity*, Cambridge 1996, und *Self-Constitution. Agency, Identity, and Integrity*, Oxford 2009.

32 Gilbert Harman, *The Nature of Morality*, Oxford 1977.

33 Bernard Williams, *Ethics and the Limits of Philosophy*, Milton Park 1985.

34 John Mackie, *Ethics. Inventing Right and Wrong*, London u. a. 1990.

haben, die gesprochene Moralsprache im Sinne ihrer metaphysischen, speziell ontologischen Vorurteile subjektivistisch zu interpretieren, erkennt Mackie die Sinnlosigkeit all dieser Versuche an und zieht sich auf zwei vertraute Argumente für einen ethischen Skeptizismus (zweiter Ordnung) zurück: *the argument from relativity* (die faktische [Kultur-] Relativität moralischer Überzeugungen) und *the argument from queerness* (die ontologische Absonderlichkeit moralischer Eigenschaften). Der ethische Skeptizismus und Subjektivismus wird nun als eine (plausible) Metaphysik, nicht mehr als Ergebnis der Sprachanalyse präsentiert. Ein halbes Jahrhundert analytischer Ethik wird radikal entwertet und die Sprachanalyse durch Metaphysik ersetzt. Wenn das keine Ironie der Geschichte (analytischer Philosophie) ist!

Es gibt keine normativen Tatsachen und daher gibt es keine Möglichkeit, Kriterien zur Beurteilung normativer Tatsachen zu entwickeln. Aus erkenntnistheoretischer und ontologischer Perspektive müssen wir Subjektivisten bleiben. Moral ist lediglich ein Instrument, um bestimmte Ziele zu erreichen, und da sich die instrumentelle Rationalität von Regeln und Institutionen durchaus rational klären lässt, kann auf diesem Weg ein Subjektivismus zweiter Ordnung (eine subjektivistische Metaethik) mit einem Objektivismus erster Ordnung (einer objektivistischen Theorie normativer Ethik) kombiniert werden. Sensiblere Naturen wie Bertrand Russell haben dieses Spannungsverhältnis zeit ihres Lebens kaum aushalten können, bei Mackie löst es sich in einem philosophischen Taschenspielertrick auf.[35]

Diese Auflistung ließe sich lange fortsetzen und am Ende könnte sie in eine kritische Analyse all dieser anti-realistischen Entwürfe praktischer Vernunft münden. Hier will ich das nicht tun.[36] Jede dieser anti-realistischen Ethikkonzeptionen kann letztlich aus dem einfachen Grund nicht überzeugen, dass unsere normativen Diskurse zu klären suchen, wozu wir tatsächlich verpflichtet sind. Die Spal-

35 Ebd.

36 Das war Ende November 2014 Inhalt einer kleinen Tagung an der LMU zu der von mir vertretenen Konzeption der ethischen Erkenntnistheorie, also der Verbindung von Realismus und Kohärentismus: Vgl. Dietmar von der Pfordten (Hg.), *Moralischer Realismus? Zur kohärentistischen Metaehtik Julian Nida-Rümelins*, Münster 2015. Meine Beiträge daraus sind in diesem Band abgedruckt (Kap. 4 und 6).

tung von theoretischer Vernunft, die auf rationale Überzeugungen gerichtet ist, und praktischer Vernunft, die letztlich nur Ausdruck individueller Wünsche ist, kann nicht überzeugen. Egozentrikern mag es in ihrem Verhalten auch darum gehen, ein bestimmtes Selbstbild aufzubauen, aber selbst diese werden nicht behaupten, dass es ausschließlich darum gehe (gegen die frühe Korsgaard, auch den frühen Scanlon). Niemand kann bezweifeln, dass auch SS-Offiziere handlungsfähig waren, die Konstitutionsbedingungen von *agency* reichen für Moralität nicht aus (gegen die spätere Korsgaard). Menschenrechte und Demokratie wurden gegen Feudalismus, Sklaverei und Frauenunterdrückung mühsam genug erkämpft. Wenn es lediglich darum gegangen wäre, einen *overlapping consensus* (im Sinne von John Rawls) festzustellen, gäbe es heute weder Menschenrechte noch Demokratien. Das Argument gegen die Feudalherren war, dass sie kein Recht haben, andere als ihre Untertanen zu behandeln, ganz unabhängig davon, wie die kulturellen Kontexte jeweils sein mögen. Und dieses Argument war zutreffend. Ich darf die Selbstachtung eines menschlichen Individuums nicht existenziell beschädigen, ganz unabhängig davon, was andere Menschen meinen, was die Mehrheit entscheidet oder was in meinem eigenen Interesse ist. Das ist der normative Kern nicht nur unserer Verfassungsordnung, in der dieser allerdings besonders deutlich wird. »Die Würde des Menschen ist unantastbar« hat deswegen eine Ewigkeitsgarantie und kann auch durch Mehrheitsentscheid nicht verändert werden, weil es sich um eine normative Erkenntnis handelt.[37] Bitter genug, dass es zwölf Jahre des NS-Terrors bedurfte, um den realen Gehalt einer humanen und demokratischen Verfassungsordnung so deutlich werden zu lassen, dass sie unmissverständlich, schwarz auf weiß, nachzulesen ist. Der Zusammenbruch des Rechtspositivismus unter dem Eindruck der NS-Verbrechen spricht eine deutliche Sprache: Die subjektivistischen Varianten des Anti-Realismus sind mit normativer Erkenntnis unvereinbar. Die kognitivistischen Anti-Realisten versuchen, moralische Erkenntnisse zu ermöglichen, ohne moralische Tatsachen postulieren zu müssen. Die Naturalisten unter ihnen überführen normative Sachverhalte in empirische,[38]

37 Günter Dürig, *Grundgesetz. Kommentierung der Artikel 1 und 2 Grundgesetz*, hg. von Theodor Maunz, München 2003.

38 Vgl. die Klassiker des ethischen Neo-Naturalismus: Richard Boyd und Peter Railton.

während kantianische Konstruktivisten sich an (quasi-)logischen Konstruktionen von Moralität abmühen.[39] Eine konsequent epistemische Perspektive erübrigt diese philosophischen Überspanntheiten. Für diese ist ein ethisches Urteil so zu behandeln wie andere Urteile auch, für diese ist eine ethische Theorie so zu behandeln wie andere Theorien auch. Sie bewähren sich an dem, was nicht in Frage steht: an bestimmten konkreten oder allgemeinen normativen Sachverhalten, Invarianzen, Inferenzen, am ethischen Hintergrundwissen, am großen Netz, das durch die normative Verständigungspraxis, den lebensweltlichen Austausch normativer Gründe aufgespannt ist.

Nur die eine oder andere Form globaler Moralskepsis würde diesen Sprüngen in die Reduktion (ethischer Naturalismus) oder die Konstruktion (radikaler Konstruktivismus und kantianischer Konstruktivismus) eine gewisse Plausibilität verleihen. Aber zu einer fundamentalen Moral-Skepsis besteht überhaupt kein Anlass: Die Verständigungspraktiken funktionieren ziemlich gut, nicht nur innerhalb einer Gesellschaft, sondern auch international. Wir verstehen sehr gut, was es heißt, dass jemand etwas tun sollte, dass jemand seine Pflicht verletzt hat, dass eine bestimmte Praxis inhuman ist etc., wenn wir auch hinsichtlich der Kriterien differieren.[40] Ernst Tugendhat rechtfertigt seine vertragstheoretische Ethikkonzeption mit dem Ende der Moralbegründung aus der Tradition oder der Religion. Ich kann dagegen keinerlei Moralkrise erkennen, sondern eher das Gegenteil: Die erstaunliche Konvergenz der Weltgesellschaft, die Verständigung auf Kodifizierungen der Menschenrechte, globale Kriterien normativ akzeptabler unternehmerischer Praxis, die Einrichtung eines Weltstrafgerichts, auch der Siegeszug der rechtsstaatlich verfassten, auf der Zuschreibung von Menschenrechten beruhenden, demokratischen Ordnung in Südeuropa, Südamerika, Osteuropa oder Afrika sowie die Möglichkeit, sich über alle kulturellen Differenzen hinweg normativ zu verständigen, spricht gegen die Diagnose einer umfassenden moralischen Krise.

Um es ein wenig boshaft zu formulieren: Was es zweifellos gibt, ist eine anhaltende Krise der philosophischen Ethik, das Neben-

39 Darunter so imposante Entwürfe wie die von Alan Donagan, *The Theory of Morality*, Chicago u. a. 1977.

40 Anders als konservative Moraltheoretiker wie Anscombe, MacIntyre oder Finnis annehmen.

einander unvereinbarer, gar gegensätzlicher Theorien, die Abkoppelung der Bereichsethiken von der philosophischen Ethik, die aktuelle Zuspitzung metatheoretischer Auseinandersetzungen, die neue Offensive des Naturalismus. Daraus aber auf eine umfassende moralische Krise der modernen Kultur zu schließen, zeugt von einer bemerkenswerten Überschätzung der Rolle von Intellektuellen generell und der philosophischen Ethiker im Speziellen. Man sollte nicht von der Krise des eigenen Fachs auf die Krise ihres Gegenstandes schließen. Die Kosmologie als Subdisziplin der theoretischen Physik scheint sich seit Jahrzehnten in einer vergleichbaren Krise zu befinden – niemand käme aber deswegen auf die Idee, dass sich der Kosmos in einer Krise befindet. Aber zugegeben, die theoretische Physik ist für die kosmische Ordnung noch weit irrelevanter als die philosophische Ethik – oder besser: ihre Subdisziplin, die Metaethik – für die moralische, rechtliche, politische und kulturelle, also die normative Praxis der Interaktion und der Verständigung. Für diese ist ein robuster, unaufgeregter Realismus charakteristisch.

Wir wollen wissen, was richtig ist und was falsch, und zu diesem Zwecke wägen wir Gründe ab – praktische und evaluative. Die Unsicherheiten, Dilemmata und Ratlosigkeiten sind groß genug, um diesem *Spiel des Gründegebens und Gründenehmens* immer wieder neue Nahrung zu geben. Wir spielen dieses Spiel, weil wir epistemische Optimisten sind, weil wir hoffen, dass wir normative Irrtümer durch Deliberation klären können. Unsere Lebensform ist eine deliberative, sie ist ohne das Abwägen theoretischer und praktischer Gründe nicht möglich. Für ihre beiden Zentralbegriffe – den der Überzeugung und den der Handlung – ist Deliberation sogar *konstitutiv*: Eine *Überzeugung* ist eine Meinung, für die die Person, die diese Meinung hat, Gründe anführen kann. Eine *Handlung* ist ein Verhalten, für das die handelnde Person Gründe anführen kann. Die Gründe beziehen sich auf einen praktischen und theoretischen Hintergrund des Fraglosen und Selbstverständlichen, für das wir keine Gründe anführen können, ohne aus der geteilten Lebensform herauszufallen. Diese geteilte Lebensform bietet keinen Ansatzpunkt der Separierung theoretischer und praktischer Vernunft. Der robuste Realismus unserer Lebensform ist umfassend, ist nicht halbierbar, kann nicht auf theoretische Vernunft eingeschränkt werden. Auch das zweite Schisma ist eine philosophische Chimäre.

VI. Veritas filia temporis?

Im Lateinunterricht lernt meine Tochter, dass *veritas filia temporis* in etwa bedeutet: »Mit der Zeit kommt die Wahrheit (schon noch) ans Licht.« Das ist eine durchaus altersgemäße Übersetzung und wird von einer Elfjährigen in etwa so verstanden: Wie sehr ich mich bemühe, etwas vor meinen Eltern geheim zu halten, auf Dauer wird es mir nicht gelingen. Bei dieser Interpretation bleibt die Prominenz dieses lateinischen Spruchs allerdings unverständlich, schon deswegen, weil jedenfalls meine Tochter davon überzeugt ist, dass das keineswegs zutrifft, dass es ihr schon oft gelungen ist, Wichtiges aus ihrem Leben auf Dauer den Eltern vorzuenthalten. Im *Novum Organum* von Francis Bacon kommt dieser Satz ebenfalls vor[41] und die Interpreten streiten sich über seine Auslegung. Claus Zittel schlägt vor, ihn postmodern zu deuten: »Bacon erkennt in aller Schärfe die Geschichtlichkeit von Wahrheit und mithin auch der eigenen Position.«[42] Die »Geschichtlichkeit von Wahrheit« soll dann heißen, dass das als wahr zu gelten hat, was in der jeweiligen historischen Situation für wahr gehalten wird. In der Tat gibt es bei Bacon zahlreiche Belegstellen, die dafür sprechen, dass er jedenfalls zu den epistemischen Pessimisten zu zählen ist: Es sei nicht zu erwarten, dass die klügeren Argumente und die besseren Theorien sich im Laufe der Zeit gegenüber den irrigen Argumenten und den schwächeren Theorien durchsetzen. Die Jahrhunderte überdauernde philosophische Dominanz von Aristoteles belegt für Bacon diese pessimistische Sicht.

Bacon kann man als Proto-Pragmatisten lesen, dem zufolge es letztlich ausschließlich um eine erfolgreiche technische und soziale Praxis gehen sollte, zu deren Instrumenten moderne Wissenschaft gehört. Damit sollten wir uns begnügen und nicht dem absoluten Gottesstandpunkt, der gewissen und eindeutigen, allumfassenden Theorie nacheifern. Aber auch der Pragmatiker bedarf Kriterien des Gelingens der Praxis. Wozu theoretische und praktische Gründe, die zweifellos eng miteinander verkoppelt sind, vorbringen, wenn

41 »Omnium enim consensu veritatem temporis filiam esse« (Francis Bacon, *Novum Organum* I, 84).

42 Claus Zittel, »Truth is the Daughter of Time«, S. 215, in: Wolfgang Detel, Claus Zittel (Hg.), *Wissensideale und Wissenskulturen in der frühen Neuzeit*, Berlin 2002, S. 213-238.

von ihnen kein Fortschritt hinsichtlich einer gelungenen Praxis und hinsichtlich der Kohärenz unserer – deskriptiven wie normativen – propositionalen Einstellungen zu erwarten ist? Die konsequent epistemische Perspektive, für die ich geworben habe, ist in der Tat auf einen gewissen Optimismus festgelegt, das heißt auf die Annahme, dass es sinnvoll ist, Gründe und Gegengründe für Überzeugungen, Handlungen, auch emotive Einstellungen abzuwägen. Wir klären, was der Fall ist, welche empirischen Überzeugungen zutreffen, welche Verpflichtungen wir haben, welche emotiven Einstellungen angemessen und welche unangemessen sind. Diese Klärung hat die Form der Deliberation, des Abwägens von Gründen. Es handelt sich um *ein* großes, inklusives Spiel des Gründegebens und Gründenehmens. Unsere Lebensform wird durch dieses Spiel einer Veränderungsdynamik unterworfen, zugleich hat sie starke Beharrungskräfte. Alle Veränderung kann nur graduell sein, weil dieses Spiel Selbstverständliches und Unhinterfragbares voraussetzt. Insofern sind die Begründungsrelationen *immanent*. Eine gute Begründung ist immer relativ zum Hintergrund geteilter Selbstverständlichkeiten und der Übergang von geteilten Selbstverständlichkeiten zu begründungsbedürftigen Elementen ist fließend. Aber der Inhalt des zu Begründenden hat einen Weltbezug. Es geht um die Klärung von empirischen wie normativen Tatsachen. Der Idealismus in seinen unterschiedlichen Varianten löst das Netz aus seinen Verankerungen. Die Welt löst sich auf und das Netz wird zur Welt. Das gilt auch für unwillige Idealisten, wie Hilary Putnam in seiner Phase des so genannten internen Realismus.

Wir können epistemische Optimisten bleiben, ja wir haben gar keine andere Wahl, weil dies der Praxis des Gründegebens und Gründenehmens, an der wir teilhaben, die unsere Lebensform ausmacht, überhaupt erst ihren Sinn verleiht, und doch wäre die These, dass sich Vernunft in der Geschichte realisiert, ein *non sequitur*. Diese These wäre nur dann schlüssig, wenn die Menschheitsgeschichte ein hohes Maß an Kontinuität aufwiese, wenn also die jeweils erreichten deliberativen Fortschritte Bestand hätten und nicht nur die begrenzte Lebenszeit von Individuen und Generationen überdauerten, sondern auch alle Arten historischer Brüche. Mit dem Untergang des römischen Imperiums gingen nicht nur technische Kenntnisse verloren, sondern es versank ein riesiger Schatz kultureller und zivilisatorischer Erkenntnisse. Die Überlieferungspraxis ist voll von Beispielen dieser Art. Die beiden Großen der griechischen Klassik, Platon und Aristoteles, erscheinen uns so groß, weil ihre Konkurrenten den Brüchen der Überlieferungspraxis weitgehend zum Opfer gefallen sind. Bacon vermutet, dass dies nicht mit ihrer überragenden Qualität korrespondiere. Oder nehmen wir die zeitgenössische *»cutting edge«*-Forschungspraxis, wie Nachwuchswissenschaftler es gerne nennen: Diese bezieht sich jeweils auf die letzten einschlägigen Publikationen in amerikanischen Fachzeitschriften. Der Zeithorizont umfasst, sagen wir, drei bis fünf Jahre; alles Frühere kommt nicht mehr in den Fokus der wissenschaftlichen Auseinandersetzung, ist zu einem historischen Sediment geworden, das nur noch Spezialisten der Wissenschafts- und Philosophiegeschichte interessiert. Dies erklärt das merkwürdige Phänomen philosophischer Wiedergänger, also das der immer wieder neu auftauchenden, aber im Kern unveränderten philosophischen Argumente und Theorien, die zu bestimmten Zeiten als längst widerlegt galten, die dann aber wiederaufleben, oft ohne jeden Bezug auf ihre Urheber und Kritiker. Der US-amerikanische Pragmatismus der 1980er Jahre etwa kennt Ferdinand Tönnies natürlich nicht, auch nicht die unselige Rolle, die »kommunitaristische« Argumente in der Auseinandersetzung zwischen vermeintlich deutscher Kultur und französischer Zivilisation im Vorfeld des Ersten Weltkrieges gespielt haben. Ein Gutteil der Argumente US-amerikanischer Kommunitaristen war aus europäischer Sicht jedoch ein Déjà-vu. Sie erschienen in den USA nur aufgrund eines Kontinuitätsbruchs in der westlichen Philosophie und wegen mangelnder Fremdsprachenkenntnisse als aufregend und neu.

Stellen wir uns das kulturelle Gedächtnis wie einen Scheinwerfer vor: Sein Lichtkegel umfasst jeweils einen Kern von einigen Jahren und die Konturen werden unscharf, je weiter man sich davon entfernt. Im Laufe der Geschichte des menschlichen Begründens wandert das Licht dieses Scheinwerfers weiter, Altes verschwindet im Dunkel und Neues kommt ans Licht. Es ist durchaus denkbar, dass das jeweilige Argument uns – in realistischer Perspektive – hilft, Irrtümer zu vermeiden, und unsere deskriptiven wie normativen Überzeugungen wahrheitsähnlicher macht. Und doch ergäbe sich daraus keine Tendenz der Geschichte zu fortschreitender Vernünftigkeit. Der jeweilige Hintergrund würde sich im Laufe der Zeit ändern, bei starker Invarianz eines Kerns, also dessen, was man als *die* menschliche Lebensform bezeichnen könnte. Der Unterschied ist wiederum ein gradueller: *Die* menschliche Lebensform manifestiert sich in unterschiedlichen, kulturell und sprachlich verfassten Lebensformen und entsprechend verschiebt sich der Hintergrund, vor dem Deliberation stattfindet. Es gibt Fortschritte, aber diese bleiben lokal.

Ich denke nicht, dass diese skeptische Sicht auf die Geschichte der Vernunft eine radikale Skepsis nahelegt. Wir sollten epistemische Optimisten bleiben, ohne die Geschichte als Akteur auf dem Wege zu vollkommener menschlicher Vernunft zu überhöhen. Es sind jeweils immer nur die konkret Beteiligten an der Praxis der Deliberation, denen es zukommt, die Tatsachen zu klären. Sie sind Autorinnen und Autoren ihres Lebens, sofern sie sich von Gründen leiten lassen, in der Annahme, dass sie dies einer zutreffenden Beurteilung und damit einer kohärenteren Praxis näher bringt. Aber die Geschichte macht nur phasenweise Fortschritte, sie kennt auch Rückschritte, *die Vernunft realisiert sich nicht in der Geschichte*. Ich gebe zu, dass diese Haltung ein wenig an den Sisyphos von Albert Camus erinnert. Aber mir scheint, wie damals Camus, dass es dazu keine Alternative gibt.

Francis Bacon spricht im Hinblick auf das Dictum *veritas filia temporis* von einem *consensus omnium*. Sollte die zeitgenössische, postmodern inspirierte Interpretation zutreffen, dann irritiert diese Charakterisierung. Zuvor gilt für unsere heutige kulturelle Situation in der Tat ein *consensus omnium* hinsichtlich der Kulturrelativität und Zeitlichkeit jedenfalls der praktischen, oft genug auch der theoretischen Vernunft. Doch dies ist ein *consensus omnium* zweiter Ordnung, der deutlich kontrastiert mit dem robusten Realismus unserer lebensweltlichen Praxis des Gründegebens und Gründenehmens. Der skeptische, zumindest relativistische *consensus omnium* zweiter Ordnung ist durch die geteilte Lebensform und die in diese eingebettete Verständigungspraxis nicht gedeckt. Man könnte mit John Mackie von einer *error theory* sprechen, aber in genau umgekehrter Richtung: Nicht der Realismus der Moralsprache ist irrtümlich, wie Mackie meint, sondern der Anti-Realismus zweiter Ordnung, der sich in unserer Praxis des Gründegebens und Gründenehmens, in der geteilten, deliberativ verfassten Lebensform nicht abbildet. Dieser Skeptizismus zweiter Ordnung ist ohne Fundament, er ist unbegründet. Dieser Skeptizismus ist zudem peripher, ohne Chance, größere Wirkung auf das Netz als ganzes zu entfalten. *Irrtümlich ist der anti-realistische Skeptizismus zweiter Ordnung, während wir keinen Grund haben, den robusten Realismus unserer Lebenswelt in Zweifel zu ziehen.* »Der vernünftige Mensch hat bestimmte Zweifel *nicht*«, notiert Ludwig Wittgenstein in *Über Gewißheit*.

2. Begründung in der philosophischen Ethik*

Die These, die in diesem Artikel verteidigt werden soll, lautet: Ethische Begründungen unterscheiden sich nicht von Begründungen in anderen Bereichen. Durch diese These erfährt der normative Objektivismus eine epistemologische Unterstützung.

I. Moralische Phänomene

Nach einem verbreiteten philosophischen Sprachgebrauch ist die Ethik die Theorie der Moral – allerdings nicht die empirische, sondern die normative Theorie der Moral. Die empirische gehört zur Psychologie, Soziologie oder Ethnologie. Diejenigen Strömungen der Philosophie, die der Auffassung sind, es gäbe nur zwei Arten von Wahrheit, empirische und logische, sind daher gezwungen, die Ethik auf die logische Analyse zu beschränken. In den verschiedenen Spielarten des ethischen Nonkognitivismus wirkt dieses erkenntnistheoretische Dogma bis in die Gegenwart. Sofern die Begründung einer Behauptung oder einer Überzeugung darin besteht, die Wahrheit dieser Behauptung oder Überzeugung plausibel zu machen, kann es demnach keine ethische Begründung geben. Der ethische Nonkognitivismus hat sich allerdings bemüht, andere – was die Frage der Wahrheit angeht, schwächere, in anderer Hinsicht aber meist stärkere – *ethikspezifische* Formen von Begründung zu entwickeln. Sie sollen hier nicht diskutiert werden: So interessant die Einsichten sind, die in diesen Konzeptionen enthalten sind, so liegt doch auf der Hand, dass dieses Projekt insgesamt seinen Sinn verliert, wenn ethische Begründungen ganz gewöhnliche Begründungen sind.

Geeignete Gegenstände von Begründungen sind Behauptungen, Urteile, Hypothesen, Annahmen, Vermutungen, Überzeugungen. Eine Behauptung begründen heißt Gründe für die Wahrheit dieser Behauptung anführen. Eine Vermutung begründen heißt Gründe dafür anführen, dass der Inhalt dieser Vermutung wahrscheinlich

* Zuerst erschienen in: *Logos, Neue Folge* 1 (1994), S. 306-320.

wahr ist. Man spricht aber auch von der Begründung bestimmter Gefühle, wie zum Beispiel der Furcht. Emotionen, die auf bestimmten Annahmen oder Vermutungen beruhen, sind jedenfalls in dem harmlosen Sinn begründbar, in dem diese Annahmen oder Vermutungen begründbar sind. Ob es darüber hinaus eine (genuine) Begründung von Emotionen gibt, muss uns hier noch nicht beschäftigen.

Es gibt eine Vielfalt moralischer Phänomene: Gefühle, Dispositionen, Einstellungen, Tugenden, Handlungen, Entscheidungen, Äußerungen, Behauptungen, Urteile, Überzeugungen ... Ethische Theorien unterscheiden sich unter anderem darin, welchem Typus moralischer Phänomene sie ein Primat zusprechen. Dieses Primat nimmt, wenn auch bisweilen nur implizit, die Form einer Reduktionsthese an. So entwickeln handlungsethische Ansätze Kriterien für moralisch richtige Handlungen und beurteilen Tugenden danach, ob sie geeignet sind, den Vollzug richtiger Handlungen zu fördern. Wenn ich nun behaupte, dass der Gegenstand von Begründungen in der Ethik *moralische Urteile* (Behauptungen, Hypothesen, Thesen, Sätze) und *Überzeugungen* (Vermutungen, Annahmen) – in der Sprache der Sprechakttheorie »Assertiva« und ihre intentionalen Entsprechungen – sind, dann ist dies nicht im Sinne einer Reduktionsthese gemeint: Ich will damit nicht sagen, dass sich die Frage nach den moralisch angemessenen Tugenden, Handlungsmotiven, Entscheidungen usw. auf die Frage nach richtigen moralischen Urteilen reduzieren lässt. Dies wäre ein intellektualistisches Missverständnis der Moral.

Moralische Überzeugungen haben häufig eine handlungsleitende Kraft. Es kommt vor, dass man etwas nicht tut, weil es den eigenen moralischen Überzeugungen widerspricht, obwohl man weiß, dass es im eigenen Interesse ist. Die handlungsleitende Rolle gilt als Spezifikum des Normativen. Dieses Spezifikum darf jedoch nicht zu eng interpretiert werden. Eine Person kann eine bestimmte These zu Fragen der Steuergerechtigkeit vertreten, ohne dass ihre eigenen Handlungen oder die Handlungen anderer Personen davon beeinflusst werden oder ihre Beeinflussung auch nur beabsichtigt ist. Und umgekehrt kann ein fraglos deskriptives Urteil wie »Es regnet«, unmittelbar handlungsleitend sein und etwa zum Aufspannen eines Regenschirms veranlassen.

Gegenstand ethischer Begründungen sind moralische Urteile

bzw. Überzeugungen, die in moralischen Urteilen ihren Ausdruck finden. Nicht alle moralischen Urteile scheinen allerdings begründungsfähig zu sein. Dies haben sie mit außermoralischen Urteilen gemeinsam. Wenn zwei Personen vor einem Baum stehen und die eine zur anderen sagt, »Dies ist ein Baum«, dann bedarf die geäußerte Überzeugung wohl meist keiner näheren Begründung, wohl aber die Äußerung dieser Überzeugung. Die Äußerung könnte der Sprecher mit dem Hinweis begründen, er habe vermutet, der Hörer hielte den Baum für einen Strauch. In diesem Fall mag dann auch die Überzeugung selbst begründungsbedürftig werden. Der Hörer könnte nach den zugrunde gelegten Kriterien der Baumeigenschaft fragen. Unter normalen Bedingungen gehört die Proposition (p), dass dort ein Baum ist, zu den gemeinsamen Überzeugungen zweier Personen, die vor einem Baum stehen: Jede der beiden Personen ist überzeugt, dass p, jede ist überzeugt, dass die andere Person überzeugt ist, dass p, jede (x) ist überzeugt, dass die andere Person überzeugt ist, dass sie (x) überzeugt ist, dass p etc. Die Äußerung dieser Überzeugung ändert an diesem epistemischen Zustand nichts und ist daher unter normalen Bedingungen nicht sinnvoll. Da unter normalen Bedingungen[1] auch keine Informationen denkbar sind, die die subjektive Gewissheit, dass p, erhöhen, ist p (genauer, die Überzeugung, dass p, die Behauptung, dass p) nicht begründungsfähig und, da p ohnehin gewiss ist, auch nicht begründungsbedürftig.

Unser Alltagswissen hat einen hohen Anteil von Propositionen dieser Art. Dennoch ist auch dieser Anteil vor Revisionen nicht gefeit. Das geozentrische Weltbild gehörte über viele Jahrhunderte zu den Alltagsgewissheiten und konnte sich auf einen reichen Fundus von Erfahrungsdaten stützen; dennoch musste es schließlich dem heliozentrischen Weltbild weichen. Das neue Weltbild konnte sich allerdings nur deshalb durchsetzen, weil es das Gros der Alltagserfahrungen nicht in Frage stellte, sondern nur neu interpretierte. Eine Theorie, die nicht im Einklang damit ist, dass ich jetzt vor meinem Notebook sitze und einen Text abfasse, oder bezweifelt, dass ich von vier Wänden umgeben bin etc., hat keine Chance von mir akzeptiert zu werden, wie eindrucksvoll ihre sonstige Begrün-

1 Zu den normalen Bedingungen gehört, dass keine der beiden Personen blind ist, dass die Szene ausreichend beleuchtet ist, dass niemand Plastikattrappen erwartet, dass niemand psychedelische Drogen genommen hat etc.

dungsleistung auch sein mag. Unser Überzeugungssystem enthält weitgehend revisionsresistente Elemente. Zu diesen gehören neben empirischen auch normative und speziell moralische. Die Überzeugung, dass es moralisch unzulässig wäre, jetzt den nächstbesten Passanten zu erschlagen, gehört dazu ebenso wie meine Überzeugung, dass dort ein Baum steht. Theorien müssen sich in der Regel an diesen Elementen bewähren, auch wenn sie unter bestimmten Bedingungen imstande sind, diese zu revidieren.

II. Die allgemeine Form von Begründungen

Moralische Überzeugungen werden in der gleichen Weise begründet wie außermoralische. Es ist daher sinnvoll, einen Blick auf die Struktur von Begründungen generell zu werfen. Ein Beispiel für eine Begründung mit einer schlichten Struktur: Jemand (i) ist überzeugt, dass p. Jemand anderes (j) bezweifelt p. i und j sind sich einig, dass q. Es gelingt i zu zeigen, dass p aus q logisch gefolgert werden kann. j akzeptiert die Gültigkeit der Ableitung und ist damit vor die Alternative gestellt, q und p zu akzeptieren (von q und p überzeugt zu sein) oder p weiterhin abzulehnen, aber nun im Gegensatz zur epistemischen Ausgangssituation auch q abzulehnen (überzeugt zu sein, dass q falsch ist). Im ersten Fall ist die Begründung von p durch i gegenüber j gelungen. Im zweiten ist sie in einem bestimmten, wir wollen sagen »diskurspragmatischen« (oder kurz »pragmatischen«) Sinne misslungen. Dies schließt nicht aus, dass p zutrifft und dass i über eine gute Begründung für p verfügt. Es könnte sogar sein, dass diese gute Begründung genau in der Ableitung von p aus q besteht, denn q könnte zum Beispiel eine Proposition sein, die vernünftige Menschen nicht bezweifeln – sei es, dass q seinerseits gut begründet ist oder dass q auch ohne weitere Begründung gewiss erscheint. Die hier implizit postulierte Existenz einer guten, von der konkreten Diskurssituation unabhängigen Begründung setzt Kriterien epistemischer Rationalität voraus. *Eine gute Begründung zeichnet sich dadurch aus, dass sie eine pragmatisch wirksame Begründung gegenüber einer (epistemisch) rationalen und wohlinformierten Person wäre.*

Komplexere Begründungen weisen ein höheres Maß an Theoriebeladenheit auf. Theorien verknüpfen Propositionen miteinander, die zuvor unabhängig voneinander schienen. Da Theorien universelle (in vielen Fällen mathematisch präzisierte funktionale) Abhängigkeiten formulieren, eignen sie sich zur Begründung all ihrer Implikationen, unter ihnen auch singuläre Propositionen. Der Logische Empirismus hatte zu Anfang angenommen, dass Theorien durch eine induktive (logische) Relation zwischen einer Menge von Einzeldaten (Protokollsätzen) und der betreffenden Hypothese begründet werden. Die singulären, in Protokollsätzen formulierten Propositionen hätten demnach einen begründenden und die Hypothese einen begründeten Status. Die letztlich vergebliche Bemühung, dieses Programm überzeugend auszuformulieren, hat den Blick geschärft für die Komplexität wissenschaftlicher Begründung. Die für das Gelingen des Projektes der rationalen Rekonstruktion im Sinne des Logischen Empirismus notwendige scharfe Trennung von Beobachtungssprache und theoretischer Sprache musste zugunsten eines empiristischen *Gradualismus* aufgegeben werden.[2]

Die für die Theoriebildung prägende Rolle impliziter und expliziter *Invarianzannahmen* ist heute unbestritten. Diese bilden einen Referenzrahmen, der Propositionen in Äquivalenzklassen einteilt und damit die Theoriebildung erst ermöglicht. Ein transzendentales Projekt der Begründung ist damit jedoch nicht abgesteckt, denn die Organisation von Propositionen durch Invarianzannahmen steht selbst nicht außerhalb jeder kritischen Prüfung. Hartnäckige Probleme der Theoriebildung sind in der Geschichte der Wissenschaften bisweilen erfolgreich durch Veränderung dieser Invarianzannahmen gelöst worden. Das prominenteste Beispiel dafür ist die Entwicklung der speziellen Relativitätstheorie.

Eine Proposition begründen ist nur möglich unter Rekurs auf andere Propositionen. Es ist unmöglich, das System unserer Überzeugungen[3] *zum Zweck der Begründung einzelner seiner Elemente zu verlassen.*

2 Vgl. Wolfgang Stegmüller, *Probleme und Resultate der Wissenschaftstheorie und Analytischen Philosophie, Bd. II: Theorie und Erfahrung*, Berlin u. a. 1970.

3 Der englische Ausdruck »belief system« ist weniger missverständlich als »System von Überzeugungen« oder kurz »Überzeugungssystem«, da »belief« sichere und unsichere Annahmen, subjektive Gewissheit und vage Vermutungen umfasst, während eine Überzeugung im alltäglichen Sprachgebrauch subjektiv gewiss ist. »Glaubenssystem« und Ähnliches würde jedoch unweigerlich theologische Assoziationen wecken, daher verwende ich »Überzeugungssystem«, »System von Überzeugungen« in der Bedeutung von »belief system«.

Begründung erfolgt durch Verknüpfung unter der Voraussetzung, dass es ein Gefälle der Gewissheit zwischen unterschiedlichen Propositionen gibt. Theorien bilden Netzwerke der Verknüpfung von Propositionen. Sie fügen einzelne Propositionen in einen systematischen Zusammenhang ein.

Man stelle sich eine Modellwelt bestehend aus nur zwei Personen A und B vor. Beide sind zum Zeitpunkt t_1 in einem epistemischen Zustand $z(A,t_1)$ und $z(B,t_1)$. Beide epistemischen Zustände sind durch die subjektiven Gewissheiten/Wahrscheinlichkeiten bezüglich vier Propositionen P_1, P_2, P_3, P_4 bestimmt. P_1, P_2, P_3 seien Propositionen, die beiden zu t_1 gewiss erscheinen. P_4 scheint jedoch nur A gewiss zu sein. B fragt nach einer Begründung. A verweist auf eine gemeinsame Eigenschaft E von P_1 und P_2, die auch auf P_4 zutrifft. Aus dieser Beobachtung entwickelt A seine Theorie: Propositionen mit der Eigenschaft E sind wahr, dies sei die Überzeugung von A. Sein Überzeugungssystem enthält nun als sichere Propositionen neben P_1, P_2 und P_3 auch »(P) (wenn E(P), dann P)«. Wenn P_4 ebenfalls die Eigenschaft E hat, dann könnte A P_4 unter Verweis auf E begründen. Wenn B jedoch auf eine weitere Proposition P_5 verweisen kann, die mit P_3 (logisch) unvereinbar ist, aber ebenfalls die Eigenschaft E hat, dann ist T, sofern A und B an P_3 festhalten, widerlegt und als Element einer Begründung von P_4 nicht mehr geeignet.

III. Kritik des ethischen Rationalismus

Die Geschichte der Wissenschaft war seit ihren Anfängen im klassischen Griechenland von der Suche nach einem sicheren Fundament allen Wissens geprägt. Die wissenschaftliche Erneuerungsbewegung zu Beginn der Neuzeit radikalisierte die Erwartungen an das Programm einer strengen Begründung. Die in der Folgezeit entwickelten Begründungsansätze und wissenschaftstheoretischen Konzeptionen haben bei aller Unterschiedlichkeit eines gemeinsam, ihre *fundamentalistische* Ausrichtung. Der *Rationalismus* vertraute auf allgemeine Vernunftwahrheiten, aus denen sich alles Wissen deduktiv ableiten lassen sollte. Der *Empirismus* vertraute auf die Unmittelbarkeit der Sinneserfahrung und die Möglichkeit, diese zu Theorien zu verallgemeinern. Das Projekt *transzendentaler*

Begründung hält an der fundamentalistischen Idee einer Letztbegründung fest, zieht die Grenzen des streng Begründbaren jedoch enger als seine beiden Vorläufer und Konkurrenten. Als das Scheitern des transzendentalen Begründungsprogramms Anfang des 20. Jahrhunderts zumindest als allgemeine Wissenschaftstheorie deutlich wird, ist der (fundamentalistische) Rationalismus keine ernsthafte Alternative mehr; der Empirismus erlebt jedoch in einer durch die stürmische Entwicklung der modernen Logik ermöglichten neuen Form eine Renaissance. Die wissenschaftstheoretische Diskussion um die Defizite des Logischen Empirismus hat den Blick für die komplexen Strukturen wissenschaftlicher Begründungen geschärft. Die allgemeine Wissenschaftstheorie der Gegenwart ist – nach mehreren Dekaden intensiver Forschung – von einer gewissen Skepsis gegenüber dem Programm einer allgemeingültigen syntaktisch-semantischen Metatheorie der Wissenschaften geprägt. Zentrale Begriffe, wie der der wissenschaftlichen Erklärung oder der der kausalen Verursachung, haben sich gegenüber einer adäquaten syntaktisch-semantischen Rekonstruktion als weitgehend resistent erwiesen.

Weitgehende Einigkeit besteht heute allerdings bezüglich einiger zentraler Aspekte: Wissenschaftliche Theorien ergeben sich nicht aus Beobachtungsdaten allein, weder im Sinne einer allgemeinen Bestätigungsrelation noch gar im Sinne ihrer induktiven Generierung. Wissenschaftliche Theorien sind aber in der Regel auch keinen *experimenta crucis* unterworfen; ihre Modelle (oder Paradigmen) haben einen unbestimmten und im Laufe der Zeit variablen Anwendungsbereich. Die Trennung von Theorie und Erfahrung, von theoretischer Sprache und Beobachtungssprache ist nicht möglich. Wissenschaftliche Begründung hat einen *holistischen* und *kohärentistischen* Charakter. Es ist hier nicht der Ort, diese Elemente eines (weitgehenden) Konsensus der allgemeinen Wissenschaftstheorie näher zu charakterisieren. Sie sind hier nur benannt, um auf eine bemerkenswerte Asymmetrie zwischen empirischer und ethischer Epistemologie aufmerksam zu machen. Während der epistemologische Fundamentalismus in der Wissenschaftstheorie selbst in der differenzierten Spielart des Logischen Empirismus aufgegeben werden musste, dominiert der epistemologische Fundamentalismus in unterschiedlichen Varianten ungebrochen die Ethik. Rationalismus und Transzendentalismus prägen die Szene. Eine kuriose Verbindung zwischen dem vermeintlich an eine empiristische Denktradition gebundenen Utilitarismus und einem epistemologischen Rationalismus besonders radikaler Ausprägung spielt in Gestalt des *Präferenzutilitarismus* eine bedeutende Rolle, insbesondere in der angewandten Ethik.[4] Kontraintuitive Implikationen können dieser Theorie wegen ihres rationalistischen Anspruchs nichts anhaben. Die meisten moralischen Überzeugungen haben, da sie der intuitiven Ebene angehören, bestenfalls den Status von Faustregeln, sind aber für die ethische Theorie irrelevant. Die Logik der Moralsprache und die Vernunfteinsicht in das für die moralische Beurteilung einzig Relevante (Präferenzen oder – bei traditionelleren Ansätzen[5] – die Lust-Leid-Bilanz) gestatten ein imposantes, jeder weiteren normativen Kritik entzogenes Theoriegebäude. Auch das traditionelle tanszendentalistische Programm, bestimmte Propositionen als Bedingungen der Möglichkeit von Erkenntnis überhaupt der Kritik zu entziehen, das in der allgemeinen Wissenschaftstheorie kaum noch ernst genommen wird, prägt eine der einflussreichsten Strömungen der zeitgenössischen Ethik.[6]

Ich vermute, dass diese Asymmetrie nur Ausdruck einer zeitlichen Verzögerung ist, mit der wissenschaftstheoretische und epistemologische Erkenntnisse auf die Ethik Einfluss nehmen. Der ethischen Diskussion wäre jedoch gerade angesichts der gegenwärtigen Herausforderung durch das vielfältig artikulierte Bedürfnis nach normativer Orientierung geholfen, wenn sie sich bald von ihrer fundamentalistischen Fixierung lösen würde. Ethische Theorien sind ganz normale Theorien, sie beruhen nicht auf selbstevidenten Vernunftwahrheiten, sie lassen sich nicht aus kritikresistenten Propositionen als Bedingung der Möglichkeit des normativen Diskurses ableiten, sie stellen aber auch nicht bloße Verallgemeinerungen unserer situationsbezogenen singulären moralischen Intuitionen dar, denn die Einzelfall-bezogene moralische Überzeugung lässt

4 Richard Hare, *Moral Thinking. Its Levels, Method and Point*, Oxford 1981; Peter Singer, *Practical Ethics*, Cambridge 1979.

5 Dieter Birnbacher, *Verantwortung für zukünftige Generationen*, Stuttgart 1988.

6 Karl-Otto Apel, *Transformation der Philosophie. Bd. II: Das Apriori der Kommunikationsgemeinschaft*, Frankfurt/M. 1973, und ders., »Zum Problem einer rationalen Begründung der Ethik im Zeitalter der Wissenschaft«, in: Manfred Riedel (Hg.), *Rehabilitierung der praktischen Philosophie*. Freiburg 1974, Bd. II; Jürgen Habermas, »Diskursethik – Notizen zu einem Begründungsprogramm«, in: ders., *Moralbewußtsein und kommunikatives Handeln*, Frankfurt/M., [3]1988.

sich nicht lösen von theoretischen (normativen und deskriptiven) Annahmen und Begriffen. Es gibt kein besonderes Problem der ethischen oder moralischen Begründung. Das Ausgangsmaterial der Ethik sind unsere normativen Überzeugungssysteme, die sie versucht kohärenter zu machen und die sie damit in der Regel modifiziert. Eine normative Proposition wird in der gleichen Weise wie sonstige Propositionen begründet. Anhand ihrer Implikationen prüfen wir ihre Vereinbarkeit mit unaufgebbar erscheinenden Elementen unseres normativen Überzeugungssystems, und durch Verknüpfung mit anderen sicher erscheinenden Propositionen versuchen wir sie in einen bewährten theoretischen Kontext einzubetten.

IV. Kategorien ethischer Begründung

Wissenschaftliche Theorien spielen für unser Alltagswissen nur eine untergeordnete Rolle. Daraus darf man allerdings nicht schließen, dass unser Alltagswissen theoriefrei ist. Ein theoriefreies Überzeugungssystem bestünde aus isolierten Propositionen. Tatsächlich sind auch unsere Alltagsüberzeugungen in ein komplexes Netz von wechselseitigen Abhängigkeiten eingebettet. Schon der begriffliche Rahmen verbindet Propositionen miteinander. Das Prädikat ›theoretisch‹ ist kein klassifikatorischer, sondern ein gradueller Begriff. Je höher das Maß an Verknüpfung und je geringer die Anzahl der Gesetzeshypothesen und Grundbegriffe ist, die für die Systematisierung eines Überzeugungssystems verwendet werden, desto stärker ist sein theoretischer Charakter. Die theoretischen Annahmen unseres Alltagswissens sind häufig von hoher Komplexität und Zuverlässigkeit. Die Alltagspsychologie, mit ihren Theorierudimenten und ihrer Erfahrungsnähe, ist ein leistungsfähiges und unverzichtbares Instrument für die alltägliche interpersonelle Koordination unserer Handlungen. Zur Alltagspsychologie gehören Annahmen darüber, wie sich bestimmte Gemütsstimmungen in Verhaltensweisen äußern, welche Charaktereigenschaften wesentlich für die Erfüllung bestimmter Aufgaben sind etc. Die charakteristische Tendenz der wissenschaftlichen Theoriebildung zur Reduktion stellt im Erfolgsfalle ein hohes Maß an Kohärenz sicher, schränkt jedoch zugleich ihre Orientierungsleistung in der unüberschaubaren Vielfalt von Alltagsphänomenen ein. Es wäre verwunderlich, wenn dies im Falle unseres normativen Wissens grundsätzlich anders wäre. Auch das moralische Alltagswissen ist nur zu einem kleinen Teil von ethischen Theorien geprägt. Theoretische Annahmen und Begriffe spielen dennoch eine wichtige Rolle.

Bisweilen wird unter Bezugnahme auf Aristoteles vom topischen Ansatz in der Ethik gesprochen.[7] Der topische Ansatz beschränkt sich auf ein gewisses Maß an Systematisierung unserer moralischen Alltagsüberzeugungen, ohne den reduktionistischen Ansprüchen der »reinen« Theorie nachzugeben. Nach meiner Überzeugung darf die Ethik nicht bei der Topik stehenbleiben, aber angesichts der fundamentalistischen Überspanntheiten des Ethik-Diskurses ist ein gewisses Maß Topik ein sinnvolles Korrektiv. Der Fundamentalismus tendiert in allen seinen Varianten zu einer radikalen Versimplifizierung der Begründungsrelationen. Dies verlangt nach einer weitgehenden Revolutionierung unserer Überzeugungssysteme, gegen die diese jedoch resistent sind. Die Gründe für diese Resistenz sind in der Neurath'schen Metapher vom Umbau des Schiffes schön veranschaulicht: Wir können aus unseren Überzeugungssystemen nicht aussteigen, Ausgangspunkt für jede Begründung ist das Gefälle subjektiver Gewissheiten und die partielle interpersonelle Übereinstimmung bezüglich Zentralität und Gewissheit von Propositionen.

Unsere moralischen Überzeugungen und Beurteilungen machen Gebrauch von einer Vielzahl von normativen Begriffen und Kriterien. Wir verweisen auf individuelle Rechte, auf eingegangene Verpflichtungen, auf soziale Pflichten und eine ganze Reihe von moralischen Prinzipien, um Handlungen als moralisch zulässig oder unzulässig zu qualifizieren. Daraus ergeben sich vier Typen alltagsmoralischer Begründung:

(1) Begründung unter Bezugnahme auf zugeschriebene individuelle Rechte, etwa auf Menschenrechte, das heißt Rechte, die Menschen unabhängig von allen sonstigen Bestimmungen zugeschrieben werden, oder Bürgerrechte, wie sie jede demokratische Verfassung garantiert (Rede-, Gewissens-, Versammlungsfreiheit;

7 Vgl. Wilhelm Hennis, *Politik und praktische Philosophie. Eine Studie zur Rekonstruktion der politischen Wissenschaft*, Neuwied, Berlin 1963; Otfried Höffe, *Praktische Philosophie. Das Modell des Aristoteles*, München, Salzburg 1971.

Partizipationsrechte; Abwehrrechte gegen den Staat und gegenüber Dritten etc.).

(2) Begründung unter Bezugnahme auf eingegangene Verpflichtungen. Verpflichtungen in dem hier gemeinten Sinne ergeben sich aus vorausgegangenen Handlungen der verpflichteten Person. Ein gegebenes Versprechen verpflichtet unter normalen Bedingungen, es einzuhalten. Ein unterzeichneter Vertrag verpflichtet die unterzeichnende Person, ihn zu erfüllen, etc.

(3) Begründung unter Bezugnahme auf Pflichten. Mit Pflichten sind dabei normative Erwartungen gemeint, die mit bestimmten sozialen Rollen verknüpft sind bzw. zu den Konstitutionselementen sozialer Rollen gehören.

(4) Begründung unter Bezugnahme auf Prinzipien. Man soll Schwächeren in Not helfen etc.

Diese vier Kategorien moralischer Beurteilung sind nicht trennscharf, möglicherweise nicht vollständig und in komplexer Weise miteinander verknüpft. Die Zuschreibung individueller Rechte kann man als Ausfluss eines grundlegenderen moralischen Prinzips verstehen, etwa desjenigen der Autonomie. Pflichten mag man auf Rechte, Prinzipien oder Verpflichtungen zurückzuführen versuchen etc. Pflichten, wie sie hier verstanden werden sollen, sind allerdings im Gegensatz zu Verpflichtungen nicht durch eigene Handlungen direkt und freiwillig auferlegt. Daher kann man zwischen Verpflichtungen und Pflichten unterscheiden, obwohl soziale Rollen häufig Folge bestimmter Entscheidungen und Handlungen sind. So sind die Pflichten, die mit der Elternrolle einhergehen, bisweilen unbeabsichtigte Nebenfolgen lustvoller Handlungen. Elternpflichten sind dennoch eine unmittelbare Konsequenz von Elternsein, unabhängig davon, auf welche Weise man zu dieser Rolle gelangt ist.

Während für unsere Alltagsmoral in den meisten Kontexten der Verweis auf oder ggf. die Abwägung zwischen einzelnen normativen Bestimmungselementen der genannten vier Kategorien zur Begründung eines moralischen Urteils ausreicht, ist die philosophische Ethik dagegen ein primär theoretisches Projekt. In ihrem Zentrum steht nicht die Lösung konkreter moralischer Probleme, sondern die Interpretation, Diskussion und Revision ethischer Kriterien. Als ein primär theoretisches Projekt teilt sie mit anderen Projekten theoretischer Vernunft eine reduktionistische Ausrichtung. Nur dies kann, wenn es denn gelingt, das für eine theoretische Durchdringung erforderte Maß an (propositionaler) Kohärenz sicherstellen.

Die Haupttypen zeitgenössischer normativer Ethik können jeweils als Versuch der Reduktion der miteinander vernetzten Vielfalt moralischer Begründungen auf eine dieser vier Kategorien verstanden werden:

(1) Der *Libertarianismus* oder die so genannten *right-based-theories of morality* reduzieren die topische Vielfalt unserer moralischen Begründungen auf die Zuschreibung von Individualrechten.

(2) Die *kontraktualistischen* Ansätze reduzieren die topische Vielfalt unserer moralischen Begründungen auf eingegangene Verpflichtungen (in impliziter, expliziter oder fiktiver Weise).

(3) Die *tugendethischen* Ansätze traditionalistischer und feministischer Provenienz reduzieren die topische Vielfalt unserer moralischen Begründungen auf die normativen Konstitutiva sozialer Rollen und Lebensformen.

(4) Die *kantianischen* und *utilitaristischen* Ansätze normativer Ethik reduzieren die topische Vielfalt unserer moralischen Begründungen auf bestimmte Prinzipien.

Die Erfolge der modernen exakten Naturwissenschaften lehren, dass selbst äußerst radikale reduktionistische Forschungsprogramme erfolgreich sein können. Keines von diesen ebnete sich jedoch den Weg dadurch, dass die vorgegebenen Überzeugungssysteme *in toto* zur Disposition gestellt wurden, auch wenn am Ende Kohärenz in einigen Fällen erst durch eine Revision auch derjenigen Systematisierungsversuche möglich wurde, die schon tief im System der vor- und außerwissenschaftlichen Überzeugungen verankert waren. Naturwissenschaftliche Theorien ordnen die vorgängigen Überzeugungssysteme neu, revidieren, wo nötig, und vereinfachen zum Zweck der Entwicklung eines theoretischen Kerns oder Paradigmas – Isolation und Konstruktion spielen dabei eine wichtige Rolle. Beobachtungsnähere und beobachtungsfernere Regularitäten, konkretere und abstraktere Propositionen werden miteinander verknüpft, einzelne – es kann sich um konkretere oder um abstraktere Propositionen handeln – werden, wenn sie sich einer systematischen Einbettung widersetzen, aufgegeben oder einem anderen theoretischen Kontext zugewiesen. Das Vorgehen ist nicht linear in dem Sinne, dass die Ableitungs- und Begründungsrelationen parallel verlaufen. Die Axiome einer naturwissenschaftlichen Theorie sind nicht die Fundamente, auf denen die Begründungsleistung der Theorie ruht. Die Axiome muss man als Zusammenfassung des propositionalen Gehaltes – genau besehen nur eines Teils[8] des propositionalen Gehaltes – einer Theorie verstehen. Sie sind begründungsbedürftig, und letztlich werden sie erst durch die Systematisierungsleistung der Theorie insgesamt begründet.

Das reduktionistische Bestreben jeder theoretischen, auch der ethischen Analyse kann nicht dadurch befriedigt werden, dass man sich des Problems nach Art des rationalistischen oder empiristischen (die ethische Analogie stellen bestimmte, situationsbezogene intuitionistische Ethiken dar) Fundamentalismus entledigt. Die rationale Rekonstruktion (und Revision) unserer normativen Überzeugungen lässt sich weder aus der logischen Analyse der Moralsprache ableiten noch auf die Konstitutive gelungener Kommunikation beschränken, und sie erfordert sicherlich mehr als die Auszeichnung einiger oder gar nur eines Elementes topischer Begründung als grundlegend. Es ist zu vermuten, dass viele ungelöste Streitfragen der zeitgenössischen Ethik Ausdruck der hohen und in einem gewissen Ausmaß irreduziblen Komplexität unseres normativen Überzeugungssystems sind. Fragen der Gerechtigkeit lassen sich nicht auf solche des Nutzenmaßes reduzieren. Die Rolle individueller Rechte ist für unsere topischen Begründungen zu zentral, als dass eine Ethik, die Rechtszuschreibungen nur einen instrumentellen Wert beimisst, adäquat sein könnte. Ebenso wenig ist es plausibel anzunehmen, dass die Vielfalt moralischer Pflichten sich als bloße Anwendung eines Kriteriums der Maximierung des Gesamtnutzens rekonstruieren lässt. Auch wenn etablierte Rechtssysteme unter ethischen Gesichtspunkten oft genug Anlass für Kritik geben, so kann man die komplexe Vielfalt rechtlicher Beurteilungsaspekte doch als Hinweis darauf ansehen, dass sich normative Fragen, jedenfalls auf dem heutigen Stand der normativen Theorie, nicht in Form der gängigen reduktionistischen Theorien (mit in

8 In der bisherigen Darstellung wurden Theorien jeweils als Systeme von Propositionen aufgefasst. Diese implizite Parteinahme für das *statement view* wissenschaftlicher Theorien ist für die Argumentation jedoch nicht wesentlich. Auch im Rahmen einer strukturalistischen Rekonstruktion könnte die weitgehende formale Übereinstimmung naturwissenschaftlicher und ethischer Begründung erläutert werden. Vgl. Wolfgang Stegmüller, *Neue Wege der Wissenschaftsphilosophie*, Berlin u. a. 1980.

der Regel fundamentalistischem Anspruch) angehen, geschweige denn lösen lassen.

Für die Ausprägung deskriptiver wie normativer Überzeugungen spielt die Theorie meist keine bedeutende Rolle. Die Theorie dient in erster Linie der Klärung von Propositionen, zu denen wir keine feste Meinung haben, und der Entdeckung von Zusammenhängen, die wir ohne theoretische Unterstützung nicht erfassen können. Es ist kein Grund erkennbar, warum es diesbezüglich einen wesentlichen Unterschied zwischen normativen und deskriptiven Überzeugungen geben könnte. Reduktionistische Theorien müssen mit der eingeschränkten Formbarkeit unserer deskriptiven wie normativen Überzeugungssysteme vereinbar sein.

V. Ethische Objektivität

Diese Bemerkungen zur Struktur von Begründungen sind weitgehend neutral gegenüber unterschiedlichen ontologischen Interpretationen unserer deskriptiven und normativen Überzeugungssysteme. Sie sprechen zwar für ein kohärentistisches Verständnis von Begründungen. Dieser Kohärentismus ist aber ausschließlich epistemologischer Natur. Seine ontologische Hypostasierung käme einer unnötigen Festlegung auf eine idealistische (oder pragmatisch betrachtet: kollektiv-subjektivistische) Ontologie gleich.

Epistemologischer Kohärentismus ist als Metatheorie umstritten, dennoch ist sein Anspruch zunächst bloß rekonstruktiv: Er weist darauf hin, wie Begründungen *de facto* vonstattengehen. Die Praxis wissenschaftlicher und lebensweltlicher Begründungen ist kohärentistisch. Dies soll den Blick auf die große Vielfalt theoretischer Systematisierungen und begründender Argumente nicht verstellen. Eine generelle Theorie der Begründung ist vielleicht unmöglich, sie ist jedenfalls eines der schwierigsten Projekte der allgemeinen Wissenschafts- und Erkenntnistheorie. Der epistemologische Kohärentismus muss sich diese Bürde nicht aufladen: Er ist nicht erst dann bestätigt, wenn er eine generelle (kohärentistische) Theorie der Begründung entwickelt hat und sich diese in allen Wissenssparten bewährt hat. In seiner bescheidensten Variante will der epistemologische Kohärentismus nichts anderes, als unter Verweis auf die Praxis begründender Aktivitäten vor ihrer fundamentalistischen Fehlinterpretation zu warnen. Die Diskrepanz zwischen fundamentalistischer Metatheorie einerseits und kohärentistischer Praxis der Begründung andererseits ist sein stärkstes Argument. Seine primäre Zielsetzung ist jedoch nicht metatheoretisch. Es geht ihm in erster Linie darum, den Kahlschlag zu vermeiden, den fundamentalistische Ansprüche in unseren Überzeugungssystemen anrichten, die am Ende das Bemühen um theoretische Klärung insgesamt in Verruf bringen. Fundamentalistisch inspirierte Theorien werden nicht widerlegt, sondern nach einer gewissen Zeit nicht mehr ernst genommen.

Die verschiedenen Varianten des Fundamentalismus haben meist eine ontologische Motivation. Der epistemologische Kohärentismus ist dagegen für unterschiedliche ontologische Annahmen offen. Mir scheint eine *objektivistische* Auffassung unserer Überzeugungen, seien sie deskriptiver oder normativer Art, gleichermaßen unverzichtbar. Überzeugt zu sein, dass p, heißt anzunehmen, dass p wahr ist, nicht, dass mir oder uns oder allen Menschen oder einer fiktiven rationalen Person oder einer idealen Diskursgemeinschaft p wahr *erscheint*. Wer den Unterschied zwischen deskriptiven und normativen Überzeugungen auch terminologisch deutlich machen möchte, mag das Prädikat »wahr« für deskriptive Überzeugungen reservieren und im Falle zutreffender normativer Überzeugungen von »gültig« oder »richtig« sprechen.

Eingangs wurde gesagt, die These, ethische Begründungen seien ganz normale Begründungen, stütze den normativen Objektivismus. Zuletzt wurde auf die ontologische Neutralität des epistemologischen Kohärentismus hingewiesen. Beides scheint schlecht miteinander vereinbar zu sein. Die Auflösung liegt jedoch auf der Hand. Die Strukturgleichheit von Begründungen lässt einen Sonderstatus für ethische Begründungen nicht zu. Diejenigen Charakteristika unserer lebensweltlichen deskriptiven Überzeugungen, die ihren objektivistischen Anspruch deutlich machen, sind auch Charakteristika unserer normativen Überzeugungen. Dazu gehört die zentrale Rolle der klassischen Logik und die Art und Weise, in der unterschiedliche Überzeugungen durch begründende Argumente aufzulösen versucht werden. Die objektivistische Interpretation unserer deskriptiven Überzeugungen verdankt sich nicht einer Theorie oder den Erfolgen der Wissenschaft generell – diese sind (man denke nur an die Interpretationsprobleme der modernen Physik) eher geeignet, eine objektivistische Interpretation zu erschüttern –, vielmehr legt umgekehrt die (kohärentistische) Einbettung von Theorien in unsere lebensweltlichen Überzeugungssysteme ihre objektivistische Interpretation nahe. Dies gilt gleichermaßen für ethische Theorien: Sie systematisieren, begründen und bewähren sich an unseren lebensweltlichen normativen Überzeugungen. Deren objektivistischer Charakter überträgt sich auf die Ethik. Wer aus philosophischen Gründen am subjektivistischen Charakter der Ethik festhalten will, muss eine Irrtumstheorie lebensweltlicher Moralität vertreten. Die Begründungslast liegt daher beim ethischen Subjektivismus. Der ethische Objektivismus (als Theorie zweiter Ordnung) ist die natürliche Interpretation unserer normativen Überzeugungssysteme, die von ethischen Theorien erster Ordnung systematisiert werden.

3. Moralische Begründung*

Da die Terminologie nicht einheitlich ist, verstehen wir im Folgenden unter Ethik eine philosophische Disziplin, die sich mit Fragen der Moral, des moralisch richtigen Handelns, der Gerechtigkeit, der Tugend etc. befasst. Die These, die in diesem Kapitel begründet werden soll, lautet dementsprechend: Es gibt kein Problem der moralischen Begründung, es gibt keine moralische Krise der Moderne – wohl aber gibt es eine anhaltende Krise der philosophischen Ethik, die dadurch zu beheben ist, dass diese Disziplin sich von ihrer rationalistischen Tradition verabschiedet und sich als systematische Fortsetzung des Projekts lebensweltlich moralischer Begründung versteht.

Ich werde mich in diesem Essay öfter auf Ernst Tugendhats Ethik beziehen, weil die Frage dort besonders eindringlich und klar erörtert wird. In ihrem Rationalismus (und Skeptizismus) ist Tugendhats Ethik jedoch für weite Teile der zeitgenössischen Ethik paradigmatisch, wenn der Autor auch einen besonders prononcierten Standpunkt einnimmt.

I. Eine moralische Krise?

Für Tugendhat gibt es ein spezifisches Begründungsproblem der Moral, genauer: es gibt ein spezifisches Begründungsproblem der *aufgeklärten* Moral als einer, die nicht im »Glauben und im Gehorsam an das Geglaubte«, sondern »im eigenen Einsehen und Wollen« gründet.[1] Während ich die Auffassung Tugendhats teile, dass die moderne Moral säkular, also unabhängig von Glaubensinhalten sein sollte, bin ich im Unterschied zu ihm der Auffassung, dass es *kein spezifisches Problem der Begründung aufgeklärter Moral* gibt.

In engem Zusammenhang damit steht eine weitere Auffassung

* Frühere Fassungen dieses Textes sind in Nico Scarano, Maurizio Suárez (Hg.), *Ernst Tugendhats Ethik. Einwände und Erwiderungen*, München 2006, S. 31-59, in JNR, *Demokratie und Wahrheit*, München 2006, und in: JNR, *Philosophie und Lebensform*, Frankfurt/M. 2009, S. 194-221, erschienen.

1 Ernst Tugendhat, »Das Problem einer autonomen Moral« in: Scarano, Suarez (Hg.), *Ernst Tugendhats Ethik*, S. 13-30.

Tugendhats, die besagt, dass wir uns heute in einer Phase moralischer Desorientierung bzw. in Zeiten einer moralischen Krise befinden: »Obwohl die meisten durchaus bestimmte moralische Überzeugungen haben, können sie doch gewöhnlich nicht sagen, worauf sie beruhen.«[2] Ich bin demgegenüber der Auffassung, dass wir uns nicht in einer Phase moralischer Desorientierung oder in einer moralischen Krise befinden, und meine, dass die Tatsache, dass die meisten Menschen zwar bestimmte moralische Überzeugungen haben, aber oft nicht sagen können, worauf diese beruhen, uns nicht weiter beunruhigen sollte. Die Idee einer Begründung aller Moral aus einem Prinzip beruht auf einem philosophischen Irrtum; dieser spielt im Bereich unserer deskriptiven Überzeugungen kaum noch eine Rolle, wirkt aber in der philosophischen Ethik mit einer erstaunlichen Hartnäckigkeit fort. Ich werde in diesem Beitrag versuchen, deutlich zu machen, dass die bisweilen verzweifelt anmutende Suche nach dem sicheren Fundament allen moralischen Urteilens und Verhaltens entbehrlich ist, dass eine moderne, aufgeklärte Moral eines solchen Fundaments, das das verloren gegangene Glaubensfundament ersetzt, nicht bedarf.

An dieser Stelle mag offenbleiben, welcher der beiden Dissense der fundamentalere ist und ob der eine auf den anderen zurückgeführt werden kann. Dass aber ein Zusammenhang zwischen den beiden besteht, liegt auf der Hand. Die Beantwortung der Frage, ob wir in einer Zeit moralischer Krise leben, bedürfte empirischer Befunde, zum Beispiel bezüglich folgender Fragestellungen: In welcher Weise werden moralische Überzeugungen gebildet? Was prägt die moralischen Motive unserer Zeitgenossen? Empfinden sie eine Art moralischer Ratlosigkeit angesichts des verlorenen religiösen Fundamentes der Moral? Welche Modi der Begründung sind verbreitet etc.? Ich werde mich in diesem Beitrag auf den ersten der beiden Dissense konzentrieren, allerdings hoffe ich, dass sich aus der Klärung dieses Dissenses heraus besser verstehen lässt, warum wir nicht in einer moralischen Krisenzeit leben.

Wenn Tugendhat und mit ihm viele andere Theoretiker von MacIntyre[3] bis Habermas[4] sagen, die Moral sei früher in unserer

2 Ebd., S. 13.

3 Vgl. Alasdair MacIntyre, *Der Verlust der Tugend*, Frankfurt/M. 1997.

4 Vgl. Jürgen Habermas, *Glauben und Wissen, Friedenspreis des Deutschen Buchhandels 2001. Laudatio Jan Philipp Reemtsma*, Frankfurt/M. 2001.

wie in anderen Kulturen stets religiös oder durch das Herkommen begründet gewesen und eine solche Begründung überzeuge heute nicht mehr, so stellt sich sofort die Frage, in welchem Sinne denn hier von einer Begründung die Rede ist. Menschen hatten in vergangenen und haben in heutigen Kulturen Überzeugungen darüber, was richtig und was falsch ist, was sie tun und was sie lassen sollten, was ein angemessener und was ein unangemessener Umgang miteinander ist. Die meisten, vielleicht alle Menschen so gut wie aller uns bekannten Kulturen in Vergangenheit und Gegenwart waren und sind davon überzeugt, dass man seine Versprechen halten, dass man gegenüber Wohltätern dankbar sein oder dass man nicht mutwillig ohne guten Grund einen anderen Menschen schädigen sollte usw. Diese normativen Überzeugungen entsprachen und entsprechen einem komplexen Institutionengefüge, das die jeweilige Praxis der Interaktion bestimmt.

Wenn ich hier von »Institutionen« spreche, so meine ich dies in dem weiten Sinne, in dem man zum Beispiel sagen kann, dass es die Institution des Versprechens gibt, das heißt ein regelgeleitetes interaktives Verhalten, dessen Feinheiten etwa in der Sprechakt-Theorie John Austins beschrieben sind.[5] Dass eine entsprechende Institution etabliert ist, zeigt sich daran, dass abweichendes Verhalten, das heißt ein Verhalten, das die für die Institution konstitutiven Regeln verletzt, als solches, das heißt eben als *abweichendes*, wahrgenommen wird – ganz unabhängig davon, ob damit Sanktionen verbunden sind oder nicht. Es sind weder externe noch interne Sanktionen, die eine institutionell konstitutive Regel definieren, sondern es ist die Fähigkeit der an den für die Institution ausschlaggebenden Interaktionen Beteiligten, *abweichendes* von *konformem* Verhalten in *kohärenter*, das heißt hinreichend übereinstimmender Weise zu unterscheiden und sich gegebenenfalls davon Mitteilung zu machen.

Wenn ein Mitglied einer uns ganz fremden Kultur zu einem bestimmten Zeitpunkt an einen Ort kommt und von dem interessierten Ethnologen befragt wird, warum es das tue, und es darauf antwortet, es habe das einem anderen Bewohner seines Dorfes gestern versprochen und erwarte diesen nun, so ist dies unter Normalbedingungen eine erschöpfende Antwort: Ein gegebenes

5 Vgl. John L. Austin, *How to do Things with Words*, Oxford 1962 (dt. *Zur Theorie der Sprechakte*, Stuttgart 1989).

Versprechen *konstituiert* einen guten Grund, dieses Versprechen zu halten. Wenn nun der Ethnologe leichtfertigerweise während seines Studiums ein Seminar zur modernen Moralphilosophie belegt hatte und daher mit dieser Antwort nicht zufrieden ist und weiter nachfragt, etwa warum er denn eigentlich sein gegebenes Versprechen einhalten wolle, so wird der kluge Dorfbewohner ob der Dummheit dieser Frage nur den Kopf schütteln. Er habe doch ein Versprechen gegeben und es sei doch selbstverständlich, ein solches Versprechen einzuhalten. Der kluge Dorfbewohner wird sich weiteren Nachfragen des philosophierenden Ethnologen entziehen. Es ist nicht ausgeschlossen, dass er bei hartnäckigem Insistieren des philosophierenden Ethnologen auf den Willen der Götter verweist. Vielleicht meint er, dass es die Götter sind, die wollen, dass wir unsere Versprechen halten. Wie wesentlich dies für seine tatsächliche Motivationslage ist, sei dahingestellt. Ich vermute allerdings, dass es nicht nur ein logisches, sondern auch ein genetisches Primat der Moral gegenüber der Religion gibt. Das zeigt sich etwa in dem Bemühen der unterschiedlichen religiösen Systeme, wenigstens die wichtigsten der für das menschliche Zusammenleben so segensreichen moralischen Institutionen, wie zum Beispiel die des Versprechens, zu integrieren. Es geht darum, zumindest den Eindruck zu erwecken, dass sich dieses komplexe System von Institutionen, die das Netz alltäglicher Interaktionen und speziell Kooperationen tragen, in wenigen Prinzipien oder Glaubenssätzen, etwa den Zehn Geboten, zusammenfassen lässt. Manchen Religionsstiftern mögen auch Unzulänglichkeiten und Widersprüche der lebensweltlich etablierten Moralität vor Augen gestanden haben, als sie versuchten, diese durch eine neue Interpretation zu reformieren. Das Verbot des Inzests durch Moses mag für ein solches (mythologisches) Beispiel herhalten.

Ich glaube jedenfalls nicht an eine *Erfindung der Moral durch die Religion*, weder im historischen noch im normativen Sinne. Das Normative kommt nicht durch das Religiöse in die Welt, sondern es ist immer schon da, wo Menschen, das heißt Wesen, die sich von Gründen affizieren lassen, miteinander interagieren. Der Dorfbewohner unserer fiktiven Ethnie, vielleicht aus ferner Zeit, versucht sich so zu verhalten, wie es ihm richtig erscheint. Das, was ihm jeweils in bestimmten Handlungssituationen als richtig erscheint, hängt von vielen Details ab – in welchem Verhältnis etwa die handelnden Personen zueinander stehen, welche Vorgeschichte diese Interaktion hat, welche sozialen Pflichten und eingegangenen Verpflichtungen bestehen, ob Dritte von dem, was hier verhandelt wird, betroffen sind usw. Der Dorfbewohner wurde Mitglied der moralischen Gemeinschaft seines Dorfes oder seiner Ethnie, indem er dieses komplexe System von miteinander verbundenen Institutionen gelernt hat, und nicht etwa, indem er dem Dorfältesten zuhörte, wie der von den Gottheiten erzählte. In einer animistischen Kultur wird er einen Zusammenhang hergestellt haben zwischen der Allbeseeltheit der ihn umgebenden natürlichen Welt und den zwischenmenschlichen Beziehungen und Interaktionen. Wenn diese animistische Religiosität etwa durch die Konfrontation mit der modernen technischen Zivilisation kollabiert, so mag es in der Tat so etwas geben wie eine metaphysische oder weltanschauliche Krise. Die zwischenmenschlichen Beziehungen und Interaktionen sind nun nicht mehr eingebettet in den größeren Zusammenhang einer animistischen Religiosität, sondern davon losgelöst, und dies kann und muss den ehemaligen Dorfbewohner jedoch nicht erschüttern. Dort, wo die Verlässlichkeit der etablierten moralischen Institutionen erodiert, ist der verstärkte Einsatz weltanschaulicher und religiöser Sanktionsdrohungen ein beliebtes Gegenmittel. Die Geschichte der frühen Neuzeit in Europa bis zu den Hexenprozessen, die bis ins 18. Jahrhundert andauern, bietet dafür vielfältige Belege. Wenn diese Form der Stabilisierung dann keinen Erfolg mehr hat, mag die Fehlinterpretation naheliegen, dass es der Niedergang des religiösen Fundaments der lebensweltlichen Moral war, der diese kollabieren ließ.

Um hier einem Missverständnis vorzubeugen, variiere ich das obige Beispiel. Angenommen, der Ethnologe trifft den Dorfbewohner wieder am gleichen Ort an, jetzt aber in Kenntnis der Tatsache, dass es auf dem Wege zu dieser Verabredung die Gelegenheit zum günstigen Kauf einer Kuh gegeben hätte, die sich der Dorfbewohner entgehen ließ, um sein Versprechen einzuhalten. Während der Ethnologe zuvor mit seiner Nachfrage auf taube Ohren stieß, wird er jetzt Erfolg haben, wenn er fragt, warum der Dorfbewohner sich diese günstige Gelegenheit zum Kauf der Kuh entgehen ließ, um lediglich sein Versprechen einzuhalten. Vielleicht wird er zur Antwort erhalten, dass die Einhaltung des Versprechens eben wichtiger sei, als diese günstige Gelegenheit zum Kauf einer Kuh wahrzunehmen. Die Antwort würde zeigen, dass zumindest rudimentär zwischen zwei Arten von Gründen unterschieden wird: zum einen denen, die durch eine selbst eingegangene Verpflichtung, und zum anderen jenen, die durch eigene Interessen und das Auftauchen einer günstigen Situation, diesen nachzukommen, entstanden sind. Es ist allerdings nicht gesagt, dass der Dorfbewohner dies als Gegensatz zwischen Moral und Klugheit verstehen wird, wie wir es tun, die wir von der kantischen Ethik beeinflusst sind. Möglicherweise wird er diesen Gegensatz nicht gelten lassen, sondern lediglich den Konflikt zweier Handlungsgründe erkennen, diese aber nicht zwei kategorial verschiedenen Typen zuordnen. Vielleicht ist er hinsichtlich des Einhaltens des Versprechens Absolutist, das heißt, er meint, dass sich hier jede Abwägung verbietet, aber als kluger Dorfbewohner wird er zugeben, dass, wenn das Überleben seines Kindes davon abgehangen hätte, nicht dorthin zu gehen, er die Verabredung nicht eingehalten hätte. Es ist für mich schlechterdings kein moralisches System vorstellbar, das nicht wenigstens rudimentäre Abwägungen – wir können diese als *praktische Deliberation* bezeichnen – erforderlich machen würde. Es gibt wohl in jeder Kultur Konflikte, und zwar moralische oder sagen wir allgemeiner praktische Konflikte, die durch praktische Deliberation gelöst werden. Je größer der Umfang dieser praktischen Deliberation in der Lebenswelt ist, desto größer wird die individuelle Verantwortung der Handelnden. Ich kann keine umfassende historische Entwicklung von traditioneller Eindeutigkeit zu moderner Ambivalenz erkennen.

Ein Versprechen gegeben zu haben ist ein guter Grund, das zu tun, was dieses Versprechen erfüllt. Im Dunkeln einen Schatten zu sehen kann in der Tundra ein guter Grund sein anzunehmen, dass dort ein Wolf steht. In beiden Fällen kann sich herausstellen, dass es sich nur um einen *prima facie* guten Grund handelte, dass der Schatten nicht von einem Wolf, sondern von einem Schäferhund stammte und das vermeintliche Versprechen gar keines war, weil es vom Adressaten nicht ernst genommen wurde. Es gibt moralische und außermoralische Überzeugungen, die uns gewisser erscheinen als andere. Wenn wir in schlechter kartesischer Tradition gleiche absolute Gewissheit forderten und, wenn diese nicht einlösbar ist, das Gesamt unserer Überzeugungen in Frage stellten, würden wir die Grundlagen jeder praktischen und theoretischen Deliberation zerstören. Deliberation setzt ein Gefälle von Gewissheiten und Prioritäten von Regeln und Wertungen voraus, das es erst erlaubt, systematische Zusammenhänge zwischen einzelnen Überzeugungen herzustellen und damit Ungewisseres gewisser zu machen. Darin besteht das *Spiel des Begründens* – und nicht im vergeblichen Graben nach einem verborgenen Fundament, auf dem alle unsere moralischen wie außermoralischen Überzeugungen vermeintlich beruhen. Dieses verborgene Fundament besteht weder im *cogito* noch in der Existenz Gottes, aber auch nicht in einem spezifischen Selbstbild, in Protokollsätzen oder individuellen Interessen. Diese und zahlreiche andere philosophische Tiefbauten sind nicht hinreichend und nicht erforderlich, um unser lebensweltliches Orientierungswissen, sei es normativer oder deskriptiver Art, verlässlich zu machen. Wir benötigen keine Physik, um Grund zu haben, unseren Sinneserfahrungen im Großen und Ganzen zu vertrauen, wie wir keine kontraktualistische Ethik benötigen, um (in der Regel) Grund zu haben, unsere Versprechen zu halten. A fortiori benötigen wir keinen Gottesglauben – weder für das eine, noch für das andere. Der Zweifel macht nur *als lokaler* Sinn: Wir können so gut wie jede unserer deskriptiven wie normativen Überzeugungen einer kritischen Prüfung unterziehen, aber wir können weder das Gesamt unserer normativen noch das Gesamt unserer deskriptiven Überzeugungen in Frage stellen. Auch der Zweifel muss begründet sein, und diese Gründe beziehen sich auf konkurrierende Ergebnisse praktischer und theoretischer Deliberationen. Der Dorfbewohner mag zweifeln, ob er angesichts dieser Chance eines günstigen Kaufs einer Kuh sein Versprechen brechen darf, aber er wird nicht generell daran zweifeln, dass man seine Versprechen einhalten sollte. Schon dieser Zweifel, obwohl er nur eine von einer großen Zahl unterschiedlicher moralischer Institutionen betrifft, wäre allzu global, er erschiene dem Dorfbewohner – und uns – unbegründet.

Was wäre eine moralische Krise? Etwa, dass uns viele oder sogar alle unserer moralischen Überzeugungen bezweifelbar erschienen? Nein, nur der *Zertist*, nur derjenige, der für seine Überzeugungen absolute Gewissheit sucht (wie zum Beispiel Descartes), würde dies als eine moralische Krise empfinden. Alle (im Sinne von jeder einzelnen, also distributiv verstanden) unsere moralischen Überzeugungen können angezweifelt werden. Jede moralische Überzeugung kann in Konflikt geraten mit anderen Überzeugungen, die gewisser erscheinen, und dies würde eine lokale Skepsis begründen. Alle unsere moralischen Überzeugungen können in Konflikt mit anderen geraten und dies kann Zweifel an ihrer Verlässlichkeit begründen. Da wir aber vernünftigerweise nicht nur gegenüber unseren deskriptiven, sondern auch gegenüber unseren normativen Überzeugungen Fallibilisten sind, erschüttert uns dieser Befund keineswegs, er führt uns nicht in eine moralische Krise. Wenn jedoch die Gesamtheit unserer moralischen Überzeugungen simultan in Zweifel stünde, wenn wir – anders gesagt – von einer universellen, aber lokalen Skepsis zu einer radikalen und globalen Skepsis übergingen, dann in der Tat gerieten wir in eine moralische Krise. Was aber sollte eine solche globale Skepsis begründen? Was begründete für Descartes seine globale Skepsis? War es der Zusammenbruch traditioneller Glaubensgewissheiten des aristotelisch-thomasischen Weltbildes im Spätmittelalter, der dafür ausschlaggebend war? Ich bin zu wenig Historiker, um das beurteilen zu können, aber eines scheint mir gewiss: Was immer diese globale Skepsis des Descartes und anderer Intellektueller seiner Zeit verursachte, begründet war sie nicht. Man muss hinzufügen: Ein Glück, dass sie nicht begründet war, denn das, was Descartes uns als neues Fundament unseres Wissens anbietet, trägt nicht. Weder das *cogito* noch die Existenz Gottes können die Gewissheiten schaffen, nach denen Descartes suchte. Der philosophische Rationalismus der Neuzeit hat das Descartes'sche Problem in immer neuen Anläufen zu lösen versucht, immer vergeblich. Die Vernunftwahrheiten, auf denen das Gesamt unserer Überzeugungen beruht und die alle unsere Überzeugungen begründen können, gibt es nicht.

Begründung ist immer *relativ* zu dem, auf was sich die jeweilige Begründung stützt. Begründungen sind immer *fallibel*, auch das am besten Begründete kann sich als falsch herausstellen. Begründungen sind möglich, weil es ein Gefälle der subjektiven Gewissheit gibt: Manche Überzeugungen erscheinen uns gewisser als andere. Begründungen stellen systematische Zusammenhänge her zwischen Überzeugungen, die zuvor unverbunden nebeneinander standen. Dies ist der Ort der *Theorie*. Die Theorie beginnt nicht bei *Axiomen*, sondern sie *bewährt* sich an denjenigen Elementen unseres Überzeugungssystems, die uns gewisser als diejenigen erscheinen, die wir mit Hilfe dieser Theorie begründen wollen. Die Theorie *subsumiert* gewissere und weniger gewisse Überzeugungen unter allgemeinere Regularitäten. Auch die Theorie ist wie jede einzelne der Überzeugungen, die sie systematisiert, fallibel. Fallibel sein heißt nichts anderes, als dass sie in Konflikt geraten kann mit einer überzeugenderen Theorie oder mit einer einzelnen Überzeugung, die wir nicht zugunsten der Theorie aufzugeben bereit sind. Descartes erlebte eine epistemische Krise. Sie war dadurch charakterisiert, dass das Gesamt seiner deskriptiven Überzeugungen einem radikalen, das heißt nicht durch den Konflikt mit anderen Überzeugungen hervorgerufenen Zweifel unterzogen wurde. Descartes glaubte, sich auf keine einzige seiner Überzeugungen mehr verlassen zu können. Erfahren die Menschen der modernen, säkularen Gesellschaft eine dieser epistemischen Krise analoge moralische Krise? Unterziehen sie das Gesamt ihrer moralischen Überzeugungen einem radikalen Zweifel? Glauben sie sich auf keine einzige ihrer moralischen Überzeugungen mehr verlassen zu können? Suchen sie wie Descartes verzweifelt nach einem Fundament, von dem aus sich das System ihrer moralischen Überzeugungen neu entwickeln ließe? Nein, nichts davon trifft zu. Menschen haben wie eh und je moralische Überzeugungen, sie sind davon überzeugt, dass sie Verpflichtungen in ihren jeweiligen sozialen Rollen, als Eltern, Lehrer, Vorgesetzte, Mitarbeiter, Kinder und Schüler, haben, dass sie gegebene Versprechen einhalten sollten, dass Verträge zu erfüllen sind, auch wenn keine Sanktionen drohen, dass Hilfsbedürftigen geholfen wird, dass niemand mutwillig beschädigt wird und dass man respektvoll miteinander umgehen sollte ... – die Liste ließe sich endlos fortsetzen. Gegenwärtig erregen sich viele Menschen heftig darüber, dass bestimmte Kürzungen von Sozialleistungen ungerecht seien, Initiativen auf der ganzen Welt engagieren sich gegen Völkermord und Folter, fast alle Menschen sind davon überzeugt, dass es eine Verantwortung gegenüber zukünftigen Generationen gibt und dass sich diese in einer nachhaltigen Umweltpolitik realisieren sollte. Dies alles scheint für eine bemerkenswerte *moralische Vitalität* und nicht für eine umfassende moralische Krise zu sprechen. Eine moralische Krise würde sich darin äußern, dass die Menschen sich ein moralisches Urteil nicht mehr zutrauten, da sie keine ihrer moralischen Empfindungen und Urteile für verlässlich hielten, kurz: Menschen in einer moralischen Krise würden sich moralischer Empfindungen und moralischer Urteile enthalten. Der private und öffentliche Diskurs ist jedoch nicht von moralischer

Enthaltsamkeit geprägt, sondern eher vom Gegenteil, wie beispielsweise die Debatte um die Bioethik zeigt. Hier würde ich mir ein etwas höheres Maß an Fallibilismus wünschen, an Bereitschaft, das eigene moralische Urteil in Frage zu stellen, um es angesichts eines völlig neuen Handlungsfeldes, nämlich das der Biotechnologien in Anwendung auf den Menschen, zu überprüfen. Aber auch hier von moralischer Krise keine Spur. Fast jeder hat ein festes Urteil, selbst zu Fragen, von denen er in ihrer empirischen Komplexität wenig versteht. Die moralische Krise ist eine Chimäre einiger zeitgenössischer Moralphilosophen, zu denen Traditionalisten wie Alasdair MacIntyre, aber auch progressive Denker wie Ernst Tugendhat gehören. Der verbreitete Krisenbefund der Moralphilosophie beruht darauf, dass in der Ethik, anders als etwa in der allgemeinen Wissenschaftstheorie, das rationalistische Ideal einer von einem sicheren Fundament ausgehenden deduktiven Begründung fast unbeschädigt überdauert hat. Der verwirrende Zustand der zeitgenössischen ethischen Theorie mit seiner exotischen Vielfalt an konkurrierenden Theorieentwürfen ist in der Tat Ausdruck einer Krise, aber nicht einer Krise der Moral, sondern einer Krise der ethischen Theorie, die Folge eines rationalistischen und zertistischen Missverständnisses der Begründung moralischer Normen ist.

II. Begründung ohne »Intuition«?

Aber ist die Alternative zu einer rationalistischen Ethikbegründung nicht die bloße Beschreibung faktisch etablierter Sittlichkeit oder die bloße Beschreibung dessen, was der jeweilige Autor und seine Leser für richtig halten? Geht nicht in letzter Instanz bei jeder nicht-rationalistischen Ethikbegründung das Entscheidende, nämlich die Normativität, verloren bzw. geht die normative Dimension dann nicht in dem auf, was (in der betreffenden Kultur) jeweils *de facto* als moralisch geboten oder verboten *gilt*? Verliert die ethische Theorie damit nicht jede kritische Kompetenz? Tugendhat setzt sich von den »viele[n] heutige[n] Philosophen, besonders im angelsächsischen Raum [ab, die] glauben, die Moralphilosophie habe als Kriterium für die Richtigkeit ihrer Aussagen das faktische moralische Bewußtsein«, und fügt hinzu, »[e]ine Moraltheorie wird von diesen Philosophen soweit als richtig angesehen, als sie sich mit den Tatsachen des faktischen moralischen Bewußtseins in Übereinstimmung befindet«.[6] Richard Mervyn Hare, Dieter Birnbacher, Bernhard Gert und viele andere zeitgenössische Philosophen teilen diese Auffassung: Entweder es gelingt eine Grundlegung allen moralischen Urteilens, die selbst unabhängig von moralischen Intuitionen ist, oder die Ethik bleibt der bloßen *Faktizität des als moralisch Anerkannten* verhaftet, sie beschreibt dann lediglich die jeweilige moralische Verfasstheit einer Gesellschaft oder gar einer Teilgesellschaft, wie die der Philosophen in westlichen Industriegesellschaften.

Die in der zeitgenössischen Ethik verbreitete Auffassung, dass dies die eigentliche Alternative – rationalistisch begründete Normativität oder lediglich beschriebene Faktizität – sei, hängt wohl damit zusammen, dass die meisten Ethiker sich mit Fragen der Erkenntnistheorie und der allgemeinen Wissenschaftstheorie nicht oder nur am Rande befasst haben. Die in der Ethik verbreiteten Vorstellungen über die Struktur und speziell die Begründungsrelationen von empirischen, zum Beispiel naturwissenschaftlichen, Theorien sind oft längst überholt, etwa die Gegenüberstellung von induktiven und deduktiven Theorien oder die Auffassung, dass empirische Daten eine Theorie verifizieren oder falsifizieren würden. In der allgemeinen Wissenschaftstheorie zeichnet sich unterdessen ein sehr viel komplexeres Bild der Begründungsrelationen und der Strukturen naturwissenschaftlicher Theorien ab. Dieses lässt sich durch drei Prädikate charakterisieren: es ist *kohärentistisch*, *holistisch* und *gradualistisch*.[7] Es ist *kohärentistisch*, weil es anerkennt, dass die empirischen Daten nicht lediglich gegeben sind, sondern selbst von theoretischen Vorannahmen und Begrifflichkeiten abhängen. Es gibt eine *Schichtung* von Theorien, die bei so genannten phänomenologischen Regularitäten beginnen und bis zu hochabstrakten theoretischen Zusammenhängen reichen, die als *theoretischer Kern* gegen empirische Widerlegungen weitgehend immun sind. Symmetriebedingungen spielen für die Begründungsrelationen ebenso eine Rolle wie phänomenologische Regularitäten. Einzelne Beobachtungsdaten dagegen haben bei weitem nicht die Relevanz,

6 Tugendhat, »Das Problem einer autonomen Moral«, S. 14.

7 Quines Aufsatz »Two Dogmas of Empiricism« hat dieser wissenschaftstheoretischen Auffassung wohl erst zum Durchbruch verholfen. Vgl. Willard Van Orman Quine, »Two Dogmas of Empiricism«, in: *Philosophical Review* 60 (1951), S. 20-43.

die die ältere empiristische Wissenschaftstheorie angenommen hat. Die Möglichkeit einer Axiomatisierung naturwissenschaftlicher Theorien ist für die Begründungsfrage irrelevant. Auch für die wenigen vollständig axiomatisierbaren naturwissenschaftlichen Theorien gilt, dass die Begründungsrelationen nicht deduktiv von den Axiomen zu den abgeleiteten Theoremen verlaufen. Eine empirische Theorie muss sich *bewähren*, ihre Axiomatisierung erlaubt ihre logische Struktur deutlicher herauszuarbeiten und zum Beispiel die Zahl der notwendigen Grundbegriffe zu eruieren. Naturwissenschaftliche Theorien werden aber auch nicht lediglich *induktiv* als Verallgemeinerung empirischer Daten begründet. Theorien, die ein höheres Ausmaß an Systematisierung und Reduktion erlauben, gelten als besser begründet als solche, die mit einer Vielzahl von *Ad-hoc*-Annahmen arbeiten. Naturwissenschaftliche Theorien müssen sich an denjenigen phänomenologischen Regularitäten bewähren, die als gesichert gelten. Wenn eine naturwissenschaftliche Theorie mit einer dieser Regularitäten in Konflikt kommt, dann spricht das in der Regel gegen die Theorie, außer es gelingt, die jeweilige phänomenologische Regularität durch Neufassung der in der empirischen Datenerhebung verwendeten Begrifflichkeit und einer neuen Organisation der Daten zu modifizieren. Bewährte Theorien gehen immer über das hinaus, durch was sie als bewährt gelten, das heißt, sie begründen Annahmen in Bereichen, die bisher als ungeklärt galten. Und schließlich: *Naturwissenschaftliche Theorien geraten nicht in Konflikt mit unserem lebensweltlichen Orientierungswissen*, also denjenigen deskriptiven wie normativen Überzeugungen, die unser Handeln und Urteilen im Alltag prägen. Dieser Sachverhalt lässt sich auch *ex negativo* klarmachen: Auch diejenige Person, die über keinerlei naturwissenschaftliche Kenntnisse verfügt, kann sich im Alltag gut orientieren. Die Physik erlaubt es, einige unserer lebensweltlichen Überzeugungen (auch solche, die phänomenologische Regularitäten betreffen) in einen systematischen Zusammenhang zu stellen, aber sie widerlegt keine dieser lebensweltlichen Überzeugungen, nicht einmal die, dass die Sonne morgens auf- und abends untergeht. Auch diese phänomenologische Regularität ist kompatibel mit der modernen Kosmologie.

Machen wir es noch etwas konkreter: Ein Physiker des 17. Jahrhunderts beobachtet, dass die Dinge unterschiedlich schnell zu Boden fallen. Um diese Regularität festzustellen, bedarf er keiner physikalischen Theorie. Er versucht nun einen allgemeinen Zusammenhang herzustellen, etwa dergestalt, dass die Geschwindigkeit, mit der ein Gegenstand, der von einer gegebenen Höhe fallen gelassen wird, auf den Boden auftrifft, proportional zu seinem Gewicht ist. Da er nicht genau misst und nur wenige Versuchsreihen macht, hält er diese Theorie für bestätigt und kann nun für beliebige Gegenstände, auch solche, mit denen er noch keinen Versuch gemacht hat, prognostizieren, mit welcher Geschwindigkeit sie jeweils auftreffen. Einige Jahrzehnte später kommt dann ein anderer Physiker auf die Idee, den gleichen Versuch in einem Vakuumrohr zu machen und stellt zu seiner Überraschung fest, dass alle Gegenstände unabhängig von ihrem Gewicht mit der gleichen Geschwindigkeit auftreffen. Er stellt die Vermutung an, dass die unterschiedlichen Geschwindigkeiten in der alten Versuchsreihe mit der Luftreibung in Zusammenhang stehen, und entwickelt daraus eine neue Theorie, nach der das Verhältnis von Reibungskraft und Gewicht ausschlaggebend dafür ist, mit welcher Geschwindigkeit die fallenden Gegenstände auftreffen. Diese Theorie ist besser als die alte. Dass alle Körper gleich beschleunigt werden, wenn sie sich im gleichen Gravitationsfeld bewegen, vorausgesetzt die Reibung spielt keine Rolle, geht nun schon weit ab von der lebensweltlichen Erfahrung mit fallenden Gegenständen. Dass die Feder gleich schnell fällt wie das Bleikügelchen, vorausgesetzt die Luftreibung wird ausgeschlossen, ist kontraintuitiv. Dieses kontraintuitive Ergebnis wurde aber gewonnen, *ohne dass es zu einem Konflikt mit lebensweltlichen deskriptiven Überzeugungen* kam. Auch die neue Versuchsanordnung des Vakuumrohrs setzt voraus, dass man sich auf seine Sinne verlassen kann; dass das, was man beobachtet, keine Halluzination ist, dass das Rohr sich nicht heimlich mit Luft füllt, sobald man sein Gesicht abwendet, etc.

Je abstrakter die physikalische Theorie, desto weniger anschaulich ist sie und desto schwieriger wird es mit unseren aus der Lebenswelt vertrauten deskriptiven Überzeugungen, diese zu verstehen. Hier stehen sich aber nicht zwei Welten gegenüber, sondern es gibt einen kontinuierlichen oder graduellen Zusammenhang, den man vielleicht folgendermaßen beschreiben kann: Das lebensweltlich Vertraute wird in einen neuen Interpretationszusammenhang gestellt, in dem es lediglich einen Spezialfall darstellt. Das lebensweltlich Vertraute bleibt aber unverzichtbar für die naturwissenschaftliche Begründung, weil auch die innerwissenschaftliche Verständigung von seinem Fortbestand abhängt. Ich persönlich gehe noch einen Schritt weiter und meine, dass die Rolle der Lebenswelt in den wissenschaftlichen Begründungsspielen letztlich erst deren Realitätsgehalt sichert. Ich weiß aber, dass eine wichtige Strömung der allgemeinen Wissenschaftstheorie glaubt, sich mit dem Instrumentalismus vor einem solchen Zusammenhang schützen zu müssen. Die Details sind für unser Argument hier nicht wesentlich. Wichtig ist nur festzuhalten, dass es nicht die physikalische Theorie ist, die unsere lebensweltlichen empirischen Überzeugungen erst »validiert«. Diese Überzeugungen gab es vor aller Theorie und die allermeisten dieser Überzeugungen, nämlich gerade solche, die für den alltäglichen Lebensvollzug unverzichtbar sind, sind von der physikalischen Theorie ganz unabhängig. Wir warten nicht in kartesischer Manier darauf, dass die Wissenschaft uns sagt, ob und, wenn ja, welche Gegenstände uns umgeben, in welchen Wechselverhältnissen sie zueinander stehen und wie wir auf sie einwirken können. Nein, die Wissenschaft hat genau dort ihren Ausgangspunkt: im lebensweltlichen Orientierungswissen. Es gibt keinen archimedischen Punkt außerhalb der etablierten Begründungsspiele und Überzeugungssysteme, von dem aus wir beides, die Modi des Begründens und ihre Ergebnisse, in Form begründeter Überzeugungssysteme *ab ovo* neu konstruieren könnten.

Heißt dies, dass der frühneuzeitliche oder gar der zeitgenössische Physiker nichts anderes tut, als unsere schon vorgegebenen empirischen Überzeugungssysteme zu beschreiben? Dass er sich darauf beschränkt, das, was wir schon immer zu wissen meinten, in anderen Termini darzustellen? Keineswegs, die Physik ermöglicht neue Erkenntnisse. Diese neuen Erkenntnisse kommen aber nicht dadurch zustande, dass ihnen ein großes Zerstörungswerk dessen vorausgeht, was unsere Lebenswelt epistemisch bestimmt; diese neue Erkenntnis kommt auch nicht durch die Entdeckung eines Prinzips zustande, aus dem dann das Gesamt unseres physikalischen Wissens ableitbar wäre. Prinzipien oder Gesetze spielen eine wichtige Rolle für die Naturwissenschaft, aber sie haben einen anderen Status. Sie ersetzen nicht unser vortheoretisches Wissen, sondern sie knüpfen an dieses an, systematisieren es, und sofern sie dies erfolgreich tun, sind sie geeignet, auch in denjenigen Bereichen Überzeugungen zu begründen, die uns bislang epistemisch unzugänglich waren. Der Physiker beschreibt nicht unsere vorgängigen empirischen Überzeugungen, sondern er geht von denjenigen Sachverhalten aus, von denen wir lebensweltlich überzeugt sind, und versucht diese in einen systematischen, das heißt gesetzmäßigen Zusammenhang zu bringen. Da diese Gesetze in ihrer Anwendung über das lebensweltlich Vertraute hinausreichen, lassen sich Überzeugungen in epistemisch bislang unzugänglichen Bereichen begründen. Die jeweiligen Methoden, die zu solchen Systematisierungen führen, sind von Disziplin zu Disziplin unterschiedlich, die Details der Begründungsspiele variieren, aber das hier umrissene Bild von Theorie und Lebenswelt, die kohärentistische, holistische und gradualistische Weise, in der wissenschaftliche Behauptungen begründet werden, bleibt für alle Disziplinen und Anwendungsbereiche wissenschaftlicher Theorie das angemessene. Die rationalistischen und empiristischen Konkurrenten Wittgensteins haben einen Teil dieses Bildes für das ganze genommen, haben die Rolle empirischer Daten für phänomenologische Theorien verallgemeinert (im Falle des Empirismus) oder die Methode der Systematisierung und die durch Systematisierung möglichen deduktiven Beziehungen für das Ganze des Begründens gehalten. Die Konkurrenz von Empirismus und Rationalismus wird im kohärentistischen, holistischen und gradualistischen Verständnis im besten Sinne aufgehoben, beide Konzeptionen haben ihren Stellenwert im Rahmen dieser umfassenderen Konzeption. Diese Konzeption ist keine Theorie zweiter Ordnung, die die faktischen Begründungsspiele wissenschaftlicher Disziplinen erst validiert. Es ist die vorsichtige Umschreibung dessen, was in wissenschaftlichen Begründungen tatsächlich passiert. Die wissenschaftliche Praxis bedarf in der Regel nicht der Wissenschaftstheorie, um zu prüfen, ob das, was die Disziplin ausmacht, die Art und Weise, wie jeweils für und wider eine wissenschaftliche Behauptung argumentiert wird, angemessen ist.[8]

Warum sollte dies alles nicht mehr gelten, sobald es statt um deskriptive um normative Überzeugungen geht? Nun, Tugendhat hat darauf folgende Antwort: Aussage-Begründung und Norm-Be-

8 Natürlich gibt es in Einzelfällen offensichtliche Irrationalitäten, die sich in die wissenschaftliche Praxis eingeschlichen haben. In diesem Fall kann die allgemeine und spezielle Wissenschaftstheorie ausnahmsweise einmal eine normative Rolle spielen.

gründung seien eben zwei ganz verschiedene Dinge. Schieben wir diese Frage noch einen Moment auf. Nehmen wir einmal an, dass sich *normative* Überzeugungen und *deskriptive* Überzeugungen im Großen und Ganzen in der gleichen Weise *begründen* lassen, und zwar in der kohärentistischen, holistischen und gradualistischen Weise, die oben skizziert wurde. Die ethische Theorie würde dann – wie die physikalische Theorie – nicht dazu dienen können, das, was wir für richtig, und das, was wir für falsch halten, das, von dessen Existenz wir überzeugt sind, *erst zu konstruieren*. Die ethische Theorie würde wie die physikalische Theorie ihren Ausgangspunkt in denjenigen Überzeugungen nehmen, die für sie relevant sind. Wir würden diese Überzeugungen damit nicht neu beschreiben, sondern in die Theoriebildung einbringen, wir würden von ihnen ausgehen, bis wir Grund haben, sie in Zweifel zu ziehen – es mag sein, dass die Theoriebildung selbst dafür Gründe liefert. Wir würden nicht in kartesischer Manier an den Beginn der ethischen Klärung die radikale Skepsis stellen, sondern bestenfalls die lokale. Es ist der lokale Zweifel, der uns motiviert, systematische Zusammenhänge herzustellen, um diesen Zweifel zu beheben. Der radikale Zweifel ist kein möglicher Ausgangspunkt der Theoriebildung, weder der physikalischen noch der ethischen.

Je umfassender der Bereich normativen Urteilens wäre, der von einer ethischen Theorie erfasst wird, und je systematischer die Theorie aufgebaut wäre, desto größer würde das Vertrauen sein, das wir in sie setzten. Viele haben erst dann trotz aller vermeintlich kontraintuitiven Resultate der speziellen Relativitätstheorie vertraut, als sich herausstellte, dass sie es erlaubt, auf den Magnetismus *in toto* zu verzichten, da die magnetische Wechselwirkung als relativistischer Effekt elektrostatischer Gesetzmäßigkeiten rekonstruiert werden kann. Da geht es nicht um die Erklärung neuer Phänomene, sondern um einen gewaltigen *Zuwachs an Kohärenz* der physikalischen Theoriebildung, die dieses Vertrauen begründet. Warum sollte dies bei ethischen Theorien so grundstürzend anders sein? Auch dort werden wir einem Prinzip desto mehr vertrauen, je umfassender es diejenigen moralischen Überzeugungen in einen systematischen Zusammenhang bringt, die wir nicht zweifelhaft finden, für die wir keine Theorie benötigen, um sie aufrechtzuerhalten. Die ethische Theorie beschreibt damit nicht das faktische Moralbewusstsein, sondern bestenfalls knüpft es an dieses an. Besser: Die ethische Theorie nimmt zunächst diejenigen moralischen Sachverhalte als gegeben an, von denen wir fest überzeugt sind, an denen zu zweifeln wir keinen Grund haben. Wir haben keinen Grund, simultan an allen unseren moralischen Überzeugungen zu zweifeln. Dies wäre in der Tat die moralische Krise, von der Tugendhat und viele andere zeitgenössische Ethiker vermuten, dass sie uns alle erfasst habe. Da wir uns aber nicht in einer moralischen Krise befinden, sondern uns vieler unserer moralischen Überzeugungen gewiss sind, beginnt das moralische Begründen dort. Alles Begründen hat nicht nur ein Ende, sondern auch einen Anfang, und dieser liegt in denjenigen normativen Überzeugungen, die wir für gewiss halten. Das, was wir für gewiss halten, äußert sich in der lebensweltlichen Praxis der Interaktionen und der Verständigung. Wir wären keine zuverlässigen Interaktionspartner, wenn wir nicht mit den anderen zentrale normative Überzeugungen teilten. Hier gibt es in der Tat so etwas wie einen Rawls'schen *overlapping consensus* (wobei dieser ihn allerdings auf die Gerechtigkeitsfrage bezog). Ohne den *overlapping consensus* gibt es keine Verständigung und keine stabilen sozialen Beziehungen, die Begriffe der Wahrhaftigkeit, des Vertrauens und der Verlässlichkeit wären leer und wir könnten das Unternehmen der wissenschaftlichen wie auch der ethischen Begründung gar nicht beginnen.

III. Interessen als Grundlage?

Die meisten zeitgenössischen Ethiker sind der Auffassung, dass es die je individuellen Interessen sind, die den notwendigen moralischen Konsens stiften. Tugendhat ist ein prononcierter Vertreter dieser Auffassung. Für ihn heißt eine Norm begründen, deutlich zu machen, dass sie gleichermaßen im Interesse aller ist. Wie andere, etwa John Rawls, stellt Tugendhat dabei eine enge Verbindung zwischen ethischer Begründung einerseits und moralischer Motivation andererseits her. Diese Verbindung wird über den Begriff des individuellen Interesses geknüpft. Eine Person ist motiviert, einer Norm zu folgen, wenn es in ihrem eigenen Interesse ist, dass diese Norm gilt. Die Verknüpfung von ethischer Begründung und moralischer Motivation ist einfach: Die Befolgung einer Norm ist gegenüber einer Person begründet, wenn ihr deutlich gemacht wurde, dass es in ihrem eigenen Interesse ist, diese Norm zu befolgen. Dass dieses schlichte Konzept, das dem entspricht, was Tugendhat in den *Vorlesungen über Ethik* als »Kontraktualismus« bezeichnet hat, nicht aufgeht, ist Tugendhat natürlich bewusst.[9] Dies war ja einer der Gründe für seine Distanzierung von seinem Konzept der *Drei Vorlesungen.*[10] Dennoch kehrt er nun seit dem *Dialog in Leticia* zu diesem Ausgangspunkt zurück, um ihn dann so zu modifizieren, dass unter Einbeziehung moralischer Gefühle eine »moderne« Moralbegründung möglich wird.[11] Der moralisch angemessene Umgang mit Tieren, aber auch mit denjenigen, die nicht kooperationsfähig sind, weil sie zu jung, zu alt oder schwachsinnig sind, muss in einem solchen Verständnis von Ethikbegründung ausgeklammert bleiben. Tugendhats Ethikkonzeption ist im doppelten Sinne rationalistisch: erkenntnistheoretisch in der Ableitung aller moralischer Normen aus einem als evident angenommenen Prinzip und inhaltlich, insofern als Begründung in letzter Instanz auf das Eigeninteresse rationaler Individuen rekurriert.

Ich teile mit Tugendhat die Auffassung, dass individuelle Interessen eine wichtige Rolle für eine angemessene Moralbegründung spielen. Die Vermengung von moralischer Motivation und ethischer Begründung über den Begriff des Eigeninteresses halte ich jedoch für einen Irrweg. Die Frage, ob ich eine Norm begründen kann, ist eine ganz andere als die, ob es in meinem eigenen Interesse ist, dieser Norm zu folgen. Dies sind kategorial verschiedene Fragestellungen. Die Tatsache, dass es sich hier um kategorial verschiedene Fragestellungen handelt, schließt keineswegs aus, dass bestimmte Normen sich gerade dadurch begründen lassen, dass sie im gleichmäßigen Interesse aller sind. Die Tatsache, dass wir alle ein Interesse daran haben, dass das Tötungsverbot moralisch und juridisch etabliert ist und dementsprechend auch moralisch und juridisch streng sanktioniert wird, ist eine gute Begründung des Tötungsverbotes. Eine Gesellschaft ist in einer besseren Verfassung, wenn dieses Tötungsverbot etabliert ist, als wenn das nicht der Fall ist. Dies begründet die entsprechende moralische und juridische Norm. Sollte ich der Glückliche sein, der so stark ist, dass er eine Tötung durch die anderen Mitglieder der moralischen Gemein-

9 Vgl. Ernst Tugendhat, *Vorlesungen über Ethik*, Frankfurt/M. 1993.

10 Vgl. ders., *Probleme der Ethik*, Stuttgart 1984, S. 57-131.

11 Vgl. ders., *Dialog in Leticia*, Frankfurt/M. 1997.

schaft nicht befürchten müsste, während alle übrigen Mitglieder der moralischen Gemeinschaft zumindest einer Koalition der Schwachen zutrauen, dass sie das eigene Leben bedrohen könnte, so wäre für mich im Gegensatz zu allen übrigen Mitgliedern der moralischen Gemeinschaft das Tötungsverbot nicht mehr begründet, wenn man den Begründungsbegriff des frühen wie des späten Tugendhat zugrunde legt. Dies ist in hohem Maße kontraintuitiv, es widerspricht dem, was wir üblicherweise unter einer ethischen Begründung verstehen. Das Tötungsverbot bleibt auch für den extrem Starken begründet, weil es der moralischen Gemeinschaft insgesamt ein besseres Leben ermöglicht. Ich bin hinreichend rational in meinem moralischen Urteil, um diesen Zusammenhang zwischen dem Wohlergehen der Mitglieder der moralischen Gemeinschaft, der ich angehöre, und der betreffenden Norm als eine angemessene Begründung zu begreifen.

Eine Norm ist schon, aber nicht nur dann begründet, wenn sie niemandem schadet, aber einigen nützt. Eine vernünftige Person akzeptiert das Kriterium der Pareto-Inklusivität: Wann immer sich eine Besserstellung einiger erreichen lässt, ohne die Schlechterstellung anderer nach sich zu ziehen, sollte sie realisiert werden. Wenn einzelne Normen dazu beitragen, dann sind diese Normen begründet. *Pareto-Inklusivität* ist eine *Minimalbedingung* rationaler ethischer Urteile. Gerechtigkeit verlangt mehr als Pareto-Inklusivität, die ihrerseits lediglich Neidfreiheit voraussetzt. Es gibt gute Gründe, das Kriterium der Verteilungsgerechtigkeit von der jeweiligen Leistung und der Leistungsfähigkeit einer Person sowie von ihrer Bedürftigkeit abhängig zu machen. Muss es nicht möglich sein, dass jemand, der leistungslos Vermögen, zum Beispiel durch Erbschaft, besitzt, zu der Auffassung kommt, dass dies ungerecht sei? Es gibt ganz unterschiedliche Typen von Argumenten dafür, dass etwa eine Verteilung gerecht oder ungerecht ist, aber es gehört zu den minimalen Rationalitätsstandards moralischer Urteilsbildung, dass die eigene Interessenlage keine konstitutive Rolle dafür spielt, was einer Person als gerecht oder ungerecht gilt. Wir wissen alle, dass die eigenen Interessenlagen häufig das moralische Urteil beeinflussen und irrational entstellen. Dies spricht *dagegen*, nicht dafür, die eigene Interessenlage zum ausschlaggebenden, ja konstitutiven Element ethischer Begründung zu machen. Es können nicht meine eigenen Interessen sein, die in letzter Instanz bestimmen, was mir gegenüber moralisch begründbar ist. Viele Menschen sind durchaus in der Lage, sich für eine Besteuerung von Einkommen und Vermögen auszusprechen, weil sie die Besteuerung für wohlbegründet halten, selbst wenn diese für sie persönlich zusätzliche steuerliche Belastungen mit sich bringt. Dieses Maß an moralischer Urteilsrationalität, dessen weite Verbreitung sich alle paar Monate an den Wahlurnen bestätigt, sollte von der ethischen Theorie nicht unterschritten werden. Die Fähigkeit, einen unparteiischen Standpunkt einzunehmen, also auch solche moralischen Normen für begründet zu halten, deren allgemeine Befolgung nicht in meinem eigenen Interesse ist, weil ich zu denjenigen gehöre, die von der realisierten Ungerechtigkeit besonders profitieren, ist ein konstitutives Element rationaler moralischer Beurteilung, das sich in der ethischen Theorie niederschlagen muss, wenn diese adäquat bleiben soll.

Dieser zentrale Irrtum der Tugendhat'schen Konzeption ethischer Begründung (die Tugendhat mit allen im engeren Sinne kontraktualistischen Theorien wie derjenigen von David Gauthier oder von Bernard Gert teilt) wird leicht durch den zugleich vertretenen Egalitarismus verdeckt: Wenn die eine Person gegenüber der anderen Person einen größeren Vorteil aus der betreffenden moralischen Norm zieht, dann sei diese moralische Norm eben nicht *gleichermaßen* begründet. Tugendhat scheint zu übersehen, dass dieser Egalitarismus allein auf der Basis einer ethischen Begründung über interessenbasierte moralische Motivation nicht zu haben ist. Sein Egalitarismus bringt einen *zusätzlichen normativen Gesichtspunkt* in die ethische Begründung ein. Das jeweilige Eigeninteresse als Begründungsinstanz bietet – entgegen Tugendhat – für diesen Egalitarismus kein Fundament. Auch die benachteiligte Person kann nur ein Eigeninteresse daran haben, dass die betreffende moralische Norm etabliert und befolgt wird. Die Norm, dass die Sklaven in Zukunft im Gegensatz zur bisherigen Praxis nur bei schweren Vergehen auf den Plantagen ausgepeitscht werden können, mag sowohl im Interesse des Sklavenhalters sein (da er von nun an zufriedenere und arbeitswilligere Sklaven besitzt) als auch im Interesse seiner Sklaven. Das ändert nichts daran, dass diese Norm ungerecht ist. Aus diesen und ähnlichen Überlegungen heraus sind Kontraktualisten dazu übergegangen, die Situation der Zustimmung in kontrafaktischer Weise zu spezifizieren, das heißt, die ethische Begründung einer Norm davon abhängig zu machen, dass Personen unter bestimmten, nicht wirklich realisierten Bedingungen zustimmen würden. So sorgt bei Rawls der *Schleier des Nichtwissens,* der immerhin sogar die Kenntnis des eigenen Geschlechts ausschließt, in der *original position,* in der über die Gerechtigkeitsprinzipien entschieden wird, für die Fairness dieser Prinzipien. Die *Bindungswirkung* dieser fiktiven Entscheidung in einer kontrafaktischen Situation für die realen Bürgerinnen und Bürger eines politischen Gemeinwesens ergibt sich nicht aufgrund ihrer *tatsächlichen* Interessenlagen, sondern nur hinsichtlich ihrer *fiktiven,* in denen sie sich *de facto* nicht befinden, in die sie sich aber als kompetente und rationale Moralbeurteiler hineinversetzen können. Wenn ich zum Beispiel eine Verfassung hinsichtlich ihrer Gerechtigkeit prüfe, so habe ich zu vergessen, welchen Interessensstandpunkt ich tatsächlich einnehme, und muss von allen meinen spezifischen Stärken und Schwächen, Fähigkeiten und Leistungen abstrahieren. Die Interessenlage der fiktiven Parteien im Urzustand ist deswegen relevant, weil der kompetente Moralbeurteiler versucht, sich einem solchen unparteiischen Standpunkt anzunähern, den die Parteien im Urzustand qua kontrafaktischer Informationslage gezwungen sind einzunehmen. Unparteilichkeit ist damit ein normativer *Input* der Theorie und nicht, wie bei Tugendhat, Korrolar einer über eigene Interessen motivationstheoretisch begründeten Ethik.

IV. Moralische Motivation und Gründe

Ich muss gestehen, dass ich über viele Jahre hinweg nicht verstanden habe, worin das philosophische Problem der moralischen Motivation eigentlich bestehen soll. Wenn ich gute Gründe habe, etwas zu glauben, dann glaube ich es, und wenn ich gute Gründe habe, etwas zu tun, dann tue ich es. Gibt es da irgendein Hindernis zu überwinden, das eines spezifischen Antriebes bedarf? Die ethisch und rationalitätstheoretisch relevante Frage ist die nach den guten Gründen. Wenn wir wissen, was gute Gründe sind, von etwas überzeugt zu sein oder etwas zu tun, dann haben wir die beiden zentralen Probleme der Philosophie gelöst, das *erkenntnistheoretische* und das *ethische.* Für die Probleme, die viele zeitgenössische Ethiker mit moralischer Motivation haben, ist eine rationalitätstheoretische bzw. eine anthropologische Prämisse ausschlaggebend, nämlich, dass Menschen in der Regel das tun, was ihren Interessen entspricht. *Rationalitätstheoretisch* ist diese Prämisse, wenn man sie so interpretiert, dass es rational sei, ausschließlich seinen eigenen Interessen zu folgen. *Anthropologisch* ist sie insofern, als man sie als einen empirischen Befund interpretiert, dass Menschen (und möglicherweise Angehörige anderer Spezies ebenso) *de facto* ihren Interessen folgen. In beiden Interpretationen – der rationalitätstheoretischen und der anthropologischen – entsteht für die Moraltheorie ein Problem. Denn entweder lässt sich zeigen, dass es im eigenen Interesse ist, moralisch zu handeln, dann erscheint die moralische Norm weitgehend überflüssig (abgesehen von einer bloßen Koordinierungsfunktion), oder die moralischen Regeln verlangen ein Verhalten, das nicht im eigenen Interesse ist, dann muss begründet werden, wie es möglich (in der anthropologischen Lesart) oder rational (in der rationalitätstheoretischen Lesart) sein kann, moralisch zu handeln.

Das philosophische Problem der moralischen Motivation entsteht durch eine spezifische Theorie der Begründung, nämlich die, dass ethische Begründung im Nachweis bestehen müsse, dass moralisches Handeln im eigenen Interesse sei. Genauer, dass die Begründung der Befolgung einer Norm gegenüber einer Person darin bestünde, zu zeigen, dass es für diese Person im eigenen Interesse ist, die betreffende Norm zu befolgen. Eine moralisch gebotene Handlung ist gegenüber einer Person begründet, wenn gezeigt wird, dass diese Handlung im eigenen Interesse der Person ist. Davon ausgehend lassen sich moralische Normen *gegenüber einer Person* dann begründen, wenn sich zeigen lässt, dass diese Person ein Interesse daran hat, dass diese Norm etabliert ist. Eine Norm lässt sich *allgemein* begründen, wenn gegenüber jeder Person (zunächst einer moralischen Gemeinschaft, dann der Menschheit) gezeigt werden kann, dass es in ihrem Interesse ist, dass diese Norm etabliert ist. Die Tatsache, dass eine Norm etabliert ist, äußert sich darin, dass Abweichungen von dieser Norm sanktioniert werden – *in foro externo* und/oder *in foro interno*, also durch extern auferlegte Sanktionen bzw. durch moralische Schuldgefühle. Die externen Sanktionen können ihrerseits in materiellen Nachteilen bestehen, wie etwa im Zivil- und Strafrecht oder in moralischem Tadel bis hin zu Verachtung und Ausgrenzung durch die anderen Mitglieder der moralischen Gemeinschaft. In dieser Sichtweise zeigt sich allerdings ein Anschlussproblem, nämlich dass das Interesse einer Person an der Etablierung einer Norm nicht notwendigerweise impliziert, dass diese Person auch ein Interesse daran hat, diese Norm zu befolgen. Die Entscheidungsstruktur ist die eines Gefangenendilemmas, in dem die jeweilige Einzelperson am besten fährt, wenn sich die übrigen immer an die betreffende Regel halten und sie selbst fallweise, nämlich dann, wenn es in ihrem eigenen Interesse ist, von dieser Regel abweichen kann. Diese Begründungslücke zwischen

(1) die Etablierung einer Norm ist im Interesse einer Person

und

(2) die je eigene Befolgung dieser Norm ist im Interesse einer Person

kann wiederum geschlossen werden durch moralische Gefühle, die dafür sorgen, dass auch im Einzelfall die Abweichung *in foro interno* sanktioniert ist, oder durch die vollständige soziale Kontrolle des Verhaltens durch externe Sanktionen, wie Tugendhat im letzten Teil des *Dialoges in Leticia* vorschlägt (für Schwarzfahren, Korruption etc.).

Eine rationale Person, die gute Gründe dafür hat, dass ein Sachverhalt zutrifft, bildet die Überzeugung aus, dass dieser zutrifft. Eine rationale Person, die gute Gründe dafür hat, dass eine bestimmte Handlungsweise richtig ist, handelt entsprechend. Das Spezifikum normativer Überzeugungen ist, dass sie einen guten Grund beinhalten können, etwas zu tun. Nicht jede normative Überzeugung ist von Relevanz für meine eigene Praxis. Ja, manche normativen Überzeugungen sind weder für die eigene Praxis noch für die Praxis anderer Personen relevant. Dies allein schon spricht dagegen, normative Überzeugungen als Ausdruck von Handlungsdispositionen zu interpretieren. Normative Überzeugungen werden begründet wie andere Überzeugungen auch. Ihre Handlungsrelevanz besteht nicht darin, dass sie die Interessenlage verändern, sondern darin, dass sie gute Gründe liefern, etwas zu tun oder zu unterlassen. Diese Auffassung scheint mir schon deswegen plausibel zu sein, weil sie der Praxis entspricht, die in unserer lebensweltlichen moralischen Interaktion etabliert ist. Jemand, der eine moralische Überzeugung äußert und in einer Weise handelt, die dieser Überzeugung widerspricht, muss sich rechtfertigen. Wenn er dagegen eine moralische

Überzeugung hat und so handelt, dass dies nicht als Widerspruch zu dieser moralischen Überzeugung empfunden wird, so muss er sich für sein Handeln nicht rechtfertigen (wenn auch möglicherweise für seine moralische Überzeugung). Dies spricht für eine enge Verknüpfung von moralischen Überzeugungen und Handlungserwartungen.

Normative Überzeugungen werden begründet wie alle Überzeugungen: indem auf andere Überzeugungen Bezug genommen wird. Symmetrieannahmen, Verallgemeinerungen, deduktive, induktive und reduktive Argumente spielen dabei eine Rolle. Die Literatur in den Bereichsethiken bietet dafür vielfältiges Anschauungsmaterial. Ethische Begründung ist also nichts Besonderes. Die Tatsache, dass aus normativen Überzeugungen häufig Handlungsmotivationen und Handlungserwartungen hervorgehen, zeigt lediglich, dass normative Überzeugungen auch praktische Gründe bestimmen. Theoretische Gründe sind Gründe, etwas zu glauben, und praktische Gründe sind Gründe, etwas zu tun. Die Begründung normativer Überzeugungen ist jedoch eine ganz gewöhnliche Begründung. Die Reichweite der theoretischen Vernunft in der Ethik ist groß.[12] Nicht alle normativen Überzeugungen sind moralischer Natur. Wenn ich bestimmte persönliche Wünsche habe oder in einem Leben Bindungen eingegangen bin, wenn ich Entscheidungen getroffen habe, deren Ausführung noch bevorsteht etc., so habe ich Grund in der einen oder anderen Weise zu handeln, meine Wünsche zu erfüllen, den Bindungen gerecht zu werden, die Entscheidungen zu realisieren. Gründe dieser Art sind ebenso wie moralische Gründe praktischer Natur, das heißt, sie können mein Handeln bestimmen. Eine rationale Person, die einen guten Grund hat, etwas zu tun, tut dies – unabhängig davon, ob diese Gründe moralischer oder außermoralischer Natur sind. Ja, mehr noch: Jede Handlung ist begründet, sonst wäre sie keine Handlung, sondern bloßes Verhalten. Dies äußert sich darin, dass ich, befragt, sagen kann, warum ich mich so und nicht anders verhalten habe, wenn dieses Verhalten Handlungscharakter hat. Das Handeln einer (rationalen) Person wird durch die von ihr jeweils akzeptierten normativen Gründe gesteuert. Es gibt keine Handlung ohne normativen Grund. Ein ganzes Geflecht dessen, was ich konative Einstellun-

12 Vgl. JNR, »Zur Reichweite theoretischer Vernunft in der Ethik«, in: ders., *Ethische Essays*, Frankfurt/M. 2002, S. 11-31.

gen nenne – also Wünsche und Hoffnungen, eigene Werte und akzeptierte Regeln des Verhaltens –, geht in diese Gründe ein, das heißt genauer: im Prozess des praktischen Deliberierens, also des Abwägens praktischer Gründe, sind meine eigenen konativen Einstellungen relevant.

An dieser Stelle ist es sinnvoll, den Begriff des Interesses ins Spiel zu bringen. Ein zentraler Bereich des moralischen Urteilens ist darauf gerichtet, einen angemessenen Umgang mit fremden Interessen zu garantieren. Dazu gehört die Anerkennung der autonomen Lebensgestaltung erwachsener Personen. Wir respektieren andere in ihren Entscheidungen und ihren Wertungen so, wie wir erwarten, dass andere uns in unseren Entscheidungen und Wertungen respektieren. Dieser *autonomistische Kern moderner Moral* rekurriert auf Interessen, aber konsequenterweise nur als Stellvertreter. Es sind letztlich nicht die Interessen anderer Personen, die ausschlaggebend dafür sind, in welcher Weise ich mich gegenüber dieser Person verhalten darf, sondern ihre geäußerten Präferenzen (im Sinne des *revealed preferences*-Konzeptes, wonach auch Handlungen nichts anderes sind als Äußerungsformen von Präferenzen zusammen mit subjektiven Wahrscheinlichkeiten). Es entspräche einem paternalistischen Moralverständnis, wenn es die Interessen wären, die mein Handeln gegenüber anderen Personen in letzter Instanz bestimmen sollen. Ich bin dann derjenige, der darüber entscheiden müsste, was für diese Person gut ist. Nein, es ist die Person selbst, die darüber eigenverantwortlich und autonom bestimmt. Ihre geäußerten Präferenzen sind dafür ausschlaggebend, was ich ihr gegenüber tun darf oder unterlassen muss. Wenn diese Beurteilungsinstanz jedoch fehlt, wenn ich die Präferenzen der betreffenden Person nicht kenne, dann bleibt mir gar nichts übrig, als Vermutungen über ihre Interessen anzustellen und, da ich von ihr in gleicher Weise erwarte, dass sie rational ist, zu hoffen, dass ihre Präferenzen ihre Interessen berücksichtigen. Damit wird natürlich nicht zugleich behauptet, dass die jeweils geäußerten Präferenzen oder vermuteten Interessen einer Person schon die Grenzen der Interventionserlaubnis moralisch bestimmen. Manche Interessen (oder auch geäußerte Präferenzen) sind illegitim und müssen nicht berücksichtigt werden. Andere sind legitim, aber sie kollidieren mit Interessen anderer und erfordern daher eine Abwägung. Es ist besonders dieses Erfordernis moralischer Abwägung zwischen Interessen, das den Interessenbegriff so unverzichtbar für die Ethik macht. Man muss sich dabei allerdings bewusst bleiben, dass die Zuschreibung von Interessen an Personen begrifflich und epistemisch keineswegs unproblematisch ist. Manche konativen Einstellungen, die eine Person hat, bestimmen, was in ihrem eigenen Interesse ist, andere sind eher Ausdruck dessen, was sie (zum Beispiel moralisch) wertschätzt. Um hier keine *petitio* zu begehen, kann das, was sie moralisch wertschätzt, ihr nicht selbst als Interesse zugeschrieben werden.[13] Aber auch unabhängig von dieser spezifisch moraltheoretischen Problematik der Zirkularität von Interessenzuschreibung über moralische Kriterien stellt sich die Frage, welche der konativen Einstellungen einer Person ihr zugleich als ein Interesse zugeschrieben werden kann. Nehmen wir an, Gabriele spendet einen Gutteil ihres Vermögens für den Bau eines Waisenhauses in Indien. Es ist dann zweifellos in ihrem Interesse, dass dieser Bau zügig voranschreitet und dass ihre Gelder sinnvoll verwendet werden. Ist aber auch die Spende selbst in ihrem Interesse? »Natürlich, sie hat eben entsprechende moralische Überzeugungen, die es nahelegen, diese Spende als etwas, das in ihrem Interesse ist, zu bezeichnen.« Andere werden erwidern, dass damit der Interessenbegriff vollständig aufgeweicht und nicht mehr trennscharf verwendbar ist. Es mag zwar sein, dass Gabriele diese Spende in der Hoffnung gegeben hat, als respektierte Bürgerin in Indien Anerkennung zu finden oder sich endlich einen Lebensinhalt zu geben, nachdem die Kinder aus dem Hause sind und der Ehemann gestorben ist. Es muss aber nicht so sein. Es ist durchaus möglich, dass sich Gabriele ganz überwiegend aus moralischen Gründen zu dieser Spende entschlossen hat. Einem engeren und, wie mir scheint, sinnvolleren Interessenbegriff zufolge wäre diese Spende dann nicht in ihrem Interesse, sondern Ausdruck dieser moralischen Überzeugung.

Nur ein Teil der konativen Einstellungen einer Person eignet sich dazu, Interessen zu bestimmen, nämlich solche Wünsche und Hoffnungen, die sich auf das eigene Wohlergehen beziehen. Vieles, was wir in unserem Leben tun, ist aber nicht auf das eigene Wohlergehen gerichtet, und zwar nicht nur dann, wenn moralische Motive ausschlaggebend sind. Viele von uns wollen ihren jeweiligen Beruf gut ausüben. Manche von ihnen mögen deswegen diesen

13 Vgl. JNR, *Entscheidungstheorie und Ethik/Decision Theory and Ethics*, München 2005, S. 110-149.

Wunsch haben, weil sie sich Karrierevorteile erhoffen. Andere, und das sind die meisten, wollen auch unabhängig von Karriereerwartungen ihre Arbeit gut machen. Dies muss nicht als ein moralisches Motiv interpretiert werden. Möglicherweise ist sich die Person bewusst, dass es aus einer unpersönlichen Perspektive keinen großen Unterschied ausmacht, ob sie ihre Arbeit gut macht oder nicht. Das, was man gelegentlich als aristotelischen Perfektionismus bezeichnet, ist tief in unsere lebensweltliche Praxis integriert, ohne dass wir dafür in der Moderne die angemessene Begrifflichkeit entwickelt haben. Die Dichotomie moralischer Motive einerseits und Interessensmotive andererseits, die insbesondere durch die kantische Ethik das kontinentaleuropäische philosophische Denken bestimmt, vergröbert die Sachlage allzu sehr. Handlungsmotive, die nicht darauf gerichtet sind, das eigene Wohlergehen zu erhöhen, die aber auch nicht moralisch motiviert sind, fallen aus diesem Raster. Es gibt eine sich nicht in diese Dichotomie fügende Vielfalt von praktischen Gründen, die ihrerseits auf etablierte Institutionen der Interaktion, aber auch auf selbstgewählte Strukturen der Lebensform Bezug nehmen. In diesem Spektrum ist ein kleiner Teil auf die Erhöhung des eigenen Wohlergehens gerichtet, der größere hat damit bestenfalls indirekt etwas zu tun. Joseph Butler hat dies in seinen *Fifteen Sermons* auf den Punkt gebracht:[14] Ein Altruist ist glücklich, wenn er jemandem etwas Gutes tun kann. Er tut jemandem aber nicht deshalb etwas Gutes, um glücklich zu sein. Sein eigenes Wohlergehen ist nicht das Motiv des echten Altruisten. Es gibt zweifellos echten Altruismus. Nicht nur der echte Altruist, sondern auch derjenige, der ein gutes Buch schreiben möchte, wohl wissend, dass weder die Vorbereitung noch der Ertrag sein eigenes Wohlergehen maximieren, handelt nicht notwendigerweise aus moralischen Motiven. Es kann sich dennoch um gute praktische Gründe handeln, Gründe, die vernünftigerweise meine Lebensform mit bestimmen. Schon von daher ist es absurd, die moralische Motivation jeweils durch den Nachweis sicherstellen zu wollen, moralisches Handeln würde mein eigenes Wohlergehen maximieren und sei in diesem Sinne in meinem eigenen Interesse. Es gibt vieles, was rationale Personen motiviert, das eine zu tun und das andere zu lassen: die Absicht, das eigene Wohlergehen zu ma-

14 Joseph Butler, *Fifteen Sermons upon Human Nature, or Man Considered as a Moral Agent*, London 1726.

ximieren, die Absicht, allgemein anerkannte soziale Regeln einzuhalten, die Projekte zu realisieren, die meinem Leben Sinn geben, auf diejenigen, mit denen ich zu tun habe, Rücksicht zu nehmen, die eigenen Fähigkeiten auszubilden und das, was jeweils ansteht, so gut wie möglich zu tun. In unserer Lebenswelt sind wir alle in hohem Maße Aristoteliker: Die ethische Theorie kann sich von der lebensweltlichen Erfahrung, von der Sinnstiftung unseres jeweiligen Lebens, von der Praxis der alltäglichen Interaktion nicht allzu weit entfernen, wenn sie ernst genommen werden will.

4. Moralische Tatsachen*

Ich plädiere im Folgenden für einen ontologisch agnostischen und nicht-naturalistischen ethischen Realismus. Dieser versteht sich als die natürliche Interpretation normativer Diskurse, nicht als metaethisches Projekt. Es ist die Praxis der normativen Verständigung, die diese Form des ethischen Realismus nahelegt. Ja, mehr noch, meine These ist, dass alle anderen metaethischen Positionen mit dieser Praxis in der einen oder anderen Hinsicht in einen unauflöslichen Konflikt geraten. Die Praxis, Gründe für unsere Handlungen und normativen Bewertungen zu geben, ist auf Kohärenz gerichtet. Praktische Gründe beseitigen im Erfolgsfalle Ungewissheiten des normativen Urteils oder mildern diese wenigstens ab. Zweifel sind begründet, wenn Inkohärenzen auftreten. Begründungen gehen aber nicht *ad infinitum*, sie haben ihren Ausgangspunkt in Unbezweifeltem, in zentralen Elementen unserer empirisch und normativ, epistemisch und prohairetisch verfassten Lebensform, die einen robusten empirischen wie normativen Realismus aufweist.

Nach einigen Vorbemerkungen zur Realismusproblematik (1) kritisiere ich zwei der drei zeitgenössischen Hauptkonkurrenten in der Metaethik, den *ethischen Subjektivismus* (2) und den *kantischen Konstruktivismus* in der Ethik (3),[1] um dann das Verhältnis von (eigenen) Gründen und Tatsachen zu klären (4) und für eine konsequent epistemische Perspektive bzw. einen ontologischen Agnostizismus zu werben (5). Ich erörtere, in welchem Sinne es sich hierbei um eine Wittgenstein'sche Perspektive handelt (6), und schließe mit einigen ontologischen Aspekten (7).[2]

* Vortrag, gehalten am 29. November 2014 an der Ludwig-Maximilians-Universität München, zuerst erschienen in: Dietmar von Pfordten (Hg.), *Moralischer Realismus? Zur kohärentistischen Metaethik Julian Nida-Rümelins*, Münster 2015, S. 17-57.

1 Im zweiten Teil dieses Bandes (Kap. 5-7) gehe ich auch auf den dritten Konkurrenten, den ethischen Naturalismus, ein, der meist unter der Bezeichnung *moral realism* firmiert.

2 Je nach Blickwinkel stehen sich in der zeitgenössischen Metaethik Realisten (naturalistische wie non-naturalistische) und Anti-Realisten (ethische Subjektivisten und kantische Konstruktivisten) gegenüber und innerhalb des realistischen Lagers Naturalisten und Non- bzw. Anti-Naturalisten. Aufschlussreich ist aber auch die

I. Realismus – sieben Vorbemerkungen

(1) *Ein Realist ist überzeugt, dass die Welt oder die Wirklichkeit unabhängig von unseren Vorstellungen von ihr existiert.* Manche sprechen hier von »Repräsentationen«, was das mentalistische Vokabular vermeidet und auch für Naturalisten welcher Prägung auch immer eher akzeptabel ist, aber leicht missverstanden werden kann: Es geht um das Verhältnis von Tatsachen und Meinungen, von Objektivem und Subjektivem. Die unspezifische Redeweise von »Repräsentationen« hält einen naturalistischen Ausweg offen, wonach es nicht um das Verhältnis von Objektivem zu Subjektivem geht, sondern um das Verhältnis zweier mit den Mitteln der Naturwissenschaft vollständig beschreibbarer Entitäten, zum Beispiel Landkarten einerseits und Regionen andererseits oder Farbverteilungen auf einer Leinwand einerseits und Gesichter andererseits. Das wäre jedoch ein Missverständnis: Die Abbildungen, Diagramme, Sätze etc. repräsentieren die Wirklichkeit nur als Gehalt von Intentionen rationaler Wesen, zumal von Menschen. Es ist die Intentionalität dieser Wesen, die die Bedeutung dieser »Repräsentationen« stiftet.[3] Bedeutung ist ohne Subjektives, speziell ohne die mentalen Zustände, die wir als Intentionen charakterisieren, nicht zu haben.

Unterscheidung nach der zugrundeliegenden allgemeinen Metaphysik oder Ontologie: Dann stehen metaethische Positionen, die in unterschiedlicher Weise das Phänomen der Normativität in ein naturalistisches Weltbild zu integrieren suchen (ethischer Naturalismus, Subjektivismus, Konstruktivismus), einer metaethischen Position gegenüber, die dieses Ziel nicht verfolgt und daher metaphysisch (ontologisch) nicht vorbelastet ist. Nur diese kann sich auf die reale normative Verständigungspraxis unverstellt einlassen, sie muss diese nicht uminterpretieren, um sie in Einklang mit einem naturalistischen Weltbild zu bringen. Nur sie kann eine rein epistemische Perspektive einnehmen. Tatsächlich spielt der Naturalismus als prägende wissenschaftliche Weltanschauung bzw. die naturalistische Metaphysik für alle drei metaethischen Positionen (ethischer Subjektivismus, Naturalismus, Konstruktivismus), eine wichtige Rolle. Für den ethischen Subjektivismus ohnehin (da es nur »natürliche«, keine moralischen Tatsachen gibt, muss die Moralsprache als Ausdruck von Präferenzen oder Imperativen (um-)interpretiert werden), während der ethische Naturalismus aus der naturalistischen Metaphysik die entgegensetzte Konsequenz zieht und moralische Überzeugungen als empirische und moralische Tatsachen natürlich interpretiert und der ethische Konstruktivismus versucht, ethische Universalität ohne moralische Realität sicherzustellen.

3 Vgl. dazu Kap. 13 in diesem Band.

Zudem setzt dieses Verhältnis Rationalität voraus, es hat eine kognitive und logische (inferentielle) Dimension.[4]

(2) *Meinungen sind zutreffend, wenn sie die Tatsachen, auf die sie sich beziehen, richtig darstellen.* Dies gilt unabhängig davon, ob es sich um empirische (über bestimmte empirische Methoden im Prinzip zugängliche) Tatsachen handelt oder um normative Tatsachen, das heißt Tatsachen, in denen es direkt oder indirekt darum geht festzustellen, ob eine Handlung geboten bzw. eine Praxis, eine Institution, ein Charakter, ein Zustand gerecht ist oder nicht.

(3) *Der Realismus setzt weder eine Korrespondenztheorie der Wahrheit noch eine naturalistische Interpretation von Tatsachen als (im Prinzip) über naturwissenschaftliche Beschreibungen zugängliche Entitäten voraus.* Der Realismus hat eine zentrale These und eine Zusatzannahme, die dazu dient, antirealistische Objektivitätsansprüche zurückzuweisen. *Die zentrale These lautet, dass es Tatsachen unabhängig von Meinungen über Tatsachen gibt.* Die Zusatzannahme lautet, dass diese *Tatsachen nicht epistemisch konstituiert* sind, um klarzustellen, dass die Definition von Tatsachen als solchen Meinungen, die in idealer Weise gerechtfertigt sind oder die in einer bestimmten Kultur für richtig gehalten werden oder die – hypothetisch – das Ergebnis eines idealen Diskurses wären, ausgeschlossen ist.[5] Man kann ein epistemischer Optimist sein und demnach hoffen, dass ideal begründete Meinungen zutreffend sind, also die Tatsachen angemessen darstellen, aber dies ist keine analytisch wahre Behauptung, sondern eine epistemologische Hoffnung. Der Realist ist überzeugt, dass auch wohlbegründete Meinungen irrig sein können. Objektivität lässt sich nicht durch epistemische Idealität retten.

(4) *Der unaufgeregte Realismus ist epistemologisch agnostisch*: Er ist neutral gegenüber unterschiedlichen Epistemologien. Realisten, die einem epistemologischen Optimismus anhängen, sind davon

4 In der Popper'schen Redeweise sind also drei Welten involviert, s. u., Abschnitt 7.

5 Die Kognitivismusvarianten des späten Putnam oder des frühen Habermas sind, entgegen der Bezeichnung »interner Realismus«, nicht realistisch, weil sie dieses Kriterium nicht erfüllen. Auch der klassische Pragmatismus von William James oder John Dewey muss wohl als nicht-realistischer Kognitivismus gelten. Die hier vertretene Position steht erkenntnistheoretisch zweifellos dem Pragmatismus nahe, blockiert aber dessen postmoderne Transformation à la Rorty in Gestalt eines ontologisch agnostischen und immanentistischen Realismus.

überzeugt, dass der Austausch von Gründen unsere Überzeugungen wahrheitsähnlicher macht, epistemologische Pessimisten unter den Realisten glauben das nicht. Es ist irreführend, Realismus und epistemologischen Optimismus gleichzusetzen. Im Extremfall könnte ein Realist sich sogar dem radikalen Konstruktivismus annähern, wenn dieser nur nicht anti-realistisch interpretiert wird, etwa in folgender Form: Da sich die Dinge, wie sie wirklich sind, in bestimmten Bereichen rational nicht klären lassen und auch die menschlichen epistemischen Ressourcen auf Dauer nicht ausreichen werden, etablieren sich in spezifischen kulturellen, historischen oder sozialen Kontexten Meinungen, die von kaum jemandem in Frage gestellt werden und die daher wie Referenzsysteme der Begründungspraxis wirken, so dass die soziokulturelle Realität in hohem Maße durch solche unhinterfragten und auch kaum in Frage zu stellenden Überzeugungssysteme und korrespondierenden Begriffssysteme geprägt ist. Der Realismus hat nur in Verbindung mit einem epistemologischen Optimismus die Rolle eines Antipoden zum zeitgenössischen Idealismus in Gestalt des radikalen Konstruktivismus.

(5) Ich vertrete nicht nur für den Bereich der normativen (moralischen) Sachverhalte, sondern auch für den der empirischen Sachverhalte einen *unaufgeregten Realismus*, einen Realismus *in epistemischer Perspektive ohne ontologische Fundierung*, verbunden mit einem *gemäßigten epistemologischen Optimismus*.[6] Optimistisch ist dieser insofern, als er darauf vertraut, dass der Austausch von Gründen uns immer wieder erlaubt, irrtümliche Überzeugungen zurückzuweisen, und auf diese Weise unsere Meinungen »wahrheitsähnlicher« (*verisimilitudo*) macht. Gemäßigt ist er insofern, als ich einen universellen epistemologischen *Immanentismus* vertrete: Es gibt keine unmittelbaren Zugänge zur Realität, weder über sensorische Stimuli noch über Beobachtungssätze, noch gar über Prinzipien alles Seienden. Wir müssen und sollten uns mit der Abwägung von Gründen pro und contra zufrieden geben und der Versuchung widerstehen, diese Abwägung selbst zu transzendieren, da ein Sprung nach außen, ein unmittelbarer Zugang zur Realität jenseits dieser Welt der Gründe, jenseits unserer epistemischen Systeme, an denen wir individuell partizipieren, nicht möglich ist.

6 Näher gehe ich darauf in Kap. 1 dieses Bandes ein.

Die immer wieder erneuerten Versuche einer solchen Transzendenz führen zu einer *ontologischen Hypostasierung des Realismus*. Sie machen den Realismus aufgeregt und angestrengt, verführen dazu, rationalistische oder empiristische Varianten des Fundamentalismus (im Sinne von »*foundationalism*«) zu entwickeln, und diskreditieren damit das realistische Projekt.

Diese epistemologische Immanenz erzwingt eine Realismusvariante, die ich als *kohärentistisch* bezeichne. Genau besehen ist dieser Realismus nicht für sich genommen kohärentistisch, sondern nur in Verbindung mit einer *immanentistischen Epistemologie*: Unser Streben nach Kohärenz des Urteilens, des Handelns, des Wertens und Fühlens realisiert sich in der Deliberation. Diese ist sowohl theoretisch als auch praktisch effektiv, denn Gründe, die uns einleuchten, leiten nicht nur unsere Überzeugungen, sondern auch unsere Handlungen und Emotionen:[7] Theoretische, praktische und emotive Vernunft ist das nie erreichte Ziel der Affektion durch Gründe. Rationalität, Freiheit und Verantwortung sind lediglich drei unterschiedliche Aspekte desselben Phänomens, nämlich der Affektion durch Gründe.[8]

(6) Die Gründe, von denen wir uns affizieren lassen, sind meist *geteilte Gründe*, Gründe, die auch für andere nachvollziehbar sind und die sie sich – in einer ähnlichen Situation – ebenfalls zu eigen machen würden. Aber es gibt Abstufungen: Gründe, die von anderen zwar nachvollziehbar sind, die sie sich aber nicht zu eigen machen würden, die sie nicht affizieren. Manche Gründe sind umstritten, das heißt, einige sind der Ansicht, dass sie das Urteilen, Handeln und Fühlen leiten sollten, andere bestreiten das. So gilt Rache in manchen Kulturen als nachvollziehbares Handlungsmotiv, in anderen nicht. Aber auch in ein und derselben Kultur gibt es oft große interpersonelle Unterschiede in der Einschätzung guter Gründe. Der geteilte Gerechtigkeitssinn bildet die Basis der politischen Philosophie von John Rawls, er überwölbt kulturelle, weltanschauliche und ethische Differenzen, was erst eine liberale

7 Zu diesem Verhältnis – Gründe für Überzeugungen, Gründe für Handlungen, Gründe für Emotionen – habe ich in *Verantwortung*, Stuttgart 2011, dem dritten Teil meiner kleinen Reclam-Trilogie, Näheres ausgeführt.

8 Dies ist jedenfalls die Leitidee meiner Reclam-Trilogie zur *Rationalität*, Stuttgart 2001, *Freiheit*, Stuttgart 2005, und *Verantwortung*, Stuttgart 2011, gewesen, und ich kenne keine überzeugenden Argumente, davon abzugehen.

politische Ordnung ermöglicht.[9] Gründe sprechen für eine strittige Überzeugung, eine strittige Handlung, eine strittige Emotion immer erst vor einem geteilten Hintergrund nicht in Frage stehender propositionaler und nicht-propositionaler Einstellungen, man mag auch sagen: einer geteilten *Lebensform*. Begründungen haben ein Ende in nicht mehr Hinterfragbarem, aber Geteiltem.[10] Mit anderen Worten: Der philosophische Realismus sollte sich nicht als Alternative zu einer globalen Skepsis präsentieren, als eine Methode zur Behebung eines umfassenden Zweifels, gar als Garant absoluter Gewissheit, denn damit würde er sich übernehmen. Er sollte sich nicht als metaphysisches oder ontologisches Projekt präsentieren, sondern unaufgeregt an die lebensweltliche Praxis anknüpfen.

(7) *Unsere Lebenswelt ist von einem robusten Realismus geprägt, der sich durch philosophische Theorien kaum erschüttern lässt.* Wir alle, die Philosophen eingeschlossen, sind der festen Überzeugung, dass die Existenz physischer Gegenstände unabhängig davon ist, ob sie wahrgenommen werden. Der Stein verschwindet nicht, wenn ihn niemand sieht. Auch wenn alle Wesen, die mentale Zustände, darunter epistemische, wie Meinungen, Wahrnehmungen, Hypothesen und Theorien, aufweisen, nicht mehr existierten, würde dies an der Existenz von Steinen, Wasserläufen, Bäumen usw. nichts ändern. Die Tatsache, dass es ganz unterschiedliche Möglichkeiten gibt, die Welt zu beschreiben, darunter auch solche, die für Steine keinen eigenen Terminus haben, ändert daran nichts. Diese Überzeugung, dass durch epistemische Zustände die Welt der physischen Gegenstände nicht tangiert wird, ist durch das Argument der Begriffsrelativität, die für Putnams Zurückweisung des metaphysischen Realismus eine so zentrale Rolle spielt,[11] nicht zu erschüttern. Ebenso sind wir davon überzeugt, dass die Tötung eines Kindes zur Erreichung politischer Ziele oder gar der Befriedigung eigener pathologischer Wünsche unrecht ist – unabhängig davon, welche sprachlichen Ausdrucksmittel uns dafür zur Verfügung ste-

9 John Rawls, *A Theory of Justice*, Cambridge/MA 1971 (dt. *Eine Theorie der Gerechtigkeit*, Frankfurt/M. 1979); John Rawls, *Political Liberalism*, New York 1996.

10 Ludwig Wittgenstein, *Über Gewissheit*, Frankfurt/M. 1984.

11 Vgl. Hilary Putnam, *Realism with a Human Face*, hg. von James Contant, Cambridge/MA 1990. Wenn ich es recht sehe, kann der späte Putnam, nachdem er auch den Idealismus (»internen Realismus«) hinter sich gelassen hat, als Verbündeter hinsichtlich eines unaufgeregten (»direkten«) Realismus gelten.

hen. Auch, wenn es den Begriff »Kindesmord« in einer Sprache nicht gibt und die Sprachgemeinschaft dieses Unrecht nicht einsehen kann oder will, bleibt es ein Unrecht. Die philosophische These, dass die Existenz von Steinen davon abhänge, ob es den Begriff »Stein« in einer Sprache gibt (ontologische Sprach- bzw. Kulturrelativität[12]), lässt sich lebensweltlich nicht durchhalten, sie lässt sich nur außerhalb der Lebenswelt, also nicht ernsthaft, vertreten. Für den robusten lebensweltlichen Realismus ist es irrelevant, ob es ein entsprechendes Wort gibt oder nicht, dies ändert an der Existenz von Steinen und Ungerechtigkeiten nichts.

In eine problematische Schieflage gerät der Realismus, sobald er versucht, die »eigentliche« Existenzform empirischer und normativer Gegenstände zu explizieren. Die moderne Physik sagt uns, dass Steine aus Gitterstrukturen von Molekülen bestehen, die sich aus Atomen zusammensetzen, die wiederum aus Elementarteilchen bestehen. Sie sagt uns, dass diese kleinsten Teilchen farb- und geruchlos sind bzw. dass die Zuschreibung solcher Eigenschaften sinnlos ist, dass zudem die Lokalisierung ihres Ortes nur im Rahmen der Heisenberg'schen Unschärferelation möglich ist, man also auch davon sprechen könne, dass diese kleinsten Teilchen nichts anderes sind als Wahrscheinlichkeitsverteilungen von Zentren der Wechselwirkungen (Gravitationswechselwirkung, elektrostatische Wechselwirkung, starke Kernwechselwirkung, schwache Kernwechselwirkung). Steine werden in dieser angestrengt-realistischen Sicht zu Postulaten einer umfangreichen Theorie, deren Verständnis komplexe Gesetzmäßigkeiten und Begrifflichkeiten voraussetzt. Nicht besser, aber auch nicht schlechter steht es um die »eigentliche« Existenzform normativer Entitäten. Ihre inferentielle Rolle schließt eine Verdinglichung, ihre Verortung in der raum-zeitlichen Welt physischer Gegenstände aus. Der unaufgeregte metaethische Realist fokussiert auf diese Rolle und enthält sich einer ontologischen Hypostasierung, er bleibt ontologisch agnostisch.

12 Die erkenntnistheoretische Nähe des nach Carnap einflussreichsten Logikers und Wissenschaftstheoretikers Willard Van Orman Quine und seiner naturalistischen Nachfolger zu ihren postmodernen Opponenten ist auffällig: Streiten sich hier Brüder im Geiste, weil ihnen diese Nähe unbehaglich ist? Vgl. Willard Van Orman Quine, *Ontological Relativity and Other Essays*, New York 1969; Donald Davidson, *Vernünftige Tiere*, Frankfurt/M. 2006, sowie meine Replik darauf in *Philosophie und Lebensform*, S. 155-173.

II. Ethischer Subjektivismus

Der ethische Subjektivismus ist bis in die Gegenwart hinein ein prägendes Merkmal der analytischen Philosophie. Anfang des 20. Jahrhunderts entwickelte George Edward Moore, zusammen mit Bertrand Russell Begründer des britischen Zweiges der entstehenden analytischen Philosophie, in *Principia Ethica* eine anti-naturalistische Ethik. Der ethische Intuitionismus Moores erscheint im Rückblick als ein letztes Aufbäumen realistischer und zugleich non-naturalistischer Metaethik vor ihrem endgültigen Untergang. Um es zuzuspitzen: Während Max Weber mit seinem Objektivitäts- und seinem Wertfreiheitspostulat dem ethischen Realismus wissenschaftstheoretisch argumentierend die epistemologischen Grundlagen entzogen hatte, verbaute Moore mit seiner scharfen Zurückweisung jeder naturalistischen Variante der Ethik[13] die letzte Rückzugsmöglichkeit. Da die verbliebene Option eines moralischen Intuitionismus in der analytischen Philosophie nicht überzeugte, war der endgültige Zusammenbruch realistischen ethischen Denkens besiegelt.

In dieser Weise erzählt, spielt in der Geschichte des Niedergangs des moralischen Realismus ein Soziologe die zentrale Rolle. Dafür spricht, dass jedenfalls außerhalb der Philosophie noch heute eine von Max Weber geprägte Auffassung des Verhältnisses von Wissenschaft und Ethik dominiert: Sozial- wie Naturwissenschaft bezieht sich auf Fakten, verallgemeinert und strukturiert diese über Idealtypen und prüft sie auf ihre Tauglichkeit zur Interpretation und zugleich Erklärung von Daten. Sie ist inhaltlich wertfrei, wenn auch in ihren Konstitutionsbedingungen von Wertungen – Weber spricht von der *Kulturbedeutung* ihrer Gegenstände – abhängig.[14] Die Ethik ist dagegen in letzter Instanz keine Wissenschaft, da sie auf subjektiven Wertungen (»Jeder muss seinen Dämon finden«)[15] und kulturellen Prägungen (»Auch der Chinese« muss ein wissenschaftliches Argument nachvollziehen können, dies ist aber nach Max Weber im Bereich der Ethik nicht der

13 George Edward Moore, *Principia Ethica*, Cambridge 1903, Kap. 2.

14 Vgl. Max Weber, »Die ›Objektivität‹ sozialwissenschaftlicher und sozialpolitischer Erkenntnis«, in: ders. (Hg.), *Gesammelte Aufsätze zur Wissenschaftslehre*, Tübingen 1922, S. 146-214 [EA 1904].

15 Vgl. ebd.

Fall)[16] beruhe und aus erkenntnistheoretischen Gründen (»Die prinzipielle Trennung der Wert- und der Tatsachensphäre«) keine Objektivität für sich beanspruchen könne. Moralisches ist letztlich subjektiv. Werte existieren nicht in der Welt, sondern in unseren Köpfen (hierin liegt der existentialistische Zug der Weber'schen Position) oder in der Kultur (modern gesprochen: Moral ist kulturelle Konstruktion). Weber ist insofern hochaktuell – mit der Pointe, dass nun die Subjektivierung der Ethik auf die Subjektivierung von Theorie generell unter Einschluss der Wissenschaft im postmodernen Denken ausgeweitet wird.

Aus einer eher britischen Perspektive erzählt, spielt nicht Max Weber, sondern der logische Empirismus die zentrale Rolle. Dieser lässt seine realistischen Ursprünge, bei Bertrand Russell etwa, rasch hinter sich und wird in Gestalt von Phänomenalismus und Instrumentalismus (neo-)positivistisch. Aber sowohl in der realistischen wie in der instrumentalistischen Variante beruht der logische Empirismus auf der Beschränkung des Empirischen auf das Deskriptive. Das Normative gehört nicht zum Bereich der Erfahrung. Erst über den Umweg des Neo-Aristotelismus gibt es seit den 1980er Jahren im Umfeld der analytischen Philosophie Ansätze, den Erfahrungsbegriff so auszuweiten, dass das Normative zum Teil des Natürlichen wird, so etwa bei Philippa Foot und Martha Nussbaum,[17] ja sogar die Rückkehr zu naturalistischen Ethiken,[18] also gewissermaßen in die philosophische Préhistoire.

Bis in die späten 1970er Jahre hinein positioniert sich die analytische Philosophie, speziell die Wissenschaftstheorie, gegen das Projekt einer realistischen Ethik. Gilbert Harman oder John Mackie tragen epistemologische und ontologische Argumente vor, wonach normative Ethik keine Wissenschaft sein kann. Für Harman schon darum nicht, weil sie den Rationalitätsstandards der Physik

16 Vgl. Max Weber, »Wissenschaft als Beruf«, in: ders. (Hg.), *Gesammelte Aufsätze zur Wissenschaftslehre*, Tübingen 1922, S. 146-214 [EA 1919].

17 Vgl. Philippa Foot, *Natural Goodness*, Oxford 2001, und Martha C. Nussbaum, »Aristotle on Human Nature and the Foundation of Ethics«, in: J. J. E. Altham, Ross Harrisson, *World, Mind and Ethics. Essay on the Ethical Philosophy of Bernard Williams*, Cambridge, New York 1995, S. 86-131.

18 So etwa bei Peter Railton und Richard Boyd (vgl. Peter Railton, »Moral Realism«, in: *The Philosophical Review*, Vol. 95, No. 2 (1986), S. 163-207; Richard Boyd, »How to Be a Moral Realist«, in: Geoffrey Sayre-McCord, *Essays on Moral Realism*, London 1988, S. 181-228).

nicht genügt,[19] für Mackie nicht, weil das Moralische kulturell variiert und weil dort draußen (»*out there*«), also in der Welt, die wir mit Hilfe der Wissenschaften zu beschreiben und erklären versuchen, keine Werte und Normen existieren (*argument from ontological queerness*).[20]

Die Geschichte des Verfalls realistischen ethischen Denkens klingt plausibel. Ein etwas genauerer Blick aber sollte uns irritieren: Wie kann es sein, dass derjenige Strang der analytischen Philosophie, den man gerne als *ordinary language philosophy* bezeichnet, sich den ontologisch und soziologisch begründeten Argumenten des Anti-Realismus anschloss? Schließlich ist in der alltäglichen Sprachpraxis diese Unterscheidung zwischen einem kognitiven und einem expressiven Sprachgebrauch nicht erkennbar. Die Grammatik der Moralsprache erlaubt es nicht einmal, das Normative vom Deskriptiven zu lösen. Wie kann es sein, dass der vielleicht wichtigste Impulsgeber der *ordinary language philosophy*, Ludwig Wittgenstein, seine Spätphilosophie auf die Analyse von Sprachspielen stützt, ohne zu erkennen, dass diese Sprachspiele normativ verfasst sind? Oder vielleicht besser: Dies zu erkennen, aber nicht die angemessenen philosophischen Schlüsse daraus zu ziehen. Die alte Vertreibung des Moralischen und Ästhetischen aus dem Bereich des Sagbaren in der *Tractatus*-Philosophie bleibt in den *Philosophischen Untersuchungen* bestehen. Mehr noch, die gesprochene Moralsprache, die Praxis der moralischen Verständigung ist offenkundig »realistisch«: Es geht in der gesprochenen Moralsprache und der Praxis der moralischen Verständigung, in der Art und Weise, wie wir normative Konflikte austragen, um Fragen des Zutreffens oder Nichtzutreffens: »Ist dies gerecht?« oder »Ist jenes gerecht?« ist Gegenstand der alltäglichen moralischen Verständigungspraxis. Diese ist aber nur sinnvoll, wenn sie sich auf »reale« Fragestellungen bezieht: Wenn es Sinn macht, Gründe vorzubringen, warum dieses oder warum jenes gerecht sei.

Ich würde sogar so weit gehen, von einem Skandal der analytischen Philosophie zu sprechen: Ich finde es skandalös, dass ein Strang des philosophischen Denkens des 20. Jahrhunderts, der sich der sorgfältigen Analyse der Alltagssprache verpflichtet hat und in

19 Gilbert Harman, *Explaining Value and Other Essays in Moral Philosophy*, Oxford 2000.

20 John Mackie, *Ethics: Inventing Right and Wrong*, London 1977.

seinen radikaleren Varianten sogar alle philosophischen Fragen auf die Analyse von Alltagssprache reduzieren möchte, einen so zentralen Bestandteil der Alltagssprache nicht adäquat erfasst. Wie kann es sein, dass sich so viele analytische Philosophen, oft aus der Sprachphilosophie herkommend, die Zähne daran ausbeißen zu zeigen, dass die Moralsprache in Wirklichkeit keine Fragen des Richtigen und des Falschen, des Gebotenen und des Verbotenen, des Vernünftigen und des Unvernünftigen etc. erörtert, sondern lediglich Ausdruck subjektiver Präferenzen[21] oder eine verkappte Form von Imperativen darstellt?[22] Hier entpuppt sich ein Gutteil des Philosophierens im Rahmen der *ordinary language philosophy* als »metaphysisch« in einem Sinne, der gerade von ihren Vertretern mit Vehemenz abgelehnt wurde. Hier werden keine Argumente, gestützt auf die sorgfältige Analyse der alltäglichen Sprachpraxis, vorgetragen, sondern es wird lediglich philosophisch *postuliert* und zu den Postulaten gehört, dass es sich bei der Erörterung moralischer Fragen nicht um die Erörterung von Sachfragen handelt, dass es nicht um objektiv richtig oder objektiv falsch gehen könne, wie sehr Praxis und Grammatik der Moralsprache dies auch nahelegen. Hier wird die eigene philosophische Methodologie in dem Augenblick über Bord geworfen, wo diese mit metaphysischen Vorannahmen in Konflikt gerät.

Viele werden einwenden, dass diese pauschale Kritik des ethischen Subjektivismus in Gestalt der analytischen Sprachphilosophie von Ayer bis Hare unfair ist, dass sich doch im Einzelnen, etwa in Hares früher Studie *Language of Morals*, in der Tat der imperative Charakter der Moralsprache habe destillieren lassen. Schließlich habe gerade Hare darauf gezielt, diese Imperative von ihrem subjektiven Gehalt zu befreien, indem er auf deren universellen Charakter (*universal prescriptivism*) hingewiesen habe und in seinem Spätwerk in der Rechtfertigung einer universalistischen Variante normativer Ethik, nämlich des Akt-Präferenz-Utilitarismus, geendet sei.[23] Daher bemühe ich an dieser Stelle einen Kronzeugen: Es ist John Mackie, der mit der ihm eigenen Nüchternheit festgestellt hat, dass die Moralsprache nun ganz offenkundig am natür-

21 So bei Charles L. Stevenson, »The Emotive Meaning of Ethical Terms«, in: *Mind* 46 (181), S. 14-31.

22 Richard Hare, *The Language of Morals*, Oxford 1952.

23 Ders., *Moral Thinking*, Oxford 1981.

lichsten realistisch interpretiert werden müsse und dass sie gerade deshalb auf einem Irrtum beruhe (*error theory of morals*).[24] Wir nehmen in der Art und Weise der moralischen Verständigung, wie wir sie im Alltag praktizieren, eine fehlerhafte epistemische Haltung ein. Wir gehen davon aus, dass es um objektiv klärbare moralische Sachfragen gehe, in Wirklichkeit kann dies aber nicht der Fall sein. Dieses »in Wirklichkeit« wird selbst aber, wenn man einmal die Perspektive der analytischen Philosophie einnimmt, außerphilosophisch begründet – nämlich soziologisch (*argument from relativity*) und metaphysisch (*argument from queerness*).[25]

John Mackie ist nicht aufgrund dieser Argumentation selbst der geeignete Kronzeuge für meinen kritischen Befund, nicht deswegen, weil er diese beiden Argumente vorbringt, die so alt und so abgegriffen erscheinen, dass man sich wundern mag, warum sie eine solche Durchschlagskraft entwickeln. Vielmehr ist Mackie darum Kronzeuge, weil ihm so gut wie niemand widerspricht. Er hat offenkundig eine Selbstverständlichkeit festgestellt und das Projekt des sprachanalytisch begründeten ethischen Subjektivismus kann mit der gewissermaßen fraglosen Hinnahme der *error theory of morals* durch den Mainstream der analytischen Philosophie und damit die international dominierende praktische Philosophie als gescheitert gelten.

Zwei Optionen bleiben: Rückkehr zur naturalistischen Ethik, wie sie Peter Railton und Richard Boyd initiiert haben,[26] oder eine Interpretation der Moralsprache und der normativen Verständigungspraxis generell in einer Form, die der Logik des normativen Argumentes, der sprachlichen (grammatischen) Gestalt normativer Sätze gerecht wird, ohne die realistischen Präsuppositionen zu akzeptieren. Das ist das Programm des Quasi-Realismus in unterschiedlichen Varianten.[27] Ist der Quasi-Realismus eine vernünftige Alternative? Unsere normative Verständigungspraxis präsupponiert objektive normative Sachverhalte. Wir interpretieren diese so, dass

24 Mackie, *Ethics: Inventing Right and Wrong.*

25 Ebd.

26 Boyd, »How to Be a Moral Realist«; Railton »Moral Realism«.

27 Zu nennen wäre hier u.a. Simon Blackburn (vgl. Simon Blackburn, *Essays in Quasi-Realism*, New York 1993) und Allan Gibbard (vgl. Allan Gibbard, *Wise Choices, Apt Feelings*, Cambridge 1990). Die neo-aristotelische Option scheidet für mich aus, das soll aber hier nicht näher erörtert werden.

sie sich in ein naturalistisches Weltbild einfügen, und nehmen – anders als die ethischen Subjektivisten von Stevenson bis Hare – von allen Projekten der Reform unserer Moralsprache Abstand. Keine Reform der Moralsprache, aber Uminterpretation ihres Gegenstandes? Wir alle sollen weiterhin so argumentieren, wie wir es *de facto* tun und es auch im philosophischen Oberseminar kaum vermeiden können, aber dies in dem Wissen, dass wir keine wirklichen Fragen zu klären haben, nicht zu klären haben, ob etwas wirklich angemessen, moralisch zulässig, gerecht oder rücksichtsvoll ist. Stattdessen soll uns bewusst sein, dass wir uns in letzter Instanz doch immer nur darauf beschränken, mit Äußerungen eine subjektive Präferenz, einen Wunsch, eine *pro-attitude* zum Ausdruck zu bringen. Der Quasi-Realismus ist keine Variante des Realismus, sondern des Anti-Realismus. Wenn er sich lediglich auf die These beschränkte, dass es *»out there«* keine Entitäten wie Werte oder Normen gibt, dann könnte man ihn als eine ontologische Position unter anderen abheften. Aber er fordert eine Uminterpretation des Gegenstandes unserer moralischen Erörterungen. Wir versuchen herauszufinden, ob etwas tatsächlich gerecht ist, sollten uns aber, so empfehlen die Quasi-Realisten, darüber klar werden, dass wir nur unser subjektives Akzeptieren mit unseren Äußerungen zum Ausdruck bringen[28] und nicht wirklich Argumente für oder wider vorbringen. Wir sollen also einsehen, dass wir eine Sprache sprechen, die streng genommen gegenstandslos ist, dass die Gegenstände, die wir mit unserer moralischen Verständigung präsupponieren, in Wirklichkeit nicht existieren, dass wir immer nur Subjektives zum Ausdruck bringen, nie Objektives behaupten.

Die elaborierteste Form des Quasi-Realismus, die sich gegen Einwände in geschickter Weise zu immunisieren sucht, ist diejenige von Allan Gibbard.[29] Um die Absurdität auch dieser Variante des Anti-Realismus deutlich zu machen, wende man die gleichen Interpretationsmuster auf eine Auseinandersetzung unter Physikern an.

28 Vgl. Gibbard, *Wise Choices, Apt Feelings*. Mir ist bewusst, dass Gibbard und Blackburn sich in Vielem uneins sind und Gibbard nicht glücklich wäre, hier zu den Quasi-Realisten gezählt zu werden, es handelt sich aber bei allem Streit um Details um zwei eng verwandte Positionen. Auch der Quasi-Realismus Blackburns ist eine Form des Expressivismus und umgekehrt gehört der Quasi-Realismus zu den attraktiven Merkmalen des Gibbard'schen *norm-expressivism*.

29 Ebd.

Der Streit gehe im Augenblick um konkurrierende Theorien der Entstehung des Universums. Das ist lange her, und die empirischen Befunde lassen sich unterschiedlich interpretieren. Es gibt kein *experimentum crucis*, keine Daten, die in dem Sinne als »eindeutig« gelten können, dass sie eine Theorie vor allen anderen auszeichneten. Interpretiert in Gibbard-Manier, streiten die Physiker aber gar nicht um die Frage, wie das Universum tatsächlich entstanden ist, sondern äußern damit nur jeweils ihr subjektives Akzeptieren einer physikalischen Hypothese oder einer physikalischen Theorie. Es sind ja bei Gibbard ganze Normen-Systeme, deren subjektive Akzeptanz in dem zum Ausdruck kommt, was wir üblicherweise als moralische (oder genereller: normative) Begründung ansehen. Die Gibbard-Interpretation lässt aber keine Begründungen zu; was wie eine Begründung vorgetragen wird, ist lediglich Ausdruck einer subjektiven Einstellung. Der Taschenspielertrick liegt auf der Hand: So lässt sich jede Begründung einer Hypothese oder einer Theorie, sei sie physikalischer oder ethischer Natur, als Ausdruck einer subjektiven Präferenz deuten. Und dies ist sie auch zweifellos. Mit einer vorgetragenen Begründung für ein ethisches Kriterium oder eine physikalische Hypothese wird auch eine subjektive Präferenz zum Ausdruck gebracht, etwa die Präferenz, dass sich alle dieses ethische Kriterium oder diese physikalische Hypothese zu eigen machen (à la Stevenson), oder – noch minimalistischer (à la Gibbard) – die subjektive, also einen mentalen Zustand beschreibende Tatsache, dass ich dieses ethische Kriterium bzw. diese physikalische Hypothese akzeptiere. Diese Interpretation ist aber unvereinbar mit der von uns allen geteilten diskursiven Praxis, denn die von uns vorgebrachten Begründungen erschöpfen sich selbstverständlich nicht darin, eine subjektive Präferenz zum Ausdruck zu bringen, sondern wir bringen sie mit dem Anspruch vor, ein Argument für das betreffende ethische Kriterium oder die physikalische Hypothese zu formulieren.

Auf die Aussage »Ich bin der Meinung, dass wir dieses und nicht jenes tun sollten, dass wir uns nach diesem und nicht nach jenem Kriterium richten sollten« zu antworten »Danke, dass Du uns über Deine Meinung informiert hast«, wäre in beiden Varianten unpassend – sowohl in der Stevensonvariante »Welche Präferenz Du hast – Du bist dafür und forderst uns auf, dergleichen zu tun« als auch in der Gibbardvariante »Welches System von Normen Du akzeptierst«.

Unter lebensweltlichen Bedingungen würde eine solche Antwort als Kränkung oder Herabsetzung empfunden werden, denn sie nimmt die vorgebrachte Begründung nicht ernst, sie entwertet sie als bloße Information über subjektive Zustände. Auch wenn diese Umdeutung in manchen psychologischen Therapien eine hilfreiche, weil konfliktmoderierende Rolle spielt, bleibt sie inadäquat: Sie verletzt alle drei fundamentalen Regeln der Kommunikation: Wahrhaftigkeit, Vertrauen und Verlässlichkeit.[30] Mit anderen Worten: Der Expressivismus lässt sich mit der Beobachtung, dass Personen, die Gründe vorbringen, damit auch ihre subjektiven Einstellungen zum Ausdruck bringen, nicht begründen. Diese Form des Expressivismus wäre trivial und mit einer realistischen Interpretation unserer normativen Überzeugungen selbstverständlich vereinbar. Der Expressivismus ist jedoch nicht trivial, sondern falsch, wenn er behauptet, dies sei alles, was eine Rechtfertigung darstellt: Expression einer subjektiven Präferenz. Begründungen, Rechtfertigungen, die Praxis des Gründegebens und Gründenehmens sind *auch*, aber nicht ausschließlich eine Form der Expression subjektiver Präferenzen. Die Begründung, die Rechtfertigung, das Vorbringen eines praktischen oder theoretischen Grundes ist *zudem* zutreffend oder unzutreffend. Ob die Begründung zutreffend ist oder nicht, lässt sich nicht klären, indem ich den subjektiven mentalen Zustand, die subjektive Präferenz, das Vorliegen einer Pro-Attitude etc. konstatiere. Eine Rechtfertigung kann unzutreffend sein, auch wenn sie die subjektive Präferenz einer Person für eine Hypothese, eine Theorie, eine Norm zutreffend »exprimiert«. Eine Begründung ist unwahrhaftig, wenn sie das nicht tut. Aber ob sie zutreffend oder unzutreffend, wahr oder falsch ist, ist völlig unabhängig davon, in welchem mentalen Zustand sich der Sprecher befindet.

III. Kantischer Konstruktivismus

John Rawls hatte unter dem Titel *Kantian Constructivism* eine Art Neuinterpretation seiner Theorie der Gerechtigkeit eingeleitet, die auf eine endgültige Entkoppelung von normativer Ethik und

30 Zu diesen Fundamentalregeln vgl. JNR, *Strukturelle Rationalität*, Stuttgart 2001, Kap. 6. Vgl. dazu auch Kap. 13 in diesem Band.

politischer Theorie oder – spezifischer – der Theorie der Gerechtigkeit als der umfassenden normativen Theorie des Politischen hinauslief.[31] Diese Neuorientierung kann man als eine Variante des liberalen Postulats der Trennung des Öffentlichen und des Privaten präsentieren: Das Private ist durch eine normativ verfasste Lebensform geprägt, in der religiöse Überzeugungen und Gemeinschaftsbindungen eine zentrale Rolle spielen, die aber die öffentliche Sphäre und insbesondere den öffentlichen Austausch politischer Argumente pro und contra nicht bestimmen darf. Rawls spricht hier einigermaßen missverständlich und empirisch fernab der kulturellen Realität von *comprehensive moral doctrines*,[32] die die politische Sphäre nicht beeinflussen dürfen. Die Gründe des öffentlichen Vernunftgebrauchs müssen sich von diesen abkoppeln. Dies allein wäre noch keine Abkehr von der Grundauffassung der *Theory of Justice* (1971) gewesen, dazu wird sie erst mit dem Zusatz, dass auch normative Ethik zum Reich der *comprehensive doctrines* gehört. Damit schließt sich Rawls, ob nun bewusst oder unbewusst, der Argumentation des ethischen Subjektivismus an: Das, was mit Gründen als moralische Überzeugung vorgebracht wird, ist in Wirklichkeit nur Teil einer partikularen Lebensform, deren normativer Gehalt in *comprehensive moral doctrines* zum Ausdruck kommt. Während sich die *Theory of Justice* noch als ein Zweig der rationalen Entscheidungstheorie präsentierte und damit einen normativen Anspruch hatte, mutiert die Rawls'sche Gerechtigkeitstheorie mit der Wende zum so genannten *Kantian Constructivism* zu einer Form der politischen Kooperation.

An dieser Stelle ist ein Exkurs erforderlich: Auch für eine adäquate realistische Theorie kann die Bestimmung objektiver normativer Pflichten, sei es im politischen oder im außerpolitisch-moralischen Bereich, von Kooperation abhängen. Wenn etwa zwei miteinander interagierende Personen ihre Ziele besser erreichen,

31 Vgl. John Rawls, »Kantian Constructivism in Moral Theory: The Dewey Lectures 1980«, in: *Journal of Philosophy* 77 (1980), S. 515-572.

32 Es kann nicht die Rede davon sein, dass *comprehensive moral doctrines* die partikularen Lebensformen bestimmen. Dies mag für einige wenige Sonderfälle (wie Mönche in buddhistischen oder christlich-orthodoxen Klöstern oder ethische Rigoristen wie Peter Singer) zutreffen, aber für die übergroße Mehrzahl der Menschen aller Kulturregionen gilt es nicht – auch nicht für den Adressaten der Rawls'schen Theorie, der allzu pauschalisierend als »der Westen« bezeichnet wird.

wenn sie kooperieren, dann gibt es – vorausgesetzt, Dritte werden dadurch nicht benachteiligt – eine *Prima-facie*-Verpflichtung, dies zu tun. Mit anderen Worten: Die Möglichkeit der Kooperation kann objektive Handlungsgründe stiften. Worin besteht aber dann der Unterschied zwischen einer objektivistischen und einer subjektivistischen, einer realistischen und einer (moral-)skeptischen Interpretation?

Für den Realisten ist Kooperation eine der Kategorien objektiver normativer Gründe. Für den Anti-Realisten gibt es keine objektiven Gründe, Kooperation ist daher für ihn in letzter Instanz lediglich ein soziales Phänomen, das erklärt, aber nicht begründet. Die ablehnende Haltung von John Rawls gegenüber der Globalisierung seiner normativen Theorie der Gerechtigkeit durch Charles Beitz oder Thomas Pogge[33] kann man als Ausdruck dieser skeptischen Überführung normativer Fragen in empirische interpretieren. Dort, wo das Einverständnis zwischen Autor und Leser, zwischen Bürgerschaft, Verfassungsordnung und der etablierten Praxis politischer Rechtfertigung (*public reasoning*) nicht existiert, verliert diese Theorie der Gerechtigkeit ihren Gegenstand. Ich bin mir nicht sicher, ob sich Rawls dessen bewusst war, aber die Neutralisierung der politischen Theorie gegenüber dem, was bei Williams oder Habermas »Ethik« heißt, hat einen Preis. Entweder es wird, wie bei Habermas oder – eindeutiger noch – bei Karl-Otto Apel, eine besondere Form der ethikunabhängigen Rechtfertigung politischer Moralität postuliert, oder die politische Theorie verliert ihre normative Substanz und wird lediglich zu einer Form der Kooperation ohne normative Wahrheitsansprüche. Entweder die normative Substanz der politischen Theorie reduziert sich wie bei Habermas auf die transzendentalen Bedingungen des Diskurses oder sie beschränkt sich auf eine Interpretation der je gegebenen Regularitäten einer politischen Praxis.

Die Urform des kantianischen Konstruktivismus à la Rawls versuchte, die Realismus-Problematik normativer politischer Philosophie generell und der Demokratietheorie speziell[34] zu umgehen, indem sie die Prinzipien der Gerechtigkeit als Ergebnis einer Einigung auf Regeln formuliert, die die Kooperation über eine

33 Thomas W. Pogge, *Realizing Rawls*, New York 1989; Charles R. Beitz, *Political Theory and International Relations*, Princeton 1979.

34 Vgl. JNR, *Demokratie und Wahrheit*, München 2006, Kap. I.

institutionelle Grundstruktur sichern: Politik als bloße Form der Kooperation und nicht als Auseinandersetzung über das normativ Gebotene. Wir einigen uns auf bestimmte Regeln zum wechselseitigen Vorteil und definieren dieses als gerecht. Allerdings geht bei Rawls (anders als bei den *Contractarians* in der Tradition von Hobbes, wie James Buchanan[35]) die zusätzliche Bedingung ein, dass diese Einigung unter Fairness garantierenden Umständen, also unter einem Schleier des Nichtwissens zustande kommt, die Vereinbarung also – kontrafaktisch – so geschlossen wird, als kennten die Beteiligten ihre persönlichen Interessen nicht.[36]

Die konstruktivistische Interpretation setzt voraus, dass die Fairnessbedingungen selbst, also die Restriktion, dass das Design der institutionellen Grundstruktur nicht unter realen Bedingungen unterschiedlicher Interessen und deren kooperativem Ausgleich erfolgt, sondern unter kontrafaktischen (irrealen) Bedingungen. Diese kann man nur fiktiv herstellen, indem die einzelnen Personen sich dem Fairnessgebot beim Aufbau ihrer institutionellen Grundstruktur und in der alltäglichen politischen Praxis unterwerfen, also nicht ihre jeweiligen persönlichen Vorteile, ihre konkrete reale Situation zum Ausgangspunkt der Vereinbarung machen. Um den konstruktivistischen Gehalt seiner Vertragstheorie zu sichern, müsste Rawls behaupten, dass die Bereitschaft, sich hinter einen Schleier des Nichtwissens zu begeben, selbst dem Wunsch nach einer stabilen und gerechten Ordnung, die Kooperation im wechselseitigen Einverständnis ermöglicht, geschuldet sei. Diese Interpretation setzt allerdings einen empirischen Sachverhalt voraus, der fragwürdig ist: Warum sollten sich reale Personen von einer Übereinkunft fiktiver Personen gebunden fühlen? Rawls scheint anzunehmen, dass sich ohne die Bereitschaft, von den jeweiligen realen Ausgangsbedingungen zu abstrahieren, keine stabile institutionelle Grundstruktur entwickeln lässt und damit die Früchte wechselseitiger Kooperation nicht geerntet werden könnten. Man kann allerdings auch umgekehrt argumentieren, dass die unter diesen kontrafaktischen Bedingungen erfolgte fiktive Vereinbarung in der realen Welt Kooperation nicht sichern kann, da die eigenen, jeweils spezifischen Interessenlagen dabei nicht berücksichtigt sind.

35 James M. Buchanan, *The Limits of Liberty. Between Anarchy and Leviathan*, Chicago 1975.

36 Rawls, *A Theory of Justice*, § 3.

Lässt man die Abhängigkeit der Gerechtigkeitstheorie von den empirischen Interessenlagen Einzelner fallen, bleibt nur eine normative Interpretation des Fairnessgebotes: Keine Gerechtigkeit ohne Fairness. Rawls nimmt an, dass jeder über einen Gerechtigkeitssinn verfügt. Alle haben also in der Regel auch einen guten Grund, sich an Prinzipien zu orientieren, die Fairness und Kooperation (die Verbindung beider macht die Rawls'sche Gerechtigkeitstheorie ja aus) sichern. Wohlgemerkt: Sie haben in der realen, sozial und kulturell verfassten Welt, in der sie leben, einen realen normativen Grund – was nicht heißt, dass es in ihrem spezifischen individuellen Interesse ist, sich an diesen Prinzipien zu orientieren. Dann aber ist die Gerechtigkeitstheorie normativ, dann lässt sie sich nicht mehr als ein bloßes Arrangement interpretieren.[37]

Grundsätzlicher noch: Wenn man Kooperation nicht, wie bei Hobbes, über Institutionen und mit Sanktionen bewehrte Regeln erzwingt, sondern – ganz im Geiste Rawls' und entsprechend dem Format des *Prisoner's Dilemma* – als die Wahl derjenigen Strategie versteht, die alle Beteiligten besser stellt, als wenn sie je individuell optimiert hätten, dann ist Kooperation ohne eine gewisse Distanzierung vom eigenen Interessenstandpunkt nicht zu realisieren. Erst diese ermöglicht es, einen Beitrag zu einer gemeinsamen Strategie zu leisten in der Hoffnung, dass andere ebenfalls ihren Beitrag zu dieser gemeinsamen Strategie leisten. Wenn wir Kooperation so verstehen, dann gibt es immer einen Konflikt zwischen Optimierung des Eigeninteresses und Verfolgung der kooperativen Strategie, dann ist Kooperation immer normativ verfasst![38]

Warum sollte der ethische Realist, der moralische Gründe für objektiv hält, Kooperation unter bestimmten Bedingungen nicht zu den guten Handlungsgründen zählen? Die Existenz einer kooperativen Strategie gibt einem guten Grund (unter der Bedingung, dass man erwarten kann, dass hinreichend viele andere ebenfalls zur

37 Ähnliche Überlegungen liegen wohl auch der Abkehr Thomas Pogges von einer kontraktualistischen und seiner Hinwendung zu einer menschenrechtlichen Gerechtigkeitstheorie zu Grunde.

38 Das verlangt aber keineswegs eine kommunitaristisch inspirierte Interpretation im Sinne eines *group ethos*, wie es Raimo Tuomela in *Social Ontology: Collective Intentionality and Group Agents*, Oxford 2013, und in *The Philosophy of Sociality*, Oxford 2007 postuliert (vgl. dazu JNR, »Structural Rationality and Collective Intentions«, in: Sara Rachel Chant, Frank Hindriks, Gerhard Preyer, *From Individual to Collective Intentionality*, Oxford 2014, S. 207-223).

Kooperation bereit sind), sich kooperativ zu verhalten, auch dann, wenn die Wahl der kooperativen Strategie die eigenen Interessen nicht optimiert. Realismus impliziert keineswegs, dass Kooperation, Verständigung, Gemeinschaftszugehörigkeit, kulturelle Prägung etc. nicht normativ relevant sind. Ein gegebenes Versprechen verpflichtet, es ist ein guter Grund, es später auch einzulösen – unabhängig davon, ob meine jeweiligen Wünsche dann ebenfalls für die Einlösung dieses Versprechens sprechen. Der Realist interpretiert dies folgendermaßen: Ein Versprechen gegeben zu haben, ist ein guter Grund, das Versprechen einzulösen, unabhängig von den prohairetischen oder epistemischen Zuständen der Akteure. Zugegebenermaßen wird diesem Grund in der Regel nur gefolgt werden, wenn bestimmte prohairetische und epistemische Bedingungen erfüllt sind, aber unabhängig davon gibt es einen guten Grund, ein Versprechen einzuhalten, oder – altmodischer formuliert – es gibt eine objektive Verpflichtung, gegebene Versprechen zu halten (natürlich nicht unter allen Bedingungen, zum Beispiel dann nicht, wenn schwerer wiegende moralische Gründe wie etwa Hilfspflichten gegen die Versprechungseinhaltung sprechen).

Bei dieser Analyse stellt sich – für manchen sicherlich überraschend – heraus, dass die konstruktivistische Interpretation der Rolle von Kooperation (von Verträgen, von Vereinbarungen etc.) extrem voraussetzungsreich und es höchst unplausibel ist, anzunehmen, dass ihre empirischen Voraussetzungen in der jeweiligen gesellschaftlich-politischen Realität erfüllt sind. Nur in Ausnahmefällen führt das je individuelle Interesse daran, die Früchte der Kooperation zu ernten, zu einer hinreichenden Konformität mit denjenigen Regeln, die diese Kooperation erst sichern können. Hier hatte Thomas Hobbes einen klareren Blick auf die Problematik als John Rawls.

Christine Korsgaard verallgemeinert in *The Sources of Normativity* den kantianischen Konstruktivismus. Während dieser bei Rawls auf die politische Sphäre beschränkt bleibt, schließt Korsgaards normativer Konstruktivismus Rationalitätstheorie, Ethik und politische Philosophie gleichermaßen mit ein. Typischerweise – erfolgt dies (wie auch bei Onora O'Neill) unter explizitem Rückgriff auf Immanuel Kant. Ihre These, die nicht übermäßig klar ausformuliert wird, lautet offenbar, dass die konstituierenden Bedingungen menschlichen Handelns (*constitution of agency*), die

Normativität der Praxis, ein Universalisierungsprinzip nach dem Muster des kategorischen Imperatives beinhalten. Ich hingegen bin davon überzeugt, dass Handeln ohne Gründe generell undenkbar ist, der Inhalt der Gründe aber ein weites Spektrum umfasst und nicht zwingend dem einen oder anderen Universalisierungstest unterliegt. Wir verstehen das Handeln einer Person nicht, wenn es nicht von Gründen geleitet ist,[39] aber ob diese Gründe universalisierbar sind, ist eine andere Frage. Sie lässt sich erst dann klären, wenn genauer bestimmt wird, was hier unter Universalisierung zu verstehen ist. Korsgaard und O'Neill dient ein modifizierter kategorischer Imperativ als Kriterium. Dies allerdings würde heißen, dass ein SS-Offizier, dessen Handeln auf einer nicht-universalisierbaren Herrenmenschen-Ideologie beruht, die konstitutiven Bedingungen des Handelns verletzte. In *Sources of Normativity* scheint dieser Einwand insofern berücksichtigt zu sein, als die gesamte Konzeption auf dem *self-image* ruht, das die Normativität als ganze trägt. Korsgaard scheint dort davon auszugehen, dass die Wahl der Identität, ein Motiv, das auch in *Constructions of Reason* eine zentrale Rolle spielt, die eigentliche Quelle aller Normativität ist. Hier allerdings wird die Konstitution des Selbst gegenüber der Rolle hypothetischer und kategorischer Imperative zurückgedrängt, womit sich die spätere Korsgaard dem klassischen Kant annähert und die subjektivistischen Implikationen ihrer Theorie abmildert.

Nach wie vor aber bleibt die Frage offen, woher die normative Kraft eigentlich kommt. Der Realist sucht diese in den objektiv

39 Wir können immer eine Antwort auf die Frage geben, warum wir etwas getan haben, vorausgesetzt, das betreffende Verhalten hatte Handlungscharakter. Gründe strukturieren unser Handeln. Da Gründe sich nicht auf *token*, sondern auf *types* beziehen, etablieren diese temporale (und bei geteilten Gründen interpersonale) Strukturen (vgl. JNR, *Kritik des Konsequentialismus*, München 1993, und *Strukturelle Rationalität*). Der Übergang zu einer kantischen Ethik als Bedingung von *agency* ist damit jedoch keineswegs vollzogen, vielmehr liegt hier meines Erachtens ein klares *non sequitur* vor. Vgl. Onora O'Neill, *Constructions of Reason: Exploration of Kant's Practical Philosophy*, Cambridge u.a. 2000, bes. Kap. 11, und Christine Korsgaard, *The Sources of Normativity*, New York 1996, bes. Lecture III, sowie *Self-Constitution: Agency, Identity, and Integrity*, Oxford u.a. 2009, Kap. 1 und 4. Eine überzeugende Kritik des kantischen Konstruktivismus entwickelt Jay Wallace in *Constructivism about Normativity: Some Pitfalls*, Oxford 2012.

verstandenen Handlungsgründen selbst.[40] Die konstitutiven Bedingungen von *agency* schränken den Möglichkeitsraum handlungsleitender Gründe ein, etwa in Gestalt *intra*personeller, eventuell auch intersubjektiver Kohärenzerfordernisse, wie der *social constitution of agency* (Begründbarkeit von Handlungen gegenüber Dritten), aber sie bestimmen nicht den normativen Gehalt der Gründe. Kohärenzkriterien schränken den Möglichkeitsbereich von Gründen ein, legen aber die Inhalte nicht fest. Insofern sind Kohärenzbedingungen, auch wenn sie Normativität modifizieren mögen, keine Quelle von Normativität, sondern nur der *Rahmen*, innerhalb dessen sich unterschiedliche Auffassungen normativer Bindungen und Verpflichtungen entwickeln können.

Eine Analogie mag diesen Punkt klarer machen: Der Inhalt einer physikalischen Theorie bewährt sich an der erklärenden Kraft dieser Theorie gegenüber empirischen Phänomenen der Physik. Logik und Mathematik schränken den Möglichkeitsraum physikalischer Theorien ein, bestimmen aber nicht ihren Gehalt. Das heißt nicht, dass die mathematischen und logischen Restriktionen für die Theorieformierung und -bewährung keine wichtige Rolle spielen. Der Abgleich von Argumenten und deren Prüfung mittels empirischer Daten ist darauf gerichtet, die Kohärenz der gesamten physikalischen Theoriebildung zu erhöhen und die physikalische Theoriebildung in ein kohärentes Weltbild einzubetten. Aber Kohärenz allein *stiftet* keine physikalische Wahrheit.

Damit ist die schwierige Frage aufgeworfen, wie groß der Möglichkeitsraum theoretischer wie praktischer Gründe angesichts der Kohärenzbedingungen wirklich ist. Dies hängt wiederum davon ab, wie weit die Kohärentierung getrieben wird. Man kann die Hauptbotschaft des klassischen amerikanischen Pragmatismus darin sehen, dass diese Kohärentierung allumfassend ist und daher

40 Der von Anti-Realisten immer wieder erhobene Einwand, Gründe könnten – realistisch interpretiert – keine normative Kraft entfalten, scheitert schon daran, dass theoretischen Gründen, also Gründen für wissenschaftliche Hypothesen und Theorien, generell für deskriptive oder empirische Überzeugungen, fraglos motivierende Kraft zugeschrieben wird, denn diese motivieren zum Beispiel die Aufgabe der einen Theorie und die Übernahme einer anderen. Vgl. dazu den Disput zwischen Stefan Gosepath und mir in: Dieter Sturma, *Vernunft und Freiheit. Zur praktischen Philosophie von Julian Nida-Rümelin*, Berlin 2012 (S. 143-156 und S. 317-324), und meine Überlegungen zum Phänomen theoretischer (nicht nur praktischer) Freiheit im gleichen Band, S. 384-388.

keine Veränderung des epistemischen Systems an einer Stelle ohne Einfluss – oder zumindest potenziellen Einfluss – auf eine Veränderung des epistemischen Systems an einer anderen Stelle ist und dass das *epistemische* System ferner unlösbar mit dem *prohairetischen* verbunden ist, also Theorie und Praxis nicht voneinander abgelöst werden können. Die extremste Form des epistemischen Optimismus besteht dann darin anzunehmen, dass das ideal kohärente System eindeutig ist, dass es keine unterschiedlichen Varianten gibt, die gleichermaßen maximal kohärent sind. Diese Redeweise scheint etwas vorauszusetzen, was nicht vorausgesetzt werden kann, nämlich dass es ein Maß der Kohärenz gibt, ein Messverfahren, das es erlaubt, Kohärenz quantitativ zu bestimmen. Zumindest bedürfte es einer Ordnungsrelation auf der Menge unterschiedlicher epistemischer Systeme im Sinne eines qualitativen Vergleichs im Hinblick auf Kohärenz, denn ohne ein solches Maß ist die Rede von maximaler Kohärenz problematisch. Beides scheint mir nicht gegeben zu sein, auch nicht die abgeschwächte qualitative Variante. Dies ist der eigentliche Grund dafür, dass man den Kohärentismus nicht als eine ausgewachsene Metatheorie missverstehen darf. Der Kohärentismus ist weder als Metawissenschaft noch als Metaethik eine *Theorie*. Er ist vielmehr eine *Interpretation* der etablierten Praxis des Gründegebens und Gründenehmens in unterschiedlichen Bereichen, Einzelwissenschaften, Alltagswissen, Rechtsprechung, Moralpraxis etc. Es ist die Praxis des Gründegebens und Gründenehmens selbst, die wir als Streben nach Kohärenz interpretieren. Oder anders ausgedrückt: Kohärentismus ist die Gegenthese zu einer postmodern interpretierten Sprachspielperspektive: Es gibt keine einzelnen mehr oder weniger autonomen Sprachspiele, zu denen wir abgerichtet werden, sondern die Gründe, die wir für Überzeugungen, Handlungen und emotive Einstellungen anführen, sind darauf gerichtet, diese einzelnen Sprach- und Begründungsspiele in einen größeren Zusammenhang einzubetten, eben Kohärenz der Theorie und der Praxis als ganze zu stiften. Insofern gibt es einen Konflikt zwischen dem späten Wittgenstein und dem klassischen US-amerikanischen Pragmatismus, der Wittgenstein durchaus bewusst war.

IV. (Eigene) Gründe und Tatsachen

Thomas Scanlon charakterisiert seine Position als *Reasons Foundationalism.* Zugleich betont er, dass die ontologische Problematik schon deswegen gemildert sei, weil Gründe nichts anderes sind als normale Tatsachen.[41] Die Tatsache, dass ein Metall eine scharfe Kante hat, ist für mich ein guter Grund, meine Hand nicht dagegen zu pressen. Dies allerdings scheint mir ein dramatischer Rückfall in eine empiristische oder gar naturalistische Ontologie zu sein, die er zuvor, insbesondere im Hinblick auf mathematische Gegenstände, so überzeugend zurückgewiesen hat. Natürlich ist die bloße Tatsache, dass das Metall eine scharfe Kante hat, kein Grund für irgendetwas. Gründe sprechen für etwas (sie sind normativ), Gründe lassen sich nicht auf epistemische Zustände oder gar Präferenzen von Individuen reduzieren (sie sind objektiv) und wir gehen mit Gründen in einer Weise um, die ausschließt, dass es sich um Ursachen in der raum-zeitlichen Welt handelt (Gründe sind nicht-algorithmisch, Ursachen sind algorithmisch). Die empirische Tatsache, dass das Metall eine scharfe Kante hat, spielt eine Rolle für praktische Gründe, zum Beispiel den, seine Hand nicht dagegen zu pressen, aber sie ist als solche kein Grund. Gründe sind nicht in der räumlich-zeitlichen, empirisch zugänglichen Welt angesiedelt. Dennoch sind sie objektiv, wie logische oder mathematische Gegenstände. Ihre Objektivität ergibt sich aus dem jeweiligen Bereich, in dem diese Entitäten eine Rolle spielen. Ob es eine größte Primzahl gibt, ist eine Frage, auf die es eine richtige Antwort gibt, unabhängig davon, ob wir sie kennen. Die Objektivität dieser Frage ergibt sich aus der Struktur der mathematischen Argumente, des mathematischen Begründens insgesamt und durch diese präsupponierten Entitäten, wie Mengen, Relationen, Ableitungsbeziehungen, Zahlen, Strukturen etc.[42]

41 Thomas Scanlon, *Being Realistic about Reasons*, Oxford 2014, S. 30: »Reasons are not a special kind of entity, but ordinary facts.«

42 Es kann hier offenbleiben, welche dieser hier aufgeführten und natürlich beliebig verlängerbaren Beispiele für mathematische Entitäten eine eigenständige Rolle spielen und welche auf einen anderen Typ von mathematischen Entitäten (zum Beispiel Mengen) reduzierbar sind. Auch wer die mengentheoretische Reduktion der Arithmetik bzw. die Einbettung der Arithmetik in die Mengenlehre ablehnt, kann Zahlen einen objektiven Status für den Bereich des mathematischen Begründens und der mathematischen Analyse zuordnen. Es ist nicht erst die Re-

Die Welt der Gründe umfasst nicht natürliche Tatsachen, empirische Sachverhalte, das, was für die Naturwissenschaft zugänglich ist. Der Versuch, einen Realismus der Gründe über Naturalisierung philosophisch salonfähig zu machen, muss scheitern. Gründe sind *normative relations*, Relationen mit normativem Gehalt. Die natürlichen Tatsachen, die in begründenden Argumenten eine Rolle spielen, sind selbst keine Gründe. Auch wenn der Sprachgebrauch hier lax ist, sollte man jedenfalls in der philosophischen Analyse Gründe immer als dreistellige Relationen verstehen: G (i, p, x), wobei i für Individuum, p für Proposition und x für drei Typen von Einsetzungen, nämlich Handlungen, Überzeugungen und emotive Einstellungen, steht.[43] Dieses Schema ist so allgemein gehalten, dass die drei Gegenstandsbereiche, für die es Gründe geben kann, eingesetzt werden können, dass dieses Schema also nicht nur für praktische Gründe, sondern auch für epistemische und emotive Gründe verwendbar ist. Manches spricht dafür, nicht-natürliche Personen in dieses Schema miteinzubeziehen, so dass dann für i auch kollektive und institutionelle Akteure eingesetzt werden könnten. In diesem Fall lassen sich Gründe für kollektive oder institutionelle Handlungen vorstellen, sogar Gründe für epistemische Zustände, wenn man etwa den Begriff des kollektiven Wissens mit einbezieht, aber nur schwerlich Gründe für emotive Einstellungen. Diese Asymmetrie ist irritierend, da *agency* diese drei Dimensionen

duzierbarkeit auf Mengen, die mathematischen Entitäten Objektivität verleiht. Auf einem anderen Blatt steht, dass Reduktion auch ohne zusätzlichen Erkenntnisgewinn in der Regel als wissenschaftlicher Fortschritt empfunden wird. Die Verbindung der Elektrostatik mit der speziellen Relativitätstheorie erlaubt es, auf die magnetische Wechselwirkung zu verzichten bzw. diese auf Elektrostatik plus spezielle Relativitätstheorie zu reduzieren. Wissenschaftliche Reduktion ist in der Regel mit einer Vereinfachung der Ontologie verbunden. Das Ockham'sche Rasiermesser (»*Entia non sunt multiplicanda praeter necessitatem*«) kann man als eine Norm der Wissenschaftspraxis interpretieren: Versuche, die Ontologie so weit wie nur irgendwie möglich zu vereinfachen, und bediene Dich dabei des Instruments der Theorienreduktion. Ich habe gegen dieses wissenschaftliche Programm – oder besser sollte man sagen: gegen diese wissenschaftliche Heuristik, die sich nicht nur in den Naturwissenschaften bewährt hat – überhaupt nichts einzuwenden, wohl aber gegen eine damit verbundene Dogmatik, die postuliert, dass alles Komplexere, darunter Gründe oder mathematische Gegenstände, auf einfache, mit den Mitteln der Physik beschreib- und erklärbare Gegenstände zurückführbar sein sollen.

43 Vgl. JNR, *Verantwortung*, Kap. I-IV.

im Falle eines Individuums miteinander verbindet, oder präziser gesprochen, weil das jeweilige Handeln bei Individuen (natürlichen Personen) Ausdruck aller drei Kategorien ist. Handlungen repräsentieren die Kombination zweier propositionaler Einstellungen, nämlich epistemischer und prohairetischer, wobei prohairetische Einstellungen wiederum eng mit emotiven Einstellungen korreliert sind.

Für normative oder ethische Realisten stellt das Phänomen *eigener Gründe* eine besondere Problematik dar, jedenfalls ist dieses Phänomen für Kritiker des Realismus oft ausschlaggebend. Eigene Gründe scheint es nur im Bereich der Praxis, nicht im Bereich der Theorie zu geben: Die Auskunft einer Person »Ich habe meine Gründe, mich so und nicht anders zu verhalten« ist eher akzeptabel als die Auskunft »Ich habe meine Gründe, diese kosmologische (physikalische) Hypothese zu akzeptieren«. Im ersten Fall mag man persönliche Wünsche und Erfahrungen hinter dieser Auskunft vermuten. Im zweiten, dem theoretischen Fall wird man hingegen nichts Persönliches vermuten, das andere eventuell nichts angeht, sondern Gründe, die allen im Prinzip in gleicher Weise zugänglich sind und die keinerlei Anspruch auf Diskretion erheben können. In einem bestimmten Sinne, den wir erst noch explizieren müssen, gibt es keine eigenen (persönlichen) theoretischen Gründe, aber es gibt eigene praktische Gründe.

Versuchen wir zunächst zu klären, in welchem Sinne es keine eigenen theoretischen Gründe gibt. Zweifellos sind die epistemischen Zustände von Personen interpersonell verschieden. Was für die eine Person eine begründete, plausible oder unwahrscheinliche Überzeugung, Hypothese oder Erwartung ist, mag für die andere Person unbegründet, unplausibel oder wahrscheinlich sein. In diesem Sinne hat jede Person ihre eigenen theoretischen Gründe. Begründen heißt, Umstrittenes oder Unwahrscheinlicheres durch Bezugnahme auf Unumstrittenes bzw. epistemisch Wahrscheinlicheres unumstritten bzw. wahrscheinlicher zu machen. Jedes Begründen geht von einem Gefälle subjektiver Gewissheiten aus, das inferentiell vermindert oder nivelliert wird. Diese – nennen wir sie epistemischen – Gradienten sind jedoch interpersonell verschieden; erst das macht die Komplexität des Austausches von Gründen aus. Angesichts dieser Unterschiede sind theoretische Gründe für den einen plausibel, für den anderen nicht, die einen können eine

Rechtfertigung akzeptieren, die anderen nicht, abhängig von den jeweiligen epistemischen Gradienten (hier nehmen wir impliziter an, dass es keine Differenz hinsichtlich der inferentiellen Regeln gibt).

In der Quine'schen Perspektive sind es die sensorischen Stimuli, die unsere epistemischen Systeme verändern.[44] Als Naturalist macht Quine dafür kausale, letztlich mit den Mitteln der Naturwissenschaft analysierbare Prozesse verantwortlich. Überzeugte Naturalisten lassen sich durch die *petitio* nicht irritieren, die dabei zwangsläufig auftritt, nämlich dass ihre Argumente für eine bestimmte erkenntnis- oder wissenschaftstheoretische Auffassung im Sinne des naturalistischen Programmes gar keine Argumente sein dürften, sondern lediglich Repräsentationen von kausalen Prozessen. Wenn der Naturalist seine eigene Theorie ernst nimmt, gibt es keine Argumente, die für seine Theorie sprechen. Üblicherweise werden naturalistische und non-naturalistische Realismusvarianten unterschieden, streng genommen gibt es jedoch keinen naturalistischen Realismus. Ein naturalistischer Realist muss nämlich zwei Überzeugungen haben, die logisch inkompatibel sind: Erstens, dass Inferenzen Kausalbeziehungen sind, die in letzter Instanz durch sensorische Stimuli initiiert sind. Und zweitens, dass es Entitäten gibt, die unabhängig von uns sind oder die – in der oben verwendeten Formulierung – weder subjektiv noch epistemisch verfasst sind. Ein Naturalist, der für seine Theorie argumentiert, nimmt diese nicht ernst, sofern er überzeugt ist, dass es gute Gründe für sie gibt. Der kohärente Naturalist kennt keine Rechtfertigungen, sondern nur Kausalbeziehungen und die evolutionsbiologische Variante des Naturalismus nimmt an, dass die epistemischen Systeme einer Spezies sich als Ergebnis eines adaptiven evolutionsbiologischen Prozesses erklären lassen, als günstigste Anpassung einer Spezies an spezifische Bedingungen der Genweitergabe ihrer Individuen, und dass nichts dafür spricht, dass das Ergebnis dieser adaptiven Prozesse die Übereinstimmung subjektiver Wahrnehmungen und Überzeugungen mit realen (natürlichen) Tatsachen ist. Dieses Argument stellt wiederum eine *petitio* dar, da die evolutionsbiologische Theorie ja wohl für sich beansprucht, eine gute Rechtfertigung zu haben bzw. mit den natürlichen Tatsachen übereinzustimmen.

44 Willard Van Orman Quine, *From Stimulus to Science*, Cambridge/MA 1999.

Mit anderen Worten: Der konsequente Naturalist ist nicht zum Schweigen verurteilt, er kann Argumente pro und contra vorbringen, aber er darf seine Argumente nicht ernst nehmen, um den Preis der Inkonsistenz. Der Realist behauptet, dass es Tatsachen gibt, die weder subjektiv noch epistemisch konstituiert sind. Die meisten Realisten behaupten zudem, es sei möglich, wenigstens einige dieser Tatsachen zu erkennen, wenn es auch unmöglich sei, jemals vollständige Gewissheit zu haben. Vernünftige Realisten sind epistemische Optimisten und Fallibilisten. Sie glauben, dafür Gründe zu haben, und schon dies schließt aus, dass sie zugleich konsistente Naturalisten sind.

Für Naturalisten gibt es generell keine Gründe, geschweige denn eigene Gründe, obwohl sich auch aus naturalistischer Perspektive epistemische Systeme interpersonell genau dann unterscheiden, wenn sich ihre sensorischen Stimuli (bei gleichen inferentiellen Strukturen) unterscheiden. Wenn das Austauschen von Gründen geeignet ist Dissense zu beheben, dann muss dieser Austausch selbst als eine Form sensorischer Stimuli mit entsprechenden kausalen Effekten interpretiert werden. Die soziale Interaktion erweitert aus naturalistischer Perspektive das Spektrum sensorischer Stimuli und fügt den kausalen Prozessen eine neue interaktive Komponente hinzu. Diese generiert angesichts der Möglichkeit von Replikationen (wechselseitigen Bezugnahmen bzw. wechselseitiger kausaler Beeinflussung) eine komplexe epistemische Dynamik (verstanden als ein kausaler, interaktiver Prozess), die in der Regel chaotisch sein wird.

Der Unterschied zwischen der naturalistischen und der (nichtnaturalistischen) realistischen Perspektive besteht darin, dass es für kausale Prozesse keine Stopp-Funktion gibt, die jeweiligen Dynamiken also als sich selbst perpetuierender Mechanismus gedacht werden müssen, während die Abwägung von Gründen unter der Kontrolle der deliberierenden Person steht. Die Komplexität der epistemischen Dynamik muss aber in realistischer Perspektive nicht nachstehen. Die Fähigkeit epistemischer Systeme, aufeinander Bezug zu nehmen, schafft in jedem Fall eine neue Dimension an Komplexität epistemischer Prozesse und schließt in der Regel die Existenz eines optimalen epistemischen Zustandes aus. Die Rede von den eigenen Gründen gewinnt von daher eine neue Bedeutung: Wenn es keinen optimalen epistemischen Zustand gibt, ist der Verbleib in einem bestimmten epistemischen Zustand und somit auch jede Überzeugung bis zu einem gewissen Grade willkürlich. Willkürakte sind dadurch charakterisiert, dass sie selbst nicht mehr begründet werden können. Allenfalls die Tatsache, dass man sich überhaupt willkürlich entscheidet, mag begründbar sein, aber nicht die Entscheidung selbst, sonst wäre sie nämlich nicht willkürlich. Entscheidungen aber generieren zweifellos Gründe, das gilt auch für den theoretischen Bereich. Die Entscheidung für ein Paradigma, das in Konkurrenz mit einem anderen Paradigma keine überwiegenden Gründe für sich hat, generiert theoretische Gründe bis zum Ausschluss von Thesen oder ganzen Theorien. »Ich habe meine Gründe« kann im theoretischen Bereich also nur besagen, dass meine besonderen Gründe auf willkürlichen, theoretischen Entscheidungen beruhen, die selbst keiner weiteren Begründung mehr zugänglich sind.

Anders im Bereich der praktischen Gründe: Hier scheint eine Person legitimerweise auf ihre eigenen Gründe verweisen zu können, ohne dass dies in letzter Instanz auf einem Willkürakt beruht. Ein prominentes Beispiel dafür ist die Rolle, die Projekte für die Gestaltung des Lebens spielen. In extremen Varianten sind es erst Projekte, die jedem Handeln und bestimmten Praktiken, ja einer ganzen Lebensform, Sinn verleihen. Auch wenn das deutlich überzogen erscheint, ist die Entscheidung für Projekte doch konstitutiv für Autorschaft, für die verantwortliche, mehr oder weniger kohärente Gestaltung einer individuellen Lebensform. In irritierender Weise passt die Idee, dass erst Projekte dem Leben Sinn geben, zum ökonomistischen Zeitgeist, dem alles zum Projekt wird – jede Regel, jede Tugend, jeder Wert. Wenn die jeweilige Wahl eines Projektes einer nicht näher charakterisierten und nicht näher begründbaren Präferenz der jeweiligen Person entspricht und sich alles Übrige im Raum der praktischen Gründe aus dieser Wahl eines Projektes ergibt, läuft die Rede von den Projekten Gefahr, einen normativen Subjektivismus festzuschreiben. Hier liegt die Analogie zur Wahl eines Begriffsrahmens oder Paradigmas im theoretischen Bereich nahe, verdeckt aber auch wichtige Unterschiede: Im theoretischen Bereich ist die Wahl eines Begriffsrahmens oder Paradigmas – so unterbestimmt und insofern willkürlich diese Wahl auch sein mag – vernünftigerweise rein instrumentell, das heißt, in einer Unsicherheitssituation entscheidet man sich für dieses oder jenes, in der

Hoffnung, dass man damit über die Klärung theoretischer Gründe der Wahrheit näherkommt. Anders im Bereich der Projekte, hier geht es um meine Identität als handelnde Person mit ihren Wertungen und Normen, Präferenzen und Regeln.[45] Die radikale Projekttheoretikerin könnte sagen: Ich bin diejenige Person, die meine Projekte realisiert. Das macht mich aus. Dies hat im theoretischen Bereich keine oder nur eine bemühte Analogie.

Prüfen wir, ob dies auch für den (idealtypischen) Stoiker gilt: Dieser behandelt seine *hormai* als natürliche Tatsachen, als Gegebenheiten in der Welt, die, obwohl es die *hormai* der eigenen physiologisch-psychologischen Existenz sind, für sich genommen keine Handlung begründen können. Der idealtypische Stoiker steht dem Humeaner diametral gegenüber. Kant hingegen halbiert den Humeanismus lediglich, weist ihn nur für den Bereich moralischer Imperative zurück, verbindet aber selbst diese Zurückweisung noch mit dem Zugeständnis, dass es die Achtung vor dem Sittengesetz ist, die motiviert, und nicht die Gründe selbst, die ich mir zu eigen mache. Der idealtypische Stoiker hat zu seinen eigenen *hormai* das gleiche Verhältnis wie zu anderen Dingen, die er nicht beeinflussen kann, nämlich das der Indifferenz. Nicht indifferent ist er lediglich gegenüber der normativen Frage, was er tun soll. Er wägt also praktische Gründe ab, und hier kommen nun auch die eigenen *hormai* ins Spiel. Da er über die Möglichkeit verfügt, das psychologisch-physiologische System, den eigenen Organismus mit den Mitteln eigenen Handelns in hohem Maße zu beeinflussen bzw. die Umweltbedingung des Organismus mitzubestimmen (zum Beispiel durch Bewegung), verdienen die eigenen *hormai* rationaliter ein besonderes Augenmerk, wenn es um die Herstellung eines harmonischen Zustandes, eines *homologumenos zen*, geht. Wenn die inferentiellen Regeln unumstritten oder fixiert sind, dann gibt es für den idealtypischen Stoiker in der Tat eine vollständige Analogie zwischen praktischen und theoretischen Gründen: Das Eigene tritt nur in der kontingenten Gestalt vorliegender natürlicher Tatsachen (hier der *hormai*) auf, alles Weitere verbleibt im Reich der Vernunft.

Paradoxerweise gilt etwas sehr Ähnliches für den idealtypischen Humeaner, den Gegenspieler des Stoikers: Auch für diesen sind

45 Vgl. Monika Betzler, *Personal Projects as Practical Reasons*, München 2005 (unveröff. Habilitationsschrift), sowie »Personal Projects and Reasons for Partiality«, in: *Social Theory an Practice* 40 (2014), S. 683-692.

die letzten Grundlagen allen Entscheidens schlicht gegeben, nicht kontrolliert durch den Akteur. Ob man bestimmte basale Wünsche (*desires*) hat oder nicht, ist nicht Ergebnis einer Entscheidung oder Wertung, es darf nicht einmal – jedenfalls nicht direkt – durch Entscheidungen und Wertungen beeinflusst sein. Die Rationalität der Mittelwahl, die dem Humeaner offensteht, ist unter den jeweiligen epistemischen Bedingungen fixiert. Das individuelle Urteilen bewegt sich also nur im Bereich der Theorie und diese wird in der naturalistischen Variante durch kausale epistemische Prozesse, und somit ebenfalls nicht durch die handelnde Person, determiniert.

Zwischen diesen beiden Extremen sollte sich ein mittlerer, ein vernünftigerer philosophischer Weg finden lassen. Wenn die Projekttheorie nichts anderes ist als eine angereicherte Variante des Humeanismus, kann sie nicht überzeugen. Wenn Projekte jedoch die eigenen Gründe charakterisieren oder Ausdruck eigener Gründe sind, die die Identität einer Person ausmachen, und wenn diese eigenen Gründe als Wertungen verstanden werden (etwa in der Gestalt: Dies ist [objektiv] ein guter Grund *für mich*), dann markiert sie eine Differenz zwischen theoretischen und praktischen Gründen, die mir in der Tat unaufgebbar erscheint.[46]

Wir haben dabei – unkommentiert – von »praktischen« Gründen im Wortsinne gesprochen, also von Gründen, die die Praxis anleiten, nicht von normativ-ethischen Gründen im weiteren Sinne. So wäre es zum Beispiel abwegig, eine Gerechtigkeitstheorie, rechtfertigende Argumente für eine spezifische Konzeption der Gerechtigkeit, als Projekt in dem oben geschilderten Sinne zu charakterisieren, denn die Gerechtigkeitstheorie und ihre Adäquatheitskriterien können nicht von der je individuellen Lebensgestaltung, der gewählten Lebensform, den Projekten, die dieser Lebensform Sinn stiften, abhängig gemacht werden. Die Personenrelativität praktischer Gründe darf nicht in einen ethischen Subjektivismus, auch nicht in der Variante des kantischen Konstruktivismus, münden.

46 Vgl. JNR, *Strukturelle Rationalität*, Stuttgart 2001, Kap. 9.

V. Die epistemische Perspektive oder: ontologischer Agnostizismus

Sie befinden sich in einem Raum Ihrer Universität und bereiten die nächste Sitzung Ihres Forschungskolloquiums vor. Sie überlegen, ob die Anzahl der Stühle, die sich in diesem Raum befinden, ausreicht und bitten dann Ihren Kollegen, mit Ihnen zusammen aus dem Nebenraum einige weitere Stühle heranzuschaffen. Man stelle sich vor, dieser antworte, woher ich denn wisse, dass es sich hier um Stühle handele. Eine naheliegende Antwort wäre: »Das sehe ich« oder »Das steht ja wohl außer Frage«. Eine solche Frage stellt sich – lebensweltlich – nicht. Wer eine solche Frage unter lebensweltlichen Bedingungen stellt, bringt eine epistemische Skepsis zum Ausdruck, die unangemessen ist.

Unterdessen hat das Kolloquium begonnen und es wird die Frage erörtert, welche Rolle Begrifflichkeiten in der Ontologie spielen. In Anlehnung an den internen Realismus Hilary Putnams argumentiert eine Teilnehmerin, dass das, was wir jeweils als existierend annehmen, davon abhänge, welche Begrifflichkeiten wir gebrauchen. Diesen begrifflichen Rahmen wählen wir allerdings nicht frei, sondern sind jeweils durch sprachliche oder auch wissenschaftliche Üblichkeiten an diesen gebunden, schon allein, um Verständigung zu ermöglichen.[47] An dieser Stelle entspinnt sich eine kurze Debatte über das Wittgenstein'sche Privatsprachenargument und wie dies damit in Einklang zu bringen sei, dass es durchaus Paradigmenwechsel in den Einzelwissenschaften, gelegentlich auch in der Philosophie, gebe, um dann zur Frage zurückzukommen, was uns eigentlich berechtigt, die Existenz eines Tisches anzunehmen, den Tisch oder die Stühle in diesem Raum zur Ontologie, zu den seienden Dingen zu zählen. Schließlich sei die Identifikation eines Gegenstandes als Tisch davon abhängig, dass entsprechende Begrifflichkeiten zur Verfügung stehen.

Ein Teilnehmer wirft ein, dass wir streng genommen in einem raumzeitlichen Kontinuum lebten, das erst durch die Kategorisierungen intentional gesteuerten Sprachverhaltens in Einzeldinge

47 Putnam, *Reason, Truth and History*, S. 52: »›Objects‹ do not exist independently of conceptual schemes. We cut up the world into objects when we introduce one or another scheme of description. Since the objects *and* the signs alike are *internal* to the scheme of description, it is possible to say what matches what.«

zerfällt. »Aber gibt es dann nicht wenigstens dieses raumzeitliche Kontinuum, unabhängig vom Beobachter und Sprachnutzer?«, wirft jemand ein. Dann aber wäre die Ontologie – eine sprachunabhängige, also nicht sprachen- und theorienrelative Ontologie – übersichtlich, die Menge der Gegenstände hätte ein einziges Element. Der Common Sense hält dagegen, dass Tische unabhängig davon existieren, dass es den sprachlichen Ausdruck »Tisch« im Deutschen oder den Begriff desjenigen Gegenstandes, der sich für vielerlei eignet, unter anderem um Handouts in einem Forschungskolloquium darauf abzulegen oder nach erfolgreich absolvierter Disputation die Sektgläser abzustellen, gibt.

Ein physikalisch gebildeter Teilnehmer, der sich als »kritischer Realist« bezeichnet, führt aus, dass es sich bei einem Tisch letztlich um Gitterstrukturen bestimmter Moleküle handele, die bei einer bestimmten Temperatur wegen der zunehmenden Bewegungsenergie der einzelnen Moleküle aufgebrochen werden. Die Zeit überdauernde Identität des Tisches hänge also vom Aggregatzustand und nicht von der Identität der Moleküle ab. Da auch ein zweiter Teilnehmer über gediegene Physikkenntnisse verfügt, entspinnt sich daraufhin ein Dialog mit dem Ergebnis, dass durchaus auch die Existenz und die Identität von Molekülen fraglich sei, da es sich aus quantenphysikalischer Perspektive eher um eine Verteilung von Aufenthaltswahrscheinlichkeiten handelt – jedenfalls dann, wenn man die Bohr'sche Interpretation der Quantenmechanik zugrunde legt. Ein definiter Ort des jeweiligen Moleküls existiere in der Realität also gar nicht, womit eine ontologisch relevante Interaktion von Objekt und Subjekt inkludiert sei, die einen naiven, aber auch einen kritischen Realismus ausschließe.

Eine Teilnehmerin schlägt vor, sich von der Quantenmechanik zu lösen und ein kategorial anderes Beispiel heranzuziehen, nämlich Farbeigenschaften. Sind diese real oder als sekundäre Qualitäten nur Interaktionsmuster, die die logische Unabhängigkeit empirischer von epistemischen Eigenschaften, also den objektiven Status natürlicher Gegenstände und ihrer Eigenschaften, in Frage stellen? Man könne sich die Reichweite dieser Fragestellung dadurch klarmachen, indem man festzulegen versucht, wie viele Farben, wie viele unterschiedliche Farbeigenschaften es eigentlich gibt – dies scheint jedenfalls in hohem Maße willkürlich zu sein. Wir haben ein Frequenzspektrum, das bei wahrnehmenden Menschen unterschiedliche Farbzuschreibungen auslöst. Welche Einteilungen man nun vornehme, sei letztlich willkürlich und allenfalls davon abhängig, welche Wahrnehmungsschwellen beim menschlichen Beobachter vorliegen. »Die Farbe hat sich nun geändert«, wäre die dafür ausschlaggebende Feststellung, und welche dieser Änderungen ich mit einem eigenen Namen belege, sei letztlich willkürlich.

Man muss nicht so weit gehen, solche philosophischen Diskurse generell für sinnlos zu halten, um eine wichtige Unterscheidung aufrechtzuerhalten: Nämlich die zwischen *begründetem Zweifel* und *methodischem Zweifel.* In lebensweltlichen Kontexten ist es völlig abwegig, die Existenz eines Tisches oder eines Stuhles zu bezweifeln. Dies gilt unabhängig davon, welche weiter gehenden Interpretationen der Materie oder der Interaktion von Mensch und Natur, Subjekt und Objekt, man jeweils zugrunde legt. Und so, wie es lebensweltlich sinnlos ist, die Existenz des besagten Tisches, der Stühle, die um ihn herumgestellt wurden, oder die Existenz der sowohl mit physischen wie mentalen Eigenschaften ausgestatteten Kolloquiumsteilnehmer zu bezweifeln, so ist es *sinnlos*, offenkundige normative Tatsachen zu bezweifeln. Hier besteht kein Unterschied im epistemischen Status. Ich kann methodisch daran zweifeln, dass Mord ein Unrecht darstellt, aber diesen Zweifel kann man nicht ernsthaft haben. Es kann wohlgemerkt Personen geben, die tatsächlich daran zweifeln, dass dort ein Tisch steht oder dass Mord ein Unrecht ist. Dies wird von uns allen aber nicht als Aufforderung verstanden, die Existenz dieses Tisches oder die Unzulässigkeit eines Mordes zu beweisen, sondern eher als Aufforderung, dieser Person aus ihrer Krise herauszuhelfen. Solange dies nicht geschehen ist, fällt diese Person als ernsthafter Gesprächspartner aus. Wenn der methodische Zweifel zum ernsten Zweifel wird, handelt es sich um ein psychologisches Problem.

An dieser Stelle kann eingewendet werden, dass es doch kulturelle Varianzen gibt, die das in einer Kultur Unbezweifelbare in einer anderen Kultur zum Bezweifelbaren machen. Man muss keine exotischen Beispiele heranziehen, es genügt die deutsche Geschichte: Die normative Ordnung, die sich die SS-»Elite« zusammenfantasierte, wurde zweifellos von einem Gutteil der Beteiligten ernsthaft geglaubt. Wie Tagebuchnotizen und Gesprächserinnerungen zeigen, wurde die Mitwirkung am Völkermord an den Juden von SS-Offizieren als moralische Pflicht interpretiert und

Selbstverständlichkeiten der Rücksichtnahme auf Schwächere als Ausdruck zivilisatorischer Dekadenz verstanden. Der (normativ) agnostische Zyniker könnte, inspiriert durch die Lektüre Nietzsches und seiner zeitgenössischen Adepten, sagen, dass es sich hier um gleichermaßen kohärente Überzeugungssysteme handele und es keine Möglichkeit gebe, zwischen dem vernünftigen Einen und dem unvernünftigen Anderen zu unterscheiden. Nach welchem Maßstab solle dies geschehen? Merkwürdigerweise beschränken sich die Nietzscheaner, ähnlich wie die Systemtheoretiker im Anschluss an Luhmann oder die Poststrukturalisten im Anschluss an Foucault, auf den *normativen Agnostizismus*, den manche von ihnen allerdings auch auf die empirische *soziale* Welt ausdehnen. Nur selten wird dabei auch die *empirische natürliche Welt* einbezogen. Erst der radikale Konstruktivismus geht darüber hinaus und bezieht auch diese mit ein.

In der Tat gibt es in bestimmten Kulturen komplexe animistische Erklärungsmodelle, die natürliche Ereignisse als Zeichen von Geistern und Göttern deuten. Bis heute haben sich auch in der westlichen Moderne solche Erklärungsmodelle gehalten, meist in einer Form, die den unmittelbaren Konflikt mit der naturwissenschaftlichen Beschreibung und Erklärung so weit wie möglich vermeidet. Das »Esoterische« war zuvor exoterisch und musste sich im Abwehrkampf gegen die neue Wissenschaft aus dem Öffentlichen, dem allgemein Akzeptierten, dem institutionell Verankerten zurückziehen, um zu überleben, also eher Gläubige um sich sammeln, als mit Argumenten um allgemeine Zustimmung zu werben.

Die *epistemische Perspektive*, für die ich werbe, ist durchaus radikal: Der methodische Zweifel ist nur ein Spiel, das gelegentlich seinen wissenschaftlichen oder philosophischen Zweck erfüllt. Aber auch in der Philosophie geht es um ernsthafte Fragen, hier hat der methodische Zweifel keinen Ort. Es gilt vielmehr, sorgfältig zu klären, was umstritten und begründungsbedürftig ist und was nicht. Es gibt jedoch nicht zwei Kategorien, die eine des Begründungsbedürftigen und die andere des nicht Bezweifelbaren, sondern vielmehr lediglich graduelle Unterschiede des mehr oder weniger Bezweifelbaren und so gut wie nie (oder nie?) das absolut Gewisse. Das Geben und Nehmen von Gründen findet deshalb immer in diesem epistemischen Raum statt, charakterisiert durch graduelle Differenzen epistemischer Wahrscheinlichkeiten, die interpersonell umstritten und oft genug auch intrapersonell nicht kohärent sind. Auch der Common-Sense-Theoretiker, der zunächst meine vollen Sympathien genießt (man denke etwa an George Edward Moores wunderbaren Vortrag zu dieser Thematik[48]), darf sich nicht zu einem epistemologischen Fundamentalismus verführen lassen, also Sachverhalte oder Entitäten postulieren, die als *fundamentum inconcussum* dienen, um alles andere erst zu rechtfertigen bzw. ontologisch zu validieren.[49] Der *ontologisch agnostische Realist* versucht nicht, die Welt neu zu erschaffen, weder in Gestalt deduktiver Systeme, wie die Rationalisten des 17. und 18. Jahrhunderts, noch in Gestalt eines logischen Aufbaus der Welt, wie die Induktivisten des frühen 20. Jahrhunderts. Er versteht seine Rolle im Anschluss an die lebensweltliche Praxis des Gründegebens und Gründenehmens. Diese Praxis soll lokale Zweifel beheben, Zweifel, die vernünftig, nicht methodisch sind, die ernst gemeint sind und nicht nur als Spiel, als *brain teaser*, fungieren. Es geht um ernsthafte Fragen und insofern ist die Philosophie nicht *ancilla theologiae*, sondern *ancilla rationum*. Sie ist diejenige Wissenschaft, die dazu beiträgt, theoretische und praktische Vernunft zu realisieren, sie ist Wissenschaft theoretischer wie praktischer Rationalität.

Um die Abgrenzung deutlich zu machen: Der ontologisch agnostische Realist braucht keine philosophische (metaphysische) Ontologie, um den Zweifel zu beheben, da dieser Zweifel nicht ernsthaft durchgehalten werden kann. Der Zweifel an der Außenwelt, an der Existenz des Fremdpsychischen oder auch nur an der Existenz uns unmittelbar durch die Erfahrung gegebener natürlicher normativer Tatsachen zerstört die epistemische Ordnung als ganze, er entfernt, bildlich gesprochen, aus dem Gebäude des Wissens tragende Teile, worauf dieses kollabiert. Die rationalistischen Versuche, es nach dem Zusammenbruch wieder *ab ovo* aufzubauen, müssen jedoch scheitern. Das ist die für manche Philosophen frustrierende Erkenntnis aus mindestens dreihundert Jahren offenem oder verstecktem Rationalismus. Die epistemische Perspektive, für die ich plädiere, ist also insofern radikal, als sie einen Ausstieg aus der Lebenswelt nicht zulässt, weil für sie Zweifel nur als *vernünftige* Zweifel relevant sind und nicht als methodische, weil sie damit

48 Moore, *A Defense of Common Sense*.

49 Das ist meines Erachtens der Kern des Dissenses zwischen Moores Common-Sense-Philosophie und Wittgenstein in *Über Gewissheit*.

agnostisch gegenüber ontologischen Fragen wird. Die Ontologie kommt nur als deskriptive Metaphysik ins Spiel, als eine Rekonstruktion der begrifflichen Rahmen, die wir in diesem Spiel des Gründegebens und Gründenehmens aufspannen. Sie kommt *ex post* und nicht *ex ante*, da sie in der Praxis des Begründens logisch nachrangig ist, diese Praxis nicht trägt, sondern eine Ausdrucksform dieser Praxis ist.

Ist damit der Einwand entkräftet, dass es doch möglich sei, eine ganz andere Praxis mit einer ganz anderen Ontologie zu etablieren, die dann empirische wie normative Sachverhalte für selbstverständlich und die konkurrierende epistemische Praxis für unvernünftig oder abwegig hält? Auf diese Frage gibt es zwei Antworten, eine pessimistische und eine optimistische. Die pessimistische würde lediglich darauf hinweisen, dass alles Begründen ein Ende habe und dass dieses Ende in einer geteilten Lebensform zu suchen sei. Wenn diese zu stark divergierten, dann gebe es keine Verständigung, keinen gemeinsamen Raum der Gründe. Dann gebe es eben für Angehörige des einen oder des anderen inferentiellen Raumes untereinander keine Argumente mehr, keine Möglichkeit, Gründe mit Aussicht auf Erfolg vorzubringen.

Die optimistische Antwort dagegen lautet, dass das Geben und Nehmen von Gründen die epistemischen Systeme intra- und interpersonell *kohärenter* mache und auf diese Weise *der Realität annähere* (*verisimilitudo*). Dass sich die Abwegigkeit mehr oder weniger geschlossener und möglicherweise auf den ersten Blick kohärent erscheinender epistemischer Systeme schon zeige, wenn man nur hartnäckig genug insistiere. Ein typisches Anzeichen ist das Verstummen der Vertreter abwegiger Doktrinen, die Gründe nur denjenigen offerieren können und wollen, die bestimmte, nicht näher begründete Annahmen teilen. Und es ist eine Sache des Glaubens, ob sie dies tun. Es liegt nahe, einzuwenden, dass das doch immer so sei, dass das doch gerade die hier in Anspruch genommene Wittgenstein'sche Perspektive auszeichne, dass es eben nicht mehr weiter Hinterfragbares gäbe und damit auch Überzeugungen, die keiner näheren Begründung mehr fähig seien, die, wenn in Frage gestellt, den Befragten also verstummen lassen. Spricht das nicht doch für die pessimistische Antwort?

Wir sind hier wohl an der Grenze des rational Klärbaren angelangt. Ich teile mit dem US-amerikanischen klassischen Pragmatismus eine optimistische Haltung. Ich bin davon überzeugt, dass das Geben und Nehmen von Gründen uns in der Regel der Wahrheit näherbringt. Die Voraussetzungen dafür sind allerdings anspruchsvoll und hoch komplex. Das Plädoyer für eine holistische Interpretation unseres Wissens, wie es der klassische Pragmatismus in immer neuen Varianten vorgetragen hat, ist dabei wesentlich: Die Isolierung bestimmter Bereiche des Urteilens erlaubt ihre systematische Abschottung von Kritik. Erst der große, Praxis und Theorie, Wissenschaft und Lebenswelt einschließende Zusammenhang aller propositionaler Einstellungen erlaubt diese beständige Kritik und Verbesserung durch das Geben und Nehmen von Gründen. Mehr haben wir nicht, mehr sollten wir auch als Philosophen nicht postulieren. Das ist mit der *epistemischen Perspektive*, mit einem nicht-rationalistischen Realismus, der ontologisch agnostisch, eben *unaufgeregt*, ist, gemeint.

VI. Eine Wittgenstein'sche Perspektive?

Der späte Wittgenstein wird meist so verstanden, dass es unmöglich sei, eine systematische Bedeutungstheorie zu entwickeln. Man kann dies ausweiten zu der These, dass der späte Wittgenstein gegenüber allen Metatheorien Skeptiker war. Die mehr oder weniger kryptischen Formulierungen, wie »Denk nicht, sondern schau!«, der durch zahlreiche Beispiele immer wieder erfolgende Hinweis auf die reale Sprachpraxis, werden verständlich, wenn man Wittgenstein die Auffassung zuschreibt, dass die Praxis der alltäglichen Verständigung oder, wie wir hinzufügen können, die alltägliche Interaktionspraxis in einem bestimmten Sinne unhintergehbar ist. So sprechen wir eben. Alles Begründen hat ein Ende in der praktizierten alltäglichen Verständigung, in den uns vertrauten und selbstverständlich gewordenen Praktiken der Interaktion.

Man muss dies nicht zu einem umfassenden Quietismus überhöhen, wonach alles so bleiben muss, wie es eben ist, wonach alle normative Beurteilung und kritische Reflexion gegenüber dieser Praxis gegenstandslos ist, um dieser philosophischen Haltung etwas abzugewinnen. Entgegen der Tendenz des späten Wittgenstein, sich jeder systematischen philosophischen Stellungnahme zu enthalten, kann man diese *Wittgenstein'sche Perspektive* epistemologisch charakterisieren: Der Ausgangspunkt allen Begründens liegt in den Selbstverständlichkeiten der etablierten Praxis der Verständigung. Ohne diese Selbstverständlichkeiten, ohne eine Übereinstimmung in einer Vielzahl von propositionalen Einstellungen (nicht nur deskriptiven Überzeugungen),[50] ist Kommunikation und Interaktion nicht möglich. Wäre allerdings alles selbstverständlich, dann erübrigte sich die Praxis des Begründens. Darin liegt der Irrtum der quietistischen Radikalisierung der Wittgenstein'schen Perspektive: Wenn »alles so klar ist wie eine Watschen«, wie Wittgenstein in seinem Briefwechsel mit Paul Engelmann schreibt, müssten wir nichts mehr begründen. Wohl könnten wir Anweisungen geben, wie »Platte« (wenn wir den entsprechenden Status zum Beispiel als Polier haben[51]), wohl könnten wir Wünsche haben, die auf die Veränderung der Welt gerichtet sind, aber es gäbe keinen Bedarf genuiner Begründung, da weder deskriptive noch normative Überzeugungen unsicher wären. Das Problem der Ungewissheit gäbe es nicht. Die analytische Metaethik hat sich über Jahrzehnte bemüht, die normative Dimension in die der Imperative (universeller Präskriptivismus und andere Varianten) oder die der Wünsche (Emotivismus, Expressivismus) zu transformieren – mit mäßigem Erfolg. Wir haben Unsicherheiten nicht nur bezüglich empirischer, sondern auch bezüglich normativer Tatsachen, nicht nur bezüglich epistemischer, sondern auch prohairetischer propositionaler Einstellungen, nicht nur bezüglich Tatsachen, sondern auch bezüglich Normen und Werten.

Unsere Lebensform ist von propositionalen und nicht-propositionalen Einstellungen bestimmt und nur die Tatsache, dass wir interpersonell ein hohes Maß an Übereinstimmung hinsichtlich dieser Einstellungen haben, ermöglicht Verständigung. Der Begründungsbedarf allerdings ist in der Regel ausgelöst durch Divergenzen hinsichtlich dieser Einstellungen. Diese Divergenzen treten

50 Ich habe an verschiedenen Stellen dafür plädiert, diese Einstellungen auch um nicht-propositionale (emotive) zu erweitern, jedenfalls die deskriptivistische Schlagseite auch der Sprachphilosophie von Donald Davidson und erstaunlicherweise auch der *Philosophischen Untersuchungen* Wittgensteins aufzugeben und damit die normative und emotive Dimension unserer geteilten Lebensform einzubeziehen (vgl. Nida-Rümelin, *Philosophie und Lebensform*, sowie Kap. 13 und Abschnitt A in diesem Band).

51 Ludwig Wittgenstein, *Philosophische Untersuchungen*, Frankfurt am Main [6]2003 [EA 1953], § 2.

an der Peripherie häufiger auf als im Zentrum der (individuellen, wie kollektiven) epistemischen Systeme. Zentrum und Peripherie sind dabei über die jeweilige Relevanz für unsere (Alltags-)Praxis bestimmt. Massive Divergenzen hält eine geteilte Lebensform nur in peripheren Bereichen aus, sonst zerbricht sie. Für einen Aspekt von Lebensform, nämlich ihre sprachliche Verfasstheit, ist dies weithin unumstritten und in der internationalistischen Semantik über die konstitutiven Bedingungen von gelingender Kommunikation systematisch rekonstruiert.[52]

Das Entscheidende an der Wittgenstein'schen Perspektive ist, dass es unvernünftig ist, alles zugleich in Frage zu stellen: Eine globale Skepsis ist irrational, unbegründet. Das Gros unserer propositionalen und nicht-propositionalen Einstellungen, das die geteilte Lebensform trägt, steht gar nicht zur Disposition. Zu dem, was nicht zur Disposition steht, gehören nicht nur deskriptive Überzeugungen, etwa die, dass vor mir ein Stuhl steht, wenn ich wahrnehme, dass vor mir ein Stuhl steht, sondern auch normative, wie die Tatsache (sic), dass es ein Unrecht wäre, Franz zu töten, um mir einen Konkurrenten vom Halse zu schaffen. Wir benötigen keine physikalische Theorie, um zu klären, ob vor uns ein Tisch steht, ebenso wenig wie wir eine ethische Theorie brauchen, um zu klären, dass eine solche Tat ein Unrecht wäre. Umgekehrt wird ein Schuh draus: Eine physikalische Theorie, die mit jener empirischen Tatsache in Konflikt gerät, müsste als gescheitert gelten und eine ethische Theorie, die mit dieser moralischen Tatsache in Konflikt gerät, ebenfalls.

Mit anderen Worten: Theorien haben nicht den Status einer externen Evaluierung propositionaler Einstellungen, sondern verlängern oder systematisieren lebensweltlich vertraute Begründungspraktiken. Wer das Selbstverständliche in Frage stellt, büßt die Ressourcen ein, um das Umstrittene zu klären. Aber dass die Option der globalen ethischen Skepsis irreal ist, ist nicht primär eine Folge des epistemologischen Standpunktes, sondern eine der Lebenspraxis: Sie steht uns *de facto* nicht offen. So wie wir die Existenz der Außenwelt nicht bezweifeln können, können wir die Existenz moralischer Verpflichtungen nicht bezweifeln. Wir sind immer mittendrin in den Bezügen, die unsere Lebenswelt ausma-

52 Vgl. David Lewis, *Convention: A Philosophical Study*, Harvard 1969.

chen. Die wechselseitige Zuschreibung mentaler und speziell intentionaler Zustände ist, genauso wie die realistische Interpretation unserer Wahrnehmungen, für diese Welt konstitutiv. Das Spiel des Gründegebens und Gründenehmens hält diese Bezüge stabil und ermöglicht, indem auftretende Inkohärenzen behoben werden, zugleich moderate Veränderungen.

VII. Ontologische Aspekte

Der nicht-naturalistische ethische Realismus, für den ich plädiere, ist ontologisch agnostisch, er nimmt, wie oben dargelegt, eine radikal epistemische Perspektive ein. Ich mache hier dennoch zum Schluss eine Anmerkung zur Ontologie, da für die Kritik des ethischen, nicht-naturalistischen Realismus die These eine wichtige Rolle spielt, dass wir in genau einer Welt (und nicht in zwei, drei oder gar noch mehr Welten) leben. Karl Popper hat für drei Welten plädiert: Welt I als die des Physischen, Welt II als die des Mentalen und Welt III als die der Logik, der Mathematik, des Inhalts von Theorien etc.[53] Man kann sagen, dass der Naturalismus und der Idealismus zwei unterschiedliche philosophische Plädoyers für die Existenz nur einer Welt sind, allerdings mit gegensätzlichem Inhalt. Der Naturalismus reduziert Welt II auf Welt I und bestreitet die Existenz von Welt III, der Idealismus reduziert Welt I auf Welt II bzw. in manchen seiner Gestalten die Welten I und II auf Welt III.

Welt I sei die Welt der natürlichen Gegenstände und Ereignisse, Welt II die der mentalen Entitäten, Prozesse und Ereignisse und Welt III die der Propositionen, wobei zu diesen Propositionen auch inferentielle gehören. Gedanken, Inhalte von Theorien und von Intentionen umfassen natürlich auch Rechtfertigungen und Begründungen, also inferentielle Tatsachen. Dass die Vermittlung zwischen Welt I und Welt III über Welt II, also über unsere subjektiven Zustände und mentalen Vorgänge, erfolgt, liegt auf der Hand. Eine Überzeugung hat einen Inhalt (Welt III) und gehört selbst zu Welt II. Subjektive Gründe oder Tatsachen sind Oxymora, da diese Begriffe aus realistischer Perspektive für Objektives reserviert sind. Wir können einen mentalen Zustand richtig erfassen oder nicht,

53 Karl R. Popper, *Three Worlds*, Michigan 1978.

dann bilden wir uns eine Überzeugung (Welt II) bezüglich einer Eigenschaft von Welt II unter Verwendung von Begriffsrahmen, Inferenzen und Theorien (Welt III). Ebenso wenig, wie es subjektive Gründe gibt, gibt es subjektive Tatsachen, sondern nur objektive, unabhängig davon, ob sie zu Welt I, II oder III gehören. Es gibt allerdings das Phänomen der Akzeptanz von Gründen (zu Welt II gehörig) und die Meinung, dass etwas ein guter Grund sei (diese ist aber nicht selbst ein Grund). Unbeschadet dessen können Elemente aus Welt II, also Tatsachen, die mentale Zustände und Vorgänge betreffen, ausschlaggebend dafür sein, dass eine bestimmte Handlung (objektiv) wohlbegründet ist (Welt III).

Was behaupten philosophische Realisten? Für naturalistische Realisten gibt es nur Welt I. Der philosophische Realismus bezüglich Welt III wird gelegentlich als »Platonismus« bezeichnet, der philosophische Realismus bezüglich Welt II als »Mentalismus« oder »Anti-Reduktionismus« im Sinne der Nichtreduzierbarkeit mentaler auf physische oder materielle Eigenschaften.[54] Nicht-naturalistische ethische Realisten argumentieren für die Existenz objektiver (und zugleich normativer), irreduzibler Gründe.[55] Man muss sie deswegen nicht als Platonisten bezeichnen, manche weisen diese Subsumtion expliziter zurück. *Ethics without ontology*, das heißt eine normative Ethik, die sich realistisch versteht, also moralische Sachverhalte klären will und zudem meint, dass diese moralischen Sachverhalte keine mentalen oder gar physischen Sachverhalte sind, muss sich nicht auf eine ontologische Hypostasierung einlassen. In der Tat kann man den Platonismus als eine Verdinglichung, als eine in diesem Sinne ontologische Hypostasierung verstehen. Die *eidè* existieren für Platon, ja sie sind realere Gegenstände als empirische Phänomene, die als bloße Schatten dieser zugrundeliegenden Realität der Formen interpretiert werden. Für manche zeitgenössischen Physiker hat diese Form des Platonismus durchaus eine starke Attraktivität.[56]

54 Problematisch ist der im Englischen eingebürgerte Sprachgebrauch von *non-natural facts*, die sich auf *natural facts* reduzieren oder nicht reduzieren ließen. Dies ist schon terminologisch eine Vorfestlegung, eine Bias zugunsten einer naturalistischen Perspektive.

55 Scanlon, *Being Realistic about Reasons*.

56 Um einige zu nennen: Werner Heisenberg, Carl-Friedrich von Weizsäcker, Stephen Hawking, Roger Penrose.

Ein Realist bezüglich physischer Sachverhalte behauptet, dass es in der Welt der physischen Gegenstände und Ereignisse objektive Tatsachen gibt. »Objektiv« sind diese Tatsachen insofern, als sie nicht mit subjektiven oder epistemischen Zuständen identifiziert werden können, beides kann man individuell oder kollektiv fassen. Ein Realist bezüglich physischer Tatsachen bestreitet, dass es sich dabei um nichts anderes als um subjektive Wahrnehmungen oder Überzeugungen einer Person bzw. um gemeinsame subjektive Wahrnehmungen oder Überzeugungen handelt. Es ist natürlich nicht ausgeschlossen, dass der Realist ein epistemologischer Optimist ist, also annimmt, dass das Ergebnis einer rationalen (kollektiven) Meinungsbildung idealiter zu Überzeugungen führt, die mit den physischen Tatsachen übereinstimmen. Er bestreitet aber, dass dies die Definition einer physischen Tatsache sein könne, wie es die Konsensus-Theorie der Wahrheit behauptet.[57] Ein Realist bezüglich mentaler Tatsachen ist völlig analog definiert: Der Unterschied zwischen mentalen und physischen Tatsachen ändert an dieser Definition von Realismus nichts. Man sollte sich durch die Doppelrolle mentaler Entitäten sowohl als Gegenstand der Erkenntnis wie als Charakteristikum des erkennenden Subjektes nicht verwirren lassen.

Soziale Tatsachen, wie der Wert eines Geldscheins oder die Normen der Straßenverkehrsordnung, sind für den Realisten in gleicher Weise objektiv, sie sind nicht lediglich subjektive Wahrnehmungen oder Meinungen des erkennenden Subjektes.[58] Searle unterscheidet im Anschluss an Anscombe zwischen »institutionellen« und »rohen« Tatsachen.[59] Der Unterschied zwischen *brute facts* und *institutional facts* besteht darin, dass letztere nur aufgrund bestimmter Institutionen Existenz haben, die sich durch Regelsysteme, wechselseitige Erwartungen, gemeinsames Wissen etc. charakterisieren lassen. Für Realisten ist die Herausforderung des radikalen Konstruktivismus, der gegenwärtig die Geistes- und Kulturwissenschaften weithin prägt, schlicht unverständlich: Es ist

57 Vgl. Jürgen Habermas, *Wahrheit und Rechtfertigung*, Frankfurt/M. 1999.

58 Zur Ontologie sozialer Tatsachen vgl. John Searle, *Die Konstruktion der gesellschaftlichen Wirklichkeit*, Hamburg 1997 (im engl. Original: *The Construction of Social Reality*, New York 1995).

59 G. E. M. Anscombe, »On Brute Facts«, in: *Analysis* 18 (1958), S. 69-72; John Searle, »What is a Speech Act?«, in: Max Black (Hg.), *Philosophy in America*, Ithaca/N.Y. 1965, S. 221-239.

eine objektive Tatsache, dass eine Person Schmerzen hat (Realismus bezüglich mentaler Tatsachen). Es ist eine objektive Tatsache, dass sich Personen in einer bestimmten Kultur auf bestimmte Institutionen verständigt haben, die es zum Beispiel erlauben, Geldscheine als Symbole für die Werte von Gütern und Dienstleistungen einzusetzen und auf diesem Wege Güter und Dienstleistungen zu tauschen. Der Geldwert ist genauso objektiv wie die Schmerzen einer Person, allerdings hängt er von Replikationen und gemeinsamem Wissen ab, setzt also komplexe wechselseitige Bezugnahmen, Erwartungen sowie ein hohes Maß an Regelkonformität voraus. Aber diese mentalen Konstituentien institutioneller Tatsachen sind selbst objektiv. Von daher ist es keineswegs überraschend, dass diese sozialen Tatsachen ebenfalls objektiv sind.

Realisten bezüglich logischer und mathematischer, genereller: inferentieller Tatsachen können analog bestimmt werden: Eine mathematische Tatsache ist nicht dadurch konstituiert, dass sie einem Einzelnen oder mehreren unter realen oder auch hypothetischen Bedingungen einleuchtet (»einleuchtet« ist hinreichend vage, um sowohl das Analogon zur Wahrnehmung empirischer Tatsachen als auch zur Überzeugung bezüglich empirischer Tatsachen abzudecken), mathematische Tatsachen sind also ebenfalls weder subjektiv noch epistemisch konstituiert.

Zu welcher dieser Kategorien gehören normative Tatsachen? In der philosophischen Literatur werden alle drei Kategorien angeboten. Naturalisten bieten die Kategorie I an, wonach normative Tatsachen empirische (»natürliche«) Tatsachen sind.[60] Es wird auch die Kategorie II angeboten: Normative Tatsachen sind subjektive (IIa) (Emotivismus, Expressivismus (Norm-Expressivismus))[61] und epi-

60 Die zeitgenössische Renaissance des ethischen Naturalismus wurde unter anderem von Peter Railton und Richard Boyd initiiert. Vgl. Peter Railton, »Moral Realism«, in: *The Philosophical Review* 95 (1986), S. 163-207; Richard Boyd, *How to be a Moral Realist*, in: Geoffrey Sayre-McCord, *Essays on Moral Realism*, London 1988, S. 181-228. Diese beiden klassischen Plädoyers für einen neuen Realismus sind jedoch naturalistisch und (bei Boyd explizit, bei Railton implizit) marxistisch inspiriert: Es geht letztlich um die Überführung von Ethik in kritische Sozialwissenschaft und empirische Anthropologie.

61 Für diese drei Varianten von IIa stehen Alfred Ayer, Charles L. Stevenson und Allan Gibbard. Vgl. Alfred J. Ayer, *Language, Truth and Logic*, London 1936, Kap. 1; Charles L. Stevenson, »The Emotive Meaning of Ethical Terms«, in: *Mind* 46 (1937), S. 14-31; Allan Gibbard, *Wise Choices, Apt Feelings*, Cambridge 1990).

stemische (IIb), etwa in Gestalt des universellen Präskriptivismus, der Diskursethik oder des kantischen Konstruktivismus (Rawls, O'Neill, Korsgaard). Ich bin dagegen der Überzeugung, dass normative Tatsachen in die Kategorie III gehören, also in die Kategorie, zu der auch logische und mathematische Tatsachen, generell inferentielle Tatsachen, gehören. Der Wunsch, der mich motiviert, gehört zu Welt II, die Tatsache, dass dieser Wunsch einen guten Grund darstellt, zu Welt III. Verbündete dieser Auffassung sind spärlich, dazu zählen am ehesten der späte Thomas Scanlon, Thomas Nagel und Charles Larmore, vermutlich auch Ronald Dworkin.[62] Es ist die inferentielle Objektivität der Gründe, die diesen ethischen Realismus trägt: Ethische Gründe sprechen *für etwas*, sind also normativ, aber nicht auf die Kategorie II reduzierbar, und somit objektiv. Die Theorie des naturalistischen Fehlschlusses wird aufrechterhalten, das heißt, eine Reduktion ethischer Gründe auf Ursachen der Welt I wird zurückgewiesen. Der ethische Realismus dieses (inferentiellen) Typs ist nicht naturalistisch. Sein Hauptgegner ist der kantische Konstruktivismus, der zwar ebenfalls eine inferentielle Form hat, das heißt, auf das Begründen von normativen Stellungnahmen und die konstitutiven Bedingungen menschlichen Handelns fokussiert ist, aber die Quellen der Normativität in einem Selbstbild (*self-image*), einer Selbst-Konstitution (*self-constitution*) oder in der Konstitution von *agency* verortet und daher zu den Varianten IIa oder IIb zählt. Versuche, diesen Unterschied zu verwischen,[63] können nicht überzeugen.

Was auch immer für andere Varianten des philosophischen Realismus gelten mag, mir scheint es eindeutig zu sein, dass der nicht-naturalistische ethische Realismus die Nichtreduzierbarkeit dieser drei Welten präsupponiert. Reduktionismus von Welt II und Welt III auf Welt I lässt nur einen ethischen Naturalismus zu. Reduktionismus von Welt III auf Welt II erlaubt nur einen ethischen Subjektivismus, wie sehr sich manche zeitgenössische kantische Konstruktivisten auch dagegen sträuben mögen. Als eine Option des nicht-naturalistischen ethischen Realismus verbliebe der Reduktionismus von Welt I auf Welt II, eine Auffassung, die

62 Ronald Dworkin, *Justice for Hedgehogs*, Oxford 2011.

63 Beispielsweise von David Copp, »Is Constructivism an Alternative to Moral Realism?«, in: Carla Bagnoli (Hg.), *Constructivism in Ethics*, Cambridge 2013, S. 108-132.

manche Kritiker den jüngsten Stellungnahmen von Thomas Nagel unterstellen,[64] oder gar die dem Naturalismus entgegengesetzte Reduktion von Welt I und II auf Welt III im Sinne eines absoluten oder objektiven Idealismus. Der nicht-naturalistische ethische Realismus ist jedenfalls mit einem naturalistischen Reduktionismus ebenso wenig verträglich wie mit einem subjektivistischen.

Liegt damit nicht doch eine ontologische Fundierung des nicht-naturalistischen ethischen Realismus vor? Nein, der kohärentistische und immanentistische, nicht-naturalistische ethische Realismus entspricht unserer Praxis normativer Diskurse, er nimmt diese Form der lebensweltlichen Begründung normativer Stellungnahmen ernst. Andere Metaethiken tun dies nicht, sie dispensieren diese Praxis als unaufgeklärt oder vortheoretisch, ohne dass sie eine Alternative bieten können. Die hier erörterten ontologischen Aspekte sind lediglich im Sinne eines Programms der deskriptiven Metaphysik,[65] nicht als Fundierung einer spezifischen Metaethik, zu verstehen.

64 Thomas Nagel, *Mind and Cosmos*, Oxford 2012.

65 Peter Strawson, *Individuals: An Essay in Descriptive Metaphysics*, London 1959.

Zweiter Teil:
Kritik des Naturalismus

5. Kritik der Naturalisierung epistemischer Gründe*

I. Naturalismus

Um Gründe gegen die Möglichkeit der Naturalisierung von Gründen aufzuzeigen, bedarf es zunächst einer Erläuterung des Konzepts der Naturalisierung. Naturalismus in Bezug auf einen Bereich D impliziert die Ansicht, dass alle Entitäten bzw. Eigenschaften, die Elemente von D sind, naturalisiert werden können. Es gibt viele verschiedene Weisen, den Naturalismus zu charakterisieren. Eine weite Lesart begreift den Naturalismus als die Vorstellung von der Natur als eines kohärenten Ganzen, von der die Menschen sowie alle ihre Eigenschaften ein Teil sind. Dieser Ansatz ist nicht ganz eindeutig formuliert, und ich möchte hier nicht die Frage beantworten, ob ich für oder gegen diese Form von Naturalismus bin. Aristoteles und zeitgenössische Vertreter der aristotelischen Metaphysik bzw. Ontologie plädieren für diese Art von Naturalismus. Radikalere aristotelische Ansätze fassen nicht nur menschliche Wünsche, Überzeugungen, Intentionen und Gründe unter diese weit verstandene *natürliche Ordnung*, sondern interpretieren diese selbst als teleologisch oder intentional geordnet. Um nur einen bekannten Aristoteliker dieser Ausrichtung zu nennen: Hans Jonas bettet seinen *ökologischen Imperativ* in einen solchen teleologischen Erklärungsansatz von Natur ein.[1] Der Standpunkt einer umfassenden Teleologie, also der Ansicht, dass alle Entitäten in der Natur in einen breiteren teleologischen Rahmen eingebettet sind, auf den sich jede Erklärung natürlicher Phänomene beziehen muss, steht

* Bei den Abschnitten I-V dieses Kapitels handelt es sich um eine Übersetzung meines Aufsatzes »Reasons Against Naturalizing Epistemic Reasons: Normativity, Objectivity, Non-computability«, erschienen in: Arturo Carsetti (Hg.), *Causality, Meaningful Complexity and Embodied Cognition*, Heidelberg 2010, S. 203-210. Für die Übersetzung danke ich Rebecca Gutwald, für die Endkorrektur Elizabeth Bandulet. Abschnitt VI erschien zuerst als »Nachtrag zur Naturalismusthematik« in: Dieter Sturma (Hg.), *Vernunft und Freiheit. Zur praktischen Philosophie von Julian Nida-Rümelin*, Berlin 2012, S. 359-367.

1 Vgl. Hans Jonas, *The Imperative of Responsibility. In Search of an Ethic for the Technological Age*, Chicago 1985.

zweifelsohne in starkem Widerspruch zur Praxis und Theorie moderner Naturwissenschaften. Es gibt zahlreiche, konkurrierende Auffassungen dessen, was man in den Naturwissenschaften unter »Erklärung« versteht, aber es besteht ein fast einmütiger Konsens darüber, dass ein Bezug auf *telē* (Ziele, Strebungen etc.) kein zulässiger Teil einer naturwissenschaftlichen Erklärung sein kann. Anders ausgedrückt: Eine teleologische Erklärung unterscheidet sich von einer kausalen, und die Naturwissenschaften zielen lediglich auf kausale Erklärungen ab. Ziehen wir beispielsweise spieltheoretische Modelle aus der Evolutionstheorie heran. Die Spieltheorie hat sich aus der Analyse menschlichen Handelns entwickelt, der konzeptuelle Rahmen besteht aus Nutzen- und Wahrscheinlichkeitsfunktionen, die man den Handelnden zuschreiben kann.[2] Dennoch bleibt die evolutionstheoretische Auslegung rein kausal. Die Rede von den »egoistischen Genen« (Dawkins) ist rein metaphorisch. Eine kausale Erklärung bezieht sich nicht auf Intentionen, Wünsche, Gründe, *telē*. Erklärung in den Naturwissenschaften ist kausal – deterministisch oder probabilistisch –, sie leitet *explananda* (natürliche Ereignisse) in Verbindung mit natürlichen Gesetzen aus Ursachen (vorausgegangenen natürlichen Ereignissen) ab. Die *explananda* und die vorausgehenden Ereignisse enthalten keine intentionalen Zustände und daher *a fortiori* keine Gründe. Das *eidos* und das *telos* eines Baums erklären nicht, wie dieser wächst, wohingegen der Winkel der Sonneneinstrahlung Teil der Erklärung sein kann.

In jeder Disziplin der Naturwissenschaften gibt es Standards für gute erklärende Theorien. Obwohl es ein breites Spektrum an methodologischen und konzeptuellen Unterschieden in diesem Bereich gibt, und ungeachtet der fortwährenden Debatte in der Wissenschaftstheorie, was die Kriterien für eine gute Erklärung sind, besteht ein stabiler Konsens darüber, dass teleologische Elemente in naturwissenschaftlichen Erklärungen nicht zugelassen sind. Dies sollte nicht als eine metatheoretische Position neben anderen verstanden werden, sondern als deskriptiver Teil etablierter wissenschaftlicher Praxis. Wir können dieses Merkmal wissenschaftlicher Praxis also für eine Definition des Naturalismus heranziehen. *Naturalismus* ist die Auffassung, dass die Methoden der Naturwissen-

2 Vgl. JNR, »Rational Choice: Extensions and Revisions«, in: *Ratio* VII (1994), S. 122-144.

schaften ausreichen, um nicht nur die Ereignisse zu beschreiben bzw. zu erklären, die im Allgemeinen als natürliche Ereignisse in dem Sinn angesehen werden, dass sie adäquate Objekte für wissenschaftliche[3] Erklärungen darstellen, sondern auch jene Ereignisse, die gewöhnlich nicht als solche Objekte betrachtet werden. In dieser Lesart entspricht »Naturalismus« der metatheoretischen Auffassung, dass alle Ereignisse im Prinzip naturwissenschaftlich erklärt werden können. Es ist offensichtlich, dass diese metatheoretische Sichtweise nur plausibel ist, wenn sie sich auf ein allgemeineres naturalistisches Weltbild gründet, welches sich auf die ontologische Verfasstheit von Entitäten und die Reichweite der Naturgesetze bezieht.

Im Folgenden werden wir uns nicht mit dem Naturalismus allgemein auseinandersetzen, sondern mit der Frage, ob epistemische Gründe naturalisiert werden können. Wäre der Naturalismus wahr,[4] könnten epistemische Gründe naturalisiert werden. Wenn epistemische Gründe nicht naturalisiert werden könnten, wäre der Naturalismus falsch. In diesem Beitrag werden drei Gründe gegen die Möglichkeit, Gründe zu naturalisieren, eingeführt: Das Argument aus der Normativität, das Argument aus der Objektivität und das Argument aus der Nicht-Berechenbarkeit. Bevor wir in den Abschnitten III-V zu diesen Argumenten kommen, müssen wir zunächst den Begriff des »epistemischen Grundes« klären.

II. Epistemische Gründe

Epistemische Gründe rechtfertigen (rationale) Überzeugungen. Praktische Gründe rechtfertigen (rationale) Entscheidungen. Die Standardansicht, in der Regel »Hume'sche Position« genannt, besagt, dass genuine Gründe epistemische Gründe sind. Ich stimme dieser Ansicht zu, allerdings aus anderen Gründen. Die Hume'sche Position gründet auf der Idee, dass praktische Gründe aus epistemischen entstehen oder sogar von ihnen – gegeben die Wünsche der handelnden Person – impliziert werden. Eine Person hat einen

3 Hier und in allen anderen Fällen benutze ich »wissenschaftlich« im Sinne von »naturwissenschaftlich«.

4 »Naturalismus« bezieht sich auf den Naturalismus, der im vorherigen Absatz beschrieben wurde.

guten Grund, A zu tun, wenn sie einen Wunsch hat, der am besten durch die vorgegebenen Überzeugungen erfüllt werden kann. Epistemische Gründe machen aus einer Überzeugung eine rationale, wogegen Wünsche einfach gegeben sind. Daher, so die Standardposition, gibt es keine genuinen praktischen Gründe, sondern nur Gründe, etwas zu glauben. Es gibt nur epistemische Gründe – und diese gründen sich auf empirische Evidenz. Handlungsgründe sind abgeleitet.

Die Nicht-Standardposition, die ich hier verteidige, lehnt sowohl diese Dichotomie zwischen theoretischen und praktischen Gründen als auch die Idee ab, dass Wünsche gegeben sind und nicht kritisiert oder modifiziert werden können. Indem wir die Idee von *gegebenen* Wünschen aufgeben, lehnen wir auch jeden Fundamentalismus in Bezug auf praktische Gründe ab. Die Nicht-Standardposition ist kohärentistisch. Die Praxis des Gründegebens und -nehmens wird nicht in zwei getrennte Teile aufgespalten, welche verschiedenen Regeln des Schließens unterliegen. Ein Handlungsgrund führt zu einer Überzeugung, dass diese Handlung gut ist. Überzeugungen bezüglich der Güte bzw. Richtigkeit oder Gerechtigkeit hängen mit (normativen) Propositionen zusammen. Die Tatsache, dass manche dieser normativen Propositionen praktische Implikationen haben, ändert nichts an der Form des Schlussfolgerns. Gründe sprechen für oder gegen eine propositionale Einstellung. Manche dieser propositionalen Einstellungen haben praktische Implikationen in dem Sinn, dass eine rationale Person, die diese propositionale Einstellung hat, entsprechend handelt.

Diese Beschreibung meiner Nicht-Standardansicht ist kompatibel mit einer engen Verbindung zwischen Theorie und Praxis, zwischen propositionalen Einstellungen und Handlungen. Propositionale Einstellungen zeigen sich im Handeln, Präferenzen zeigen sich in Entscheidungen, Wünsche zeigen sich in Motivationen für Handlungen etc. Eine Person kann sagen, dass sie glaubt, dass p, aber wenn sie handelt, als wäre p nicht der Fall, werden wir daran zweifeln, ob die Person wirklich dieser Überzeugung ist. Gründe sind epistemisch, sie rechtfertigen propositionale Einstellungen. Propositionale Einstellungen stellen Praktiken dar oder, um es allgemeiner zu formulieren, ganze Lebensformen.

Handlungen, Wünsche und Überzeugungen können nicht unabhängig voneinander zugeschrieben werden, selbst wenn es Fälle gibt, in denen die gewöhnliche Verbindung zwischen diesen drei Arten von Zuschreibungen sich auflöst. Zum Beispiel gibt es die stoische Auffassung, der zufolge Wünsche, für sich selbst genommen, nicht zu Handlungen führen, weil da eine Art »Stellungnahme« (*sykatathesis* oder *krisis*) zwischengeschaltet ist, da die entscheidende Person Neigungen und Wünsche haben kann, die sie nach ihrer Deliberation nicht mehr erfüllt haben möchte. Sie entscheidet sich gegen die Erfüllung eines bestimmten Wunsches, selbst wenn dieser Wunsch nicht verschwindet, wenn er mit dem Ergebnis der Deliberation konfrontiert wird.

Unsere Alltagssprache erlaubt feine Unterscheidungen. Wir sprechen tendenziell von »Neigungen«, wenn wir offenlassen wollen, ob wir letztlich auf Basis von diesen handeln. Dagegen benutzen wir den Ausdruck »Wunsch«, wenn es sich um eine propositionale Einstellung handelt, welche bereits aus einer Deliberation resultiert. Wenn normative Urteile sich von unseren Wünschen unterscheiden, müssen wir uns mit einer Art Inkohärenz auseinandersetzen. Eine kohärente Lebensform repräsentiert ein kohärentes System von empirischen und normativen Überzeugungen. Wünsche sind propositionale Einstellungen, die von Überzeugungen nicht unabhängig sind. Wenn sich unsere normativen Überzeugungen und unsere Wünsche unterscheiden, versuchen wir sie in Übereinstimmung zu bringen. Anders als Harry Frankfurt nehme ich an, dass dieses In-Übereinstimmung-Bringen via Deliberieren erfolgt, nicht über Wünsche zweiter Ordnung.[5] Wünsche sind nicht von Gründen unabhängig, nicht einmal Wünsche zweiter Ordnung. Die handelnde Person sollte mit ihren Gründen identifiziert werden,[6] nicht mit ihren Wünschen zweiter Ordnung. Gründe rechtfertigen eine Überzeugung, und einige unserer Überzeugungen sind zu einem mehr oder weniger starken Grad praktisch relevant. Es gibt keine isolierten Überzeugungen; stattdessen ähnelt die Gesamtheit unserer Überzeugungen einem Organismus mit vielen voneinander abhängigen Teilen. Alle Überzeugungen haben praktische Implikationen.

Daraus können wir folgern, dass *alle Gründe in epistemische um-*

5 Harry Frankfurt, »Alternate Possibilities and Moral Responsibility«, in: *Journal of Philosophy* 66 (1969), S. 829-839, sowie »Freedom of the Will and the Concept of a Person«, in: *Journal of Philosophy* 68 (1971), S. 5-20.

6 Vgl. JNR, *Verantwortung*, Stuttgart 2011, Kap. V.

gewandelt werden können. Ein Handlungsgrund ist *ipso facto* ein Grund für die normative Überzeugung, dass diese Handlung die richtige ist. Die Frage, ob es praktische Implikationen gibt oder nicht, macht keinen Unterschied zwischen empirischen und normativen Gründen. Manche normativen Gründe (zum Beispiel für eine bestimmte Theorie der Gerechtigkeit) mögen keine (unmittelbaren) praktischen Konsequenzen haben. Aber alle Gründe haben, als Ganzes genommen, zumindest auf indirekte oder implizite Weise praktische Konsequenzen. Das System der Gründe entspricht der (gerechtfertigten) Praxis. Wenn wir gegen die Möglichkeit argumentieren, epistemische Gründe zu naturalisieren, argumentieren wir gegen die Möglichkeit, Gründe im Allgemeinen zu naturalisieren, Handlungsgründe eingeschlossen. Der Grund, warum wir uns auf Argumente gegen die Möglichkeit, Gründe für eine Überzeugung zu naturalisieren, konzentrieren, ist, dass dieser Fall der offensichtlichere ist: Es ist einfacher zu zeigen, dass es unmöglich ist, epistemische Gründe zu naturalisieren. Im Kontext dieser Konferenz mag das Argument aus der *Nicht-Berechenbarkeit* epistemischer Gründe die größte Aufmerksamkeit erregen. Aber bevor wir dazu kommen, müssen wir die beiden anderen miteinander zusammenhängenden Argumente berücksichtigen: das *Argument aus der Normativität* epistemischer Gründe und das *Argument aus der Objektivität* epistemischer Gründe.

III. Das Argument aus der Normativität

Epistemische Gründe sind Gründe zu glauben, dass *p*. *p* kann eine empirische Proposition sein, eine Proposition, die sich auf empirische Erfahrung gründet, und dann sind die Gründe für *p* empirische Gründe. Wenn *p* zum Beispiel die statistische Erkenntnis ist, dass m aus n Individuen größer als 1,80 cm sind, dann gründet sich die Überzeugung *p* auf ungefähr m positive Ergebnisse aus einer repräsentativen Stichprobe von n Individuen. Wir müssen von vielen anderen Dingen überzeugt sein, um gerechtfertigterweise zu glauben, dass *p*: dass die Stichprobe repräsentativ ist; dass die gesammelten Daten zuverlässig sind; dass sie richtig ausgezählt wurden; dass niemand dabei getäuscht hat etc.

Wenn eine Überzeugung nicht gerechtfertigt ist, *sollte* man keine solche Überzeugung haben. Rechtfertigung ist offensichtlich ein *normatives* Konzept. Moores Argument der offenen Frage[7] kann auf jede naturalistische Erklärung von gerechtfertigter Überzeugung angewendet werden. Jede Eigenschaft Ihres Folgerns kann ein guter Hinweis dafür sein, dass Sie in Ihrer Überzeugung durch gute Gründe gerechtfertigt sind, aber keine dieser Eigenschaften schließt die Frage aus, ob es gerade diese Eigenschaft ist, welche die Überzeugung zu einer gerechtfertigten macht. Lebensweltliche und wissenschaftliche Diskurse über gerechtfertigte und ungerechtfertigte Überzeugungen, rationale und irrationale Überzeugungen, gut begründete und nicht begründete Überzeugungen sind normativ. Diese Diskurse ihrer Normativität zu berauben, würde sie sinnlos machen, es würde die Problematik aus der Diskussion nehmen.[8] Beim Geben und Nehmen von epistemischen Gründen geht es um gerechtfertigte Überzeugungen, und ob eine Überzeugung gerechtfertigt ist, ist eine normative Frage.

Fast alle Ethiker stimmen darin überein, dass der Naturalismus in der Ethik nicht aufrechterhalten werden kann. Die Tatsache, dass moralische Eigenschaften auf empirischen Eigenschaften supervenieren, verwandelt moralische Eigenschaften nicht in empirische. Genauso ist die Eigenschaft, *gerechtfertigt zu sein*, keine natürliche. Epistemische Gründe zugunsten von Überzeugungen entscheiden, ob die Überzeugung gerechtfertigt ist. Epistemische Gründe können nicht naturalisiert werden. Es ist nicht möglich, Instantiierungen von *gerechtfertigten Überzeugungen* mit den Mitteln der Naturwissenschaften zu erklären, denn *gerechtfertigt sein* ist keine empirische, sondern eine normative Eigenschaft. Die Normativität epistemischer Gründe spricht gegen die Möglichkeit, epistemische Gründe zu naturalisieren. Soweit wir nicht die etablierten Formen von lebensweltlichem und naturwissenschaftlichem Diskurs als vollkommen irrig verwerfen, schließt die Normativität die Naturalisierung epistemischer Gründe aus. In einer anderen Terminologie formuliert: Von einem pragmatischen Standpunkt aus können epistemische Gründe nicht naturalisiert werden. Nur ein radikal skeptischer Standpunkt erlaubt es, eine naturalistische Position bezüglich epistemischer Gründe einzunehmen. Aber selbst dann

7 George Edward Moore, *Principia Ethica*, Oxford 1903, Kap. II.

8 Hilary Putnam stellt eine ähnliche Überlegung an in »Why Reason Can't Be Naturalized«, in: *Synthese* 52 (1982), S. 3-23.

würden wir nicht verstehen, worin diese naturalistische Position besteht, weil wir die Idee von einem gerechtfertigten Standpunkt verfehlen würden und somit gar nicht mehr sagen könnten, dass die naturalistische Ansicht gerechtfertigt ist.

IV. Das Argument der Objektivität

Wenn jemand behauptet, dass *r* ein guter Grund ist, um *p* zu glauben, denkt er, dass dies *objektiv* richtig ist. Selbst wenn er das Konzept der Objektivität nicht kennt, würde er jede Interpretation dieser Aussage ablehnen, die ihm rein subjektive Zustände zuschreibt. Wenn er zum Beispiel sagt, dass »die Tatsache, dass es ihn verletzt, wenn ich S äußere, ein guter Grund ist, S nicht zu äußern«, dann drückt er nicht seine subjektive Meinung aus, sondern die normative Überzeugung, dass es im Lichte der Tatsache, dass es das Gegenüber verletzen würde, falsch wäre, S zu äußern. Man mag einwenden, dass die empirische Tatsache, dass das Gegenüber verletzt wäre, nur dann ein Grund sei, die Äußerung nicht zu tätigen, wenn er auf einem ethischen Prinzip, das man zuvor anerkennen muss, beruht. Ich bin mittlerweile überzeugt, dass diese Annahme falsch ist, dass wir kein Prinzip brauchen, das bestimmte empirische Tatsachen in Gründe für normative Überzeugungen verwandelt. Prinzipien systematisieren Gründe; sie bilden nicht die fundamentale Basis, aus der Gründe geschlossen werden können.[9] Die meisten Ethiker würden bis zu diesem Punkt zustimmen. Sie würden einräumen, dass ethische Gründe objektive Pflichten beschreiben, die von Neigungen und Wünschen der handelnden Person unabhängig sind. Manche mögen bezweifeln, dass diese objektiven Gründe wirklich existieren, und werden sich auf eine Art Subjektivismus zweiter Ordnung zurückziehen, indem sie zugestehen, dass sie im echten Leben Gründe geben und nehmen, als ob sie objektiv wären.[10] Aber gibt es nicht viele Gründe für normative Überzeugungen, welche unzweifelhaft subjektiv sind? Meine normative Überzeugung, dass ich jetzt ins Reisebüro gehen sollte, weil mein Flug später viel teurer werden würde, kann als Beispiel für einen Grund herangezogen

9 Vgl. JNR, *Philosophie und Lebensform*, Frankfurt/M. 2009.

10 Der bekannteste Philosoph, der diesen Standpunkt einnahm, war John Mackie in: *Ethics: Inventing Right and Wrong*, Oxford 1977.

werden, der subjektiv scheint. Es ist mein Wunsch, diesen Flug zu nehmen, und der Rest ergibt sich aus diesem Wunsch (gegeben, dass meine Erwartungen bezüglich der Ticketpreise vernünftig sind). Aber das ist offensichtlich falsch. Es gibt keine unmittelbare Beziehung zwischen jemandes Wunsch, die Ferien in Ägypten zu verbringen und für den Flug so wenig wie möglich auszugeben, und der normativen Überzeugung, dass er jetzt zum Reisebüro gehen sollte. Es mag Gründe geben zu glauben, dass die Erfüllung dieses Wunsches eine ganze Menge Ärger für die Person verursachen könnte (Terrorismus, Freunde zu Hause lassen ...). Manche mögen das Argument überzeugend finden, dass ein paar Tage Ferien es nicht wert sind, so viel Energie zu verschwenden. Wir sollten Wünsche wie andere empirische Eigenschaften interpretieren, die für Gründe, etwas zu glauben, relevant sind, aber nicht selbst als Gründe. Wir argumentieren für und gegen normative und empirische Überzeugungen, um herauszufinden, ob diese Überzeugungen gut begründet sind oder nicht. Die Art, diese Gründe auszutauschen, besteht nicht darin, subjektive Einstellungen auszudrücken, sondern darin, herauszufinden, was *objektiv* für eine Überzeugung spricht. Die Form unserer alltäglichen Praxis, epistemische Gründe zu geben und zu nehmen, ergibt nur Sinn, wenn wir epistemische Gründe als objektiv auffassen. Der Ausdruck »subjektiver Grund« ist, ähnlich wie »subjektives Faktum«, ein Widerspruch in sich (ein Oxymoron). Es mag subjektive Überzeugungen bezüglich Fakten geben, aber es gibt keine subjektiven Fakten. Es mag Fakten über subjektive Zustände (bestimmte Arten von mentalen Zuständen) geben, aber dieser Umstand macht daraus keine subjektiven Fakten. Das Gleiche gilt für epistemische Gründe.

Wenn epistemische Gründe objektiv sind, können sie nicht mit mentalen Zuständen gleichgesetzt werden; *a fortiori* können sie nicht mit den neurophysiologischen Korrelaten von mentalen Zuständen gleichgesetzt werden. Die Kritik des Psychologismus, die am stärksten von Gottlob Frege und Edmund Husserl formuliert wurde, kann nicht plausibel gemacht werden, indem man auf logische Schlüsse und die Sprachen der Logik verweist. Sie beruht auf der (man könnte sagen »metaphysischen«) Ansicht von Objektivität von epistemischen Gründen, für die ich oben argumentiert habe. Der propositionale Gehalt von epistemischen Zuständen ist objektiv. Anzunehmen, dass *p* der Fall ist, beinhaltet die Möglichkeit, dass der Sprecher sich irrt. Ein Sprecher kann nicht sagen: »Ich glaube, dass *p*, aber *p* ist wahrscheinlich nicht der Fall.« Die inferentielle Form von Gründen spricht für ein objektivistisches Verständnis. In anderen Worten: Gründe sind nicht intern, sie sind kein Teil von mentalen Zuständen oder Prozessen, obwohl das Akzeptieren von Gründen in mentalen Zuständen resultiert. Gründe sind extern, aber weil sie normativ sind, können sie nicht empirisch sein. Daher spricht die Objektivität von epistemischen Gründen gegen die Möglichkeit, Gründe zu naturalisieren. Gründe sind Gründe *für* etwas – in diesem Sinn sind sie inferentiell. Gründe für *x* anzugeben hat die Form, die Proposition *p* als wahr anzunehmen und zu behaupten, dass *p* für *x* spricht. Gründe haben einen *propositionalen Gehalt* und werden *inferentiell* verwendet. Sowohl der propositionale Gehalt als auch die inferentielle Verwendung müssen objektiv interpretiert werden. *p* ist der Fall oder *p* ist nicht der Fall, unabhängig von epistemischen Zuständen (wenn die epistemischen Zustände nicht selbst Teil des propositionalen Inhalts sind). Die inferentielle Verwendung ist gültig oder nicht gültig, unabhängig von epistemischen Zuständen.

Wenn Naturalisierung sich auf die Entitäten beschränkt, die im Prinzip eine physikalistische Beschreibung und Erklärung haben, wie wir in Teil I argumentiert haben, dann könnten subjektivistische Ansätze von epistemischen Gründen nicht als naturalistisch zählen. Jedoch stellt der Naturalismus, jedenfalls nach Quine, eine behaviouristische Interpretation von mentalen Zuständen dar und erlaubt auf diese Weise eine Naturalisierung epistemischer Gründe, indem er sie mit kausalen Auswirkungen von Sinnesreizen gleichsetzt. Diese Form, epistemische Gründe zu naturalisieren, wird durch das Argument aus der Objektivität außer Kraft gesetzt.

Eine weitere Form, das Subjektive (das Mentale) zu naturalisieren, wäre neurophysiologisch: Mentale Zustände werden dann mit neurophysiologischen gleichgesetzt, und Überlegen wird ein neurophysiologischer Prozess, der von einem neurophysiologischen epistemischen Zustand zu einem weiteren führt. Auch diese Form, epistemische Gründe zu naturalisieren, wird durch das Argument aus der Objektivität außer Kraft gesetzt.

Analog werden alle Versuche, epistemische Gründe zu naturalisieren, indem man das Mentale naturalisiert, durch das Argument aus der Objektivität außer Kraft gesetzt.

V. Das Argument der Nicht-Berechenbarkeit

Epistemische Gründe sprechen für Überzeugungen. Um die Dinge zu vereinfachen, können wir annehmen, dass epistemisches Schließen die Form einer Folge von Propositionen hat, während sich die Gültigkeit epistemischen Schließens darin erweist, dass es die alltägliche Praxis des Begründens systematisiert. Die formale Logik sollte als ein Unternehmen verstanden werden, Teile der Schlussregeln des alltäglichen (und wissenschaftlichen) Schließens zu systematisieren. Lebensweltliches Schließen ist gewöhnlich viel komplizierter. Die Wechselbeziehung zwischen dem Gründegeben und -nehmen ist dafür essenziell. Die Antworten zeigen, ob der propositionale Gehalt oder die inferentiellen Annahmen vom Gegenüber akzeptiert werden. Wenn das Gegenüber einen Teil des propositionalen Gehalts oder manche der inferentiellen Schritte ablehnt (indem es deren Gültigkeit anzweifelt), muss die Person, die die Überlegungen anstellt (also die Person, die zu zeigen versucht, dass eine ihrer Überzeugungen gültig ist), reagieren, indem sie neue propositionale oder inferentielle Annahmen verwendet. Epistemisches Schließen dieser Art ist in der Regel nicht algorithmisch. Es ist in der Regel nicht algorithmisch, weil es Schlüsse gemäß den Regeln der formalen Logik enthält. Die Theoreme der Prädikatenlogik erster Ordnung und, *a fortiori*, reicherer logischer Sprachen können aber nicht algorithmisch bewiesen werden. (Die Abfolge der Zeilen, die notwendig ist, um einen Beweis für ein Theorem der Prädikatenlogik erster Ordnung durchzuführen, kann nicht von einer Turing-Maschine erzeugt werden.) Ein Theorem der Prädikatenlogik erster Ordnung zu beweisen, ist offensichtlich eine Form epistemischen Schließens. Komplexere Formen epistemischen Schließens beinhalten Schritte, die spiegelbildlich zu Beweisen der Prädikatenlogik erster Ordnung sind. Auch wesentlich anspruchsvolleres epistemisches Schließen kann nicht die inferentiellen Regeln zurückweisen, die durch die Prädikatenlogik erster Ordnung systematisiert werden. Daher kann epistemisches Schließen nicht mit kausal-deterministischen neurophysikalischen Prozessen identisch sein, weil kausale deterministische Prozesse im Prinzip durch Turing-Maschinen reproduziert werden können. Das ist offensichtlich wahr für das klassische deduktiv-nomologische Modell kausaler Erklärung, aber es kann auf komplexere Modelle kausaler Erklärung inklusive probabilistischer Modelle ausgeweitet werden.

Die Gültigkeit des Arguments aus der Nicht-Berechenbarkeit hängt stark von Theorien kausaler Beziehungen ab. Während Naturwissenschaftler meist am klassischen, algorithmischen Modell von Kausalität festhalten, haben Wissenschaftstheoretiker während der letzten Jahrzehnte andere Konzeptionen entwickelt, die kausale Beziehungen zu einem Teil des epistemischen Schließens machen. Diese neo-pragmatistischen Auffassungen von Kausalität, die auch Bayes'sche Kausalität einschließen, stehen hier nicht in Frage. Wenn sie in die Naturwissenschaften integriert werden, würde der »Naturalismus«, wie er in Abschnitt I definiert wurde, aufhören zu existieren. Aber soweit man Kausalität als eine Beziehung zwischen natürlichen, empirisch zugänglichen Ereignissen auffassen kann, wobei diese Beziehung gesetzmäßig ist und diese Gesetzmäßigkeit es erlaubt, eine Folge von verursachten Ereignissen hervorzubringen, die von einer Turing-Maschine produziert werden könnten, ist Nicht-Berechenbarkeit ein starkes Argument gegen die Möglichkeit der Naturalisierung epistemischer Gründe.

VI. Zwei Arten von Beobachtung

Es ist auffällig, dass sich ein großer Teil der vorgebrachten Kritiken an meiner humanistischen und anti-naturalistischen Position gerieben hat. Dies ist auch deshalb auffällig, weil das Spektrum derjenigen, die sich für einen mehr oder weniger weichen bzw. harten Naturalismus aussprechen, ungewöhnlich breit ist. Es reicht von Volker Gerhardt bis zu Wolfgang Spohn. Seitdem Jürgen Habermas sich ebenfalls zu einem weichen Naturalismus bekannt hat, scheint sich in Deutschland kaum noch jemand zu anti-naturalistischen Positionen zu bekennen.[11] Dies ist überraschend angesichts der Tatsache, dass viele Kritiker der analytischen Philosophie ihr die unkritische Bewunderung der naturwissenschaftlichen Methode vorgehalten haben. Nun kann ich die Motive für einen besonders in Deutschland verbreiteten Anti-Anti-Naturalismus sehr gut verstehen. Eine herablassende Behandlung der naturwissenschaft-

11 Eine Ausnahme ist Geert Keil, *Kritik des Naturalismus*, Berlin/New York 1993.

lichen Methode in den Geisteswissenschaften und der Philosophie ist meist kein gutes Zeichen für die Verfasstheit der eigenen Disziplin. Minderwertigkeitsgefühle und Klischeevorstellungen bilden ein ungutes Ferment und blockieren die interdisziplinäre Verständigung. Den ängstlichen Kritikern stehen die enthusiastischen Adepten naturwissenschaftlicher Methoden oder jedenfalls einer naturwissenschaftlich gefärbten Terminologie in den Geisteswissenschaften gegenüber. Beides würde sich erübrigen, wenn sich die Disziplinen wechselseitig mit größerem Respekt und mehr Sachkenntnis begegneten.

Wenn man unter »Naturalismus« die These versteht, dass grundsätzlich alle Dinge, Vorgänge und Ereignisse in der Welt mit den Mitteln der Physik vollständig beschreibbar und erklärbar sind, dann wäre Naturalismus nichts anderes als die unkritische Bewunderung einer spezifischen disziplinären Methode. Wenn »Naturalismus« nichts anderes bedeuten soll, als dass letztlich alles Natur sei, alles gewachsen in einem evolutionären Prozess, oder wenn – noch bescheidener – sich ein »weicher Naturalismus« gegen schlichte Dichotomien – hier das Geistige, dort das Materielle etc. – richtet, dann müsste ich wohl selbst, qua epistemologischen Kohärentismus, als »weicher Naturalist« gelten. Ich beziehe mich im Folgenden auf den engeren, international dominierenden Naturalismusbegriff,[12] wonach es im Kern um die Frage geht, ob alles in der Welt letztlich physikalischer Natur ist, und das heißt – in erster Näherung –, mit den begrifflichen und nomologischen Mitteln der mathematischen Physik beschreibbar und erklärbar ist. Es ist diese Form des Naturalismus, die mit humanistischen Überzeugungen in Konflikt gerät. Zu diesen Überzeugungen gehört die der Verantwortlichkeit für eigenes Handeln. Damit verbunden ist die kausale Rolle der Abwägung von Gründen für das, was wir tun; die Offenheit der Entscheidung vor Beginn dieser Abwägung; die Freiheit der Handlung im Sinne der Möglichkeit, eine andere Handlung zu wählen; die Übernahme einer Überzeugung aufgrund der Abwägung von Argumenten für und wider; die Rolle normativer Erkenntnisse für die eigene Lebensform; die moralischen Gefühle wie Rücksichtnahme und Empathie, Dankbarkeit und Verzeihen,

12 Vgl. etwa David Papineau, »The Causal Closure of the Physical and Naturalism«, in: Ansgar Beckermann, Brian McLaughlin, Sven Walter (Hg.), *Oxford Handbook of Philosophy of Mind*, Oxford 2009, S. 53-65.

Abscheu und Kritik. Wir sind Teil der humanen Welt verantwortlicher Akteure, sofern wir aus Gründen urteilen, handeln und fühlen.[13] Im Folgenden möchte ich nun ein Argument vorbringen, das mir die naturalistische Position stärker herauszufordern scheint als jedes andere.[14]

Wenn eine Person P für Handlung h verantwortlich ist, dann muss es einen Zeitpunkt gegeben haben, zu dem P h auch hätte unterlassen können. »P hätte h unterlassen können« heißt nichts anderes als: Es gibt eine Handlung h', die P anstelle von h hätte vollziehen können, wobei das bewusste Unterlassen ebenfalls als Handlung zählen muss.[15] Handlungen sind mit äußeren Vorgängen verknüpft, auch wenn sie mit diesen nicht identisch sind. Diese mit den Handlungen verknüpften äußeren Vorgänge lassen sich, wie andere Vorgänge in der Natur auch, kausal analysieren, Bezugnahmen auf mentale Ereignisse und Zustände sind dabei nicht erforderlich. Diese kausale Analyse kann sich auf deterministische oder probabilistische Theorien beziehen; in beiden Fällen kann man sich den jeweiligen Vorgang in eine lange Kette von Ereignissen eingebettet denken. Kein Glied dieser Kette dürfte sich gegen eine kausale Analyse als grundsätzlich immun erweisen. Wenn diese naturalistische Sicht zutreffen würde, dann bliebe völlig unklar, in welchem Sinne der Handelnde auch hätte anders handeln können. Denn wenn in dieser langen Kette von Ereignissen das eine das andere verursacht, dann lässt sich nicht ein beliebiges Glied in dieser Kette herausgreifen, von dem man sinnvoll sagen könnte,

13 Die Physik bewegter und unbewegter Körper, wie sie Thomas Hobbes in *De Corpore* fantasiert, eignet sich eben nicht als Grundlage einer zivilen Ordnung, so beeindruckend dieses Denkgebäude aus *De Corpore* (1655), *De Homine* (1658) und *De Cive* (1642) sich auch darstellt.

14 Meine Habilitationsschrift *Der Konsequentialismus – Rekonstruktion und Kritik*, München 1989, enthält ein Kapitel »Freies Handeln« (S. 108-168), in dem diese Überlegungen detaillierter ausgeführt sind. Dieser Teil des Manuskripts ist aber in der Buchpublikation *Kritik des Konsequentialismus*, München 1993, [2]1995, nicht enthalten, um deren Thema (und Umfang) einzugrenzen.

15 Vgl. Dieter Birnbacher, *Tun und Unterlassen*, Stuttgart 1995. Unter den analytischen Philosophen ist es insbesondere Roderick Chisholm, der in jüngerer Zeit diese Positionen in aller Klarheit vertreten hat, vgl. etwa Roderick Chisholm, »He Could Have Done Otherwise«, in: *Journal of Philosophy* 64 (1967), S. 409-417. Es gibt aber ähnliche, weit ältere Positionen, etwa Adam Ferguson, *Institutes of Moral Philosophy*, Cambridge 2009 [EA 1769], oder Thomas Reid, *Essays on the Intellectual Power of Man*, Cambridge 2009 [EA 1785].

gerade dieses Ereignis sei in das Belieben des Handelnden gestellt gewesen. Es müsste dann etwas geben, das das Belieben des Handelnden kausal determiniert, so dass sich auch dieses Glied entgegen erstem Augenschein problemlos in die Kette einreiht.

Das prominenteste dieser »Einbettungsargumente« lautet, dass die Rede davon, P habe auch anders handeln können, nichts anderes besagt, als dass P h nicht vollzogen hätte, wenn er etwas anderes gewollt hätte, und das sei vereinbar damit, dass jede Handlung von P kausal determiniert ist.[16] Aber das würde voraussetzen, dass es P unmöglich war, eine andere Absicht oder einen anderen Wunsch zu wählen, der nicht ebenfalls zum Vollzug der Handlung h geführt hätte. Wenn der Vollzug von h kausal determiniert ist, dann stellt auch die Rückverlagerung menschlicher Freiheit auf mentale Ereignisse und Zustände, die Determinanten der Handlung sind, die Verantwortlichkeit von P nicht wieder her. P hat nur dann anders handeln können, wenn nicht nur gilt, dass P anders gehandelt hätte, wenn er andere vorausgehende Absichten gehabt hätte, sondern auch, dass es weder äußere noch mentale Ereignisse, Vorgänge oder Zustände gab, die unbeeinflusst von P die Handlung h kausal determinierten. Da die Alternative nicht darin bestehen kann, dass Handlungen bloß zufällig sind, liegt es nahe, unter der Handlung einer Person das kausale Hervorbringen eines äußeren Vorganges oder Ereignisses durch eine Person selbst (nicht durch vorausgehende Ereignisse oder Vorgänge) aufzufassen. Diese Auffassung stimmt mit dem konsequentialistischen Modell der Handlung als einer Wahl von Verzweigungen des Weltverlaufs durch die rationale Person überein.

Die Fähigkeit zu handeln ist zumindest eine zentrale, wenn nicht sogar definitorische Eigenschaft einer Person. Eine andere wesentliche, aber sicherlich nicht-definitorische Eigenschaft der Person ist ihre Fähigkeit, ihre Um- und Mitwelt zu beobachten. Zu den Gegenständen von Beobachtung zählen Handlungen anderer

16 Vgl. Alfred Jules Ayer, »Freedom and Necessity«, in: ders., *Philosophical Essays*, London 1954, S. 271-284. Die stärkere These lautet: »Willensfreiheit« ist nicht nur vereinbar mit einer deterministischen Sicht menschlichen Handelns, sondern impliziert sie sogar; so zum Beispiel R.E. Hobart, »Free Will as Involving Determination and Inconceivable Without It«, in: *Mind* (43/169), S. 1-27. Ähnlich Patrice H. Nowell-Smith, »Free Will and Moral Responsibility«, in: *Mind* (57/225), S. 45-61.

Personen, nicht das eigene Handeln. Sie kann zum Beispiel Vermutungen darüber anstellen, was die andere Person glaubt, was sie mit der einen oder anderen Tätigkeit bezweckt, in welcher Stimmung sie ist etc. In ähnlicher Weise kann jedoch eine Person auch über sich selbst und speziell über ihre eigenen Handlungen Auskunft geben. Sie kann sagen »Ich glaube, dass dies oder jenes der Fall ist«, sie kann die (motivierenden) Absichten nennen, die ihr Handeln leiten. Sie kann Auskunft darüber geben, ob sie etwas absichtlich oder unabsichtlich getan hat, also ob etwas zu ihren Handlungen zu zählen ist oder nicht etc. Aber es gibt einen wesentlichen Unterschied darin, ob die Person über sich selbst oder über eine andere Person Auskunft gibt. Die Rede, »Ich glaube, dass etwas der Fall ist«, ist doppelgesichtig: Sie kann sowohl Information über den Betreffenden selbst als auch eine Art persönlicher Festlegung sein. Bei der Repräsentation intentionaler Zustände durch Sprechakte mit propositionalem Gehalt ist auffällig, dass Sprechakte der Art »Ich verspreche, x zu tun, aber ich beabsichtige nicht, x zu tun« oder »Ich glaube, dass x, aber x ist nicht der Fall« verunglücken, obwohl »A glaubt, dass p« und »p ist nicht der Fall« logisch verträglich sind. Auch »A verspricht, x zu tun« ist verträglich mit »A beabsichtigt nicht, x zu tun.« Eine Person kann sich selbst nicht in der gleichen Weise betrachten wie eine andere Person. Mit jedem Bericht über eigene intentionale Zustände legt sich die Person gegenüber dem propositionalen Gehalt der betreffenden intentionalen Zustände in der einen oder anderen Weise fest. »Ich beachsichtige p« schließt aus, dass ich p für unmöglich halte. »Ich glaube, dass p« schließt aus, dass ich von non-p überzeugt bin. »Ich warne Dich vor p« schließt aus, dass ich glaube, dass non-p. Er warnt ihn vor p, schließt dagegen nicht aus, dass non-p.

Personen sind sich selbst gegenüber im Vergleich zu anderen beobachtenden Personen »epistemisch privilegiert«: Nur man selbst weiß wirklich, ob man etwas glaubt oder nicht. Nur man selbst weiß wirklich, ob man etwas beabsichtigt oder nicht. Und genau genommen weiß auch nur man selbst wirklich, ob man etwas wünscht oder nicht. Andere beobachtende Personen müssen sich bei ihrer Beurteilung in vielen Fällen auf Indizien stützen. Das gilt jedoch nicht für jede Eigenschaft der Person: Der Beobachter weiß mindestens so gut wie ich, ob ich ein freundlicher oder unfreundlicher Zeitgenosse bin. Er weiß mindestens so gut wie ich, ob ich mich höflich verhalten oder eine ärgerliche Miene gemacht habe oder nicht. Aber er weiß nicht in der gleichen Weise wie ich, ob ich tatsächlich ärgerlich war oder nicht. Die Grenze zwischen Eigenschaften einer Person, zu denen die Person selbst einen »epistemisch privilegierten« Zugang hat, und solchen Eigenschaften, bei denen das nicht der Fall ist, ist die gleiche Grenze, die mentale Zustände und Ereignisse von nicht-mentalen trennt.[17]

Im Allgemeinen sind Handlungen mit äußeren Vorgängen verknüpft. »Äußere Vorgänge« sind nicht-mentale Ereignisse – zu diesen hat die Person selbst keinen »epistemisch privilegierten« Zugang. Handlungen haben im Allgemeinen sowohl einen mentalen als auch einen äußeren Aspekt. »A ermordete B« impliziert, dass B nach dieser Tat tot ist. Dies impliziert aber auch, dass A absichtlich und mit motivierenden Absichten eines bestimmten Typs (so genannte »niedrige Beweggründe«) gehandelt hat. Die handelnde Person hat zu ihren motivierenden Absichten einen »epistemisch privilegierten« Zugang – nur sie weiß wirklich (pathologische Fälle ausgenommen), welche motivierenden Absichten bei ihrer Tat eine Rolle gespielt haben.

Man kann sich zwei Arten von Beobachtern eines Handelnden vorstellen: Ein Beobachter der ersten Art hat mit dem Handelnden natürliche und kulturelle Gemeinsamkeiten: Er hat ein ähnliches Gefühlsleben, ist in ähnlichen gesellschaftlichen Institutionen sozialisiert worden, kennt die Prägungen durch familiäre Beziehungen. Er weiß, was es heißt zu lernen, zu lesen und zu essen. Er kennt wie der Handelnde Gefühle der Freude, Angst oder Liebe. Der Beobachter der zweiten Art teilte mit dem Handelnden keine

17 Gegenbeispiele wie die, dass ein Physiologe, der bei einer narkotisierten Person bestimmte Partien des Gehirns reizt und aufgrund vorhergegangener Testreihen oder physiologischer Beobachtungen zu wissen glaubt, dass diese Person jetzt etwa Freude empfinde etc., und damit besser über den Zustand der Person Bescheid wüsste als diese selbst, gehen in die Irre. Denn das Kriterium dafür, dass die Hypothese »diese Person empfindet gegenwärtig Freude« zutrifft, ist, dass diese Person tatsächlich Auskunft gibt. Solange sie dies nicht tut, bleibt diese Vermutung in hohem Maße hypothetisch. Wenn der Neurophysiologe vermutet, dass diese Person augenblicklich Freude empfindet, dann muss er aus logischen Gründen vermuten, dass der betreffenden Person diese Freude momentan auch bewusst ist. Sein Problem ist möglicherweise, dass er sie danach nicht fragen kann und sie nach dem Erwachen aus der Narkose vielleicht keine Erinnerung mehr an ihre mentalen Zustände während der Narkose hat.

gemeinsame kulturelle Praxis, daher ist er nicht im Stande, Intentionen, emotive Zustände, Verantwortlichkeiten und Handlungen zuzuschreiben. Er muss sich auf die Beschreibung im Modus der Naturwissenschaft beschränken. Der Bericht des ersten Beobachters notiert Handlungen (H), der des zweiten Körperbewegungen (K), Muskelkontraktionen, raum-zeitliche, mit den Mitteln der Naturwissenschaft beschreibbare Ereignisse. Interessanterweise ist das Verhältnis zwischen diesen beiden Beschreibungsformen asymmetrisch: Ein Bericht des ersten Typs ist mit einer großen, ja unendlich großen Zahl von Berichten des zweiten Typs verträglich. Verträglich in dem Sinne, dass sie beide simultan wahr sein können, während ein hinreichend vollständiger Bericht des zweiten Typs nur mit einem Bericht des ersten Typs verträglich ist.

Die beobachtete Person findet sich in Berichten des ersten Typs wieder bzw. kann Berichte des ersten Typs, teilweise in einer autoritativen Rolle, zurückweisen. Angenommen, ein Beobachter des ersten Typs meint, die beobachtete Person habe eine andere bestochen, dann kann diese erwidern: »Ich habe ihn nicht bestochen« (weil ich mit der Zuwendung nicht die Absicht verbunden habe, den Nutznießer zu der betreffenden Handlung zu bewegen). Die beobachtete Person ist gegenüber dem Beobachter des ersten Typs epistemisch privilegiert, nicht jedoch hinsichtlich des Beobachters des zweiten Typs. Die Asymmetrie hängt damit zusammen, dass für fast jede (generische) Handlung gilt, dass sie durch eine unendliche Vielfalt von (generischen) Verhaltensereignissen realisiert werden kann, während die Umkehrung nicht gilt.

Diese Gegenüberstellung der Berichte des ersten und des zweiten Typs entspricht einer naturalistischen und einer nicht-naturalistischen Betrachtungsweise menschlicher Aktivitäten. Strawson spricht von zwei unterschiedlichen Standpunkten zur Betrachtung menschlichen Verhaltens, dem teilnehmenden im Gegensatz zum objektiven bzw. dem beteiligten im Gegensatz zum unbeteiligten Standpunkt. Der eine Standpunkt ist mit einer Palette von Verhaltensweisen und Reaktionen verbunden, von der der andere unabhängig ist:

Ist der Standpunkt der Teilnahme und Beteiligung, mit dem wir von Natur aus und durch die Gesellschaft fest verbunden sind, der richtige, dann sind manche Taten von Menschen tatsächlich moralisch tadelns- oder lobenswert, verabscheuungs- oder bewunderungswürdig, geeignete Gegenstände der Dankbarkeit oder des Mißfallens. [...] Ist andererseits der sogenannte »objektive« Standpunkt der einzige, von dem wir die Dinge so sehen, wie sie wirklich sind, dann sind unsere sämtlichen moralischen und quasi-moralischen Urteile, ganz gleich wie natürlich und allgemein anerkannt sie sein mögen, *nicht mehr* als natürliche menschliche Reaktionen.[18]

Strawson bezeichnet in etwa das, was bei uns der Bericht des zweiten Beobachters ist, als »äußerlichen Standpunkt«, den man als Teilnehmer einer Sprach- und Kulturgemeinschaft in keinem Fall ständig einnehmen kann. Das Verständnis der Sprachpraxis anderer ergibt sich aus unserer Rolle als Beobachter des ersten Typs. Als Mitglieder einer Sprachgemeinschaft haben wir nicht nur das Bedürfnis, das zu sagen, von dem wir erwarten, dass es die Zustimmung der anderen findet, sondern das, was nach unserer Auffassung Kriterien der Angemessenheit, des Zutreffens etc. genügt. Wenn wir der Auffassung sind, ein bestimmtes Überzeugungssystem sei inkonsistent, dann meinen wir als (potenzielle) Mitglieder einer Sprachgemeinschaft bzw. als Beobachter des ersten Typs etwas anderes als eine tatsächliche oder potenzielle Ablehnung innerhalb einer Sprechergemeinschaft.

Bezüglich beider Berichte (des ersten und des zweiten Beobachters) kann man sich jeweils eine *erklärende Theorie* vorstellen. Diese Theorien erklären nicht die Berichte insgesamt,[19] sondern einzelne Aussagen des Berichtes, die sich auf Ereignisse, Vorgänge, Handlungen etc. beziehen. Wären diese beiden erklärenden Theorien von gleichem oder ganz verschiedenem Charakter?

In der Diskussion um Handlungsgründe werden Kausalisten und Anti-Kausalisten unterschieden. Unter den Kausalisten gibt es »naturalistische«, die eine Ursachenanalyse nur in Bezug auf den zweiten Bericht für möglich halten, und nicht-naturalistische, die alle Elemente des ersten Berichtes grundsätzlich für kausal erklärbar halten. Nach der naturalistischen Auffassung gilt diese Erklärbarkeit *im Rahmen des ersten Berichtes*, das heißt, zur kausalen Erklärung

18 Peter Frederick Strawson, *Skeptizismus und Naturalismus*, Frankfurt/M. 1987, S. 45 f.

19 Das gilt in »formaler Redeweise«: Das, was erklärt werden soll, wird mit seiner sprachlichen Darstellung identifiziert. Diese gern gebrauchte Redeweise darf nicht dazu verführen, ontologische Kategorienfehler zu begehen: Natürlich werden Sachverhalte, Ereignisse und Vorgänge und keine Sätze oder Propositionen erklärt.

eines im zweiten Bericht erwähnten Ereignisses sind ausschließlich Informationen notwendig, die Bestandteil eines vollständigen Berichtes der zweiten Art wären. Der nicht-naturalistische Kausalist behauptet die kausale Erklärbarkeit nicht bezüglich der Elemente des ersten Berichtes allein, sondern lässt die Einbeziehung von Informationen zu, die nur der erste Beobachter geben kann: (interne) Handlungsgründe spielen dabei eine zentrale Rolle. Für naturalistische Kausalisten sind interne Handlungsgründe zugleich Ursachen der Handlung, während für Anti-Kausalisten Gründe als Ursachen der Handlung nicht in Frage kommen.

Der erste Beobachter führt also eine (vermutete) Absicht als Erklärung für H an (E_1), während der zweite Beobachter physikochemische Vorgänge zur Erklärung von K heranzieht (E_2). Nun ist H eine »reine Körperhandlung«: Wir können zusätzlich annehmen, dass zwischen H und K eine direkte und eindeutige Entsprechung besteht, das heißt, immer wenn K, dann auch H und umgekehrt. Beide Erklärungen scheinen sich also in diesem Fall auf den gleichen Vorgang (*token*) zu beziehen. Während jedoch eine direkte Entsprechung von H und K besteht, gibt es offensichtlich eine ähnliche Entsprechung zwischen (E_1) und (E_2) nicht: Die genannten elektromagnetischen und osmotischen Vorgänge korrespondieren nicht mit der Absicht von S, P zu warnen. Der Sachverhalt, dass sich zwar H und K entsprechen, aber nicht (E_1) und (E_2), deutet darauf hin, dass die beiden Erklärungen ganz unterschiedlichen Erklärungstypen angehören.

Naturalismus im weiteren Sinn ist die These, dass der zweite Beobachter bei ausreichendem Informationsstand die Möglichkeit hat, die Beschreibung und Erklärung des ersten Beobachters überflüssig zu machen. Genau dies bestreitet der Non-Naturalist oder (theoretische) Humanist.[20]

20 Vgl. Kap. 7 in diesem Band.

6. Warum moralische Objektivität und Naturalismus unvereinbar sind*

Ziel des Vortrages ist es, deutlich zu machen, dass Naturalismus und ethischer Realismus unvereinbar sind. Diese These steht im Gegensatz zur naturalistischen Renaissance des moralischen Realismus seit den 1980er Jahren, zunächst in den USA, dann aber auch mit beachtlichen deutschsprachigen Beiträgen.[1] Unbeschadet dessen scheint mir die Unvereinbarkeit von Naturalismus und ethischem Realismus auf der Hand zu liegen. Daher ist beides zu zeigen: Zum einen, worin diese Unvereinbarkeit besteht, zum anderen, wie man der vermeintlichen Attraktivität eines naturalistischen ethischen Realismus begegnen kann. Entsprechend gehe ich in diesem Beitrag vor: Ich charakterisiere zunächst den Naturalismus als generelle philosophische Doktrin und erörtere einige für unser Thema wesentliche Implikationen (I). Ich charakterisiere dann das, was ich unter einem ethischen Realismus verstehe, und führe die in meinen Augen wichtigsten Argumente für seine Plausibilität vor (II). Auf der Basis dieser Klärungen wird dann die Unvereinbarkeit von Naturalismus und ethischem Realismus offenkundig (III). Zuletzt stelle ich diese metaethische Konzeption in einen weiteren epistemologischen Kontext. Das Resultat ist ein genereller unaufgeregter Realismus, der allein in der Lage ist, ein angemessenes Verhältnis von Philosophie, Wissenschaft und Lebenswelt/Lebensform herzustellen (IV).

* Dieser Text basiert auf einem Vortrag, der am 16. Oktober 2014 auf der Tagung »Moralische Objektivität und das naturalistische Weltbild« an der Universität Bonn gehalten wurde. Zuerst erschienen in: Dietmar von der Pfordten (Hg.): *Moralischer Realismus? Zur kohärentistischen Metaethik Julian Nida-Rümelins*, Münster 2015, S. 59-70.

1 Siehe beispielsweise Gerhard Ernst (Hg.), *Moralischer Relativismus*, Paderborn 2009; Thomas Schmidt, Tatjana Tarkian, *Naturalismus in der Ethik: Perspektiven und Grenzen*, Paderborn 2011.

I. Naturalismus

Naturalismus ist zunächst nichts anderes als die Überzeugung, dass alles, was ist, *von Natur* (*φύσει*) ist, dass alles in einen natürlichen Zusammenhang eingebettet ist und nichts außerhalb der natürlichen Ordnung der Dinge steht. Immer dann, wenn *Ismen* auftauchen, handelt es sich allerdings nicht lediglich um eine These, sondern um ein ganzes Gedankengebäude, das sich gegenüber konkurrierenden Gedankengebäuden durch innere Stimmigkeit und ein möglichst hohes Maß an Vollständigkeit abschirmt. *Ismen* sind immer auch epistemische Ordnungen, mit einem Kern (der zentralen These), stützenden Präsuppositionen, konkreten Implikationen und praktischen Konsequenzen. Zu den praktischen Konsequenzen des Naturalismus gehört – in meinen Augen ein willkommener Effekt – die Hochschätzung der Naturwissenschaften.

Naturalismus lehnt vieles ab – das meiste zu Recht, wie zum Beispiel göttliche Eingriffe in das Naturgeschehen, um Ereignisse zu erklären. Der Ursprung und die nach wie vor große Stärke des Naturalismus ist seine Ablehnung des Animismus in all seinen offenen und verdeckten Formen, einschließlich dem, was sich heute unter »Esoterik« großer Beliebtheit erfreut. Es gibt keine Chakren, keine wundersamen Energieströme, keine durch starke Verdünnungen von heilenden Substanzen aufgeladenen Wassermoleküle (wie die Homöopathie annimmt), keine Heilungen durch Erleuchtung, keine Hexen etc. Bis dahin scheint der Naturalismus noch – weitgehend – unproblematisch, er versucht ein gewisses Maß an Vernunft zu wahren, indem er der naturwissenschaftlichen Rationalität vertraut und alternative »Rationalitäten« ablehnt. Erst seine nähere Charakterisierung, sowohl die des griechischen Epikureismus wie die des zeitgenössischen Physikalismus, lässt die naturalistische Doktrin fragwürdig werden.

In der epikureischen Variante besteht der Naturalismus in einer atomistischen Weltanschauung, wonach alles aus winzigen Materieteilchen besteht, die charakteristische Formen und Bewegungsmuster aufweisen, und damit alles über die Konstitution der Welt gesagt ist. Die programmatisch-moderne Wiederaufnahme dieses Programmes findet schon sehr früh bei Gassendi statt.[2] Die moder-

2 Vgl. Walter Charleton, *Physiologia Epicuro-Gassendo-Charltoniana, or, a Fabrick*

ne Physik verbindet – ohne sich dessen bewusst zu sein – das stoische Fundamentaltheorem der Gesetzesartigkeit und des vernünftigen, das heißt in der modernen Sprache mit den Mitteln der Mathematik beschreibbaren Aufbaus der Welt mit dem reduktionistischen Atomismus seines Widerparts, des Epikureismus. Innerhalb der physikalischen Disziplin war diese Verbindung so erfolgreich, dass sie bis in die 1970er Jahre hinein weithin als Idealwissenschaft galt und andere Disziplinen danach strebten, ihr so ähnlich wie nur möglich zu werden. Interessanterweise stieß die Physik in ihrer Grundlagenkrise im ersten Drittel des vergangenen Jahrhunderts selbst an die Grenzen dieses Programms. Mit der systemischen Irreduzibilität der Quantenphysik war eine überraschende Grenze des reduktionistischen Atomismus erreicht. Unterdessen (Bells Theoreme)[3] ist auch jenseits von bloßen Gedankenexperimenten (Schrödingers Katze) klar, dass diese Grenze nicht lediglich eine mikrophysikalische ist, sondern konkrete, empirisch überprüfbare Fernwirkungen hat. Daraus darf ich nicht, wie so mancher Esoteriker, auf eine Rehabilitation all dessen schließen, was der Naturalismus – zu Recht – aus dem Reich rationaler Rechtfertigbarkeit verbannt hat. Auch die makrophysikalischen Effekte der Quantenphysik rechtfertigen keine Rückkehr zum animistischen Weltbild. Der Panpsychismus, für den es durchaus intelligente Argumente gibt, lässt sich rein quantenphysikalisch nicht rechtfertigen (weder Nagel noch Blau tun das).[4] Der leichtfertige Gebrauch, der von gewissen Elementen der zeitgenössischen Physik in postmodernen Diskursen gemacht wird, vernebelt die Dinge zusätzlich, anstatt sie zu klären. Aber auch die umgekehrte Attitüde vieler nachgeborener Physiker – es sei doch alles kein Problem, so beschreiben wir eben die mikrophysikalische Welt, und da es funktioniert, sollten wir uns nicht weiter den Kopf zerbrechen, philosophische Fragen stellten sich hier nicht – ist nichts anderes als eine verständliche, aber letztlich irrationale Selbstberuhigung. Wenn Photonen Par-

of Science Natural, upon the Hypothesis of Atoms, founded by Epicurus repaired [by] Petrus Gassendus, London 1654.

3 Vgl. Tim Maudlin, *Quantum Non-Locality and Relativity: Metaphysical Intimations of Modern Physics*, Oxford 2002.

4 Vgl. zum Beispiel Ulrich Blau, *Die Logik der Unbestimmtheiten und Paradoxien*, Söchtenau 2007; Thomas Nagel, *Geist und Kosmos: Warum die materialistische neodarwinistische Konzeption der Natur so gut wie sicher falsch ist*, Berlin 2013.

tikel sind – und daran kann es angesichts des photoelektrischen Effektes keinen Zweifel geben –, dann ist die statistische Verteilung der Bahnen, die diese nehmen, physikalisch nicht erklärt. Der Hinweis auf den Welle-Teilchen-Dualismus hilft da nicht weiter, weil wir wissen, dass Photonen Partikel sind. Der Welle-Teilchen-Dualismus ist nicht mehr als eine Metapher, die die Ratlosigkeit verdecken soll, die auftritt (oder auftreten sollte), wenn sich ein erklärendes Modell der Naturwissenschaft *realistisch* nicht interpretieren lässt. Der instrumentalistische Rückzug, der Verweis auf die erfolgreiche Anwendung dieses Modells, würde – ernstgenommen – in den Idealismus oder die globale Skepsis münden – was sicher nicht im Sinne zeitgenössischer Physiker sein kann,[5] auch wenn sie dies nicht mehr als metatheoretische Herausforderung empfinden.

Die physikalistische Variante des Naturalismus spezifiziert den weichen Naturalismus der Ausgangsthese in problematischer Weise. Er beinhaltet über die vage ontologische Charakterisierung von allem Seienden als *natürlich* hinaus eine *epistemologische* These, nämlich diejenige, dass alles Seiende im Prinzip mit den Begriffen und Methoden der Physik beschreibbar und erklärbar sei. Dieser heute dominierende *physikalistische Naturalismus* beinhaltet einen Reduktionismus, nämlich den, dass die in verschiedenen Begrifflichkeiten (*conceptual frames*) und wissenschaftlichen Disziplinen präsenten Gegenstände ausnahmslos der physikalischen Beschreibungsform[6] zugänglich sind, jedenfalls im Prinzip, das heißt, wenn man die aktuell und auch in Zukunft zu erwartenden epistemischen Restriktionen ausklammert. Der zeitgenössische physikalistische Naturalismus verbindet eine ontologische mit einer epistemologischen These. Letztere ist reduktionistisch und schon für das Verhältnis von (organischer) Chemie und Physik, erst recht für das Verhältnis von Botanik – Physik, Zoologie – Physik, Ethologie – Physik, Psychologie – Physik, Logik – Physik und Ethik – Physik hoch umstritten. Die Aufzählung im letzten Satz war als aufsteigen-

5 Das Desinteresse der Physik an der Philosophie und das weitgehende physikalische Desinteresse der Philosophen, das unterdessen – anders noch als vor wenigen Jahrzehnten – eingetreten ist, darf man nicht als Symptom dafür interpretieren, dass die Dinge nun doch geklärt seien. Sie sind nachhaltig ungeklärt und daher lässt sich dieses wechselseitige Desinteresse nur als Überforderungssymptom interpretieren.

6 Jetzt kurz für »beschreiben und erklären«.

de Linie gemeint: Je weiter man in der Aufzählung voranschreitet (man kann weitere Zwischenstationen einfügen), desto fragwürdiger wird die reduktionistische These.

Der Reduktionismus des zeitgenössischen Naturalismus ist ein reines *Postulat* und durch nachgewiesene Reduktionsrelationen zwischen Theorien und Disziplinen nicht gedeckt. Es geht lediglich um eine *Prima-facie*-Plausibilität, nicht mehr. Auffällig viele Philosophen sind zumindest im analytischen Umfeld allerdings der Auffassung, dass eine solche Plausibilität besteht. Ja, manche identifizieren analytische Philosophie unterdessen – nachdem viele andere Charakterisierungen der vergangenen Jahrzehnte keinen Bestand hatten – mit dem physikalistischen Naturalismus. Der Postulatcharakter des physikalistischen Naturalismus, genauer seiner reduktionistischen These, legitimiert mich, dem ein Postulat entgegenzustellen: Dieses besagt, dass es grundsätzlich (aus prinzipiellen und nicht nur aus kontingenten, der aktuellen epistemischen Situation entsprechenden Gründen) ausgeschlossen ist, Gedichtinterpretationen mit den Mitteln der Physik vorzunehmen.

Der gesamte Bereich der intentional konstituierten Welt, der Welt, die durch Intentionen und epistemische Zustände charakterisiert ist, der Welt der Verständigung und der Interaktion, ist prinzipiell nicht physikalisch beschreibbar. Schon der Versuch wäre ein Kategorienfehler. Wer versucht, Intentionen physikalisch zu beschreiben, beschreibt nicht Intentionen, sondern etwas anderes, zum Beispiel neurophysiologische Korrelate. Man kann es auch anders formulieren: Nach einigen Jahrzehnten vergeblicher Versuche, Handeln ohne Bezugnahme auf Intentionen zu explizieren und *Qualia* naturalistisch zu erfassen, sollte man an dieser Stelle einen philosophischen Erkenntnisfortschritt konstatieren: *Intentionalität* und das Phänomen der *Qualia* lassen sich nicht physikalistisch reduzieren. Ich nehme auch die metamathematischen Resultate von Gödel, Church und anderen aus den 1930er Jahren, die Theoreme der Nicht-Entscheidbarkeit, als Beweis einer weiteren ultimativen Schranke der physikalistischen Reduktion. Wenn es keinen Algorithmus gibt (und dass es keinen gibt, ist bewiesen), der die Theoreme der Prädikatenlogik erster Stufe beweist, dann gibt es keine Turing-Maschine, die die Zeilen eines Beweises produziert, dann gibt es keinen physikalisch-kausalen Prozess, der einem Beweis entspricht, dann ist die logische Deliberation, jedenfalls ab dem Niveau der Prädikatenlogik erster Stufe, nicht physikalistisch reduzierbar, womit dem zeitgenössischen Naturalismus eine dritte ultimative Grenze gezogen ist. *Intentionen, Qualia* und *Inferenzen*, menschliches Handeln (*agency*), der subjektive (Wahrnehmungs-) Zustand einer Person und die objektiven logischen Relationen sprechen gegen die Plausibilität des zeitgenössischen physikalistischen Naturalismus. Eine weitere ultimative Grenze, die der Normativität, wird uns gleich noch beschäftigen.

II. Was ist ethischer Realismus?

Der ethische Realismus postuliert, dass es moralische Tatsachen gibt und dass diese nicht epistemisch konstituiert sind. Zutreffend oder wahr oder gültig ist eine normative Überzeugung, wenn sie normativen Tatsachen entspricht.[7]

Gründe *sprechen für etwas*. Theoretische Gründe für Überzeugungen, praktische Gründe für Handlungen. Dieses *für etwas sprechen* ist der Kern der Normativität. Diese Normativität ist insofern selbstgenügsam, als ein Handeln entsprechend guter Gründe keiner weiteren Rechtfertigung mehr bedarf. Wenn ich einen guten, auch einen guten moralischen Grund habe, etwas zu tun, dann tue ich das (außer ich leide unter Willensschwäche). Hier muss kein weiteres Motiv hinzutreten, etwa dieses, damit auch den eigenen Nutzen zu optimieren. Es kommt mir geradezu wie eine fixe Idee der modernen praktischen Philosophie vor, dass Gründe nicht selbstgenügsam seien, dass jeweils etwas hinzutreten müsse, was diesen erst ihre praktische Wirksamkeit verleihe. Dies steht im

7 Erst nach dem Niedergang der antiken und der mittelalterlichen Tugendethik dünnt die Begrifflichkeit der praktischen Philosophie so stark aus, dass am Ende nur noch ein oder maximal zwei Grundbegriffe übrig bleiben: der des moralisch Gebotenen und, in nicht-instrumentellen Rationalitätskonzeptionen, der des Rationalen. Alles Normative wird zu einer Frage der Moral. Das ist aber durchaus zweifelhaft. Wir haben eine Pluralität praktischer, unser Handeln leitender Gründe, und es ist keineswegs ausgemacht, dass sich alle diese Gründe auf moralische zurückführen lassen. Praktische Gründe sprechen für Handlungen, evaluative Gründe für Bewertungen. Nicht jede Bewertung hat eine handlungsleitende Funktion. Man kann die Gerechtigkeit von Steuersystemen diskutieren, ohne dass in irgendeiner Weise klar wäre, was aus dem Ergebnis dieser Diskussionen hinsichtlich moralisch gebotener Handlungen folgt.

merkwürdigen Kontrast dazu, dass wir Analoges bei theoretischen Gründen nicht einfordern. Theoretische Gründe *sprechen* auch *für etwas*, zum Beispiel für eine Überzeugung, eine Hypothese, eine Theorie etc. Niemand käme jedoch auf die Idee, eine Person, die einen guten Grund für ihre Überzeugung vorgebracht hat, zu fragen, wie sie denn dazu komme, sich jetzt diese Überzeugung zu eigen zu machen. Die Person würde fassungslos antworten »Das habe ich doch gerade gesagt«. Niemand würde im Falle theoretischer Gründe erwarten, dass zusätzlich zu diesen theoretischen Gründen noch ein weiterer, etwa derjenige der Optimierung des Eigeninteresses, hinzutreten müsse, um die Tatsache, dass ich mir eine Überzeugung zu eigen gemacht habe, rational zu rechtfertigen. Gründe sind generell irreduzibel normativ. Normativität ist aber die dritte ultimative Grenze des zeitgenössischen physikalistischen Naturalismus. Es gibt prinzipiell keine Möglichkeit, Normativität mit der Begrifflichkeit und den Mitteln der Physik angemessen zu beschreiben. Gründe sind Gegenstand der philosophischen Erkenntnistheorie, der Ethik, der Rationalitätstheorie, der Logik, aber kein möglicher Gegenstand der Physik. Dies gilt generell für alle Gründe, nicht nur für praktische.

Der ethische Realismus, für den ich plädiere, bleibt im Rahmen einer rein *epistemischen Perspektive*. Es geht darum, herauszufinden, für welche Überzeugungen, Handlungen und Bewertungen wir Gründe haben, welche Überzeugungen, Handlungen, Bewertungen begründet bzw. unbegründet, rational bzw. irrational sind. Der ethische Realismus, für den ich plädiere, ist in dieser Hinsicht *immanent*, er beruht nicht auf einer vorausgesetzten Ontologie normativer Gegenstände. Er knüpft an die lebensweltliche Praxis des Gründegebens und Gründenehmens an, systematisiert diese und führt sie im günstigsten Fall zu einer ethischen Konzeption zusammen. Er geht aus von den zentralen, unaufgebbar erscheinenden normativen Stellungnahmen und nicht von einem globalen Skeptizismus, wie er für die rationalistische Tradition der Philosophie generell und der zeitgenössischen Ethik speziell charakteristisch ist. Er stellt nicht in Frage, was sich vernünftigerweise nicht in Frage stellen lässt. Dass wir uns auf moralische Tatsachen beziehen, dass wir überzeugt sind, dass ein Mord nicht deswegen falsch ist, weil er als falsch empfunden wird, sondern »objektiv« falsch ist, dass man dem Mordopfer ein großes Unrecht antut, ist Teil dieser Praxis –

unaufgebbarer Teil dieser Praxis. Wer sie uminterpretiert, etwa dergestalt, dass damit lediglich subjektive *pro-attitudes* zum Ausdruck gebracht werden, ist gezwungen, die gesamte Praxis des Gründegebens und Gründenehmens, an der wir alle teilhaben, als großes Illusionstheater anzusehen. Er ist – ob er dies will oder nicht – ein Irrtumstheoretiker, was seit John Mackie sogar in der analytischen Philosophie viele Anhänger gefunden hat. Eine globale Irrtumstheorie, die These, dass sich die gesamte Verständigungspraxis eines bestimmten (hier des auf die Praxis bezogenen) Bereiches als ein großer Irrtum entpuppt, entzieht jedoch jeder vernünftigen Stellungnahme ihre Grundlagen. Alles Begründen hat ein Ende, und zwar in den geteilten Selbstverständlichkeiten unserer Interaktions- und Verständigungspraxis. Eine solche globale Skepsis ist im strengen Sinne des Wortes unmöglich. Sie steht uns nicht offen.

Wenn wir aber die reale Praxis des Gründegebens und Gründenehmens, unsere normative Praxis als ganze, ernst nehmen – und das tun wir zwangsläufig als ihre Teilnehmer –, dann beziehen wir uns auf normative Sachverhalte, versuchen zu klären, ob sie bestehen oder nicht. Hier kann ich keinen Unterschied zu empirischen Sachverhalten sehen. Dass ein winziger Ausschnitt der empirischen Sachverhalte Gegenstand einzelner, hoch entwickelter wissenschaftlicher Disziplinen wie zum Beispiel der Physik geworden ist, stellt keinen Einwand dar. Ähnliches gilt auch für den praktischen Bereich, man denke etwa an die Jurisprudenz oder die Bereichsethiken. In all diesen Feldern ist die Präsupposition realer Diskursgegenstände unverzichtbar. Wir wollen herausfinden, wie es sich wirklich verhält, was eine richtige Handlung, eine richtige Überzeugung ist. Wir wollen nicht herausfinden, welchen Sachverhalt eine Person präferiert oder von welchem sie überzeugt ist, sondern wir wollen herausfinden, wie es sich wirklich verhält. Wir sind alle nolens volens Realisten.

III. Die Unvereinbarkeit von Naturalismus und ethischem Realismus

Dieser – normativ verfasste – Realismus ist mit einem physikalistischen, einem reduktionistischen Naturalismus, also mit der zeitgenössischen Variante naturalistischen Denkens, unverträglich.

Man mag an der alten naturalistischen Auffassung hängen, dass alles Natur sei, dass es keine Schismen, keine Brüche, keine epistemologischen Dichotomien geben kann, aber das sollte einen nicht daran hindern, den zeitgenössischen physikalistischen Naturalismus zurückzuweisen. Ich bin skeptisch, ob der weiche, umfassende Naturalismus überhaupt hinreichend Konturen hat, um ihn zu begründen oder zu kritisieren. Ich hege zwar durchaus Sympathie für dessen impliziten Gradualismus und die Skepsis gegenüber Schismen und Dichotomien, aber dies darf nicht dazu verführen, den harten, reduktionistischen, physikalistischen Naturalismus, wie er die zeitgenössische philosophische Debatte dominiert, zu akzeptieren. Dieser ist mit dem Phänomen der *Qualia*, der Interferenzen und der Normativität unvereinbar.

Ein Blick auf die neo-naturalistischen Entwürfe eines neuen »moralischen Realismus« bestätigt diese Einschätzung. So überzeugend die Kritik des ethischen Subjektivismus bei den naturalistischen ethischen Realisten ausfällt,[8] die Grundproblematik lässt sich nicht beheben: Es ist das reduktionistische Bestreben, sich der Normativität zu entledigen, das Normative in eine naturalistische Metaphysik einzubetten, so dass es sich am Ende auflöst, was wiederum erlauben würde, die Ethik in Sozialwissenschaft oder gar in Physik zu überführen. Railton hält charakteristischerweise an einer instrumentellen Rationalitätskonzeption fest. In letzter Instanz geht es darum, aufzuzeigen, was im wirklichen Interesse des Einzelnen und/oder der Gesellschaft ist. Die alte marxistische These der *wahren Interessen*, die von Überbau-Phänomenen verdunkelt werden, feiert hier im analytischen Sprachstil ihre Auferstehung. Diese wahren Interessen sind aber nicht normativ verfasst, sondern sind nur Camouflage des Normativen: Hat nicht jeder ein Bestreben, den eigenen Interessen entsprechend zu handeln? Und ist daher nicht der Nachweis, dass etwas im Interesse einer Person sei, für diese Person zugleich auch ein rationaler Grund, entsprechend zu handeln? Nun, dieser rationale Grund ist im naturalistischen Verständnis streng genommen kein Grund, sondern nur eine deskrip-

8 Das gilt besonders für die beiden Gründungsdokumente Peter Railtons und Richard Boyds. Vgl. Peter Railton, »Moral Realism«, in: *The Philosophical Review* 95 (1986), S. 163-207; Richard Boyd, »How to be a Moral Realist«, in: Geoffrey Sayre-McCord (Hg.), *Essays on Moral Realism*, London 1988, S. 181-228.

tive Feststellung: Dies ist eher im Interesse von Lonnie als jenes.[9] In Analogie zur einzelnen Person, die feststellt, was in ihrem Interesse ist (eine rein empirische Frage) und dann motiviert ist, entsprechend zu handeln, haben ganze Gesellschaften ein gesellschaftliches Interesse und sind dann rational motiviert, entsprechend zu handeln. Dass das Verhältnis zwischen diesen beiden Formen des Interesses, dem individuellen und dem gesellschaftlichen, ziemlich komplex ist und dass es keineswegs ausgemacht ist, dass das, was im Interesse des Einzelnen ist, auch im Interesse der Gesellschaft ist, wird bei beiden Gründervätern des naturalistischen Realismus, Railton und Boyd, kaschiert. Aber selbst wenn es so wäre, selbst wenn es eine Tendenz zur Konvergenz der Interessenlagen gäbe – was garantiert, dass diese Interessenlagen nicht am Ende sozialdarwinistisch beschrieben werden, als *survival of the fittest*? Welche argumentativen Ressourcen bleiben dem naturalistischen Ethiker, wenn nachgewiesen wird, dass diejenigen den größten Nutzen haben, die besonders rücksichtslos sind, und diejenigen Ethnien, die mit Gewalt schwächere Ethnien marginalisieren oder ausrotten, die größte Wahrscheinlichkeit haben, ihre Gene weiterzugeben? Mit anderen Worten: Was verhindert den Übergang von einem zeitgenössischen, humanistisch und zumindest latent marxistisch geprägten Naturalismus zu einem Naturalismus des Imperialismus und Rassismus? Welche argumentativen Ressourcen könnte der neo-naturalistische Ethiker aufbringen, um diesen Rückfall zu verhindern? Jedenfalls keine, die sich auf genuin normative Gründe stützen, etwa auf das Gebot der Gleichbehandlung, das Gebot, die Menschenwürde jeder einzelnen Person zu achten, auf universale Menschenrechte oder auf das allgemein menschliche Kooperationsgebot. Solche Ressourcen stehen dem neo-naturalistischen Ethiker nicht zur Verfügung. Er müsste vielmehr mit natur- oder sozialwissenschaftlichen Methoden zeigen, dass es sich anders verhält, dass

9 Lonnie ist der Protagonist, der im Aufsatz *Moral Realism* von Railton eine große Rolle spielt: Ein US-Amerikaner, der durch Südamerika reist, aber nicht weiß, dass dort Milch oder Limonade nicht die besten Getränke sind, um sich körperlich stabil zu halten. Mit der Zeit lernt er, lieber Wasser zu trinken, und merkt, dass dies auch sein Heimweh bekämpft, da physisches Wohlergehen auch psychisches nach sich zieht. Lonnies Wohlergehen changiert zwischen Biologie und Psychologie, aber das Gute für Lonnie, das, was er tun sollte, wird reduziert auf die Feststellung seiner objektiven biologischen und psychologischen Interessen.

der Sozialdarwinismus, der Rassismus, der Imperialismus oder der szientistische Marxismus jeweils mit deskriptiven (nicht normativen) Tatsachen unvereinbar sind. Der ethische Diskurs würde in einen sozial- oder naturwissenschaftlichen transformiert und der Rückfall in die Irrtümer des ethischen Naturalismus des 19. Jahrhunderts, die George Edward Moore so folgenreich kritisiert hat, wäre nicht aufzuhalten. Auch der neo-naturalistische moralische Realismus ist von einem Unbehagen an genuiner Normativität gezeichnet. Die Eskamotierung des Normativen, ein gemeinsames Ziel der im 19. Jahrhundert geborenen Ideologien des Historismus, des Biologismus (Sozialdarwinismus), des Marxismus, des damaligen und des heutigen Ökonomismus, der Luhmann'schen Systemtheorie, des Strukturalismus und des Poststrukturalismus, der Postmoderne und eben des Naturalismus in allen Spielarten, ist mit einem wohlverstandenen ethischen Realismus, einem ethischen Realismus, der anschlussfähig ist an die lebensweltliche Normativität und die Praxis der Interaktion, unvereinbar.

IV. Philosophie und Lebensform

Das epikureische Weltbild lebt. Es schien in der Tat kurz vor seiner Vollendung zu stehen, als die moderne Physik mit Massepunkten und lediglich zwei Wechselwirkungen (elektrostatische Wechselwirkung und Gravitationswechselwirkung), gestützt auf einige mathematisch elegante, deterministisch interpretierte Gesetzmäßigkeiten einen universalen Erklärungsanspruch für alle Ereignisse formulieren konnte. Dieses schöne Universum der klassischen Physik, von Isaac Newton in seinen Grundzügen errichtet und von Maxwells elektrodynamischen Gleichungen scheinbar vollendet, schien als Universalwissenschaft, auf die sich im Prinzip alle anderen Wissenschaften reduzieren lassen müssten, zu taugen. Aber nicht nur kam das reduktionistische Projekt nicht recht voran, die klassische Physik, die kurz vor ihrer Vollendung zu stehen schien, wurde von einer Grundlagenkrise erschüttert, deren erster Teil die Einstein'sche spezielle und allgemeine Relativitätstheorie war, deren tiefere Erschütterung aber die Quantenphysik mit ihrem irreduziblen Probabilismus und der Unvereinbarkeit ihrer Erklärungsmodelle bedeutete. Seitdem ist es um die Schönheit und

Abgeschlossenheit der Physik geschehen. Die physikalische Forschung macht beeindruckende Fortschritte, aber sie ist von einer einheitlichen, Gravitationstheorie und Quantenphysik überzeugend integrierenden Theorie weit entfernt. Manche Physiker haben den Eindruck, dass sie sich davon eher entfernt als sich ihr annähert. Die epistemische Realität der Wissenschaftsentwicklung stützt die reduktionistische Programmatik der zeitgenössischen naturalistischen Doktrin nicht. Vielmehr differenzieren sich die wissenschaftlichen Disziplinen in Forschungsfelder und Subdisziplinen aus. Der Strauch wuchert kräftig, bildet aber keinen Stamm aus. Es gibt keine Leitwissenschaft, keine Fundamentalwissenschaft und keine Integrationswissenschaft mehr. Das reduktionistische Programm des zeitgenössischen Naturalismus nimmt daher zunehmend den Charakter spekulativer Metaphysik an. Niemand nimmt diese Programmatik in den Wissenschaften wirklich ernst, niemand verfolgt heute noch[10] das Forschungsprogramm, Sozialwissenschaft oder gar Geisteswissenschaft auf Physik zu reduzieren. Eliminative Materialisten wie Patricia Churchland wirken wie aus der Zeit gefallen: Vielleicht konnte man in den 1960er Jahren noch erwarten, dass das reduktionistische Programm in Gestalt eines eliminativen Materialismus konkret würde: die schrittweise Auflösung der Mentalsprache, die sich zunehmend als überflüssig erweist, weil sie durch neurophysiologische Beschreibungen ersetzt wird; das schrittweise Verschwinden der wertenden und normativen Sprache, weil neurophysiologisch gestützte Methoden der Verhaltenssteuerung Moral überflüssig machen; die Ersetzung der Rede von Gründen durch Beschreibung von Kausalrelationen zwischen sensorischen Stimuli und Äußerungsverhalten (Quine); das Verschwinden von Überzeugungen und ihre Ersetzung durch Verhaltensdispositionen; die Überführung von Geistes- in Sozialwissenschaft und von Sozialwissenschaft in Naturwissenschaft, bis am Ende nur noch die Universalwissenschaft der Physik überlebt. Aber auch diese könnte nicht überleben ohne das wissenschaftliche Argument, ohne den Austausch von Gründen, ohne die Kritik von Überzeugungen, ohne Mentalsprache! Es würde in der naturalistischen Idealwelt kein Wissen geben kön-

10 Anders als Vertreter der *nova scientia* im 16. und 17. Jahrhundert. Auch Thomas Hobbes verfolgt das Forschungsprogramm der Reduktion von Politischer Theorie (*De Cive* 1642) auf Anthropologie *(De Homine* 1658) und von Anthropologie auf Physik (*De Corpore* 1655).

nen, kein Argument, keine Absichten – und damit kein Handeln, keine Verantwortung, keine kulturelle Welt und also auch keine Wissenschaft. Die bizarrste Konsequenz einer Konkretisierung der naturalistischen Programmatik ist, dass sie auch den Naturalismus selbst verschwinden lässt. Naturalismus ist eine Überzeugung, die beansprucht, gute Gründe für sich ins Feld führen zu können. Aber Überzeugungen und Begründungen gibt es in konsequent naturalistischer Perspektive nicht. Es gibt keinen Naturalismus in einer Welt, die so wäre, wie sie sich der Naturalismus vorstellt.

Werden wir also wieder vernünftig: Versuchen wir nicht, die Welt neu nach einer metaphysischen Doktrin zu konstruieren und sie dabei zu zerstören, sondern nehmen wir eine *epistemische Perspektive* ein. Diese ist *immanentistisch*, das heißt, sie geht von einer geteilten Praxis des Gründegebens und Gründenehmens aus, die nur möglich ist, wenn die interpersonellen Übereinstimmungen groß sind, wenn manches umstritten, das allermeiste aber unumstritten und, wie Donald Davidson uns überzeugt hat, *wahr* ist. Die epistemische Perspektive geht aus vom *Gefälle der Gewissheiten*. Manches ist selbstverständlich und unbestritten und dient in begründenden Argumenten der Klärung von Zweifelsfällen. Damit ist nicht gesagt, dass das Unbestrittene und Selbstverständliche nicht im Verlaufe der epistemischen Dynamik weniger selbstverständlich, ja am Ende begründungsbedürftig oder sogar widerlegt werden könnte. Die Dinge sind im Fluss. Aber es gibt keinen archimedischen Punkt außerhalb des epistemischen Systems, von dem man es neu konstruieren könnte, wie der reduktionistische Naturalismus annimmt. Es gibt keine autonome Wissenschaft, die von diesem epistemischen System unabhängig wäre. Vielmehr ist das Selbstverständliche unbestrittene Bewährungsinstanz auch der wissenschaftlichen Theorien. Die *geteilte Lebensform* einschließlich unserer Verständigungspraxis bildet den Rahmen, innerhalb dessen sich wissenschaftliche Praktiken und Begrifflichkeiten entwickeln können. Diese wirken gelegentlich auf jene zurück, aber diese Wirkungen sind eher marginal. Unsere Lebenswelt ist von einem *robusten Realismus* geprägt, der sich nicht nur auf die mittelgroßen festen physischen Gegenstände bezieht, sondern auch auf mentale Zustände und normative Tatsachen. Wer bezweifelt, dass Menschen oder auch höher entwickelte Tiere Schmerzen haben können, muss nicht mit einem wissenschaftlichen Argument überzeugt werden, sondern hat ein psychologisch zu behandelndes Problem. Wer ernsthaft bezweifelt, dass Mord ein moralisches Unrecht ist, muss kein philosophisches Oberseminar besuchen, sondern hat eine Persönlichkeitsstörung. Wer bezweifelt, dass er einen Baum sieht, wenn er vor einem Baum steht, dem wird nicht durch das bessere Argument geholfen werden können. Die epistemische Perspektive hält zur Nüchternheit an, sie fragt danach, um was es eigentlich geht. In der Regel geht es darum, eine Unsicherheit zu beseitigen, das heißt unter Rekurs auf Überzeugungen, die gewisser erscheinen, und unter Verwendung argumentativer Regeln, die uns vernünftig erscheinen (eine geteilte inferentielle Praxis), dort Klarheit zu schaffen, wo punktuell Unklarheit herrschte. Dadurch entsteht eine epistemische Dynamik (*rational belief-dynamics*), aber die epistemische Perspektive ist nicht damit vereinbar, alles zugleich in Frage zu stellen, einer *globalen Skepsis* zu frönen. Sie erlaubt nur den vernünftigen, den begründeten Zweifel und nicht den grundlosen. Wir haben keinen Grund, daran zu zweifeln, dass Menschen Absichten haben, dass sie gekränkt werden können, dass Wertungen ihrem Leben Struktur geben. Wir haben keinen Grund, daran zu zweifeln, dass Mord ein Unrecht ist (ich meine das jetzt nicht im positiv-rechtlichen Sinne). Mit anderen Worten, wir haben keinen Grund, unser normatives Wissen *in toto* in Frage zu stellen. Der ethische nicht-naturalistische Realismus, für den ich plädiere, nimmt eine epistemische Perspektive ein, er geht aus von der geteilten Praxis, Gründe für Handlungen und Bewertungen auszutauschen. Er stellt diese nicht als ganze in Frage oder versucht sie durch etwas anderes, die Neurophysiologie, die Biologie oder die Physik, zu ersetzen. So wie es Bäume gibt, unabhängig davon, ob wir sie (als solche) wahrnehmen (physische Entitäten), so gibt es Schmerzen (mentale Entitäten) und Ungerechtigkeiten (normative Entitäten). Der unaufgeregte ethische Realismus bezweifelt nicht, was selbstverständlich und unumstritten ist. Er belässt die methodischen Zweifel dort, wo sie hingehören, als heuristisches Element in den Einzelwissenschaften. Er ist weniger eine (Meta-)Theorie als ein Charakteristikum der von uns allen geteilten deliberativen Praxis. Er stellt die Vielfalt und Komplexität unserer theoretischen und praktischen Gründe nicht in Frage. Er ist nicht reduktionistisch, sondern kohärentistisch und holistisch. Schon von daher ist er mit einer naturalistischen Ontologie und Epistemologie unvereinbar.

7. Warum die Annahme menschlicher Freiheit begründet ist*

Dieses Kapitel befasst sich mit der Frage, was uns eigentlich dazu bringt anzunehmen, dass wir in einem erst noch zu klärenden Sinne frei in unserem Urteilen und Handeln sind, und kommt zu dem Ergebnis, dass dies eine Annahme ist, die in unsere lebensweltliche Praxis des menschlichen Umgangs unauflöslich eingewoben und insofern wohl begründet ist.

Außerhalb des philosophischen oder neurowissenschaftlichen Seminarraums bestreitet dies auch kaum jemand, niemand lebt ohne diese Überzeugung. Umso mehr stellt sich die Frage, wie es kommt, dass der Mainstream der modernen Philosophie (und ein großer Teil der Naturwissenschaft) sich dem entgegenstellt.

Der erste Abschnitt wirft daher einen Blick auf die Freiheitsproblematik in der analytischen Philosophie, weil ich den Eindruck habe, dass der Verlauf der Debatte mit den Spezifika, den Stärken, aber auch mit den Schwächen der im weitesten Sinne analytischen Denktradition zu tun hat, mit ihrer Angst, in die alte philosophische Untugend zu verfallen und in Opposition zur empirischen Naturwissenschaft zu geraten. Entsprechend hat die zweifellos bedeutendste Strömung der Philosophie des 20. Jahrhunderts zunächst versucht, sich der Freiheitsproblematik ganz zu entledigen, was bis in die Gegenwart nachwirkt.

Ich knüpfe dann im zweiten Abschnitt an das an, was ich als Strawson'sche Perspektive bezeichne, also die in unsere Lebenswelt eingelassenen reaktiven Einstellungen und moralischen Empfindungen und ihre Prämisse menschlicher Freiheit und Verantwortung, um schließlich meine eigene systematische Position in der Freiheitsdebatte als »theoretischen Humanismus« in der These der naturalistischen Unterbestimmtheit unserer Handlungs- und Urteilsgründe zu umreißen.

* Zuerst erschienen in: JNR, *Über menschliche Freiheit*, Stuttgart 2005, S. 13-43.

I. Die Freiheitsproblematik in der analytischen Philosophie

Das Aufkommen der analytischen Philosophie um die Wende vom 19. zum 20. Jahrhundert war von einer Reihe unterschiedlicher Motive geprägt. Ein Motiv war sicherlich die große Unzufriedenheit mit der dominierenden, noch hegelianisch geprägten Philosophie des Idealismus in England und Deutschland. Insbesondere bei den britischen Gründervätern der analytischen Philosophie George Edward Moore und Bertrand Russell ist der realistische Impuls zunächst von großer Bedeutung. Der Logische Empirismus in der von Rudolf Carnap vertretenen Form hat den Realismus der Gründungsphase dann über Jahrzehnte wieder zurückgedrängt. Erst in den vergangenen zwei Dekaden gewinnen realistische Positionen in der analytischen Philosophie wieder an Bedeutung. Dieser neue Realismus beschränkt sich nicht auf die Wissenschaftstheorie, sondern hat sich längst auf die Ethik und die praktische Philosophie insgesamt ausgeweitet.

Der wichtigste Impuls scheint mir jedoch nicht der philosophische Hader mit dem Idealismus des 19. Jahrhunderts gewesen zu sein, sondern die Unzufriedenheit darüber, dass sich die Philosophie als Disziplin von der wissenschaftlichen, speziell der naturwissenschaftlichen Entwicklung der Zeit weitgehend abgekoppelt hatte. Die Philosophie verstand sich in der Blütephase des deutschen und britischen Idealismus als eine Fundamentaldisziplin, die von anderen Disziplinen wenig lernen konnte und diesen nichts schuldete. Die Modi philosophischer Begründung galten als eigenständig und selbstgenügsam. Die Ergebnisse philosophischer Begründung legten das Fundament und steckten den Rahmen für andere Wissenschaften, ohne dass diese eine Chance gehabt hätten, auf jene zurückzuwirken. Meine These, die letztlich nur durch philosophiehistorische Untersuchungen zu stützen oder zu widerlegen wäre, lautet: Der zentrale Impuls in der Gründungsphase der analytischen Philosophie war es, mit den Natur- und Sozialwissenschaften wieder in ein produktives Verhältnis zu treten. Die einzelwissenschaftlichen Ergebnisse sollten in die philosophische Analyse einfließen, und philosophische Argumente und Ergebnisse sollten sich für die einzelwissenschaftliche Forschung als fruchtbar erweisen. Nennen wir diesen Impuls den der *Ankopplung von Philosophie und Wissenschaft.* Die auffällig interdisziplinäre Zusammensetzung des Wiener Kreises stützt diese These.

Dieser Prozess hatte zumindest zwei prominente Vorläufer, nämlich zum einen den der *scientia nova*, die die Philosophie aus ihrem Schattendasein als *ancilla theologiae* befreite und sie zu einem eigenständigen, auf deduktiven und induktiven Methoden beruhenden wissenschaftlichen Projekt der Welterklärung umbaute, und die kantische Revolution gegen den deduktivistischen Rationalismus der Leibniz-Wolff'schen Schule, die die grundlegenden philosophischen Disziplinen Ethik und Erkenntnistheorie mit dem Stand der damals entscheidend von Isaac Newton geprägten Naturwissenschaft, die sich allerdings selbst noch als Teil der theoretischen Philosophie verstand, versöhnen wollte. Die Kritik des traditionellen Aristotelismus und Thomismus durch Philosophen der *scientia nova* wie Descartes, Hobbes und Bacon, die Kritik der rationalistischen Schulmetaphysik durch Immanuel Kant und die Kritik der analytischen Philosophie an der philosophischen Tradition beruhten auf dem gemeinsamen Impuls, *Philosophie und Wissenschaft wieder in ein produktives Verhältnis zu setzen.* Jede dieser drei Reformbewegungen der Philosophie bediente sich, bei einigen auffälligen Gemeinsamkeiten, unterschiedlicher Methoden. Während die *scientia nova* am euklidischen Ideal des *mos geometricus* und bei den Atomisten der griechischen Antike anknüpfte, entwickelte Immanuel Kant eine neue, nämlich transzendentale Methode philosophischer Argumentation und die analytischen Philosophen der ersten Dekaden bedienten sich der wesentlich durch sie erst entwickelten Instrumente logischer und linguistischer Analyse. In einem Teil der analytischen Philosophie wurde dieses Programm zu naturalistischen Positionen radikalisiert, besonders einflussreich war hier diejenige Willard Van Orman Quines.

Die Meinungen in der analytischen Philosophie gehen natürlich weit auseinander hinsichtlich der Frage, wie genau das Verhältnis zwischen Philosophie und Wissenschaft beschaffen ist oder beschaffen sein sollte. In diesem Spektrum von Auffassungen spielen besonders die folgenden eine wichtige Rolle:

(1) Die Methode der *rationalen Rekonstruktion.* Dieser zufolge sind die Begründungsfiguren, Argumente, Thesen und Theorien der Einzelwissenschaften zumindest elliptisch, in vielen Fällen sogar rational inakzeptabel. Eine sorgfältige, eben rationale Rekonstruktion erlaubt es, die Ellipsen zu beseitigen, Grundbegriffe von

definierten Begriffen zu unterscheiden, Axiome von Theoremen. Eine gute wissenschaftliche Theorie wird durch rationale Rekonstruktion nicht besser, aber diese erlaubt es, den Inhalt und den begrifflichen Rahmen sorgfältiger zu erfassen und Begründungslücken zu schließen. Schlechte wissenschaftliche Theorien kollabieren dagegen bei rationaler Rekonstruktion; die Gründe, warum die Theorie unzureichend, schlecht begründet oder sogar als intern widerlegt gelten muss, werden offensichtlich.

(2) Die Methode der *Sprachanalyse.* Analytische Philosophen, die sich ihrer bedienen, vertrauen auf die in der Lebenswelt verankerte Verlässlichkeit alltäglicher Sprach- und Kommunikationspraxis. Das kritische Potenzial dieser Methode richtet sich nicht gegen die lebensweltliche Sprach- und Handlungspraxis, sondern gegen den Missbrauch in der Alltagspraxis verankerter und damit wohlbestimmter sprachlicher Ausdrücke in den Geistes- und den Sozialwissenschaften. Während die Methode der rationalen Rekonstruktion einen engeren Bezug zu den Naturwissenschaften als zu den Geisteswissenschaften aufweist, ist dies bei der Methode der Sprachanalyse umgekehrt. Gelegentlich werden diese beiden Ansätze der analytischen Philosophie, die sich schon längst nicht mehr in Gegnerschaft gegenüberstehen, sondern vielfältige Verbindungen eingegangen sind, als *ideal language philosophy* bzw. *ordinary language philosophy* bezeichnet.

(3) Die Methode der *naturalistischen Integration.* Die engste Verbindung zwischen Philosophie und Wissenschaft wird innerhalb der analytischen Philosophie von den Naturalisten postuliert. Strenge Wissenschaft ist demnach Naturwissenschaft: Es gibt keine Demarkationslinie zwischen dem Geistigen und dem Materiellen, dem Mentalen und dem Physischen, die eine Einteilung der Wissenschaften in Geistes- und Naturwissenschaften rechtfertigen könnte; vielmehr gibt es eine einheitliche erklärende Wissenschaft, die lediglich aus pragmatischen Gründen in Disziplinen und Klassen von Disziplinen zerfällt. Sinnvolle philosophische Fragen lassen sich im Prinzip – das heißt nicht notwendigerweise unter den gegebenen epistemischen Bedingungen – mit naturwissenschaftlichen Methoden beantworten. Den analytischen Naturalismus kann man als eine modernisierte Form des philosophischen Materialismus interpretieren.[1]

1 Vgl. Paul Moser, David Yandell, »Against Naturalizing Rationality«, in: Gerhard

Die mit der *Methode der rationalen Rekonstruktion* verbundene Strömung der analytischen Philosophie hat in der Regel ein *pluralistisches Wissenschaftsverständnis*: Sie akzeptiert unterschiedliche Argumentationsformen, entwickelt allerdings gemeinsame Standards ihrer rationalen Rekonstruktion: Logik, Wahrscheinlichkeitstheorie und Entscheidungstheorie spielen dabei eine grundlegende Rolle. Die Einheit wissenschaftlicher und gegebenenfalls auch außerwissenschaftlicher Argumente schlägt sich lediglich in abstrakten Charakteristika von Begründungsrelationen bzw. der rationalen Dynamik von Überzeugungsänderungen nieder. Dies ist mit einer Pluralität einzelwissenschaftlicher Methoden und Theorietypen vereinbar. Die *Methode der Sprachanalyse* tendiert dagegen zu einer *dualistischen* Wissenschaftsauffassung. Sie postuliert zwei Sprachstufen, von denen die eine sich auf die natürliche Welt und die andere sich auf die Welt der Intentionen und Sprechhandlungen bezieht. Die Methode der *naturalistischen Integration* beruht dagegen auf einem *monistischen* Wissenschaftsverständnis und setzt damit einen ursprünglichen Impuls der noch jungen analytischen Philosophie als einheitswissenschaftliche Bewegung fort. Eine spezifische Konstitution der Geisteswissenschaften etwa über ein Verständnis des Mentalen als etwas auf natürliche Entitäten nicht Reduzibles bleibt ebenso ausgeschlossen wie die Konstitution des sozialwissenschaftlichen Gegenstandsbereiches über einen irreduziblen Handlungsbegriff. Philosophische Thesen gelten nur insoweit als vertretbar, als sie sich in ein naturwissenschaftliches Weltbild integrieren lassen.

Dieser wichtige Ansatz aus den Gründerjahren der analytischen Philosophie, ein neues Verhältnis zu den Einzelwissenschaften herzustellen sowie die *splendid isolation* der idealistischen Philosophie des 19. Jahrhunderts zu beenden, ließ in den ersten Dekaden das Projekt einer genuin praktischen Philosophie, also einer Philosophie, die sich mit Kriterien richtigen Handelns auseinandersetzt, zunehmend als suspekt erscheinen. Hier gab es keinen Anknüpfungspunkt – jedenfalls wenn man Moores Theorie des naturalistischen Fehlschlusses akzeptierte – zu den empirischen Einzelwissenschaften, und die mit der Disziplin der Ethik verbundenen metaphysischen und ontologischen Fragen schienen in ein

Preyer, Georg Peter (Hg.), *The Contextualization of Rationality*, Paderborn 2000, S. 81-94.

wissenschaftliches Weltbild nicht integrierbar zu sein. Der Impuls, mit der Wissenschaft ein Verhältnis möglichst weitgehender Kontinuität und Kompatibilität herzustellen, zeigte besonders auffällige Wirkungen in der Auseinandersetzung der analytischen Philosophie mit der *Freiheitsproblematik*. In der Tat liegt das Thema menschlicher Freiheit an der Nahtstelle von Wissenschaftstheorie, Sprachphilosophie, Philosophie des Geistes und Ethik einerseits sowie Psychologie, Neurophysiologie und Physik andererseits. Bei kaum einem anderen philosophischen Problem lassen sich wissenschaftliche und philosophische Fragen so wenig trennen. Umso mehr galten und gelten die Bemühungen der analytischen Philosophen dem Ziel, dieses altehrwürdige Problem der Philosophie als eine mögliche Bruchstelle im Verhältnis zu den empirischen Wissenschaften zu beseitigen.

Aus der vermeintlichen Gewissheit heraus, dass es sich hier nicht wirklich um ein ernsthaftes philosophisches Problem handeln könne, geriet die Behandlung der Freiheitsproblematik zunächst einigermaßen grobschlächtig. Dass auch sehr bedeutende philosophische Köpfe derart schlicht mit einer Problemstellung umgingen, die nach allem, was wir wissen, schon in der Stoa auf weit höherem Niveau diskutiert worden ist, scheint mir nicht daran zu liegen, dass gerade hier der gewohnte Scharfsinn versagte, sondern dass es durch das oben besprochene *Kontinuitätsmotiv* eine Art ideologischer Vorfestlegung gab, die die Existenz ernsthafter Gegenargumente von vornherein ausschloss.

Vergegenwärtigen wir uns zunächst die Argumentation George Edward Moores.[2] Moore hatte als Konsequentialist die Richtigkeit einer Handlung vom Vergleich ihrer Folgen mit den Folgen all der übrigen Handlungen, die der Handelnde an ihrer Stelle hätte tun können, abhängig gemacht. Die ethische Theorie Moores setzt also voraus, »dass dort, wo eine freiwillige Handlung richtig oder falsch ist (und wir haben durchweg nur von freiwilligen Handlungen gesprochen), der Handelnde in einem bestimmten Sinn an ihrer Stelle etwas anderes hätte tun können«.[3]

Die entscheidende These Moores, die als Konditionalanalyse

2 Vgl. das Kapitel »Free Will« in George Edwards Moores *Ethics*, London 1912.

3 Moore, »Freier Wille«, in: Ulrich Potthast (Hg.), *Seminar: Freies Handeln und Determinismus*, Frankfurt/M. 1978, S. 142.

(*conditional analysis*) bis heute für viele attraktiv geblieben ist, lautet, dass man in der Ethik nicht behaupten muss,

> daß richtig und falsch davon abhängen, was der Handelnde uneingeschränkt tun kann, sondern nur davon, was er tun kann, wenn er sich entsprechend entscheidet. Und darin liegt ein sehr großer Unterschied. Denn indem sich unsere Theorie auf diese Weise beschränkt, vermeidet sie eine Kontroverse, welcher diejenigen, die behaupten, dass richtig und falsch davon abhängen, was der Handelnde uneingeschränkt tun kann, nicht aus dem Wege gehen können.[4]

Und weiter: »Wer behauptet, kein Mensch hätte jemals etwas anderes tun können als das, was er getan hat, muss, sofern er zugleich behauptet, dass richtig und falsch davon abhängen, was wir tun können, logischerweise behaupten, dass keine unserer Handlungen jemals richtig und keine jemals falsch ist«.[5] Moore setzt dem die These entgegen: »Unter der Voraussetzung, dass jemand etwas anderes getan haben könnte, wenn er sich entsprechend entschieden hätte, sind wir hinreichend berechtigt zu sagen, dass eine Handlung richtig oder falsch ist.«[6] Und Moore lässt keinerlei Zweifel daran, dass er diese Bestimmung von Freiheit mit umfassender Determination unseres Handelns zum Beispiel durch naturwissenschaftliche Gesetzmäßigkeiten für vereinbar hält. Moore ist überzeugt, dass das Wort *Können* nicht nur eine Bedeutung hat und dass diese Mehrdeutigkeit die Kompatibilität von Willensfreiheit und Determinismus begründet.

(1) Wenn wir einen freien Willen haben, muss es in einem bestimmten Sinn zutreffen, dass wir manchmal hätten tun können, was wir nicht getan haben.

(2) Wenn alles verursacht ist, muss es in einem bestimmten Sinn zutreffen, dass wir niemals etwas hätten tun können, das wir nicht getan haben.[7]

Wenn in diesen beiden Sätzen *Können* in gleicher Bedeutung verwendet wird, dann kann es nicht sein, dass wir sowohl einen freien Willen haben als auch dass alles verursacht ist. In der Tat ist *Können* mehrdeutig und die analytische Philosophie hat bis heute

4 Ebd., S. 143.
5 Ebd., S. 143 f.
6 Ebd., S. 144.
7 Ebd., S. 150.

wesentlich dazu beigetragen, diese Mehrdeutigkeit – etwa hinsichtlich logischer, naturwissenschaftlicher und probabilistischer Möglichkeit – aufzuschlüsseln. Die Problematik der Moore'schen Lösung liegt nicht in der Annahme der Mehrdeutigkeit von *Können*, sondern in der spezifischen Interpretation von *Können* als Voraussetzung moralischer Verantwortlichkeit, die Moore entwickelt. Er interpretiert *Ich konnte* als Kurzfassung für die Aussage »Ich *würde*, wenn ich mich entschieden hätte«.[8] Bei dieser Interpretation widerspricht die Aussage, dass ich etwas hätte tun können, das ich nicht getan habe, in der Tat nicht dem Prinzip der vollkommenen kausalen Determination des Weltverlaufs.

Aus der Annahme, dass wir, wenn wir sagen, wir hätten etwas tun können, das wir nicht getan haben, meinen, wir *würden es getan haben, wenn wir uns dazu entschieden hätten*, folgt, dass wir in vielen Fällen auch dann etwas anderes hätten tun können, als wir getan haben, wenn eine vollständige Beschreibung des Weltzustandes in dem Augenblick, in dem Caesar sich entschloss, mit seinen Truppen den Rubikon zu überschreiten, unter der Voraussetzung geltender Naturgesetze jeweils deduktiv abzuleiten gestattete, welche Handlung ich zu jedem beliebigen Zeitpunkt meines Lebens vollziehe.

Der Einwand gegen die Konditionalanalyse Moores liegt auf der Hand: Eine Person, für die es zum Beispiel aus naturwissenschaftlichen, speziell neurophysiologischen Gründen unmöglich ist, diejenige Entscheidung zu treffen, die sie hätte anders handeln lassen, war eben nicht frei darin, diese Handlung zu unterlassen. Dieser Einwand ist alt und lässt sich zusammen mit seinen Entkräftungsversuchen bis auf die Stoa zurückverfolgen.[9] Können wir uns mit dieser Interpretation von Freiheit als Voraussetzung moralischer

8 Ebd.

9 Vgl. das in Gellius' *Noctes Atticae* (7.2.8.) wiedergegebene Argument von Chrysipp, der zwar die These der allgemeinen Determination aufrechterhält, aber die Verantwortlichkeit für Handlungen damit für kompatibel hält: »Quanquam ita sit, inquit, ut ratione quadam necessaria et principalia coacta atque conexa sint fato omnia, ingenia tamen ipsa mentium nostrarum proinde sunt fato obnoxia, ut proprietas eorum est ipsa et qualitas.« *Ingenia* ist vermutlich die lateinische Übersetzung der griechischen *diatheseis*, also der charakteristischen Einstellungen des Geistes, die in bestimmten Handlungen resultieren. Es ist die Zuschreibbarkeit dieser spezifischen *diatheseis*, die moralische Verantwortlichkeit mit universeller Determination nach Auffassung Chrysipps vereinbar macht.

Verantwortlichkeit zufrieden geben, wenn wir zwar oft anders gehandelt haben würden, wenn wir uns anders entschieden hätten, aber uns eben nicht anders hätten entscheiden können? Gibt es moralische Verantwortlichkeit, wenn wir uns niemals für etwas hätten entscheiden können, für das wir uns nicht entschieden haben? Um diesem Einwand zu begegnen, führt Moore, man könnte sagen in Vorwegnahme einer Idee Harry Frankfurts, Entscheidungen zweiter Ordnung ein, das, was Frankfurt mit dem Kunstwort *volition* bezeichnet: Entsprechend der Interpretation von *Wir hätten etwas tun können* als *Wir würden es getan haben, wenn wir uns dazu entschieden hätten*, wird *Wir hätten uns dazu entscheiden können* mit *Wir würden uns so entschieden haben, wenn wir uns entschieden hätten, diese Entscheidung zu treffen* übersetzt.[10] Da sich der gleiche Einwand aber auch hinsichtlich der Entscheidungen zweiter Ordnung stellen lässt, kann man hier nur von einer Verschiebung und nicht von einer Lösung der Problematik sprechen.

Da Moore seine Argumentation als Analyse der Bedeutung von *Können* präsentiert, hatte John Langshaw Austin in dem wunderbar konzisen und ironischen Artikel »Ifs and Cans«[11] über vierzig Jahre später leichtes Spiel. Als sprachanalytisches Argument kann Moores *conditional analysis*, die die Kompatibilität von Determinismus und Freiheit, von moralischer Verantwortlichkeit und uneingeschränktem Kausalitätsprinzip belegen sollte, seitdem als gescheitert gelten. Das *Können*, das wir in moralischen Kontexten voraussetzen, lässt sich nicht in *Würden, wenn wir wollten* oder Ähnliches übersetzen, dieses Können meint etwas Unbedingtes, Austin spricht hier von einem *categorical statement*, das uns gleich noch beschäftigen wird.

Der analytischen Philosophie wird von ihren Gegnern oft Kurzatmigkeit und ein schlechtes Gedächtnis vorgeworfen: Die von der jeweils aktuellen Debatte wahrgenommenen Beiträge seien auf einen Zeitraum von wenigen Jahren beschränkt. Tatsächlich gab es über lange Zeit in der analytischen Philosophie eine modernistische – oder sollte man besser sagen: optimistische – Grundstimmung, die sich vor allem darin äußerte, dass ein großer Teil analytischer Philosophinnen und Philosophen Probleme traktierte, ohne die Beiträge früherer Epochen einzubeziehen, ja in den meisten Fällen

10 Moore, *Freier Wille*, S. 154.

11 J. L. Austin, »Ifs and Cans«, in: *Proceedings of the British Academy*, Vol. 42 (1956), S. 107-132.

wohl sogar, ohne diese überhaupt zu kennen. Oft war dies kein großer Verlust, manchmal führte es zu unnötigen Wiederholungen altbekannter Argumente, im Falle der Willensfreiheitsthematik jedoch hatte dies zweifellos in den ersten Dekaden der analytischen Philosophie einen beträchtlichen Qualitätsverlust zur Folge. Umso bemerkenswerter ist im Rückblick, welchen langen Atem die analytische Philosophie bei der Diskussion um Willensfreiheit und andere ethische Grundprobleme dann entwickelte. Die Antwort auf Moores Konditionalanalyse von 1912 schreibt wie gesagt Austin 1956 und die auf Moritz Schlicks »Scheinproblem der Willensfreiheit« von 1930[12] ist eigentlich erst Peter Strawsons Aufsatz »Freedom and Resentment« von 1962.[13]

Moritz Schlick hatte, lange Zeit stilbildend für die analytische Philosophie, sich in folgender Weise über das Problem der Willensfreiheit ausgelassen:

> Mit Widerstreben und Zögern mache ich mich daran, dieses Kapitel in die Besprechung ethischer Fragen einzufügen. Denn ich muß in ihm von einer Angelegenheit sprechen, die zwar auch gegenwärtig noch oft als eine Grundfrage der Ethik angesehen wird, die aber nur durch ein Mißverständnis zu einem viel erörterten Problem wurde und nur durch ein Mißverständnis in die Ethik hineingeraten ist: das sogenannte Problem der Willensfreiheit. Dabei ist diese Scheinfrage durch die Bemühungen einiger gescheiter Köpfe längst erledigt worden.[14]

Schlick denkt dabei nicht an Moore, sondern an David Hume und setzt nach: »[E]s ist wirklich einer der größten Skandale der Philosophie, daß immer noch so viel Papier und Druckerschwärze an diese Sache verschwendet werden.« Man könnte hinzufügen: und das nicht nur zu den damaligen Zeiten, sondern besonders wieder zur Wende vom 20. zum 21. Jahrhundert, und zwar gerade in der Neurophysiologie und der analytischen Philosophie.

Dabei wäre die Beseitigung dieses philosophischen Skandals nach Schlick ganz einfach. Man müsste nur zwei Einsichten folgen: Erstens, dass es der Ethik nicht um Vorschriften, sondern lediglich um Erklärungen menschlichen Verhaltens gehen kann und dass

12 Vgl. Kapitel VII von Schlicks *Fragen der Ethik*, Wien 1930.

13 Peter Strawson, »Freedom and Resentment«, in: *Proceedings of the British Academy*, Vol. 48 (1960), S. 1-25.

14 Moritz Schlick, *Fragen der Ethik*, Wien 1930, Kap. VII.

damit die Ethik als nomologische Wissenschaft das Kausalprinzip voraussetze, und zum anderen, dass es ihr im Kern um ethische Verantwortlichkeit gehe und diese sich gerade darin erweise, dass das Verhalten von Sanktionen beeinflusst werden könne, so dass kausale Determination nicht nur keine Bedrohung menschlicher Verantwortlichkeit, sondern sogar deren Voraussetzung darstelle.

Die Antwort Strawsons besteht aus zwei Teilen:

(1) Unsere moralischen Empfindungen und Einstellungen sind Ausdruck komplexer Beziehungen zwischen Menschen. Strawsons These lautet, dass bestimmte moralische Gefühle und Einstellungen keinen Bestand hätten, wenn sie von uns als bloße Mittel zur Verhaltenssteuerung eingesetzt würden. Ihn interessieren dabei weniger moralische Praktiken wie Bestrafung, moralische Verurteilung (*moral condemnation*) oder Zustimmung (*moral approval*), die bei Schlick im Mittelpunkt stehen, sondern das, was er als *non-detached attitudes and reactions of offended parties and beneficiaries* bezeichnet;[15] detaillierter geht er auf Bedauern (*resentment*), Dankbarkeit (*gratitude*) und Vergebung (*forgiveness*) ein.

(2) Es ist praktisch ausgeschlossen, dass eine theoretische Überzeugung, etwa die, dass jedes Ereignis in der Welt kausal determiniert sei, unsere moralischen Gefühle so tiefgreifend beeinflusst, dass die interpersonalen Beziehungen, die diese zum Ausdruck bringen und die uns lebensweltlich vertraut sind, nicht mehr fortbestehen. Strawson spricht hier von der *objektiven Einstellung gegenüber interpersonalen Beziehungen*, zu der Menschen nicht fähig wären, weil die Isolation, die daraus resultierte, etwas ist, was die menschlichen Fähigkeiten übersteigt.

II. Freiheit und Lebenswelt

Ganz unabhängig davon, wie diese und andere moralische Empfindungen und Einstellungen gegenüber anderen Personen adäquat zu beschreiben sind – Jay Wallace hat in meinen Augen das Strawson'sche Projekt in besonders überzeugender Form weitergeführt[16] –, es stellt sich die Frage nach dem Status dieses Argumen-

15 Etwa: Haltungen und Reaktionen von Betroffenen als Gekränkte wie als Nutznießer.

16 R. Jay Wallace, *Responsibility and the Moral Sentiments*, Cambridge 1994.

tes für die Annahme menschlicher Freiheit. Es ist offensichtlich als ein transzendentales Argument gedacht (Strawsons Auseinandersetzung mit Immanuel Kant untermauert diese Einordnung[17]). Unsere interpersonalen Beziehungen, die in alltäglichen Interaktionen und spezifischer in unseren moralischen Empfindungen und Einstellungen zum Ausdruck kommen, setzen voraus, dass Menschen für ihr Handeln verantwortlich sind, dass sie keine bloßen Objekte kausaler Beeinflussung allein – weder solche der Physik, der Biologie oder Neurophysiologie noch solche der Psychologie – sind. Wir als normale menschliche Wesen, eingebettet in soziale Zusammenhänge, können gar nicht anders, als Verantwortlichkeit und Freiheit in dem Umfang vorauszusetzen, wie es für die von uns allen geteilten moralischen Empfindungen und Einstellungen (Strawson spricht hier von *reactive attitudes*) erforderlich ist. Unsere lebensweltlichen interpersonalen Beziehungen lassen keinen Spielraum für theoretische Überzeugungen, die diese Einstellungen als unbegründet erscheinen lassen würden.

Transzendentale Argumente haben grundsätzlich zwei Lesarten: eine relativistische und eine absolutistische. Die relativistische besagt lediglich: Bestimmte Annahmen, nennen wir sie *transzendentale Bedingungen*,[18] sind für ein bestimmtes System von Überzeugungen, Einstellungen oder Gefühlen unverzichtbar, oder genauer: werden von diesem impliziter vorausgesetzt. Damit wären diese transzendentalen Bedingungen nur begründet, sofern das betreffende System von Überzeugungen, Einstellungen und Empfindungen begründet ist. Strawson bezieht sich ausdrücklich auf die Konstituentien unserer moralischen Lebenswelt und warnt seine Zuhörer bzw. Leser, sie dürften bei diesem Gegenstand keine übermäßige Exaktheit erwarten. Nehmen wir einmal an, die Beschreibungen unserer *reactive attitudes*, die Strawson gibt, sind im Großen und Ganzen korrekt. Wir entwickeln moralische Einstellungen und Empfindungen immer unter der Voraussetzung, dass wir selbst Urheber unserer Handlungen sind, also frei und verantwortlich handeln. Die Perspektive verändert sich, wenn wir mit menschlichen Grenzfällen konfrontiert sind, zum Beispiel Kleinkindern

17 Vgl. Strawson, *The Bounds of Sense*, Oxford 1966.

18 Unter einer *transzendentalen Bedingung von X* wird in der Regel *die Bedingung der Möglichkeit von X* verstanden. X ist eine transzendentale Bedingung von Y genau dann, wenn gilt: $\neg X \rightarrow \neg \Diamond Y$.

oder Geisteskranken. Es wird dann albern, eine Äußerung, die normalerweise als beleidigend empfunden wird, übel zu nehmen. Das Kleinkind oder der Geisteskranke können eben nicht oder nur eingeschränkt verantwortlich gemacht werden, und wir reagieren darauf unter anderem, indem wir nicht mehr an gute Gründe, etwas zu tun oder zu unterlassen, appellieren, sondern unsererseits ein Verhalten an den Tag legen, von dem wir hoffen, dass es einen entsprechenden kausalen Einfluss (zum Beispiel einen der Abschreckung oder des Anreizes) ausübt. Wir verhalten uns dann so, wie es Schlick generell für rational gehalten hat. Strawson hat zweifellos recht damit, dass die Einstellung, auf der dieses Verhalten beruht, gegenüber voll zurechnungsfähigen Personen unangemessen wäre, ja, dass sie das Fundament unserer lebensweltlichen Interaktionen zerstören würde.

Die betreffenden reaktiven Einstellungen bzw. umfassender die unsere Lebenswelt prägenden moralischen Einstellungen und Empfindungen würden uns als inadäquat erscheinen, wenn menschliches Verhalten, Handeln, Empfinden und Urteilen unfrei, sei es determiniert durch Kausalgesetze oder kontingent durch Zufallsoperatoren, wäre. Inadäquat ist zweifellos nicht das Gleiche wie *psychologisch unmöglich*. Eine moralische Einstellung kann inadäquat sein unter der Voraussetzung, dass die betreffende Person eine bestimmte (deskriptive) Überzeugung hat, und doch mag es Personen geben, die sowohl diese Überzeugung wie diese Einstellung haben. Solche Personen gelten uns dann im Hinblick auf diese Kombination von moralischer Einstellung und deskriptiver Überzeugung als irrational.

Strawsons Terminologie ist dabei geeignet, Verwirrung zu stiften. Normale reaktive Einstellungen und Gefühle bringen ihm zufolge interpersonale Beziehungen zum Ausdruck, während eine objektive Einstellung (*objective attitude*) gegenüber einem anderen menschlichen Wesen dadurch charakterisiert ist, dass dieses Wesen als Objekt einer sozialen Taktik oder einer Manipulaion angesehen wird. Der Psychotherapeut hat eine objektive Einstellung gegenüber seinem Patienten, die Trainerin gegenüber ihrer Sportlerin. Diese objektiven Haltungen sind vereinbar mit Gefühlen wie Mitleid oder Ekel, aber sie sind nicht vereinbar mit bestimmten reaktiven Einstellungen und Empfindungen, die durch spezifische interpersonale Beziehungen bestimmt sind.

Mir scheint dagegen der entscheidende Unterschied nicht angemessen durch den Gegensatz zwischen einer objektiven und einer subjektiven Einstellung erfasst zu sein. Die objektive Haltung, meint Strawson, schließe bestimmte reaktive Einstellungen und Gefühle aus, die zu engen interpersonalen menschlichen Beziehungen gehören. So ist es aber gerade nicht. Eltern stehen zu ihrem behinderten Kind in einer engen interpersonalen Beziehung, sie empfinden Liebe, Empathie, sie freuen sich mit diesem Kind und leiden mit diesem Kind. Es mag aber sein, dass die Art der Behinderung bestimmte reaktive Einstellungen und Gefühle unangemessen macht. Wenn etwa ein autistisches Kind nicht beurteilen kann, wann es eine Person kränkt, dann ist es unangemessen, ihm das übel zu nehmen (ein Gefühl des *resentment* zu entwickeln). Wenn einem Kind die Intelligenz fehlt, die erforderlich ist, um für moralische Argumente zugänglich zu sein, dann macht das moralische Missbilligungen unangemessen. Mit einer subjektiven bzw. objektiven Haltung hat dies nichts zu tun. Der entscheidende Unterschied ist mit einem anderen Begriff verbunden, der für unsere folgenden Überlegungen die zentrale Rolle spielen wird, nämlich dem der *Gründe*, der *Handlungsgründe*. Die entscheidende Frage ist, ob das Verhalten der Person für andere einsehbar von Gründen gesteuert ist oder nicht: ob die Person zur Abwägung von Gründen fähig ist, ob sie Einwänden, das heißt Gegengründen, gegenüber zugänglich ist, kurz: ob man ein hinreichendes Maß an Rationalität voraussetzen kann. Mit *Rationalität* ist nichts anderes gemeint als genau dies: *Das Handeln ist von Gründen geleitet*. Die Person kann in kohärenter Weise Auskunft geben, aus welchen Gründen sie sich so und nicht anders verhalten hat.

Sofern wir einer Person zubilligen (oder unterstellen), ihr Handeln sei durch Gründe geleitet, können Billigung und Missbilligung und auch Gefühle der Kränkung oder des Ressentiments angemessen sein. Diese und andere moralische Einstellungen und Gefühle setzen allerdings voraus, dass Gründe gerade nicht etwas lediglich Subjektives sind. Ich kann einer Person nur Vorhaltungen machen, wenn es möglich ist, unterschiedlicher Meinung darüber zu sein, was ein angemessener Grund ist, wenn Gründe nicht beliebig sind, wenn es Kriterien gibt, die gute von schlechten Gründen unterscheiden. Unsere lebensweltliche Moral verlangt nach *fairen* Billigungen oder Missbilligungen, sie verlangt danach, dass man nicht einfach die eigenen subjektiven Interessen zum Standard der Beurteilung macht, sie verlangt ein gewisses Maß an *Objektivität*. Wir streiten über die Angemessenheit von Gründen, wir sind sicher, dass bestimmte Gründe unangemessen und andere angemessen sind, was aber nichts anderes heißt, als dass wir Gründe nicht in das subjektive Belieben des Einzelnen stellen. Strawson spricht von der Spannung zwischen der teilnehmenden Haltung und der objektiven Haltung, ja er merkt an, dies könne man vielleicht sogar als Spannung zwischen unserer Menschlichkeit und unserer Intelligenz betrachten. Ich denke, da ist eine andere Akzentuierung und eine andere Begrifflichkeit erforderlich, um die wichtigen Einsichten Strawsons, fassen wir sie als *Strawson'sche Perspektive* zusammen,[19] richtig zu erfassen.

Um diese Neuakzentuierung, die ich für notwendig halte, unabhängig davon, wie man im Detail die einschlägigen moralischen Einstellungen charakterisiert, anschaulicher zu machen, betrachten wir ein Beispiel, mit dem viele von uns vertraut sein werden. Eine ältere Person verliert zunehmend ihre Erinnerungsfähigkeit. Ganz zu Beginn dieses Prozesses gibt es deswegen immer einmal wieder Streit. Der vergesslich gewordene Ältere ist fest davon überzeugt, dass ihn seine Erinnerung nicht trügt. Er trägt seine Überzeugung in der Erwartung vor, dass ihm niemand widerspricht. Die Jüngeren widersprechen, machen Argumente geltend, die zeigen sollen, dass diese Erinnerung falsch sein muss, usw. Einige Jahre später – der Verfall des Gedächtnisses ist weiter vorangeschritten – gibt es keinen Streit mehr. Entsprechende Behauptungen werden übergangen, man versucht behutsam, solchen Auseinandersetzungen aus dem Weg zu gehen und möglichst viel des lebensweltlich Vertrauten aufrechtzuerhalten. Dies ist als Übergang von einer subjektiven zu einer objektiven Haltung schon schlecht beschrieben, noch schlechter als Übergang von Menschlichkeit zu Intelligenz. Voll zurechnungsfähigen Menschen gegenüber ist ein anderes, ein rigideres, unnachgiebigeres, fordernderes Auftreten durchaus gerechtfertigt, während dies für nicht mehr voll zurechnungsfähige Menschen nicht mehr gerechtfertigt ist. Das Strafrecht bringt das deutlich zum Ausdruck. Wer voll zurechnungsfähig gehandelt hat, muss auch dafür zur Rechenschaft gezogen werden können.

19 Vgl. dazu auch Kap. 9, Abschnitt III in diesem Band.

Wessen Handeln durch die Abwägung von Gründen gesteuert ist, der muss für dieses Handeln auch geradestehen. Menschlichkeit im Sinne von Rücksichtnahme und Verzeihen, von Behutsamkeit und Hilfestellung ist gerade gegenüber denjenigen erforderlich, die ihr eigenes Leben nicht mehr vollständig unter Kontrolle haben. Wenn schon, dann schiene also hier die umgekehrte Charakterisierung, nämlich als Übergang von Intelligenz zu Menschlichkeit, angemessener.

Und wiederum umgekehrt: Dort, wo wir Gründe gegeneinander abwägen, dort, wo wir prüfen, ob ein bestimmtes Verhalten moralisch akzeptabel ist oder nicht, dort geht es um geteilte Standards, um rationale Argumente. Wir müssen uns in die subjektive Lage einer Person nicht hineinversetzen, um zu wissen, dass ein Mord oder eine Beleidigung moralisch inakzeptabel sind. Die traurigen Lebensgeschichten, die in Strafprozessen zur Entschuldigung des Angeklagten angeführt werden, sind nur dann relevant, wenn dieser Angeklagte aufgrund der damit einhergehenden psychischen Störungen nicht mehr voll zurechnungsfähig ist, wenn er nicht mehr imstande war, Gründe gegeneinander abzuwägen und sein Handeln daran auszurichten. Ob eine Strafe angemessen ist, richtet sich nach bestimmten, im Verlauf des Prozesses nachzuprüfenden Merkmalen der Handlung. Die Rechtsgemeinschaft hat sich auf diese Merkmale als die ausschlaggebenden verständigt. Sie haben einen objektiven oder zumindest intersubjektiven Charakter und wir sind davon überzeugt, dass sie im Ganzen normativ angemessen sind. Die rechtliche Strafe ist eine Form des institutionell geregelten gesellschaftlichen Übelnehmens, das, was Strawson als *resentment* bezeichnet. Vorzeitige Entlassung bei guter Führung ist ein anderes wohletabliertes Rechtsinstitut, das ebenfalls festgelegten und in einen Begründungskontext eingebetteten Kriterien unterliegt (im Gegensatz zur Begnadigung). Das, was im Rechtssystem als Strafe und vorzeitige Entlassung etabliert ist, kann als Konkretisierung zweier grundlegender moralischer reaktiver Einstellungen gelten. Strafe ist Ausdruck einer bestimmten Form gesellschaftlichen Übelnehmens, und vorzeitige Entlassung ist eine Form gesellschaftlicher Vergebung (*forgiveness* im Sinne Strawsons). Und so, wie Strafe und vorzeitige Entlassung bestimmten Kriterien genügen bzw. genügen sollen, so steht auch das alltägliche moralisch motivierte Übelnehmen oder Verzeihen unter weitgehend geteilten und diskutierbaren

Adäquatheitskriterien. Ich sollte Gründe dafür haben, wenn ich jemandem etwas übelnehme. So muss die Person sich begründbar falsch verhalten haben, damit ich gerechtfertigt bin, ihr etwas übelzunehmen. Auch das Verzeihen kennt Grenzen der Willkür. Nicht alles kann aus einer Laune heraus verziehen werden; wir erwarten auch dafür in der Regel gute Gründe, wobei zuzugestehen ist, dass das alltägliche Verzeihen zwischen der Willkür eines Begnadigungsaktes und der Regelgeleitetheit einer vorzeitigen Entlassung wegen guter Führung changiert.

Der Gegensatz, den Strawson im Auge hat, lässt sich nicht charakterisieren durch *subjektiv* versus *objektiv* oder *menschlich* versus *intelligent*, sondern durch den Gegensatz zwischen Verhaltenskontrolle durch Gründe und Verhaltenskontrolle durch anderes als Gründe. In unseren alltäglichen Interaktionen setzen wir gerade insoweit Freiheit und Verantwortung, wie sie die Strawson'sche Perspektive postuliert, voraus, als wir das eigene und das Verhalten anderer als von Gründen bestimmt interpretieren. Das Strawson'sche Postulat, wir könnten uns selbst und andere gar nicht anders ansehen als frei und verantwortlich, schlage ich vor genauer zu bestimmen als: *Wir können uns selbst und andere gar nicht anders ansehen denn als Wesen, die ihr Handeln an Gründen ausrichten*, die Gründe für ihr Handeln haben, die sie auf Nachfrage auch offenbaren können. Diese Perspektive umfasst nicht alle menschlichen Wesen, sondern nur solche mit bestimmten kognitiven und moralischen Fähigkeiten. Aber man mag es dennoch als das spezifisch Humane bezeichnen, dass Menschen – nicht alle, aber diejenigen, die ihre menschlichen Anlagen zu voller Entfaltung gebracht haben – diese Fähigkeit haben. Diese Fähigkeit bei uns selbst und anderen, mit denen wir interagieren, vorauszusetzen, ist in das ganze Spektrum unserer reaktiven moralischen Einstellungen und Empfindungen eingebettet. Wir können es nicht herauslösen, ohne dieses System insgesamt zum Einsturz zu bringen. Diese fundamentale, wer will, mag sagen: transzendentale Rolle der Rationalitätsprämisse lässt naturalistische Umdeutungen so merkwürdig präpotent erscheinen, als Ausdruck einer unbedachten Attitüde, die nicht wahrhaben will, dass es hier nicht um ein Korollar wissenschaftlicher Weltanschauung, sondern um die Verfasstheit unserer lebensweltlichen Interaktionen *in toto* geht. Wenn wir dieses vermeintliche Korollar einer wissenschaftlichen Weltanschauung wirklich ernst nähmen, es also nicht lediglich als Puzzle für die Debatte in philosophischen Fachzeitschriften oder Seminaren behandelten, dann müssten wir in der Tat unsere reaktiven moralischen Einstellungen und Gefühle, mit denen wir alle vertraut sind und die unser gesamtes Verhalten prägen, aufgeben. Strawson hat recht, wenn er vermutet, dass dies nur um den Preis der Vereinsamung des Einzelnen zu erreichen wäre.

III. Humanismus und Freiheit

Damit sind wir bei der Frage, was *Menschlichkeit* eigentlich ausmacht. Wir sprechen scheinbar paradoxerweise gelegentlich von einem menschlichen oder einem unmenschlichen Umgang mit Tieren. Gemeint ist aber nicht, dass wir Tiere vermenschlichen sollten oder dass wir zu kritisieren wären, wenn wir Tiere als Tiere und nicht als Menschen, also unmenschlich, behandeln, sondern dass es ein Gebot der Menschlichkeit sei, jedes empfindende Wesen rücksichtsvoll zu behandeln. Von Tieren können wir nicht verlangen, dass sie in diesem Sinne menschlich miteinander umgehen, denn Tiere sind für gute Gründe nicht zugänglich.[20] Sich selbst und andere als in ihrem Urteilen und Handeln von Gründen geleitete Wesen anzusehen, ist eine Grundvoraussetzung (oder, wer dies bevorzugt: eine transzendentale Bedingung) unserer lebensweltlichen Moralität. Negativ formuliert: Es ist eine transzendentale Bedingung unserer lebensweltlichen Moralität, dass wir uns selbst und andere als von kausalen Ursachen nicht vollständig determiniert ansehen. Was wir, belegt durch unsere reaktiven moralischen Einstellungen, voraussetzen, ist, dass Gründe unser Handeln leiten oder jedenfalls leiten können. Was hat diese Bedingung unserer lebensweltlichen Moral mit der Freiheitsfrage zu tun? Nun, das ist leicht beantwortet: *Wenn unser Handeln durch Anderes als Gründe vollständig bestimmt wäre, dann wäre diese Bedingung de facto nicht erfüllt.* Da in naturwissenschaftlichen Beschreibungen und Gesetzen Gründe keinen Ort haben, können wir diesen Konflikt auch in der Weise formulieren: *Eine vollständige naturalistische Beschreibung*

20 Dies ist eine allzu pauschale Formulierung. Es mag durchaus sein, dass einige hoch entwickelte Säugetiere wie zum Beispiel Menschenaffen, Delphine oder Hunde in engen Grenzen Handlungsgründe abwägen.

und Erklärung menschlichen Handelns ist mit unserer lebensweltlichen Moralität unvereinbar. Die Freiheit, die die (transzendentale) Bedingung unserer lebensweltlichen Moralität ist, besteht in der *naturalistischen Unterbestimmtheit unserer Handlungs- und Urteilsgründe.*

Unter *Naturalismus* verstehe ich im Folgenden die Auffassung, dass grundsätzlich alle Phänomene, einschließlich mentaler und speziell intentionaler Zustände und Prozesse, also auch menschliches Handeln, mit naturwissenschaftlichen Methoden vollständig beschrieben und erklärt werden können. Eine solche Definition von Naturalismus bleibt vage, solange nicht näher bestimmt wird, was hier unter *naturwissenschaftlich* zu verstehen ist. Für unsere Zwecke ist eine allgemeine und präzise Definition nicht erforderlich, es genügt die Feststellung, und die wird auf einen breiten Konsens stoßen, dass jedenfalls Gründe in naturwissenschaftlichen Beschreibungen und Erklärungen keine irreduzible Rolle spielen dürfen. Die Bezugnahme auf Gründe müsste in einem naturwissenschaftlichen Argument ersetzbar sein durch naturwissenschaftlich Zugängliches, wie zum Beispiel neurophysiologische Zustände.

Der *Non-Naturalismus* wäre dann eine Auffassung, die bestreitet, dass alle Phänomene, auch mentale und speziell intentionale Zustände und Prozesse, also auch Handlungen, mit naturwissenschaftlichen Methoden im Prinzip vollständig beschrieben und erklärt werden können. Uns interessiert speziell eine Variante des Non-Naturalismus, die Gründen eine zentrale und irreduzible Rolle bei der Erklärung menschlichen Handelns und Urteilens beimisst. Diese Variante des Non-Naturalismus bezeichne ich im Folgenden als *Humanismus.* Dieser Begriff von Humanismus benennt eine Position der theoretischen, nicht der praktischen Philosophie. Auf den Zusammenhang zwischen *theoretischem Humanismus* (der hier gemeinte) und *ethischem Humanismus* komme ich noch zurück. Die reaktiven moralischen Einstellungen und Empfindungen unserer Lebenswelt machen nur Sinn, wenn wir annehmen, dass unser eigenes Handeln und das Handeln anderer von Gründen gesteuert ist. Anders formuliert: Unsere lebensweltliche Moralität steht in einem Abhängigkeitsverhältnis zum theoretischen Humanismus. Der theoretische Humanismus ist keine empirische Hypothese, die man für sich genommen überprüfen kann. Der theoretische Humanismus durchdringt unser gesamtes moralisches

Begriffssystem. Ich meine damit nicht die von philosophischen Ethikern vorgenommenen Bemühungen der Systematisierung moralischer Begriffe, sondern die in unserer lebensweltlichen Praxis zum Ausdruck kommenden moralischen Einstellungen und Empfindungen im weitesten Sinne, die sich auf die Angemessenheit eigenen und fremden Handelns beziehen. Ich habe an anderer Stelle dafür argumentiert, dass die Gegenüberstellung von Gründen der Rationalität und Gründen der Moral ohnehin nicht durchzuhalten ist.[21] Die Freiheit, die wir voraussetzen müssen, ist also die der *Deliberation*, der Abwägung theoretischer und praktischer Gründe. Dass wir in der Lage sind, Gründe abzuwägen und je nach Ergebnis dieser Abwägung zu urteilen und zu handeln, ist in der Tat Voraussetzung nicht nur für bestimmte reaktive moralische Einstellungen, sondern für den Kernbereich zwischenmenschlicher Interaktion, für kommunikatives Handeln.

Die insbesondere von Grice, Lewis und Bennett[22] entwickelte intentionalistische Semantik bietet reichhaltiges Illustrationsmaterial für diese Ausweitung der Perspektive. Um zu verstehen, was jemand *meint*, muss ich in schwierigen Fällen – und diese sind ja der Ausgangspunkt der intentionalistischen Semantik – Vermutungen darüber anstellen, unter welchen Bedingungen jemand Grund hat, ein Signal der betreffenden Art zu geben. Besonders Jonathan Bennett hat die impliziten Rationalitätsprämissen sprachlicher Verständigung herausgearbeitet. Wie ein *elementum alienum* zieht sich dabei durch die Beiträge insbesondere von David Lewis eine instrumentalistische Uminterpretation. Das Ziel von Verständigung ist in der Regel jedoch nicht die Beeinflussung des Adressaten durch geeignete Signale, sondern genuine Verständigung, das heißt gelungenes Mitteilen von Sachverhalten, gelungenes Warnen und andere Sprechakte. Der Sprechakt des Warnens durch den Ausruf »Pass auf, dort ist ein Stier!« gelingt dann, wenn der Adressat aufgrund dieses Ausrufes annimmt, dass der Sprecher gute Gründe für seine Warnung hat, wenn der Adressat also vertrauensvoll auch ohne eigenen Augenschein davon ausgehen kann, dass sich in der

21 Vgl. JNR, *Strukturelle Rationalität. Ein philosophischer Essay über praktische Vernunft*, Stuttgart 2001.

22 Vgl. H.P. Grice, *Studies in the Ways of Words*, Boston 1991; David Lewis, *Convention: A Philosophical Study*, Cambridge 1969; Jonathan Bennett, *Linguistic Behavior*, Cambridge 1976.

Nähe ein Stier aufhält und dass ihm dieser gefährlich werden könnte. Ohne verbreitete Konformität zu den Regeln der Wahrhaftigkeit und des Vertrauens ist keine Sprachgemeinschaft vorstellbar, meint Lewis,[23] und damit hat der Adressat Grund, sich in Acht zu nehmen. Es hat eine Verständigung über Gründe stattgefunden. Beide gehen davon aus, dass sie in der Lage sind, Gründe abzuwägen und nach Gründen zu handeln, also, dass sie hinreichend rational sind.

Freiheit, Rationalität und Verantwortung sind über Gründe begrifflich eng miteinander verknüpft. Das Medium der Verknüpfung ist die Fähigkeit zu theoretischer und praktischer Deliberation, zur Abwägung von Gründen. Diese begriffliche Verknüpfung korrespondiert mit den entsprechenden reaktiven Einstellungen und Empfindungen. Wenn wir den Eindruck haben, dass jemand nicht in der Lage ist, Gründe abzuwägen, so ziehen wir ihn nicht oder nur eingeschränkt zur Verantwortung. Wir glauben dann nicht, dass er frei sei in seinen Entscheidungen. Wir werden ihm manches nicht übelnehmen, was wir anderen, freien, rationalen und verantwortlichen Menschen übelnehmen würden. Wenn Freiheit als eine transzendentale Bedingung im Sinne Strawsons verstanden wird, dann sind auch Freiheit und Rationalität, das heißt die Fähigkeit, Gründe abzuwägen und entsprechend dieser Abwägung zu urteilen und zu handeln, transzendentale Bedingungen unserer lebensweltlichen Interaktionen.

Ist damit nun gezeigt, dass wir *de facto* frei, rational und verantwortlich sind? Für Kant waren die Anschauungsformen von Raum und Zeit transzendentale Bedingungen empirischer Naturwissenschaft. Dies hat sich – allerdings erst im 20. Jahrhundert – als falsch herausgestellt. Es hat sich gezeigt, dass empirische Naturwissenschaft auch auf der Basis anderer Anschauungsformen möglich ist. Die vierdimensionale Raumzeit der Relativitätstheorie ist bis auf weiteres die Anschauungsform der modernen Physik. Der Absolutismus transzendentaler Bedingungen, wie er von Kant intendiert war, hat sich als nicht haltbar herausgestellt. Der euklidische Raum galt Kant zu Recht als transzendentale Bedingung der Newton'schen Physik. Ja noch mehr: Die euklidische Geometrie, die Isotropie des Raumes oder die Gerichtetheit der Zeit sind transzendentale Bedingungen lebensweltlicher empirischer Erfahrung. Wir können

23 Vgl. David Lewis, »Languages and Language«, in: Keith Gunnerson (Hg.), *Language, Mind and Knowledge*, Minneapolis 1975, S. 3-35.

gar nicht anders, als diese Anschauungsformen zugrunde zu legen. Dies ist jedoch kein Beweis dafür, dass wir in einem dreidimensionalen Raum leben. Es ist allerdings ein Beweis dafür, dass sich diese Anschauungsform des dreidimensionalen, als euklidisch rekonstruierbaren Raumes in der Lebenswelt bewährt hat. Und in der Tat, der vierdimensionale Raum der Relativitätstheorie ist in den Grenzen der Präzision, die unserer lebensweltlichen Erfahrung gezogen sind, mit der euklidischen Strukturierung unserer alltäglichen Erfahrungen kompatibel. Eine physikalische Theorie, die eine solche Kompatibilität nicht beinhaltete, würde uns als empirisch, nämlich schon in Bezug auf unsere alltäglichen Erfahrungen, als widerlegt gelten. Unsere Lebenswelt ist gegenüber epistemischen Revolutionen, anders als die Wissenschaft, resistent.[24]

Die Flussbettmetapher Wittgensteins in *Über Gewißheit* scheint mir die Sachlage treffend zu charakterisieren.[25] Die Grundlagen nicht nur unserer reaktiven moralischen Einstellungen und Empfindungen, sondern auch unserer Urteile und Argumente können von uns nicht in Frage gestellt werden. Dennoch sind diese Grundlagen nicht starr, nicht ein für alle Mal festgelegt, und die Übergänge zwischen den nicht bezweifelbaren Grundlagen und den begründungsbedürftigen Elementen unseres Überzeugungssystems im umfassendsten Sinne, also normative und deskriptive Überzeugungen gleichermaßen beinhaltend, sind fließend. Der Übergang von der Newton'schen zur relativistischen Mechanik bestand vor allem in der Ersetzung eines älteren Begriffsrahmens durch einen neuen und nicht so sehr in der Aufstellung neuer empirischer Gesetzmäßigkeiten. Man könnte es auch so formulieren: Die Grundlagen der physikalischen Analyse wurden verändert, um die empirischen Daten kohärenter interpretieren zu können. In

24 Der revolutionäre Übergang vom geozentrischen zum heliozentrischen Weltbild ist kein geeignetes Gegenbeispiel, da ich diese Interpretation der Wahrnehmung der Gestirne eher der Wissenschaft als der Lebenswelt zuordnen würde. Der Übergang von der animistischen zur entzauberten Lebenswelt war alles andere als revolutionär, es ist ein Prozess, der vor Jahrhunderten in unserem Kulturkreis begann und bis heute noch nicht abgeschlossen ist.

25 Ludwig Wittgenstein, *Über Gewißheit*, Frankfurt/M. 1970, S. 140: »Man könnte sich vorstellen, daß gewisse Sätze von der Form der Erfahrungssätze erstarrt wären und als Leitung für die nicht erstarrten, flüssigen Erfahrungssätze funktionierten; und daß sich dies Verhältnis mit der Zeit änderte, indem flüssige Sätze erstarrten und feste flüssig würden (96).«

unserer Lebenswelt sind abrupte Veränderungen dieser Art nicht zu erwarten. Sie sperrt sich gegenüber rationalistischen Konstruktionen, da sie zu tief mit den je individuellen und gesellschaftlichen Lebensformen verbunden ist, um *in toto* zur Disposition gestellt zu werden. Die utilitaristische Revolution unserer moralischen Überzeugungen hat nicht stattgefunden, unabhängig davon, wie überzeugend die Systematisierungsleistung, die begriffliche Präzision und die sprachphilosophische und entscheidungstheoretische Einbettung auch sein mögen. Im Konflikt zwischen Lebenswelt und Theorie verliert immer die Theorie. Die theoretische Klärung muss sich darauf beschränken, auf Inkohärenzen unserer lebensweltlichen Überzeugungen – sowohl unserer normativen als auch unserer deskriptiven – hinzuweisen und sie mit Systematisierungsvorschlägen, die das Gros unserer lebensweltlichen Überzeugungen unangetastet lassen, zu beheben. Je größer die kulturell akzeptierte Rolle der Rationalisierung unserer normativen wie deskriptiven Stellungnahmen ist, desto deutlicher werden die internen Inkohärenzen unserer lebensweltlichen Überzeugungen und desto bedeutsamer wird die Rolle der Theorie. Die Theorie gewinnt dann an kritischer Kompetenz.

Die Alternative metaphysischer (transzendentaler) *Absolutismus* versus metaphysischer (transzendentaler) *Relativismus* verstellt die tatsächliche epistemische Situation. Die Option, die Metaphysik unserer lebensweltlichen deskriptiven und normativen Überzeugungen frei zu wählen oder auch nur wesentlich zu modifizieren, steht uns nicht offen. Wir können nicht anders, als uns selbst und diejenigen, mit denen wir normale menschliche Interaktionsbeziehungen pflegen, als *frei, rational* und *verantwortlich* zu interpretieren. Die Vorstellung, dass ein Zustand der Welt vor Tausenden oder sogar Millionen von Jahren zusammen mit den geltenden Naturgesetzen jeden seiner Nachfolgezustände und damit auch jedes menschliche Verhalten festlegt, erscheint aus dieser Perspektive nur bizarr. Eine Vorstellung dieser Art ist in der Tat nicht in unsere lebensweltliche Praxis und die sie tragenden Überzeugungen integrierbar. Niemand, der seine eigenen reaktiven Einstellungen und Empfindungen, seine eigene Praxis, theoretische wie praktische Gründe abzuwägen, niemand, der andere mit Argumenten zu überzeugen versucht, niemand, der andere tadelt, der anderen etwas übelnimmt oder anderen dankbar ist, kann ernsthaft davon überzeugt sein, dass das Gesamt menschlicher Interaktionen, einschließlich seines eigenen Verhaltens, schon immer im Voraus festgelegt war. Die Option des Determinismus bzw. des naturalistischen Probabilismus bleibt eine akademische, das heißt, sie hat einen ähnlichen Status wie die Bezweifelung des Fremdpsychischen, die radikale Skepsis oder der Solipsismus.

Aus dieser Perspektive erscheint die Debatte um die Willensfreiheit in der analytischen Philosophie in einem neuen Licht. Etwas, das – in dem soeben erläuterten Sinne – nicht ernsthaft, das heißt mit allen Konsequenzen für unsere lebensweltliche Praxis, geleugnet werden kann (nennen wir es kühn das *Faktum menschlicher Freiheit*), sollte so zurechtgelegt, so interpretiert werden, dass es der angestrebten Kontinuität von Philosophie und Naturwissenschaft nicht im Wege stand. Das mag auch den aufgeregten Tonfall erklären, der sich durch die meisten Beiträge zu dieser Thematik zieht. Es stand und steht viel auf dem Spiel, nämlich nicht weniger als zentrale lebensweltliche Überzeugungen sowie zentrale Annahmen des wissenschaftlichen Weltbildes. Nur eine kleine Minderheit der analytischen Philosophen hat in den vergangenen hundert Jahren behauptet, dass unsere lebensweltlichen Überzeugungen insgesamt auf einem zentralen Irrtum beruhen. Die Klarsichtigsten aus dieser radikalen Minderheit haben dabei nicht bestritten, dass hier mehr auf dem Spiel steht als ein verbreitetes Vorurteil, nämlich das gesamte System unserer normativen Beurteilungen, das Freiheit mit moralischer Verantwortlichkeit notwendig verbindet.[26] Normativer Humanismus setzt theoretischen Humanismus voraus. Die Umkehrung gilt nicht; jemand kann theoretischer Humanist sein, das heißt die These akzeptieren, dass Menschen die Fähigkeit haben, Gründe abzuwägen und ihr Handeln am Ergebnis dieser Abwägung auszurichten, ohne ethischer Humanist zu sein. Der ethische Humanismus ist inhaltlich, durch normative Kriterien richtigen Handelns, bestimmt. Der theoretische Humanismus ist dagegen ethisch neutral.

Die Annahme, dass unser Handeln durch Gründe geleitet ist, kann philosophisch nicht zur Disposition stehen. Damit ziehen Gründe, das heißt unsere Fähigkeit, Gründe abzuwägen und unsere Überzeugungen und Handlungen von dieser Abwägung leiten

26 Vgl. etwa Richard Double, *The Non-Reality of Free-Will*, New York 1991, und ders., *Metaphilosophy and Free Will*, New York 1996.

zu lassen, eine – nennen wir es etwas dramatisch – *ultimative* Grenze für die Erklärungskraft naturalistischer Argumente und Theorien.[27] Ich habe dies eine *ultimative Grenze* genannt, da die naturalistische Nichtintegrierbarkeit von *Qualia* dafür spricht, dass die Grenze naturalistischer Erklärbarkeit noch weit enger gezogen werden muss.[28] Der logische Raum der Gründe, wie John McDowell und andere Nachfolger Strawsons das Phänomen gern nennen, ist das Reich humanistischer Erklärungen (im Sinne des theoretischen Humanismus) und humanistischer Beurteilungen (im Sinne des ethischen Humanismus). Der logische Raum der Kausalerklärungen, seien sie deterministischer oder probabilistischer Natur, ist das Reich naturalistischer Beschreibungen und Erklärungen. Keines dieser beiden Reiche sollte den Versuch machen, sich das andere einzuverleiben, denn ein solches Unterfangen wird fehlschlagen. Die eine Richtung dieses Fehlschlages war Gegenstand dieser Ausführungen. Menschliche Freiheit im Sinne der naturalistischen Unterbestimmtheit von Gründen – theoretischen und praktischen – ist kein isoliertes philosophisches Postulat, sondern tief mit unserer alltäglichen Praxis der Verständigung und der moralischen Beurteilung verwoben. Freiheit ist in diesem Sinne wohlbegründet.

27 Philosophen, die vom Deutschen Idealismus geprägt sind, werden dem entgegenhalten: »Nein, die ultimative Grenze wird nicht durch Gründe, sondern durch Selbstbewusstsein gezogen.« Ich will dem gar nicht widersprechen, weil ich vermute, dass diese beiden Grenzen deckungsgleich sind.

28 Vgl. dazu Martine Nida-Rümelin, *Farben und phänomenales Wissen*, Wien 1993, und »Grasping Phenomenal Properties«, in: T. Alter und S. Walter (Hg.), *Phenomenal Concepts*, Oxford 2004, S. 307-349.

Dritter Teil: Humanistische Anthropologie

8. Humane Bildung*

I. Anthropologie

Jede Bildungsanstrengung offenbart ein Menschenbild, unabhängig davon, ob dies den Akteuren bewusst ist. Die individuelle Bildungsanstrengung offenbart eine Vorstellung dessen, wer diese Person sein will. Die politische Bildungsanstrengung offenbart eine Vorstellung dessen, was die politische Gemeinschaft für wünschenswert erachtet, welche Persönlichkeitsmerkmale sie bevorzugt, welche Fähigkeiten sie entwickeln möchte und welche Fertigkeiten sie für unverzichtbar hält. Bildung hat eine anthropologische Dimension. Mit dieser wollen wir uns in diesem Kapitel auseinandersetzen.

a) Kritik der Anthropologie

Als philosophische Disziplin scheint die Anthropologie heute kaum noch eine Rolle zu spielen. Die Ursachen für ihren Niedergang liegen in bestimmten Fehlentwicklungen begründet, auf die ich hier nicht im Detail eingehen möchte, weil es uns zu weit in die Philosophiegeschichte führen würde. Dennoch sind zwei Aspekte dieses Niedergangs für uns hier relevant.

Da ist zum einen die begründende, fundamentale Rolle, die der Anthropologie in der philosophischen Tradition zugedacht wurde. Jede Ethik, jede politische Philosophie und jede Rechts- und Sozialphilosophie bedarf eines anthropologischen Fundaments, von dem ausgehend die Kriterien richtigen Handelns, angemessener sozialer Praxis, des Rechts und der politischen Ordnung zu bestimmen sind. Die Anthropologie trägt nach diesem Verständnis die ganze Begründungslast. Aus anthropologischen Postulaten folgen ethische, rechtliche und politische. Dieses Theorieverständnis kann man als »fundamentalistisch« im Wortsinne bezeichnen: Es wird ein (anthropologisches) Fundament gelegt, auf dem dann der Rest der Theorie errichtet wird. Ja noch mehr: Mit der Wahl des Fundaments wird der Inhalt der Theorie bestimmt. Alles hängt an diesen anthropologischen Voraussetzungen.

* Zuerst erschienen in: JNR, *Philosophie einer humanen Bildung*, Hamburg 2013, S. 21-92.

Die Problematik dieses anthropologischen Fundamentalismus liegt darin, dass keineswegs klar ist, in welcher Weise über die Richtigkeit oder die Falschheit eines Menschenbildes rational diskutiert werden kann. Die gesamte Tradition des Naturrechts, des von Natur aus Rechten, die bis heute eine wichtige Rolle für die katholische Sexualmoral spielt, krankt an diesem ungeklärten Fundament. Wenn die lebenslange Verbindung von Frau und Mann zur Natur des Menschen gehört, dann ist alles andere, Partnerwechsel, Polygamie, Homosexualität, widernatürlich, ja möglicherweise sogar sündhaft. Doch faktisch ist ein Teil der Menschen homosexuell, vermutlich war das zu allen Zeiten und in allen Kulturen so. Faktisch lebt ein Teil der Menschheit in polygamen Verhältnissen. Was rechtfertigt also das Urteil, dies sei unnatürlich? Eine Möglichkeit, diese Frage zu beantworten, besteht darin, auf die Biologie und ihre Gesetze zu verweisen. Arten können sich nur erhalten, wenn sie sich fortpflanzen. Die Darwin'sche Formel »*survival of the fittest*« ist genau besehen nichts anderes als die Feststellung, dass sich diejenigen genetischen Merkmale im Laufe der Zeit durchsetzen bzw. zu Lasten anderer ausbreiten, deren Träger mehr Nachkommen hervorbringen als die Träger anderer genetischer Merkmale. Man könnte daraus folgern, dass es zur Menschennatur gehört, so viele Kinder wie möglich in die Welt zu setzen und wiederum dafür zu sorgen, dass diese bis ins fortpflanzungsfähige Alter kommen. Verhütung ist demnach unnatürlich, weil wider die biologische Menschennatur. Das Unbehagen, welches die meisten bei dieser Art von Argumentation verspüren, ist nicht nur inhaltlichen Ergebnissen geschuldet. Es ist vielmehr auch die Form der Argumentation, die irritiert. Es scheint, dass sich der Inhalt der Theorie, nämlich das Plädoyer für Monogamie oder die Ermahnung, keine Verhütungsmittel zu gebrauchen, sich nicht als besondere Form der Sexualmoral präsentiert, sondern als rationale Konsequenz einer natürlichen Tatsache. Dieses Unbehagen ist gewissermaßen ein methodisches: So kann man eine Norm der Sexualmoral nicht rechtfertigen. Was immer man als moralisches Postulat gewinnen möchte, eine dazu passende anthropologische These lässt sich schon finden. Die ethische (oder allgemeiner: normative) Begründung wird überflüssig, weil sich das jeweilige Postulat aus bestimmten anthropologischen Fakten herleiten lässt.

Der zweite Aspekt des Niedergangs der philosophischen Anthropologie, der für unsere Argumentation relevant ist, betrifft die Willkürlichkeit anthropologischer Annahmen: Der Mensch ist als einzige Spezies in der Lage, eine komplexe Sprache zu sprechen, also sollte er diese Fähigkeit in besonderer Weise entwickeln. Aber: Der Mensch ist eine von wenigen Spezies, die in der Lage sind, Artgenossen zu töten. Sollte er diese Fähigkeit also zur vollen Entfaltung bringen? Der Mensch ist im Gegensatz zu fast allen anderen höheren Säugetieren in der Lage, Mitleid zu empfinden. Sollte dies daher die Basis einer angemessenen menschlichen Moral sein? Viele Tiere, besonders Raubtiere, fügen anderen Tieren große Schmerzen zu. Aber sadistische Gefühle und das gezielte Quälen anderer Individuen zur eigenen Befriedigung scheinen eine Besonderheit der menschlichen Spezies zu sein. Kann man daraus ableiten, dass diese besonderen Fähigkeiten förderungswürdig sind? Dass es widernatürlich wäre, in der Erziehung darauf zu achten, dass sadistische Gefühle unterdrückt werden?

Es ist aber nicht nur die Willkürlichkeit der Auswahl anthropologischer Merkmale des Menschen, sondern auch die Unterbestimmtheit der menschlichen Natur, die unser Unbehagen ausmacht. Der Mensch erscheint als das von Natur am wenigsten determinierte Lebewesen. Seine Lebensform variiert stärker als die anderer biologischer Spezies. Was ist von Natur und was ist vom Menschen selbst bestimmt, sei es individuell oder kollektiv, durch Entscheidungen oder durch kulturelle Prozesse? In der griechischen Klassik wurde dies unter der Entgegensetzung von *physei* (von Natur aus, natürlich) und *nomo* (durch [menschliche] Setzung) diskutiert. Diese Auseinandersetzung betraf die gerechte Ordnung der Polis, des Stadtstaates. Aristoteles hatte in einer Untersuchung unterschiedlicher Verfassungen von Stadtstaaten viel Material zusammengetragen, das die Variabilität politischen Zusammenlebens illustrierte. Er war der Auffassung, dass das Leben in der Stadt von Natur sei, ebenso wie die Ordnung des Haushalts, des *oikos*, die auf Herrschaftsformen von Natur, die des Mannes über die Frau, die der Freien über die Sklaven und die der Eltern über die Kinder, beruhe. Zwei dieser drei vermeintlichen Herrschaftsformen von Natur, die Aristoteles postulierte, erscheinen uns heute als eine willkürliche kulturelle und normative Setzung. Die Unterordnung der Frau ist keineswegs naturgegeben, sondern ein Spezifikum vieler historischer Kulturen. Diese antike Auseinandersetzung war auch darauf gerichtet zu prüfen, was überhaupt ein möglicher Gegenstand der Kritik sein könnte. Was von Natur ist, ist vorgegeben und nicht rational kritisierbar. Was menschliche Setzung ist, bedarf dagegen der Rechtfertigung, ist dem Gegenargument ausgesetzt und daher möglicher Gegenstand der Kritik. Die Tatsache, dass Frauen in den griechischen Stadtstaaten der Klassik nicht gleichberechtigt waren, galt als jeder Kritik entzogen, da vermeintlich von Natur. Dieses Beispiel lehrt uns Skepsis gegenüber jeder Form der anthropologischen Begründung, sei es der individuellen Moral oder der politischen Ordnung. Es gibt Gesellschaften, in denen die Gleichberechtigung von Mann und Frau weitgehend realisiert ist und die offenkundig nicht unvereinbar mit der menschlichen Natur sind. Die Unterordnung der Frauen ist keine anthropologische Konstante; sie ist nicht von Natur.

Generell galt die Idee gleicher menschlicher Rechte, die machtvolle liberale Menschenrechtstradition, bei konservativen Denkern von jeher als widernatürlich. Gleiche menschliche Rechte widersprächen der Natur des Menschen. Von daher sei auch die Demokratie eine widernatürliche Ordnung, da sie auf gleichen Rechten, auf Menschenrechten beruhe. Lange Zeit haben sich die Kirchen, zumal die katholische, schwer getan, die Demokratie als legitime Staatsform zu akzeptieren, wobei das zentrale Gegenargument eben gerade die Widernatürlichkeit gleicher individueller Rechte war. Von Natur gäbe es ein Oben und Unten, von Natur gäbe es Unterschiede zwischen den Menschen, die ihre Gleichberechtigung widernatürlich erscheinen lasse, von Natur gäbe es keine Gleichberechtigung von Mann und Frau; dies widerspräche zudem dem christlichen Menschenbild. Erst mit dem Zweiten Vatikanischen Konzil wird die Demokratie als legitime Staatsform von der katholischen Kirche offiziell akzeptiert.[1] Die Bezugnahme auf die menschliche Natur diente in der Geschichte des menschlichen

1 Zweites Vatikanisches Konzil vom 11. Oktober 1962 bis zum 8. Dezember 1965. Die These von der kulturellen Einheit von Christentum und Demokratie kann jedenfalls in historischer Perspektive nicht aufrechterhalten werden. Die aktuellen Schwierigkeiten, die der muslimische Klerus und viele muslimische Gläubige mit Demokratie und Gleichberechtigung von Mann und Frau haben, ähneln durchaus den Schwierigkeiten, die ein Gutteil des christlichen Klerus und viele christliche Gläubige mit der Idee der Menschenrechte und der Gleichberechtigung von Mann und Frau bis vor 50 Jahren noch hatten.

Denkens häufig dazu, die eigenen (normativen) Überzeugungen der Kritik zu entziehen. Meist, aber nicht immer, hat das anthropologische Argument zudem eine konservative Tendenz. Schließlich gilt es, das immer Gleiche, das allen kulturellen und historischen Veränderungen Entzogene zu betonen und damit eine statische Moral oder politische Theorie zu begründen. Die Bezugnahme auf die menschliche Natur scheint es unnötig zu machen, sich auf die jeweilige kulturelle Situation einzulassen, die aktuellen Überzeugungen, Einstellungen und Empfindungen ernst zu nehmen und Veränderungen zu akzeptieren.

b) Anthropologie und Bildung

Die eben dargestellte Kritik der Anthropologie beruht auf zwei Einwänden: Der erste war eher methodischer Natur, er kritisierte die Rolle der Anthropologie als Fundament, aus dem sich der Rest der normativen Theorie, sei es in der Ethik, der Politik oder der Jurisprudenz,[2] ableiten lasse. Der zweite Einwand beruhte auf der Unterbestimmtheit der menschlichen Natur. Offenbar sind ganz unterschiedliche Lebensformen mit der natürlichen Ausstattung des Menschen verträglich. Schon von daher ist es zweifelhaft, ob aus der Natur des Menschen etwas normativ Substanzielles abgeleitet werden kann.

Diese beiden Einwände sollen im Folgenden nicht zurückgenommen oder auch nur relativiert werden. Dennoch beginnen wir mit der Feststellung, dass es keine Bildungsanstrengung geben kann ohne ein Menschenbild, auf welches sich diese bezieht – sei es explizit (bewusst und möglicherweise auch formuliert), oder sei es implizit (unbewusst und indirekt). In der deutschen Terminologie zeigt sich dieser Zusammenhang sogar sprachgeschichtlich. *Bildung* ist ein Terminus, der in anderen europäischen Sprachen keine eindeutige Entsprechung hat. Das italienische Pendant ist *formazione*, das aber eher einer bemühten Übersetzung aus dem Deutschen ins Italienische entspricht. Im Englischen stehen Ter-

2 Immerhin ist eine starke Fraktion der Rechtstheoretiker davon überzeugt, dass der erste Artikel des Grundgesetzes, Abs. 1: »Die Würde des Menschen ist unantastbar«, den gesamten normativen Gehalt der Verfassung und der verfassungskonformen Gesetzgebung enthalte. Vgl. JNR, *Über menschliche Freiheit*, Stuttgart 2005, Kapitel V.

mini wie *education*, *sophistication* oder *knowledge* zur Verfügung. (span.: *formación*, *educación*, *creación*; franz.: *éducation, formation*). In keiner anderen Sprache gibt es jedoch die sprachliche Verbindung von *Bildung* und Bild. Bilden, formen, sich ein Bild machen – es ist bis heute nicht geklärt, wie die sprachgeschichtlichen Ursprünge zu interpretieren sind. Manches spricht dafür, dass mystisches Denken, etwa bei Meister Eckhardt, diesen gemeinsamen Ursprung begründet.

Unabhängig vom sprachgeschichtlichen sehe ich einen systematischen Zusammenhang zwischen Bildung und Menschenbild. Wir machen uns eine Vorstellung von uns selbst, von dem, was Menschen sein sollten, und nach dieser Vorstellung richtet sich Bildung im doppelten Sinne als »bilden von« und als »selbst bilden«. Sofern Bildung aktiv und bewusst verfolgt wird, gibt es ein Ziel der Bildung, selbst wenn dieses Ziel prinzipiell unerreichbar sein sollte. Da der Inhalt von Bildung die Formung der menschlichen Persönlichkeit ist (der eigenen und derjenigen anderer), ist Bildung ohne Persönlichkeitsideal nicht vorstellbar. Es ist schwierig, an dieser Stelle inhaltlich neutral zu bleiben, da sich die gewählte Terminologie schon auf ein humanistisches Konzept von Bildung festzulegen scheint. Daher sollten wir zunächst diese Begriffe so weit als möglich fassen. *Bildung* steht hier also nicht im Gegensatz zur *Ausbildung* und die »Bildung der Persönlichkeit« nicht im Gegensatz zur »Ausbildung von Fertigkeiten«. Am Ende eines Bildungsprozesses steht ein Mensch mit seinen Merkmalen, zu denen Fertigkeiten, Wissen, Charaktereigenschaften etc. gehören. Wenn wir nicht wüssten, unter welchen Bedingungen Bildung erfolgreich ist, dann wäre der Prozess als solcher ziellos. Wenn wir aber wissen, unter welchen Bedingungen Bildung erfolgreich oder erfolglos ist, erfolgreicher oder weniger erfolgreich, dann offenbaren wir (normative) Bildungskriterien. Das Ergebnis von Bildung ist immer die Person, ihre Eigenschaften und ihre Praxis. Wir offenbaren also ein Bild einer mehr oder weniger idealen Person, eine normative Anthropologie, dadurch, dass wir Kriterien haben, um den Erfolg von Bildung zu beurteilen.

Nun könnte es sein, dass diese Orientierung von Bildungsprozessen personenrelativ wäre: Jede Person hätte ihr Ideal, möglicherweise hätten die Personen auch unterschiedliche Vorstellungen von Bildungsidealen anderer Personen. Dann hätten wir so etwas wie einen umfassenden Bildungskonflikt. Doch realistisch ist das nicht. Das eigene Bildungsideal ist abhängig von der Vorstellung, wie menschliches Lebens als solches gestaltet sein sollte, wie Menschen miteinander umzugehen haben, welche spezifischen Fertigkeiten sie entwickeln sollten, welche Fähigkeiten sie benötigen, was eine gute Praxis, ein gutes Leben und einen guten Menschen ausmacht. Das je individuelle Ziel ist nicht isoliert, sondern hängt mit Meinungen zu allgemeinen (Bildungs-)Zielen zusammen. Die individuellen Ziele offenbaren deswegen in der Regel nicht nur ein (Ideal-)Bild der eigenen Person, sondern ein Ideal des menschlichen Lebens als solchen, einschließlich seiner kulturellen und individuellen Besonderheiten.

Wenn von einem Menschenbild (im Singular) die Rede ist, dann schließt das nicht aus, dass dieses nach Herkunft, Geschlecht, Stand und Alter differiert. Die Rede von den *Eigenschaften des Menschen* ist eine Besonderheit des modernen Denkens mit seinen Stärken und Schwächen. Zu seinen Stärken zählt das Streben nach universeller Geltung, zu seinen Schwächen seine Tendenz zur Simplifizierung, da universelle Geltung nur um den Preis der Abstraktion zu haben ist; eine Abstraktion, die von den Besonderheiten der jeweiligen Bedingungen absieht. Wie wir noch sehen werden, sind diese Stärken und Schwächen allerdings eng miteinander verbunden.

Jean-Jacques Rousseau ist einer der bedeutendsten politischen Philosophen und zugleich einer der bedeutendsten Bildungstheoretiker.[3] Beide Teile seiner Philosophie beruhen auf einer modernen Anthropologie. Wie alle anderen Theoretiker der Moderne nimmt er an, dass Menschen frei und gleich geboren werden und erst durch die sozialen und politischen Verhältnisse in Knechtschaft geraten. Zur Illustration dieser ursprünglichen Freiheit greift er auf das Bild des frei im Walde herumziehenden Urmenschen zurück. Vermutlich inspiriert durch Reiseberichte der damaligen Zeit, beschreibt er eine ursprüngliche, natürliche Lebensform. Demnach streifte der Naturmensch durch die Wälder und fand nur in der gelegentlichen Vereinigung mit einer Frau, mit der er Kinder zeugte, zu einer vorübergehenden Gemeinschaft. Er war autark in dem Sinne, als es ihm an nichts mangelte. Die Natur bot die not-

3 Vgl. Jean-Jacques Rousseau, *Über die Erziehung*, ausgewählt und eingeleitet von Rosemarie Wothge, Berlin 1958.

wendigen Ressourcen für diesen natürlichen Lebensstil, der weder Besitztümer noch Herrschaft kannte. Diese ursprüngliche Freiheit wiederherzustellen, war das Ziel der politischen Theorie Rousseaus, allerdings nicht in Gestalt einer Rückkehr in den Naturzustand, sondern in Gestalt der Etablierung der Republik. In der Republik folgen die *citoyens* (die Bürger) nur denjenigen Regeln (Gesetzen), die sie sich selbst gegeben haben. Seinem eigenen Leben Regeln zu geben, beschränkt die Freiheit des Einzelnen jedoch nicht. Der *bourgeois* allerdings, derjenige, dem es um die Förderung seiner Privatinteressen geht, ist nun Untertan: Untertan gegenüber dem *souverain*, der aus den *citoyens* besteht, aus den Mitgliedern der Versammlung, der er selber angehört.

Die ursprüngliche Freiheit entspricht der anthropologischen Theorie von Rousseau. Der Mensch ist von Natur also autark und in diesem Sinne frei. Es gibt keine natürlichen Herrschaftsverhältnisse, keine Besitztümer, keine Ständeordnung. Die politische Ordnung ist nur legitim, wenn sie die Zustimmung derjenigen gewinnt, die ihre ursprüngliche Freiheit (durch das Ende feudaler Herrschaft) wiedererlangt haben. Die Zustimmung der Freien und Gleichen ist Kriterium einer legitimen politischen Ordnung. Man kontrastiere diese Anthropologie Rousseaus etwa mit derjenigen der Verteidiger der britischen Krone gegen die Angriffe der Whigs. Demnach ist die Herrschaftsordnung der Familie von Natur aus gegeben und die königliche Herrschaft entspricht dieser natürlichen Familienordnung im größeren Maßstab.[4] Beide anthropologischen Theorien beanspruchen für sich universelle Geltung. Beide spielen für die politische Theorie eine fundamentale Rolle. Beide sind radikal vereinfachend und werden der Vielfalt menschlicher Lebensformen nicht gerecht. Wenig spricht dafür, dass es jemals in der Geschichte der Spezies Mensch eine Phase gegeben hat, in der die Menschen waren, wie Jean-Jacques Rousseau sie im Naturzustand sich vorstellte. Aber auch die patriarchalische Familienordnung ist im historischen und im internationalen Vergleich eine Besonderheit. Die heutige empirische Anthropologie vermutet, dass die Menschen von jeher in Gemeinschaften gelebt haben – Gruppen von 30 oder auch 200 Personen. Die Lebensform des Orang-Utans (in der einheimischen Sprache bedeutet diese Be-

4 Vgl. Robert Filmer (*The Second Treatise of Civil Government* [1689] von John Locke ist gegen Filmer gerichtet).

zeichnung »Wald-Mensch«) war wohl zu keinem Zeitpunkt seit der Frühzeit der menschlichen Spezies vor zweieinhalb Millionen Jahren charakteristisch für die menschliche Lebensform. Unterschiede in Muskulatur und Knochenbau, auch in Bezug auf die Spezifika mentaler Fähigkeiten, sprechen allerdings dafür, dass es jedenfalls über eine sehr lange Phase der Menschheitsgeschichte eine Arbeitsteilung zwischen den Geschlechtern gegeben hat, in der Männer mehr für »Jagd und Krieg« und Frauen mehr für das Sammeln von Früchten und die Betreuung der Kinder (bzw. eines Kindes, wenn bestimmte Theorien zutreffend sein sollten) zuständig waren. Nichts deutet jedenfalls darauf hin, dass die feudale Ordnung des Mittelalters und der frühen Neuzeit in Europa eine anthropologische Konstante darstellt.

Die Grundzüge der Bildungstheorie Jean-Jacques Rousseaus haben wesentliche Impulse von der Idee einer natürlichen menschlichen Lebensform empfangen. Auch wenn die Anthropologie Rousseaus, als empirische Theorie verstanden, offenkundig irrt, ist damit noch nichts über die Bildungstheorie als ganze ausgesagt. Sie ist getragen von einer normativen Idee, wonach man den Kindern für ihre eigenständige Entwicklung Spielraum geben sollte, sie nicht abrichten, sondern sich entwickeln lassen sollte, ihre natürlichen Anlagen bewundern und nicht als Merkmale einer zu bändigenden wilden Natur bekämpfen sollte. In dieser Bildungstheorie manifestiert sich das Ideal eines autarken Individuums, und dieses Ideal verliert seine Bedeutung nicht dadurch, dass es das Rousseau'sche Phantasma des (männlichen) allein und frei durch die Wälder streifenden Urmenschen nie gegeben hat.

c) Normative Anthropologie

Jede menschliche Praxis offenbart Wertungen. Wir können auch sagen, jeder menschlichen Praxis sind Werte inhärent. Wir verstehen das Verhalten einer Person nur, wenn man es als Ausdruck von Gründen interpretiert, die sich die Person zu eigen gemacht hat. Wir können für jede Handlung Gründe angeben. Anders formuliert: Wenn ein Verhalten nicht begründet werden kann, dann hat es keinen Handlungscharakter. Man kann dies zuspitzen und sagen, dass wir gerade für diejenigen Bestandteile unseres Verhaltens Verantwortung tragen, die Handlungscharakter haben. Der

Handlungs- und der Verantwortungsbegriff sind eng miteinander verknüpft,[5] während die heute dominierende Auffassung lautet, dass Handlungen einer Person erklärt werden, indem wir die Wünsche benennen, welche die Person hat, und die Überzeugungen, die sie dazu bringen, gerade diese Handlung zu vollziehen, in der Absicht, ihre Wünsche zu erfüllen. Wir setzen dem entgegen, dass es in letzter Instanz die Gründe sind, die eine Person sich zu eigen gemacht hat, die Handlungen erklären. Moralisch gereifte Personen können sich von den eigenen Wünschen distanzieren. Man kann entscheiden, nicht diesen gemäß zu handeln. Eine solche Entscheidung repräsentiert eine Überzeugung (zum Beispiel die Überzeugung, dass man diesen Wünschen nicht folgen sollte) und nicht selbst wiederum einen Wunsch (außer in dem trivialen Sinne, dass die Überzeugung, etwas tun zu sollen, bei vernünftigen Menschen auch in dem Wunsch resultiert, das, was man tun soll, auch tatsächlich zu tun).

Es sind in erster Linie Gründe, die die Identität einer Person ausmachen und nicht ihre Wünsche (Neigungen). Wir identifizieren uns mit unseren Gründen. Wir kontrollieren unsere Gründe über das eigene Urteil, die Abwägung und die Deliberation. Gründe münden immer in einer Stellungnahme, auch dann, wenn sich diese auf Handlungen beziehen, also wenn es sich um *praktische* Gründe handelt. Bei den theoretischen Gründen ist dies ohnehin offenkundig. Wenn ich einen Grund für eine Überzeugung habe, wenn ich Gründe für und wider eine Hypothese abwäge, dann nehme ich als Resultat dieser Abwägung Stellung (zu dieser Überzeugung, zu dieser Hypothese), das heißt, ich mache mir diese zu eigen oder auch nicht. Diese Fähigkeit zur Stellungnahme in praktischer wie in theoretischer Hinsicht ist Ausdruck einer entwickelten Persönlichkeit.

Man kann diesen Zusammenhang auch folgendermaßen fassen: Es sind nicht die jeweils gegebenen Wünsche (*desires*), sondern die Bewertungen, die wertenden Stellungnahmen, die in der Praxis einer Person zum Ausdruck kommen. Keine Praxis ohne Wertung. Keine Handlungserklärung ohne Erkenntnis der wertenden (normativen) und nicht wertenden (deskriptiven) Stellungnahmen einer Person, ohne Kenntnis ihrer praktischen und theoretischen

5 Vgl. JNR, *Verantwortung*, Stuttgart 2011, Teil I.

Gründe. Ich vermute, dass die griechische Stoa diese Erkenntnis zum Ausdruck bringen wollte, als sie behauptete, dass eine Entscheidung ein Urteil sei (gr.: *προαίρεσις κρίσις ἐστίν*).[6]

Dieser Zusammenhang von Bewertung, Begründung und Interpretation (Erklärung) ist nur möglich, wenn man etwas voraussetzt, das man – noch etwas vage – als »Kohärenz« bezeichnen kann. Menschen, die ihr Verhalten einmal so und dann wieder ganz anders, eben widersprüchlich, begründen, erscheinen uns unverständlich, wir können uns ihr Handeln nicht erklären. Wir machen niemandem zum Vorwurf, wenn sich seine Wünsche im Laufe der Zeit ändern. Unmittelbar vor dem Frühstück habe ich Hunger, daher habe ich den Wunsch, diesen Hunger zu stillen. Nach dem Frühstück ist dieser Hunger verflogen und ich habe keinen Wunsch mehr zu essen. Dies ist kein Zeichen für Inkohärenz. Wenn jemand jedoch ein bestimmtes Verhalten damit rechtfertigt, dass er auf einen anderen Rücksicht nehmen wollte, diesen aber sogleich ausgesprochen rücksichtslos behandelt, dann werden wir die entsprechende Person nicht nur tadeln, sondern ihr Verhalten erscheint uns entweder unverständlich oder die gegebene Begründung unglaubhaft.

Begründungen nehmen häufig auf eigene und fremde Wünsche in der einen oder anderen Weise Bezug. Dass ich Hunger habe und den sich daraus ergebenden Wunsch entwickle, diesen zu stillen, begründet Handlungen, die mir diesen Wunsch erfüllen. Immer dann, wenn ich Hunger habe und den Wunsch habe, diesen Hunger zu stillen, habe ich Gründe, etwas zu unternehmen, um mir diesen Wunsch zu erfüllen. Die Wünsche kommen und gehen, die Gründe bleiben sich gleich. Wünsche habe ich oder ich habe sie nicht, Wünsche in dem engeren Sinne von »Neigungen« (wie dieser Terminus von Immanuel Kant verwendet wird) sind gegeben, sie sind also kein Ergebnis der Abwägung von Gründen. Neigungen sind gerade deswegen der Kritik entzogen, weil sie – jedenfalls unmittelbar – durch die Abwägung von Gründen nicht beeinflussbar sind. Wohl aber sind wir als rationale Akteure in der Lage, manchen unserer Neigungen zu folgen und anderen nicht. Wir haben

6 Mir scheint, dass man der Stoa nicht nur ein objektivistisches Verständnis praktischer Gründe, sondern auch eine kognitivistische Handlungs- und Gefühlstheorie unterstellen muss; besonders deutlich wird das in den Fragmenten Chrysipps, *Stoicorum veterum fragmenta*, 3.459 und 3.481.

Gründe, nicht allen unseren Neigungen zu folgen. Erst mit unserer Handlung, nicht schon mit unserer Neigung, nehmen wir Stellung und müssen uns für diese Stellungnahme rechtfertigen (für die Handlung und die diese Handlung zum Ausdruck bringende [normative] Stellungnahme).

Man kann die gesamte Praxis des alltäglichen Rechtfertigens von Meinungen und Handlungen als das Unternehmen interpretieren, die subjektiven Stellungnahmen abzugleichen, sie einer intersubjektiven Kritik zu unterwerfen. Diese Stellungnahmen sind zum Teil normativer Natur, nämlich dann, wenn es darum geht, was getan werden sollte, und zum Teil deskriptiver Natur, nämlich dann, wenn es darum geht zu klären, was der Fall ist. Beide Typen von Stellungnahmen bestimmen die Praxis. Erst im Austausch von Gründen, erst in der Kommunikation, in der alltäglichen Verständigung, werden die praxisinhärenten Werte geklärt und gegebenenfalls kritisiert. Diesen alltäglichen Austausch von Gründen, das »Geben und Nehmen von Gründen«,[7] kann man als einen kulturellen und sozialen Prozess verstehen, in welchem die je subjektiven Perspektiven abgeglichen werden, durch welchen geklärt werden soll, was von dem, was Einzelnen wünschenswert erscheint, sozial akzeptabel oder sogar sozial wünschenswert ist.

In liberalen Kulturen werden die Grenzen der individuellen Bestimmung des Wünschenswerten weit gesteckt, begrenzt nur durch die mögliche Verletzung individueller Rechte, aber auch durch Verpflichtungen der Kooperation und Pflichten der Gemeinschaftszugehörigkeit. Liberale Gesellschaften müssen sich nicht generell über das Wünschenswerte verständigen, sondern lediglich sicherstellen, dass Menschen ihr eigenes Leben autonom gestalten können – in den Grenzen, die eine vergleichbare Autonomie für alle ermöglicht. Man könnte diese Konzeption als kantischen Liberalismus bezeichnen.[8] Dieser ist deutlich unterschieden von der Ansicht der »Marktradikalen«, die meinen, dass der bestmögliche gesellschaftliche Zustand sich dann einstellt, wenn jeder seinen eigenen Wünschen folgt, allenfalls durch Rechtssicherheit und Vertragstreue beschränkt. Die reine Marktgesellschaft ist eine libertäre Vision, die nicht Autonomie sichert, sondern lediglich ökonomische Effizienz.

7 Vgl. Robert B. Brandom, *Making It Explicit. Reasoning, Representing and Discursive Commitment*, Cambridge 1994.

8 John Rawls ist ihr bedeutendster philosophischer Vertreter.

Die soziale Demokratie etabliert Verpflichtungen der Kooperation, die sie auch institutionell (in Gestalt des Sozialstaates) sichert. Sie steht im Gegensatz zur libertären Marktgesellschaft und geht über den kantischen Liberalismus hinaus. Aber auch sie kehrt nicht zurück zur Idee des gemeinschaftlich Guten, auch sie erlaubt ein breites Spektrum individueller Wertungen unterschiedlicher Lebensformen.

Die Toleranz gegenüber unterschiedlichen individuellen Wertungen und Meinungen, die der modernen Demokratie eigen ist, darf jedoch nicht darüber hinwegtäuschen, dass es in jeder gesellschaftlichen Ordnung einen Kernbestand gemeinsamer »anthropologischer Wertungen« geben muss. Jede politische und gesellschaftliche Ordnung bezieht ihre Legitimation aus einem Konsens höherer Ordnung, einem Konsens, der mit den Differenzen individueller Lebensformen und Wertungen vereinbar ist. In den Stadtstaaten der griechischen Klassik manifestierte sich dieser Konsens in den Riten und Festivitäten zu Ehren der Götter, in modernen Rechtsstaaten äußert sich dieser Konsens unter anderem in Gestalt einer allgemein respektierten Verfassung. Diese enthält die Normen, nach denen Recht und Gesetz zu gestalten sind. Diese Normen wiederum repräsentieren die Vorstellung eines humanen Zusammenlebens, die Vorstellung von Grundrechten, welche die Autonomie des Einzelnen und von Institutionen sichern sowie in der Demokratie sicherstellen, dass alle Macht vom Volke ausgeht. Die demokratischen Verfassungen der Moderne formulieren das normative Ideal einer Gesellschaft der Freien und Gleichen, einer politischen Gemeinschaft von Individuen, die gleichermaßen frei sind. Sie zeugen von einem anthropologischen Selbstverständnis, von einer Anthropologie gleicher Freiheit, gleicher Verantwortung und gleichen Respekts. Es handelt sich um eine normative Anthropologie, nicht um die Feststellung biologischer Eigenschaften der Spezies »Mensch«, nicht um den Versuch, die Moral einer Weltanschauungsgemeinschaft jeder Kritik zu entheben, es handelt sich um eine Anthropologie, die sich in der institutionellen, in der rechtlichen, in der politischen, in der kulturellen und in der sozialen Praxis bewähren muss, eine Anthropologie, die im günstigsten Falle das normative Selbstverständnis der Bürgerschaft als ganzer zum Ausdruck bringt.

II. Humanismus

In der europäischen Geistesgeschichte gibt es spätestens seit der griechischen Klassik ein Phänomen, das phasenweise in Erscheinung tritt und eine beträchtliche Wirkung entfaltet, um dann wieder für lange Zeit fast völlig zu verschwinden. Dieses Phänomen ist nicht auf den europäischen Kulturkreis beschränkt und seine Erscheinungsformen variieren mit dem kulturellen und historischen Kontext, es lässt sich über zwei Elemente dennoch zuverlässig diagnostizieren. Erstens handelt es sich jeweils um eine Bildungsbewegung und zweitens spielt in dieser ein spezifisches Menschenbild eine zentrale Rolle. Dieses Phänomen bezeichne ich als »Humanismus«, wohl wissend, dass unter diesem Terminus sehr Unterschiedliches verstanden wird. Mein Eindruck ist allerdings, dass diese terminologischen Differenzen sich darauf zurückführen lassen, dass jeweils ein einzelner Aspekt des Humanismus im weiteren Sinne herausgehoben und die anderen Aspekte ignoriert werden. Um dieses Phänomen genauer zu erfassen, werfen wir zunächst einige historische Schlaglichter, um dann die drei zentralen gemeinsamen Elemente humanistischen Denkens in einen systematischen philosophischen Zusammenhang zu stellen.

a) Humanismus – die Ursprünge

Die Zeit der griechischen Klassik ist für die europäische Kultur- und Bildungsgeschichte bis heute von zentraler Bedeutung. Grundbausteine humanistischen Denkens entwickeln sich in einer erstaunlich kurzen Frist. Es sind im Wesentlichen drei: (1) *Autarkie*, (2) *Rationalität*, (3) *Universalität.*

Das *Autarkie-Ideal* (1) hat in der griechischen Kultur offenkundig eine längere Vorgeschichte. Achill begehrt gegen seinen obersten Heeresführer Agamemnon auf, weil dieser es wagt, ihm seine Lieblingssklavin zu nehmen. Der Fürst Achill ist in seiner Autarkie verletzt und entsprechend zieht er sich schmollend aus dem Kampfgeschehen zurück, was beinah den Untergang der Griechen im Kampf um Troja bedeutet. Um die Autarkie der Sklavin Briseis geht es hier natürlich nicht, aber um die des Fürsten. Das Autarkie-Ideal ist zunächst nur gegen die Beherrschung durch andere gerichtet, es ist ein langer Weg, bis die philosophischen Konsequenzen dieses Ideals klar werden. Wer nicht beherrscht werden will, muss sich selbst beherrschen. Der *akrates* (gr.: ἀκρατής), der Unbeherrschte, verliert seine Autarkie, weil er sich von Augenblicksneigungen beherrschen lässt. Das, was Aristoteles in der *Nikomachischen Ethik* als Problem der *akrasia* (meist übersetzt mit »Willensschwäche«) diskutiert, markiert den Übergang von bloßer Autarkie im Sinne einer Abwehr von Eingriffen anderer zur Autonomie, zur Gestaltung des Lebens nach eigenen Vorstellungen und Wertungen. Am Ende dieser langen Entwicklung steht die kantische Ethik, für die ein Handeln aus Pflicht erst die Freiheit des vernünftigen Menschen ausmacht. Aber auch der aristotelische *akrates* ist unvernünftig, weil er nicht das tut, was er selbst für richtig hält, was er also selbst als positiv bewertet, sondern aus der Neigung des Augenblicks seinen eigenen Wertungen zuwiderhandelt.[9] Deshalb ist der *akrates* schwach. Es besteht demnach ein enger Zusammenhang zwischen Vernunft und Freiheit.[10]

In Platons *Theaitetos*-Dialog geht es um die Frage, was Wissen sei. Es werden unterschiedliche Vorschläge geprüft, die offenbar die damaligen philosophischen Positionen wiedergeben. Schließlich wird ein Ergebnis präsentiert, wonach Wissen weder instrumentell im Hinblick auf Zwecke, die man mit diesem Wissen erreicht, noch subjektiv als Gewissheit bestimmt werden kann, sondern als eine wahre Überzeugung, für die aber (objektiv) gute Gründe sprechen. Am Schluss des Dialoges meint Sokrates, man könne auch mit diesem Ergebnis nicht vollständig zufrieden sein, ohne seine Behauptung näher zu begründen.[11] Tatsächlich entdeckte ein Philosoph[12] in den 60er Jahren des vergangenen Jahrhunderts, dass auch eine wohlbegründete, wahre Meinung noch nicht zwingend mit Wissen gleichzusetzen ist. Bewunderer Platons mögen vermuten, dass sich schon der antike Philosoph dieser Tatsache bewusst war.

Im *Theaitetos* ermahnt Sokrates seinen Diskussionsgegner, dass man doch nicht die »Wortstreitkunst« pflegen wolle, dass es also

9 Vgl. Aristoteles, *Nikomachische Ethik*, Buch VII.

10 Vgl. Dieter Sturma (Hg.): *Vernunft und Freiheit. Zur praktischen Philosophie von Julian Nida-Rümelin*, Berlin 2012.

11 Vgl. Platon, *Theaitetos*.

12 Vgl. Edmund L. Gettier, »Is Justified Belief True Knowledge?«, in: *Analysis*, Vol. 23, No. 6 (1963), S. 121-123.

vielmehr darum ginge, herauszufinden, wie es sich wirklich verhalte. Dies sei schließlich auch eine zentrale Kritik der Sokratik an der Sophistik, dass es dieser um den Sieg in der rhetorischen Auseinandersetzung ginge, also um Kenntniserwerb für persönliche, berufliche und politische Zwecke, und nicht um die Wahrheitssuche als solche. Die zentrale Botschaft des Dialogs ist die *Autonomie der theoretischen Vernunft*. Erkenntnis ist etwas, das wir um ihrer selbst willen erstreben (sollen). Da es in diesem Dialog um das Vorbringen von Gründen und den Versuch der Entkräftung von vorgebrachten Gründen geht, könnte man – angelehnt an Jürgen Habermas – das Ergebnis auch so fassen: Kommunikative Rationalität geht nicht in strategischer auf.[13] Strategische Rationalität ist mit dem Ethos verständigungsorientierter Rede unvereinbar. Zu diesem Ethos gehört der Respekt gegenüber dem Gesprächspartner, seine Anerkennung als gleichberechtigter Partner in der Kommunikation und die Bereitschaft, Argumente zu prüfen und im Falle eines positiven Ergebnisses diese anzunehmen, auch wenn sie der eigenen Interessenlage zuwiderlaufen.

Den *Theaitetos*-Dialog, aber auch zahlreiche andere Dialoge Platons durchzieht ein *Plädoyer für Rationalität*: Rationalität der *Praxis*, die auf (philosophischer) Einsicht beruhen sollte, Rationalität des *Urteils*, die lediglich dem »zwanglosen Zwang des besseren Argumentes« (Habermas) folgt. Es gibt keine heiligen Schriften, die als Quelle des Wissens herangezogen werden können, keine politischen oder religiösen Autoritäten, es zählt nur die dem Menschen eigene Erkenntnisfähigkeit, seine *Rationalität* (2).

Die griechische Klassik schafft zumindest die Voraussetzungen für die dritte philosophische Entdeckung, die zugleich auch eine kulturelle Veränderung darstellt: die Idee einer *universalen Menschennatur*. Erst die philosophische Bewegung der Stoa entwickelt eine konsequent universalistische Weltanschauung. Allerdings bleibt das Spannungsverhältnis zwischen philosophischer Überzeugung und praktizierter Lebensform bis in die Kaiserzeit des römischen Imperiums bestehen, in der der Stoizismus zur dominierenden Weltanschauung der Patrizier und der Gebildeten insgesamt wird. Die Welt als ganze ist vernünftig geordnet, die Ereignisse gehorchen unveränderlichen und grundsätzlich erkennbaren

13 Vgl. Jürgen Habermas, *Theorie des kommunikativen Handelns*, Frankfurt/M. 1981.

Gesetzen. Als vernünftiger Akteur fügt sich der Mensch in diese geordnete Welt. Er nimmt die Dinge, die er selbst nicht verändern kann, mit Gleichmut hin und übernimmt Verantwortung für das, was seiner Kontrolle untersteht.

Dies ist die berühmte Unterscheidung der Stoa zwischen den *adiaphora* (gr.: *ἀδιάφορα*), also den Dingen, hinsichtlich derer wir keinen Unterschied machen können, weil wir sie nicht beeinflussen können, da sie außerhalb unserer Kontrolle liegen, und den Dingen, bei denen es auf uns selbst ankommt, den *eph' hêmin* (gr.: *ἐφ' ἡμῖν*), also den *Dingen*, die wir kontrollieren können. Für letztere gilt das Prinzip der Verantwortung, für erstere das Prinzip des Schicksals. Hautfarbe, Sprache, Herkunft, Geschlecht und Stand sind unerheblich, insofern alle Menschen gleichermaßen erkenntnis- und vernunftfähig sind und an der Weltvernunft, dem *logos* (gr.: *λόγος*), teilhaben können. Die Selbstbetrachtungen des Stoikers Marc Aurel auf dem Kaiserthron sind ein eindrucksvolles Zeugnis für die universalistische Anthropologie der Stoa.[14] Er versucht, seine Pflichten zu erfüllen, wie alle an den Feldzügen Beteiligten hinunter bis zum einfachsten Soldaten. Er nimmt seine Verantwortung als Kaiser wahr und zugleich tadelt er sich selbst für jede Unbescheidenheit, jede unangemessene Gemütsbewegung und jede Unachtsamkeit. Auch der mit fast unumschränkter Macht ausgestattete Kaiser eines riesigen Imperiums sollte keine Sonderrechte für sich in Anspruch nehmen, sollte sich einfügen in den geordneten Kosmos der Natur und in die menschliche Gesellschaft als ein Teil dieser Natur.

Die hellenistischen Reiche waren, wie später das römische, zentralistisch organisiert und umfassten eine Vielfalt von Völkerschaften, Kulturen und Religionen. Man kann daher den Universalismus der Stoiker als eine intellektuelle Antwort auf den Gestaltungsverlust der griechischen Stadtbürger interpretieren. Zugleich aber beinhaltet diese kulturelle Bewegung eine philosophische Erkenntnis, nämlich die, dass Hautfarbe, Herkunft, Sprache und Kultur in anthropologischer Hinsicht irrelevant sind, dass allen Menschen Vernunft, Moral und Würde gleichermaßen zu eigen sind. Die *dignitas hominis*, die Cicero in Anlehnung an griechische Autoren, insbesondere Panaitios, beschreibt, ist das Zentrum einer

14 Vgl. Marc Aurel, *Selbstbetrachtungen* (lat.: *Ad se ipsum libri*), ab 172 n. Chr.

universalistischen Anthropologie (3).[15] Vernunft- und Moralfähigkeit aller Menschen tragen dieses *universalistische Konzept menschlicher Würde.*

b) Das Gemeinsame humanistischen Denkens

Das Gemeinsame humanistischen Denkens ist durch die genannten Ursprungsimpulse – (1) *Autarkie/Autonomie*, (2) *Rationalität* (theoretische wie praktische Vernunft) sowie (3) *Universalismus* – interessanterweise schon weitgehend erfasst. Die europäische Bildungsgeschichte kann man als immer wiederaufgenommene Auseinandersetzung mit diesen Grundorientierungen des Humanismus lesen. Das humanistische Ideal erfährt zunächst eine philosophische Fassung (Platon und Aristoteles, die griechischen und die römischen Stoiker, Pico della Mirandola und andere humanistische Philosophen der italienischen Renaissance, Kant und die Philosophen des Deutschen Idealismus etc.), bis der Humanismus sodann Eingang in die Bildungsdebatten findet, Bildungsreformen prägt und dann verebbt in der Gegenoffensive der Instrumentalisten und Anti-Humanisten unterschiedlicher Couleur, um nach einigen Jahrhunderten oder auch nur Jahrzehnten in neuer Gestalt wiederaufzuerstehen. Der Humanismus ist in der europäischen Bildungsgeschichte seit rund 2500 Jahren eine Art Wiedergänger. Wenn wir für einen Augenblick das Ethos humanistischer Selbstbeschränkung – und zudem allen Realitätssinn – vergäßen, könnte als Ziel dieses Aufsatzes gelten, eine weitere Runde in diesem Spiel einzuläuten, einem aktualisierten Humanismus in der Gegenwart eine Chance zu geben, ihn philosophisch neu zu fassen und in der (Bildungs-)Praxis zu verankern. Die Zeit dafür wäre reif, da wir auf eine Verfallsgeschichte der humanistischen Impulse seit nunmehr über hundert Jahren zurückblicken. Form und Inhalt der Auseinandersetzung zwischen einem humanistischen und einem anti-humanistischen Menschenbild haben sich immer wieder verändert, aber einige Grundelemente dieses Konflikts sind erstaunlich konstant geblieben.

Eines dieser sich durchhaltenden Elemente ist die humanistische Kritik an der Instrumentalisierung der Bildung. Humanisten

15 Vgl. Cicero, *De officiis*, 44 v. Chr.

aller Zeiten haben natürlich nicht bestritten, dass Bildung nützlich ist, nicht nur im Beruf, sondern zu einer gelungenen Gestaltung des eigenen Lebens generell. Humanisten haben in der Regel auch keine Probleme, Bildungsanstrengungen damit zu rechtfertigen, dass sie externen Zwecken dienen. Sie sehen es jedoch als problematisch an, wenn die Inhalte der Bildung von diesen externen Zwecken bestimmt oder Bildung als solche gar über den instrumentellen Erfolg definiert wird. Die Kritik Sokrates' an der Sophistik hat diese Form der Instrumentalisierung vor Augen. Der extreme Instrumentalismus einzelner Sophisten, jedenfalls in der Darstellung Platons, definiert Wissen als Instrument des Machterwerbs oder des angestrebten Erfolgs generell. Die Aporien, in die instrumentalistische Bildungsdefinitionen führen, liegen auf der Hand: Ob der Gebildetere erfolgreicher ist, ist eine kontingente empirische Frage. Selbst wenn Bildung dem Erfolg dienlich ist, würde daraus nicht folgen, dass der Erfolg darüber entscheidet, ob jemand gebildet ist. Bildung kann nur inhaltlich, nicht instrumentell definiert werden. Wenn Platon recht hat, dann spielt für genuine Bildung wohlbegründetes Wissen, *sophia* (gr.: σοφία), eine zentrale Rolle. Wenn Aristoteles recht hat, beruht echte Bildung auf erfahrungsgesättigter Lebensklugheit, *phronēsis* (gr.: φρόνησις). Wenn die Stoiker recht haben, ist die gebildete Persönlichkeit dadurch ausgezeichnet, dass sie ihre Gefühle kontrollieren kann, dass sie zu diesen kritisch Stellung nehmen und auf der Grundlage dieser Stellungnahme handeln kann. Wenn die Humanisten der italienischen Renaissance recht haben, dann zeichnet sich die gebildete Persönlichkeit dadurch aus, dass sie *mitis et amabilis* (Petrarca, wörtlich: mild und liebenswert) ist. Wenn Immanuel Kant recht hat, dann gehört zur Bildung die Achtung vor dem Sittengesetz, die Fähigkeit, sich so weit von seinen eigenen Neigungen distanzieren zu können, dass man nur solchen Regeln (Maximen) folgt, die auch als allgemeine Handlungsregeln taugen würden. Wenn Wilhelm von Humboldt recht hat, dann fördert die Wahrheitssuche um ihrer selbst willen die Persönlichkeitsbildung, um einige Varianten eines nicht-instrumentalistischen, humanistischen Bildungsverständnisses anzuführen.

Gemeinsam ist diesen und anderen humanistischen Positionen trotz aller Unterschiede, dass Bildung einen *Selbstwert* hat, dass sie um ihrer selbst willen erstrebenswert ist. Das ergibt jedoch nur

Sinn, wenn die Vorstellung eines richtigen Lebens – eines genuin menschlichen Lebens – die Inhalte einer normativen Anthropologie, sowohl die Bildungstheorie als auch die Bildungspraxis, bestimmt. Nach humanistischem Verständnis repräsentiert die jeweilige Bildungsidee den normativen Gehalt unseres Selbstverständnisses als Mensch. Da Menschen immer auch als Selbstzweck gelten müssen und niemals ausschließlich zu anderen (externen) Zwecken gebraucht (instrumentalisiert) werden dürfen, überträgt sich so der normative Kern einer humanistischen Anthropologie auf die humanistische Bildungskonzeption. Wenn Bildung nichts anderes ist als die angeleitete und zu möglichst großen Teilen selbstbestimmte Entfaltung des Menschen, die Entwicklung menschlicher Persönlichkeitsmerkmale (Tugenden) und die Praxis einer genuin menschlichen Lebensform, dann ist Bildung in diesem Sinne Selbstzweck. Es ist die Verkoppelung von Anthropologie und Bildungstheorie im humanistischen Denken, die instrumentalistische Auffassungen ausschließt. Kurz: Eine instrumentalistische Bildungspraxis ist unmenschlich.

Ein anderes gemeinsames Element ist die Auseinandersetzung mit naturalistischen Auffassungen seit der Gründungszeit der modernen Naturwissenschaft. In der Antike und im Mittelalter spielt diese Auseinandersetzung deswegen keine Rolle, weil die dominierende Theorie der Natur teleologisch ist, das heißt annimmt, dass das Wirken der Natur auf bestimmte Ziele gerichtet ist, so dass die menschliche Praxis nur als eine besondere Erscheinungsform dieser Naturordnung erscheint. Besonders deutlich wird dies etwa in der aristotelischen Theorie der Bewegung der Tiere. Erst in der Moderne tritt der Gegensatz zwischen Naturalismus und Humanismus zu Tage. Die Naturwissenschaft wird seit dem 17. Jahrhundert in Europa neu gefasst, die teleologische Erklärung wird durch eine deterministische Kausalerklärung ersetzt. Die Revolutionäre dieser neuen Wissenschaft (*scientia nova*) verabschieden den weichen Aristotelismus in christlich-theologischem Gewand und neigen eher zum Intellektualismus Platons, zum Ideal der mathematischen Präzision. Sie stellen sich eine Naturwissenschaft nach dem Muster der euklidischen Geometrie vor, mit wenigen Axiomen, aus denen der Rest ableitbar ist (*more geometrico*), und greifen Ideen der antiken Atomisten und Hedonisten wie Speusipp, Leukipp und Epikur auf. Auch wenn dieses Programm einer Umgestaltung der Naturwissenschaft mit kühnen Spekulationen beginnt, die sich nicht aufrechterhalten lassen, so erweist es sich spätestens mit Galileo Galilei und Isaac Newton als sehr erfolgreich.

Es gibt einen bis heute anhaltenden Streit darüber, was eigentlich die Moderne ausmacht und wann sie beginnt. Je nach dem Segment, das man im Auge hat, variiert das, was heutige Philosophen, Soziologen und Historiker als Kontinuitätsbruch interpretieren. Beginnt die Moderne schon mit Joachim de Fiore, der im 12. Jahrhundert vielleicht der Erste ist, der so etwas wie eine Fortschrittstheorie der Menschheitsgeschichte konzipiert? (Ist damit gar schon eine neue *Gnosis* auf den Weg gebracht, die schließlich im 19. und 20. Jahrhundert als »politische Religion« auftritt[16] und in Gestalt von Nazismus und Stalinismus für unvorstellbares Leid verantwortlich ist?)

Man kann die Moderne, aber auch erst im Maschinenzeitalter, also im 19. Jahrhundert, beginnen lassen. In der Tat gibt es erst ab etwa 1820 in Europa eine ökonomische Dynamik, welche die Lebensbedingungen der Menschen grundlegend verändert und zu Entwurzelung, Verstädterung und Verelendung führt, dann aber den Wohlstand deutlich mehrt (aufgehalten immer wieder durch Kriege im 19. Jahrhundert und schließlich durch zwei Weltkriege im 20. Jahrhundert). Man kann die Normierung, Rationalisierung und Vereinheitlichung aller Lebensverhältnisse, die Technisierung und Ökonomisierung zu Merkmalen der Moderne machen und damit die Ursprünge des Fortschrittsdenkens, aber auch der neuen Wissenschaft in den Jahrhunderten zuvor als Präliminarien interpretieren. In der Kunst beginnt die Moderne gegen Ende des 19. Jahrhunderts und Anfang des 20. Jahrhunderts mit radikalen Brüchen gegenüber der Tradition. Der französische Impressionismus macht in den 1870er Jahren in Paris den Anfang.

Das, was sich heute als Postmoderne versteht, kann allenfalls in der engsten Definition von Moderne als ein neues Zeitalter gelten. Wenn es in der Architektur um die Abkehr von der Bauhaus-Tradition geht, die Rehabilitierung historischer Zitate, zweckloser Verzierung und figürlicher Darstellung, dann wäre dies kein Bruch etwa gegenüber der Tradition des Jugendstils, die immerhin mit dem Bauhaus historisch und politisch eng verbunden ist. In einer

16 Vgl. Eric Voegelin, *Die politischen Religionen*, Stockholm 1939.

eher philosophischen Perspektive könnte man das postmoderne Zeitalter dadurch charakterisieren, dass es die Idee des verantwortlichen Subjekts verabschiedet, eine subjektlose, dezentrierte, nicht mehr »logozentrische« Perspektive einnimmt, die sich in Schriften manifestiert, die nicht mehr dem Ideal der Klarheit, Bestimmtheit und Verständlichkeit verpflichtet sind, einem Ideal, das den Philosophen der Renaissance, der europäischen Aufklärung, des amerikanischen Pragmatismus und der analytischen Philosophie gemeinsam ist. Man kann jedoch auch – skeptisch gegenüber dem behaupteten Epochenentwurf der Postmoderne – von einer reflexiv gewordenen, selbstkritischen zweiten Moderne sprechen, wie es Ulrich Beck tut.[17] Oder man lässt die Moderne eben nicht mit dem Rationalismus des 17. Jahrhunderts beginnen, sondern sieht wie etwa Stephen Toulmin ihre ausschlaggebende kulturelle Innovation im Humanismus.[18]

Dieser Streit um die Moderne ist ein verdeckter Streit um normative Fragen. Es ist ein Streit, wie wir uns verstehen sollten: in Absetzung von der Tradition der Moderne der europäischen Aufklärung des Rationalismus oder in kritischer Fortführung? Sollten wir die Substanz unseres modernen menschlichen Selbstverständnisses in der rationalistischen (schließlich technokratischen) Tradition sehen oder im Humanismus der frühen italienischen Renaissance? Auch wenn die Kriterien eines historischen Epochenbruchs in hohem Maße willkürlich sind, unser menschliches Selbstverständnis ist es nicht. Daher plädiere ich dafür, diese Debatte zu entmystifizieren, sie nicht in Gestalt vermeintlich empirisch zu klärender, historischer und kultureller Analysen vorzutragen, sondern als Differenz normativer Anthropologie, wie wir sie zuvor umrissen haben. Unser modernes Menschenbild, unser aktuelles Selbstbild, *sollte* sich auf die humanistische Tradition der frühen Neuzeit und nicht auf die rationalistischen, technokratischen, utopistischen und totalitären Abwege der Moderne beziehen.

17 Vgl. Ulrich Beck, *Die Erfindung des Politischen: Zu einer Theorie reflexiver Modernisierung*, Frankfurt/M. 1993.

18 Vgl. Stephen Toulmin, *Kosmopolis*, Frankfurt/M. 1994.

c) Eine systematische Konzeption

Im Zentrum einer humanistischen Anthropologie stehen drei Begriffe: *Vernunft – Freiheit – Verantwortung*. Das, was Kant als Autonomie begreift, führt Verantwortung (Pflicht) und Freiheit zusammen, und zwar auf der Basis von (praktischer) Vernunft. Die Vernunft lässt uns einsehen, nur nach solchen Maximen zu handeln, die als allgemeines Gesetz denkbar und wünschbar sind. Wir agieren als Vernunftwesen, sofern wir unsere Maximen daraufhin, das heißt auf das, was Kant den *kategorischen Imperativ* nennt, überprüfen und dann entsprechend handeln.[19] Wir sind frei, sofern wir aus diesem rationalen Motiv handeln und nicht lediglich den Neigungen des Augenblicks folgen. Menschen, die ihren jeweiligen Neigungen folgen, sind unfrei, weil heteronom. Sie geben sich die Gesetze ihrer eigenen Praxis nicht selbst, sondern führen nur aus, was ihre Neigungen jeweils vorgeben. Die Prinzipien vernünftigen Handelns sind apriorisch, das heißt ohne jede Empirie, ohne Erfahrungsdaten bestimmbar. Was den Neigungen jeweils am besten entspricht, ist eine empirische Frage. Als Vernunftwesen sind Menschen frei, als Naturwesen kausal determiniert. Als Gegenstand der wissenschaftlichen Analyse ist menschliches Handeln kausal determiniert, aus der Innenperspektive ist der Mensch, sofern er vernünftig ist, frei. Pflicht (Verantwortung) und Freiheit sind keine Gegensätze. Nur wer aus Achtung vor dem Sittengesetz handelt, das heißt vernünftig und somit aus Pflicht handelt, ist wirklich frei. Nur die moralische Motivation macht Menschen frei.

Diese hier grob zusammengefasste praktische Philosophie Kants ist die elaborierteste und bis heute einflussreichste Fassung humanistischen Denkens. Im Zentrum steht die Idee der Menschenwürde. Der Mensch hat keinen Wert, man kann menschliche Individuen nicht verrechnen, nicht mit anderen Werten, nicht einmal mit anderen Menschen. Menschenleben dürfen nicht gegen Menschenleben aufgerechnet werden, auch das ist unvereinbar mit menschlicher Würde.[20] Es ist kein Zufall, dass die praktische Phi-

19 Vgl. Immanuel Kant, *Grundlegung zur Metayphysik der Sitten*, 1785.

20 BVerfG, 1 BvR 357/05 vom 15.02.2006, Absatz Nr. (1-256). Urteil gegen die Ermächtigung zu unmittelbarer Einwirkung mit Waffengewalt gegenüber Passagiermaschinen. Artikel zu diesem Thema von JNR, »Leben und töten lassen«, in: *Cicero* 5/2006, S. 80-82.

losophie Kants heute weltweit eine Renaissance erlebt. Der bedeutendste politische Philosoph der Gegenwart, John Rawls, versteht sich als Kantianer, aber auch Christine Korsgaard, Onora O'Neill, Kurt Bayer, Jürgen Habermas und viele mehr. Dieser zeitgenössische Kantianismus versteht sich nicht als Auslegung kantischer Texte, er ist nicht exegetisch, sondern weicht in vielen Punkten von kantischer Philosophie ab. Die Gemeinsamkeit ist ein universalistisches Verständnis praktischer Vernunft und die Idee einer Freiheit, die den Menschen etwas zutraut, nämlich die Fähigkeit zu reflektieren, Gründe abzuwägen und aus eigenen Gründen zu handeln.

In diesem weitesten Sinne bin ich ebenfalls Kantianer, allerdings mit einer wichtigen Differenz zum klassischen Vorbild. In meinen Augen ist es eine zentrale Schwäche der kantischen Philosophie, dass sie fast durchgängig von Dichotomien geprägt ist: Das *Apriorische*, das, was wir vor aller Erfahrung wissen, steht dem *Aposteriorischen*, dem, was wir nur durch Erfahrung wissen, gegenüber. Die Vernunftprinzipien sind apriorisch und haben mit der empirischen Menschennatur nichts zu tun. Die Freiheitsgesetze stehen den Naturgesetzen gegenüber und letztlich scheint doch alles nur eine Frage der Perspektive zu sein. Meine eigene philosophische Position ist dagegen kohärentistisch, in ihr lösen sich die Dichotomien auf. Es gibt jeweils ein Mehr oder Weniger, Beobachtungsnäheres und Beobachtungsferneres, Abstrakteres und Konkreteres. Selbst logische Prinzipien müssen sich an der Verständigungspraxis des Alltags bewähren, sie sind nicht unabhängig von aller Empirie. Erfahrungen sind andererseits immer abhängig von Begriffen und Theorien, die sich wiederum selbst an der Erfahrung bewähren müssen. Das, was hier zirkulär erscheint, ist lediglich Merkmal eines unauflöslichen Zusammenhangs, der letztlich alles umfasst. Jede einzelne Überzeugungsänderung ist mit so gut wie allen anderen in der einen oder anderen Weise verbunden. Es gibt nicht die Möglichkeit, aus dieser Praxis der Abwägung auszusteigen und das Vernünftige auf ein rein philosophisches Fundament zu stellen. Auch die Philosophie muss sich in den Begründungen unserer Lebenswelt bewähren.[21]

Das, was vernünftig ist, lässt sich nicht apriorisch bestimmen. Jede Theorie der Rationalität muss sich an den Begründungen messen lassen, die wir für akzeptabel halten. Da unsere Begrün-

21 Vgl. JNR, *Philosophie und Lebensform*, Frankfurt/M. 2009, 1.Teil.

dungen oft genug uneinheitlich sind, sich gelegentlich auch direkt widersprechen, sind wir gezwungen, abzuwägen, Gewichtungen vorzunehmen, unsere Begründungspraxis eben kohärent zu machen. Was wir für richtig halten und was für falsch, welche Gründe wir vorbringen für oder gegen eine Handlung, für oder gegen eine Überzeugung, für ein moralisches Gefühl oder eine Einstellung gegenüber anderen Personen, das alles ist Ausdruck unseres *menschlichen Selbstbildes*. Es lässt erkennen, wie wir uns als Menschen sehen, es ist Ausdruck eines Menschenbildes. Da es in dieser Begründungspraxis direkt und indirekt um Wertungen geht, kann man dieses Menschenbild nicht lediglich als Beschreibung einer kulturell etablierten Lebensform ansehen, sondern muss es *normativ* verstehen, also als Ausdruck einer Überzeugung, wie wir handeln, urteilen, fühlen und leben *sollten*.

Ein humanistisches Bildungsverständnis beruht auf dem *Ideal der Autonomie*. Die Fähigkeit, ein Leben nach eigenen Regeln, frei und verantwortlich zu führen, ist oberstes humanistisches Bildungsziel. Eine entwickelte *Urteilskraft* und *Entscheidungsfähigkeit* sind Voraussetzungen für ein autonomes Leben. Ich habe in anderen Schriften eine Konzeption entwickelt, wonach Rationalität, Freiheit und Verantwortung lediglich drei unterschiedliche Aspekte des gleichen Phänomens sind, nämlich der besonderen menschlichen Fähigkeit, sich von Gründen leiten zu lassen.[22] Im nächsten Kapitel sollen die Grundzüge dieser Konzeption dargestellt werden, weil die hier dargestellte Bildungstheorie darauf aufbaut.

III. Rationalität, Freiheit, Verantwortung

Ein erneuerter Humanismus in Bildungsphilosophie und Bildungspraxis bedarf eines belastbaren Fundaments in der praktischen Philosophie. Der Humanismus als Bildungsprogramm vertraut auf die Vernunftfähigkeit der Menschen, unterscheidet sich aber vom Rationalismus darin, dass er die Rationalität nicht absolut setzt. Im Folgenden sollen drei Grundbegriffe der praktischen Philosophie für eine Erneuerung humanistischen Denkens fruchtbar gemacht werden: Rationalität, Freiheit und Verantwortung.

22 Vgl. meine Trilogie: *Strukturelle Rationalität*, Stuttgart 2001; *Über menschliche Freiheit*, Stuttgart 2005; *Verantwortung*, Stuttgart 2011.

a) Rationalität

Im Folgenden wollen wir versuchen, das Bildungsziel *Rationalität* präziser zu fassen. Das humanistische Bildungsziel einer rationalen Praxis muss sich heute gegenüber zwei Hauptkonkurrenten behaupten. Der erste ist die Theorie und Praxis instrumenteller Rationalität. In der Ökonomie hat sich – sowohl in Wissenschaft wie in weiten Bereichen der Praxis – ein Rationalitätsverständnis etabliert, das man als instrumentell oder (besser) als konsequentialistisch bezeichnen kann. Während die Ursprünge des modernen ökonomischen Denkens das gemeinsame Wohl aller als Maßstab rationaler Praxis nahmen (der Utilitarismus insbesondere der schottischen Aufklärung), wurde dieses Konzept im Laufe der Zeit durch das der rein instrumentellen Bestimmung rationaler Entscheidung ersetzt. Demnach kann man von (praktischer) Rationalität nur in Hinblick auf gegebene Ziele des jeweiligen Akteurs sprechen. Diese Ziele selbst entziehen sich jeder rationalen Beurteilung.

Dieses Verständnis von Rationalität hat schon deswegen eine gewisse Attraktivität, weil es gut zum Pluralismus der modernen Kultur passt. Jeder Mensch darf und muss für sich selbst bestimmen, was er für erstrebenswert hält, es gibt keine objektiven Werte, keine für alle verbindliche Konzeption eines guten Lebens, keine übergeordnete moralische Autorität. Ob eine Entscheidung rational ist oder nicht, wird streng genommen zu einer Frage der Empirie: Ist diese Entscheidung geeignet, die Ziele, die der Akteur hat, zu erreichen? Genauer: Ist diese Entscheidung besser als alle anderen offenstehenden geeignet, diese Ziele zu realisieren? Sind die Wahrscheinlichkeiten, die dabei berücksichtigt werden müssen, richtig abgeschätzt? Ein rein instrumentelles Verständnis von Rationalität hat den Vorteil, dass die Klärung von (empirischen) Sachfragen ausreicht, um zu bestimmen, was rational ist.

Um ein gewisses Maß an Objektivität herzustellen, um überhaupt Empfehlungen und Prognosen aus der Sicht instrumenteller Rationalität machen zu können, müssen die möglichen Ziele der Individuen wieder eingeschränkt werden. In der ökonomischen Theorie geschieht dies zum Beispiel dadurch, dass man annimmt, dass alle Akteure ausschließlich eigeninteressiert handeln. Eine solche Annahme schließt zum Beispiel altruistische Handlungsmotive aus oder zwingt, diese als Ausdruck eines Eigeninteresses umzuinterpretieren.

In der ökonomischen Theorie wird zudem eine darüber hinausgehende Einschränkung dadurch vorgenommen, dass das Eigeninteresse in Gestalt von Ertragsoptimierung oder Einkommensoptimierung, also als monetäre Größe, definiert wird. Man könnte kritisch einwenden, dass Einkommensoptimierung in vielen Fällen gar nicht im Eigeninteresse eines Individuums ist, aber damit würden die Möglichkeiten der Empfehlung und der Prognose empfindlich beeinträchtigt. Denn wie ließe sich dann das jeweilige Eigeninteresse bestimmen? Etwa dadurch, dass man doch wieder objektive Maßstäbe des guten Lebens einführte? Die Resultate der so genannten Glücksforschung zeigen, dass es zwischen Einkommen und Glück nur im ärmeren Teil der Bevölkerung einen Zusammenhang gibt. Wenn das Eigeninteresse über Glück und Glück wiederum als ein bestimmter mentaler Zustand bestimmt wird, dann müssten die Empfehlungen der ökonomischen Theorie als irrational gelten, oder anders formuliert, dann wäre die ökonomische Rationalitätskonzeption inadäquat.

Der Haupteinwand gegen ein instrumentelles Verständnis von Rationalität ist jedoch ein anderer: Diese Form der Rationalität ist mit unserer geteilten Praxis der Begründung von Entscheidungen nicht verträglich. Wir alle sind uns darin einig, dass eine geäußerte Bitte einen guten Grund darstellt, dieser Bitte zu folgen, wenn nicht gewichtigere Gründe dagegen sprechen. Wir alle sind davon überzeugt, dass – jedenfalls unter bestimmten Bedingungen – Kooperation ein guter Handlungsgrund sein kann. Wir alle sind überzeugt davon, dass wir manchmal einen Grund haben, dankbar zu sein, und aus Dankbarkeit handeln sollten und dass eine Handlung, die von Dankbarkeit motiviert ist, nicht notwendigerweise irrational ist. Wir alle sind davon überzeugt, dass eingegangene Verpflichtungen uns einen Grund geben, diese Verpflichtungen zu erfüllen. Wir alle sind davon überzeugt, dass bestimmte soziale Rollen Pflichten mit sich bringen, die wir erfüllen sollten: die Pflichten der Eltern gegenüber ihren Kindern, der Lehrerin gegenüber ihren Schülern, der Politiker gegenüber der Öffentlichkeit, Loyalitätspflichten von Mitarbeitern, staatsbürgerliche Pflichten etc. Zudem scheint es ethische Prinzipien zu geben, denen wir unabhängig von bestimmten Rollen, die wir innehaben, oder Verpflichtungen, die wir eingegangen sind, gerecht werden sollten: Hilfspflichten gegenüber Hilfsbedürftigen oder der Respekt vor anderen unabhängig von ihrer Herkunft, ihrem Glauben und ihrem Geschlecht gehören dazu.

Dies waren einige Bespiele für gute Handlungsgründe, die unumstritten sind, auch wenn ihre Gewichtung im konkreten Konfliktfall von Person zu Person unterschiedlich ausfallen mag. Jeder der hier aufgeführten Handlungsgründe kann eine Entscheidung rechtfertigen. Um dieser Behauptung zuzustimmen, benötigen wir keine philosophische Theorie. Gerade weil wir uns darin einig sind, weil wir keiner philosophischen Theorie bedürfen, um diese Überzeugung zu rechtfertigen, muss sich jede Ethik und jede Theorie der Rationalität an diesen Handlungsgründen messen. Nur wenn sich diese Handlungsgründe in der Theorie wiederfinden, wenn die Theorie ihnen gerecht wird, wenn also eine Entscheidung, die durch einen oder mehrere dieser hier aufgeführten Handlungsgründe gerechtfertigt ist, auch im Sinne der Theorie als rational gelten kann, können wir diese Theorie akzeptieren.

Wenn eine Theorie in Konflikt mit diesen von uns allen akzeptierten Handlungsgründen gerät, dann werden wir diese Theorie verwerfen. Die Theorien der Rationalität oder der Moral müssen sich an denjenigen Handlungsgründen messen lassen, die wir zugunsten einer Theorie nicht aufzugeben bereit sind. Eine Theorie der Rationalität ist nur in dem Maße plausibel, in dem sie den von uns allen akzeptierten Handlungsgründen gerecht wird.[23]

Die hier aufgeführten Handlungsgründe lassen sich zum größten Teil nicht von einer Theorie instrumenteller Rationalität erfassen, aus dem einfachen Grund, dass die meisten der von uns genannten Gründe gar nicht darauf gerichtet sind, ein möglichst günstiges Ergebnis zu erzielen. Wenn ich ein Versprechen gegeben habe, bin ich verpflichtet, dieses Versprechen zu halten, ganz unabhängig davon, welche Konsequenzen diese Handlung (das Versprechen halten) jeweils im Einzelfall hat. Wenn ich aus Dankbarkeit handle, dann liegt der Handlungsgrund in der Vergangenheit,

23 Das ist kein Konventionalismus, das ist keine philosophische Position, die etwa meint, dass jeweils bestehende Konventionen darüber entscheiden, was richtig und was falsch ist, sondern dies ist eine logische Konsequenz der von uns allen geteilten Praxis des Gründegebens und Gründenehmens. Vgl. dazu ausführlicher Dieter Sturma (Hg.), *Vernunft und Freiheit. Zur praktischen Philosophie von Julian Nida-Rümelin*, Berlin 2012, speziell dazu die Kritik von Dietmar von der Pfordten und meine Replik darauf.

nicht in der Zukunft (ich will damit nichts erreichen, insbesondere nicht, dass die Person mir auch in Zukunft Gutes tut). Eine Handlung aus Dankbarkeit ist anders motiviert als eine Handlung, die aus dem Kalkül heraus geschieht, dass der Betreffende mir auch in Zukunft etwas Gutes tut. Wenn ich erfahre, dass eine Person mir nur deswegen gedankt hat, um zu erreichen, dass ich in Zukunft etwas für sie Günstiges tue, dann werde ich diesen »Dank« gar nicht mehr als solchen interpretieren – ich weiß ja nun, dass die Person nicht aus Dankbarkeit, sondern aus anderen (eigennützigen) Motiven gehandelt hat. Der instrumentell rationale Akteur ist also gar nicht in der Lage, aus Dankbarkeit zu handeln. Wenn wir uns nicht der These verschreiben wollen, aus Dankbarkeit zu handeln sei grundsätzlich irrational, muss unsere Theorie der Rationalität so beschaffen sein, dass sie mit solchen Handlungsgründen vereinbar ist. Diese scheinbar triviale Forderung hat weitreichende Folgen für die Bildungsphilosophie: Rationalität können wir dann nicht mehr verstehen als die optimale Mittelwahl, um unser eigenes Wohl zu optimieren oder andere auf die Zukunft gerichtete Veränderungen zu erreichen. Rationalitätstheorien, die die Förderung des eigenen Wohls zum Maßstab nehmen, scheitern an dieser Forderung ohnehin, aber interessanterweise scheitern auch alle konsequentialistischen Rationalitätstheorien. Unter konsequentialistischen Theorien verstehen wir solche, die Handlungen als Optimierung der Konsequenzen des Handelns interpretieren.

Da dies ein ganz entscheidendes Element unserer Argumentation ist, seien noch einige Erläuterungen hinzugefügt. Nehmen wir an, eine Person sagt: »Das Einzige, was mich interessiert, ist mein eigenes Wohlergehen.« Angenommen weiter, die Person könne genau angeben, was ihr Wohlergehen ausmacht. Wenn sich dieses Wohlergehen zum Beispiel als materieller Wohlstand bestimmen ließe, dann wäre das Einzige, was diese Person interessiert, ihr materieller Wohlstand, und es scheint dann für sie rational zu sein, alles zu tun, was diesen Wohlstand mehrt, und alles zu unterlassen, was diesen mindert. Wenn sie zwei Handlungsoptionen hat, von denen die eine günstiger für die Wohlstandsmehrung ist, dann sollte sie diese Handlung wählen (»sollte« im Sinne von »ist es für sie rational«). Den meisten Menschen kommt eine solche Rationalitätskonzeption keineswegs abwegig vor. Es mag sein, dass einige Menschen diese und andere jene Ziele haben, aber der Egoismus als Lebenshaltung, ja sogar, wenn dieser mit einem Materialismus kombiniert wird, scheint nicht von vorneherein abwegig zu sein. Manche werden einwenden, unter moralischen Gesichtspunkten sei eine egoistische Lebenseinstellung abzulehnen, aber es sei durchaus denkbar, dass eine Person alle ihre Handlungen aus egoistischen Motiven vollzieht.

Die Argumentation, die wir in diesem Kapitel skizziert haben, besagt jedoch, dass es eine solche Praxis gar nicht geben kann. Eine Person, die so handelte, fiele aus allen sozialen und kulturellen Bezügen heraus, sie wäre unfähig zu kommunizieren, zu kooperieren, soziale Rollen wahrzunehmen und Vereinbarungen zu treffen, kurz: Eine solche Praxis ist mit einer humanen Lebensform unvereinbar. Ja mehr noch, eine Person, die nicht nur behauptet, sie sei egoistisch motiviert, sondern tatsächlich in jedem Einzelfall ihre Handlung aus egoistischen Motiven wählt, würde von uns gar nicht mehr als Person wahrgenommen, sie erschiene uns unverständlich, sie wäre in diesem Sinne keine »Person«, kein Wesen mit einer zuschreibbaren personalen Identität, die sich in Gründen, die sie für ihre Überzeugungen und ihre Handlungen hat, manifestiert.

Paradoxerweise würde eine Person, die in jedem Einzelfall (vor eine Entscheidung gestellt) ihr Wohlergehen maximiert, sich den Menschen entfremden, keine Kooperationspartner finden, ja sich – vorausgesetzt, sie wäre nur konsequent genug – sogar nicht mehr verständigen und schon deswegen kein zufriedenes Leben führen können, also gerade das oberste Ziel ihres Handelns verfehlen. Nun könnte man einwenden: Aber wie kann es sein, dass eine Person, die wir so definiert haben, dass sie in jedem Fall ihr Eigeninteresse optimiert, am Ende gegen ihre eigenen Interessen handelt, da die Lebensform, die daraus resultiert, auch für sie selbst nicht wünschenswert ist? Zeigt das nicht, dass eine rationale, ausschließlich am eigenen Wohl orientierte Praxis solche misslichen Konsequenzen ausschließt?

Dieser Einwand übersieht die Rolle, die Regeln für die menschliche Praxis spielen. Unsere gesamte Verständigungspraxis beruht darauf, dass wir bestimmten Regeln folgen. Jemand, der zu jedem Zeitpunkt, in dem er eine Handlung vollzieht, diese konsequent so wählt, dass das eigene Wohlergehen dadurch optimiert wird, verletzt systematisch, das heißt immer dann, wenn die betreffende Regelbefolgung mit der Optimierung des eigenen Wohlergehens kollidiert, jene Regeln, deren Einhaltung erforderlich ist, um eine kohärente und verständliche, die Verständigung und die Interaktionen tragende Praxis zu realisieren.

Wir können dieses Ergebnis verallgemeinern: Jede Praxis, die sich aus lediglich instrumentell rationalen Entscheidungen zusammensetzt, ist mit einer menschlichen Lebensform unvereinbar. Das ist der Kern meiner Konsequentialismuskritik, die ich hier nicht in allen Details darstellen kann.[24] Die menschliche Lebensform, die alltägliche Verständigung, die sozialen Rollen, die wir einnehmen, die Vereinbarungen, die wir treffen, die alltägliche menschliche Praxis ist *deontologisch* verfasst: Sie ist durch Regeln konstituiert, die wir auch dann befolgen (müssen), wenn dies im Einzelfall nicht optimal ist (in welchem Sinne auch immer, dem des Eigeninteresses oder im Sinne anderer Ziele des Handelns). Eine Praxis, die in jedem Einzelfall ihre Konsequenzen optimiert, eine konsequentialistische Praxis, wäre in einem sehr fundamentalen Sinne inhuman, nämlich unvereinbar mit der menschlichen Lebensform.

Die Konsequenzen für eine Philosophie humaner Bildung sind weitreichend. Wir müssen die lebensweltliche Praxis, in der eine Vielfalt von Gründen unser Handeln bestimmt, gegen vermeintliche Systemrationalitäten verteidigen. So gibt es keine ökonomische Rationalität neben und außerhalb dieser lebensweltlichen Praxis. Auch in der Ökonomie wird kommuniziert, werden Gründe ausgetauscht, werden Menschen mit ihren Charaktermerkmalen ernst genommen und beurteilt, wird kooperiert und moralisch gewertet. Die Idee eines ökonomischen Marktes als moralfreier Zone ist bestenfalls weitab jeder Realität und schlimmstenfalls ein reiner Zynismus, für den die Bürgerinnen und Bürger in den vergangenen Jahren mit ihren Steuergeldern schon teuer haben bezahlen müssen. Auch die verallgemeinerte Fassung, wie sie die Systemtheorie von Niklas Luhmann präsentiert,[25] wonach nicht Individuen handeln, sondern Systeme mit ihren jeweiligen internen Logiken und ihrem Bestreben nach Selbsterhalt, ist ein inhumanes, ja antihumanistisches Konzept. Es verabsolutiert inhumane Tendenzen

24 Vgl. JNR, *Kritik des Konsequentialismus*, München 1993, sowie JNR, *Economic Rationality and Practical Reason*, Heidelberg 1997, und JNR, *Strukturelle Rationalität*, Stuttgart 2001.

25 Vgl. Niklas Luhmann, *Soziale Systeme. Grundriß einer allgemeinen Theorie*, Frankfurt/M. 1984.

moderner Bürokratie und ökonomischer Unternehmen. Es macht die Versuche, sich aus der lebensweltlichen Vernunft herauszulösen, zum Programm.

Der erneuerte Humanismus, für den ich plädiere, stellt dem die *verantwortliche Persönlichkeit* gegenüber, die sich durchhaltende Gründe hat, erkennbar ist in den Gründen, die sie vorbringt, und die den Kern humaner Praxis, den respektvollen Umgang, keiner Form von Instrumentalisierung opfert. Aber auch der vermeintliche Antipode zu Konsequentialismus und instrumenteller Rationalität, das postmoderne Verständnis menschlicher Praxis, ist mit einer Philosophie humaner Bildung nicht verträglich. Die Verabschiedung des Subjektes, die Kritik aller Vernunft, beendet auch alle verantwortliche Praxis. Der sympathische Versuch, Humanismus und Postmoderne miteinander zu verbinden, wie er etwa von Richard Rorty[26] unternommen wird, scheitert letztlich daran, dass gute Gründe zu bloßen Wünschen und kulturellen Prägungen werden. Der Humanismus generell und eine humane Bildungsphilosophie speziell finden sich nicht mit den je etablierten Verhältnissen ab. Sein kritisches Potenzial kann er aber nur so lange bewahren, als er sich nicht auf die Zufälligkeiten der kulturellen Entwicklung alleine, sondern eben auch auf das Argument, auf die besseren Gründe stützen kann. Wer gute Gründe als Chimären verabschiedet und sie lediglich zu kontingenten Merkmalen einer so oder so etablierten kulturellen Praxis macht, verabschiedet – ungewollt – die Idee der Humanität. Der Austausch von Gründen bleibt dann auf den jeweiligen kulturellen Kontext beschränkt, bleibt partikular und kontingent.

Interessanterweise ist der Modus unserer Kritik, sowohl der Kritik an instrumenteller Rationalität wie an der postmodernen Verabschiedung aller Rationalität, der gleiche: Wir bringen die lebensweltliche Praxis dieses Austauschens von Gründen gegen die Überspanntheit einer Instrumentalisierung und Ökonomisierung aller Lebensverhältnisse ebenso in Stellung wie gegen die Auflösung aller Rationalität in je vorfindlichen kulturellen Praktiken. Es ist die lebensweltliche Praxis des Gebens und Nehmens von Gründen selbst, die gegen die Hypotrophien des einen wie des anderen Typs spricht. Wir können der Robustheit dieser lebensweltlichen

26 Vgl. Richard Rorty, *Contingency, Irony, and Solidarity*, Cambridge 1989.

Praxis vertrauen. Wir können uns ohnehin aus diesen nicht lösen, insofern bleiben beide Hypotrophien letztlich theoretisch, wenn sie auch gelegentlich ungute praktische Konsequenzen haben. Eine humanistische Bildungsphilosophie und -praxis knüpft an das lebensweltlich Etablierte an, schützt die lebensweltliche Praxis vor den Übergriffen systemischer Rationalität und postmoderner Skepsis, setzt auf die Vernunftfähigkeit des Einzelnen und dessen Angewiesenheit auf gleichwürdige Interaktion und Kooperation.

b) Freiheit

Für das humanistische Denken sind Freiheit und Rationalität eng miteinander verwoben. Schon in der griechischen Klassik wird den Philosophen bewusst, dass es so etwas gibt wie theoretische Freiheit, das heißt eine Freiheit des Urteils und der Überzeugung. Platons Philosophie ist ein besonders radikaler Ausdruck dieser Verbindung von Rationalität und Freiheit. Die praktische Freiheit, die Freiheit des Handelns und des Wollens, ist in der platonischen Philosophie eine Folge der theoretischen Freiheit, der Freiheit des Urteils. Für Platon ist falsches Handeln Ausdruck falscher Überzeugung. Wer die richtigen Überzeugungen hat, handelt auch richtig. Aber sich die richtigen Überzeugungen anzueignen, ist Sache des freien, auf der Abwägung von Gründen beruhenden Urteils. Falsches Handeln ist für Platon Ausdruck eines falschen Urteils. Ein falsches Urteil kommt zustande, weil die Gründe nicht sorgfältig genug abgewogen worden sind.[27] Die literarische Form, die Platon wählt, der Dialog, ist Ausdruck eines umfassenden Vernunftvertrauens, der Erwartung, dass alle diejenigen, die sich auf das Argument einlassen, am Ende zu den richtigen Überzeugungen gelangen. Da sich jedoch nicht alle auf das bessere Argument einlassen und viele anderen Motiven folgen, fallen diese als Dialogpartner aus und können nicht als frei und verantwortlich gelten. Sie bedürfen der Führung durch andere, nämlich diejenigen, die ihre Entscheidungen ausschließlich auf das bessere Argument stützen, diejenigen, die erkenntnisorientiert handeln.

Hier liegt der entscheidende Unterschied zwischen Platon und Dewey, zwischen platonischem Idealismus und Dewey'schem Prag-

27 Vgl. Platon, *Theaitetos*, 210b.

matismus: Während Dewey allen die Fähigkeit zutraut, sich vom besseren Argument leiten zu lassen und den notwendigen Respekt gegenüber abweichenden Meinungen aufzubringen, und daher die Demokratie mit dem Ideal einer Gemeinschaft der Forschenden verbindet,[28] meint Platon, dass die anspruchsvolle philosophische Bildung nur von wenigen errungen werden kann. Somit stellt sich die Frage, wie die Zustimmung der anderen zur Leitung durch die wenigen erreicht werden kann. Das schockierende Todesurteil, das eine demokratische Versammlung über Sokrates fällte, nährt (offenkundig auch bei Platon selbst) den Zweifel, ob die Besonnenheit der vielen, die *sōphrosynē* (gr.: σωφροσύνη), ausreicht, um die politische Praxis auf das bessere, wissenschaftlich begründete Urteil der wenigen zu stellen. Wenn man den Humanismus der Neuzeit mit Platon und Aristoteles vergleicht, dann stellt sich diese große Denkbewegung der Antike als eine beständige Erweiterung dieser Idee, Freiheit und Vernunft miteinander zu verbinden, dar. Die Stoiker erkennen die Gleichrangigkeit, die gleiche Würde aller Menschen. Der Renaissance-Humanismus entdeckt als einen wesentlichen Aspekt einer Kultur der Freiheit die menschliche Empfindsamkeit und führt die von Platon noch verachtete Poesie als Medium menschlicher Vervollkommnung ein.

Dieser Übergang von philosophischer Einsicht zu künstlerischer Ansicht und schließlich allgemeiner kultureller Praxis wiederholt sich mit dem Neuhumanismus des 19. Jahrhunderts. Er ist das Vorspiel zur Befreiung der Kunst von den traditionellen Formen und Inhalten. Die Radikalität der Moderne des 20. Jahrhunderts ist ohne die Freiheitsimpulse des 19. Jahrhunderts nicht denkbar. Dass diese Moderne schließlich in die radikale Inhumanität in Gestalt von Stalinismus und Nazismus, in Gestalt einer Industrie des Todes, in zwei Weltkriege und schließlich in den Völkermord am europäischen Judentum umschlägt, ist eine bittere Mahnung, den humanen Gehalt der Freiheitsidee zu wahren und zugleich der Entfesselung von traditionellen und ethischen Bindungen ein Ethos der Verantwortung entgegenzustellen. Für Immanuel Kant ist der Mensch als Vernunftwesen frei, mit der vielleicht paradox erscheinenden Konsequenz, dass Handeln aus Pflicht Ausdruck menschlicher Freiheit ist. Freiheitsgesetze bestimmen ein Handeln

28 Vgl. Dewey, *Democracy and Education*, New York 1916, S. 120-126.

aus Pflicht. Eine autonome Person handelt aus Achtung vor dem Sittengesetz und zeigt dies gerade in ihrer Fähigkeit, sich von ihren jeweils wirksamen Neigungen zu distanzieren, ihnen dann nicht zu folgen, wenn diese Praxis in Konflikt mit dem kategorischen Imperativ käme.

Gerade, wenn man die enge Verkoppelung von Vernunft und Freiheit aufrechterhält, wird deutlich, dass die kantische Freiheitstheorie auf halbem Wege stehen bleibt. Jede von Gründen geleitete Praxis ist Ausdruck menschlicher Freiheit, auch die amoralische, ja sogar die unmoralische. Hier stehen sich nicht die pragmatischen Imperative des Glücksstrebens und die moralischen Imperative des kategorischen Imperativs gegenüber, sondern schon im Handlungsbegriff selbst ist der Freiheitsaspekt, die besondere menschliche Fähigkeit, aus Gründen zu handeln, enthalten. Auch die lediglich an ihrem eigenen Wohlergehen interessierte Person kann nicht jeweils ihren Augenblicksneigungen folgen. Auf diese Weise würde sie ihrem eigenen Wohlergehen auf Dauer zuwiderhandeln. Eine vernünftige Praxis zeichnet sich dadurch aus, dass die einzelnen Handlungen auch im Zeitverlauf zueinander passen, dass sie einen Sinn ergeben, dass sie als Ausdruck sich durchhaltender Wertungen und Erwartungen, normativer und deskriptiver Überzeugungen interpretiert werden können. Da Handlungen immer Ausdruck einer Stellungnahme sind, was sich unter anderem darin äußert, dass der Akteur für seine Handlungen immer Gründe angeben kann, ist jede Handlung Ausdruck menschlicher Freiheit. Unser Verhalten ist in einem fundamentalistischen Sinne frei, sofern es Handlungscharakter hat.

Man könnte dem entgegenhalten, dass es doch erzwungene Handlungen gebe, Handlungen, die wir nicht aus freien Stücken vollziehen. Aber auch dann, wenn die Entscheidungsbedingungen ungünstig sind, wenn zum Beispiel jemand anders dafür gesorgt hat, dass Handlungen, die ich ansonsten vorgezogen hätte, ungünstige Konsequenzen haben (wenn ich zum Beispiel bedroht werde), ist es meine Entscheidung, was ich tue, ist die betreffende Handlung Ausdruck einer Stellungnahme und Ergebnis der Abwägung von Handlungsgründen. Unser alltäglicher Sprachgebrauch ist da recht verlässlich. Wenn ich mich in einem abgesperrten Zimmer befinde und es für mich keine Möglichkeit gibt, die Tür zu öffnen, dann sprechen wir nicht davon, dass ich entschieden hätte, in diesem Zimmer zu bleiben, dass der Verbleib einer Handlung entsprach. Wenn ich dagegen die Tür hätte öffnen können und mir das auch bekannt war, dann wäre der Verbleib eine eigene Entscheidung, eine Handlung. In diesem Fall wäre ich frei und verantwortlich. Wenn mir nun jemand im Falle, dass ich das Zimmer verlasse, etwas androht, ist es meine Entscheidung, im Zimmer zu verbleiben oder eben das Zimmer zu verlassen. Für beides mag es Gründe geben und je nachdem, für was ich mich entscheide, kann ich diese Gründe zur Rechtfertigung der Handlung anführen. Es macht also einen wesentlichen Unterschied aus, ob die Tür abgesperrt war und ich keine Möglichkeit hatte, das Zimmer zu verlassen, oder ob ich mit negativen Konsequenzen rechnen musste für den Fall, dass ich das Zimmer verlassen musste. Man mag dann sagen, ich sei von einer anderen Person »gezwungen« gewesen, im Zimmer zu bleiben, aber dieser Zwang enthebt mich nicht der Abwägung, was zu tun ist, er belässt mir meine Freiheit in diesem fundamentalistischen Sinne.

Willensschwäche ist ein Verlust an Freiheit. Willensschwach ist derjenige, der in der Abwägung der Gründe zu dem Ergebnis kommt, dass es besser wäre, x zu tun, aber dann doch (wieder) y tut. Der Raucher, der sich vorgenommen hat, mit dem Rauchen aufzuhören, und sich dennoch die nächste Zigarette anzündet. Befragt, warum er das tut, wird er vielleicht antworten, dass er nun gerade ein starkes Bedürfnis hat, den Geruch einer frisch angezündeten Zigarette wahrzunehmen, oder dass er damit einer Konzentrationsschwäche, die er gerade bei sich bemerkt habe, entgegenwirken wollte. Konfrontiert mit diesem »Widerspruch« zwischen der Überzeugung, dass es für ihn besser wäre, mit dem Rauchen aufzuhören, und der vollzogenen Handlung, sich wieder eine Zigarette anzuzünden, wird er vielleicht sagen, dass er eben willensschwach sei, dass er dem, was er eingesehen habe, immer wieder zuwiderhandle. Bei schwer Drogenabhängigen mag man sogar zu dem Ergebnis kommen, dass das Verhalten des Süchtigen keinen Handlungscharakter mehr habe, dass das Setzen der nächsten Spritze eher als eine bloße Reaktion auf physiologische Veränderungen zu interpretieren sei denn als eine Handlung. Wenn eine Person nicht mehr in der Lage ist, Gründe für ihr Verhalten zu nennen, dann mag man das als Indiz dafür nehmen, dass dieses Verhalten keinen Handlungscharakter hatte, also kein Ausdruck menschlicher Freiheit war. Allerdings neigen wir in einer durch Jahrhunderte der naturalistischen Propaganda geprägten Kultur dazu, die menschliche Freiheit zu unterschätzen. In immer wieder neuen Anläufen wurde dargelegt, dass das, was uns als verantwortliche und freie Handlung zugeschrieben wird, in Wirklichkeit kausalen Notwendigkeiten entspreche, die wir nicht durchschauen und die uns dieser Verantwortung entheben und die Annahme menschlicher Freiheit illusionär machen.[29] Der Galgentest, den Immanuel Kant vorgeschlagen hat, ist nicht recht sympathisch, aber er trifft den Kern: Wenn ein Straftäter vor Gericht ausführt, dass er für seine Tat nicht zur Verantwortung gezogen werden kann, da er sie nicht aus freien Stücken vollzogen habe, dann stelle man folgendes Gedankenexperiment an: Hätte der Beschuldigte die Tat auch dann vollzogen, wenn ihm bewusst gewesen wäre, dass er unmittelbar nach Vollzug wegen dieser Tat an den Galgen gekommen wäre? Sofern diese Frage zu verneinen ist, muss man davon ausgehen, dass der Beschuldigte zur Rechenschaft gezogen werden kann, da er auch anders hätte handeln können.

Das Phänomen der Willensschwäche ist besonders gut geeignet, um zu klären, was menschliche Freiheit ausmacht. Der willensschwache Mensch erfährt nämlich diese Schwäche als Einschränkung seiner Autonomie, seiner Selbstbestimmung. Er handelt nicht so, wie er eigentlich handeln will. Seine Lebenspraxis als ganze findet nicht seine Zustimmung. Derjenige, dessen Praxis im Einklang mit seinen eigenen Bewertungen und Überzeugungen ist, fühlt sich frei, er lebt so, wie er will, er bestimmt sich selbst, er ist Autor seines Lebens. Für die heute dominierende Theorie der Rationalität lässt sich Willensschwäche begrifflich gar nicht erfassen. Besteht Rationalität nämlich darin, die jeweils im Augenblick wirksamen Wünsche und Überzeugungen (optimal) zu realisieren, dann ist diese Form von »Freiheit« auch im Falle der Willensschwäche gegeben. Die betreffende Person tut schließlich das, was sie will, sie wünscht, eine Zigarette zu rauchen, und zündet sich eine Zigarette an. Was sollte sie sonst tun, um sich diesen Wunsch zu erfüllen? Man kann diese Argumentation zu retten versuchen, indem man Wünsche zweiter Ordnung einführt, die die Wünsche erster

29 Vgl. Wolf Singer, *Der Beobachter im Gehirn. Essays zur Hirnforschung*, Frankfurt/M. 2002, sowie Gerhard Roth, *Aus Sicht des Gehirns*, Frankfurt/M. 2003.

Ordnung beurteilen.[30] Demnach wäre der Willensschwache so zu charakterisieren, dass er Wünsche erster Ordnung realisiert, die von seinen Wünschen zweiter Ordnung nicht gewünscht werden. Das Entscheidende jedoch ist, dass die Wünsche zweiter Ordnung als Korrektiv verstanden werden müssen, also als begründete Kritik der Wünsche erster Ordnung. Es ist nicht Ausweis des Personenstatus oder gar einer höher entwickelten Rationalität, Wünsche zweiter Ordnung zu haben, sondern Indiz dafür, dass die eigene Lebensform nicht kohärent ist, dass die Person nicht das tut, was sie eigentlich will, und dass die Abwägung von Gründen einen unzureichenden Einfluss auf das hat, was sie tut.

Menschliche Freiheit besteht darin, das zu tun, was dem eigenen (normativen) Urteil entspricht, vorausgesetzt, dieses Urteil beruht auf einer angemessenen Abwägung von Gründen.[31] Eine angemessene Abwägung praktischer Gründe führt zu einer insgesamt kohärenten Lebensform. Wenn ich weiß, dass es mir in einigen Jahren wichtig sein wird, einen guten Studienabschluss zu haben, dann beginne ich jetzt mit den Vorbereitungen auf das Examen, auch wenn meine Augenblicksneigungen in eine andere Richtung gehen. Für das kleine Kind ist eine solche zeitliche Strukturierung schwierig. Es wägt Gründe ab, aber diese sind augenblicksbezogen und garantieren keine Kohärenz über die Zeit hinweg. Die Aufmerksamkeit ist jeweils auf das Naheliegende und sinnlich Erfahrbare gerichtet, daher neigt das kleine Kind dazu, sich selbst zu gefährden. Reflektierte kleine Kinder legen daher Wert darauf, »dass jemand auf sie aufpasst«, wohl wissend, dass sie sich jederzeit selbst gefährden können. Diese Erkenntnis der eigenen Unzulänglichkeit ist aber nicht hinreichend, um diese zu überwinden. Es bedarf eines langen Bildungsweges, um Autonomie in dem oben skizzierten substanziellen Sinne zu garantieren, also die Freiheit, so zu leben, wie man nach gründlicher Abwägung leben will. Diese Form menschlicher Freiheit beruht auf Urteilskraft und Entscheidungsstärke. Urteilskraft allein genügt nicht, denn Willensschwäche verhindert, dass das wohlerwogene Urteil sich in der Praxis niederschlägt. Entscheidungskraft allein reicht ebenfalls nicht, denn Willensstärke garantiert zwar, dass das jeweilige Urteil in die Praxis umgesetzt

30 Harry Frankfurt, »Freedom of the Will and the Concept of a Person«, in: Gary Watson, *Free Will*, Oxford 1982, S. 81-95.

31 JNR, *Über menschliche Freiheit*, Stuttgart 2005.

wird, aber wenn dieses Urteil unzuverlässig, schwankend, von der Abwägung von Gründen unzureichend geprägt ist, dann garantiert Willensstärke noch keine Freiheit, keine Autonomie, keine *Autorschaft des eigenen Lebens.*

Der Kern der Autorschaft, das Selbstverständnis als entwickelte moralische Person, ist die Fähigkeit, Gründe abzuwägen und aufgrund dieser Abwägung zu handeln, also Urteilskraft und Entscheidungsstärke zu besitzen. Das unvollendete Projekt der Aufklärung besagt, die Bildung ganz auf das Ziel einer freien, autonomen Person auszurichten.[32] Bildung soll nicht Untertanen schaffen, Bildung soll nicht das Funktionieren der Ökonomie sicherstellen, Bildung soll keinen ideologischen Zielen dienen, sondern Bildung ist der Weg zur autonomen, selbstbestimmten Existenz. *Das oberste Bildungsziel ist menschliche Freiheit.*

c) Verantwortung

Die Fähigkeit, vernünftige, wohlbegründete Überzeugungen auszubilden (1), die Fähigkeit zu einer autonomen Lebensgestaltung (2) und die Fähigkeit, Verantwortung wahrzunehmen (3), sind die zentralen Bildungsziele eines erneuerten Humanismus. Interessanterweise sind diese drei spezifisch menschlichen Fähigkeiten – *Rationalität, Freiheit, Verantwortung* – nur drei Aspekte einer grundlegenderen, nämlich derjenigen, sich von Gründen affizieren, sich von Gründen leiten zu lassen. Unsere Überzeugungen sind sicherlich auch, aber eben nicht nur das Ergebnis deterministischer und probabilistischer Prozesse. Unsere Überzeugungen sind auch das Ergebnis von Deliberationen. In diesem Sinne setzt Rationalität Freiheit voraus. Die Fähigkeit, Gründe abzuwägen, gibt uns eine Freiheit der Überzeugungen, eine *theoretische* Freiheit.

Mit unseren *Handlungen* steuern wir unser Verhalten als ganzes. Wir haben Gründe für unsere Handlungen, unsere Handlungen beruhen also ebenfalls auf Deliberationen. Die Freiheit des Handelns und die Freiheit des Urteilens, die *praktische* und die *theoretische Freiheit*, sind also eng miteinander verbunden. Eine theoretische ohne eine praktische Freiheit ist schwer vorstellbar. Überzeugungen äußern sich wenigstens zum Teil in Handlungen. Die Praxis reprä-

32 Vgl. Rainer Winkler (Hg.), *Pädagogische Epochen*, Düsseldorf 1988.

sentiert unsere Überzeugungen, unsere Überzeugungen bewähren sich an der Praxis. In dieser zurückhaltenden Formulierung nehme ich Bezug auf die pragmatistische Philosophie, ohne mir deren Positionen gänzlich zu eigen zu machen.[33] Besonders eng sind diese beiden Erscheinungsformen von Freiheit, die theoretische und die praktische, in der wissenschaftlichen und technologischen Praxis verbunden. Es sind wissenschaftliche Hypothesen, die bestimmte Experimente anleiten, und das Ergebnis dieser Experimente beeinflusst die wissenschaftliche Meinungsbildung. Wenn wir in unserer Praxis außerstande wären, uns von Gründen affizieren zu lassen, könnte es keine Wissenschaft geben. Bestimmte Thesen einzelner Neurowissenschaftler sind schon von daher unhaltbar: Wenn es tatsächlich keinerlei Einfluss von Gründen auf unsere Entscheidungen gäbe, wenn unsere Überzeugungen keine Rolle spielten für das, was wir tun, dann könnte es die wissenschaftliche Praxis, das wissenschaftliche Experiment, die Suche nach Bewährung von Hypothesen und Theorien, nicht geben. Wer meint, dass bewusste Prozesse, zumal das Abwägen von Gründen, irrelevant sind für das, was wir tatsächlich tun, bestreitet die Voraussetzung wissenschaftlicher Theoriebildung und damit die Voraussetzung seiner eigenen Argumentation. Keine theoretische Freiheit ohne praktische und keine praktische ohne theoretische. Da fast niemand theoretische Freiheit bezweifelt, macht es auch wenig Sinn, praktische Freiheit zu bezweifeln.

Verantwortung ist der dritte Aspekt unserer Fähigkeit, Gründe abzuwägen und sie sich zu eigen zu machen. Ich meine hier Verantwortung in einem sehr grundsätzlichen, wer will, mag sagen metaphysischen Sinne, nicht in dem oberflächlichen, in dem man etwa fordern kann, dass man keine Freiheit gewähren dürfe, ohne Verantwortung einzufordern. Weit grundsätzlicher: Wir sind für *jede* unserer Handlungen verantwortlich, nicht nur für die eine oder andere. Wir sind für sie sogar im Wortsinne ver*antwortlich*:

33 Die Klassiker des Pragmatismus sind Charles S. Peirce, William James und John Dewey. Einen guten Überblick bietet zum Beispiel die Textsammlung von Ekkehard Martens, *Pragmatismus*, Stuttgart 2002; darin: Charles S. Peirce, »Die Festlegung einer Überzeugung«, S. 61-98; »Was heißt Pragmatismus?« S. 99-127; William James, »Der Wille zum Glauben«, S. 128-160; »Der Wahrheitsbegriff des Pragmatismus«, S. 161-187; John Dewey, »Pragmatismus und Pädagogik«, S. 203-246.

Wir können und müssen gegebenenfalls Antworten geben auf die Frage »Warum hast du das getan?«. Es scheint mir sogar offenkundig zu sein, dass es einen begrifflichen Zusammenhang zwischen Handlung und Verantwortung gibt: Handlungen kann man definieren als diejenigen Bestandteile unseres Verhaltens, für die wir verantwortlich sind. Wir sind verantwortlich für unsere Handlungen, weil wir Gründe haben, sie zu vollziehen. Von anderen werden wir mit unseren Gründen identifiziert: »Sage mir, welche Gründe du hast, etwas zu glauben oder etwas zu tun – und ich sage dir, wer du bist.« Gründe müssen nicht mitgeteilt werden, um wirksam zu sein. Wir haben Gründe, ohne diese formulieren zu können. Tiere haben Gründe, wenn sie eine hinreichend komplexe Intentionalität entwickelt haben. Sie haben Erwartungen, wägen gelegentlich ab, was zu tun sei, können sogar (wie jüngere Forschungen zeigen) ihren eigenen Wissensstand einschätzen, können Artgenossen in die Irre führen und haben sogar eine Vorstellung der eigenen Identität.[34] Schimpansen bestehen den berühmten Spiegeltest, das heißt, sie entfernen einen Kreidefleck auf ihrer Stirn, wenn sie sich im Spiegel anschauen, und zeigen damit, dass sie wissen, was sie da im Spiegel sehen (Katzen scheinen dies zum Beispiel nicht zu tun). Auch Aphatiker (Menschen, die ihre Sprache zum Beispiel durch einen Hirntumor verloren haben) können kohärent handeln und ihre Wünsche zum Ausdruck bringen. Auch sie verfügen – ohne Sprache – über die Fähigkeit, Gründe abzuwägen und sich von Gründen affizieren zu lassen.

Wir sind nicht nur für unsere Praxis, sondern auch für unsere Überzeugungen verantwortlich, sofern wir für diese Gründe haben. Da Überzeugungen und Handlungen ohnehin eng miteinander verkoppelt sind, sind wir für das Gesamt unserer Praxis, die unsere Überzeugungen und unsere Wünsche repräsentiert, verantwortlich, wir sind für unser Leben verantwortlich. Autorin des eigenen Lebens zu sein, heißt nichts anderes, als (hinreichend) frei (autonom) zu sein und damit (*ipso facto*) für das eigene Leben verantwortlich zu sein.

Der (neohumanistische) Verantwortungsbegriff, für den ich plädiere,[35] geht weit über den kantischen hinaus. Es ist nicht mehr

34 Vgl. Robert Hampton, »Metacognition as evidence for explicit representation in nonhumans«, in: *Behavorial and Brain Sciences* 26 (2008), S. 346 f.

35 Detaillierter in JNR, *Verantwortung*, Stuttgart 2011.

allein das Handeln aus Achtung vor dem Sittengesetz, das den vernünftigen, autonomen Akteur ausmacht, sondern die Praxis als ganze. Je kohärenter die Praxis, je klarer die Lebensform als ganze von Gründen strukturiert ist, desto vernünftiger (und autonomer) ist die betreffende Person. Sie gewinnt an Freiheit dadurch, dass sie sich von ihren Augenblicksneigungen distanziert und sich von Gründen leiten lässt. Ein wünschenswerter Nebeneffekt dieser Strukturierung ist, dass die Gelegenheiten, in denen sie Grund hat, ihre Handlungen zu bereuen, seltener werden. Schließlich sind es nicht die eigenen Wünsche, die in letzter Instanz die Praxis in einer vernünftigen Person bestimmen, sondern ihre Gründe. Es ist nicht die Gratifikation, die sie erwarten kann, sondern die normative Überzeugung, was richtig ist, die bestimmt, was sie tut und was sie glaubt. Die Verantwortung, die sie als vernünftige Person hat, bezieht sich auf das Gesamt ihrer Lebensform. Lebensform ist aber nicht lediglich das Verhalten der Person, das, was sichtbar und »öffentlich« ist. Ein Verhalten wird zur Lebensform erst dadurch, dass es interpretiert wird, dass wir es als Ausdruck von Überzeugungen und Absichten interpretieren. Erst wenn die Intentionalität des Akteurs ins Spiel kommt, wird aus bloßem Verhalten eine Praxis. Eine Praxis erscheint uns sinnvoll, sofern es uns gelingt, diese zu verstehen, das heißt, sie als von stimmigen Gründen geleitet zu interpretieren. In manchen Fällen helfen uns die Akteure, indem sie Auskunft geben über das, was sie motiviert, über ihre Überzeugungen und Absichten. Der Bildungsprozess, den Menschen mit ihrer Geburt zu durchlaufen beginnen, besteht in der allmählichen Herausbildung einer in sich stimmigen, vernünftigen, verantworteten und im günstigen Fall auch verantwortbaren Lebensform – in der Autorschaft eines Lebens, das von Gründen geleitet und also in diesem Sinne rational ist, das die Autonomie des Akteurs sichert und die Grenzen achtet, die die Autonomie anderer ihm zieht, ein Leben, das verantwortet und verantwortlich ist.

Wir sind für die Lebensform, die wir als ganze praktizieren, verantwortlich. Wir sind dafür verantwortlich, dass das Leben gelingt. Damit ergeben sich drei Dimensionen von Verantwortlichkeit: die praktische, auf Handlungen bezogene (1), die theoretische, auf Überzeugungen bezogene (2) und die emotionale, auf Emotionen bezogene (3). Diese Ganzheitlichkeit, dieser Holismus des Verantwortungsbegriffes, wie er hier entwickelt wurde, steht in einem gewissen Gegensatz zur alltäglichen, auch juristischen Tendenz, Verantwortung einzuschränken auf bestimmte Handlungen (solche, die zum Beispiel nicht unter Zwang vollzogen wurden, deren Folgen absehbar waren, die bei vollem Bewusstsein gewählt wurden etc.). Tatsächlich sind wir jedoch nicht für einige unserer Handlungen, sondern für *alle* unsere Handlungen verantwortlich, wenn auch ihre moralische Beurteilung von den konkreten Umständen abhängt. Wenn mich zum Beispiel jemand erpresst, dann bin ich verantwortlich für die daraus resultierende Entscheidung, wie immer sie ausfällt. Wenn ich der Erpressung nachgebe, habe ich eine Handlung vollzogen, habe Gründe dafür gehabt, mich so zu verhalten, aber auch wenn ich der Erpressung widerstehe, habe ich eine Handlung vollzogen und habe Gründe dafür gehabt. In beiden Fällen bin ich für die Handlung verantwortlich. Es gibt immer eine Alternative, wenn wir handeln, die Frage ist, ob diese Alternative oder jene die bessere ist. Es gibt Gründe, die für die eine wie für die andere Alternative sprechen, und die konkreten Bedingungen der Entscheidungen haben Einfluss darauf, wie die Abwägung ausfallen sollte.

Der erweiterte Verantwortungsbegriff, für den ich hier plädiere, kann sich aber nicht auf Handlungen beschränken. Interessanterweise kennt auch das Recht, die Gesetzgebung und die Rechtsprechung, eine Verantwortung für Überzeugungen, eine *theoretische* Verantwortung. Wenn ein Angeklagter geltend macht, dass er etwas nicht gewusst habe, dann kann ihm unter Umständen entgegengehalten werden, dass er das aber hätte wissen müssen: »Unwissenheit schützt vor Strafe nicht.« Die Tatsache, dass er das hätte wissen können und auch die notwendigen intellektuellen Voraussetzungen mitbrachte, um sich dieses Wissen anzueignen, ist durchaus wesentlich für die Zuschreibung von Schuld und Verantwortung. So wie wir für (alle) unsere Handlungen Gründe haben, so haben wir für (alle) unsere Überzeugungen Gründe. Zwischen diesen beiden Kategorien von Gründen – praktischen und theoretischen – gibt es zahlreiche Gemeinsamkeiten. Beide gehorchen im Großen und Ganzen der gleichen Logik, beide verlangen nach Abwägung, beide haben einen objektiven Inhalt, nämlich die Frage, ob diese Überzeugung bzw. diese Handlung richtig ist, und beide charakterisieren doch in hohem Maße die Individualität der Person. Überzeugungen sind nicht das Ergebnis kausaler, von uns nicht kontrollierbarer natürlicher Prozesse, sondern das Ergebnis der Abwägung theoretischer Gründe. Deswegen sind wir auch für unsere Überzeugungen, nicht nur für unsere Handlungen verantwortlich. Entgegen einem weit verbreiteten philosophischen Irrglauben gibt es keinen deterministischen Kausalzusammenhang zwischen Wahrnehmung und Überzeugung. Zweifellos geben uns unsere Wahrnehmungen Grund zu bestimmten Überzeugungen, aber wir bleiben in der Überzeugungsbildung auch gegenüber unseren Wahrnehmungen autonom. Der ins Wasser getauchte Stecken sieht gebrochen aus (Wahrnehmung), wir bilden aber dennoch nicht die Überzeugung aus, dass er gebrochen sei. Wir haben vielmehr Grund zu der Annahme, dass er nicht gebrochen ist (wer sich für Physik interessiert, weiß, dass dafür die unterschiedlichen Ausbreitungsgeschwindigkeiten des Lichts in Luft und Wasser verantwortlich sind). Wenn wir wissen, dass wir eine täuschend echte Plastik-Palme vor uns sehen, dann bilden wir nicht die Überzeugung aus, vor uns befinde sich eine (natürliche) Palme, selbst wenn die Wahrnehmung identisch sein sollte.

Das Verhältnis von Wahrnehmung und Überzeugung ist allerdings noch komplexer, als diese wenigen Bemerkungen nahelegen. Wahrnehmungen sind nämlich nicht einfach gegeben, sondern selbst schon von Überzeugungen oder Gestalt-Bildungen, die bestimmten Überzeugungen und Gewohnheiten, aber auch genetischen Dispositionen entsprechen, *imprägniert*. In unsere Wahrnehmungen geht Theorie ein, ja die Aufmerksamkeit auf spezifische Aspekte unserer Umwelt ist zum Teil bewusst kontrolliert, hat Handlungscharakter. In solchen Fällen weitet sich unsere Verantwortung auch auf Wahrnehmungen aus.

Auch ein Teil unserer Emotionen ist von Gründen abhängig. Jemandem dankbar zu sein, ist nur dann gerechtfertigt, wenn diese Person etwas Gutes getan hat. Wenn diese Person nichts Gutes getan hat, wäre das Gefühl der Dankbarkeit schlicht irrational. Die angemessenen Gefühle in bestimmten Situationen zu entwickeln, ist Voraussetzung für die Verständigung mit anderen, erlaubt es, Teil einer kulturellen und sprachlichen Gemeinschaft zu sein, ist aber auch Bedingung der eigenen Freiheit. Wer seinen Augenblicksneigungen ausgeliefert ist, wer sein Gefühlsleben nicht »unter Kontrolle« hat, wer in Situationen, in denen Trauer angemessen ist, Spottlust entwickelt, wer angesichts des Unglücks anderer Genugtuung empfindet, wer sich von neuen Situationen einschüchtern lässt, wer Angst hat zu widersprechen, wer keine Dankbarkeit, kein Verzeihen, kein Mitleid kennt, der wird kein gutes, humanes Leben führen. Der emotionale Aspekt eines guten Lebens ist aber nicht einfach vorgegeben, angeboren und anerzogen, sondern wenigstens zum Teil Ergebnis von Bildung und Selbstbildung. Wer über die Angemessenheit eines Gefühls nachdenkt, der wägt Gründe ab. Die Trennung von Rationalität und Emotionalität ist in dem hier vorgestellten Verständnis von Verantwortung aufgehoben. Überzeugungen, Handlungen und Gefühle sind gleichermaßen von Gründen affizierbar und Gegenstand von Bildung und Selbstbildung. *Die damit korrespondierenden theoretischen, praktischen und emotiven Gründe sind nicht voneinander getrennt, sondern eng miteinander verbunden – sie knüpfen gemeinsam das Netz eines humanen Lebens.*

9. Plädoyer für eine normative (humanistische) Anthropologie*

Der Philosophie in Münster kommt das Verdienst zu, das heute im Mittelpunkt stehende Thema rehabilitiert zu haben, denn die philosophische Anthropologie war in den letzten Jahrzehnten auf ein Abstellgleis geraten. Das ändert sich jetzt gerade und Münster spielt dabei eine ganz zentrale Rolle.[1] Nun gibt es auch einige Unterschiede, und es ehrt Sie auch deswegen, mich eingeladen zu haben, weil jedenfalls Herrn Quante bewusst ist, dass es zwischen uns auch Differenzen gibt. Bei vielen Übereinstimmungen, wie einer Wertschätzung des Pragmatismus sowie einer Distanz, wenn nicht Ablehnung, allzu überspannter rationalistischer Entwürfe in der Philosophie, die besonders in der zeitgenössischen analytischen Ethik immer noch eine wichtige Rolle spielen, gibt es auch eine zentrale Differenz: Wäre Habermas jetzt hier, würde er sagen, dies hänge mit Kant und Hegel zusammen. Quante ist eben eher Hegelianer und ich eher ein analytisch geprägter Kantianer, aber wenn Habermas nicht da ist, kann man das auch anders präsentieren und das werde ich jetzt hier versuchen. Ein Abendvortrag wendet sich immer an ein Publikum, das nicht unbedingt im selben Forscherverbund aktiv ist, entsprechend hoffe ich, mit der Art meiner Präsentation alle hier Anwesenden einbeziehen zu können, zugleich aber auch den Fachleuten aus der Philosophie Diskussionsstoff zu bieten.

Kurz zum Ablauf meiner Argumentation: Zunächst werde ich etwas zur Kritik der philosophischen Anthropologie sagen, um dann zu erklären, weshalb ich die philosophische Anthropologie für nach wie vor notwendig halte. Ich werde mich dann auf einen An-

* Dieser Text ist eine nur leicht redigierte Fassung eines Vortrages, den ich am 7.5.2015 im Rahmen des Workshops »Ethik und Anthropologie« an der Universität Münster gehalten habe, ergänzt um Passagen eines Vortrages, den ich am 4.6.2015 auf dem 10. Kongress der Österreichischen Gesellschaft für Philosophie (Thema des Kongresses: »Mensch sein – Fundament, Imperativ oder Floskel«) gehalten habe. Redaktionelle Bearbeitung: Elizabeth Bandulet.

1 So leitet Michael Quante in Münster das interdisziplinäre Forschungsprojekt »Philosophische Anthropologie als Basis einer säkularen Normenbegründung«.

satz beziehen, der für uns hilfreich ist, allerdings in zwei zentralen Punkten deutlich korrigiert und modifiziert werden muss. Dabei handelt es sich um denjenigen Peter Strawsons, dessen *Freedom and Resentment*[2] eine neue Methode in der zeitgenössischen politischen Philosophie analytischer Prägung etabliert hat.[3] Strawsons Position kann man vielleicht charakterisieren als eine Art Amalgam aus analytischer Philosophie, wenn nicht sogar Wittgenstein, auf der einen und Kant auf der anderen Seite. Auf dieser Grundlage werde ich dann versuchen, das humanistische Projekt oder das Projekt *humanistischer Anthropologie* zu erläutern, also zu erklären, was ich überhaupt unter Humanismus verstehe und wie das in die zuvor dargestellte Strawson'sche Perspektive eingebettet ist. Dabei wird es um eine zentrale Frage gehen: Welchen Status haben Gründe?

I. Kritik der Anthropologie

Ich will zunächst drei Kritiken gegen die traditionelle Anthropologie vorbringen. Die erste Kritik bezieht sich auf die *Indeterminiertheit oder Unterbestimmtheit der menschlichen Natur*. Dass wir einige physische Eigenschaften besitzen und gewisse Grundbedürfnisse miteinander teilen, liegt auf der Hand. Aber viele würden sagen, das Unterschiedliche sei das eigentlich Auffällige: Die Unterschiedlichkeit der Kulturen, der Lebensformen, der Wertungen, der gesellschaftlichen Formationen usw. Offenbar ist der Mensch von Natur aus ein kulturelles Wesen, das heißt, er ist von Natur darauf angelegt, geformt und verändert zu werden, was er interessanterweise mit einigen Spezies gemeinsam hat. So streiten Biologen, ob zum Beispiel die Weibchen einer bestimmten Wespenart ihre Nester aufgrund kultureller Unterschiede unterschiedlich bauen. Primaten, aber auch Vögel, entwickeln eindeutig kulturelle Praktiken und geben diese weiter – und das ist offenkundig nicht genetisch fixiert. Aber die Indeterminiertheit der menschlichen Natur ist besonders auffällig und daher stellt sich die Frage, ob wir nicht

2 Erstveröffentlichung in: *Proceedings of the British Academy*, Vol. 48 (1960), S. 1-25, dann (gemeinsam mit anderen Essays) in: Peter Strawson, *Freedom and Resentment and Other Essays*, London 1974.

3 Besonders eindrücklich vorgeführt von R. Jay Wallace, *Responsibility and the Moral Sentiments*, Cambridge/MA [2]1998.

Ansätzen wie etwa dem Martha Nussbaums skeptisch gegenüberstehen sollten. Sie behauptet: »Das sind die entscheidenden Merkmale der menschlichen Natur, so sollten wir uns als Menschen verstehen, und daraus ergibt sich eine ganze ethische oder politische Theorie«.[4] Wie ist das zum Beispiel mit der Gemeinschaftsbildung? Gemeinschaft scheint im Leben der meisten Menschen eine sehr wichtige Rolle zu spielen, doch einige Menschen machen es zum Teil ihrer spirituellen Praxis, die Vergemeinschaftung zu verlassen, um (weitgehend) allein zu leben. Mit der Indeterminiertheit geht ein Willkürvorwurf einher, nämlich, dass sich anthropologische Theorien und Fundierungen, insbesondere in der Ethik, mehr oder weniger willkürlich bestimmte anthropologische Elemente herausgreifen. So ist zum Beispiel die Fähigkeit des Menschen, Artgenossen umzubringen, ziemlich spezifisch, während es dieses Verhalten bei anderen Spezies, jedenfalls bei Säugetieren, sehr selten gibt. Kaum jemand würde vorschlagen, dieses besondere Merkmal der Spezies Mensch zur Grundlage einer philosophischen Anthropologie zu machen.

Das zweite Argument hängt eng mit dem ersten zusammen, scheint mir aber noch wichtiger zu sein. Es richtet sich gegen den *Fundamentalismus* der traditionellen philosophischen Anthropologie, der diese als *Fundierungsprojekt* für die praktische Philosophie generell und für die Ethik und die politische Theorie im Speziellen versteht. In älteren Lehrbüchern der politischen Ideengeschichte beginnt die Darstellung der Theorien jeweils mit Ausführungen zur Anthropologie. Um etwa die Staatstheorie von Hobbes, Rousseau oder Marx verstehen zu können, müsse man sich zunächst der Anthropologie zuwenden, diese sei die Basis für alles andere, sie fundiere die jeweiligen Positionen der politischen Denker.[5] Die Kritik lautet: Philosophische Anthropologie sei – nicht im religiösen, sondern in einem erkenntnistheoretischen Sinne – dem Fun-

4 Nussbaum entwirft das Konzept einer »objektiven Liste« grundlegender menschlicher Fähigkeiten (*capabilities*), deren Entwicklung Voraussetzung für ein gutes menschliches Leben sein soll. Vgl. Martha C. Nussbaum, »Nicht-relative Tugenden: Ein aristotelischer Ansatz«, in: *Gerechtigkeit oder das gute Leben*, Suhrkamp, Frankfurt/M. 1998, S. 227-264.

5 In der Tat sind die drei lateinischen Publikationen von Thomas Hobbes auch so aufgebaut: *De Corpore* ist Physik, *De Homine* Anthropologie und *De Cive* politische Philosophie.

damentalismus verhaftet. In der englischsprachigen Diskussion unterscheidet man zwischen *fundamentalism* und *foundationalism*. Ich beziehe mich hier auf den *foundationalism*: Eine bestimmte Klasse von Postulaten soll dem Rest der Theorie als Grundlage dienen. Diese Postulate werden, wie ihr Name schon sagt, einfach behauptet und nicht näher begründet.

Das dritte und vielleicht tödlichste Argument ist das, was seit George Edward Moores *Principia Ethica* (1903) als *naturalistischer Fehlschluss* bezeichnet wird. Dieser Einwand ist viel älter, aber Moore hat sich damit besonders intensiv auseinandergesetzt. Wie auch immer man zu seiner Argumentation steht – seitdem ist es nahezu Konsens in der Philosophie, dass man aus empirischen Befunden allein keine normativen Theorien, Thesen, Postulate etc. gewinnen kann. Für Letztere benötigt man immer ein normatives Kriterium, ein normatives Prinzip, und die philosophische Anthropologie steht unter dem Vorwurf, dass sie diese logische Trennung des Empirischen und des Normativen nicht macht und so dem naturalistischen Fehlschluss anheimfällt.

II. Notwendigkeit der philosophischen Anthropologie

Da die traditionelle philosophische Anthropologie also tot zu sein scheint, sollten wir uns da nicht von allen anthropologischen Argumenten fernhalten? Ich halte diese Schlussfolgerung für falsch und werde ihr im Folgenden einige Argumente für die Notwendigkeit der Anthropologie in einem bestimmten, später noch genauer zu bestimmenden Sinn entgegenhalten. Immer dann, wenn wir versuchen, uns Klarheit darüber zu verschaffen, wie wir leben wollen, was richtig und was falsch ist, was gerecht und was ungerecht ist usw., also immer dann, wenn wir normative Fragen erörtern, nehmen wir implizit Stellung zu anthropologischen Fragen. Die zentrale Rolle, welche tief in den Menschenrechtsdiskurs eingelassene Prädikate wie »das ist unmenschlich«, »das ist human« oder »das ist ein Gebot der Menschlichkeit« spielen, macht das deutlich. Unser normatives Vokabular nimmt also Bezug auf das, was im Sinne einer positiven Charakterisierung menschlicher Existenz menschengemäß, eben *human* ist. Etwas anders formuliert: Wir nehmen in normativen Diskursen immer zu der Frage Stellung, wie *Menschen* leben sollen, was *für den Menschen* die angemessene, wünschenswerte, richtige Lebensform ist. Und das ist eine anthropologische Stellungnahme. Das lässt sich philosophisch als eine Art transzendentales Argument interpretieren: Es gibt eine *Bedingung der Möglichkeit jedes normativen Diskurses* oder der Deliberation, eine zumindest implizite Verständigung auf anthropologische Annahmen.

Der zweite Grund für die Notwendigkeit philosophischer Anthropologie scheint mir eher in der Persönlichkeitsbildung, in der Entwicklung des Individuums zu liegen, das sich, unabhängig davon, ob es sich für philosophische Fragen interessiert, ein *Selbstbild* macht. Das muss nicht sehr explizit und nicht sehr komplex sein, aber schon Kinder kämpfen mit der Frage »Wer will ich eigentlich sein, wer bin ich?«. Diese Frage ist nicht völlig unabhängig von der weitergehenden Frage, was Menschen eigentlich sind, was das Menschsein eigentlich ausmacht.

Drittens könnte man das anthropologische Projekt, wenn man es nicht fundamentalistisch missversteht, als den Versuch interpretieren, unsere wertenden Stellungnahmen, die Vielfalt unserer Kriterien für »gerecht« und »ungerecht«, für »richtig« und »falsch« kohärent zusammenzufügen. Anthropologie ist im Kern kein Fundierungs-, sondern ein Kohärenzprojekt: Die Dinge sollen am Ende stimmig sein und äußern sich in bestimmten wertenden Stellungnahmen zur angemessenen menschlichen Lebensform und Existenz.

Für Anthropologiekritiker spielt die *Unterscheidung von Regeln und Werten* eine große Rolle. Es ist eine merkwürdige Karriere, die diese Unterscheidung genommen hat. Bernard Williams, den man vielleicht auch als Neo-Aristoteliker bezeichnen kann, nimmt eine ähnliche Unterscheidung vor (allerdings mit ganz anderen Intentionen als Habermas), um zwischen Normen und Werten oder, in der politischen Philosophie, zwischen Kultur und Politik zu unterscheiden. Bei John Rawls soll der so genannte *overlapping consensus* die kulturelle Neutralität der Demokratie oder jedenfalls die fast gerechte Gesellschaft, wie er das nennt, ausmachen.[6] Wir haben also einen gemeinsamen Gerechtigkeitssinn, der unabhängig davon ist, wie wir leben – oder, um die Formulierung zu benutzen, die sich seit Bernard Williams durchgesetzt hat: der von starken

6 John Rawls, *A Theory of Justice*, Cambridge/MA 1971, S. 340 f.

Wertungen unabhängig ist. Rawls vertritt eine schwache und eine starke Theorie des Guten, wobei die starke Theorie des Guten das ist, was dem Leben eigentlich Sinn gibt. Diese starke Theorie des Guten ist aber eingebettet in die Grundstruktur (*basic structure*), welche Gerechtigkeit in der Gesellschaft garantiert und unabhängig von den starken Wertungen ist. Auch bei Habermas darf das Ethische, das Partikulare, das, was an die Lebensformen gebunden ist, nicht auf die politische Ebene durchschlagen.

Das Problem daran ist, dass diese Trennung, systematisch gesehen, nicht funktioniert, wie sich unter Rückgriff auf die zeitgenössische Entscheidungstheorie zeigen lässt. Wir offenbaren mit jeder Entscheidung, die regelkonform ist, eine so genannte *pro-attitude*. Wir nehmen wertend Stellung und die Regelbefolgung, die in einer demokratischen Gesellschaft politisch und gesellschaftlich von so großer Bedeutung ist, die von gleichem Respekt, gleicher Würde, gleichen individuellen Rechten geprägt ist, muss durch eine kulturelle Praxis gestützt sein. Wenn sie das nicht ist, dann hat sie keine Substanz. Eine Gesellschaft, in der Menschen in öffentlichen Verkehrsmitteln aufstehen, wenn sich jemand mit anderer Hautfarbe neben sie setzt, ist nicht demokratiefähig. Ich bin nicht dafür, ein solches Verhalten unter strafrechtlichen Normen zu sanktionieren, darum geht es nicht. Es geht um eine kulturelle, alltägliche Praxis, in der sich dieser gleiche Respekt, die gleiche Anerkennung, die gleiche Autonomie der Individuen ausdrücken muss. Ohne diese alltägliche, lebensweltliche, in die Lebensform integrierte Praxis gleichen Respekts und gleicher Anerkennung keine Demokratie, wie immer die Rechtsnormen aussehen mögen. Die Vorstellung also, dass man die Lebensformen von der politischen Ordnung abkoppeln könne, ist eine Illusion. Wenn in bestimmten kulturellen Milieus Mädchen dazu erzogen werden, ihren älteren Brüdern bedingungslos zu gehorchen, dann steht ein solches kulturelles Milieu im Konflikt mit den normativen Grundlagen einer Demokratie. Eine Demokratie lebt nur dann, sie ist nur dann substanziell, wenn religiöse und kulturelle Lebensformen vereinbar sind mit gleichem Respekt, gleicher Anerkennung, und gleicher Autonomie. Demokratie ist nicht allein eine Staats- und Rechtsform, sie ist zugleich eine Lebensform. Rawls und Habermas sind mir Geistesverwandte im politischen Sinne. Es gibt viele Gemeinsamkeiten, große Sympathien, aber in diesem Punkt gibt es meines Erachtens einen fundamentalen Irrtum des politischen philosophischen Liberalismus.

Die Gegenthese wäre, dass wir in jeder Debatte darüber, welche Regeln in der Gesellschaft gelten sollten, wertend Stellung nehmen. Diese wertende Stellungnahme folgt, wenn sie kohärent ist, einer bestimmten Logik des Bewertens, sie macht bestimmte Annahmen, die sie machen muss, um überhaupt plausibel sein zu können, und das geht nicht ganz ohne Anthropologie. Diese neue normative und, wie wir später sehen werden, humanistische Form von Anthropologie, für die ich plädiere, lässt sich folgendermaßen charakterisieren: Sie ist erstens nicht krypto-normativ, sondern explizit normativ. Sie sagt, worum es geht, sie nimmt normativ Stellung. Sie schließt sich nicht dem naturalistischen Trend an, der in der Gegenwartsphilosophie sowie in den gegenwärtigen Sozialwissenschaften und in den Feuilletondebatten zu beobachten ist. Diese normative Anthropologie behauptet, dass sie kein Projekt der Naturwissenschaft sein kann, aus ganz kategorialen Gründen. Sie ist nicht fundamentalistisch, weder im Sinne eines Fundamentalismus im engeren Sinne noch im Sinne eines erkenntnistheoretischen *foundationalism*.

III. Das Strawson'sche Projekt

Was Peter Strawson vor vielen Jahrzehnten in dem Aufsatz *Freedom and Resentment*[7] versucht hat, lässt sich folgendermaßen zusammenfassen: Was immer im Zusammenhang mit der Frage des freien Willens diskutiert wird, eines steht außerhalb aller Debatten und das sind unsere *reactive moral attitudes*, die wir teilen und die die menschliche Lebensform ausmachen. Wenn eine bestimmte Theorie etwa behauptet, dass es keine menschliche Freiheit gebe, weil das neurophysiologische System, auf dem unsere Handlungen beruhen, deterministisch sei, so kann eine solche Theorie unsere Praxis des moralischen Übelnehmens (*resentment*) nicht in Frage stellen. Eine solche Theorie kann dafür nicht relevant sein, weil keine Theorie das Gewicht hat, um unsere etablierte Praxis reaktiver moralischer Einstellungen in Frage zu stellen.

7 Strawson, *Freedom and Resentment and Other Essays*, London 1974.

So reagieren wir mit Dankbarkeit, wenn uns jemand etwas Gutes getan hat, oder eben mit moralischem Übelnehmen, wenn jemand etwas Schlechtes getan hat. Es kann sein, dass wir nach einiger Zeit zu dem Ergebnis kommen, dieser Person vergeben zu können. Diese *forgiveness* ist eine weitere *reactive moral attitude*. Strawson bringt nur drei Beispiele für seine Theorie, aber es ist klar, was sein Programm ist, nämlich die Art unserer Interaktion, die geteilte menschliche Lebensform, an der wir teilhaben, genauer zu erfassen. Und ich sage jetzt bewusst »menschliche« (und nicht »kulturelle«) Lebensform. Sie ist durch eine bestimmte Art und Weise verfasst, wie wir Einstellungen, Haltungen, *attitudes* gegenüber anderen Menschen, in Reaktion auf ihr Verhalten, ihre Äußerungen, ihre Handlungen entwickeln. Strawsons Argument lautet: Wenn wir die Voraussetzung streichen, dass Menschen für ihr Tun und Sagen verantwortlich sind, dann sind all diese *reactive moral attitudes* schlagartig sinnlos. Wenn ich weiß, dass die Person, die mir etwas Übles angetan hat, aus irgendwelchen Mechanismen heraus gar keine andere Möglichkeit hatte, als genau das zu tun, dann werde ich sofort eine andere Einstellung einnehmen. Auch wenn ich die epistemische Lage neu einschätze, wenn ich merke, dass die Person gar keine bösen Absichten hatte, sondern mir etwas Gutes tun wollte, dann verschwindet dieses Übelnehmen, diese negative Einstellung gegenüber dieser Person bzw. ihrem Verhalten, schlagartig. Strawson endet mit der Andeutung, dass eine wissenschaftliche Theorie, die einen zwingen würde, die Voraussetzungen der Sinnhaftigkeit dieser reaktiven moralischen Einstellungen in Frage zu stellen, in einer radikalen Vereinsamung enden müsste. Wenn ich eine solche Theorie ernst nähme, müsste ich all diese reaktiven moralischen Einstellungen zur Disposition stellen. Damit hätte ich nur noch eine *objective attitude*, eine objektive Einstellung zu anderen Personen. Strawson illustriert die objektive Einstellung anhand der Rollen, die Psychotherapeuten oder Trainer gegenüber ihren Patienten oder Sportlern einnehmen. In dieser Idealisierung entwickeln sie keine persönlichen Bindungen zu den Betreffenden, sie sind nicht persönlich betroffen, wenn sie beschimpft werden (im Falle des Psychotherapeuten) oder wenn der Sportler das harte Training übelnimmt. Die geforderte professionelle Haltung beinhaltet eine Art Distanzierung, die den anderen aus der normalen Interaktion, die von reaktiven moralischen Einstellungen geprägt ist, herausnimmt.

Strawsons Analyse kann man auch als Antwort auf eine starke Strömung in der Ethik im 19. und frühen 20. Jahrhundert verstehen, die gegenwärtig in Gestalt einiger Beiträge von Neurophysiologen wie Wolf Singer oder Gerhard Roth eine Wiederauflage erlebt,[8] nämlich, dass wir rationaliter all unser Tun unter dem Aspekt betrachten sollten, welche Wirkung, welchen Einfluss, welche Steuerungsfunktion, welche manipulative Wirkung es auf andere hat. Laut Moritz Schlick können wir die ganze Freiheitsdebatte eigentlich begraben, da wir ohnehin determiniert seien und der Sinn von juridischen und moralischen Regeln ausschließlich Verhaltenssteuerung sei.[9] Das mache Rationalität aus. Damit wäre die ganze Debatte um das Problem des freien Willens beerdigt.

Laut Strawson – und diese Perspektive mache ich mir vollständig zu eigen – steht uns als Menschen, die Teil einer geteilten Lebensform sind, diese Option nicht offen. Wer diese Einstellung nicht nur im Seminar, sondern ernsthaft im Leben praktiziert, hat keine Beziehung zu anderen Menschen. Das verstehe ich also unter der Strawson'schen Perspektive: einen konstitutiven Bestandteil der menschlichen Lebensform, Bedingung und Essenz der Teilhabe an dieser Lebensform, Unhintergehbarkeit dieser *reactive moral attitudes*. Ich gehe über Strawson hinaus, wenn ich sage, dass nichts dafür spricht, dass diese *reactive moral attitudes* eine Erfindung der europäischen Aufklärung sind oder gar auf der »Erfindung« des Subjektes beruhen. Vielmehr handelt es sich um Universalien der menschlichen Lebensform, die in allen Kulturen zu allen Zeiten, auch in so genannten primitiven vorsprachlichen Kulturen, vorhanden und prägend waren und sind.[10]

Nun komme ich zu meinen beiden Modifikationen des Strawson'schen Ansatzes. Zum einen verfolgt Strawson eine *sentimentalistische* Position, er unterschlägt das Entscheidende der Rolle von Gründen und das führt zu dieser schiefen Gegenüberstellung von »objektiv« und »subjektiv«. *Reactive moral attitudes* sind eben gerade nicht subjektiv, sondern von Gründen geleitet. Wenn ich weiß, dass mir jemand nichts Böses getan hat, ich ihm aber sein Tun trotzdem übelnehme, ist das schlicht irrational. Wenn ich denke,

8 Vgl. Wolf Singer, *Der Beobachter im Gehirn. Essays zur Hirnforschung*, Frankfurt/M. 2002, sowie Gerhard Roth, *Aus Sicht des Gehirns*, Frankfurt/M. 2003.

9 Vgl. Moritz Schlick, *Fragen der Ethik*, Wien 1930, Kap. VII.

10 Vgl. Kap. 3 in diesem Band.

die Person wollte mir etwas antun, nehme ich ihr das übel. Sobald ich aber darüber informiert werde, dass dem nicht so ist, nehme ich es ihr nicht mehr übel. Das ist nicht ein irgendwie gewachsenes Gefühl, das ich mir dann mühsam wieder abtrainieren muss – so etwas mag vorkommen, aber dabei handelt es sich um pathologische Phänomene –, sondern diese Gefühle sind vernünftigerweise von Gründen geleitet. Ich habe einen Grund, dieser Person etwas übelzunehmen. Das macht auch den Unterschied: Kleine Kinder etwa können noch nicht in vollem Umfang zur Verantwortung gezogen werden. Wir als Eltern ziehen unsere Kinder für Dinge zur Verantwortung, für die sie nicht wirklich verantwortlich sind, wodurch sie lernen, Verantwortung zu übernehmen. Das ist im Grunde der Nukleus aller Erziehung. Aber rationaliter, im Umgang zwischen Erwachsenen, muss ich mir immer sehr genau überlegen, wofür eine Person verantwortlich zu machen ist. Unter dieser Voraussetzung von Verantwortlichkeit sind wir oft unterschiedlicher Meinung darüber, welches Verhalten, welche Handlung richtig bzw. falsch ist. Entsprechend haben wir Grund dazu, etwas übelzunehmen, oder Grund dazu, Dankbarkeit zu entwickeln usw. Es geht also nicht primär um *sentiments*, sondern um begründete emotive Einstellungen. Entscheidend ist, dass Gründe dabei eine Rolle spielen. Deswegen können etwa Auseinandersetzungen zwischen der Tochter und ihrer an Alzheimer erkrankten Mutter nicht dieselbe Schärfe annehmen wie der Streit zweier gesunder Erwachsener um die Angemessenheit ihres Alltagsverhaltens. Es wäre inhuman, mit einer Person, die sich nicht mehr voll unter Kontrolle hat, so umzugehen. Also: Von wegen subjektiv! Es geht bei diesen Fragen um die Deliberation darüber, was eine angemessene bzw. unangemessene reaktive Einstellung ist. Dies aber lässt sich nur durch den (und sei es nur intrapersonellen) Austausch von Gründen klären.

Die zweite Modifikation der Strawson'schen Perspektive ist auch von Bedeutung, steht aber nicht im Mittelpunkt meines Vortrages: Strawson ist, anders als viele seiner Schüler, offenbar Agnostiker hinsichtlich all der Fragen, welche die Willensfreiheit und deren Vereinbarkeit mit dem Determinismus betreffen. Manche sagen, er sei Kompatibilist, was mir aber nicht eindeutig der Fall zu sein scheint. Es scheint mir völlig plausibel, dass die Frage, unter welchen Bedingungen wir einander Verantwortung zuschreiben und zur Verantwortung ziehen, zunächst unabhängig davon diskutiert werden kann, ob wir in einem deterministischen oder in einem probabilistischen Universum leben. Ich bin allerdings der Auffassung – in der Hinsicht bin ich ein Libertärer –, dass, erstens, Gründe eine Rolle spielen, ja die Sinnhaftigkeit dieser reaktiven moralischen Einstellungen ausmachen. Zweitens meine ich, dass dies mit einem Universum, in dem Gründe keine kausale Rolle spielen, unvereinbar, also inkompatibel, ist.

IV. Die Rolle von Gründen für eine humanistische Anthropologie

Es gibt eine Praxis des Gründegebens und Gründenehmens in unserer Alltagswelt. An dieser Praxis muss sich vieles bewähren, zum Beispiel auch eine ethische Theorie. Diese könnte nun allerdings ihrerseits wiederum die Praxis verändern. Wir gelangen überhaupt erst zu einer ethischen Theorie, weil in unserer alltäglichen Praxis Inkohärenzen auftreten, ansonsten würden wir gar nicht anfangen, philosophisch zu deliberieren. Wir erhoffen uns durch die Systematisierung auch eine Veränderung. Man könnte – damit wende ich mich jetzt gegen den Wittgenstein'schen Quietismus – sagen, wir spielen *ein* großes Sprachspiel, das insgesamt kohärent sein muss. In diesem einen großen Spiel gibt es, der Strawson'schen Methodik deskriptiver Metaphysik folgend, einige Invarianzen. Eine Invarianz, auf die Strawson hingewiesen hat, besteht darin, dass wir uns gegenseitig nur dann zur Verantwortung ziehen können, wenn wir uns wechselseitig die Möglichkeit unterstellen, dass wir auch anders hätten handeln können. Die Affizierbarkeit durch Gründe impliziert in diesem Sinne also Freiheit. Es ist nicht ausgeschlossen, um noch mal den Status dieser Art von Anthropologie zu erläutern, dass wir uns alle irren. Wenn Wolf Singer und Gerhard Roth recht haben, ist alles ein großes Illusionstheater. Die Philosophie ist nicht in der Lage, die Lücken zu füllen, die eine fundamentale Skepsis reißt. Das ist der große kartesische Irrtum. Da hilft auch Gott nicht, wie man bei Descartes selbst schon sieht. Es gibt bestimmte Annahmen, die wir machen müssen, sonst ist das Ganze unserer Deliberationen und Praktiken nicht stimmig. Diese Annahmen lassen sich substantiieren, das ist jedenfalls die These, die dieses Projekt trägt. Dazu gehört, dass Gründe eine Rolle spielen, dass das Akzeptieren von Gründen eine kausale Rolle in der Welt hat. Wenn wir das aufgeben, kommen wir in Schwierigkeiten. Das naturalistische Alternativprogramm behauptet, Gründe seien etwas anderes, als sie zu sein scheinen, sie seien in Wirklichkeit bestimmte kausale Phänomene, die sich im Prinzip mit den Mitteln der Naturwissenschaft vollständig beschreiben und erklären lassen. Ich glaube, das ist falsch.[11] Es ist sogar beweisbar falsch: Die metamathematischen Resultate aus den 1930er Jahren zeigen, dass die Theoreme der Prädikatenlogik erster Stufe sich algorithmisch nicht beweisen lassen. Daher ist jedenfalls eine Form des Gründegebens kein kausaler Prozess, weil kausale Prozesse algorithmisch sind. Die Psychologismuskritik von Husserl und Frege spricht zudem dagegen, dass logische Inferenzen lediglich psychologische Gesetzmäßigkeiten sind und diese vielleicht nichts anderes sind als neurophysiologische. Naturalisten müssten die Psychologismuskritik von Husserl und Frege zurückweisen. Viele unserer Gründe sind also nicht algorithmisch und deswegen keine üblichen Ursachen im Sinne von naturwissenschaftlich beschreibbaren Regularitäten, sie sind objektiv und nicht lediglich psychische Phänomene, zudem sind sie normativ – sie sprechen für etwas. Es gibt also drei Gründe, die dagegen sprechen, dass sich Gründe naturalisieren lassen. Gründe haben drei Eigenschaften, die sie gegen eine naturalistische Einbettung immunisieren, und das ist der Kern einer humanistischen Anthropologie.

Das Gründegeben und Gründenehmen, der Streit darum, was richtig und was falsch ist, macht die menschliche Lebensform aus, und zwar nicht erst seit der europäischen Aufklärung. Alle menschlichen Lebensformen, die wir kennen, weisen dieses Merkmal auf. Und damit machen sich die Menschen überall, in allen Kulturen, wechselseitig *verantwortlich* für das, was sie tun. Sie stellen sich zur Rede, sie streiten, ob etwas richtig oder falsch war, zulässig oder unzulässig usw. Damit wird viel präsupponiert, nämlich unter anderem, dass diese Menschen sich von Gründen affizieren lassen, sonst bräuchte man keine Gründe entgegenzuhalten.

Das ist keine Setzung, weder fundamentalistisch im Sinne von *foundationalist* noch im Sinne von *fundamentalist*, und es ist auch nicht krypto-normativ, sondern es ist explizit normativ. Gründe sind nämlich normativ: Wir sollten so handeln, dass die guten und

11 Vgl. JNR, *Über menschliche Freiheit*, Stuttgart 2005.

die besseren Gründe dafür sprechen. Wir sollten Überzeugungen haben, für die die besten Gründe sprechen. Wir sollten emotive Einstellungen ablegen, wenn sie nicht von Gründen gestützt sind oder gegen Gründe stehen. Die humanistische Anthropologie, für die ich plädiere, ist explizit normativ, sie stellt sich auch der normativen Kritik.

Die humanistische Theorie, die humanistische Anthropologie, lässt sich also an einer einzigen menschlichen Fähigkeit festmachen, nämlich der Fähigkeit, sich von Gründen affizieren zu lassen, und zwar in dreierlei Hinsicht:

Erstens in der theoretischen Hinsicht, dass unsere Überzeugungen sich von Gründen affizieren lassen, die für und wider eine Überzeugung vorgebracht werden. Darin besteht, im günstigsten Fall jedenfalls, der Kern von Wissenschaft.

Zweitens in praktischer Hinsicht: Mein Tun hängt von meiner intrapersonellen und interpersonellen Abwägung der Gründe für oder gegen eine Handlung ab. Nicht *in toto* – »sich von Gründen affizieren lassen« ist sehr vorsichtig formuliert. Wenn ich etwas zu tun beabsichtige und jemand warnt mich vor den Handlungsfolgen, dann tue ich es nicht. Das zeigt, dass Gründe unser Verhalten, unser Handeln affizieren. Ich glaube sogar, es spricht viel dafür, den Handlungsbegriff unter Verwendung des Gründebegriffs zu charakterisieren. Ein Verhalten hat genau dann Handlungscharakter, wenn Gründe dafür relevant sind.

Drittens in emotiver Hinsicht, was uns wieder zu Strawson führt. Auch unsere emotiven Einstellungen sind durch Gründe geleitet oder jedenfalls von Gründen affiziert.

Der Humanismus behauptet, dass es eine genuin menschliche Fähigkeit ist, sich in diesen drei Dimensionen von Gründen affizieren zu lassen. Jede Form des Reduktionismus der ganzen Vielfalt unserer Gründe läuft Gefahr, mit dieser humanistischen Intuition wieder zu brechen. Ein Beispiel dafür ist der ökonomistische Reduktionismus, der gegenwärtig immer noch sehr einflussreich ist, auch in den Sozialwissenschaften und der praktischen Philosophie. Der ökonomistische Reduktionismus besagt, dass rationales Handeln in der Optimierung der Nutzenfunktion besteht, die eine Person hat oder die man ihr zuschreiben kann.[12] Damit würde die

12 Vgl. JNR, *Die Optimierungsfalle*, München 2011.

ganze Vielfalt praktischer Gründe, die wir nutzen, um zu klären, was wir tun sollen, auf einen Optimierungsmechanismus zusammenschrumpfen. Der Mensch schiede dann als deliberierendes Wesen aus, würde zu einem kleinen Punkt in einer großen Optimierungsmaschine. Man könnte alles dem Rechner überantworten. Auch die Auffassung, dass all unser Tun jeweils schon durch neurophysiologische Prozesse vor aller Deliberation und vor allem Bewusstsein determiniert ist,[13] ist unvereinbar mit dieser humanistischen Grundintuition.

V. Drei Merkmale humanistischer Anthropologie

Wie lassen sich Gründe charakterisieren?[14] Die humeanische Interpretation lautet folgendermaßen: In letzter Instanz sind Gründe immer an *desires* gebunden, also an eine der Person *vor allen Gründen* gegebene, wünschende, befürwortende Einstellung. Viele *desires*, das wird jeder Humeaner zugeben, sind von Gründen affiziert. Aber in letzter Instanz kann ich das »runterbrechen«, indem ich jeweils die Bedingungen der Ausprägung dieses Wunsches aufgrund eines fundamentaleren Wunsches, also die epistemischen Bedingungen, herausnehme und so in einer Kette auf basale Wünsche zurückkomme, die schlicht gegeben sind. Dies ist eine Variante des Anti-Humanismus. Im Kern geht es darum, durch Abwägung von Gründen zu ermitteln, was wirklich *für* etwas spricht. Ich verwende bewusst den etwas naiv erscheinenden Ausdruck »wirklich«. Oder, etwas zugespitzt: Ich vertrete eine *realistische* Theorie der Gründe. Gründe sind nichts Subjektives. In der sozialen und der natürlichen Welt werden sie allerdings dadurch kausal relevant, dass ich sie mir zu eigen mache. Das heißt, meine Meinung darüber, was

13 Vgl. dazu meine Debatte mit dem Neurowissenschaftler Wolf Singer in: Berlin-Brandenburgische Akademie der Wissenschaften (Hg.), *Zur Freiheit des Willens II*, Berlin 2006, sowie: JNR, *Über menschliche Freiheit*, Stuttgart 2005; Dieter Sturma (Hg.), *Vernunft und Freiheit. Zur praktischen Philosophie von Julian Nida-Rümelin*, Berlin 2012.

14 Die »Welt der Gründe« war Thema des XXII. Kongresses der Deutschen Gesellschaft für Philosophie 2011 in München; vgl. JNR, Elif Özmen (Hg.), »Welt der Gründe«, in: *Deutsches Jahrbuch für Philosophie* 4 (2012).

ein guter Grund ist, wirkt sich auf das, was ich tue, glaube und fühle im Sinne von emotiven Einstellungen aus. Gründe werden nur über die Vernunftfähigkeit von Menschen oder anderen Lebewesen kausal relevant.

Wenn man diese zentrale Rolle von Gründen für das humanistische Verständnis des Menschseins betont, wenn Menschen also fähig sind, Gründe für ihre Überzeugungen, für ihre Handlungen und für ihre emotiven Einstellungen zu haben, dann ergibt sich ein interessanter Nebenaspekt. Wir können den Kern einer humanistischen Anthropologie mit Hilfe dieses Grundbegriffs »Grund« charakterisieren. Auch ohne eine Theorie der Rationalität kann man normalerweise klären, ob eine Überzeugung rational ist oder nicht, nämlich indem man die Gründe betrachtet, die dafür oder dagegen sprechen. Dafür bedarf es keiner Metatheorie, keiner Rationalitätstheorie. Wir müssen uns nur einlassen auf das Spiel des Gründegebens und Gründenehmens, wie die amerikanischen Hegelianer das gerne nennen. Daraus ergibt sich ziemlich zwingend, dass drei der fundamentalen Merkmale einer humanistischen Anthropologie nur drei unterschiedliche Aspekte desselben Phänomens sind, nämlich des Phänomens, sich von Gründen affizieren zu lassen.

Erstens: Rationalität bzw. *Vernunft* (ich verwende beide Begriffe austauschbar). Eine rationale oder vernünftige Person ist eine solche, die Gründe abwägen kann und sich dann davon in ihren Überzeugungen, Handlungen und emotiven Einstellungen affizieren lässt. Es handelt sich gewissermaßen um eine Substitution des Rationalitätsbegriffs.

Zweitens: *Freiheit*. Was macht eine Person frei im Sinne von Willensfreiheit? Theoretisch frei ist eine Person, wenn sie die Überzeugung vertritt, für die sie die besten Gründe hat. Praktisch frei ist eine Person, wenn ihr Handeln eben nicht vollständig von etwas anderem als ihren eigenen Gründen determiniert ist.

Drittens: *Verantwortung*. Wann machen wir eine Person verantwortlich für das, was sie tut? Wann trägt eine Person Verantwortung? Dann, wenn sie in der Lage ist, gründegeleitet zu urteilen, zu handeln und emotive Einstellungen zu entwickeln. Wir machen Menschen selbstverständlich auch für ihre emotiven Einstellungen verantwortlich. Wer das bestreitet, gerät in Konflikt mit unserer lebensweltlichen Interaktionspraxis und unseren geteilten reaktiven menschlichen Gefühlen.

Autorin oder Autor des eigenen Lebens zu sein, ist nichts anderes, als die Erfahrung zu machen, dass ich Verantwortung trage, dass ich frei bin, dass ich meine Gründe habe für die Lebensgestaltung als ganze. Diese Position grenzt sich bei aller Sympathie und aller Nähe scharf ab von dem, was gegenwärtig als *Kantian Constructivism* zu einer gewissen Prominenz gelangt ist. Ursprünglich von John Rawls aufgebracht, findet der Begriff mittlerweile auch bei Christine Korsgaard, Onora O'Neill und vielen anderen Verwendung,[15] die versuchen, bestimmte Bedingungen von *agency* und von *self-image* zu entwickeln und daraus ethisch-normative Fragen zu deduzieren. Auch Habermas, der versucht, auf Grundlage minimalster Bedingungen von Kommunikation eine ganze ethische Theorie, die Diskursethik, hervorzuzaubern, gehört in dieser Hinsicht zu den *Kantian Constructivists.* Doch so schön es auch wäre, das funktioniert eben nicht. Wenn man den *Kantian Constructivism*, gleichzeitig aber auch meine realistische Sichtweise ablehnt, landet man rasch beim Relativismus oder bei der postmodernen Ablehnung von Konzepten, wie Verantwortung, Freiheit, Rationalität, Subjekt usw. Schon deswegen kommt man meines Erachtens nicht umhin, sich auf eine realistische Interpretation der Rolle von Gründen zu verständigen.[16]

Die humanistische Anthropologie, wie ich sie hier verstehe – nämlich als ein Projekt der Begründung oder der Entwicklung von Ethiken erster Ordnung, also von normativen Ethiken, nicht Metaethiken –, hat drei attraktive Merkmale: Sie lässt, erstens, keine Flucht in den Apriorismus und Transzendentalismus zu. Sie lässt, zweitens, auch keine Flucht in den Empirismus und Naturalismus zu, was naturalistische Ethiken[17] gegenwärtig in großem Umfange tun. Es handelt sich also, drittens, um ein Projekt einer kohären-

15 Vgl. John Rawls, »Kantian Constructivism in Moral Theory: The Dewey Lectures 1980«, in: *Journal of Philosophy* 77 (1980), S. 515-572; Christine Korsgaard, *The Sources of Normativity*, Cambridge 1996; Christine Korsgaard, *Self-Constitution*, Oxford 2009; Onora O'Neill, *Constructions of Reason: Explorations of Kant's practical philosophy*, Cambridge 1989, Kap. 11. Vgl. zum kantischen Konstruktivismus auch Kap. 4.III in diesem Band.

16 Vgl. dazu auch Kap. 4.IV in diesem Band.

17 Vgl. Peter Railton, »Moral Realism«, in: *The Philosophical Review*, Vol. 95, No. 2 (1986), S. 163-207; Richard Boyd, »How to Be a Moral Realist«, in: Geoffrey Sayre-McCord, *Essays on Moral Realism*, London 1988, S. 181-228.

ten, inklusiven, lebensweltlich anschlussfähigen, normativen Stellungnahme zur berühmten vierten kantischen Frage: Was ist der Mensch?

10. Praktische Rationalität und der Sinn des Lebens*

Um schwierige philosophische Fragen zu traktieren, beginnt man vernünftigerweise bei verwandten, aber weniger schwierigen Fragen. So will ich auch in diesem Vortrag vorgehen. Ich möchte mich zunächst mit der Frage beschäftigen, woher es rührt, dass eine *sprachliche Äußerung* einen Sinn hat. Ich bewege mich also zunächst noch auf relativ gesichertem sprachphilosophischem Grund, bevor ich es wage, mich der Frage anzunähern, was den Sinn des ganzen Lebens, eines individuellen menschlichen Lebens oder sogar des menschlichen Lebens als solchen ausmacht.

Diese Methode, mit dem einfachen und – jedenfalls *prima vista* – Klaren zu beginnen, um sich dann an schwierigere Fragen zu machen, hat eine lange Tradition in der Philosophie. Aristoteles könnte man als ihren Ahnherren bezeichnen. Aber diese Tradition hat ganz unterschiedliche Ausformungen erlebt, darunter die schottische *Common-Sense*-Philosophie eines Joseph Butler und eines Anthony Ashley-Cooper, 3. Earl of Shaftesbury, die *ordinary language philosophy* schon bei George Edward Moore, dann radikalisiert beim späten Wittgenstein, bei Gilbert Ryle, John Austin und John Searle. Gegenwärtig erlebt sie eine Blüte in Gestalt der Wiederaufnahme pragmatistischen Denkens, insbesondere in Bezug auf John Dewey.[1] Extremisten dieser Tradition wünschen sich, dass die großen Fragen hinter den kleinen verschwinden. Als Philosoph gehörte Wittgenstein zu diesen Extremisten, als Privatperson nicht. Als Philosoph war er der Meinung, dass sich alle großen philosophischen Fragen in sorgsamer Sprachanalyse auflösen lassen. Als Privatperson war er jedoch zugleich davon überzeugt, dass damit nichts wirklich gelöst wäre, dass alle großen Fragen – nach der Moral, nach dem Schönen und dem Guten, nach der Pflicht und dem Sinn des Lebens – bleiben.

* Vortrag, gehalten an der Universität Bochum, zuerst erschienen in: Albert Newen, Birgit Sandkaulen (Hg.), *Analytic Philosophy Meets History of Philosophy*, Münster 2015, S. 30-38.

1 Hilary Putnam, Ruth Anna Putnam, »Dewey's Logic: Epistemology as Hypothesis«, in: Hilary Putnam, *Words & Life*, Cambridge/MA, London 1995, S. 198-220.

Ich gehöre nicht zu den Extremisten dieser Tradition. Ich glaube vielmehr, dass die großen Fragen der Philosophie sich nicht wirklich zum Verschwinden bringen lassen, dass diese vielmehr wie Wiedergänger ihr Haupt erheben, gerade wenn man glaubte, sie beerdigt zu haben. Wichtige Protagonisten der analytischen Philosophie wissen davon ein Lied zu singen. Nichts ist wirklich verschwunden, alles ist zurückgekehrt: Die Normativität, also die normative Ethik als eine genuine philosophische Disziplin, nicht als Annex zur Sprachphilosophie; die Ontologie als Metatheorie unserer Alltagskommunikation, aber auch der Wissenschaftssprachen; die Theorie epistemischer und praktischer Rationalität. Die Auflösung all dieser Fragen und die Überführung ihrer Residua in Naturwissenschaft à la Quine oder Patricia Churchland hat sich ebenso als Illusion herausgestellt wie die Hoffnung der Sprachanalytiker, dass letztlich alles zu einer linguistischen Frage werde.[2]

Aber auch die entgegengesetzte philosophische Methode, die schwierige Fragen auf noch schwierigere zurückführt und diese am Ende in einer Sprache zu beantworten sucht, die eher künstlerischer Ausdruck individueller Intuitionen ist als Verständigungsmittel, kann keine Klarheit schaffen. Der späte Heidegger ist dafür ein besonders sprechender Beleg. Dem Deutschen Idealismus des 19. Jahrhunderts scheint diese entgegengesetzte Tendenz eingeschrieben zu sein. Eine innere Dynamik treibt die philosophischen Fragestellungen immer weiter in die Tiefe und gerade dadurch verlieren sie an Bodenhaftung. Die Versuche einer radikalen Neubegründung der Philosophie, die gegen Ende des 19. Jahrhunderts einsetzen und über Jahrzehnte die philosophische Agenda prägen, kann man als Antworten auf diese Fehlentwicklung der Philosophie im 19. Jahrhundert lesen. Eine Philosophie, die ihre Anbindung an die Lebenswelt verliert, mutiert am Ende zwangsläufig zur Pseudowissenschaft. Das, was nun folgt, versteht sich auch als Exemplifizierung des Rückbezugs philosophischer Argumente auf lebensweltliche Wissensbestände, auf unsere gemeinsame Teilhabe an einer menschlichen Lebensform.

2 JNR, *Philosophie und Lebensform*, Frankfurt/M. 2009, Kap. 5.

I. Was ist Sinn?

Meine leitende These ist: *Sinn wird durch (gute) Gründe gestiftet.* Das gilt für den Sinn einer *Äußerung* ebenso wie für den Sinn einer *Handlung*, einer *Überzeugung* oder auch einer *emotiven Einstellung*. Man mag vermuten, dass diese Art von Sinnstiftung nichts mit der des Lebenssinns zu tun habe, das aber scheint mir ganz offenkundig ein Irrtum zu sein. Doch darauf werden wir erst später zu sprechen kommen.

Der Sinn einer Äußerung lässt sich explizieren über die Intentionen der äußernden Person. Bedeutung wird durch Sprecherintentionen konstituiert. Der Einwand, dass dies offenkundig nicht zutreffe, da die Bedeutung von Sätzen doch über die konventionelle Bedeutung der in diesen vorkommenden Zeichen eindeutig festgelegt sei, überzeugt nicht. Die Tatsache, dass eine Sprache Zeichen enthält, deren Bedeutung durch (konventionellen) Sprachgebrauch fixiert ist, spricht nicht gegen die weit fundamentalere These der Konstitution von Äußerungssinn durch Sprecherintentionen. Vielmehr verwenden wir die Sprache als ein Instrument, um unsere Absichten zu realisieren. In einer Welt ohne (Sprecher-)Intentionen und Personen, die diese Intentionen aufgrund von Äußerungen erfassen können, gibt es keine Sprache, keinen Äußerungssinn. Wenn Bienen mit ihrem Auf- und Abfliegen in einer bestimmten Frequenz und Amplitude keine Absichten verfolgen und diejenigen Bienen, die dieses Verhalten wahrnehmen, aufgrund dessen keine Absichten ihrer (Mit-)Bienen erkennen können, dann handelt es sich bei diesem Verhalten nicht um eine Bienensprache. Auch der zuverlässigste Thermostat, der beim Überschreiten der eingestellten Temperatur um mehr als 0,7 Grad Celsius die Warmwasserzufuhr des Heizköpers schließt, kommuniziert nicht, er verfügt über keine Sprache. Verhaltensregularitäten allein reichen nicht aus, um diese als Verständigung, als Kommunikation, als eine Form von Sprache zu interpretieren.[3] Schon die Sprechakttheorie von John Langshaw Austin und John Searle, die gelegentlich als eine systematische Konkretisierung der Spätphilosophie Wittgensteins interpretiert wird, rekurriert intensiv auf Sprecherintentionen und betont, dass

3 Nichts spricht in meinen Augen dafür, dass der späte Wittgenstein eine derart abwegige, »behavioristische« sprachphilosophische These vertreten hat, aber einige seiner Anhänger haben ihn so – recht wirkungsmächtig – interpretiert.

bei Nichtvorliegen der für den Sprechakt konstitutiven Sprecherintentionen zumindest ein Unglücksfall (*infelicity*) vorliegt, der sich zu einem Scheitern des Sprechaktes (*fallacy*) auswächst, wenn dieser Makel vom Sprecher explizit gemacht wird. Der Akt des Versprechens kommt gar nicht zustande, wenn der Versprechende hinzufügt: »Aber ich habe nicht die Absicht, dieses Versprechen zu erfüllen.«

Die radikalste Formulierung dieser eigentlich banalen Einsicht (die uns aus der Lebenswelt vertraut ist) stammt von Paul Grice.[4] Die Probleme, die in der präzisen Fassung der bedeutungskonstitutiven Sprecherintentionen aufgekommen sind und die Grice zu zahlreichen Verfeinerungen gezwungen haben, mögen im Detail irritieren, ändern aber nichts an der in meinen Augen unhintergehbaren philosophischen Einsicht: Bedeutung von Äußerungen gibt es nur über Sprecherintentionen und die Erwartung, dass die Äußerung beim Adressaten das Erfassen dieser Intentionen ermöglicht.

Grice irrt jedoch, wenn er an einigen Stellen diese Intentionen im Sinne eines *Bewirkenwollens* interpretiert oder, wie einige Griceaner meinen, die Äußerung lediglich als geeignetes Mittel interpretiert, bestimmte Präferenzen des Sprechers zu realisieren. Die Verständigungspraxis lässt sich als (*Rational-Choice-*)Optimierung nicht adäquat rekonstruieren.[5] Der Sinn einer Äußerung besteht darin, *Gründe* für *Überzeugungen*, *Handlungen*, *emotive Einstellungen* zu geben. Der kommunikative Akt ist gelungen, wenn diese Gründe via Äußerung übermittelt wurden. Er ist nicht erst dann gelungen, wenn die Person entsprechend handelt bzw. ihre Überzeugung oder ihre emotive Einstellung ändert. In der Sprache der Sprechakttheorie ist Bedeutung an die illokutionäre und nicht an die perlokutionäre Rolle gebunden.

Das Gemeinsame unterschiedlicher Sprachspiele und Sprechakte ist, dass diese, jeweils in unterschiedlicher Weise, der *Über-*

4 Vgl. Paul Grice, *Studies in the Way of Words*, Cambridge, London 1991.

5 Vgl. Jürgen Habermas, *Theorie des kommunikativen Handelns*, Frankfurt/M. 1981. Die Entgegensetzung von strategischem und kommunikativem Handeln bei Habermas ist sicherlich grobschlächtig und wird der kohärentistischen Fassung von *Rational Choice* nicht gerecht, dennoch erfasst sie ein wesentliches Merkmal verständigungsorientierter Praxis, die auf dem Austausch von Gründen beruht und nicht der Beeinflussung anderer Personen mit sprachlichen Mitteln dient.

mittlung von Gründen dienen – *theoretischen* für Überzeugungen, *praktischen* für Handlungen, *emotiven* für Emotionen. Wenn man Überzeugungen als propositionale Einstellungen des epistemischen und Entscheidungen als propositionale Einstellungen des praktischen Typs charakterisiert, wären Äußerungen drittens auch darauf gerichtet, Gründe für nicht-propositionale Einstellungen, eben Emotionen, zu übermitteln. Wenn ich Gründe anführe, die gegen die Verachtung einer bestimmten Person sprechen, dann ist die Kommunikation geglückt, die Verständigung gelungen, wenn der Adressat dieser Äußerungen nun weiß, welche Gründe gegen ihre bisherige Verachtung sprechen. Die Verständigung ist nicht erst dann gelungen, wenn die verächtliche Einstellung einer des Respekts gewichen ist. Man kann von pathologischen Gefühlen sprechen, wenn diese sich von Gründen, von Akten der Verständigung nicht mehr affizieren lassen. Pathologische Gefühle schließen Verständigung nicht aus. Die betreffende Person kann den Sinn der Äußerung durchaus verstehen, sich sogar diese Gründe zu eigen machen, auch wenn dies nicht die naheliegende Wirkung auf ihren emotiven Zustand hat.

Wir haben den Sinn einer Äußerung über die Intentionen der Person charakterisiert, die diese Äußerung als Sprechakt realisiert. Diese Intentionen sind aber nicht, wie bei Grice, darauf gerichtet, eine Wirkung in der Welt bzw. bei den Adressaten zu erreichen, sondern (das ist die deontologische oder auch »humanistische« Modifikation) *Gründe* für Überzeugungen, Handlungen oder emotive Einstellungen zu geben.[6] Diese Modifikation ist Ausdruck des Respekts gegenüber dem Dialogpartner, der Person, an die ich meine Äußerung richte. Wenn mein primäres Ziel der Effekt wäre, so gäbe es in der Regel andere, eben effektivere Mittel, um diesen zu realisieren, als Gründe vorzubringen. Ein verständigungsorientierter, elenktischer Dialog ist insofern in der Tat ein Beitrag zur Humanisierung menschlicher Interaktionen, menschlichen Zusammenlebens, von Gemeinschaftsbildung, Gesellschaft und Politik.

Ausgehend von den sinnstiftenden Sprecherintentionen, die Äußerungen Sinn verleihen, kommunikative Akte gelingen lassen, haben wir generell den Sinn nicht nur von Sprachhandlungen, sondern allgemein von Handlungen, aber auch von Überzeugungen

6 Vgl. Kap. 13 in diesem Band.

und emotiven Einstellungen über das Geben und Nehmen von Gründen charakterisiert. Der Übergang vom Grice'schen Schema der Sprecherintentionen zur gründegeleiteten Sinnstiftung erfolgt dabei dadurch, dass die Sprecherintentionen im Grice'schen Modell spezifiziert werden als die Intention des Sprechers, Gründe zu geben für Handlungen und Überzeugungen, ausgeweitet auf emotive Einstellungen. Die schon im Grice'schen Modell angelegte Parallelisierung von Sprachhandlungen, die auf Überzeugungsänderungen, und solchen, die auf Verhaltensänderungen (Handeln) gerichtet sind, wird beibehalten in der Parallelisierung theoretischer und praktischer Gründe, ausgeweitet auf emotive Gründe, also Gründe, die auf emotive Einstellungen gerichtet sind. Die Sprecherintentionen, die einer Äußerung Sinn geben, die sie bedeutungsvoll machen, werden in unserem Modell charakterisiert über die Gründe, die der Sprecher dem Adressaten der Äußerung geben will, wobei sich diese Gründe nicht nur auf Überzeugungen und Handlungen, sondern auch auf emotive Einstellungen (Emotionen) beziehen, diejenigen Gründe also, die *für* eine Überzeugung, *für* eine Handlung, *für* eine emotive Einstellung sprechen. Ob es dann zu der betreffenden Überzeugung, Handlung oder emotiven Einstellung nach gelungener Verständigung kommt, ist für das Gelingen des kommunikativen Aktes selbst nicht mehr ausschlaggebend.

Auch wer diese Modifikation des Grice'schen Modells gelungener Kommunikation akzeptiert (diese Modifikation verändert die für Kommunikation konstitutiven Sprecherintentionen grundlegend, sie sind nicht mehr auf Wirkungen in der Welt, sondern auf den Akt der Verständigung selbst gerichtet – insofern sind sie eine humanistische Modifikation), wird möglicherweise einwenden, dass Sinnstiftung, sei es von Äußerungen, Handlungen, Überzeugungen oder emotiven Einstellungen, doch nicht derart eng mit dem Gelingen von zwischenmenschlicher Kommunikation verkoppelt werden sollte. Dieser durchaus naheliegende Einwand beruht jedoch auf einem Missverständnis: Es sind die Gründe selbst, die Sinn stiften, nicht die Kommunikation von Gründen. Und da wir Gründe objektiv (transzendent) verstehen, ist Verständigung lediglich das Mittel, um Sinn zu klären.[7]

7 Hierin liegt auch der entscheidende Unterschied zwischen der Diskursethik und meinem kohärentistischen (die Abwägung von Gründen stiftet Kohärenz), aber realistischen Ethikverständnis.

II. Sinn des Lebens

Die individuelle Lebensform ist ein Komplex von Äußerungen, Handlungen, Überzeugungen, nicht-propositionalen (emotiven) Einstellungen und deren kausalen Spuren im Weltgeschehen. Eine humane Lebensform ist dabei dadurch charakterisiert, dass sie sich von Gründen leiten lässt, die andere respektieren. Ob das kantische Muster des Verallgemeinerungstests im Sinne des kategorischen Imperativs ausreicht, um eine humane Lebensform zu charakterisieren, ist umstritten. Die Anwendung dieses Tests, die Kant selbst in der Erörterung einiger Beispiele vornimmt, spricht eher dagegen. Aber die Grundidee der Einfügung der eigenen Lebensform in eine Struktur von Lebensformen oder der individuellen in eine allgemein menschliche Lebensform hat nichts von ihrer Faszination eingebüßt.[8] Der humane Charakter einer individuellen Lebensform lässt sich nicht punktuell, sondern nur strukturell bestimmen: Ob eine individuelle Lebensform dem Humanitätskriterium oder dem Kriterium des menschlichen Respekts, der menschlichen Würde, entspricht, zeigt sich erst in den strukturellen Beziehungen dieser Lebensformen zueinander. Auch wenn die Abwägung von Gründen »monologisch« erfolgen kann, ist die Frage der Einbettung einer individuellen Lebensform in eine allgemeinmenschliche Lebensform nur »strukturell«, unter Berücksichtigung des Beziehungsgeflechts individueller Lebensformen, zu beurteilen. Hier scheitert der simple, apriorische, quasi-logische Test Immanuel Kants. Kant irrt nicht nur in der einen oder anderen Anwendung, sondern der Test als solcher ist unzureichend, weil apriorisch, weil reduktionistisch.

Dies ist die Grundidee der Theorie struktureller Rationalität: Die einzelnen Teile einer menschlichen Praxis ergeben erst im strukturellen Zusammenhang Sinn, abhängig von der Rolle, die sie in der individuellen Lebensform als ganzer und der gesellschaftlichen, kulturellen, auch allgemeinmenschlichen Lebensform spielen.[9] Dabei ist das Verfahren nicht *top-down*: Es ist nicht so, dass man etwa die Humanitätskriterien einer allgemeinmenschlichen Lebensform bestimmen könnte, um dann daraus die jeweiligen Forderungen für

8 So etwa in der Revitalisierung bei Onora O'Neill, *Constructions of Reason. Exploration of Kant's Practical Philosophy*, Cambridge 2000, insb. Kap. II.

9 Vgl. JNR, *Kritik des Konsequentialismus*, München 1993; JNR, *Strukturelle Rationalität*, Stuttgart 2001.

die individuelle Praxis und die einzelne Entscheidung ableiten zu können. Es ist aber auch nicht umgekehrt so, dass man die jeweiligen propositionalen Einstellungen der Individuen zum Ausgangspunkt nehmen und diese – wie es der moderne Präferenz-Utilitarismus tut – zu einem allgemeinen Kriterium menschlicher, ethisch gebotener Praxis aggregieren könnte. Weder *top-down* noch *bottom-up* ist ein angemessenes Verfahren der Klärung in der praktischen Philosophie. Die Dinge hängen miteinander zusammen, man kann an einer einzelnen Stelle keine Veränderung vornehmen, ohne damit auch an anderen Stellen, ja vielleicht sogar an allen anderen Stellen, Veränderungen vorzunehmen. Vielleicht kann man dies als den zentralen Impuls des klassischen amerikanischen Pragmatismus jedenfalls John Deweys verstehen. Die Dinge hängen derart eng und komplex miteinander zusammen, dass alle Formen von Dichotomien und Reduktionismen daran scheitern müssen. Eine frühe Einsicht, die erst sehr spät und dann in analytischem Gewande von Wissenschaftstheoretikern wie Duhem oder Quine, allerdings mit naturalistischer Stoßrichtung, wieder revitalisiert wird.

Die naturalistische Form dieses späten Kohärentismus und Holismus in der analytischen Erkenntnistheorie ist aber wiederum nichts anderes als eine Form von Reduktionismus – und scheitert gerade daran. Wenn der einzige Modus rationaler Erkenntnis der der theoretischen Physik oder auch – liberaler – derjenige der empirischen Naturwissenschaft als ganzer ist, dann fallen große Teile des menschlichen Wissens heraus, werden irrelevant oder allenfalls Annex eines tatsächlichen, verlässlichen Wissens. Dass dabei die Argumentationsform der Naturwissenschaft selbst in Frage gestellt wird, die selbstverständlich normativ verfasst ist, die bessere und schlechtere Argumente kennt, die an einer Logik partizipiert, die sich – das wissen wir seit Frege und Husserl – nicht auf psychologische Merkmale oder gar neurophysiologische Charakteristika des menschlichen Gehirns reduzieren lässt, liegt im Grunde auf der Hand und es verwundert, dass sich hohe Intelligenz immer wieder mit krudem Naturalismus paart. Man mag dieses Phänomen als Ausdruck einer Art Ideologie des naturalistischen Zeitalters interpretieren, das jetzt möglicherweise langsam zu Ende geht, die Indizien dafür sind zahlreich.[10]

10 Zu diesen Indizien gehören: Die Qualia-Debatte in der *philosophy of mind*, der

Der Sinn des Lebens erweist sich im Geben und Nehmen von Gründen für eine Lebensform, wie sonst sollten wir ihn charakterisieren? Diese Gründe nehmen eben nicht – im Sinne eines radikalen methodologischen Individualismus – lediglich auf die propositionalen Einstellungen eines Individuums Bezug, sondern betten diese ein in einen logischen und normativen Raum der Gründe (logisch, weil Inferenzen dabei eine wichtige Rolle spielen und normativ, weil es um die Frage des Gesollten geht). Die Praxis des Gründegebens und Gründenehmens ist nichts anderes als die immer wieder neue Vergewisserung der Sinnhaftigkeit des eigenen Tuns, der eigenen Überzeugungen, der eigenen emotiven Einstellungen. Diese Sinnhaftigkeit wird aber nicht durch einen Akt des Individuums gestiftet oder gar durch die jeweiligen basalen Wünsche konstituiert, wie die zeitgenössischen Humeaner meinen, sondern sie ist das Ergebnis der immer wieder neuen Abwägung von Gründen des Für und Wider: Was spricht für eine Handlung, für eine Überzeugung, für eine emotive Einstellung und was spricht dagegen. Wir vergewissern uns der Sinnhaftigkeit unseres Lebens über das Abwägen und den Austausch von Gründen.

In dieser Praxis des Gründegebens und Gründenehmens gibt es ein subjektives Element, denn es handelt sich um »meine« Gründe. Es spricht manches dafür, die Identität der Person über dieses Phänomen der eigenen Gründe zu fassen.[11] Zugleich aber sind diese Gründe objektiv, das heißt, wenn wir einen guten Grund erkannt haben, ist uns eine normative Tatsache klargeworden. Gründe sind auf keinen Fall Wünsche oder Derivate von Wünschen, wie die Humeaner meinen. Dies ist mit unserer Praxis des Gründegebens und Gründenehmens schlicht unvereinbar. Diese Praxis ist ja darauf gerichtet, herauszubekommen, was wirklich für oder gegen etwas spricht. Gründe sind also immer auf Objektives gerichtet, sie sind nie lediglich Ausdruck subjektiver Präferenzen oder epistemischer Zustände. Wer Argumente dafür vorbringt, dass ein bestimmtes Verhalten ein Verbrechen darstellt, mag damit auch seine Abscheu zum Ausdruck bringen, aber zugleich begründet er, warum es sich hier tatsächlich um ein Verbrechen handelt. Die Feststellung, dass ein bestimmtes Verhalten ein Verbrechen darstellt, mit Abscheu,

erstarkende Platonismus in der Logik, Mathematik und theoretischen Physik, die Renaissance des ethischen, nicht-naturalistischen Realismus.

11 JNR, *Verantwortung*, Stuttgart 2011, S. 74-80.

Entsetzen und Bestrafungswünschen zu verbinden, ist naheliegend und weit verbreitet. Aber logisch sind diese beiden Dinge voneinander unabhängig. Jemand kann zu dem Ergebnis kommen, dass ein Verhalten ein Verbrechen darstellt, ohne entsprechende emotive Zustände damit zu verbinden. Der Physiker, der für eine bestimmte kosmologische These argumentiert, wird möglicherweise alle, die gegen diese Argumentation antreten, als unfähig verabscheuen, er wird vielleicht sein Lebenswerk darin sehen, alle anderen von der Richtigkeit seiner Argumentation zu überzeugen, und insofern mit seiner Argumentation starke subjektive Einstellungen zum Ausdruck bringen, aber darin erschöpft sich seine Argumentation nicht. Es sind Argumente für eine Hypothese und die Frage stellt sich, ob es sich um – objektiv – gute Argumente handelt oder nicht. Wenn sie gut sind, dann spricht das dafür, sich diese Hypothese zu eigen zu machen, im günstigsten Fall ist ihre Wahrheit dann wohlbegründet. Warum sollten wir von dieser Selbstverständlichkeit des Gründediskurses im Bereich normativer Fragen abgehen? Die Praxis des Gründegebens und Gründenehmens folgt überall vergleichbaren inferentiellen Regeln. Es gibt kein überzeugendes Argument, das für bestimmte Bereiche dieses Diskurses Objektivität und für andere lediglich Subjektivität nahelegt. Oder in einem früher beliebten polemischen Jargon der analytischen Philosophie sowie auch Immanuel Kants: Das ist (spekulative und) schlechte Metaphysik.[12] »Schlecht« ist diese Metaphysik insofern, als sie nicht anschlussfähig ist an unsere Sprachpraxis und an die Lebensform, in die diese eingebettet ist und an der wir partizipieren. Den naturalistisch motivierten, normativen Subjektivisten ist nicht bewusst, dass sie diese theoretische Option nur um den Preis des Ausstiegs aus dieser Lebensform realisieren könnten. Im philosophischen Oberseminar fällt dies zwar nicht weiter auf, als Teilhaberinnen und Teilhaber an dieser Lebensform aber werden

12 Vgl. Peter Strawson, *Freedom and Resentment and Other Essays*, London 1974. Inwiefern eine Metaphysik schlecht sein kann, zeigt das Programm der so genannten deskriptiven Metaphysik (obwohl dieser Terminus unglücklich gewählt ist) von Peter Strawson. Demnach gibt es durchaus eine Bewährungsinstanz metaphysischer Theorien, nämlich die von uns allen geteilte Sprach- und Interaktionspraxis. Diese ist es, die uns eine subjektivistische Interpretation ebenso verbietet wie die Bestreitung von Verantwortlichkeit und Freiheit. In Strawsons Worten: »Wir könnten diese theoretische Option nur um den Preis der radikalen Vereinsamung durchhalten.« Vgl. dazu Kap. 9.III in diesem Band.

sie ihren metaphysischen Überzeugungen untreu. Niemand hat das wohl klarer gesehen als John Mackie, der darauf mit einem Subjektivismus zweiter Ordnung (als Metaethik) und einem Objektivismus erster Ordnung (als normative Ethik) reagiert hat. Die damit verbundene Schizophrenie lässt sich schon philosophisch schwer durchhalten (der Instrumentalismus der normativen Ethik erster Ordnung ist ein hoher Preis), aber als prägendes Element einer Lebensform wäre sie kaum zu ertragen.[13]

Der Sinn des Lebens ist also nicht in den je gegebenen Wünschen einer Person zu suchen. Der zeitgenössische Humeanismus führt in die Irre. Er besteht auch nicht, wie der französische Existentialismus meinte, in dem kühnen, durch Gründe nicht weiter gestützten Akt einer existentiellen Entscheidung, obgleich Entscheidungen eine wichtige und nicht einfach zu charakterisierende Rolle für die eigenen Gründe spielen.[14] Als Wesen, die sich von Gründen affizieren lassen (die im günstigsten Fall ihre Überzeugungen, Handlungen und emotiven Einstellungen von Gründen leiten lassen), partizipieren wir an einem logischen und normativen Raum der Gründe. Diesen Raum darf man sich nicht verdinglicht oder raumzeitlich vorstellen (das ist die eigentliche Gefahr platonistisch inspirierter Metaphysik). Im einfachsten Falle handelt es sich lediglich um die inferentiellen Regeln, wie sie in Ausschnitten von der formalen Logik beschrieben bzw. systematisiert werden. Aber dieser logische Raum der Gründe ist zugleich normativ verfasst und lässt sich nicht auf subjektives Vermeinen oder Begehren zurückführen. Die propositionalen subjektiven Einstellungen der urteilenden, handelnden und fühlenden Person konstituieren diesen Raum nicht. Die Rehabilitierung des Deutschen Idealismus in

13 Bertrand Russell ist dafür ein prominentes Beispiel. Er hat unter der Spannung zwischen dem aus philosophischen Gründen vermeintlich zwingend folgenden metaethischen Subjektivismus einerseits und seinen starken normativen Überzeugungen, die sein ganzes Leben bis zuletzt bestimmten, andererseits (Bertrand Russell Peace Foundation, Russell-Tribunal etc.) zeitlebens schwer gelitten. Seinem philosophischen Freund aus Jugendtagen, George Edward Moore, erging es da weit besser, ihm blieb der Rückgriff auf den ethischen Intuitionismus und die feste Überzeugung, dass es das objektiv Gute und Schöne nicht nur gibt, sondern dass es auch unmittelbar, wie etwa Farbqualitäten, einsichtig sei. Moores Tragik ist, dass diese ethische Sichtweise vor den Augen seiner analytischen Mitstreiter so wenig Gnade fand.

14 JNR, *Strukturelle Rationalität*, S. 151-171.

analytisch geprägten Gefilden etwa denen Pittsburghs, New Yorks oder auch Kanadas[15] ist Ausdruck der sich ausbreitenden Einsicht, dass etwas fehlt oder vielmehr verloren geht im reduktionistisch-naturalistischen Subjektivismus der praktischen Philosophie analytischer Prägung.[16]

Der Sinn des Lebens wird gestiftet durch die Praxis des Gründenehmens und Gründegebens, durch eine praktizierte individuelle Lebensform, die sich einer gesellschaftlichen und schließlich allgemeinmenschlichen Lebensform in angemessener Weise zugesellen lässt. Insofern ist der Sinn des Lebens *immanent*, er erweist sich im Geben und Nehmen von Gründen für eine Lebensform und ihre leitenden propositionalen und nicht-propositionalen Einstellungen. Die innere Stimmigkeit dieser Lebensform und das Zusammenstimmen mit anderen Lebensformen wird durch die Praxis des Gebens und Nehmens von Gründen geprüft und (qua Affektion durch Gründe) hergestellt.

Zugleich aber ist der Sinn des Lebens *transzendent*, denn die vorgebrachten Gründe haben einen objektiven, normativen und inferentiellen Gehalt. Meine eigenen Gründe, die Gründe, die ich mir zu eigen mache, sind Ausdruck der Überzeugung, dass etwas für etwas (objektiv, normativ, inferentiell) spricht. Epistemische und praktische Gründe unterscheiden sich in dieser Hinsicht nicht. Wenn meine und Deine Überzeugungen unvereinbar sind, dann irrt sich mindestens einer von uns. Wenn meine und Deine Gründe unvereinbar sind, wenn beide zugleich nicht geltend gemacht werden können, dann irrt sich mindestens einer von uns. Das ist ja der Grund dafür, dass wir Gründe nicht wie etwa Wünsche lediglich zur Kenntnis nehmen, sondern dass sie zum Gegenstand von Diskussionen werden. Insofern gilt eben auch: Wenn Gründe

15 Ich denke hier unter anderem an Philosophen wie John McDowell, Thomas Nagel und Charles Taylor.

16 Auch wenn ich dieses Gefühl, dass etwas fehlt, seit Anbeginn meines Philosophierens teile, es möglicherweise zum roten Faden meiner eigenen philosophischen Arbeit geworden ist, so bin ich doch skeptisch gegenüber der Eingemeindung von Hegel auf analytischem Territorium. Diese Eingemeindung scheint mir auf der einen Seite den theoretischen Entwürfen des Deutschen Idealismus nicht wirklich gerecht zu werden und läuft andererseits Gefahr, die Errungenschaften analytischer Philosophie, was zum Beispiel die Klarheit und Präzision des sprachlichen Ausdrucks angeht, preiszugeben. Das überlappende Territorium wäre geprägt von deskriptiver Metaphysik in analytischem Sprachgewand.

den Lebenssinn stiften, dann ist dieser auch transzendent, er überschreitet die subjektiven Meinungen und Präferenzen.

Die Affektion durch Gründe stiftet Freiheit. Freiheit ist, wenn meine Analyse zutrifft,[17] nichts anderes als das Wirken von Gründen. Wir handeln *nach* Deliberation. Eine Handlung ist nichts anderes als ein Verhalten, dem Deliberation vorausgegangen ist. Eine Entscheidung ist nichts anderes als der Abschluss einer Deliberation und die Ausbildung der Absicht, das Ergebnis dieser Deliberation durch ein Verhalten zu realisieren. Eine Entscheidung ist nicht lediglich die Absicht, die durch eigenes Verhalten realisiert wird. Rationalität, Freiheit und Verantwortung sind insofern nur drei Aspekte desselben Phänomens, nämlich der *Affektion durch Gründe*. Eine Person ist rational, sofern sie Gründe angemessen abwägen kann und aufgrund dieser Gründe handelt und urteilt (und Emotionen ausprägt). Eine Person ist frei, sofern sie nicht vollständig durch anderes als Gründe determiniert ist. Sie empfindet die Fähigkeit, aufgrund der Abwägung des Für und Wider zu handeln, als *praktische* Freiheit und ihre Fähigkeit, infolge der Abwägung von Gründen und nicht durch anderes als Gründe (Einschüchterung, Autoritäten ...) zu einem Urteil zu kommen, als *theoretische* Freiheit. Und sie empfindet ihre Lebensform als ganze einschließlich ihrer emotiven Bestimmungselemente als Ergebnis eigener Autorschaft, sofern dieser Komplex von epistemischen, konativen und emotiven Einstellungen von Gründen affiziert ist. Im günstigsten Fall sorgt die Deliberation für eine hinreichende *Kohärenz* dieser Lebensform, so dass die betreffende Person mit sich im Reinen ist und wenig Grund hat, ihre Überzeugungen, ihre Handlungen, ihre Emotionen zu bereuen. Dann wird sie den Eindruck haben, dass ihr Leben als ganzes einen Sinn ergibt. Dieser Sinn wird aber nicht außerhalb ihrer Lebensform gestiftet, sondern nur immanent in der Abwägung und im Austausch über Gründe – und doch gibt es ein transzendentes Element in der objektiven Normativität guter Gründe, an denen wir unser Leben zu orientieren suchen.

17 JNR, *Über menschliche Freiheit*, Stuttgart 2005.

Vierter Teil: Humanistische Semantik

11. Humanistische Semantik*

Ein sprachlicher Ausdruck hat Bedeutung, weil (und insofern) die Person, die diesen Ausdruck verwendet, damit eine Intention zu realisieren sucht. Die generelle Bedeutung eines Ausdrucks (eines sprachlichen oder nicht-sprachlichen Zeichens) beruht auf der konkreten Interaktion von Individuen und ihrer Fähigkeit zu erfolgreichen (kommunikativen) Handlungen. Dabei ist es nicht die konsequentialistische Optimierung beabsichtigter Wirkungen von (kommunikativen) Handlungen, wie es das orthodoxe *Rational-Choice*-Modell nahelegt, sondern die Fähigkeit, Gründe (für Überzeugungen und Handlungen) zu geben, die den kommunikativen Erfolg ausmacht. Erfolgreiche Kommunikation beruht auf geteilten Gründen und gemeinsam befolgten normativen Regeln.

Die Bedeutung von Zeichen ist konstituiert durch die Absichten, die mit der Zeichengebung verbunden sind. »Das (konkrete) Zeichen, der (konkrete) sprachliche Ausdruck A hat die Bedeutung B« lässt sich übersetzen in: »Die betreffende Person verwendet dieses Zeichen in der Absicht, mit diesem Zeichen dem Adressaten Gründe zu geben (etwas zu meinen oder etwas zu tun).« Im Folgenden befasse ich mich mit der Frage, wie es möglich ist, dass subjektive Intentionen objektive Bedeutung konstituieren, und stelle damit meine Konzeption einer *humanistischen Semantik* in ihren Grundzügen dar.

* Dieser Text beruht zu größeren Teilen auf dem Mitschnitt eines Vortrags in der Carl Friedrich von Siemens Stiftung, gehalten am 20. Juli 2015 unter dem Titel »Subjektive Intentionen und objektive Bedeutung: Grundzüge einer humanistischen Semantik«, ergänzt um den dritten Teil zur empirischen Fruchtbarkeit der humanistischen Perspektive und verkürzt um diejenigen Abschnitte, die die Ergebnisse vorausgegangener Publikationen referierten, die in diesen Band aufgenommen wurden, um das Konzept einer humanistischen Semantik im Ganzen zu präsentieren: »Die Grenzen der Sprache« (Kap. 12) und »Grice, Gründe und Bedeutung« (Kap. 13).

I. Humanistisch?

Zunächst ist zu klären, in welchem Sinne hier von einer *humanistischen* Semantik die Rede ist, was mit dem Prädikat *humanistisch* gemeint ist.

Im Zentrum humanistischer Philosophie und humanistischer Praxis steht die regulative Idee menschlicher Autorschaft, das heißt die besondere Fähigkeit von entwickelten Individuen der menschlichen Spezies, aus Gründen zu handeln. Da Handeln und Urteilen, da das Praktische und das Theoretische, da *prohairetische* und epistemische Einstellungen unlösbar miteinander verwoben sind, stiftet menschliche Autorschaft im Idealfall eine kohärente individuelle Lebensform, eine Einheit propositionaler Einstellungen und alltäglicher Praxis.

Das zweite Spezifikum der menschlichen Lebensform ist mit diesem ersten verbunden: Es ist die Fähigkeit zu kommunizieren. Es sind die individuellen Intentionen des Sprechers, die auf die Wirkung seiner Äußerungen auf andere gerichtet sind und erst durch die Erkenntnis dieser Absicht ihre Wirkung entfalten, die den Zeichen ihre Bedeutung verleiht. In der humanistischen Variante intentionalistischer Semantik ist es die Praxis des Gründegebens, die erfolgreiche Kommunikation ausmacht, nicht das Bewirken einer Handlung oder einer Überzeugung. Die Wirkung der Äußerung als Bedingung erfolgreicher Kommunikation wird in der humanistischen Semantik gegenüber der traditionell intentionalistischen gewissermaßen zurückgenommen und es wird auf die erfolgreiche Übermittlung von Gründen und in diesem Sinne auf genuine Verständigung fokussiert. In der Regel hat die erfolgreiche Übermittlung von Gründen allerdings auch Folgen für das Meinen und Tun des Adressaten. Aber der Kern erfolgreicher Kommunikation ist nicht das *ergon* des Bewirkens, sondern die *praxis* des Gründegebens und -nehmens.

Für die intentionalistische wie die humanistische Semantik ist es nicht die je etablierte Verhaltenskonformität mit Regeln, die Bedeutung stiftet. Reines Verhalten stiftet nie Bedeutung, sondern erst ein Verhalten, das Ausdruck intentional kontrollierter Praxis ist, das somit als Handeln interpretiert und dem Akteur zugeschrieben werden kann. Damit ist auch die Verantwortlichkeit des Akteurs für seine Äußerungen inkludiert.

Eine – zunächst vom spezifischen Handlungstyp der Kommunikation unabhängige – Charakterisierung von *Autorschaft* umfasst fünf Charakteristika:

(1) *Handeln versus Verhalten.* Bloßes Verhalten, auch solches, das eine spezifische Regelhaftigkeit aufweist, ist kein Handeln. Verhalten wird erst dann zum äußeren Aspekt von Handeln, wenn es von charakteristischen mentalen Zuständen begleitet und verursacht ist. Das Programm des logischen Behaviorismus versucht, menschliche Autorschaft aus der Analyse sprachlicher Bedeutung auszuklammern, und verfehlt damit den Begriff der Bedeutung. Dieses besondere Programm des Anti-Humanismus scheitert schon daran, dass wir bloßen Verhaltenskonformitäten keine Bedeutung beimessen. Dieser Bedeutungsbegriff ist mit seinem Gebrauch in der normalen Sprache unvereinbar.

(2) *Intentionale Kontrolle.* Das Unterscheidungsmerkmal von genuinem Handeln und bloßem Verhalten ist die intentionale Kontrolle. Es ist die Verbindung von Intentionalität als einem mentalen Vorgang (oder besser: einem Komplex mentaler Prozesse) mit (äußerlich manifestem) Verhalten, die Autorschaft konstituiert. Diese intentionale Kontrolle umfasst mindestens drei unterschiedliche Typen von verhaltenssteuernden Absichten: *Motivierende* Intentionen, die das Handeln begründen, *vorausgehende* Intentionen, die einen – und sei es nur rudimentären – Deliberationsprozess zum Abschluss bringen (üblicherweise »Entscheidungen« genannt), und eine die erfüllende Handlung *begleitende* Intentionalität, die sicherstellt, dass die Realisierung der vorausgehenden Absichten (Entscheidungen) in der spezifischen Form erfolgt, die der Akteur beabsichtigte. Rechtfertigungen von Handlungen sind Begründungen von Motivationen. Da Handlungen Entscheidungen realisieren, sind Rechtfertigungen von Handlungen zugleich Rechtfertigungen der Motive, die zur Entscheidung geführt haben. Aber auch die begleitende Intentionalität wird durch Überzeugungen gerechtfertigt, eben solche, die gerade diese Form der Praxis als geeignetes Mittel erscheinen lassen, um die Entscheidungen zu realisieren und damit die motivierenden Absichten zu erfüllen.

(3) *Akteurskausalität.* Diese komplexe Form der Verhaltenskontrolle über motivierende, vorausgehende und begleitende Intentionen, die jeweils von Gründen geleitet ist, macht das aus, was man als Akteurskausalität bezeichnen kann: Also die kausale Rolle des

Akteurs, der gerade wegen dieser Fähigkeit, sein Verhalten zu kontrollieren, selbst zur Ursache seiner Praxis wird. Dass die Akteurskausalität eine bedingte und keine unbedingt-absolute ist, liegt auf der Hand. Damit Individuen qua eigener Praxis erfolgreich kausal auf die Welt einwirken können, sind Voraussetzungen zu erfüllen, zu denen ethische wie dianoetische Tugenden – paradigmatisch Entscheidungsstärke (*andreia*) und Urteilskraft (*sophia*) – gehören. Das Maß der Kohärenz eigener Praxis korrespondiert mit dem Status der Person, Autorin ihres Lebens zu sein.[1]

Autorschaft meint die Ursprünglichkeit der einzelnen Person für Wirkungen in der sozialen und natürlichen Welt. Es gibt keine Autorschaft ohne Akteurskausalität. Georg Henrik von Wright[2] hat argumentiert, dass unser naturwissenschaftlicher Begriff von Kausalität ohne unsere je individuelle Erfahrung der Akteurskausalität nicht möglich wäre. In der Tat scheint mir der naturwissenschaftliche Kausalitätsbegriff unklarer zu sein als derjenige der Akteurskausalität. Ich bewirke etwas in der Welt, wenn ich mich dazu entscheide, aufzustehen und zu gehen, anstatt sitzen zu bleiben. Es ist allein mir überlassen, ob ich aufstehe oder sitzen bleibe. Dies ist paradigmatisch für die Erfahrung der Akteurskausalität: Meine Entscheidungen wirken auf die soziale und natürliche Welt ein. Es sind keine Ursachenketten, die außerhalb meiner Person und meiner Gründe, mich so oder anders zu entscheiden (und sei es in Gestalt

1 Der Personenstatus und der Status der Autorin sind unter Normalbedingungen wechselseitig bedingt. Sie treten lediglich in Extremsituationen, zum Beispiel bei Aphatikern oder gelähmten Menschen, auseinander. Eine Lähmung beeinträchtigt den Personenstatus nicht, wohl aber (je nach Schwere) den Status als Autorin. Aphatiker können ihre Unfähigkeit, mit sprachlichen Mitteln zu kommunizieren, in gewissem Umfang durch andere Formen interagierender Praxis kompensieren. Die gemeinsame Fähigkeit der Person und der Autorin, ihre Praxis zu begründen, ist aber auch in diesem Falle beeinträchtigt. Vielleicht kann man diese Differenz folgendermaßen fassen: Der Personenstatus bezieht sich in erster Linie auf mentale Zustände und Prozesse, der Status als Autorin auf das kausale Wirken in der sozialen und natürlichen Welt.

2 Von Wright hat für einen experimentalistischen Begriff der Kausalität argumentiert, wonach die Unterscheidung zwischen Ursache- und Wirkungsfaktoren auf der Unterscheidung zwischen Dingen beruht, die man tut, und Dingen, die man durch Handeln herbeiführt. Kausalität wäre demnach nicht Bestandteil der natürlichen Ordnung, sondern ein Interpretationsmuster, das unsere Erfahrung als Autoren voraussetzt und auf natürliche Vorgänge projiziert. Vgl. Georg Henrik von Wright, *Explanation and Understanding*, London 1971.

eines Willküraktes), liegen, die mein Verhalten determinieren. Das Verhalten, sofern es Handlungscharakter hat und damit von diesem Komplex von Intentionen gesteuert ist, der zuvor umrissen wurde, macht mich zum Urheber von raum-zeitlichen und sozialen Prozessen. Die einzelne Person ist kausal relevant für das, was geschieht (Verhalten). Die natur- und teilweise auch sozialwissenschaftlich gestützten Konzeptionen einer gesetzesförmigen Kausalität, also einer Kausalität, die Ereignisse in der Welt über einen gesetzesförmigen Zusammenhang beschreibt, leiden dagegen darunter, dass die Antezedensbedingungen, die in diese Explikation von Kausalität einfließen, beliebig ausweitbar sind, je höher die Präzisionsanforderungen der wissenschaftlichen Erklärungen werden. Das würde, zu Ende gedacht und unter der Voraussetzung, dass jedes Ereignis mit jedem anderen Ereignis zumindest potenziell in einem kausalen Zusammenhang steht, zu einer Gesamtbeschreibung eines Weltzustandes führen, verbunden mit einem Komplex von natur- und/ oder sozialwissenschaftlichen Gesetzen, die einen Übergang von diesem Zustand zu einem Nachfolge-Zustand beschreiben. Ungeklärt bliebe aber der Kausalitätsbegriff, denn er verschwindet gewissermaßen hinter der bloßen Beschreibung eines solchen Übergangs von einem Weltzustand zum nächsten. Die Formulierung »Ursache dafür, dass der Mond um 22:30 Uhr in einem Winkel w_1 über dem Horizont erscheint, ist, dass er eine halbe Stunde zuvor in einem Winkel w_2 über dem Horizont erschienen war« wirkt einigermaßen albern: Verlaufsgesetze konstituieren keine Kausalrelationen. Die Regularitätstheorie der Kausalität führt aber, konsequent zu Ende gedacht, lediglich zu Verlaufsgesetzen und nicht zu Kausalanalysen. Dies hat Anfang des letzten Jahrhunderts zahlreiche Wissenschaftstheoretiker dazu geführt, den Kausalitätsbegriff in der Physik ganz aufzugeben.[3]

(4) *Kausale Relevanz von Gründen.* Damit ergibt sich ein durchaus paradox erscheinendes Ergebnis: Da die Fähigkeit, nach Gründen zu handeln, für Autorschaft konstitutiv ist, wird die Deliberation selbst, also das Abwägen von Gründen, kausal relevant. Die Deliberation ist aber selbst nicht lediglich ein mentaler Prozess, der mit den Mitteln der Psychologie im Prinzip vollständig beschrie-

3 Vgl. Bertrand Russell, »On the Notion of Cause«, in: *Proceedings of the Aristotelian Society* 13 (1912-1913), S. 1-26, und JNR, »Freiheit und Kausalität«, in: BBAW (Hg.), *Berichte und Abhandlungen*, Berlin 2007, S. 125-148.

ben werden kann, sondern, da (je nach Intelligenz des Akteurs in unterschiedlichem Maße) inferentiell verfasst, an die Regeln des logischen Schließens gebunden. »Logischer Schluss« wird dabei in einem weiten Sinne verstanden, also nicht nur als Regeln der mathematischen Logik (die Systeme der mathematischen Logik rekonstruieren vielmehr lediglich Ausschnitte der diskursiven Praxis als ganzer). Die Methode von Robert Brandom[4] scheint mir paradigmatisch zu sein: Man identifiziere die *entitlement rules* unterschiedlicher Diskurspraktiken, um auf dieser Grundlage dann auch systematische Formalisierungen zu ermöglichen. Es ist nicht das formale System, die spezifische Sprache der formalen Logik, die die Diskurspraxis erst validiert, sondern die formalen Sprachen sind Abstraktionen konkreter, in der Diskurspraxis verankerter Regeln. Damit wird allerdings die Logik nicht zur empirischen Disziplin, sie wird nicht zum Zweig der Ethnologie. Diskurspraktiken, die sich etwa gegen wahrheitserhaltende Schlüsse stellen oder auch nur einzelne Theoreme der propositionalen Logik oder der Quantorenlogik verletzen, sind inkohärent. Solche Inkohärenzen treten jedoch nur lokal auf, nicht global. Auch in dieser Hinsicht gilt, dass nur eine lokale Skepsis, keine globale, möglich ist.[5] Diskurspraktiken als ganze können nicht inkohärent sein, da damit der Realitätsbezug, der epistemische Zugang zur Welt blockiert würde. Der Sprachlernprozess[6] und die Stabilität der bedeutungstragenden sprachlichen Ausdrücke (und nicht-sprachlichen Zeichen) setzen aber einen Realitätsbezug voraus.[7] Die deliberative Praxis partizi-

4 Robert B. Brandom, *Making it Explicit: Reasoning, Representing and Discursive Commitment*, Cambridge/MA, London 1994.

5 Vgl. JNR, *Philosophie und Lebensform*, Frankfurt 2009, S. 11-95.

6 Donald Davidson, »Radical Interpretation«, in: *Dialectica* 27 (1973), S. 314-328.

7 Schon von daher ist es hochgradig unplausibel anzunehmen, dass Kinder erst im recht fortgeschrittenen Alter von zum Beispiel 12 oder 13 Jahren zu logischem Denken im Stande wären, wie in der Entwicklungspsychologie immer wieder behauptet wird. Vielmehr ist die Fähigkeit von Kindern, Negationen zu verstehen oder das Prinzip *tertium non datur* anzuwenden, Voraussetzung dafür, dass sie ein Realitätsverständnis entwickeln und sich in der sozialen und natürlichen Welt bewähren können. Meine eigenen anekdotischen Beobachtungen vorsprachlicher Kinder lassen mich sogar vermuten, dass die Grundregeln propositionaler Logik schon das vorsprachliche Kind beherrscht, einschließlich zumindest rudimentärer induktiver Schlüsse (Verallgemeinerungen). Der vorsprachliche Qualitätsraum (vgl. Willard Van Orman Quine, *Word and Object*, Cambridge/MA 1975), die Befolgung fundamentaler logischer Regeln, möglicherweise auch schon der Quan-

piert an der logischen Ordnung, wir deliberieren im Idealfalle im Einklang mit inferentiellen Regeln, die selbst nicht als psychologische verstanden werden dürfen.[8] Das Abwägen von Gründen als psychologischer Prozess, der dann natürlich auch neurophysiologische Realisierungen hat, ist kausal relevant, da unser Handeln und Urteilen von Gründen affiziert ist. Damit wird nicht gesagt, dass wir rationale Wesen in dem Sinne sind, dass ausschließlich Gründe für unsere Lebenspraxis und Urteilspraxis relevant sind. Die Freiheit, die wir als Wesen haben, die sich von Gründen affizieren lassen, ist bedingt,[9] nicht absolut oder unbedingt, aber allein die Tatsache, dass wir uns von Gründen affizieren lassen, in welch geringem Umfange auch immer, macht Gründe qua Deliberation kausal relevant. Gründe selbst werden durch das erkennende, urteilende, deliberierende, sich von Gründen affizieren lassende Subjekt kausal relevant, auch in der physischen raum-zeitlichen Welt, weil der äußere Aspekt unseres Handelns Teil dieser Welt ist.

(5) *Akausalität der Deliberation.* Die Deliberation selbst, das Abwägen von Gründen aber ist kein rein kausaler Prozess. Kausalität spielt auch in diesem Prozess eine Rolle, aber nicht die alleinige, weil jedenfalls anspruchsvollere Begründungen einen nicht-algorithmischen Charakter haben. Dies gilt schon für die Prädikatenlogik erster Stufe, also eine noch besonders einfache logische Sprache: Die Beweise der Prädikatenlogik erster Stufe, die wir für gültige

torenlogik, und die Fähigkeit zu induktiven Schlüssen sind nicht nur Folgen des Spracherwerbs, sondern auch seine Voraussetzung. Dies ist deswegen kein *circulus vitiosus*, weil hier nur ein graduelles Verständnis angemessen ist: Die rudimentäre Befolgung inferentieller Regeln ist Voraussetzung für den Spracherwerb, der Spracherwerb erlaubt dann im Weiteren die Ausweitung logischer Fähigkeiten. Die wechselseitige Zuschreibung von Intentionen ist Voraussetzung erfolgreichen Spracherwerbs (das ist der Grund, warum stark autistische Kinder Schwierigkeiten haben, eine Sprache zu erlernen), und wenn Michael Tomasello recht hat (vgl. *Die kulturelle Entwicklung des menschlichen Denkens*, Frankfurt/M. 2006), gilt das aus anderen Gründen auch für unsere nächsten biologischen Verwandten. Zugleich erlaubt sprachliche Kommunikation die Ausdifferenzierung der Zuschreibung von Intentionen und im weiteren Verlauf dann von handlungs- und urteilsleitenden Gründen.

8 Die sowohl von Gottlob Frege, also dem Großvater der analytischen Philosophie, wie von Edmund Husserl, dem Vater der phänomenologischen Philosophie der Gegenwart, vertretene anti-psychologistische Interpretation der Logik halte ich nach wie vor für unhintergehbar.

9 Vgl. JNR, *Über menschliche Freiheit*, Stuttgart 2005.

Theoreme entwickeln, folgen – anders als in der propositionalen Logik – keinem Algorithmus. Im üblichen Verständnis von Kausalität lassen sich kausale Prozesse jedoch im Prinzip durch einen Algorithmus beschreiben, am einfachsten im deduktiv-nomologischen Modell der kausalen Erklärung. Die jeweiligen Antezedensbedingungen legen auf der Grundlage einer Gesetzesregularität das jeweilige Ereignis fest, das heißt, bei einer adäquaten Beschreibung der Antezedensbedingungen erlaubt die Gesetzeshypothese die deduktive Ableitung derjenigen Aussage, die das zu erklärende Ereignis beschreibt. Auch im Falle probabilistischer Erklärungen ändert sich an diesem Grundmuster insofern nichts, als lediglich sowohl in den Antezedensbedingungen wie in den Gesetzeshypothesen und den zu erklärenden Ereignissen probabilistische Propositionen zugelassen sind. Dann ist zwar nicht das jeweilige Ereignis erklärt, wohl aber der Übergang von Wahrscheinlichkeitsverteilungen nach einer probabilistischen Gesetzmäßigkeit zu einer neuen Wahrscheinlichkeitsverteilung. Das zu Erklärende ist dann die Veränderung der Wahrscheinlichkeitsverteilungen und nicht das singuläre, nicht-probabilistische Ereignis. Auch wenn die Erklärung eines nicht-probabilistischen Ereignisses mit einer hinreichend großen Wahrscheinlichkeit für das Auftreten dieses Ereignisses identifiziert wird, ändert sich der algorithmische Charakter der probabilistischen Erklärung nicht. Deliberationen sind in der Regel akausale Prozesse; die Akausalität der Deliberation lässt deliberationsfähige Wesen an der logischen Ordnung partizipieren. Insofern ist die kantische Rede vom Austritt aus dem reinen Naturzusammenhang, aus der Heteronomie qua vernünftiger Praxis, zutreffend. Da diese Fähigkeit zur Deliberation selbst biologische und spezielle neurophysiologische Bedingungen hat und der Übergang von der bloßen Reaktion auf äußere Impulse zur Wahrnehmung von Intentionen, mentalen Zuständen, Wünschen und Überzeugungen anderer Akteure, bis hin zur deliberativen Steuerung des Urteilens und Handelns ein gradueller ist, wäre eine Zwei-Welten-Lehre der Vernunft einerseits und der Natur andererseits allerdings irreführend. Auch Mitglieder anderer Spezies scheinen die Fähigkeit zu besitzen, in engen Grenzen an der logischen Ordnung zu partizipieren bzw. rudimentär zu deliberieren. Genuine Freiheit besteht gerade darin, sich von Gründen leiten zu lassen – im Urteilen und im Handeln. Autorschaft ist nicht allen Individuen der menschlichen Spezies eigen und scheint für manche Individuen nicht-menschlicher Spezies zugänglich zu sein.

Zur humanistischen Perspektive gehört neben der Autorschaft auch die *Irreduzibilität der subjektiven Perspektive*:

(1) Offenbar ist es nicht möglich, *Qualia* auf neurophysiologische Zustände zu reduzieren. Das kanonische Argument lautet: Auch wenn ich alles über das neurophysiologische System eines Individuums weiß, kann ich damit allein noch nicht wissen, wie die Wahrnehmungs-Qualitäten des betreffenden Individuums sind.[10] Dies hat in meinen Augen auch einen ethischen Aspekt, nämlich die Unwiederbringlichkeit und Unersetzlichkeit der subjektiven Welt eines Individuums.

(2) In der analytischen Philosophie dominieren bis heute reduktionistische Konzeptionen *personaler Identität*. Schon wegen der Irreduzibilität der subjektiven Perspektive scheint ein solcher Reduktionismus jedoch wenig plausibel. Vieles spricht in meinen Augen dafür, die Praxis der Deliberation zum Kern personaler Identität zu machen, genauer: Es macht die Identität einer Person aus, welche Gründe sie sich zu eigen macht, welche Gründe ihr Urteilen und Handeln leiten.[11] Sie kann sich von allem, so könnte man sagen, distanzieren, von ihren Augenblicksneigungen, ihren Impulsen, ihren Stimmungslagen, aber nicht von ihrer eigenen Deliberation, von den Gründen, die sie leiten. Entsprechend sind Veränderungen der Stimmungslagen, Augenblicksimpulse etc., wenn sie nicht selbst wiederum gründegeleitet sind, nicht rechtfertigungsbedürftig. Die Zurückweisung eines bisher akzeptierten Grundes verlangt dagegen nach der Wiederherstellung innerer Stimmigkeit, um die personale Identität über die Zeit aufrechtzuerhalten. Die Auskunft »Was interessiert mich mein Geschwätz von gestern?« (Konrad Adenauer) würde, inflationär verwendet, zum Zusammenbruch der Verständigungspraxis und der sozialen Welt als ganzer führen.

10 Vgl. Martine Nida-Rümelin, »Phenomenal Presence and Perceptual Awareness: A Subjectivist Account of Perceptual Openness to the World«, in: *Philosophical Issues* 21 (2011), S. 352-383; »Pseudonormal Vision: An Actual Case of Qualia Inversion?«, in: *Philosophical Studies: An International Journal for Philosophy in the Analytic Tradition* 82:2 (1996), S. 145-157.

11 Vgl. JNR, *Verantwortung*, Stuttgart 2011, Kapitel 5.

(3) Zu dieser Irreduzibilität gehören auch die *Gegenstände der Geisteswissenschaften.* Aus humanistischer Perspektive ist es prinzipiell ausgeschlossen, dass die Gegenstände der Geisteswissenschaften in Gegenstände der Naturwissenschaften überführt werden. Eine Gedichtinterpretation kann nicht mit den Mitteln der Physik geleistet werden. »Prinzipiell« meint hier: Der naturwissenschaftlichen Methode ist eine Gedichtinterpretation nicht zugänglich, da diese nur mit Begrifflichkeiten erfolgen kann, die in der Physik keinen Platz haben. Eine Erweiterung der Begrifflichkeit der Physik über »Kräfte«, »Frequenzen«, »Felder«, »Massen«, »Impulse« etc. hinaus um »Bedeutung«, »Sinn«, »Andeutung«, »Assoziation« etc. ist nicht vorstellbar, eine Physik, die Bedeutungsfragen erörtert, hätte mit der Physik als Naturwissenschaft keine Ähnlichkeit. Da aber auch die Gegenstände der Geisteswissenschaften einen Realitätsgehalt haben – auch das Gedicht ist etwas Reales in der Welt und seine Bedeutung kann man als gegeben annehmen, auch wenn es im Einzelfall schwierig sein sollte, sie zu bestimmen (das ist ja gerade der Inhalt von Gedichtinterpretationen) –, lassen sich diese Realia, die den Gegenstand der Geisteswissenschaften ausmachen, nicht in solche überführen, die ein potenzieller Gegenstand der Naturwissenschaft sind. Mit physikalisch-chemischen Methoden kann die Verteilung der Tinte auf einem Blatt Papier bis ins Detail analysiert werden, aber die Bedeutung dieser spezifischen Tintenverteilung, etwa in Gestalt der Mitteilungen eines Briefes, lässt sich mit den Mitteln der Physik prinzipiell nicht erfassen. Wer Gegenteiliges behauptet, trägt die Beweislast. Damit ergeben sich zwei Hauptopponenten einer humanistischen Perspektive:

(1) Die *Sophistik*, die das Phänomen oder jedenfalls die Relevanz der Autorschaft bestreitet. Man kann die sokratische Revolte gegen die Sophistik als Versuch interpretieren, die Gründe gegen bloße Interessenlagen zur Geltung zu bringen. Im *Theaitetos* von Platon geschieht dies in der Form, dass die Kombination von Wahrheit und Begründetheit Wissen konstituiert und daran alle instrumentellen Wissensdefinitionen scheitern. In der *Politeia* geschieht das in der Form, dass die Gründe die Praxis anleiten sollten. Da nicht alle in der Lage sind, gleichermaßen elaboriert zu deliberieren, wird den Philosophen eine Schlüsselrolle für die gelingende politische Praxis zugewiesen.

(2) Der *Naturalismus*, der sich gegen die Irreduzibilität der subjektiven Perspektive, der *Qualia*, der personalen Identität, der Gegenstände der Geisteswissenschaften stellt. Für den Naturalismus ist der Modus naturwissenschaftlicher Beschreibung und Erklärung entscheidend: Die Physik entscheidet in letzter Instanz darüber, was existiert und warum etwas passiert.

II. Humanistische Semantik

Das Projekt einer humanistischen Semantik hat zwei Teile: der erste klärt die Rolle der Autorschaft und der subjektiven Perspektive für die Bedeutung sprachlicher und nichtsprachlicher Ausdrücke und der zweite die spezifischen ethischen Bedingungen für gelingende Kommunikation. Der zweite Teil setzt den ersten Teil voraus. Das Verhältnis entspricht dem zwischen theoretischem (oder anthropologischem) Humanismus und ethischem Humanismus.[12] Für Paul Grice sind es nicht die Verhaltensmuster, die Bedeutung konstituieren, sondern es ist die konkrete Absicht, die ein Sprecher mit einer Äußerung in einer konkreten Situation verfolgt, die die Bedeutung einer Äußerung bestimmen. Es ist also der Akteur, hier der Sprecher, der das Phänomen der Bedeutung schafft und verantwortet. Ohne Akteure gibt es in der Welt keine Bedeutung. Das Muster, das Ameisen, die sich auf einer Sandfläche bewegen, schaffen, hat keine Bedeutung und ist – wie ästhetisch ansprechend auch immer – daher auch kein Werk der Kunst. Ohne Autorschaft keine Bedeutung. Es sind die Absichten der Sprecherinnen, die ihre Äußerungen anleiten, die diesen Bedeutung verleihen. Der Einwand, dass die Bedeutungen der sprachlichen Ausdrücke feststehen und nicht im Belieben der Sprecherinnen stehen, geht deswegen in die Irre, weil sprachliche Ausdrücke ihre Bedeutung nur deswegen stabil halten, weil die jeweiligen Nutzer sie in der Regel mit denjenigen Absichten gebrauchen, die diesen allgemeinen und konventionell festgelegten Bedeutungen entsprechen. Der generelle Anti-Reduktionismus humanistischer Philosophie überträgt sich auf die humanistische Semantik: Bedeutungen bleiben gebunden an die betreffenden mentalen Vorgänge und personalen Zuschrei-

12 Vgl. JNR, *Über menschliche Freiheit*, Stuttgart 2005, Kap. 1.

bungen. Autorschaft und intentionale Kontrolle sind konstitutiv für sprachliche Bedeutung.

Zu klären ist, in welchem Sinne Autorschaft und intentionale Kontrolle konstitutiv für sprachliche Bedeutung sind. Das ist der Ausgangspunkt intentionalistischer Semantik: Die Bedeutung einer Äußerung ist nichts anderes als die Intention der Person, die sich äußert (Autorin), etwas dadurch zu bewirken, dass der Adressat diese Intention aufgrund der Äußerung erkennt. Die humanistische Variante intentionalistischer Semantik dagegen nimmt die Autorin und ihre Intentionen zurück auf die Ebene des Gründegebens für Überzeugungen und Handlungen, oder in aristotelischer Terminologie: Sie versteht Kommunikation im Sinne von *praxis* und nicht von *poiesis*.[13] Es ist nicht das Einwirken auf den Adressaten, sondern das Geben von Gründen, das den Inhalt eines kommunikativen Aktes ausmacht. Der kommunikative Akt ist schon dann gelungen, wenn die Gründe erfolgreich vermittelt wurden, wenn der Adressat aufgrund der Äußerung verstanden hat, welche Gründe die Autorin geben wollte, und nicht erst dann, wenn der Adressat eine gewünschte Meinung ausbildete oder in gewünschter Weise handelte. Es sind nicht die Wünsche der Autorin, gerichtet auf Zustandsänderungen des Adressaten, deren Realisierung den kommunikativen Erfolg indiziert, sondern es ist die Praxis des Begründens einer Handlung oder einer Überzeugung. Diese Praxis ist schon dann erfolgreich, wenn der Adressat aufgrund der Äußerung verstanden hat, welche Gründe aus Sicht der Autorin für eine Handlung oder eine Überzeugung sprechen.

Die *subjektiven* Intentionen des Sprechers bestimmen die Bedeutung der Ausdrücke, die er gebraucht. Die Ausdrücke haben dann *objektiv* die Bedeutung, die man ihnen aufgrund der Erkenntnis der subjektiven Intentionen des Sprechers zuordnen kann. Es ist also nicht erst die im konventionellen Sprachgebrauch etablierte regelgeleitete Bedeutung sprachlicher Ausdrücke, die die Objektivität ausmacht, sondern es ist bereits der konstitutive Zusammenhang von Bedeutung und Intention, der die Objektivität stiftet.

Mir geht es hier um ein Verständnis dessen, was (zunächst einmal nur die) sprachliche Bedeutung eigentlich ausmacht und wie hier in merkwürdiger Weise subjektive Konstitutionselemente eine

13 Aristoteles, *Nikomachische Ethik*, übers. von Eugen Rolfes, hg. von Günther Bien, Hamburg 1985, Buch 6.

objektive Bedeutung ermöglichen. Das ist die eigentliche Zielsetzung und ich greife dabei auf einen Findling in der analytischen Philosophie zurück, nämlich die Bedeutungstheorie von Paul Grice, schreibe sie aber fort und verändere sie.[14]

Grice nimmt die Sprecher-Intention zum Fundament der Explikation sprachlicher Bedeutung generell. Das heißt, auch dort, wo unsere sprachliche Kommunikation in hohem Maße durch konventionelle Regeln geleitet ist und wir gar nicht anders können, als die sprachlichen Ausdrücke in ihrer üblichen Bedeutung zu verwenden (anders in literarischen Kontexten und dort, wo wir diese Regel-Geleitetheit bewusst durchbrechen, zum Beispiel in der ironischen Sprache), sind es doch immer die Intentionen der Autorinnen, die Bedeutung konstituieren. Oder, um es noch mal ein bisschen zuzuspitzen: Bienen sprechen keine Sprache. Die berühmte »Bienensprache« ist keine Sprache. Das, was dort passiert, ist ein kausaler Prozess. Bienen fliegen in einer bestimmten Frequenz, in einem bestimmten Winkel auf und ab, andere Bienen, die das wahrnehmen, fliegen dann los und suchen in dieser Richtung in der entsprechenden Entfernung nach Nahrung. Das ist nach allem, was man von Bienen weiß oder was ich jedenfalls als Nicht-Biologe vermute, keine bedeutungsvolle Aktivität. Weil, das will ich jedenfalls annehmen, die Biene, die in einer bestimmten Frequenz und in einem bestimmten Winkel auf und ab fliegt, nicht intendiert, eine andere Biene durch die Erkenntnis ihrer Intention, die sie in Gestalt dieses Raumwinkels und dieser Frequenz mitzuteilen sucht, zu einer bestimmten Überzeugung oder zu einer bestimmten Handlung zu veranlassen. Genau an dieser Stelle haken die Behavioristen ein. Manche von ihnen beziehen sich auf Wittgenstein – ich glaube, zu Unrecht, aber darüber kann man streiten[15] –, andere auf Derrida oder Lacan, denen zufolge niemand (keine Person) spricht, sondern bei denen diejenigen, die meinen zu sprechen bzw. kommunikative Akte zu vollziehen, in Wirklichkeit »gesprochen werden«. Die Sprache und die mit ihr verbundenen sozialen Praktiken

14 Vgl. Paul Grice, *Studies in the Way of Words*, Cambridge/MA 1991.

15 Vgl. JNR, *Philosophie und Lebensform*, Kapitel 2; Peter Winchs Wittgenstein-Interpretation kann man als anti-behavioristischen Gegenpol nehmen, einschließlich ihrer Implikationen für eine durchaus humanistische und anti-positivistische Wissenschaftstheorie der Sozialwissenschaften. Vgl. Peter Winch, *The Idea of a Social Science and its Relation to Philosophy*, London 1958.

werden gewissermaßen zum – unpersönlichen – Akteur und die einzelnen individuellen »Sprecher« zu deren bloßen Funktionalitäten. In der Perspektive humanistischer Semantik dagegen lässt sich alle Bedeutung, aller Sinn auf individuelles Meinen, Intendieren, Handeln in seiner jeweiligen ethischen Bedingtheit zurückführen. Dass die Praxis des Gründegebens und Gründenehmens selbst in sozialen Interaktionen gelernt wird, es also keine Möglichkeit gibt, eine Privatsprache zu entwickeln, ändert an dieser Konstitution sprachlicher Bedeutung durch individuelles Intendieren nichts.

Was jetzt hinzugezogen werden muss, ist die Normativität oder, sagen wir es noch etwas spezifischer: eine besondere Form von Normativität; diese ist *deontologisch*, es sind Regeln, die befolgt werden, (weitgehend) unabhängig davon, welche Konsequenzen die Regelbefolgung jeweils hat. Sie sind normativ, insofern Personen oft genug ein Eigeninteresse hätten, diesen Regeln nicht zu folgen. Wenn alle Personen zu allen Zeitpunkten, in denen es in ihrem Eigeninteresse wäre, diese Regeln nicht befolgten, würde die Kommunikation kollabieren, würden erfolgreiche kommunikative Akte nicht mehr möglich sein. Eine schöne Illustration dafür bieten *spy movies*, in denen die Spione vermuten, dass die Gegenseite sie auch ausspioniert und deswegen Dinge äußern, von denen sie hoffen, dass es die Gegenseite irreführt – und die Gegenseite denkt, was äußern die jetzt, um mich irrezuführen? Das ergibt so natürlich Replikationen beliebig hoher Stufe und die Folge ist, dass man überhaupt nicht mehr weiß, welcher Spion mit welcher Äußerung was meinte. Die Bedeutungen der Äußerungen werden instabil, ja im Extremfall kollabiert die Sprache als Kommunikationsmittel.

Drei Regeln sind konstitutiv für Sprachpraxis, für erfolgreiche Kommunikation generell. Deswegen nenne ich sie *universelle* Regeln, das heißt, man kann sich keine Sprachgemeinschaft, keine erfolgreiche Kommunikationsgemeinschaft, keine Gruppe von Personen, die sich verständigen kann (in welcher Sprache auch immer – das kann auch eine Gestensprache sein), vorstellen, in der diese drei Regeln nicht in sehr hohem Maße (wie hoch, lässt sich naturgemäß quantitativ nicht genau bestimmen) befolgt werden. Das sind die Regeln der *Wahrhaftigkeit*, des *Vertrauens* und der *Verlässlichkeit*. Sie sind folgendermaßen zu interpretieren:

(1) *Wahrhaftigkeit*: Wenn ich etwas behaupte, bin ich selbst, von dem, was ich da behaupte, überzeugt, oder, wahrscheinlichkeits-

theoretisch noch ein bisschen abschwächend: Meine subjektive Wahrscheinlichkeit dafür, dass das Behauptete zutrifft, ist hinreichend hoch.

(2) *Vertrauen*: Personen, die als Adressaten hören, was jemand sagt, gehen davon aus, dass die Person, die etwas sagt, es auch so meint. In einer Gemeinschaft von Personen, die alle wahrhaftig, aber nicht vertrauensvoll sind, könnte Kommunikation nicht funktionieren. Diese Menschen müssten versuchen, andere Instanzen oder Quellen heranzuziehen und zu prüfen, ob das stimmt oder nicht, das heißt, der kommunikative Akt als solcher würde irrelevant.

(3) Die dritte Regel ist die der *Verlässlichkeit*: Darunter verstehe ich das Bemühen, dass die eigenen Überzeugungen der Realität entsprechen – was immer Realität dann im Einzelnen ist. Ohne diese dritte Bedingung könnten wir Sprecher haben, die zwar alle wahrhaftig und vertrauensvoll sind, sich aber alle irren. Und wenn Donald Davidson recht hat (so jedenfalls meine kurzgefasste Schlussfolgerung aus Davidsons Theorie der *radikalen Interpretation*),[16] dann kann es eine solche Sprachgemeinschaft nicht geben. Ohne Realitätsbezug kein Sprachlernprozess. In einer Situation der radikalen Interpretation habe ich keine andere Sprache mit Übersetzungsregeln usw. zur Verfügung, um deutlich zu machen, welche bestimmte Bedeutung bestimmte Ausdrücke haben. Ich muss aufgrund des Zusammenhangs zwischen Äußerungsverhalten, der Realität und der Annahme, dass die Leute wahrhaftig und verlässlich sind, lernen, was diese Äußerungen bedeuten. Es ist die Situation des Ethnologen, der eine noch bislang unentdeckte Ethnie erforscht, aber auch die Situation, in der sich kleine Kinder befinden, die Eltern und Geschwister reden hören und nicht wissen, was das soll. Also *radikale Interpretation*: ohne Verlässlichkeit kein Sprachlernprozess und keine Stabilität der Bedeutungen in der Sprachpraxis.

An dieser Stelle liegt ein Einwand nahe: Haben wir nicht eine recht erfolgreiche, übrigens in der Philosophie initiierte und dann in die Linguistik ausgewanderte Sprechakt-Theorie, deren Begründer John Langshaw Austin und John Searle sind? Haben wir da

16 Vgl. Donald Davidson, »Radical Interpretation«, in: *Dialectica* 27 (1973), S. 314-328.

nicht genau das Instrumentarium, welches das Programm einer intentionalistischen Semantik auch in seiner humanistischen Variante als überflüssig erweist? Das glauben viele, doch ich halte das für völlig abwegig. Man nehme die berühmt gewordene Charakterisierung des Sprechakts des Versprechens durch Austin in *How To Do Things With Words* und später noch mal in einer etwas anderen Form in Searles *Speech Acts*. Austin unterscheidet zwischen *infelicities* und *fallacies*, zwischen einem bloßen Unglücksfall und dem Scheitern eines Sprechakts. Ein solcher Unglücksfall, eine *infelicity*, liegt zum Beispiel vor, wenn eine Person sagt, »ich verspreche dir, das und das zu tun«, aber nicht die Absicht hat, das und das zu tun. Die *infelicity* führt nicht zu einer *fallacy*, jedenfalls nicht, solange das intransparent bleibt. In dem Moment, wo es transparent wird, führt es zu einer *fallacy*. Dann wäre der Akt des Versprechens nicht gelungen, das Versprechen selber wäre nicht zustande gekommen, die Sprachhandlung wäre nicht realisiert. Wenn man sich die unterschiedlichen, sehr diffizilen und ziemlich gut funktionierenden Regeln, die diesen Sprechakt des Versprechens leiten und unserem Alltagsverhalten zugrunde liegen, ansieht, dann ist die behavioristische Interpretation in meinen Augen schon deshalb nicht durchzuhalten, weil schon bei der Charakterisierung von *infelicities* Intentionen eine irreduzible Rolle spielen. Es geht eben nicht lediglich um die Oberflächenstruktur des Verhaltens, sondern wir kommen nicht los von den sprachbegleitenden oder äußerungsbegleitenden Intentionen, die das Gelingen oder Nicht-Gelingen einer bestimmten Handlung oder einer bestimmten Sprechhandlung erst bestimmen. Das, was hier aufscheint, ist ein Aspekt des Spannungsverhältnisses zwischen Partikularität und Universalität, das wir in Kapitel 1 dieses Bandes erörtert haben.

Angenommen, wir haben spezifische, in der Lebensform einer Sprachgemeinschaft verankerte Praktiken, nach denen bestimmte Sprechhandlungen vollzogen werden können, im Einklang mit den jeweils konstitutiven Regeln. Das ist gebunden an diese Sprachgemeinschaft, diese Kultur, diese Lebensform. Zur gleichen Zeit geht damit eine objektive Verpflichtung einher, sich in der betreffenden Weise zu verhalten. Angenommen, zu einem bestimmten Zeitpunkt habe eine Person keine Verpflichtung, zu einem späteren Zeitpunkt gehe sie eine Verpflichtung ein. Man kann sagen, das sei partikular: Diese Person ist diese Verpflichtung gegenüber jener

Person eingegangen. Damit ist sie aber verpflichtet, das betreffende zu tun. Sie ist nicht lediglich gegenüber dieser Person, sondern sie ist objektiv verpflichtet, sofern es keine Konflikte mit anderen Handlungsgründen gibt – das heißt, die partikulare Kooperation im Sinne von Kooperation zwischen Personen kommt zustande aufgrund eines Austausches von Absichten und der Verständigung auf eine gemeinsame Praxis, die diese Absichten erfüllt, und doch ist diese Verpflichtung in der Regel eine objektive, die Person ist objektiv verpflichtet, das zu tun, zu dem sie sich gegenüber einer konkreten anderen Person verpflichtet hat.

Aus dieser so harmlos erscheinenden Bestimmung lassen sich weitreichende Schlussfolgerungen ziehen. Die erste lautet: Die *Rational-Choice*-Interpretation der Kommunikation, wie sie David Lewis in zahlreichen Aufsätzen unternommen hat[17] und die bis heute die analytische Philosophie prägt, ist falsch (so erhellend Lewis' Analysen auch sind). Und der Grund dafür lässt sich sehr einfach fassen. Lewis meint, dass der konventionelle Charakter der Sprache dadurch zum Ausdruck kommt, dass die Regeln, die dieses Sprachverhalten steuern, Regeln der bloßen Koordination im spieltheoretischen Sinne sind. Regeln der bloßen Koordination zeichnen sich dadurch aus, dass die Beteiligten jeweils ein individuelles Interesse daran haben, diese Regeln zu befolgen. Nehmen Sie an, Sie wollen zusammen ins Kino gehen. In dem Ort, in dem Sie leben, gibt es zwei Kinos und das wichtigste Ziel ist es, gemeinsam ins Kino zu gehen. Sie koordinieren sich per Telefon, und wenn es wirklich das oberste Ziel ist, gemeinsam ins Kino zu gehen, dann haben Sie beide ein Interesse daran, das, was Sie telefonisch vereinbart haben, auch zu realisieren, nämlich vor dem ausgewählten Kino zu erscheinen und gemeinsam in dieses Kino zu gehen. Dies wäre ein *reines* Koordinationsspiel. Möchte die eine jedoch lieber diesen und der andere lieber jenen Film sehen, dann entsteht ein *chicken game* oder, je nachdem wie man es genauer charakterisiert, ein *battle of the sexes game*. Das heißt also: Angenommen, ich will mit jemandem ins Kino gehen, möchte aber lieber in dieses Kino gehen und sage daher »Ich gehe in jedem Fall in dieses Kino, mach du, was du willst«, dann zwingt das den anderen dazu, auch in dieses Kino zu gehen. In dem Fall ist es gewissermaßen vorteilhaft,

17 Vgl. David Lewis, *Convention: A Philosophical Study*, Oxford 1969.

irrational zu sein, was aber voraussetzt, dass die andere Person rational ist, was nicht immer garantiert ist.

Solche »Spiele« sind keine reinen Koordinationsspiele mehr. Und nun zeigt sich, dass die Regeln, die Kommunikation ermöglichen, ebenfalls keine reinen Koordinationsspiele sind, und zwar aus dem einfachen Grund, dass ich in sehr vielen Fällen ein Interesse daran habe, nicht wahrhaftig zu sein oder andere universelle oder sprechaktspezifische Regeln zu verletzen. Die Bedeutungen der Äußerungen sind dann nicht mehr fest durch die jeweiligen Regeln bestimmt, sondern geraten ins Rutschen. Sie werden instabil und am Ende ist Kommunikation nicht mehr möglich. Noch mal in der spieltheoretischen Terminologie: Die Regeleinhaltung ist ein Kooperationsspiel und kein Koordinationsspiel. Damit ist die Regeleinhaltung normativ. Erfolgreiche Kommunikation ist normativ konstituiert, und zwar über Kooperation. (Das hat mit Altruismus nichts zu tun. Nicht einmal ein Gruppenethos, wie Raimo Tuomela[18] oder Margret Gilbert[19] meinen, wird dabei vorausgesetzt.)

Die zweite Folgerung, die wir aus dieser Charakterisierung ziehen können, ist, dass die Quellen der Normativität in der geteilten Lebensform aufzufinden sind.[20] Es ist kaum vorstellbar, dass wir das Gesamt dieser sehr komplexen Normativität, in die wir eingebunden sind, die Teilhabe an dieser Praxis, substituieren oder auch nur aussetzen können, bis wir die philosophische Theorie und die Kriterien haben, die uns dann zu beurteilen gestatten, wie wir uns richtig verhalten. Das wäre eine maßlose Überschätzung der Rolle der Philosophie oder der Theorie. Die Theorie, auch die normative ethische Theorie, muss sich an irgendetwas bewähren, sie bedarf einer Bewährungsinstanz, die nicht in der Theorie selbst, sondern außerhalb liegen muss. Sie kann also nur in dem liegen, was wir an normativen Einstellungen und Haltungen mitbringen und für fundamental und unaufgebbar halten.

Dies ist durchaus vereinbar mit einer realistischen Interpretation normativer Sachverhalte. Realistisch in dem Sinne, dass es nicht die

18 Vgl. Raimo Tuomela, *The Philosophy of Sociality: The Shared Point of View*, Oxford 2007.

19 Vgl. Margret Gilbert, *Living Together: Rationality, Sociality, and Obligation,* Lanham 1996; dies., *A Theory of Political Obligation: Membership, Commitment, and the Bonds of Society*, Oxford 2006.

20 Vgl. JNR, *Philosophie und Lebensform*, Kap. 2.

subjektive Einstellung zu etwas ist, die normative Wahrheit konstituiert, auch dann nicht, wenn diese näher qualifiziert wird als rational, konsensual oder ideal. Die realistische Interpretation normativer Verpflichtungen ergibt sich aus der Logik der Kommunikation und der Teilhabe an einer Lebensform, in die diese Kommunikation eingebettet ist. Das Spannungsverhältnis von objektiver Wahrheit und subjektiver Begründung ist auszuhalten. Man kann es nicht auflösen, weder in die eine noch in die andere Richtung, so naheliegend es vielleicht erscheint und wie häufig es auch in der Philosophie versucht wird.[21]

Eine humanistische Semantik kennt entgegen der Tradition, die man oft mit David Hume in Verbindung bringt und die »humeanisch« oder »Humeanismus« genannt wird, keine Wünsche simpliciter, jedenfalls keine praktisch und theoretisch relevanten Wünsche. Wünsche sind immer eingebettet in ein System propositionaler Einstellungen, und diese stehen nicht isoliert da, sondern sind miteinander so verknüpft, dass sie sich wechselseitig stützen, dass es fundamentale und weniger fundamentale gibt, solche, die wir auf keinen Fall aufzugeben bereit sind, und solche, die wir im Zweifelsfall zur Disposition stellen. Dieses System ist keineswegs in jeder Hinsicht kohärent, das ist der Ausgangspunkt des Zweifels, das spricht gegen einen wittgensteinianischen Quietismus, im Sinne von: »Wir lassen die Dinge so, wie sie sind, wir beschreiben die einzelnen Sprachspiele, das ist es dann auch«. Es ist *eine* Praxis, die wir leben, und diese Praxis muss als ganze kohärent sein. Was heißt »muss«? Wir können gar nicht anders, als zu versuchen, diese Praxis möglichst kohärent zu gestalten. Insofern gibt es Grund zur Kritik, Grund zur Revision. Das ist der Beginn des Zweifels in der Lebenswelt und hier besteht nur ein gradueller Unterschied zum Zweifel in der Philosophie. Dieses System propositionaler Einstellungen nimmt in doppelter Weise Stellung zu Sachverhalten, epistemisch und *prohairetisch*, also im Sinne dessen, was der Fall ist, und im Sinne dessen, was sein sollte oder was unrichtig oder richtig ist, zulässig und unzulässig, wünschenswert und nicht wünschenswert usw. Dieses System propositionaler Einstellungen präsupponiert eine empirische wie normative Realität, das meint die Rede von einem »robusten lebensweltlichen Realismus«, der nicht nur die

21 Vgl. Kap. 1 in diesem Band.

mittelgroßen raum-zeitlichen festen Gegenstände umfasst, sondern viel mehr, unter anderem auch normative Tatsachen.

Damit kommen wir noch mal zum Grice'schen Ausgangsmodell zurück. Wir haben festgestellt, es sei in einem bestimmten Sinne unhintergehbar: Ohne Bezugnahme auf Sprecher-Intentionen lässt sich sprachliche Bedeutung nicht klären. Seine Defizite lassen sich durch folgende deontologische (oder humanistische) Modifikation der handlungstheoretischen Semantik beheben:

Der Sprecher S teilt mit dem Zeichen (der Äußerung) x dem Hörer (dem Adressaten) H mit, dass p (eine Proposition, ein Sachverhalt, auch ein normativer, etwa der, dass H eine bestimmte Handlung vollziehen sollte) genau dann, wenn

(1) S H mit x einen Grund für p gibt.
(2) S x für einen Grund für p hält (Regel der Wahrhaftigkeit).
(3) S erwartet, dass H glaubt, dass (2) (Regel des Vertrauens).
(4) S erwartet, dass H wegen (1) x für einen guten Grund für p hält (Regel der Verlässlichkeit).

Aus der Perspektive der humanistischen Semantik geben die Regeln der Wahrhaftigkeit, des Vertrauens und der Verlässlichkeit einen rechtfertigenden Grund für (2), (3) und (4) unter der Bedingung (1).

(1) S gibt H mit x einen Grund für p, präsupponiert objektiv gute Gründe für p (und das heißt, p ist wahrheitsfähig und universal).

(2) S hält x für einen Grund für p (Regel der Wahrhaftigkeit), präsupponiert die Wahrheitsfähigkeit von p.

(3) S erwartet, dass H glaubt, dass (2) (Regel des Vertrauens) präsupponiert, dass gute Gründe mitteilbar sind, dass es die Möglichkeit der Verständigung gibt (epistemischer Optimismus).

(4) S erwartet, dass H wegen (1) x für einen guten Grund für p hält (Regel der Verlässlichkeit), präsupponiert ein hinreichendes überlappendes Hintergrundwissen und eine überlappende Lebensform.

Der Sprecher erwartet, dass der Hörer wegen (1) die Äußerung für einen guten Grund für die Proposition hält, das ist die Regel der Verlässlichkeit. Diese wiederum präsupponiert ein hinreichendes überlappendes Hintergrundwissen und eine überlappende Lebensform. Die Spannung von universeller Wahrheit und partikularer Begründung wird hier noch einmal deutlich. Hier kommt kollektives Wissen ins Spiel. Das ist nicht lediglich gemeinsames Wissen, dass etwas der Fall ist, sondern es erfordert replikative propositionale Einstellungen: Ich weiß, dass du weißt, usw. Es setzt bezogen auf einzelne Propositionen übrigens keinen Konsens voraus. Das kann sich in hohem Maße unterscheiden, es kann zum Beispiel sein, dass die Beteiligten überhaupt keinen Konsens bezüglich einer Klasse von Propositionen erzielen, aber sich einig darüber sind, wer kompetenter ist, diese Dinge zu entscheiden, und allein diese Übereinstimmung in der Kompetenzzuteilung kann dann wiederum zu einem gemeinsamen Wissen führen. Dies präsupponiert eine empirische wie normative Realität und stützt sich auf einen epistemischen Optimismus, nämlich die Überzeugung, dass der Austausch von Gründen uns der Realität näherbringt.

Kollektives Wissen ist also in einem bestimmten Sinne partikular, kommunitär, in dieser Lebensform verankert – und zugleich inhaltlich universell, objektiv. Die Leute haben am Ende die Überzeugung: So verhält es sich. Gemeinsames Wissen setzt voraus, dass der Inhalt, der Gehalt dieser Überzeugungen, wahr ist. Erneut zeigt sich hier die Spannung zwischen universeller Geltung und partikularer Begründung. Unsere Verständigungspraxis setzt kollektives Wissen, nicht nur konsensuale Meinungen voraus, die humanistische Semantik ist zugleich realistisch.

III. Empirische Stützung

Michael Tomasello hat aus über 20 Jahren empirischer Forschung mit Schimpansen, Bonobos und menschlichen Kleinkindern eine kühne These extrahiert: Es ist eine genetisch verankerte Fähigkeit zur Empathie und zur Kooperation, die es Menschenkindern ermöglicht, eine komplexe Sprache zu erlernen, während Schimpansen, die keine empathischen Fähigkeiten zeigen und offenbar wechselseitig voneinander keine Kooperationsbereitschaft erwarten, deswegen nicht in der Lage sind, sich in komplexer Weise sprachlich zu verständigen. Diese These bezieht sich nicht auf den Erwerb einer vokalisierten Sprache. Zwar zeigen Schimpansen und Bonobos nur ein begrenztes Reservoir an Lautäußerungen, das sich auch durch intensive Interaktion mit Menschen nicht wesentlich verändern lässt und sicherlich eine Schranke für das Erlernen von

Sprachen darstellt. Das gestische Vokabular, die Vielfalt von gestischen Zeichen, die ihnen zur Verfügung stehen, scheint jedoch beeindruckend zu sein, jedenfalls ausreichend, um eine komplexere Gestensprache zu erlernen.

Die These, zu der Tomasello gelangt, aber auch seine empirischen Befunde und ihre Interpretation, können den Übergang von der traditionellen intentionalistischen Semantik zur humanistischen illustrieren und konkretisieren, obwohl ihm die Defizite der traditionellen intentionalistischen Semantik gar nicht bewusst zu sein scheinen und er sie gewissermaßen so verwendet, als sei sie schon in eine humanistische Semantik überführt worden.[22]

Die traditionelle intentionalistische Semantik versucht das Grice'sche Modell der Kommunikation in das Hume'sche *belief-desire*-Konzept rationalen Handelns und damit in das Rational-Choice-Paradigma einzubetten, besonders deutlich bei David Lewis. Bildlich gesprochen soll der Grice'sche Findling abgeschliffen und in den Mainstream analytischer Philosophie eingepasst werden. Grice selbst zeigt in *Aspects of Reason*,[23] dass man ihm damit nicht gerecht wird. Aber auch bei Jonathan Bennett oder David Lewis bleibt der Rekurs auf die Intentionen der Autorinnen für die Bedeutungsanalyse zentral. Implizit wird damit anerkannt, dass Intentionen, also spezifische mentale Zustände und Vorgänge, nicht erst mit der Sprache und ihrer Interpretation in die Welt kommen, sondern dieser logisch und genetisch vorausgehen. Bedeutung wird expliziert über Sprecher-Intentionen (logisches Primat) und der Spracherwerb wird über die wechselseitige Erkenntnis von Handlungsabsichten erklärt (genetisches Primat). Mit der Verkürzung auf ein konsequentialistisches Rationalitätsverständnis allerdings geht der strukturelle Aspekt sowohl der intrapersonellen Handlungskoordination über die Zeit als auch der interperso-

22 Es ist allerdings beeindruckend, mit welcher Differenziertheit Tomasello Beiträge aus der Sprachphilosophie und der analytischen Handlungstheorie aufgreift und zur Interpretation seiner empirischen Studien heranzieht. Speziell die Beiträge aus der analytischen Sprachphilosophie und der Philosophie der kollektiven Rationalität, wie sie von Paul Grice über Margret Gilbert bis Raimo Tuomela repräsentiert sind, tragen ein überaus fruchtbares empirisches Forschungsprogramm. Die heute wieder Mode werdende Kritik an der prinzipiellen Unfruchtbarkeit der Philosophie wird an diesem Beispiel (das sich um viele weitere Beispiele ergänzen ließe) ad absurdum geführt.

23 Paul Grice, *Aspects of Reason*, Oxford 2001.

nellen Handlungskoordination, die Kooperation erst ermöglicht, verloren. Wenn Handeln jeweils als Ausdruck der Realisierung augenblicklicher Wünsche bei gegebenen Überzeugungen, die in die Wahl der geeigneten Strategie einfließen, verstanden wird, wenn Handlungen nichts anderes wären als Ausdruck eines geordneten Paares, bestehend aus einem *Wunsch*, der entsprechend einer – die geeignete Mittelwahl betreffenden – *Überzeugung* realisiert wird, dann gäbe es keine genuine Autorschaft, dann zerfiele die Person in jeweils punktuell optimierende Aktivitäten, dann ließe sich eine kohärente Struktur individueller Praxis ebenso wenig realisieren wie verlässliche Kooperation zwischen Individuen.[24] Eine intentionalistische Semantik in dieser Schrumpfform wäre mit verlässlicher Kooperation und der wechselseitigen Zuschreibung personaler Eigenschaften, die sich durch die Zeit durchhalten, unvereinbar. Die ethischen Bedingungen, die Tomasello für anspruchsvollere Formen sprachlicher Verständigung überzeugend identifiziert, ließen sich nicht realisieren. Die punktuell optimierende Monade bliebe autistisch, würde sich an einer gemeinsamen kooperativen Praxis nicht beteiligen, fiele aus den sozialen Bezügen heraus. Erst die Anreicherung um deontologische Elemente, um wechselseitige Verpflichtungen, die sich aus praktizierter Kooperation ergeben und diese wiederum stabilisieren, die wechselseitige Anteilnahme und Hilfsbereitschaft, das Sich-Hineinversetzen in die Interessenlage des anderen, ermöglichen eine anspruchsvolle sprachliche Kommunikation. Ohne diese besondere Form der Intentionalität wäre die gemeinsame Befolgung deontologischer Regeln, wäre der spezifische Austausch von Gründen, der Bedeutung erst konstituiert, unmöglich.[25]

Mir scheint die These von Tomasello sehr plausibel zu sein, dass menschliche Kommunikation ein grundlegend kooperatives Unternehmen ist, »das am natürlichsten und reibungslosesten im Kontext eines wechselseitig vorausgesetzten, gemeinsamen begrifflichen Hintergrunds und wechselseitig vorausgesetzten, kooperativen Kommunikationsmotiven funktioniert«.[26] Dieser wechselseitig

24 Vgl. JNR, *Strukturelle Rationalität*.

25 Vgl. meine (kantische) deontologische Modifikation des Grice'schen Grundmodells in Kap. 13 in diesem Band.

26 Michael Tomasello, *Die Ursprünge der menschlichen Kommunikation*, Frankfurt/M. 2009, S. 17.

vorausgesetzte, gemeinsame begriffliche Hintergrund, das, was ich an anderer Stelle als empirisches und normatives Orientierungswissen[27] charakterisiert habe, konstituiert eine »geteilte« Realität, Tatsachen, auf die sich alle beziehen können und die zumindest als Hintergrund präsent bleiben – Tatsachen sowohl empirischer wie normativer Art.[28]

Geteiltes Wissen und geteilte Intentionen sind für gelingende Kommunikation unverzichtbar. Aber obwohl es in jüngster Zeit erhebliche Anstrengungen gegeben hat, das Phänomen geteilter Intentionalität (*we-intentions*) zu klären (unter anderem von Raimo Tuomela und Margret Gilbert), ist das Verhältnis von individueller Rationalität, Kooperation und kollektiver Intentionalität notorisch unklar geblieben.[29]

Wenn es zutrifft, dass die wechselseitige Erwartung von Kooperationsbereitschaft die Voraussetzung ist, um anspruchsvollere Formen der Kommunikation, wie sie in den menschlichen Sprachen vorliegen, zu entwickeln, dann wäre die traditionelle intentionalistische Semantik als unzureichend erwiesen.[30] Erst die wechselseitige Rezeption als Autorinnen und die Bereitschaft, sich an einer gemeinsamen kooperativen Praxis zu beteiligen, ermöglicht demnach sprachliche Verständigung. Die universellen Regeln gelingender

27 Vgl. JNR, »Normatives Orientierungswissen«, in: ders., *Ethische Essays*, Frankfurt/M. 2009, S. 96-112.

28 Dass hier auch normative Tatsachen mit eingeschlossen werden müssen und dass diese keine elaborierte Metaphysik, sondern lediglich den Respekt vor unserer lebensweltlichen Praxis erfordern, habe ich als »unaufgeregten (metaethischen) Realismus« zur Diskussion gestellt. Vgl. Kap. 4 in diesem Band.

29 Vgl. Sara Rachel Chant, Frank Hindriks, Gerhard Preyer (Hg.), *From Individual to Collective Intentionality: New Essays*, Oxford 2014. Darin findet sich der Versuch einer rationalen Rekonstruktion kollektiver Intentionalität im Rahmen meiner Konzeption struktureller Rationalität und meine Kritik der These (von Tuomela, aber in anderer Form auch von Gilbert), ein *group ethos* sei Bedingung kollektiver Intentionalität.

30 Jürgen Habermas hat in der Diskussion mit Michael Tomasello auf dem Kongress *Welt der Gründe*, veranstaltet von der Deutschen Gesellschaft für Philosophie 2011 in München, die Orientierung Tomasellos an der intentionalistischen Semantik kritisiert (vgl. Jürgen Habermas, »Die symbolische Verkörperung von Gründen«, S. 1378, in: JNR, Elif Özmen [Hg.], *Welt der Gründe*, Hamburg 2012, S. 1378-1388), während ich eine humanistische Revision der intentionalistischen Semantik vorschlage, deren Grice'sches Grundmodell ich, wie Tomasello, für unverzichtbar halte.

Kommunikation – Wahrhaftigkeit, Vertrauen und Verlässlichkeit – sind selbst Formen einer umfassenden, das heißt die jeweilige lokale Gemeinschaft transzendierenden Kooperationsbereitschaft. Das dazu erforderliche hohe Maß an Regelkonformität ist nur erreichbar, wenn im Einzelfall die eigene Interessenoptimierung gegenüber der kooperativ motivierten Bereitschaft, sich an diese Regeln zu halten, zurücksteht. Genuine menschliche Verständigung ist in einer Welt von Egoisten und punktuellen Optimierern nicht realisierbar – das ist die zentrale Botschaft humanistischer Semantik.

IV. Fazit

Ich will versuchen, meine Ausführungen in sieben Punkten zusammenzufassen:

(1) Die Bedeutung eines sprachlichen Ausdrucks ergibt sich aus den durch Gründe geleiteten Intentionen des kommunikativen Aktes oder genauer des kommunizierenden Akteurs. Der Akt ist geleitet von bedeutungskonstitutiven Intentionen der sich äußernden Person.

(2) Verständigung, gelingende Kommunikation, verlangt Konformität mit den universellen normativen Regeln der Wahrhaftigkeit, des Vertrauens und der Verlässlichkeit. Anders ist erfolgreiche Kommunikation nicht möglich.

(3) Die Bedeutung einzelner sprachlicher Ausdrücke ist durch partikulare sprach- und lebensformrelative Regeln geleitet, was zu dem berühmten Problem der Unterbestimmtheit der Übersetzung führt.

(4) Sprachliche Bedeutung setzt eine spezifische Intentionalität und Normativität der Autorin voraus.

(5) Das kollektive Wissen bezüglich etablierter sprachlicher Konventionen sichert die Objektivität der Bedeutung. Das sind die Regeln, nach denen wir uns gründegeleitet äußern, also kommunizieren. Und damit ist es diese Übereinstimmung bezüglich dieser Regeln, die den Gebrauch dieser Zeichen oder dieser Äußerung anleiten, dieses kollektive Wissen, das die Objektivität der Bedeutung sichert: Dieser Ausdruck hat jene Bedeutung, objektiv.

(6) Gelingende, anspruchsvolle sprachliche Verständigung setzt voraus, dass wir uns wechselseitig als Autorinnen (nicht nur der

konkreten Äußerung, sondern auch unserer Praxis als ganzer sehen und uns die ethische Fähigkeit und die Bereitschaft zu einer inklusiven (die gesamte Sprachgemeinschaft einbeziehenden) kooperativen Praxis zutrauen. Erst auf der Grundlage gemeinsamer Kooperationserwartung kann sich das komplexe Interaktionsgefüge entwickeln, das die sprachliche Verständigung trägt.

(7) Die humanistische Perspektive erweist sich in den empirischen Studien zum Interaktions- und Sprachverhalten von Menschenkindern, Bonobos und Schimpansen als überaus fruchtbar, wie die Studien Tomasellos gezeigt haben.

12. Die Grenzen der Sprache*

I. Einführende Bemerkungen

Die einflussreichsten Strömungen der Philosophie des 20. Jahrhunderts hatten eine Gemeinsamkeit: den *Lingualismus*. Diese Gemeinsamkeit erstreckt sich von den Gründervätern der analytischen Philosophie aus Cambridge und Wien, Bertrand Russell und George Edward Moore, Rudolf Carnap und Otto Neurath über Ludwig Wittgenstein und Martin Heidegger bis zu Quine, Davidson, Rorty und Lewis, aber auch zu Foucault, Derrida und Lyotard. Inhaltlich lässt sich diese Gemeinsamkeit als ein umfassendes Transformationsprogramm charakterisieren: Alle philosophischen Probleme sollten in Gestalt einer Analyse der Sprache angegangen werden und solche, die sich gegen eine derartige Transformation sperrten, als irrelevant oder im schlechten Sinne metaphysisch abgetan werden. Dieser Lingualismus löste im 20. Jahrhundert die vorausgegangene Orientierung an Geist und *Bewusstsein* ab, die ganz wesentlich durch den Deutschen Idealismus und besonders dessen Höhe- und Schlusspunkt bei Georg Wilhelm Friedrich Hegel geprägt war. Die älteren Fragestellungen der Bewusstseinsphilosophie wurden zu einem geringeren Teil in die neu entstandene empirische Einzelwissenschaft der Psychologie überführt, zum größeren Teil als problematisches Erbe idealistischen Denkens den philosophischen Archiven und der Philosophiegeschichte überantwortet und zu einem kleineren Teil in das lingualistische Programm transformiert. Wie so oft in der Geschichte des philosophischen Denkens tauchen vermeintlich tote philosophische Ideen und Begriffe wie Wiedergänger auf, irritieren zunächst nur in Maßen, um am Ende in veränderter Gestalt zu neuem Leben zu erwachen.

Schon während meines Studiums erschien mir der Lingualismus in beiden Varianten, der der *ordinary language philosophy* und der der *ideal language philosophy*, trotz des großen Erfolges seiner Methoden als suspekt. Der Verdacht richtete sich darauf, dass das lingualistische Transformationsprogramm mehr ist als die Anwen-

* Vortrag, gehalten auf dem Interntionalen Hegel-Kongress am 18. Mai 2005 in Stuttgart, zuerst erschienen in den *Proceedings Von der Logik zur Sprache*, hg. von R. Bubner, G. Hindrichs, Stuttgart 2006, S. 43-63.

dung neuer Methoden auf philosophische Fragestellungen, dass die *methodische* Eskamotierung des Geistigen ihr eigentliches Movens im *Inhaltlichen* hat. Das Geistige verschwindet nicht deshalb, weil neuere Methoden der Philosophie es in der Analyse entbehrlich machten, sondern weil es sich in ein naturalistisches Weltbild nicht integrieren lässt. Der *Naturalismus* ist dann diejenige Strömung, die dieses inhaltliche Programm explizit macht. Mit der Eskamotierung des Geistigen wurde in der Geschichte der analytischen Philosophie charakteristischerweise innerhalb weniger Dekaden auch das Normative hinfortgezaubert. Man kann George Edward Moores epochales Werk *Principia Ethica*[1] als Versuch interpretieren, sich diesem Niedergang des Normativen frühzeitig entgegenzustellen und eine genuin analytische und zugleich normative Philosophie zu etablieren. Der moralische Intuitionismus dieses Werkes besiegelte allerdings zugleich den Fehlschlag dieses Versuches. David Ross' *The Right and the Good*[2] von 1930 kann man dann schon als das letzte Aufbäumen genuin normativen Denkens in der analytischen Philosophie ein Vierteljahrhundert später interpretieren. Mit dem Lingualismus werden die alten Fragestellungen nach dem richtigen Handeln und dem gelungenen Leben, nach Gerechtigkeit und Verpflichtung begraben; es bleiben langatmige und am Ende erstaunlich unergiebige lingualistische Analysen von *ought* und *good*. Der Kosmos der praktischen Philosophie mit seinen traditionellen Subdisziplinen der Rationalitätstheorie einschließlich der normativen Ökonomik, der Ethik einschließlich der Theorie des gelungenen Lebens und der politischen Philosophie einschließlich der Theorie gerechter Institutionen geht unter und an seine Stelle tritt die schmalbrüstige Bedeutungsanalyse zweier Wertwörter, wobei der bedeutendste Repräsentant dieser zur Metaethik geschrumpften Disziplin, Richard Mervyn Hare, es unternimmt, aus einer solchen Bedeutungsanalyse eine umfassende normative Theorie, den *universellen Präskriptivismus*, hervorzuzaubern, was allerdings, bei allem Respekt vor dem Hare'schen Scharfsinn, schon aus elementaren logischen Gründen scheitern musste.

Aber dann geschieht das Unerwartete: die alte Trias der praktischen Philosophie kehrt mit Macht zurück. John Rawls' *Theory of*

1 George Edward Moore, *Principia Ethica*, Cambridge 1903.

2 David Ross, *The Right and the Good*, überarbeitete Neuauflage mit einer Einführung von Philip Stratton-Lake, Oxford 2002.

Justice[3] (1971) spielt dabei eine wichtige Rolle, ohne dass dieses Werk die Themen und Inhalte in den folgenden drei Dekaden bis heute bestimmt hätte. Das auffälligste Merkmal dieser Rückkehr ist die abrupte und durch metatheoretische Überlegungen zunächst kaum flankierte *Abkehr vom Lingualismus.*[4] Man kehrt zu einer alten Form des philosophischen Diskurses zurück, der durch die Abwägung normativer Argumente – oder praktischer Gründe – gekennzeichnet war. Und erst nachdem sich die praktische Philosophie mit der ganzen Breite traditioneller und neuer Fragestellungen erfolgreich neu etabliert hatte, gewannen auch Fragestellungen nach dem ontologischen und erkenntnistheoretischen Status und der philosophischen Methode wieder an Gewicht. Die Rückkehr des Normativen in die zeitgenössische Philosophie wird und kann dadurch nicht mehr in Frage gestellt werden, wie immer etwa die Debatte um den moralischen Realismus ausgeht. Und wenn man unter dem Prädikat »analytisch« eine spezifische Variante des philosophischen Lingualismus verstünde, dann würde diese Rückkehr zugleich das Ende des traditionellen analytischen Projektes bedeuten.[5]

Die Charakterisierung der Philosophie des 20. Jahrhunderts als lingualistisch darf allerdings wichtige Differenzen nicht verdecken. Die Philosophie der idealen Sprache (*ideal language philosophy*) von Russell über Carnap bis David Lewis ist einem Repräsentationalismus verhaftet, der Vertretern der *ordinary language philosophy* seit den *Philosophischen Untersuchungen*[6] Wittgensteins und Gil-

3 John Rawls, *A Theory of Justice*, Cambridge/MA 1971 (dt. *Eine Theorie der Gerechtigkeit*, Frankfurt/M. 1975).

4 Vgl. John Rawls' frühen Aufsatz »A Decisions Procedere for Ethics«, in: ders., *Collected Papers*, hg. von Samuel Freeman, Cambridge 1999, Kap. 1.

5 Allerdings scheint es doch eine Gemeinsamkeit des im weitesten Sinne analytischen Philosophierens zu geben, die sich weder durch eine spezifische, etwa naturalistische Metaphysik noch durch eine spezifische philosophische Methode charakterisieren lässt. Es ist vielmehr der charakteristische Stil des Argumentierens, das beständige Bemühen um Klarheit und Nachvollziehbarkeit, das Misstrauen gegenüber großen Systementwürfen und die Liebe zum argumentativen Detail, der doch nach wie vor deutlich mit dem kontrastiert, was in den USA als *Continental Philosophy* gilt und überwiegend durch französische Denker des 20. Jahrhunderts in Inhalt und Form bestimmt ist. Der Lingualismus jedenfalls separiert diese beiden Hauptströmungen der zeitgenössischen Philosophie nicht.

6 Ludwig Wittgenstein, *Philosophische Untersuchungen*, Frankfurt/M. 2001 [EA 1953, deutsche EA 1958].

bert Ryles' *The Concept of Mind*[7] als obsolet gilt. Die Gehalte von Überzeugungen werden etwa bei Lewis in einer Mögliche-Welten-Semantik, generell in einer modell-theoretischen Sprache erfasst, was Propositionen etwas Sprach-Transzendentes verleiht. Der lingualistische Naturalismus Quines kontrastiert mit der sorgsamen Unterscheidung zweier Sprachebenen in der *ordinary language philosophy*, die der Welt des Geistigen eine wenn auch nur sprachlich verfasste Autonomie zubilligt. Die *ordinary language philosophy* ist in dem Sinne pragmatistisch, als sie sprachliche Bedeutung unter Rekurs auf Handlungen – eben Handlungen, die mit sprachlichen Äußerungen einhergehen, bzw. Sprechakte – zu explizieren sucht. Das, was man gelegentlich als *logischen Behaviorismus* bezeichnet hat, fügt diesem Pragmatismus hinzu, dass die Bedeutung sprachlicher Äußerungen in den Regeln des Sprachverhaltens und des Verhaltens generell aufgeht. Alles, was darüber hinausgeht – und das betrifft sowohl den repräsentationalen Aspekt als auch den intentionalen –, wird entweder als epistemisch unzugänglich oder sogar als (ontologisch) nicht-existent zurückgewiesen. Man könnte es auch so formulieren: Hinter der Oberflächenstruktur des Äußerungsverhaltens verbirgt sich nichts. Philosophie ist in dem Sinne bloße Deskription, als sie sich darauf zu beschränken hat, diese Oberfläche zu beschreiben. Dies kann wohl als die radikalste Variante des Lingualismus gelten. Die Sprache ist allumfassend, sie bedarf keiner Interpretation, sie repräsentiert nichts, weder Äußeres noch Inneres, sie nimmt keinen Bezug auf nicht-sprachliche Gegenstände, und Intentionen – wie andere mentale Entitäten – spielen keine sprachkonstitutive Rolle.

II. Radikale Interpretation und Intentionalität

Radikale Interpretation kommt ohne semantische Begriffe wie Bedeutung, Synonymie, Interpretation aus, sie versucht Äußerungen zu interpretieren, indem sie auf außersprachliche Interessen und Aktivitäten zurückgreift, nicht indem sie Relationen zwischen Sprachen herstellt, beispielsweise Übersetzungen, und sie stützt

7 Gilbert Ryle, *The Concept of Mind*, Chicago 1949.

sich auf eine Wahrheitstheorie im Stil Tarskis.[8] Der Satz/die Äußerung s ist in der Objektsprache wahr genau dann, wenn p. Wahrheitstheorien dieses Typs stellen eine Beziehung zwischen Sätzen und Gegenständen her, die zum Wertebereich der Variablen der Objektsprache gehören.[9] Die Davidson'sche Fassung der *radikalen Interpretation* modifiziert den Tarski'schen Ansatz so, dass dessen Wahrheitstheorie als Interpretationstheorie natürlicher Sprachen verwendet werden kann.[10] Durchgeführt würde sie bei immensem empirischen Aufwand lediglich das liefern, was wir als kompetente Sprachbenutzer längst kennen. Als philosophische metatheoretische Konzeption ist sie aber von großer Bedeutung. Sie macht – entgegen Davidsons eigenen Intentionen – nicht nur klar, wie Spracherwerb möglich ist und wie er jenseits genetischer Vorprägungen auch kognitiv nachvollziehbar wäre, sondern sie macht auch klar, welche Vorfestlegungen in die kommunikative Praxis eingehen, zu denen das berühmte *principle of charity* gehört, das nichts anderes besagt, als dass eine Sprachgemeinschaft nur möglich ist, wenn die Sprecher sich wechselseitig *Verlässlichkeit*[11] unterstellen, das heißt unterstellen, dass sie nicht nur das sagen, von dem sie selbst überzeugt sind, sondern dass ihre Überzeugungen auch in der Regel mit den Tatsachen übereinstimmen. Davidson hat den Naturalismus Quines konsequent überwunden: Er ist realistisch ohne metaphysische Hypostasierung und von dessen sensorischen Stimuli ebenso weit entfernt wie von der Sinnesdatentheorie des frühen Carnap.

Davidsons Analyse hat allerdings – trotz eines kurzen Hinweises, dass man seine Konzeption der radikalen Interpretation auch anders, nämlich nicht auf die Überzeugung, etwas für wahr zu halten, sondern zum Beispiel auf die Überzeugung, etwas wahr machen zu wollen, etc. beziehen könne – eine *deskriptivistische* Schlagseite. Der Wahrheitsbegriff wird lediglich auf Behauptungssätze bezogen, die der Sprecher für wahr hält. Es ist dann Sache des Inter-

8 Vgl. Alfred Tarski, »The Semantic Conception of Truth«, in: *Philosophy and Phenomenological Research 4* (1944), S. 341-375.

9 Alfred Tarski, »Der Wahrheitsbegriff in den formalisierten Sprachen«, in: *Studia Philosophica Commentarii Societatis Polonorum Bd. 1*, Lemberg 1935, S. 261-405.

10 Vgl. Donald Davidson, »Radical Interpretation«, in: *Dialectica* 27 (1973), S. 313-328.

11 Zum Begriff der Verlässlichkeit vgl. JNR, *Strukturelle Rationalität*, Stuttgart 2001, Kap. 6.

preten zu klären, ob sie logisch oder empirisch wahr sind.[12] Lässt sich diese deskriptivistische Einseitigkeit beheben? Zwei Strategien bieten sich an: Die erste könnte man als Subsumtions-Strategie bezeichnen. Betrachten wir normative Sätze oder Äußerungen, etwa universelle Imperative, wie »Du sollst nicht töten« oder universelle Unwerturteile wie »Mord ist unmoralisch«. Diese wären demnach Behauptungen, die bestimmte Überzeugungen des Sprechers zum Ausdruck bringen, wie Davidsons Lieblingsäußerung »Heute regnet es (hier)«. Jemand, der das äußert, ist überzeugt, dass es (hier) regnet, wie derjenige, der sagt »Du sollst nicht töten« davon überzeugt ist, dass man nicht töten darf.[13] Die normative Rede würde unter die deskriptive subsumiert. Wenn Hans sagt »es regnet« und es regnet in der Umgebung von Hans zum Zeitpunkt seiner Äußerung, dann ordnet der Interpret der Äußerung »es regnet« die zutreffende Überzeugung von Hans zu, dass es regnet. Wenn Hans beobachtet, wie einer älteren Dame auf der Straße die Handtasche geraubt wird, sagt er vielleicht »der Dame wurde die Handtasche geraubt« und der Interpret ordnet dieser Äußerung die zutreffende Überzeugung von Hans zu, dass der Dame die Handtasche geraubt wurde. Wenn Hans hinzufügt »das ist ein abscheuliches Verbrechen«, ordnet der Interpret Hans die zutreffende Überzeugung zu, dies sei ein abscheuliches Verbrechen. Und vielleicht fügt Hans hinzu: »Niemand sollte einer alten Frau so etwas antun, wie nötig er auch immer Geld braucht.«

Der Interpret wird eine Vielzahl von (Handlungs-)Situationen

12 Der Interpret kann annehmen, dass sie logisch wahr sind, wenn die Sprecher der Objektsprache die jeweiligen Behauptungen aufstellen (was den Interpreten zu der Vermutung veranlasst, dass sie von ihrer Wahrheit überzeugt sind), obwohl die empirischen Bedingungen, unter denen diese Behauptungen aufgestellt werden, beliebig sind. Es liegt im Übrigen natürlich auf der Hand, dass Sprecher der Objektsprache Tautologien, sofern sie ihnen als Tautologien bewusst sind, unter normalen Äußerungsbedingungen nicht behaupten werden. Dies kann man auch als Hinweis darauf verstehen, dass das Konzept der radikalen Interpretation lediglich metatheoretisch verstanden Sinn macht. Normale Sprecher einer natürlichen Sprache werden uns nicht den Gefallen tun, Tautologien zu behaupten.

13 In »Du sollst nicht töten« verbergen sich mehrere Allquantoren: Etwa $\forall p,p' \forall \in \forall l$: [T (p,p',t,l) ist verboten] mit p, p' Personen, t Zeitpunkt, l Ort und T für p tötet p' zum Zeitpunkt t am Ort l. Eine Parallele dazu wäre: »Mittags regnet es hier immer« (auf einer tropischen Insel). $\forall l \forall t$ R(l,t,m), mit l für Orte der Insel und Tage im Jahr, m mittags.

feststellen, in denen die Sprecher der Objektsprache von »sollte« oder »sollte nicht« sprechen. Im Falle der »dicken« normativen Begriffe wie »Raub« oder »tapfer« wird der Interpret diese mit den jeweiligen empirischen Merkmalen der Äußerungssituation in Verbindung bringen und damit ihren normativen Gehalt verfehlen. Bei den »dünnen« normativen Begriffen wie »sollte« oder »gut« wird der Interpret, wenn er diese Subsumtionsstrategie anwendet, jedoch scheitern. Scheitern heißt hier nichts anderes, als dass er nicht interpretieren kann, was »sollte« oder »gut« bedeutet, das heißt, er kann keine Regeln angeben, in denen von bekannten Äußerungssituationen auf unbekannte Äußerungssituationen zuverlässig extrapoliert werden kann, in denen diese Begriffe gebraucht werden. Lässt sich die radikale Interpretation auch für die normative Rede retten oder ist die radikale Interpretation doch dem Deskriptivismus oder der repräsentationalen Dimension der Sprache verhaftet? Wenn dies so wäre, dann könnte sie nicht beanspruchen, eine umfassende Bedeutungstheorie zu sein.[14]

Die Situation ändert sich grundlegend, wenn man *zwei Arten propositionaler Einstellungen* der radikalen Interpretation zugrunde legt. Die erste Art von Einstellungen bezeichnen wir als *epistemische*. Einstellungen dieser Art werden sprachlich durch Ausdrücke zugeschrieben wie »x glaubt, dass p«, »x ist davon überzeugt, dass p«, »x hält p für wahrscheinlich«, »x erwartet, dass p«, »x rechnet nicht mit p« etc. Kohärente epistemische Einstellungen lassen sich durch Zuschreibung einer Funktion subjektiver Wahrscheinlichkeiten repräsentieren.[15] Es ist charakteristisch für einen großen Bereich propositionaler Einstellungen, dass ihre explizite Benennung redundant ist. Ob Franz sagt »es wird regnen« oder ob er sagt »ich bin überzeugt, dass es regnen wird«, macht insofern keinen Unterschied, als die Äußerung von Franz »es wird regnen« eine Überzeugung von Franz zum Ausdruck bringt, die Franz im zweiten Fall bekräftigt. Dass angesichts dieser Redundanz eine explizite Kennzeichnung der jeweiligen propositionalen Einstellung nur in bestimmten Äußerungssituationen adäquat erscheint, ist uns vertraut. Solche Äußerungssituationen liegen zum Beispiel dann vor,

14 Davidson setzt sich gegen diesen Vorwurf – wenn auch in meinen Augen wenig überzeugend – zur Wehr, vgl. seinen Vortrag »Moods and Performances«, in: *Meaning and Use*, hg. von Avishai Margalit, Dordrecht 2005, S. 9-20.

15 Vgl. JNR, *Decision Theory and Ethics*, München 2005, II-V.

wenn jemand einfache Behauptungen in Zweifel zieht und der Sprecher meint, diese Zweifel allein durch die Bekräftigung seiner epistemischen Einstellung beheben zu können. Aus dem großen Spektrum epistemischer Einstellungen wählt Davidson für den Aufbau seiner Bedeutungstheorie nur eine, nämlich die *elementar-konstative*, wie ich es nennen möchte, aus: Dies ist jetzt der Fall, das heißt, es gilt in meiner zeitlich-räumlichen Umgebung. Nur hier ist es dem Interpreten in relativ unproblematischer Weise möglich, die Bedingungen der Äußerungssituation zu beschreiben und bei Zuschreibung der entsprechenden epistemischen Einstellung (der Sprecher ist überzeugt, dass dies gegenwärtig der Fall ist) die Wahrheitsbedingungen festzulegen.

Der andere Typus propositionaler Einstellungen wird durch Äußerungen wie »x wünscht, dass p«, »x befürwortet, dass p« oder »x vermeidet, dass p« zugeschrieben. Auch Aufforderungen oder Befehle kann man als Ausdruck *konativer* propositionaler Einstellungen interpretieren: Die Aufforderung des Saalordners »Bitte verlassen Sie jetzt den Raum« richtet sich an die verbliebenen Teilnehmer und ist darauf gerichtet, dass bestimmte Handlungen vollzogen werden, nämlich die, die zum Verlassen des Raumes führen. Es ist nicht lediglich der Wunsch des Saalordners, dass sich im Raum keine Veranstaltungsteilnehmer mehr aufhalten, sondern es ist zugleich sein Status, der diesen spezifischen Sprechakt der Aufforderung oder des Befehls erst ermöglicht. Der Sprechakt erschöpft sich nicht in der propositionalen Einstellung des Saalordners, aber er enthält diesen gewissermaßen. Der Sprechakt wäre unaufrichtig (es läge im Sinne John Austins eine *fallacy* vor[16]), wenn der Befehl nicht mit der betreffenden konativen Einstellung verbunden wäre.

Das komplexe *normative* Gefüge, das unsere Sprachhandlungen erst konstituiert, ist von komplexen epistemischen und konativen Einstellungen begleitet, die selbst essenzieller Bestandteil dieser normativen Konzeption der Sprache sind. Davidsons (und Quines) Fokussierung auf den ersten Typus propositionaler Einstellungen blendet die pragmatische und normative Konstitution der Sprache, die essenzielle Rolle, die normative Institutionen und Handlungsgründe für unser Sprachverhalten spielen, weitgehend aus. Ich sage »weitgehend«, weil Davidson im Unterschied zu Quine ein nor-

16 John L. Austin, *How to do Things with Words*, Oxford 1975 (dt. *Zur Theorie der Sprechakte*, Stuttgart 1989).

matives Element der Sprachkonstitution in aller Klarheit erfasst: Es ist die *Norm der Wahrhaftigkeit.* Diese Norm allerdings ginge ins Leere, wenn wir uns nicht zugleich darauf verlassen könnten, dass das, von dem die Sprecher unserer Sprache überzeugt sind, in der Regel auch wahr ist, oder, wie ich es vorziehe zu charakterisieren, um den normativen Charakter hier deutlich zu machen: Es ist die Norm der *Verlässlichkeit.* Menschen sagen nicht nur das, von dem sie überzeugt sind (Norm der Wahrhaftigkeit), sondern das, von dem sie überzeugt sind, ist in der Regel wahr – was allerdings nur möglich ist, wenn sich die Sprecher bemühen, ihre Urteile zu prüfen, wenn sie nur das als ihre (feste) Überzeugung äußern, für welches sie gute Gründe anführen können. Diese *Gründe* sorgen dafür, dass wir uns auf die Äußerungen anderer in der Regel verlassen können – oder anders ausgedrückt, dass diese Äußerungen eine zutreffende Mitteilung machen.

Verlässlichkeit ist eine komplexe Tugend. Sie betrifft nicht nur die Abwägung theoretischer Gründe, um zu einem verlässlichen Urteil über den Zustand der Welt bzw. einzelne Sachverhalte, die diesen Zustand ausmachen, zu kommen, sondern auch praktische Gründe, deren sorgfältige Abwägung zu richtigem Handeln führt und dem eigenen Leben sowie denjenigen, die mit uns interagieren, eine zuverlässige Orientierung bietet. Verlässlichkeit betrifft Theorie und Praxis gleichermaßen. Die Hume'sche Rationalitätstheorie, der auch Quine und mit Abstrichen Davidson verhaftet sind, halbiert in der Tat die Vernunft auf theoretische Gründe und damit die Tugend der Verlässlichkeit auf deskriptive Urteile. Damit wird aber nicht nur die Vernunft »halbiert«, sondern ein tieferes Verständnis der Sprache und ihrer Grenzen verbaut.

Betrachten wir das spracherlernende Kleinkind in einem Gedankenexperiment. Viel beschäftigte Eltern setzen es monatelang vor den Fernseher, das Kind schaut und schaut, ruft manchmal etwas aus, ist bisweilen fasziniert, ab und zu ängstlich, meistens gelangweilt, aber es ist nicht wahrscheinlich, dass das Kind lernen würde zu sprechen, wenn dies die einzige Form seiner Konfrontation mit Sprache wäre. Die Davidson'schen Bedingungen sind hier erfüllt: Es gibt Äußerungen in bestimmten Kontexten von Personen – diese Kontexte sind mehr oder weniger explizit, ja, in schlechten Filmen überexplizit dargestellt –, aber das wird nicht ausreichen. Die entscheidende Rolle für die ersten Schritte des

Spracherlernens spielt die *Intentionalität.* Genauer: die wechselseitige Zuschreibung von Intentionen (der Eltern an das Kind und des Kindes an die Eltern) und die intentionsbegleitenden Äußerungen. Selbst die repräsentationalen Sprachspiele mit Kleinkindern, die auf einzelne »Gegenstände« in Bilderbüchern zeigen und die dazugehörenden Namen hören wollen und die umgedreht, lange bevor sie selbst das erste Wort gesagt haben, auf entsprechende Gegenstandsbezeichnungen durch Zeigen reagieren, beruhen auf *wechselseitiger Intentionszuschreibung.* Das Kind muss gewissermaßen vorsprachlich erfasst haben, dass Zeigen mit einer Erwartung des Zeigenden verbunden ist, und es muss erfahren haben, dass das eigene Zeigen eine geeignete Aufforderung ist, um die Eltern dazu zu bringen, die Bezeichnungen zu nennen. Vorsprachliche Intentionalität bildet den Grund der Sprache. Diese vorsprachliche Intentionalität spielt eine ebenso grundlegende Rolle wie das, was Quine den vorsprachlichen Qualitätsraum nennt. Wenn nicht zuvor bestimmte Unterscheidungen getroffen werden, würde das Spiel des Spracherlernens, und sei es auch nur im repräsentationalen Sprachspiel, nicht gelingen. Um endgültig klarzumachen, dass die wechselseitige Intentionalitätszuschreibung außersprachlich möglich und für den Spracherwerb grundlegend ist, mag es helfen, die Interspezies-Kommunikation mit Hilfe von wechselseitigen Intentionalitätszuschreibungen zu analysieren. Der Hund lernt nicht, weil er belohnt wird, wie Skinner und seine behavioristische Schule meinten, sondern weil er belohnt wird, fällt es ihm leichter, die richtigen Intentionalitäten zuzuschreiben und ihnen gerecht zu werden. Dass er ihnen gerecht werden möchte, ist wiederum in seiner genetischen Ausstattung als Rudeltier verankert. Es gibt empirische Untersuchungen dazu, welchen Tierarten gegenüber das Zeigen, das Auf-etwas-Deuten als Grundlage für die Zuschreibung von Intentionalitäten, funktioniert.

Wenn man den intentionalen Gehalt der Sprache für mindestens ebenso wichtig ansieht wie den repräsentationalen Gehalt, muss dem auch ein Schema der Bedeutungszuschreibung entsprechen. A sagt zu B, »Leg das auf den Tisch«. Gibt es eine radikale Interpretation dieser Äußerung? Nehmen wir an, wir können A nicht nur, wie in Davidsons radikaler Interpretation, die epistemische propositionale Einstellung des Für-wahr-Haltens zuschreiben, sondern auch die konative propositionale Einstellung des Erwartens. Radikale Interpretation heißt in diesem Falle, dass ich die Äußerung als Indiz für die betreffenden Einstellungen interpretiere, so, wie ich die Äußerung »Es regnet« als Indiz für die Überzeugung des Sprechers, dass es regnet, interpretiere. »Leg das auf den Tisch« ist mit der konativen propositionalen Einstellung der Erwartung verbunden, dass die angesprochene Person B »das« auf den Tisch legt. Solange sie das nicht tut, bleibt Person A unzufrieden. Diese Unzufriedenheit ergibt sich daraus, dass die betreffende Erwartung noch nicht erfüllt ist. Radikale Interpretation im intentionalen Fall verlangt also die Zuschreibung einer bestimmten konativen propositionalen Einstellung – hier des Erwartens –, so, wie radikale Interpretation im repräsentationalen Fall die Zuschreibung einer epistemischen propositionalen Einstellung beinhaltet – etwa des Für-wahr-Haltens oder des Für-wahrscheinlich-Haltens. Die Einstellung des Erwartens hat dabei einen interessanten und für unsere Zwecke besonders erhellenden Doppelcharakter, nämlich als epistemische und als konative propositionale Einstellung. Die konative propositionale Einstellung des Erwartens äußert sich darin, dass der Adressat der Äußerung das Erwartete durch sein Handeln erst wahr macht, während die epistemische Einstellung des Erwartens ihre Erfüllung nicht durch Handlungen des Adressaten, sondern durch externe Ereignisse vorsieht.

Die äußerste Schlichtheit und Beschränktheit des kanonischen Beispiels der Interpretation (die Äußerung »Es regnet«, wenn es regnet) verbirgt, dass die weiteren Schritte der radikalen Interpretation komplexere Zuschreibungen propositionaler Einstellungen erforderlich machen, zu denen Vermutungen und subjektive Wahrscheinlichkeiten gehören. Im *intentionalen* Fall wird kein höheres Maß an Komplexität als im *repräsentationalen* Fall vorausgesetzt. Das Zuschreibungsspiel kann in der gleichen Weise, ganz elementar, beginnen. Wir schreiben dem Sprecher eine bestimmte, konative propositionale Einstellung zu, nämlich die der Erwartung, die durch eine Handlung des Adressaten erfüllt wird, und interpretieren dann seine Äußerung vor dem Hintergrund ihrer realen Erfüllungsbedingungen. Dass die radikale Interpretation intentionaler Äußerungen möglich ist, zeigt sich daran, dass Kinder eine Sprache lernen, ohne vorher eine andere gesprochen zu haben. Wenn lediglich radikale Interpretation repräsentationaler Äußerungen möglich wäre, dann würden Kinder die Sprache nur insoweit lernen, wie es ihrem repräsentationalen Gehalt entspricht. Der repräsentationale und der intentionale Gehalt sprachlicher Äußerungen sind jedoch tatsächlich so eng miteinander verbunden – wie die Sprechakt-Theorie im Detail zeigen kann –, dass ein Kind vermutlich gar keine Sprache lernen würde, wenn sich die Möglichkeit radikaler Interpretation auf repräsentationale Äußerungen beschränkte. Die säuberliche Trennung des intentionalen vom repräsentationalen Gehalt macht nur in der philosophischen Analyse Sinn und darf nicht mit einem Charakteristikum unserer Sprachpraxis verwechselt werden. In unserer Sprachpraxis sind beide Gehalte miteinander in einer komplexen Weise verwoben, die sich nicht auflösen lässt, ohne sich von der lebensweltlichen Sprachpraxis so weit zu entfernen, dass das Netz der inferentiellen Beziehungen reißt. Die Begründungsspiele unserer Lebenswelt sind miteinander verflochten und bilden zusammen ein Netzwerk der Interaktionen und der Repräsentationen, das sich in Einzelteile bestenfalls zum Zwecke der philosophischen Analyse, aber nicht mit dem Ziel, diese Begründungsspiele neu zu erfinden oder neu zu konstruieren, zerlegen lässt.

III. Eine kantische Fassung intentionalistischer Semantik

Werfen wir einen Blick auf den sperrigen Findling, den Paul Grice in wenigen Aufsätzen in die sprachphilosophische Landschaft gestellt hat – in der Hoffnung, daraus etwas für unser Projekt einer radikalen Interpretation der intentionalen Gehalte unserer Sprache zu lernen. Grice möchte zeigen, dass Bedeutung letztlich auf dem *Meinen* beruht.[17] Die Bedeutung einer Äußerung ist in dem Sinne *konventionell*, dass Sprecher und Hörer im Rahmen etablierter Regeln des Sprachverhaltens kommunizieren. Diese Regeln ermöglichen es, zwischen Sprechern und Hörern verlässlich Intentionen zu übermitteln. Ohne diese intentionale Komponente der Verständi-

17 Im Englischen ist dieser Grundgedanke schwieriger zu formulieren als im Deutschen, weil dort »meinen« und »bedeuten« mit demselben Terminus bezeichnet werden: »meaning«. Vgl. Paul Grice: »Meaning«, in: *The Philosophical Review 66* (1957) S. 377-388, übersetzt unter dem Titel »Intendieren, Meinen, Bedeuten«, in: Georg Meggle, *Handlung, Kommunikation, Bedeutung*, Frankfurt/M. 1979, S. 2-15.

gungspraxis hätten Äußerungen keine Bedeutung. Im Grice'schen Modell kommunikativer Handlungen wird der konventionelle Bestandteil durch ausgeklügelte Sonderfälle der Kommunikation unterdrückt. Es werden solche Fälle gesucht, bei denen Sprecher mit Hörern kommunizieren, ohne dass sie auf etablierte Regeln des Sprachverhaltens zurückgreifen können, also ohne dass sie auf konventionale Bedeutungen rekurrieren können. Sofern das Grice'sche Modell erfolgreich ist, zeigt es das Primat der intentionalen vor der konventionalen Bedeutung. Nach dem Grundmodell beabsichtigt der Sprecher mit einer (kommunikativen) Handlung zu erreichen, dass der Hörer etwas tut, und der Hörer tut dies, weil er diese Absicht des Sprechers erkennt.

Wir müssen den Grice'schen Ansatz von dieser Restriktion befreien, um ihn überzeugend zu machen. Diese Befreiung kann in zwei Schritten erfolgen: Zum einen erkennen sich Sprecher und Hörer wechselseitig an, insofern sie sich *Rationalität* und damit *Freiheit* und *Verantwortung* zuschreiben. Die kommunikative Handlung besteht im Kern darin, Gründe zu übermitteln – Gründe, etwas zu tun, oder Gründe, etwas zu glauben. Ein Waldbrand gibt einen guten Grund, sich zu entfernen. Ein Rauchzeichen mag – auch ohne dass eine konventionelle Bedeutung dieses Signals etabliert ist – einen Hörer davon überzeugen, dass ein Waldbrand droht, wenn er dem Signalgeber vertraut, das heißt seine Wahrhaftigkeit und Verlässlichkeit nicht in Frage stellt. Das Davidson'sche *principle of charity* findet hier in erweiterter Form seine Anwendung: Der Hörer glaubt, dass der Sprecher gute Gründe hat, ihn zu warnen (hier vor einem Waldbrand), und dass damit der Hörer einen Grund hat, sich zu entfernen. Der kommunikative Akt (hier des Rauchzeichens) dient der Übermittlung dieser Intention, die man in ihrem epistemischen und konativen Gehalt folgendermaßen umschreiben kann: »Ich sehe, dass hier ein Waldbrand ausgebrochen ist, ich möchte dir diese meine Erkenntnis übermitteln. Ich bin zudem davon überzeugt, dass dies ein Grund für dich ist, dich zu entfernen.« Damit kann einem Signalgeber zwar auch die Intention zugeschrieben werden, zu erreichen, dass sich der Adressat entfernt, aber dies in den Termini der konsequentialistischen Präferenzenerfüllung zu beschreiben, führte in die Irre. Es ist Sache des Adressaten, seine Schlüsse zu ziehen. Die Intention des Signalgebers bezieht sich darauf, *den Adressaten mit Gründen* zu versorgen, die es diesem ermöglichen, rational zu handeln. Anerkennung und Respekt äußern sich darin, dass der Adressat nicht lediglich Gegenstand der manipulativen Beeinflussung ist – vielleicht gäbe es andere Möglichkeiten, den Adressaten zum Davonlaufen zu bewegen –, sondern dass er als Akteur ernst genommen wird. Insofern sind die ursprünglichen Formulierungen bei Grice unzureichend. »Der Sprecher meinte mit der Äußerung etwas« soll in etwa äquivalent sein mit »Der Sprecher beabsichtigte, dass diese Äußerung bei ihrem Adressaten eine Wirkung dadurch hervorruft, dass der Adressat diese Absicht des Sprechers erkennt«. Aber es macht einen Unterschied, ob ich jemanden dazu bringen will, etwas zu glauben oder etwas zu tun, oder ob ich jemandem einen *Grund* gebe, etwas zu glauben oder etwas zu tun. Wenn es dem Sprecher ausschließlich um die Wirkung beim Adressaten seiner Äußerung ginge, würde er die jeweils effektivsten Mittel einsetzen, um diese Wirkung zu erreichen. In vielen Fällen ist die Angabe von Gründen aber nicht der effektivste Weg, um die Wirkung beim Adressaten (etwas zu glauben, etwas zu tun) zu erreichen. Grice scheint dieser Übergang zu einem inferentiellen Verständnis von Kommunikation,[18] also einer Explikation kommunikativen Handelns über Gründe, das heißt genuine Verständigung, systematisch verschlossen zu sein, da er jedes Beispiel, das für diesen Übergang spräche, durch Zusatzannahmen in das alte konsequentialistische Hume'sche Modell rationalen Handelns zu integrieren versucht. Die dadurch notwendig werdenden zahlreichen Zusatzbedingungen lassen das Grice'sche Grundmodell am Ende zunehmend unplausibel werden.[19]

Betrachten wir kurz das folgende, etwas alberne Gegenbeispiel von Grice: Angenommen, jemand errötet immer dann, wenn ich rülpse, vorausgesetzt, ich sage ihm, dass ich immer dann, wenn ich auf eine bestimmte Weise rülpse, will, dass er rot wird. Sollen wir dann sagen, dass das Rülpsen etwas bedeute?[20] Grice meint, etwas habe nur dann eine sprachliche Bedeutung, wenn die vom Sprecher intendierte Wirkung etwas ist, »was in einem gewissen Sinne der

18 Wie es etwa Robert Brandom in *Making it Explicit. Reasoning, Representing, and Discursive Commitment*, Cambridge/MA 1994, ausgearbeitet hat.

19 Vgl. H. P. Grice: »Utterer's Meaning and Intentions«, in: *The Philosophical Review 78* (1969), S. 147-177.

20 H. P. Grice: »Meaning«, S. 11 f.

Kontrolle des Hörers unterliegt«. An dieser und an anderen Stellen spricht er sogar davon, dass die hinter der Äußerung stehende Absicht des Sprechers für den Adressaten ein Grund sein müsste und nicht bloß eine Ursache.[21] Dieser Hinweis auf eine inferentielle Semantik wird von Grice und anderen Vertretern dieser Richtung der Sprachphilosophie wie Jonathan Bennett und David Lewis jedoch nicht weiterverfolgt. In Grice' Aufsatz von 1968[22] wird die Wirkung, die von einem Sprecher mit seiner Äußerung beabsichtigt ist, nicht mehr darin gesehen, dass der Adressat etwas glaubt oder – im Falle von Äußerungen des Imperativtyps – dass er etwas tun soll, sondern die bedeutungskonstituierende Absicht soll nun darin bestehen, dass der Adressat *beabsichtigt*, etwas zu tun (Imperativtyp), bzw. *glaubt*, dass der Sprecher glaubt (Indikativtyp). Weder die Kriterien der 1957er Fassung noch die der 1968er Fassung werden der Rolle von theoretischen oder praktischen Gründen gerecht, denn diese kommen in den Grice'schen Explikationsversuchen gar nicht vor. Es geht in beiden Fällen um die Herbeiführung einer propositionalen Einstellung und nicht darum, dem Adressaten Gründe an die Hand zu geben, nach denen er seine propositionalen Einstellungen ausrichten kann, sofern ihm dies plausibel erscheint. Die zusätzliche Bedingung der Kontrolle, die in dem 1957er Aufsatz noch so wichtig erschien, entfällt in den späteren Schriften ganz. Bei David Lewis finden diese Abkehr von kantischen Elementen der Bedeutungstheorie und die Einbettung der Semantik in ein Hume'sches *desire-belief*-Schema der Rationalität ihren deutlichsten Ausdruck.[23]

21 Andreas Kemmerling hat mich darauf hingewiesen, dass auch der spätere Grice, etwa in »Utterer's Meaning and Intentions«, die Rolle von Gründen betont, bloße Kausalzusammenhänge zwischen Absichtserkenntnis und Absichtserfüllung also nicht ausreichen. Die beabsichtigte Wirkung beim Adressaten sei über Gründe vermittelt: Dass der Adressat bemerkt, dass ich möchte, dass er glaubt, dass p, soll ihm einen Grund geben, nun wirklich zu glauben, dass p. Die Grice'schen Kriterien für bedeutungskonstitutive Intentionen sind dennoch inadäquat. Man könnte auch sagen, sie berücksichtigen die Rolle von Gründen nicht konsequent genug, weder in der 1957er noch in der 1968er Fassung. Vgl. hierzu auch Kap. 13 in diesem Band.

22 »Utterer's Meaning, Sentence Meaning and Word-Meaning«, in: *Foundations of Language* 4 (1968), S. 1-18.

23 Vgl. David Lewis, *Convention: A Philosophical Study*, Cambridge/MA 1969, und Jonathan Bennett, *Linguistic Behaviour*, Cambridge/MA 1976. Ganz allerdings

Stellen wir der Hume'schen Fassung intentionalistischer Semantik eine kantische gegenüber. Die bedeutungskonstituierende Intention wäre demnach nicht die, eine spezifische Wirkung beim Adressaten zu erreichen – weder die Wirkung, dass der Adressat daraufhin etwas tut, noch die Wirkung, dass der Adressat daraufhin etwas glaubt, und auch nicht, wie es später bei Grice heißt, dass der Adressat beabsichtigt, etwas zu tun, noch, dass er glaubt, dass der Sprecher glaubt. Wir nehmen Menschen (spezifischer: Partner) in unserer etablierten Verständigungspraxis ernst, indem wir es ihnen selbst überlassen, was sie glauben oder tun. Wir setzen die Mittel nicht effizient ein, um unsere Gesprächspartner zu einer spezifischen Überzeugung oder zu einer spezifischen Entscheidung zu veranlassen. Genuine Verständigung besteht im Austausch von Gründen – theoretischen Gründen, etwas zu glauben (von etwas überzeugt zu sein), und praktischen Gründen, etwas zu entscheiden (etwas zu tun). Wir äußern etwas nicht, um jemanden etwas glauben zu machen oder tun zu lassen, sondern um theoretische wie praktische Gründe zu geben. Ein Sprecher S meint mit der an den Adressaten A gerichteten Äußerung L etwas, p, genau dann, wenn S mit L A einen Grund zu geben beabsichtigt, p zu glauben. Selbst der Prototyp eines auf Wirkung bedachten Sprechaktes (wie der des Befehls) lässt sich in einen so verstandenen kantischen Rahmen spannen. A gibt B eine Weisung, indem er eine bestimmte Äußerung macht. Diese Äußerung wird als Weisung von B, dem Adressaten der Äußerung, verstanden, weil B weiß, welchen Status A ihm gegenüber hat (er ist, um den juridischen Terminus zu verwenden, *weisungsbefugt*). A weiß, dass B sich seiner Weisungsbefugnis bewusst ist, und B weiß, dass A dies weiß. Es besteht ein gemeinsames Wissen in der Verständigungsgemeinschaft von A und B bezüglich dieser institutionellen Tatsache. Die Äußerung gibt damit B einen Grund, das zu tun, was Inhalt der Weisung ist, weil B diese normativ verfasste Institution der Weisungsbefugnis akzeptiert. Akzeptierte er sie nicht, hätte er möglicherweise ein Motiv, aber keinen Grund. Er hätte ein Motiv zum Beispiel deswegen, weil er eine Sanktion befürchten muss. Er hat einen Grund, insofern er

sind diese kantischen Spuren nicht zu verwischen. Bei Lewis zeigt sich dies etwa deutlich in der Rolle der sprachkonstitutiven Prinzipien der Wahrhaftigkeit und des Vertrauens, vgl. David Lewis, »Languages and Language«, in: Keith Gunderson (Hg.), *Language, Mind and Knowledge*, Minneapolis 1975, S. 3-35.

dieses institutionelle Verhältnis zwischen A und B akzeptiert, das heißt, die normativen Regelungen, die diese Weisungsbefugnis ausmachen, für sich gelten lässt. Damit wird die Intention von A ein guter Grund für B, entsprechend zu entscheiden.

Der Unterschied zwischen einer bloßen Wirkung der entsprechenden Weisung und einer Gründe gebenden Weisung lässt sich daran ersehen, dass der Adressat der Weisung in Fällen, in denen er von ihrer Abwegigkeit überzeugt ist, widersprechen wird, also Gründe geltend machen wird, warum dies trotz der erkennbaren Absicht von A kein guter Grund für B sein kann, x (den Inhalt der Weisung) zu realisieren. A wird seine Weisung ebenfalls als grundgebend interpretieren und nicht als Element der kausalen Determination des Entscheidungsverhaltens von B. Der Hinweis darauf, dass Weisungsverhältnisse mit Sanktionen stabilisiert werden, kann gegen diese kantische Interpretation nicht ins Feld geführt werden. Die betreffenden Sanktionen kann man als Formen der Bekräftigung oder auch als Präzisierung der jeweiligen Intention des weisungsbefugten Sprechers verstehen. Es gibt zahlreiche Belege aus den Sozialwissenschaften dafür, dass Sanktionen ohne Gründe in hohem Maße ineffektiv sind. Die ökonomische Ineffizienz des Gulag-Systems aus stalinistischer Zeit ist ein drastischer Beleg dafür und Ähnliches scheint für die nordamerikanische Endphase der Sklaverei gegolten zu haben. Diese kantische Interpretation kann zum Prinzip sozialer Kritik umformuliert werden: Überall dort, wo Herrschaftsverhältnisse Loyalität nur über das kausale Mittel der Sanktionen und nicht mehr über das rationale Mittel der Gründe sichern können, sind diese illegitim. Was jeweils als ein guter Grund gelten kann, ist allerdings nicht außerhalb jeder lebensweltlich etablierten Praxis des Begründens und der Interaktion zu bestimmen. Die reine praktische Vernunft, wie sie Kant vorschwebte, ist eine Chimäre. Die praktische Vernunft ist nicht »rein«, sie ist imprägniert durch die etablierten Interaktionsformen und Begründungsmuster, aus denen wir uns auch als Theoretiker nicht lösen können. Wir transzendieren sie allerdings in unserem Bestreben nach Kohärenz und dem, was ich als strukturelle Rationalität expliziert habe. Wer will, kann also an dieser Stelle konstatieren: Ganz ohne Hegel geht es nicht.[24]

24 Vgl. Jürgen Habermas, *Erläuterungen zur Diskursethik*, Frankfurt/M. 1991, Kap. I.

Die so genannte Bienensprache ist nach allem, was wir über Bienen wissen, keine Sprache, und auch der Thermostat kommuniziert, wenn wir einen adäquaten Kommunikationsbegriff zugrunde legen, nicht mit dem Ölbrenner im Keller. Der Grund dafür ist der gleiche: Weder Bienen noch Thermostate haben Intentionen. In einer rein behavioristischen Beschreibung des Sprachverhaltens geht dieses Spezifikum der Sprache verloren. Für einen Behavioristen spricht nichts dagegen, das Bienenverhalten als *Sprache* zu bezeichnen und davon zu reden, dass der Thermostat mit dem Ölbrenner im Keller *kommuniziert*. Empirische Korrelationen zwischen dem Verhalten einer Entität und dem Verhalten einer anderen Entität sind jedoch auch dann keine Sprache, wenn diese beschreibbaren Regeln gehorchen. Ohne Intentionalität keine Sprache. Ein gegebenes Signal hat nur dann eine Bedeutung, wenn es über spezifische Intentionen Auskunft gibt oder solche Intentionen zum Ausdruck bringt. Das Stopp-Signal einer Gleisüberquerung hat eine Bedeutung, weil es so eingerichtet wurde, dass es die Verkehrsteilnehmer darüber informieren soll, wann ein Zug den Bahnübergang passiert, und weil es zudem den Befehl zum Halten gibt. Möglicherweise ist die bessere Formulierung: Das Signal hat insofern eine Bedeutung, als es einen Haltebefehl gibt, der dadurch begründet ist, dass sich ein Zug dem Bahnübergang nähert oder diesen passiert. Die Bedeutung ist durch die Straßenverkehrsordnung festgelegt und dadurch, dass bestimmte Regeln dieser Straßenverkehrsordnung gemeinsames Wissen sind. Wenn jemand sagt: »Dieses Zeichen bedeutet, dass Du den Bahnübergang nicht überqueren darfst«, beschreibt er nicht einen kausalen Zusammenhang zwischen dem Nahen des Zuges und der Signalgebung, sondern die Absichten, die mit dieser Signalgebung von denjenigen, die dieses Signal eingerichtet haben, verfolgt wurden. Die Einrichtung dieser Signalgebung ist allerdings institutionalisiert, das heißt, die Personen, die das vorgenommen haben, spielen hier keine Rolle; sie sind ausführendes Organ einer normsetzenden Institution, etwa des Verkehrsministeriums. Die Erschütterungen des Gleiskörpers, die durch das Nahen des Zuges ausgelöst werden, informieren ebenfalls über das Nahen des Zuges im Sinne dessen, was Grice *natürliche Bedeutung* nennt, aber diese Erschütterungen haben keine Signalbedeutung, sie spielen keine kommunikative Rolle. Wir können annehmen, dass das Auf-und-ab-Fliegen der Bienen in einem bestimmten Winkel und in einer bestimmten Frequenz bei anderen Bienen ein entsprechendes Verhalten auslöst. Dieses Verhalten aber ist nicht Folge der Zuschreibung einer Intention, die aufgrund des Bienenverhaltens erfolgt. Es ist nicht so, dass die beobachtende Biene das Auf-und-ab-Fliegen der beobachteten Biene in einem bestimmten Winkel und in einer bestimmten Frequenz als Ausdruck einer Absicht interpretiert, ihr mitzuteilen, in welcher Entfernung und in welcher Richtung sich eine Nahrungsquelle befindet. Und ebenso wenig bringen die Erschütterungen des Gleiskörpers Absichten zum Ausdruck.

Die Bedeutung verleihenden Intentionen müssen entsprechend unserer kantischen Version auf die Vermittlung von Gründen, etwas zu glauben bzw. etwas zu tun, gerichtet sein. Damit das Verhalten etwas mitteilt, *kommunikativ* ist, muss es Handlungscharakter haben. Äußerungen sind Handlungen oder sie haben keine Bedeutung. Damit eine Handlung Träger von Bedeutung ist, sind spezifische Intentionen erforderlich. Nehmen wir das Beispiel einer (informativen) Mitteilung. Die Person äußert etwas in der motivierenden Absicht, dem Adressaten Grund zu der Überzeugung zu geben, dass etwas der Fall ist. Diese Verkoppelung ist für Kommunikation konstitutiv. Eine Äußerung einer Person kann eine andere Person, die diese Äußerung hört, ohne Adressat zu sein, informieren, etwa über bestimmte epistemische oder konative Einstellungen der Sprecherin. Sie weiß damit mehr über diese Person als zuvor, vielleicht reagiert sie sogar in einer Weise, die die Sprecherin sich wünscht, und dennoch handelt es sich hier nicht um einen Vorgang, den man als Kommunikation bezeichnen kann, denn das Wesentliche fehlt: Die Sprecherin tat ihre Äußerung nicht in der Absicht, *dadurch* dem Adressaten Grund zu geben, etwas zu tun oder von etwas überzeugt zu sein. Diese über *gemeinsames Wissen interpersonell verkoppelte spezifische Intentionalität* ist für Kommunikation konstitutiv. Die Vertreter der intentionalistischen Semantik, wie etwa Grice, Lewis oder Bennett, verfehlen durch ihr Verhaftetsein in einem Hume'schen *belief-desire*-Schema der Rationalität die Vielfalt und Komplexität sprachlicher Handlungen. Die Reduktion der einen kommunikativen Akt motivierenden Absicht auf den *Wunsch* der Sprecherin, den Adressaten der Äußerung zu etwas zu veranlassen, führt zu einer offenkundigen Schieflage der Analyse.

Eine Person ist von p überzeugt und hält es für ihre Pflicht, einer anderen Person die Mitteilung zu machen, dass p, damit diese ihre

Entscheidungen entsprechend treffen kann. Es ist hier nicht der Wunsch der Sprecherin, den Adressaten der Äußerung zu etwas zu bewegen, sondern es ist Teil einer umfassend interpretierten *Wahrhaftigkeitsnorm*, Personen zu informieren, damit sie ihre eigenen Entscheidungen treffen können. Wir wollen ihnen die Deliberation – praktische und theoretische gleichermaßen – erleichtern, und wir wollen dies nicht, weil das einem zufälligen Wunsch entspricht, sondern weil dies eine konstitutive Norm einer funktionierenden Sprachgemeinschaft ist. Wir akzeptieren diese Norm, was zum Beispiel die Folge hat, dass eine Person, die in einem Gespräch Gründe abwägt, etwas zu tun oder zu lassen, einem Gesprächsteilnehmer Vorwürfe machen kann, wenn sie im Nachhinein erfährt, dass dieser ihr wichtige Informationen hätte geben können, es aber vorzog zu schweigen. Der Gesprächsteilnehmer hat dabei die Norm der Wahrhaftigkeit verletzt, so dass die Sprecherin annehmen durfte, dass der Gesprächsteilnehmer über die entsprechenden Informationen nicht verfügte, von denen er wusste, dass sie für diese Deliberation relevant sind.

Der ethische Gehalt dieser kommunikationskonstitutiven Einstellungen lässt sich etwa so fassen: Wir nehmen uns wechselseitig als Gründe suchende und unser Handeln und Urteilen auf die Ergebnisse von Deliberationen stützende, eben rationale Wesen ernst, indem wir zu dieser Deliberation die von uns für relevant gehaltenen Gründe beisteuern. Wir verletzen dieses Ethos, wenn wir lediglich versuchen, Einfluss zu nehmen, und unsere Äußerungen als optimale Mittelwahl verstehen, die von uns gewünschten Reaktionen bei den Adressaten unserer Äußerungen herbeizuführen. Moralität ist nichts Externes; nichts, was durch ethische Prinzipien an die Interaktionspraxis herangetragen wird, sondern sie ist tief in unsere alltägliche Kommunikationspraxis eingewoben, sie ermöglicht in Gestalt wechselseitiger Anerkennung als rational Urteilende und Handelnde Kommunikation und sie konstituiert in spezifischeren normativen Institutionen einzelne Sprechakte, etwa den Sprechakt des Versprechens oder des Mahnens oder des Mitteilens. Die drei Grundnormen der Kommunikation – Wahrhaftigkeit, Vertrauen und Verlässlichkeit – stützen sich auf die wechselseitige Anerkennung als Urteils- und Handlungsfähige – was das Gleiche ist, wie uns wechselseitig als rational wahrzunehmen oder Rationalität zuzuschreiben. Kommunikation präsupponiert Freiheit und

Verantwortung – Freiheit des Urteilens und Freiheit des Handelns, Verantwortung für das Urteil und Verantwortung für das Handeln – und auf ihrer Grundlage entwickelt sich das komplexe Gebäude normativer Institutionen, die unsere Sprachhandlungen in ihrer ganzen Vielfalt erst hervorbringen.[25]

IV. Die Grenzen der Sprache sind nicht die Grenzen unserer Welt

Die Grenzen der Sprache lassen sich durch einen Begriff charakterisieren; es ist derjenige der Intentionalität. Intentionalität ist fundamentaler als Bedeutung, Intentionalität hat das logische Primat. Auch ohne etablierte Sprache im Sinne eines allgemein akzeptierten impliziten Regelsystems, das bestimmten Äußerungen, Sätzen und Wörtern Bedeutung verleiht, gibt es Kommunikation. Die Verfügbarkeit von Sprache (und ihrer normativ verfassten Institutionen) erweitert das Spektrum unterschiedlicher kommunikativer Akte, es reichert die im menschlichen Handeln verfügbare Intentionalität an. Die Ausdifferenzierung unserer Handlungsbezüge ist sprachabhängig, aber dies ändert nichts daran, dass der Intentionalität das logische Primat zukommt. Wir können auch ohne Sprache kommunizieren, wenn auch in schlichterer Form. Nur so ist das Phänomen radikaler Interpretation begreifbar zu machen, ohne das wiederum die Fähigkeit von Kleinkindern, eine Sprache zu erlernen, ein philosophisches Rätsel bliebe. Es gibt nicht nur einen vorsprachlichen Qualitätsraum, sondern auch vorsprachliche wechselseitige Intentionalitätszuschreibungen. Dies sind die beiden Säulen, auf denen die radikale Interpretation aufruht und die das empirische Phänomen des Spracherwerbs ohne schon verfügbare Sprache plausibel machen. Sprache wird damit nicht, wie in der traditionellen Sprachtheorie seit der Antike, zu einem bloßen Instrument. Unsere Lebensform, unsere Interaktionen, unsere wechselseitigen Intentionalitätszuschreibungen, unsere Verständigung über epistemische und konative Einstellungen sind in der Regel

25 Wenn auch die Argumentationslinien unterschiedliche sind, so liegt doch auf der Hand, dass dieses Ergebnis nicht weit entfernt ist von der normativistischen Position, die Jürgen Habermas als Theorie des kommunikativen Handelns entwickelt hat.

sprachabhängig, sprachlich imprägniert, sie sind ohne eine schon etablierte Sprache in dieser Spezifität nicht verständlich. Es ist der sorgfältige Blick auf die Sprache selbst, auf ihre kommunikativen Rollen, der ihre Grenzen vor Augen führt.

Wenn jemand behauptet, etwas sei der Fall, oder behauptet, etwas sollte getan werden, wenn also eine Person in einer konkreten lebensweltlichen Kommunikationssituation eine entsprechende Behauptung aufstellt, dann ist dies mehr als lediglich das Auffinden eines Zettels, auf dem die betreffende Behauptung geschrieben steht. Es gibt zwei alternative Beschreibungsweisen dieses Unterschiedes: Die soziologische würde die sozialen Rollen beschreiben, die die Interaktionspartner spielen, unter Einschluss der Macht-, Status- und Abhängigkeitsverhältnisse, in denen sie sich befinden. Der Unterschied zwischen dem aufgefundenen Zettel und der geäußerten Behauptung besteht in dieser Perspektive darin, dass der Kontext sozialer Rollen im Fall des Zettels verschwindet. Es gibt keinen Sprecher und keinen Adressaten und daher kann es zwischen diesen auch keine soziologisch zu analysierende Beziehung geben. In der philosophischen Perspektive besteht hingegen der Unterschied darin, dass die Behauptung Ausdruck der Gründe ist, die der Sprecher für sie hat. Sofern wir dem Sprecher rationale Eigenschaften zugestehen, ihn also in seinem Urteil als von Gründen geleitet anerkennen und ihm in gerade diesem Sinne eine spezifische Freiheit des Urteils einräumen (sein Urteil ist nicht lediglich Ergebnis kausaler Prozesse, für die Gründe keine Rolle spielen), ihn also als verantwortlich urteilend einschätzen, ist eine Äußerung eben mehr als ihr jeweiliger propositionaler Gehalt, sie hat das *Gewicht der Gründe*,[26] die für sie sprechen. Ich will damit nicht sagen, dass die soziologische und die philosophische Perspektive unverbunden nebeneinanderstehen. Hegels Theorie der Anerkennung kann offenkundig so gelesen werden, dass beide Perspektiven eine enge Verbindung miteinander eingehen, wenn man Charles Taylor, John McDowell, Robert Brandom oder Axel Honneth folgt. Die genuin philosophische Perspektive ist jedoch eine normative und die genuin soziologische eine deskriptive. Wie immer die normative mit der deskriptiven zusammenhängt, den Unterschied selbst sollte man nicht einzuebnen versuchen.

26 Vgl. Brandom, *Making it Explicit.*

Die Zuschreibungen von Freiheit, Rationalität und Verantwortung haben einen gemeinsamen Kern: Es ist die besondere Fähigkeit des Menschen, sich von Gründen affizieren zu lassen. Gründe leiten unser Handeln und Urteilen und als von Gründen Geleitete lösen sich Menschen aus der Naturordnung der Kausalität. Diese spezifisch menschliche Transzendenz des Naturgegebenen impliziert eine unhintergehbare Grenze naturalistischer Beschreibungsformen menschlichen Urteilens und menschlichen Handelns. Freiheit schreiben wir in dem Sinne zu, dass wir uns wechselseitig zutrauen, dass unser Urteilen und unser Handeln von Gründen affiziert wird und daher nicht ausschließlich von kausalen Determinanten festgelegt ist. Rationalität schreiben wir uns wechselseitig zu, insofern wir uns zutrauen, uns von Gründen affizieren zu lassen, und Freiheit ist nichts anderes als die *naturalistische Unterbestimmtheit* dieser urteils- und handlungsleitenden Gründe. *Verantwortung* (für unsere Urteile und unsere Handlungen) schreiben wir uns wechselseitig zu, insofern wir meinen, diese seien Ergebnis der Abwägung von Gründen und entgegenstehende Gründe hätten uns zu einem anderen Urteil und zu einer anderen Handlung veranlasst. In diesem Sinne sind wir frei. Die Zuschreibung von Rationalität, Freiheit und Verantwortung ist folglich die Zuschreibung eines Clusters spezifischer Eigenschaften, die nur in ihrer wechselseitigen Verknüpfung einen Sinn ergeben. Man kann nicht Freiheit zuschreiben, ohne Rationalität und Verantwortung zuzuschreiben. Man kann nicht Rationalität zuschreiben, ohne Freiheit und Verantwortung zuzuschreiben. Und man kann nicht Verantwortung zuschreiben, ohne Rationalität und Freiheit zuzuschreiben. Freiheit, Rationalität und Verantwortung sind unterschiedliche Aspekte der gleichen besonderen Fähigkeit, nämlich sich von Gründen affizieren zu lassen.[27]

Unsere lebensweltliche Verständigungspraxis beruht auf diesem Cluster wechselseitiger Zuschreibungen. Wir können die Urteils- und Handlungsgründe *philosophisch* analysieren oder die Wirksamkeit vorgebrachter Urteils- und Handlungsgründe *soziologisch* beschreiben. Die philosophische Analyse wägt das normative Gewicht der Gründe und die soziologische die Wirksamkeit ihres Vorbringens ab. Auch der philosophischen Analyse steht kein

27 Vgl. JNR, *Über menschliche Freiheit*, Stuttgart 2005.

archimedischer Punkt außerhalb der Verständigungspraxis zur Verfügung, kein Fundament, von dem aus sich das Gesamt einer angemessenen Verständigungspraxis neu analysieren ließe. Diese muss vom Gesamt der Verständigungspraxis ihren Ausgang nehmen, dann aber, angesichts offenkundiger Inkohärenzen, ihr kritisches Potenzial entfalten. Die philosophische Analyse ist normativ, ihr geht es um die Bestimmung guter Gründe, zu urteilen und zu handeln. Was im Einzelfall gute Gründe sind, lässt sich aber nur von innen, aus der lebensweltlich etablierten Verständigungspraxis heraus rekonstruieren. Die Kohärenz, von der hier die Rede ist, ist keine deskriptive. Wir *beschreiben* nicht die jeweiligen Anerkennungsverhältnisse und suchen nicht nach einer Beschreibung, die diese in möglichst hohem Maße als kohärent erscheinen lassen, wir beschränken uns also nicht auf die Systematisierung der sozialen Anerkennungsverhältnisse, sondern wir *rekonstruieren den normativen Gehalt* unserer Verständigungspraxis, aber dies tun wir nicht als Theoretiker, die außerhalb dieser Verständigungspraxis stehen, sondern als Theoretiker, die in ihrer eigenen philosophischen Abwägung von Gründen auf diese Verständigungspraxis angewiesen sind. Wenn wir abwägen, was einen guten Grund ausmacht, so tun wir dies nicht außerhalb der etablierten Verständigungspraxis. Diese Abwägung entfaltet jedoch immer dann ihr kritisches Potenzial, wenn Inkohärenzen offenkundig werden. Im günstigsten Fall zieht dies eine Modifikation der Verständigungspraxis nach sich und die Philosophie wird pragmatisch, das heißt in der Lebenswelt relevant.[28]

Eine Person, die etwas behauptet, legt sich fest, sie nimmt Stellung. Eine Person, die eine Handlung vollzieht, legt sich ebenfalls fest und nimmt Stellung bzw. die Handlung bringt eine Stellungnahme zum Ausdruck. Urteile und Handlungen können begründet werden. Die Begründungen haben etwa zum Ergebnis, dass der Sprecher mit Recht überzeugt ist, dass p, oder dass der Akteur zu Recht die Handlung h vollzieht. Unsere lebensweltliche Verständigungspraxis beinhaltet ein komplexes Gebilde normativer Bestim-

28 Diese Spannung zwischen dem universalistischen Anspruch des normativen Urteils und dem partikularistischen Charakter konkreter Begründung diskutiere ich in »Universalität und Partikularität«, in: Claudia Bickmann (Hg.), *Tradition und Traditionsbruch zwischen Skepsis und Dogmatik*, Amsterdam/New York 2006, S. 147-166.

mungen, die festlegen, wie Ausdrücke richtig verwendet werden, wann Sprechakte gelungen sind, welche Verpflichtungen sich aus bestimmten Äußerungen ergeben und welche Begründungspflichten Handlungen mit sich führen. Dieser normative Kern der lebensweltlichen Verständigungspraxis lässt sich nicht ohne Rest naturalisieren. Die bloße Beschreibung der Regelhaftigkeit der Verständigungspraxis ersetzt nicht die Rekonstruktion ihres normativen Gehaltes. In naturalistischer Perspektive geht das Spezifikum der Sprache und der Verständigung verloren und es lässt sich zwischen rational und irrational nicht mehr unterscheiden. Im naturalistischen Rahmen löst sich letztlich der Bedeutungsbegriff vollständig auf. Es bleibt das bloße Faktum beobachtbaren Verhaltens und der Unterschied zwischen kausal determinierten und möglicherweise genetisch fixierten Verhaltensmustern einerseits und genuiner sprachlicher Verständigungspraxis andererseits verschwindet. Ohne Normativität und Intentionalität keine Verständigungspraxis, keine genuine Sprache. Sprache ist nicht in dem Sinne grenzenlos, dass ihre jeweiligen Regelsysteme allein ausreichten, um ihren Elementen Bedeutung zu verleihen. Es ist nicht das regelhafte Verhalten, sondern es ist die Intentionalität und Normativität, die in diesem regelhaften Verhalten zum Ausdruck kommt, die Bedeutung verleiht. In diesem Sinne gehen Intentionalität und Normativität der Sprache voraus und transzendieren diese unbeschadet der Tatsache, dass beide sprachlich imprägniert sind.

13. Grice, Gründe und Bedeutung*

Die ersten Beiträge von Paul Grice zu einer Theorie der Bedeutung wurden in der zweiten Hälfte der 1950er Jahre geschrieben. Sie begründen eine Strömung der Sprachphilosophie, deren bedeutendste Vertreter Jonathan Bennett, David Lewis und in Deutschland Georg Meggle sind. Es sind nicht die Feinheiten der im Laufe der Zeit eingeführten Zusatzbedingungen und die Diskussion immer exotischerer Gegenbeispiele und deren Entkräftung, die den Ansatz der handlungstheoretischen Semantik plausibel machen, sondern es ist die Ausgangsintuition, dass die Bedeutung sprachlicher Ausdrücke und nicht-sprachlicher Zeichen eng mit den motivierenden Intentionen des Sprechers und den korrespondierenden Überzeugungen des Adressaten zusammenhängt. *Wechselseitig aufeinander bezogene Intentionen und Überzeugungen von Sprecher und Hörer sind konstitutive Bedingungen von Kommunikation.*[1]

Kommunikation ist eine Sonderform von Handlungen und daher ist erfolgreiche Kommunikation als ein spezifischer Typus erfolgreicher Handlungen und das Grice'sche Projekt als das einer *handlungstheoretischen Semantik* zu charakterisieren; die Bedeutungstheorie wird damit Teil der Handlungstheorie. Was unterscheidet dann Handlungen von bloßem Verhalten? Welche mentalen Zustände schreiben wir zu, wenn wir Handlungen zuschreiben? Was charakterisiert den Akteur? Gibt es nicht-menschliche Akteure? Können nicht-sprachfähige Lebewesen handeln? Gibt es Kommunikation handlungsfähiger Lebewesen ohne Sprache? Welche Intentionen sind für erfolgreiche Kommunikation ausschlaggebend? Welche Rolle spielen dabei wechselseitige Bezugnahmen von Sprecher und Hörer und gemeinsames Wissen? Folgt man dem Grice'schen Ansatz, dann sind alle diese Fragen durch eine Spezifizierung von Intentionen zu beantworten.

* Bereits erschienen in: JNR, *Philosophie und Lebensform*, Frankfurt/M. 2009, S. 135–154.

1 Bienen kommunizieren demnach nicht – auch wenn Biologen von »Bienensprache« reden und diese im Detail analysiert haben –, weil wir ihnen diese kommunikationskonstitutiven Intentionen und Überzeugungen nicht zuschreiben können.

I. Bedeutung und Gründe

Mit Grice stimme ich darin überein, dass nur ein im weitesten Sinne intentionalistisches Verständnis von Bedeutung und Kommunikation plausibel, der *Grice-Lewis-Bennett-Meggle-Ansatz* also unhintergehbar ist; insbesondere ist jede behavioristische oder systemtheoretische Interpretation inadäquat, da sie von den Akteuren der Kommunikation abstrahiert. Im Folgenden geht es mir darum, die Akteurperspektive zu klären, sie von einer charakteristischen Engführung der intentionalistischen Kommunikationstheorie und Semantik zu befreien und damit eine deontologische (humanistische) Interpretation an die Stelle einer konsequentialistischen zu setzen, die für die kontraintuitiven Implikationen des Grice'schen Grundmodells verantwortlich ist. Eine angemessene Berücksichtigung von *Gründen* zur Explikation von Kommunikation und Bedeutung erlaubt es dagegen, am Grice'schen Ansatz festzuhalten und die Bedingungen gelungener Kommunikation *deontologisch* (oder *humanistisch*) zu modifizieren.

Die späten Schriften von Grice, die sich mit *reason, reasons* und *reasoning* auseinandersetzen, zeigen eine überraschend radikale objektivistische (oder realistische) Orientierung[2] und eine Parallelisierung von praktischen und theoretischen (*alethic*) Gründen, die mit einer konventionellen *belief-desire*-Konzeption nur schwer in Einklang zu bringen ist. Da Grice in den Texten, die sich mit Gründen allgemein und dem Verhältnis praktischer und theoretischer Gründe beschäftigen, auf seine Bedeutungstheorie nicht oder nur ganz am Rande rekurriert, liegt es nahe, diese beiden philosophischen Beiträge Grice' als weitgehend unabhängig voneinander zu interpretieren. Dies ist erstaunlich, da bei Grice gelegentlich von Gründen auch in seiner Bedeutungstheorie die Rede ist und zudem kein Hinweis auf eine grundlegende Veränderung seiner handlungstheoretischen Auffassungen gegeben wird.

Richard Warner stellt in der Einleitung zu *Aspects of Reason* einen Zusammenhang zwischen beiden Teilen des philosophischen Werkes von Grice her und bezieht sich auf die ursprüngliche Version der Grice'schen Bedeutungstheorie in »Meaning« (1957), wo Grice vorschlägt:[3]

2 Vgl. Paul Grice, *Aspects of Reason*, Oxford 2001, bes. Kap. V.

3 H.P. Grice, »Meaning«, in: *Philosophical Review* 66 (1957), S. 377-388. Vgl. dazu

By uttering »I'm blue« one means that one is sad if and only if one utters »I'm blue« intending:
(1) that the audience believe that one is sad;
(2) that the audience recognize the intention described in (1);
(3) that this recognition be part of the audience's reason for believing that one is sad.

In (3) wird mehr vorausgesetzt als lediglich die intendierte Wirkung des Sprechers, dass der Hörer glaubt, man sei traurig, und dass der Hörer die Absicht des Sprechers erkennt, den Hörer glauben zu machen, dass der Sprecher traurig sei, sondern eben zusätzlich, dass diese Erkenntnis dem Hörer *Grund gibt, zu glauben*, dass der Sprecher traurig ist.[4]

An einer anderen Stelle desselben Aufsatzes schreibt Grice: »›*A meant something by x‹ is (roughly) equivalent to ›A intended the utterance of x to produce some effect in an audience by means of recognition of this intention.‹*« »Gründe geben« scheint – als eine der beabsichtigten Wirkungen (*effect*) auf den Hörer – hier nur von instrumentellem Wert zu sein, da die jeweiligen Gründe den Hörer im günstigen Fall dazu veranlassen, h zu tun. Diese Ansicht allerdings wäre in meinen Augen ein fataler Fehler, weil sie die Rolle von Gründen für unser Handeln und speziell für unsere Interaktionen und moralischen Einstellungen falsch beschriebe.[5] Nehmen wir an, ich wünschte, dass eine Person P eine bestimmte Handlung h vollzieht. Nehmen wir weiter an, ich wüsste, dass der sicherste Weg, P dazu zu bringen, h zu tun, darin besteht, P für den Fall, dass P h

auch Patrick Suppes, »The Primacy of Utterer's Meaning«, und Andreas Kemmerling, »Utterer's Meaning Revisited«, beide in: Richard E. Grandy und Richard Warner (Hg.), *Philosophical Grounds of Rationality. Intentions, Categories, Ends*, Oxford 1986, S. 109-129 und S. 131-155.

4 Grice, *Aspects of Reason*, S. ix.

5 Diese falsche Beschreibung der Rolle von Gründen hat eine große und bis heute anhaltende Tradition in der analytischen Philosophie, wenn sie auch seit etwa zwei Dekaden – möglicherweise unter dem Eindruck der Publikationen der Sellars-Schule, besonders Robert Brandom und John McDowell – auf dem Rückzug ist. Ein prominenter Vertreter dieses verbreiteten Irrtums ist in der ersten Phase der analytischen Philosophie Moritz Schlick, der meinte, die Rolle ethischer Normen und moralischer Einstellungen auf die jeweils gewünschte Steuerung menschlichen Verhaltens reduzieren zu können. Die anti-humanistischen, ja in letzter Konsequenz totalitären Konsequenzen dieser Sichtweise waren Schlick, der diesen Vorschlag 1930 publizierte, vermutlich ebenso wenig bewusst wie zeitgenössischen Wiedergängern, etwa Wolf Singer. Vgl. Kap. 7 in diesem Band.

nicht tut, etwas für P Unangenehmes anzudrohen. (Ich wünsche, dass P h tut, und weiß ein verlässliches Mittel, P dazu zu bringen, h zu tun.) Nehmen wir an, ich sei zudem der Überzeugung, dass es gute Gründe gibt, dass P h tut, und daher erläutere ich P diese Gründe. *Meine These ist, dass es keineswegs gegen meine Rationalität spricht, wenn ich auf das probateste Mittel, meinen Wunsch zu erfüllen, dass P h tut, verzichte, also darauf verzichte, P zu bedrohen, und stattdessen lediglich Gründe anführe, die dafür sprechen, dass P h tut.* Man kann dies auch so formulieren: Ich respektiere P als freie und verantwortliche Person, indem ich die Gründe anführe, die nach meiner Überzeugung dafür sprechen, dass P h tut. Es ist P, der entscheiden muss, ob ihn diese Gründe überzeugen und ob er, wenn er von diesen Gründen überzeugt ist, dann auch h tut. Dies ist eine *deontologische Interpretation der Rolle von Gründen*: *Obwohl ich den Wunsch habe, dass P h tut, setze ich nicht das effektivste Mittel ein, um diesen Wunsch zu erfüllen.* Ich habe dafür meinerseits Gründe, die man etwa so umschreiben kann: Ich respektiere P als selbstbestimmten und verantwortlichen Akteur, oder auch: Ich achte seine Fähigkeit, aus eigener Einsicht (in gute Gründe) zu handeln. Nach meiner Überzeugung wäre P selbst dann, wenn er bedroht würde, ein freier und verantwortlicher Akteur, auch wenn die moralische Beurteilung die Tatsache, dass die betreffende Entscheidung unter Druck zustande kam, berücksichtigen muss. Ich verletze meine Pflicht, mit anderen Menschen respektvoll umzugehen, wenn ich meinen Wunsch, P dazu zu bringen, h zu tun, dadurch zu realisieren suche, dass ich P für den Fall, dass sie h nicht tut, mit Sanktionen drohe. Die angemessene Form des Umgangs sich wechselseitig als freie und verantwortliche Akteure wahrnehmender Personen ist der Austausch von Gründen. Interaktionen, die im Modus des Austauschs von Gründen ablaufen, sind nur möglich, wenn die an der Interaktion beteiligten Personen bestimmte deontologische Regeln akzeptieren, zu denen die oben genannte gehört: Setze auch dann keine Drohung als Mittel der Realisierung deiner Wünsche ein, wenn dieses Mittel das effektivste wäre, um eine andere Person zu der von dir gewünschten Handlung zu bewegen.

Die Teilnahme an Begründungsspielen – als einer bestimmten Form von Sprachspielen – verlangt eine Konformität mit (deontologischen) Regeln, zu denen unter anderem auch die genannte gehört. Begründungsspiele sind nur möglich, wenn die Akteure darauf verzichten, die jeweils effektivsten Mittel zur Kontrolle des Verhaltens Anderer einzusetzen, und sich von vornherein auf den Austausch von Gründen beschränken. Wer Fußball spielt, darf nicht alle verfügbaren Mittel einsetzen, um den Ball ins Tor zu schießen. Welche Mittel zur Verfügung stehen, bestimmen die Regeln des Fußballspiels. Die Teilnahme an Begründungsspielen und damit die wechselseitige Wahrnehmung als freie und verantwortliche Akteure, beschränkt die zulässigen Mittel, um Einfluss auf das Verhalten anderer zu nehmen, auf den Austausch von Gründen. Menschen sind diejenigen Lebewesen, die – sofern sie ein bestimmtes Alter und eine bestimmte persönliche Reife erreicht haben sowie eine hinreichende Einsichtsfähigkeit aufweisen – sich von Gründen leiten lassen. Wir gehen in diesem Sinne menschlich miteinander um, wenn wir die Einflussnahme auf das Verhalten anderer auf den Austausch von Gründen beschränken. Das, was ich als *theoretischen Humanismus* bezeichnet habe, ist eine Anthropologie, die Menschen zutraut und zumutet, dass sie sich von Gründen affizieren lassen, und das, was ich als *ethischen Humanismus* bezeichnet habe, meint die deontologischen Einschränkungen, die sich daraus für unser Handeln ergeben. Konsequentialistische Kriterien menschlicher Verhaltensrationalität, auch solche, die als Teil einer (utilitaristischen) Moraltheorie formuliert werden, sind mit dieser – deontologischen – Verfasstheit genuin menschlicher Interaktion unverträglich. Diese Unverträglichkeit ist derart weitreichend, dass man sogar sagen kann, dass Sprachgemeinschaften nur aus deontologischen Akteuren bestehen können, dass sich eine Sprachgemeinschaft als ganze nicht aus konsequentialistischen Akteuren bilden lässt, auch wenn es einzelne, konsequentialistisch motivierte Sprachhandlungen geben kann, die dann eine parasitäre Rolle spielen bzw. die weitgehende Regelkonformität der Anderen voraussetzen müssen.

Für Sprachgemeinschaften sind *drei deontologische Regeln konstitutiv*, das heißt, wenn diese Regeln nicht befolgt werden, wenn die Konformität mit diesen Regeln nicht hinreichend groß ist, kann sich eine Sprachgemeinschaft nicht bilden, und wo sie besteht, würde sie zerfallen. Diese Regeln wiederum lassen sich unterteilen in *bedeutungsspezifische* und *universelle*. Erst zusammen konstituieren sie eine Sprachgemeinschaft bezüglich einer spezifischen gesprochenen Sprache L. Die universellen Regeln sind für beliebige

Sprachgemeinschaften unverzichtbar, während die bedeutungsspezifischen sich auf konkrete Sprechakte bzw. das institutionelle normative System beziehen, das den jeweiligen Sprechakt generisch bestimmt und den konkreten Sprechakt einer Person ermöglicht. Die drei universellen Konstitutionsbedingungen sind: Wahrhaftigkeit, Vertrauen und Verlässlichkeit. Charakterisieren wir kurz diese Regeln und ihr Verhältnis zueinander, bevor wir auf die Frage eingehen, warum sie universell und konstitutiv sind.

Die *Regel der Wahrhaftigkeit* verlangt, dass man nur solche Gründe vorbringt, die man selbst für gute Gründe hält. Bei praktischen wie theoretischen Gründen stellt sich dabei die Frage nach der Personenrelativität von Gründen, auf die wir weiter unten eingehen. Hans sagt zu Thomas: »Du solltest Helga das Geld noch in diesem Monat zurückgeben, weil Du es ihr versprochen hast.« Diese Äußerung wäre unwahrhaftig, wenn es Hans völlig egal wäre, ob Thomas sein Versprechen hält, wenn er gar davon überzeugt wäre, dass solche Versprechungen keine Verpflichtungen, diese einzuhalten, nach sich ziehen, und das Motiv dieser Äußerung zum Beispiel darin läge, dass Helga ihrerseits einen Kredit an Hans nur zurückzahlen kann, wenn sie zuvor die Summe von Thomas erhalten hat. Eine Äußerung, die praktische Gründe (G) dafür anführt, dass P h tut, ist wahrhaftig nur dann, wenn der Äußernde auch davon überzeugt ist, dass G für h spricht.

Die Regel der Wahrhaftigkeit korrespondiert der *Regel des Vertrauens*. Wenn Thomas Hans vertraut, nimmt er an, dass Hans tatsächlich meint, dass das gegebene Versprechen Thomas verpflichte, Helga das Geld noch in diesem Monat zurückzugeben. Er wird sich in diesem Vertrauen getäuscht fühlen, wenn er erfährt, dass Hans diese Überzeugung nicht hatte und aus einem eigensüchtigen Motiv heraus den Eindruck erweckte, er hielte gegebene Versprechen für einen guten Grund, das Geld zurückzuzahlen. In einer Sprachgemeinschaft, in der Äußerungen, die Gründe betreffen, wahrhaftig sind, wäre es *irrational*, kein Vertrauen zu haben, das heißt anzunehmen, dass die jeweils angeführten Gründe den Überzeugungen der Sprecher entsprechen. In einer durchgängig misstrauischen Gesellschaft wäre es dagegen nicht notwendigerweise irrational, wahrhaftig zu sein, aber diese Wahrhaftigkeit wäre gewissermaßen ohne Witz. Wer wahrhaftig ist, ist dies in Bezug auf den anderen; er erwartet, dass der Hörer ihm glaubt, dass er die angegebenen Gründe für Überzeugungen hält, also Vertrauen hat. Das Verhältnis der beiden Regeln ist nicht symmetrisch, aber es besteht eine wechselseitige Abhängigkeit, die beiden Regeln stützen sich gegenseitig. Sie bilden ein System, das allerdings erst ergänzt um eine dritte Regel, nämlich die der Verlässlichkeit, vollständig ist.[6]

Zur *Regel der Verlässlichkeit*: Donald Davidsons *principle of charity*[7] geht über die subjektive Ebene der Wahrhaftigkeit und des Vertrauens hinaus und macht das Zutreffen, die (weitgehende) Übereinstimmung mit den Tatsachen, zu einer konstitutiven Bedingung von Spracherwerb und alltäglicher Sprachpraxis. Nicht nur das Vertrauen in die Wahrhaftigkeit des Sprechers, sondern auch das Vertrauen darauf, dass die Überzeugungen des Sprechers mit den Tatsachen übereinstimmen, macht *radical interpretation*, das Erlernen einer Sprache, möglich, ohne schon über eine Sprache oder semantische Begriffe zu verfügen.[8]

David Lewis argumentiert[9] zwar einerseits für eine stärkere Integration der Gründe und der Konzeption gemeinsamen Wissens (Replikation von Gründen), andererseits versucht er den normativen Implikationen dieser Integration zu entgehen, indem er die

6 David Lewis hat frühzeitig erkannt, dass ohne die Regel der Wahrhaftigkeit und die Regel des Vertrauens eine Sprachgemeinschaft nicht denkbar ist. Er hat allerdings übersehen, dass dies ein normatives Element in die Bedeutungstheorie einführt, das mit einer konsequentialistischen Rationalitätstheorie und ihrer Anwendung auf Sprachhandlungen unvereinbar ist. Vgl. David Lewis, »Languages and Language«, in: Keith Gunderson (Hg.), *Language, Mind and Knowledge*, Minneapolis 1975, S. 3-35 (dt. »Die Sprachen und die Sprache« in: Georg Meggle [Hg.], *Handlung, Kommunikation, Bedeutung*, Frankfurt/M. 1993, S. 197-240).

7 Vgl. Donald Davidson, »On the Very Idea of a Conceptual Scheme« [EA 1974], in: ders., *Inquiries into Truth and Interpretation*, Oxford 1984, S. 183-199 (dt. »Was ist eigentlich ein Begriffsschema?«, in: ders., *Wahrheit und Interpretation*, Frankfurt/M. 1986, S. 261-282).

8 Es scheint mir keineswegs abwegig zu sein, eine Linie von Grice über Lewis, Davidson, Brandom bis zu Habermas zu ziehen, für die jeweils handlungsleitende Absichten eine konstitutive Rolle für die Sprachgemeinschaft spielen, wobei die normativen Bedingungen dieser sprachkonstitutiven Rolle von Grice bis Habermas immer stärker angereichert werden. Nach meiner Überzeugung gibt es jedoch nur drei konstitutive universelle Regeln, nämlich die der Wahrhaftigkeit, des Vertrauens und der Verlässlichkeit, so dass Grice zu schwache und Habermas zu starke normative Bedingungen gelungener Kommunikation formuliert. Vgl. JNR, *Strukturelle Rationalität*, Stuttgart 2001, Kap. 6.

9 So Lewis in »Languages and Language«.

»Verhaltens- und Glaubensregularitäten« als Konventionen in dem von ihm an anderer Stelle eingeführten Sinne interpretiert.[10] R ist eine Konvention dann und nur dann, wenn sich jeder an R hält, jeder glaubt, dass sich auch die Anderen an R halten, und der Glaube, dass die Anderen sich an R halten, jedem einen guten Grund gibt, sich selbst an R zu halten. Vor allem aber zieht jeder einen Zustand, in dem sich alle an R halten, einem Zustand vor, in dem sich nur fast alle an R halten, insbesondere einem solchen, in dem sich die Anderen an R halten, nur man selbst nicht. Weiterhin muss es zu R Alternativen geben, um dem arbiträren Charakter von Konventionen gerecht zu werden. Und schließlich sind die genannten fünf Bedingungen Gegenstand gemeinsamen Wissens.

Nun meint Lewis, die Regularitäten der Wahrhaftigkeit und des Vertrauens seien Konventionen in diesem Sinne. Das ist jedoch ein klarer Irrtum. Einmal deswegen, weil die obige vierte Bedingung verletzt ist. Am günstigsten ist es, wenn alle wahrhaftig sind, ich mich also auch darauf verlassen kann, dass die geäußerten Gründe den Überzeugungen der Anderen entsprechen, ich aber fallweise davon abgehen kann. Das gilt insbesondere dann, wenn eine Aufdeckung meiner Unwahrhaftigkeit nicht zu erwarten ist oder, sofern diese aufgedeckt würde, dies für zukünftige Kommunikationen keine Nachteile nach sich zöge, zum Beispiel, weil die Kommunikationspartner nicht mehr in Verbindung miteinander stehen. Die Regeln der Wahrhaftigkeit und des Vertrauens sind Bedingungen für eine Sprachgemeinschaft, da hat Lewis recht, aber sie sind keine Konventionen im Lewis'schen Sinne. Auch deswegen nicht – und dies ist der zweite Irrtum Lewis' –, weil es zu diesen universellen konstitutiven Bedingungen von Sprache (Sprachgemeinschaft) keine Alternativen gibt, weil sie nicht arbiträr sind (Verletzung der fünften Bedingung). Arbiträr sind dagegen die von uns als bedeutungsspezifisch erkannten Regeln. Fallweises Abweichen der einzelnen Sprachteilnehmer kann jedoch auch bezüglich dieser nicht universellen Regeln im Interesse des Einzelnen sein, daher sind sie konventionell im Sinne von arbiträr, aber nicht konventionell im Sinne von Bedingung 4. Letzteres spricht übrigens gegen die Adäquatheit des Konventionenbegriffs von Lewis. Es scheint sinnvoller, den Konventionenbegriff so zu charakterisieren, dass er zwar

10 David Lewis, *Convention: A Philosophical Study*, Cambridge/MA 1969.

die Arbitrarität enthält, aber nicht die Bedingung 4, die verlangt, dass die Befolgung einer Konvention in jedem Einzelfall im Interesse des Akteurs ist, oder kürzer: Die Konvergenz von Regelkonformität und konsequentialistischer Optimierung ist kein Merkmal von Konventionen.

»Ich vertraue einer Person« kann bedeuten: »Ich vertraue darauf, dass sie von dem, was sie sagt, selbst überzeugt ist«, spezifischer: »Ich vertraue darauf, dass die Gründe, die sie vorbringt, auch ihr selbst als gute Gründe gelten«, oder kurz – und in Beziehung zur ersten universellen Regel – »Ich habe Vertrauen in ihre Wahrhaftigkeit«. »Ich vertraue einer Person« kann jedoch auch bedeuten »Ich vertraue darauf, dass das Urteil zutreffend ist«, spezifischer: »Ich vertraue darauf, dass die von ihr angeführten Gründe auch die richtigen Gründe sind« oder kurz: »Ich habe Vertrauen in die Verlässlichkeit dieser Person«. Da wir nicht isolierte Propositionen in ihrer Bedeutung erfassen, sondern die Bedeutung einzelner sprachlicher Ausdrücke im Zusammenhang mit regelkonformem Interaktions- und Kommunikationsverhalten und bei Zuschreibung der richtigen (diesem Verhalten entsprechenden) intentionalen Einstellungen klar wird, beruht das Lernen und Praktizieren einer Sprache, die Teilhabe an einer Sprachgemeinschaft, darauf, dass ich die *angezeigten* Intentionen der betreffenden Person verlässlich zuschreiben kann.

Natürlich stellt sich hier die Frage: Welche Intentionen werden jeweils angezeigt? Dies wiederum ist teilweise, aber nicht vollständig konventionell geregelt über den korrekten sprachlichen Gebrauch von Ausdrücken. Dieser korrekte sprachliche Gebrauch umfasst neben grammatischen Regeln auch Merkmale der jeweiligen Äußerungssituation und Intentionen der an der Kommunikation jeweils Beteiligten, die über iterierte Bezugnahmen und gemeinsames Wissen voneinander abhängig sind. Grice beginnt jedoch seine Bedeutungstheorie nicht mit Zeichen, deren Bedeutung durch diesen spezifischen Typus konventioneller Regeln festgelegt sind, sondern mit Zeichen, die keine konventionelle Bedeutung haben, die jedoch unter bestimmten Bedingungen wechselseitig aufeinander Bezug nehmender Intentionalität eine auf die spezifische Kommunikationssituation bezogene Bedeutung annehmen. Der *paradigmatische Fall* von Zeichenbedeutung kommt ohne konventionelle sprachliche Bedeutung aus. Da in der Regel Zeichen eine konventionelle Bedeutung haben, sind wir nicht frei, diese entgegen den bedeutungsspezifischen Regeln zu gebrauchen – wir würden dann missverstanden, das heißt, uns würden diejenigen Intentionen zugeschrieben werden, die üblicherweise – also entsprechend der konventionellen Bedeutung – mit dem Gebrauch dieses Zeichens verbunden werden. Die Bedeutung ergibt sich jedoch, wenn man dem intentionalistischen oder handlungstheoretischen Ansatz folgt, nicht lediglich aus Regelkonformität. Regelkonformität alleine – ohne die Einbeziehung von Intentionen – ist nicht hinreichend, um Zeichen oder besser Vorgänge und Ereignisse als bedeutungsvoll zu interpretieren.

II. Eine deontologische (humanistische) Modifikation des Grundmodells

Diese Vorklärungen müssen genügen, um nun zu klären, in welcher Weise *Gründe* in die Analyse eingeführt werden müssen, um Kommunikation und Bedeutung von Zeichen adäquat zu erfassen. Ich sehe den entscheidenden Webfehler der Grice'schen Semantik darin, dass die für kommunikative Akte konstitutiven Intentionen als eine Form des Bewirken-Wollens (jemanden zu einer Handlung bringen, jemanden zu einer Überzeugung bringen usw.) verstanden werden. *Der Idealtypus eines reinen kommunikativen Aktes setzt jedoch keine Sprecherintentionen vom Typ des Bewirken-Wollens voraus.* In Anlehnung an aristotelische Begriffe könnte man sagen: Kommunikation ist *praxis*, nicht *poiesis*.

Ein Beispiel: Ich schlendere an einem Samstagnachmittag zu meiner Lieblingsbar auf der Maximilianstraße in München. Ein japanischer Tourist fragt mich nach dem Weg zum Hofbräuhaus. Da sich nach einigem Hin und Her herausstellt, dass er außer dem Ausdruck »Hofbräuhaus« nicht über englische oder deutsche Fremdsprachenkenntnisse verfügt, gebe ich ihm entsprechende Zeichen. Ich ahme mit Gesten den Weg nach, den er zu gehen hat. Gefragt, warum ich dies tue, würde ich antworten, dass der japanische Tourist mich um Auskunft gebeten hat und ich dieser Bitte nachkommen wollte.

(1) Ich habe keinerlei Interesse daran, dass der japanische Tourist das Hofbräuhaus erreicht, ich bin auch nicht sicher, ob dies in

seinem eigenen Interesse ist. *Ich will nichts bewirken, lediglich einer Bitte nachkommen.* Diese Bitte ist erfüllt, wenn ich erfolgreich Auskunft gegeben habe, das heißt, nach bestem eigenem Wissen den richtigen Weg gewiesen habe.

(2) Dass zwischen mir und dem japanischen Touristen (J) ein kommunikativer Akt stattfindet, hat damit zu tun, dass J meine Zeichen als *wahrhaftigen Ausdruck meiner Überzeugung* interpretiert, auf welchem Wege J zum Hofbräuhaus findet. Ich meinerseits möchte der Bitte um Auskunft von J nachkommen und gebrauche diejenigen Zeichen (Gesten, Worte ...), von denen ich hoffe, dass sie von J richtig interpretiert werden.

(3) Ich setze bei J eine *Haltung des Vertrauens* voraus (ich nehme an, dass J von der Wahrhaftigkeit meiner Zeichen überzeugt ist). Weiterhin nehmen sowohl J wie ich an, dass meine Auskunft *verlässlich* ist, das heißt, dass der angezeigte Weg mit dem tatsächlichen Weg zum Hofbräuhaus übereinstimmt.

(4) Meine Zeichen geben J einen subjektiven (bei richtiger Interpretation einen objektiven) *Grund, überzeugt zu sein*, dass er das Hofbräuhaus auf diesem Wege findet. Meine Auskunft (die gegebenen Zeichen) vermittelt Gründe für eine Überzeugung, die es J ermöglicht, seinen Wunsch, das Hofbräuhaus zu besuchen, zu erfüllen. Ich selbst habe jedoch keinen Wunsch dieser Art. Ich wünsche weder, dass J sich in Kürze im Hofbräuhaus aufhält, noch bin ich mir sicher, ob man J wünschen kann, dass er sich diesen Wunsch erfüllt. Die einzige handlungsleitende Funktion ist die, einer Bitte nachzukommen.

Zwei Anmerkungen:

(a) Die *intentionalistische* Umdeutung im Sinne eines (*konsequentialistischen*) Bewirkens verzerrt diese Kommunikationssituation. Ich gebe mit meiner Auskunft (den Zeichen) J Gründe für eine Überzeugung – nämlich die, wie man das Hofbräuhaus erreicht. Darum hatte J mich gebeten; ich bin dieser Bitte im Erfolgsfall nachgekommen. Wenn J mir nach zwei Wochen leidvoller Erfahrung als Tourist in Europa nicht vertraut und meint, ich hätte mich derart vage ausgedrückt, dass ich vermutlich gar nicht wisse, auf welchem Wege man das Hofbräuhaus erreicht, mag ich dies bedauern, aber eher aus einer Haltung der Empathie heraus: Ich hätte J gerne weitere Nachfragen erspart. Aber es war nicht mein Wunsch, eine spezifische Überzeugung in J zu bewirken, sondern, einer Bitte nachzukommen, das heißt, Gründe für eine Überzeugung zu geben. Wenn J diesen Gründen nicht folgt, ist dies seine Sache. Jedenfalls werden dadurch meine Wünsche (handlungsleitenden Absichten, Intentionen) nicht frustriert. Die bedeutungskonstitutiven Intentionen sind nicht vom Typus des Bewirkens (jedenfalls nicht in diesem idealtypischen und besonders einfachen Fall).

(b) Betrachten wir noch kurz die *normative* Dimension dieses kommunikativen Aktes. Ich war auf dem Weg zu meiner Lieblingsbar, dort wartete meine Frau auf mich. Ich wäre gerne pünktlich gekommen, so komme ich ein paar Minuten zu spät. Zu den von uns akzeptierten Konventionen gehörte es, dass man Bitten, wenn sie nicht mit allzu großen Nachteilen für einen selbst verbunden sind, erfüllt. J hatte keinerlei Sanktionsmöglichkeit. Hätte ich den Kopf geschüttelt und wäre weitergegangen, wären keine Nachteile, sondern nur Vorteile für mich entstanden. Ich bin der Bitte gefolgt, weil ich mich verpflichtet fühle, Bitten dieser Art nachzukommen, wenn nicht Gravierendes dagegen spricht. Die Befolgung einer Konvention dieser Art (erfülle Bitten auch von Fremden) ist nicht in meinem Interesse, wenn alle Übrigen sich an diese Konvention halten. Die Bedingung 4 der Definition von Konventionen bei David Lewis ist verletzt, wonach jeder es vorzieht, dass jeder Beteiligte einer (konventionellen) Regel folgt, sofern auch die Übrigen der Regel folgen.[11] Ich habe Zeichen gegeben, die den besten Weg zum Hofbräuhaus beschreiben. Dies war etwas umständlicher und dauerte einige Minuten länger, als wenn ich so getan hätte, als sei das Hofbräuhaus an der nächsten Ecke. Bis J dieses festgestellt hätte, wäre ich längst außer Reichweite gewesen, ich hätte davon keine Nachteile gehabt. Ich habe einen Nachteil in Kauf genommen, um wahrhaftig zu sein, um J Gründe für die richtige

11 Man könnte einwenden, dass Interesse und Präferenz eben auseinanderfallen können. In der Tat ist das meine Überzeugung, aber dies steht im Konflikt mit der konventionellen Anwendung entscheidungstheoretischer Begrifflichkeiten, wie sie auch für Lewis, allerdings nicht für Sen charakteristisch ist. Vgl. Amartya Sen, »Maximization and the Act of Choice«, in: *Econometrica* 65 (1997), S. 745-779, und JNR, »Practical Reason or Metapreferences? An undogmatic Defense of Kantian Morality«, in: *Theory and Decision* 30 (1991), S. 133-162, sowie »Rationality, Coherence and Structure« in: ders., Wolfgang Spohn (Hg.), *Rationality, Rules and Structure*, Dordrecht 2000, S. 1-16.

Überzeugung zu geben und nicht mit meinen Zeichen J Grund für eine falsche Überzeugung zu geben (sofern er mir denn vertraut). Ich habe wahrhaftig kommuniziert und die Einhaltung dieser Regel der Wahrhaftigkeit als eine der universellen kommunikationskonstitutiven Regeln war in diesem Falle für mich nachteilig. Die Bedingung 4 von Lewis ist erneut verletzt.

Meine Äußerungshandlung waren die Zeichen, die ich gab, um J den Weg zum Hofbräuhaus zu weisen. Versuchen wir nun, das Grice'sche Modell zur Explikation heranzuziehen: *»S meant something by x« is (roughly) equivalent to »S intended the utterance of x to produce some effect in an audience by means of the recondition of this intention.«* 1969 reformuliert Grice diesen Vorschlag um:

»S meant something by uttering x« is true if for some audience H S uttered x intending
(1) H to produce a particular response R
(2) H to think (recognize) that S intends (1)
(3) H to fulfil (1) on the basis of this fulfilment of (2)[12]

In unserem Beispiel ist keine dieser drei Bedingungen erfüllt: Weder beabsichtige ich mit meiner Zeichengebung zu erreichen, dass J das Hofbräuhaus – als bestimmtes Antwortzeichen R auf meine Äußerung – aufsucht, noch beabsichtige ich mit meiner Auskunft zu erreichen, dass J denkt oder erkennt, dass ich beabsichtige zu erreichen, dass J das Hofbräuhaus aufsucht, und dementsprechend beabsichtige ich auch nicht, dass J – aufgrund der Erkenntnis meiner Absicht, J dazu zu bringen, das Hofbräuhaus aufzusuchen – das Hofbräuhaus tatsächlich aufsucht.

Nun bietet sich eine Spezifikation der Informations-Handlungen an, wonach in diesem Fall meine Intention darauf gerichtet ist, zu erreichen, dass J glaubt, dass sich das Hofbräuhaus an dem angezeigten Ort befindet, dass J aufgrund meiner Auskunft erkennt, dass ich beabsichtige, dass er das Hofbräuhaus auf dem angezeigten Wege findet, und schließlich, dass ich glaube, dass J aufgrund der Erkenntnis meiner Absicht glauben wird, dass er das Hofbräuhaus auf diesem Wege aufsuchen kann. Aber auch in dieser Ersetzung

12 Die erste Formulierung in Grice, »Meaning«, die zweite in H. P. Grice, »Utterer's Meaning and Intentions«, in: *The Philosophical Review* 78 (1969), S. 147-177, zitiert von Georg Meggle in *Grundbegriffe der Kommunikation*, Berlin, New York 1995, S. 17 f.

von Bewirken, *dass J das Betreffende tut* (auf dem angezeigten Weg das Hofbräuhaus aufsuchen), durch, *dass J glaubt, dass er das Hofbräuhaus auf diesem Wege findet* – das Bewirken bezieht sich nun nicht mehr auf eine konkrete Handlung, sondern auf eine Veränderung des epistemischen Zustandes von J –, bleibt das Grundmodell der intentionalistischen Semantik inadäquat. Mein Motiv ist, eine Bitte zu erfüllen. Ich erfülle diese Bitte, indem ich J Gründe gebe zu meinen, dass er das Hofbräuhaus auf dem angezeigten Weg findet und damit, wenn er seinen Wunsch erfüllen möchte, das Hofbräuhaus aufzusuchen, diesen Wunsch auf diesem Weg erfüllen kann. Was er damit tut, welche Glaubensänderungen er aufgrund der gegebenen Gründe vollzieht und ob er aufgrund dieser Glaubensänderungen seinen Wunsch erfüllt, kann mir egal sein.[13] Es ist jedenfalls kein konstitutiver Bestandteil eines kommunikativen Aktes, hier einer Informationshandlung. Als Kommunizierender gebe ich Gründe dafür an, etwas zu glauben, und damit auch Gründe, etwas zu tun. Die meine Kommunikationshandlung leitende Absicht ist nicht darauf gerichtet, Überzeugungsänderungen zu bewirken oder Handlungen herbeizuführen, die eine Folge dieser Überzeugungsänderung sind.

Die intentionalistische Semantik charakterisiert Kommunikation – und damit die Bedeutung von Zeichen – über Absichten des Sprechers, etwas zu bewirken, und das Erfüllen dieser Absichten durch den Hörer, sofern er diese Absicht des Sprechers erkennt. Dies ist inadäquat. Solche Fälle mag es geben, sie sind jedoch für kommunikative Handlungen nicht konstitutiv. Stellen wir daher der in diesem Sinne intentionalistischen Semantik eine *deontologische (oder humanistische) Semantik* gegenüber.[14] Die Absichten, die unsere kommunikativen Handlungen leiten, sind in der Regel nicht auf die Beeinflussung des Adressaten durch dazu geeignete

13 Die Formulierung »es kann mir egal sein« könnte missverstanden werden. Gemeint ist damit nicht, dass es einem gleichgültig ist, ob ein Anderer, hier der fragende Tourist, sich seine Wünsche erfüllt, sondern dass es für den Akt der Kommunikation unwesentlich ist, ob ich solche Absichten oder Wünsche habe oder nicht.

14 Ich spreche hier von Humanismus in dem von mir in *Über menschliche Freiheit*, Stuttgart 2005, erläuterten Sinne. Dort wird theoretischer Humanismus dadurch charakterisiert, dass er Gründen eine zentrale und irreversible Rolle bei der Erklärung menschlichen Handelns und Urteilens beimisst. Vgl. auch Kap. 7 in diesem Band.

Zeichen (Signale) gerichtet, sondern auf Verständigung. Kommunikation ist die Mitteilung von Gründen. Sie kann nur gelingen, wenn wir uns an normative Regeln halten, solche, die universell konstitutiv sind, und solche, die bedeutungsspezifisch konstitutiv sind.

Eine ausgesprochene Bitte führt die Verpflichtung mit sich, ihr (jedenfalls in der Regel) nachzukommen. Ich habe kein Interesse, sondern die Verpflichtung, ihr nachzukommen. Die Institution der Bitte kann nur aufrechterhalten werden, wenn die Mitglieder der Sprachgemeinschaft diese Verpflichtung anerkennen und ihr folgen. Wenn ich um Auskunft gebeten werde, habe ich die Verpflichtung, diese wahrhaftig zu geben. Ich habe darüber hinaus die Verpflichtung, verlässlich zu sein, das heißt, die Gründe abzuwägen und nicht die erstbesten zu nennen, die mir in den Sinn kommen. Wenn sich die Bitte auf die bloße Information eines Sachverhaltes richtet, dann habe ich die Verpflichtung, nicht nur diejenigen Gründe mitzuteilen, die für meine Überzeugung bezüglich dieses Sachverhaltes sprechen, sondern mir zudem eine verlässliche Überzeugung zu bilden. Allein mit der Bitte um Auskunft signalisiert der Fragende, dass er bereit ist, dem Befragten Wahrhaftigkeit und Kompetenz zu unterstellen, dass er also im doppelten Sinne Vertrauen hat (zumindest solange er keinen Grund hat, misstrauisch zu werden – weil etwas dafür spricht, dass der Auskunft Gebende nicht wahrhaftig ist und/oder nicht verlässlich in seinem Urteil).

Die *deontologische (oder humanistische)* Modifikation des Grundmodells der handlungstheoretischen Semantik lautet:

Der Sprecher S teilt mit dem Zeichen (der Äußerung) x dem Hörer (dem Adressaten) H mit, dass p (eine Proposition, ein Sachverhalt, auch ein normativer, wie der, dass H eine bestimmte Handlung vollziehen sollte) genau dann, wenn

(1) S H mit x einen Grund für p gibt.
(2) S x für einen Grund für p hält (Regel der Wahrhaftigkeit).
(3) S erwartet, dass H glaubt, dass (2) (Regel des Vertrauens).
(4) S erwartet, dass H wegen (1) x für einen guten Grund für p hält (Regel der Verlässlichkeit).

Dieses *Grundmodell humanistischer Semantik* teilt mit dem Grice'schen Grundmodell die Akteursorientierung, allerdings ist in dieser Formulierung von Absichten oder Intentionen nicht mehr die Rede. Wenn die kommunikationsspezifischen Intentionen nicht auf »Einwirkenwollen auf den Hörer« verkürzt werden, lässt sich aber auch das Grundmodell humanistischer Semantik als Variante intentionalistischer Bedeutungstheorie formulieren:

(1) S beabsichtigt mit x, H einen Grund für p zu geben.

(2) S hält x für einen Grund für p (Regel der Wahrhaftigkeit).

(3) S erwartet, dass H glaubt, dass (2) (Regel des Vertrauens).

(4) S erwartet, dass H wegen (1) x für einen guten Grund für p hält (Regel der Verlässlichkeit).

Der Unterschied zwischen der ersten und der zweiten Formulierung ist der zwischen *gelungener Kommunikation* und *versuchter Kommunikation.*

III. Gründe und Grice'scher Humanismus

Wenn man die postum veröffentlichten Texte von Paul Grice in *Aspects of Reason* liest, dann muss man zu dem Ergebnis kommen, dass die subjektivistische, einem *desire-belief*-Schema verhaftete Interpretation des Grice'schen Modells von Kommunikation schon deswegen in die Irre führt, weil sie mit den philosophischen Auffassungen von Grice selbst unverträglich ist. Wenn die Auskünfte von Richard Warner verlässlich sind, dann zeigt sich Grice in diesen Texten, die auf seine *John Locke Lectures* in Oxford Ende der 1970er Jahre zurückgehen und an denen er bis zu seinem Tode 1988 gearbeitet hat, als ein kompromissloser Objektivist bezüglich Gründen und Vernunft, der nicht bereit ist, praktischen Gründen jenen Sonderstatus einzuräumen, der ihnen nach Auffassung der meisten analytischen Philosophen zukommt. Diese Texte, die 2001 veröffentlicht wurden, habe ich erst gelesen, nachdem meine *Strukturelle Rationalität* im gleichen Jahr erschienen war. Die gemeinsame These der weitgehenden Analogie, ja Ununterscheidbarkeit praktischer und theoretischer Gründe habe ich als eine Bestätigung von unerwarteter Seite empfunden. Es ist, wie eingangs gesagt, hoch umstritten, ob die Grice'schen Überlegungen zu *reason, reasons and reasoning* überhaupt etwas, und wenn ja, wie viel, mit seiner intentionalistischen Semantik, mit seiner Bedeutungstheorie, zu tun haben. Ich will es so formulieren: Die umgekehrte Reihenfolge der Publikation der Grice'schen Schriften ist kaum vorstellbar. Wenn Grice sich zunächst mit Gründen und insbesondere dem Verhältnis von praktischen und theoretischen Gründen beschäftigt hätte, wären seine bedeutungstheoretischen Schriften seit Ende der 1950er Jahre anders ausgefallen. Es wäre dann sicher nicht bei einer gelegentlichen, fast verstohlenen Erwähnung von *reasons* in bedeutungstheoretischen Kontexten geblieben, vielmehr hätte dann anknüpfend an *Aspects of Reason* die genaue Rolle von Gründen, der Austausch von Gründen in kommunikativen Interaktionen, genauer expliziert werden müssen. Die Grice'sche Einsicht in die zentrale Rolle von Gründen für die menschliche Existenz wird in dieser späten Schrift sehr deutlich. Ich zitiere daher eine Stelle aus der Einleitung etwas ausführlicher:

There is the fact that more than one philosopher has held the view that vitally important philosophical consequences can be reached by derivation from the idea of rational being. Aristotle for example, thought that he could reach a characterization of the end for man via *the following steps: The end for man is the fulfilment of man's function (ergon); the function of man is the optimal exercise of that capacity which distinguishes him from other kinds of creature; that capacity is reason or rationality; the optimal exercise of rationality is the contemplation of the truth of metaphysics; so that is the (primary) end for man. And Kant considered that among the important dividends which could be derived from the idea of rational being was the moral necessity of adherence to the Categorical Imperative. Now I do not know whether or not any such grand conclusions can be derived from the concept of rational being, though I must confess that I have a sneaking hope that they can and a nagging desire to try to find out.*

Grice unterscheidet drei Typen von Gründen, oder besser drei Gebrauchsweisen von *reason* bzw. *reasons*: den erklärenden Gebrauch (*explanatory use*), den rechtfertigenden Gebrauch (*justificatory use*) und den rechtfertigend-erklärenden Gebrauch (*justificatory-explanatory use*), den er auch den persönlichen Gebrauch (*personal use*) nennt. Diese drei Gebrauchsweisen sind nicht unabhängig voneinander, wie folgende Überlegung klarmacht. Wenn jemand annimmt, dass bestimmte Überlegungen einen rechtfertigenden Grund abgeben, etwas zu tun oder etwas zu glauben, dann sind diese Überlegungen – wenn jemand das Betreffende tut bzw. glaubt, weil er davon überzeugt ist, dass diese einen guten Grund geben, das zu tun bzw. zu glauben – ein persönlicher Grund dafür, das zu tun bzw. zu glauben; und zu behaupten, dass jemand etwas aus einem persönlichen Grund heraus tat, ist ein Spezialfall einer erklärenden Verwendung von Gründen. An dieser Stelle nun setzt die Diskussion des Verhältnisses von theoretischen und praktischen Gründen ein. Dabei nennt Grice auch zwei »Modale« (*modals*), *wahrscheinlich* und *wünschenswert*, die er in ein einziges Modal, nämlich »*it is acceptable that*« in Verbindung mit zwei *mode-markers*, ⊢ und !, die eine deskriptive und eine normative Verwendung markieren, zu überführen sucht.[15]

Es ist hier nicht der Ort, die Details der Analyse zu referieren, aber die zentrale Idee Grice' scheint mir eine kurze Betrachtung wert zu sein: Er akzeptiert einerseits die Redeweise von der »*difference of direction of fit*«, die zwischen theoretischen und praktischen Diskursen besteht, betont aber andererseits, dass theoretische wie praktische Diskurse darauf gerichtet sind, zu klären, ob eine Proposition mit judikativem Operator ⊢ bzw. volitivem Operator ! akzeptabel ist. Abgekürzt: »ACC(⊢ p)« bzw. »ACC(! p)«. Die weitere Parallelisierung praktischer und theoretischer Gründe nimmt nun folgendermaßen Gestalt an: judikativen Sätzen wird Wahrheit oder Falschheit zugeschrieben, volitiven Sätzen praktischer Wert oder Unwert (S. 88) und das Verhältnis bestimmt sich dann folgendermaßen:

> »*It is acceptable that p*« *will be true just in case* »*it is good that p*« *is true.*

Der zweite Teil der Diskussion des Verhältnisses praktischer und theoretischer Gründe entwickelt die Grice'sche These der Äquivokalität hinsichtlich gemeinsamer Modale.[16] Auch wenn ich einige Details der dann folgenden Analyse als problematisch ansehe (einer Analyse, die übrigens immer wieder auf kantische Argumente in der *Grundlegung zur Metaphysik der Sitten* Bezug nimmt), so

15 Bei der Erläuterung dieser Verwendungsweise von »modes« verweist Grice auf seine Bedeutungstheorie: »What a speaker means is to be explained in terms of the effect which he intends to produce in an actual or possible hearer« (Grice, *Aspects of Reason*, S. 68); und dann: »The intended effect on a hearer is (in my view) one or other of a set of psychological attitudes with respect to some ›propositional content‹ (...) and my mode-markers each correspond with one element in this set of attitudes (or set of ›modes of thinking‹).« (Grice, *Aspects of Reason*, S. 69)

16 »A thesis, a set of theses, with respect to particular common modals, which claims that they are univocal across the practical/alethic divide, or if they are multivocal, then their multivocality appears equally on each side of the barrier« (Grice, *Aspects of Reason*, S. 90).

scheint mir die These selbst doch in hohem Maße plausibel zu sein: Theoretische und praktische Akzeptabilität und Notwendigkeit sind in hohem Maße analog, auf beiden Seiten (der praktischen wie der theoretischen) gibt es Akzeptabilitäten relativ zu bestimmten Bedingungen, seien es deskriptive oder normative Überzeugungen, Festlegungen oder Wünsche. Aus der griechischen Stoa ist die Formulierung *prohairesis krisis estin* überliefert – eine Präferenz, eine Entscheidung, eine Wahl zwischen Alternativen ist immer auch ein Urteil, eine Stellungnahme. *Für das Vernunftwesen Mensch, für diese merkwürdige Spezies, deren hinreichend entwickelte Exemplare sich in ihrem Urteilen und Handeln von Gründen leiten lassen, gibt es keine Wünsche simpliciter, jedenfalls keine praktisch und theoretisch relevanten Wünsche simpliciter, diese sind eingebettet in ein System von propositionalen Einstellungen.* Wünsche repräsentieren deskriptive wie normative Überzeugungen, in jeder hinreichend vernünftigen Handlung manifestiert sich das Gesamt der Gründe, die dem individuellen Leben Struktur und Sinn geben. Die Annahme basaler, nicht mehr kritikfähiger Wünsche ist eine Chimäre. Wünsche haben in diesem Komplex keine Sonderstellung, sie sind wie deskriptive Urteile Gegenstand von Deliberation und können, wenn sie sich nicht hinreichend friktionsfrei in das Gesamtkomplex der konativen und epistemischen Einstellungen einbetten lassen, kritisiert, eliminiert oder jedenfalls praktisch irrelevant gemacht werden. Dies ist die besondere rationale Fähigkeit des Menschen: Wünsche zu haben, deren Umsetzung in Handlungen unterbleibt. Kritik kann Wünsche selbst verschwinden lassen, aber auch dort, wo kritisierte Wünsche fortbestehen, müssen sie nicht praktisch relevant werden. *Prohairesis krisis estin* kann man auch pragmatistisch verstehen: Erst die – manifeste – Entscheidung repräsentiert ein (normatives) Urteil. Mit jeder meiner Handlungen sage ich: So ist es richtig. Und für jede meiner Handlungen gilt: Ich kann Gründe angeben, warum ich sie vollzog. Für Wünsche gilt das nicht.

Unsere Charakterisierung einer kommunikativen Handlung in Gestalt der Äußerung x sieht in (1) einen aus der Perspektive von S rechtfertigenden Gebrauch (*justificatory use*) von Gründen vor. Aus der Perspektive von H erklärt die Tatsache, dass S glaubt, dass x ein rechtfertigender Grund für p ist, dass S die Handlung x vollzieht (*explanatory use*). S erwartet in (4), dass (1) für H ausreicht, um x als einen rechtfertigenden Grund für p zu akzeptieren (*personal use*).

(1) S gibt H mit x einen Grund für p.
(2) S hält x für einen Grund für p (Regel der Wahrhaftigkeit).
(3) S erwartet, dass H glaubt, dass (2) (Regel des Vertrauens).
(4) S erwartet, dass H wegen (1) x für einen guten Grund für p hält (Regel der Verlässlichkeit).[17]

Aus der Dritte-Person-Perspektive, aus unserer, also derjenigen der humanistischen Semantik, geben die Regeln der Wahrhaftigkeit, des Vertrauens und der Verlässlichkeit einen rechtfertigenden Grund für (2), (3) und (4) unter der Bedingung (1).

Zeichen haben Bedeutung, wenn sie aus Handlungen hervorgehen, die Gründe geben, etwas zu glauben oder etwas zu tun. Bedeutungsvolle Zeichen kann es nur in einer Welt geben, in der es Wesen gibt, die sich wechselseitig die Fähigkeit zuschreiben, ihre Überzeugungen und ihre Handlungen von Gründen leiten zu lassen, die sich wechselseitig Wahrhaftigkeit, Vertrauen und Verlässlichkeit unterstellen, die über ein gemeinsames Wissen dieser Art verfügen und dieses Wissen auf die Bedeutung spezifischer Regeln der jeweiligen Sprache ausgedehnt haben. Der Wunsch, etwas zu bewirken, jemand anderen zu beeinflussen, ihn zu einem Handeln oder zu einer Überzeugung zu bringen, ist dagegen nicht bedeutungskonstitutiv. Eine humanistische Anthropologie traut und mutet Menschen zu, sich von Gründen leiten zu lassen, sie ist in unsere lebensweltliche Verständigungspraxis eingebettet, äußert sich in unseren moralischen Einstellungen und Gefühlen und trägt die alltäglichen Interaktionen. Dem entspricht eine *humanistische Semantik*, die nicht die Einflussnahme auf andere, sondern den Austausch von Gründen in den Mittelpunkt stellt.

17 Grice meint in »Meaning Revisited«, in: Neilson Voyne Smith (Hg.), *Mutual Knowledge*, New York 1982, er habe in seinen früheren semantischen Analysen etwas unberücksichtigt gelassen – *the notion of value* –, und versucht dann, diese Lücke zu schließen, indem er die Sprecher-Bedeutung durch die Bedingung, »that he is in the optimal state to communicating«, präzisiert. Meinen Vorschlag kann man als einen anderen Weg, die normative Dimension von Kommunikation zu berücksichtigen, ansehen, der, wenn ich es recht sehe, die Optimalitätsbedingung erübrigt.

Fünfter Teil:
Plädoyer für einen erneuerten Humanismus

A) Grundlagen

I. Menschenwürde

Humanistisches Denken und humanistische Praxis kreisen in unterschiedlichen Formen um *das Menschliche*. Ziel ist es, ein besseres Verständnis dessen zu entwickeln, was Menschlichkeit ausmacht, die Grundlagen einer menschlichen Lebensform und einer menschlichen Gesellschaft zu bestimmen und Wege zu ihrer Realisierung einzuschlagen. Bei aller Vielfalt humanistischen Denkens und Handelns, darunter religiöse und anti-religiöse Humanismusvarianten, wissenschaftsnahe und wissenschaftskritische, technikaffine und technikaverse, optimistische und pessimistische, gibt es einen gemeinsamen Kern: Das Menschliche geht für Humanisten nicht auf in der Biologie, in den biologischen Eigenschaften einer Spezies, nämlich des Homo sapiens, sondern ist ethisch verfasst. Das, was Humanisten unter dem Menschlichen jeweils verstehen, ist allein mit den Mitteln der Naturwissenschaft nicht feststellbar. Das Menschliche ist normativ, es geht um das Gute, nämlich das humane Leben in der Gesellschaft menschlicher Individuen. Humanisten aller Couleur vertrauen auf die Kraft guter Gründe. Der Humanismus gewinnt kulturell und politisch seine Bedeutung dadurch, dass hinreichend viele Menschen sich Gedanken darüber machen, wie sie leben sollten und wie die Gesellschaft – human – zu gestalten ist. Die gemeinsame Voraussetzung allen humanistischen Denkens und aller humanistischen Praxis ist, dass sich Menschen von guten Gründen leiten lassen, dass Gründe eine Rolle spielen für das, was wir tun, und das, was wir meinen.

Zum unaufgebbaren Kern des Humanismus gehört die Überzeugung, dass jedem menschlichen Individuum eine eigene Würde zukommt, wie immer das näher begründet wird. In der Ethik Immanuel Kants wird dieses humanistische Element zu der These zugespitzt, dass niemand je als bloßes Mittel gebraucht werden darf, sondern immer zugleich Selbstzweck sein muss. Kant hat das humanistische Ethos nicht erfunden, aber er hat ihm eine prägnante philosophische Fassung gegeben. Wie wir sehen werden, müssen wir aber über Kant hinaus, um den Humanismus zu erneuern und ihm eine Form zu geben, die den Herausforderungen unserer

Zeit gewachsen ist. Von Kritikern des Humanismus wird gefragt, wie sich denn die Würde des Menschen rechtfertigen lassen solle, was denn dafür spreche, Menschen niemals als bloße Mittel zu gebrauchen, zumal die Geschichte voll von Beispielen dafür ist, dass Tyrannen und Charismatiker immer wieder überaus erfolgreich darin waren, Menschen als bloße Mittel in Krieg und Frieden einzusetzen. Nietzsche und seine zeitgenössischen Nachfolger schwärmen an dieser Stelle gern von dem übergroßen Einzelnen, der sich über das Mittelmaß erhebe und nicht mit dem gleichen Maßstab wie die Masse beurteilt werden könne. Sie kritisieren das humanistische Denken dafür, dass es jedem menschlichen Individuum unabhängig von seinen besonderen Leistungen und Begabungen eine gleiche Würde zuerkenne. Diese humanistische Idee einer fundamentalen Gleichheit zerstöre das Besondere, es erschwere dem Einzelnen, sich über »die Herde« zu erheben, besondere Leistungen auch zu Lasten mediokrer Existenzen zu vollbringen. Diese Attitüde ist im politischen Spektrum links wie rechts verbreitet. Die RAF bediente sich dieser elitären Rhetorik in den 1970er Jahren, Breivik in den 2010ern, ebenso Lenin, Mussolini, Hitler, Stalin und Marx. Aber auch unter braven Kulturbürgern der zeitgenössischen liberalen und sozialen Demokratie grassiert die Sehnsucht nach Selbstüberhöhung durch Verachtung »der Masse«, »der Vielen«, »der Anderen«, in Deutschland zum Beispiel in Texten von Peter Sloterdijk oder Botho Strauß. Eine besondere Variante ist die Faszination des Bösen, die Abwertung von Menschlichkeit und Rücksichtnahme in Gestalt der ekstatischen Verbrechen von de Sade über Jean Genet bis Georges Bataille. Ich habe diese Schwärmerei vom Übermenschen, den Kult des Genies und der Grenzüberschreitung immer als Ausdruck mediokrer Kleingeisterei empfunden. Große Seelen haben es nicht nötig, andere kleinzureden, um sich über diese zu erheben. Alle wirklich bedeutenden Köpfe der Menschheitsgeschichte zeigen Großmut gegenüber Schwachen und Hilfsbereitschaft gegenüber den Hilflosen. Wer es nötig hat, sich als Elite zu titulieren, macht allein damit offenkundig, dass er selbst zu keiner wahren Elite gehören kann. Die Menschenrechte, die Menschen unabhängig davon zukommen, welcher Herkunft sie sind, welche Leistungen sie vollbracht haben, in welchem Staat sie leben, welchem Geschlecht sie angehören etc., sind ohne das Ethos gleicher menschlicher Würde nicht denkbar. Die Anerkennung besonderer

Leistungen, auch die Bereitschaft, Unterschiede der Fähigkeiten und Lebensumstände zu akzeptieren, ist mit einem humanistischen Ethos gleicher menschlicher Würde vereinbar.

Ich sagte, wir müssen über Kant hinaus, um den Humanismus zeitgemäß zu erneuern. Paradoxerweise kann und muss eine solche Erneuerung auf ältere philosophische Theorien zurückgreifen, um die Einseitigkeiten und Beengtheiten der europäischen Aufklärung und speziell der klassischen deutschen Philosophie zu überwinden. Für Immanuel Kant ist es das Phänomen der Moralität, das den Menschen aus dem Naturzusammenhang heraushebt und ihm seine besondere Würde verleiht. Moralität wird in der europäischen Aufklärung und speziell bei Kant auf Vernunft zurückgeführt. Als Vernunftwesen handeln Menschen moralisch. Die Achtung vor dem Sittengesetz macht den Menschen autonom, macht ihn unabhängig von den Naturgesetzen. Autonomie ist Ausdruck menschlicher Vernünftigkeit. Aber diese Vernunft ist durchaus eng gefasst: Es ist die Vernunft eines Wesens, das sich selbst die Regeln seines Verhaltens so gibt, als ob es damit die Gesetze menschlichen Handelns generell festlegen würde. Die Vernünftigkeit des Menschen und damit seine Moralität besteht darin, sich selbst in seinem Handeln als gesetzgebend zu interpretieren, so zu tun, als ob die Regeln des eigenen Handelns zum allgemeinen Gesetz würden, nach dem alle anderen Menschen handelten. Vernünftig ist eine Handlungsregel nur dann, wenn sie diesen Test besteht, das heißt, wenn sie als allgemeines Handlungsgesetz taugt. Es ist hier nicht der Ort, die Vorzüge und Schwächen dieser Konzeption im Detail zu diskutieren. Es genügt, ihren Charakter zu verstehen. Diese Vernunftkonzeption ist apriorisch, das heißt, ich muss nicht wissen, was jeweils die Gründe sind, die mich zu einer Handlung anleiten, um deren Moralität beurteilen zu können. Kant legt viel Wert darauf, dass diese Regel apriorisch sei, dass sie unabhängig von aller Erfahrung, auch unabhängig von moralischen Erfahrungen, eingesehen werden könne. Zugleich ist dieses Prinzip der Moral, das Sittengesetz, reduktionistisch: Es erlaubt, die ganze Komplexität der Abwägung von Handlungsgründen auf ein einziges Kriterium zu reduzieren. In dieser Hinsicht bleibt Kant – bei allen Unterschieden – der rationalistischen Denkweise treu. Einzelne Prinzipien der Vernunft sind die Grundlage allen Urteilens.

In meinen Augen ist es durchaus besorgniserregend, dass die

zwei heute noch dominierenden Konzeptionen der philosophischen Ethik in diesem Sinne rationalistisch geblieben sind: Der Utilitarismus versucht, die gesamte Komplexität der Abwägung moralischer Gründe auf ein einziges Prinzip, nämlich das Postulat der Maximierung des Gesamtnutzens (oder des Durchschnittsnutzens), zu reduzieren, die kantischen Ethiken berufen sich auf die eine oder andere Variante des kategorischen Imperativs.[1] Damit haben sich diese beiden Grundparadigmen moderner Ethik seit ihren Ursprüngen in der europäischen Aufklärung vom Humanismus entfernt. Es ist gerade die Behutsamkeit, die das humanistische Denken und Handeln auszeichnet, die Rücksichtnahme auf unterschiedliche Lebensformen, Einstellungen und Bewertungen, die im Einzelfall eine komplexe Abwägung erforderlich machen. Allein das Ziel, die Vielfalt der Wertungen und Normen, der Einstellungen und Praktiken und der Lebensformen durch eine wie auch immer begründete Aufstellung eines einzigen Prinzips zu ersetzen, ist inhuman. Reduktionistische Theorien entwickeln, jedenfalls im Bereich der Normen und Werte, der Einstellungen und Praktiken, der Kultur und der Politik, eine zerstörerische Kraft. Ein erneuerter Humanismus muss sich von dieser Prägung durch den europäischen Rationalismus und die europäische Aufklärungsphilosophie lösen.

II. Moralische Erfahrung

Der Rationalismus, auch die europäische Aufklärung und schon Platon hatten eine einseitige Vorstellung von der Vernunftfähigkeit des Menschen. Die Fähigkeit, logisch zu denken, Schlüsse zu ziehen, Beobachtungen zu Theorien zu verallgemeinern, am Ende wissenschaftliche Erklärungen für möglichst alle Phänomene der Welt zu liefern, hat von jeher eine besondere Faszination gehabt, schon lange bevor diese Fähigkeit in den letzten 300 Jahren in Gestalt zahlreicher spezialisierter, mit Experimenten, Statistiken und mathematischen Analysen operierender wissenschaftlicher Einzeldisziplinen

1 Vgl. dazu zeitgenössische Kantianer wie Onora O'Neill, *Constructions of Reason: Explorations of Kant's Practical Philosophy*, Cambridge 1989, Kap. 11, oder Christine M. Korsgaard, *The Sources of Normativity*, Cambridge 1996; dies., *Self-Constitution*, Oxford 2009.

zur vollen Entfaltung kam. Bezeichnen wir diese einseitige Sicht auf die menschliche Vernunftfähigkeit als Rationalismus im weitesten Sinne, der sich dann in der Moderne zum Szientismus verkürzt, den ein grenzenloses Vertrauen in die wissenschaftliche Methode auszeichnet und der alles andere – lebensweltliche – Wissen abwertet.

Der Rationalismus beschränkt die menschliche Vernunftfähigkeit auf das (wissenschaftliche) Erkennen und verliert die mindestens so bedeutsame menschliche Fähigkeit, die eigene Praxis vernünftig zu gestalten, aus dem Blick. Man könnte einwenden, dass Rationalisten wie Platon oder Spinoza doch großen Wert auf die ethische Dimension gelegt hätten, ja dass es doch gerade das große Ziel rationalistischen Denkens sei, alles unter eine einheitliche wissenschaftliche Methode zu stellen – das menschliche Handeln eingeschlossen. Aber darin liegt gerade ein Defekt des rationalistischen Denkens: Die menschliche Praxis eignet sich nicht dazu, der wissenschaftlichen Methode untergeordnet zu werden. Richtiges Handeln ist nicht die Anwendung einer wissenschaftlichen Theorie, auch wenn wissenschaftliche Erkenntnisse für die Bestimmung guter Praxis wesentlich sein können. Auch wenn Rationalismus und Humanismus einen gemeinsamen Ursprung im Vertrauen auf die Vernunftfähigkeit des Menschen haben, sind diese beiden Geisteshaltungen miteinander unvereinbar. Es gibt in der Tat einen geistigen Zusammenhang, der von Platons Utopie der gerechten Stadt, der Rolle reiner wissenschaftlicher Erkenntnis in ihr, über die Staatsutopien der frühen Neuzeit bis zu den »politischen Religionen«[2] des Stalinismus und des Nationalsozialismus reicht, auch wenn Platon nicht lediglich als Ideologe der geschlossenen Gesellschaft verstanden werden darf.[3] Man kann Aristoteles' Kritik an Platons Erkenntnistheorie, die Betonung von *phronesis* (erfahrungsgesättigter Lebensklugheit) gegenüber *sophia* (wissenschaftsorientierter Weisheit) als humanistische Korrektur gegenüber diesem rationalistischen Programm interpretieren.

Humanistisches Denken traut den Menschen Erfahrungswissen auch jenseits und unabhängig von wissenschaftlicher Erkenntnis zu. Beispiel Alltagsphysik: Wir wissen, wie sich Gegenstände verhalten, wenn wir sie fallen lassen, wir können mehr oder weniger

2 Eric Voegelin, *Die politischen Religionen*, Stockholm 1939.

3 Karl Popper, *Die offene Gesellschaft und ihre Feinde*, Bd. 1: *Der Zauber Platons*, München 1957.

zielgenau werfen, wir bewegen uns im Raum, wir können die Zeit abschätzen, die wir benötigen, um eine Strecke zurückzulegen, die meisten von uns können ein mehr als tausend Kilo schweres Gefährt zuverlässig inmitten anderer solcher Gefährte steuern, wir sind in der Lage, mit den technischen Gegenständen des alltäglichen Lebens umzugehen, usw. Diese Alltagsphysik ist völlig unabhängig von der wissenschaftlichen Physik. Die allermeisten Menschen wissen nicht, nach welchem Gesetz sich ein fallender Gegenstand beschleunigt, wie man die maximale Geschwindigkeit errechnet, die ein Auto in einer Kurve mit einem bestimmten Radius bei unterschiedlicher Bodenbeschaffenheit und Reifenqualität haben kann, ohne ins Rutschen zu geraten, wir stellen unsere Heizkörper ein, ohne die Wärmeleitfähigkeit der Wände errechnen zu können, usw. Unser alltagsphysikalisches Wissen ist ziemlich komplex und in der vertrauten Lebenswelt ziemlich verlässlich. Die physikalische Theorie kommt später. Sie stützt sich auf kontrollierte Beobachtungen und kontrollierte Experimente und ihr ist es schon vor 300 Jahren gelungen, einen Gutteil unseres alltagsphysikalischen Wissens systematisch zu rekonstruieren. Eine physikalische Theorie aber, die mit diesem Wissen in Konflikt geriete, wäre gescheitert. Wir müssen uns von der – rationalistischen – Vorstellung lösen, am Beginn allen Wissens stünde die philosophische oder naturwissenschaftliche Formulierung eines Prinzips oder eines Gesetzes. Die systematische Beobachtung und das kontrollierte Experiment sind eine Sonderform der Erkenntnis, die die Entwicklung anspruchsvoller wissenschaftlicher Theorien zum Teil in mathematischer Form ermöglicht, aber diese Sonderform ersetzt nicht unsere lebensweltliche Erfahrung. Auch wenn der wissenschaftliche Erkenntnisfortschritt immer wieder auch unsere lebensweltlichen Wissenschaftsbestände erweitert, modifiziert und in Einzelfällen korrigiert, besteht hier eher ein Komplementärverhältnis als ein Konkurrenz- oder gar Substitutionsverhältnis. *Es ist ein verbreitetes Hirngespinst rationalistischer Konzeptionen, lebensweltliches Wissen durch wissenschaftliches Wissen ersetzen zu können.*

Zu unserem lebensweltlichen Erfahrungswissen gehört aber nicht nur die Physik, sondern auch die Psychologie und die Moral. Die alltägliche Praxis des zwischenmenschlichen Umgangs verlangt eine verlässliche Beurteilung der Gefühlszustände anderer Personen; schon unsere fernen Vorfahren haben vermutlich ein feines

Sensorium dafür entwickelt, welche Mimik auf welche Gefühle schließen lässt, jedenfalls hat die menschliche Gattung eine ausgeprägte Fähigkeit, sich in die Gefühlslagen anderer hineinzuversetzen. Jüngste Forschungsergebnisse legen die Deutung nahe, dass es diese Fähigkeit ist, die Menschen überhaupt erst in den Stand setzt, eine Sprache zu erlernen: Erst wenn ich weiß, welche Absichten andere verfolgen, erst wenn ich mich in die Gefühlslagen anderer hineinversetzen kann, kann ich ihre Zeichen richtig interpretieren. Weniger die Intelligenz als vielmehr die Empathie scheint das Erlernen einer Sprache zu ermöglichen. Humanisten sind skeptisch gegenüber jeder Form von Reduktionismus, also dem Versuch, komplexe Zusammenhänge auf einige wenige Begriffe oder Prinzipien zurückzuführen. Skeptisch nicht etwa deswegen, weil sie Vorbehalte gegen naturwissenschaftliche oder auch sozialwissenschaftliche Forschungsprogramme hätten, die versuchen, bestimmte Regelmäßigkeiten in möglichst einfacher Form zu erfassen, sondern weil im Bereich der Lebenswelt die Realität zu komplex ist, um sie in wenigen Begriffen und Gesetzen erfassen zu können.[4] Diese humanistische Skepsis ist durchaus mit abstrakten Modellen der Beschreibung und der Erklärung menschlichen Verhaltens vereinbar.[5] Eine humane Praxis sucht nach Kohärenz:

4 Ein Beispiel: Thomas Hobbes versuchte – und das war für die Folgezeit durchaus zielgebend –, menschliches Handeln auf lediglich zwei Antriebe, nämlich Zuneigung und Abneigung, zu reduzieren und die Wirkung dieser beiden Kräfte in Analogie zur physikalischen Krafteinwirkung zu interpretieren. Vom Menschen bleibt am Ende nur ein bewegter Körper, den man in ein physikalisches Erklärungsschema einfügen kann.

5 Wie ich an anderer Stelle gezeigt habe, ist die Beschreibung und Erklärung menschlichen Verhaltens über subjektive Nutzen- und Wahrscheinlichkeitsfunktionen möglich, nämlich dann, wenn man das Nutzentheorem von Neumann und Morgenstern ernst nimmt. Dieses beinhaltet nämlich lediglich Restriktionen für kohärente Präferenzen (und Wahrscheinlichkeiten) und verlangt weder Egoismus, noch Konsequentialismus als Voraussetzung von Handlungsrationalität. In dieser von mir entwickelten kohärentistischen Interpretation sind die beiden Funktionen, die in der ökonomischen Theorie, aber generell im bayesianischen Verständnis von Handlungsrationalität eine so zentrale Rolle spielen, nichts anderes als Repräsentanten kohärenter Einstellungen – Einstellungen, die sich auf empirische Sachverhalte beziehen, auf solche, die erst in der Zukunft erwartet werden (subjektive Wahrscheinlichkeitsfunktion), und solche, die man als Wünschbarkeit zusammenfassen kann, darunter auch Wünsche, die aus moralischen Stellungnahmen erwachsen. Vgl. JNR, *Entscheidungstheorie und Ethik*,

Die eigenen Ziele müssen in einem stimmigen Verhältnis zueinander stehen (intrapersonelle Kohärenz, das, was in der platonischen Tradition als *psychē dikaiē* bezeichnet wird) und die Praktiken der Einzelnen müssen zueinander ebenso in einem stimmigen Verhältnis stehen, also interpersonelle Kohärenz anstreben (das, was in der platonischen Tradition als *polis dikaiē* bezeichnet wird). In dieser Perspektive schrumpft das so genannte *Rational-Choice*-Paradigma zu einem Kohärenztest bzw. zu einem Kohärenzpostulat.

Wir können für jede Handlung Gründe angeben, wenn wir danach gefragt werden. Wenn wir für ein Verhalten keine Gründe angeben können, handelt es sich um bloßes Verhalten, das keinen Handlungscharakter hat. Unsere Praxis ist von Gründen geleitet. Das ist keine philosophische Theorie, sondern ein unaufgebbares Merkmal unserer lebensweltlichen Praxis. Dies, die menschliche Fähigkeit, sich von Gründen leiten zu lassen, ist eine wesentliche Voraussetzung von Humanität. Der Humanismus beginnt mit der Beobachtung, dass es Gründe sind, von denen wir uns affizieren lassen, die unser Handeln rechtfertigen und die uns in den Stand setzen, aus Einsicht zu handeln und nicht nur das Eigeninteresse zu optimieren. Die Kernthese des Humanismus besagt, dass Gründe unsere Praxis und unsere Überzeugungen leiten und dass diese Gründe nur durch andere Gründe ersetzbar sind und nicht etwa durch naturwissenschaftliche Gesetzmäßigkeiten. In einer früheren Schrift habe ich dies als »theoretischen Humanismus« bezeichnet. Aber da dieser Terminus offenkundig missverständlich ist, nehmen wir dies als das erste Postulat eines erneuerten Humanismus: Gründe sind nicht nur gelegentlich relevant für das, was wir tun, sondern als Akteure, als verantwortliche Personen, ist unsere Praxis von Gründen geleitet. *Es ist die besondere menschliche Fähigkeit, von Gründen geleitet zu handeln und zu urteilen, die die spezifisch menschliche Würde ausmacht.* Das heißt nicht, dass nicht auch anderen Lebewesen Achtung und Respekt zukommt. Wir sollten Rücksicht nehmen auf alle empfindungsfähigen Lebewesen, nicht nur auf Menschen – schon aus dem einfachen Grund, weil Schmerzzufügung gegenüber Menschen etwas intrinsisch Schlechtes darstellt und nicht erst deswegen, weil Schmerzzufügung unsere Fähigkeit zu verantwortlicher Praxis beeinträchtigen könnte. Schmerzzufü-

München 2005, Kap. 4 sowie JNR, *Economic Rationality and Practical Reason*, Dordrecht 1997, Kap. 10.

gung ist als solche etwas Schlechtes. Dann ist aber Schmerzzufügung auch bei Tieren etwas Schlechtes. Alles andere wäre die unbegründete Bevorzugung einer Spezies gegenüber anderen.[6] Aber diese besondere menschliche Fähigkeit, sich von Gründen leiten zu lassen, ein Leben nach eigenen Vorstellungen zu gestalten und bei hinreichender Kohärenz dieser Gründe autonom zu handeln, bedarf des besonderen Schutzes, der in Gestalt von Freiheitsrechten in den demokratischen Verfassungsordnungen verankert ist. Es ist eine Konsequenz des ersten humanistischen Postulats, dass Menschen frei und verantwortlich sind – vernunftfähig ohnehin. Unter Vernunftfähigkeit verstehen wir nichts anderes, als sich in seinen Überzeugungen und seinen Handlungen von Gründen leiten zu lassen.

Die Gründe, die unser Handeln leiten, sind weder kulturell vorgegeben noch jeweils vom Akteur erfunden. Moralische Erfahrung besteht darin, gute von schlechten Gründen zu unterscheiden zu lernen. Wir lernen, zu gewichten, bedeutsamere Gründe von weniger bedeutsamen zu differenzieren, Gründe gegeneinander abzuwägen und im Konfliktfall handlungsfähig zu bleiben. Die gesamte menschliche Praxis ist ein permanentes wertendes Stellungnehmen, ob uns dies nun jeweils bewusst ist oder nicht. Andere interpretieren unsere Praxis jeweils als Ausdruck einer solchen Stellungnahme und erwarten im Konfliktfall, dass wir sie rechtfertigen können. Gründe haben eine inferentielle Struktur, das heißt, sie sind nicht unabhängig voneinander, sondern Teil einer logischen Ordnung. Manche Gründe sind Spezialisierungen von anderen, generelleren Gründen. Gründe können nicht nur im Einzelfall konfligieren, sondern als Handlungsregeln unvereinbar sein. Wertungen können sich wechselseitig ausschließen. Die Fähigkeit, logisch zu denken, und die Fähigkeit, das eigene Handeln von Gründen leiten zu lassen, sind daher miteinander verschränkt, aufeinander angewiesen, ja prinzipiell nicht separierbar.

An dieser Stelle verbindet sich der neue Humanismus mit dem Pragmatismus: Es ist immer das Gesamt der Praxis, ja der Lebensform, die in ihren wertenden Stellungnahmen und ihren Überzeugungen, ja auch in ihren emotiven Einstellungen stimmig sein muss bzw. dort, wo sie nicht stimmig ist, reformiert werden muss. Wir

6 Dieses Argument wird detaillierter ausgeführt in: JNR, »Tierethik«, in: *Handbuch Angewandte Ethik*, hg. von JNR, Stuttgart [2]2005.

müssen dann die eine oder andere Einstellung aufgeben, um eine kohärente, in sich stimmige Praxis zu ermöglichen. Diese Revisionen beruhen auf nicht nur empirischer, sondern auch moralischer Erfahrung. Die praktische Dimension ist mit der theoretischen so eng verknüpft, dass es mir abwegig erscheint, für beide Bereiche ganz unterschiedliche Rationalitäten zu postulieren, wie es in der zeitgenössischen Philosophie nach wie vor üblich ist.

So wie die wertende Stellungnahme Teil der menschlichen Lebensform ist, so ist die moralische Erfahrung aus unseren lebensweltlichen Erfahrungen nicht herauszulösen. Der Humanismus vertraut auf die menschliche Fähigkeit, zu lernen – in kognitiver wie in ethischer Hinsicht. Und diese beiden Dimensionen menschlicher Erfahrung sind unauflöslich miteinander verwoben, sie bestimmen unsere Lebensform als ganze, unsere Identität als handelnde Personen und unsere Fähigkeit, mit anderen zu interagieren. Humanisten vertrauen auf diese besondere menschliche Fähigkeit und wünschen, dass sie sich voll entfaltet.

III. Realismus

Humanistisches Denken unterscheidet sich sowohl vom rationalistischen als auch vom utopistischen durch seinen Realitätsbezug. Humanisten heben nicht ab, sie nehmen die Menschen und die Überzeugungen, die ihre Alltagspraxis prägen, ernst, degradieren sie nicht zu bloßen Instrumenten ihrer Ideologie und werten sie nicht rationalistisch oder szientistisch ab. Humanistisches Denken knüpft an die lebensweltliche Erfahrung an und humanistische Praxis aktiviert die normativen Potenziale, die diese Praxis tragen.

In der zeitgenössischen Wissenschaftstheorie dominieren instrumentalistische Ansätze, für die Theorien generell lediglich Instrumente sind, die es beispielsweise ermöglichen, Prognosen zu stellen. Die möglichst zutreffende Beschreibung und Erklärung realer Phänomene wird ersetzt durch Modelle, denen kein Realitätsgehalt zugesprochen wird. Diese Sichtweise erspart uns viele Skrupel und Probleme. So können zum Beispiel logisch unvereinbare Modelle zur Beschreibung empirischer Phänomene herangezogen werden, wenn sich diese Kombination bewährt. Dass beide

Modelle simultan nicht zutreffen können, nicht zugleich angemessene Beschreibungen der Realität sein können, irritiert Instrumentalisten nicht. Der zeitgenössische Pragmatismus tendiert zu einer instrumentalistischen Sichtweise. Das macht ihn anschlussfähig an postmodernes Denken, damit entfernt er sich aber auch von seinen humanistischen Wurzeln. Anti-Realismus und Irrealismus kommen für humanistisches Denken nicht ernstlich in Betracht. Ohne Realitätsbezug, ohne die Konfrontation von Begriffen und Theorien mit der Wirklichkeit, wären wir Ideologien und szientistischen Programmen hilflos ausgeliefert.

Eine Überzeugung ist die Meinung, dass etwas tatsächlich der Fall ist. Wir können gar nicht anders, als unsere Überzeugungen realistisch zu interpretieren. Eine anti-realistische oder auch nur instrumentalistische Interpretation von Überzeugungen ist nur außerhalb der Lebenswelt in akademischer oder ideologischer Isolation möglich. Anti-Realismus und Instrumentalismus zwingen zu einer charakteristischen intellektuellen Schizophrenie: Als Menschen im alltäglichen Kontakt mit anderen weisen wir irrige Überzeugungen zurück, bringen Argumente dafür vor, warum sie irrig sind, sind empört, wenn Menschen trotz offenkundiger Irrtümlichkeit an bestimmten Meinungen festhalten. Als Wissenschaftstheoretiker, als politische Ideologen, als postmoderne Intellektuelle behaupten wir, dass es keinen Irrtum geben könne, da alles Konstrukt, Instrument, bloße Meinung sei.

In den zeitgenössischen Diskursen ist die Vorstellung allerdings weit verbreitet, dass es inhuman sei, auf der Existenz von Tatsachen zu bestehen. In der Tat ist es manchmal bequem, sich Illusionen zu machen. Manchmal verfestigen sich diese zu Lebenslügen, die es Menschen ersparen, sich mit ihren eigenen Fehlentscheidungen auseinandersetzen zu müssen. Die psychischen Kosten sind allerdings in der Regel hoch. Auch Wissenschaftler versuchen, ihre Theorien gegenüber Widerlegungen zu immunisieren – oft mit ausgetüftelten Strategien, manchmal nur mit den schlichten Methoden der Unterdrückung widersprechender Meinungen durch Publikationskartelle. Ideologen appellieren an die intelligenteren ihrer Anhänger, dass sie doch angesichts des offenkundigen Vorteils, den diese Ideologie für bestimmte Ziele bedeutet, darauf verzichten sollten, allzu kritisch Einwände vorzubringen. Das Argument ist immer wieder erstaunlich wirksam. Kardinal Bellarmin argumentierte gegen Galileo Galilei, indem er ihn – zutreffend – darauf hinwies, welche weitreichenden Folgen die Übernahme seiner Theorie des heliozentrischen Weltbildes für die Autorität des christlichen Klerus haben würde. Wollte Galileo wirklich, dass die Kirche einen radikalen Autoritätsverlust erleidet, mit all den Unruhen und Umwälzungen, die das nach sich ziehen mag? Wenn es sich als zweckmäßig erweist – und je nach Weltanschauung mag dies vielen zweckmäßig erscheinen –, eine klerikale Autorität nicht zu erschüttern, dann sind Argumente, die eine Theorie widerlegen, bestenfalls zweitrangig. Für den Realisten geht ein solches Argument jedoch an der Sache vorbei: Galileo muss sich nicht für die möglichen Folgen seiner Theorie rechtfertigen, wenn er gute Argumente dafür hat, dass sie wahr ist. Wenn Überzeugungen (Hypothesen, Theorien) zu bloßen Instrumenten der Verfolgung externer Zwecke werden, gibt es keine genuinen Gründe für Überzeugungen mehr. Gründe für Überzeugungen sprechen dafür, dass diese wahr sind. Was sollte sonst ein Grund für eine Überzeugung sein? Eine Überzeugung wird nicht dadurch gerechtfertigt, dass ihre Vertretung günstige Folgen hätte. Eine Überzeugung wird nicht dadurch gerechtfertigt, dass sie es mir erspart, mich kritisch mit eigenen Fehlentscheidungen auseinanderzusetzen. Eine Überzeugung wird nicht dadurch gerechtfertigt, dass sie Teil einer Partei-Ideologie ist. Überzeugungen werden ausschließlich durch Gründe gerechtfertigt, die dafür sprechen, dass diese wahr sind.

Es ist das Realitätsprinzip, das nach Sigmund Freud die Persönlichkeit wachsen lässt, das die Ich-Stärke erst ermöglicht. Menschen, die sich nur stabilisieren können, indem sie sich gegenüber der Realität abschirmen, indem sie Tatsachen nicht anerkennen, indem sie auf Gründe, die gegen eigene Meinungen sprechen, nicht reagieren, können sich in ihrer Persönlichkeit nicht gut entwickeln. *Das Realitätsprinzip muss daher im Mittelpunkt eines erneuerten Humanismus stehen.* Nicht nur einzelne Personen, sondern ganze Gesellschaften müssen lernen, sich mit der Realität in angemessener Weise auseinanderzusetzen. Insofern ist der Humanismus an das Projekt der Aufklärung gebunden.[7] Aufklärung heißt Ausgang aus selbstverschuldeter Unmündigkeit. Eine Form der Unmündigkeit ist Realitätsverweigerung. Humanität lässt sich durch Realitätsver-

7 Vgl. Jürgen Habermas, *Der philosophische Diskurs der Moderne*, Frankfurt/M. 1985.

weigerung nicht befördern und erst recht nicht durch die These, es gebe gar keine Realität.

Dies gilt auch für normative, speziell moralische Überzeugungen. Wenn jemand der Überzeugung ist, ein bestimmtes Steuersystem sei ungerecht, dann will er damit keine subjektive Präferenz zum Ausdruck bringen, er will nicht etwa mitteilen, dass er von einem anderen Steuersystem in höherem Maße profitieren würde, er will auch nicht lediglich seinen Wunsch nach einem veränderten Steuersystem zum Ausdruck bringen, sondern eine bestimmte moralische Überzeugung, eben die, dass das Steuersystem ungerecht ist. Dafür kann er Gründe vorbringen. Zum Beispiel könnte er argumentieren, dass ein Steuersystem nur dann gerecht sei, wenn es allen in der Gesellschaft zugute käme, besonders den am schlechtesten Gestellten.[8] Auf ein solches Argument gibt es zwei Typen von Einwänden: Der erste bezweifelt, dass dies ein vernünftiges Kriterium ist, und der zweite bezweifelt, dass die Anwendung dieses Kriteriums zeigt, dass das Steuersystem ungerecht ist. Im ersten Fall gibt es einen normativen Dissens über das richtige Kriterium der Gerechtigkeit und im zweiten Fall gibt es einen Dissens über die empirischen Eigenschaften des Steuersystems. Jemand, der ernsthaft meint, Fragen der Gerechtigkeit seien nichts anderes als Fragen des Eigennutzes, hat offenbar den Begriff der Gerechtigkeit nicht verstanden. Etwas weniger leicht zu durchschauen: Auch jemand, der meint, gerecht sei alles, was der Arbeiterklasse nutzt, hat den Begriff der Gerechtigkeit nicht verstanden. Ebenso jemand, der meint, gerecht sei das, was das Wirtschaftswachstum optimiere. Auch hier gilt: Gerechtigkeit lässt sich nicht instrumentalisieren. Gerechtigkeit hat ihre eigenen Kriterien (über die man natürlich streiten kann). Diese Kriterien sind angemessen, wenn sie Gerechtigkeit richtig charakterisieren, sie sind immer dann unangemessen, wenn sie andere Werte an die Stelle der Gerechtigkeit setzen und diese zum bloßen Instrument jener Werte machen.

Um zu überprüfen, ob ein Kriterium der Gerechtigkeit angemessen ist, überprüfen wir es anhand konkreter Beispiele. Oft sind unsere moralischen Beurteilungen hinsichtlich konkreter Beispiele am zuverlässigsten. Dies nenne ich moralische Erfahrung. Ande-

8 Dieses so genannte Differenz-Prinzip ist das Kriterium, das John Rawls in seiner *Theory of Justice* entwickelt hat. Vgl. John Rawls, *A Theory of Justice*, Cambridge/MA 1971 (dt. *Eine Theorie der Gerechtigkeit*, Frankfurt/M. 1975).

rerseits gibt es allgemeine, abstrakte Kriterien der Gerechtigkeit, zum Beispiel, dass niemand wegen seiner Hautfarbe diskriminiert werden darf, die ihre Plausibilität nicht nur aus konkreten Anwendungsfällen, sondern aus dem Anti-Diskriminierungsprinzip selbst beziehen. Dies ist nichts Ungewöhnliches. Ähnliches kennt man aus der Wissenschaftstheorie: Experimentelle Befunde sollten die Isotropie des Raumes nicht verletzen, das heißt, es kann nicht wesentlich sein, in welcher Winkelstellung im Raum ein Experiment durchgeführt wird. Dies ist eine Invarianzbedingung physikalischer Erfahrung. Ähnlich gibt es Invarianzbedingungen moralischer Erfahrung. In jedem Fall aber – also unabhängig davon, ob sich unser moralisches Wissen unmittelbar auf konkrete Einzelbeispiele bezieht oder auf generische Eigenschaften, wie zum Beispiel ein Anti-Diskriminierungsprinzip – versuchen wir, moralische Sachverhalte zu klären. Unsere subjektiven Einstellungen, Wünsche, Hoffnungen bezüglich dieser Sachverhalte sind allenfalls ein erstes Indiz, aber nie das Ergebnis der Deliberation. Am Ende der moralischen Deliberation steht eine moralische Überzeugung, ein moralisches Urteil. Auch dies kann, wenn neue Gesichtspunkte auftauchen, wieder revidiert werden. Aufgrund dieser moralischen Überzeugungen mögen wir bestimmte Wünsche entwickeln, aber moralische Überzeugungen gehen nie in subjektiven Wünschen auf. Mit anderen Worten: Wir setzen die Existenz zutreffender moralischer Sachverhalte (moralischer Tatsachen) voraus, wenn wir Gründe für unsere moralischen Überzeugungen anführen.

Die Einwände gegen die Existenz moralischer Tatsachen beruhen meist darauf, dass diese mit empirischen Tatsachen verwechselt werden. Eine moralische Tatsache lässt sich nicht mit den Mitteln der Physik, auch nicht mit den Methoden der Sozialwissenschaft klären. Aber die Form der Begründung ist die gleiche: Wir klären unsichere Sachverhalte, indem wir uns auf sichere beziehen, seien diese konkret und partikular oder abstrakt und allgemein. Es wäre ungerecht, eine Person wegen ihrer Hautfarbe zu benachteiligen – um dies zu wissen, bedarf es keiner konkreten Beispiele. Andererseits scheitert das utilitaristische Prinzip der Maximierung der Nutzensumme als Kriterium moralischer Praxis daran, dass es in manchen konkreten Fällen ohnehin benachteiligte Menschen noch schlechter stellen würde, wenn dies nur der Summe des Nutzens förderlich wäre. Das allgemeine utilitaristische Prinzip, das eine gewisse *Prima-facie-*

Plausibilität für sich beanspruchen kann, scheitert an seinen konkreten Anwendungen. Es erscheint uns unsicherer als manche konkrete moralische Erfahrung.

Weder empirische noch moralische Sachverhalte sind uns unmittelbar zugänglich. In beiden Bereichen wägen wir unsere Überzeugungen in vergleichbarer Weise ab: Wir gehen vor und zurück, von Allgemeinerem zu Konkreterem. Weder ist das Konkrete jeweils gewisser als das Allgemeinere noch umgekehrt (wie Rationalisten annehmen müssen). Wir versuchen, unsere Überzeugungen, die sich auf empirische und moralische Sachverhalte beziehen, möglichst stimmig zu machen, Widersprüche zu beheben, und dies führt zu einer gewissen Systematisierung unserer empirischen und moralischen Stellungnahmen. Wir beziehen uns dann auf allgemeine Regeln, in den Naturwissenschaften auf Naturgesetze und in der Ethik auf Prinzipien. Manchmal haben diese allgemeinen Regeln eine eigene Plausibilität, die sich dann allerdings in ihren konkreten Schlussfolgerungen bewähren muss (unser ethisches Beispiel von oben war das Diskriminierungsverbot aufgrund der Hautfarbe). In anderen Fällen können wir uns auf das konkrete empirische oder moralische Urteil verlassen, wir sind uns einig, dass ein bestimmter konkreter moralischer oder empirischer Sachverhalt besteht, und nutzen diesen und andere, um Verallgemeinerungen zu prüfen oder Regeln plausibel zu machen.

Die empirische und die ethische Dimension sind dabei in vielfältiger Weise miteinander verknüpft. Wir müssen wissen, welche Folgen unser Handeln für die Gefühlslagen anderer Menschen hat, um diese beurteilen zu können. Wenn wir dem Prinzip folgen wollen, Menschen nicht unnötig Schmerz zuzufügen, dann müssen wir wissen, auf welche Weise Schmerz zugefügt wird. In vielen Fällen versuchen wir, allgemeinere Sachverhalte zu klären, indem wir uns auf konkretere Sachverhalte beziehen. Dies ist das Phänomen empirischer wie moralischer Erfahrung. Aber auch die allgemeinen Regeln (naturwissenschaftliche Gesetzmäßigkeiten wie auch ethische Prinzipien) erfassen (generische) Sachverhalte.[9] Weder repräsentieren solche Regeln die Bedingungen aller Erkenntnis (die

9 Empirische Prinzipien wie zum Beispiel, dass Gegenstände, auf die eine bestimmte Kraft wirkt, beschleunigt werden (das Fundamentalgesetz der klassischen Mechanik: Kraft = Masse × Beschleunigung) oder ethische Prinzipien wie etwa das erwähnte Diskriminierungsverbot.

kantischen Anschauungsformen von Raum und Zeit), noch sind ethische Prinzipien die Bedingungen unserer Handlungsfähigkeit (wie eine zeitgenössische kantianische Konstruktivistin, Christine Korsgaard, meint). Wir sollten uns von diesem Versuch, Realität durch Bezugnahme auf Bedingungen aller Erkenntnis oder aller Praxis zu vermeiden, lösen und zur Klärung der – empirischen wie moralischen – Sachverhalte übergehen. Das tun wir ohnehin in unseren alltäglichen Deliberationen. So wägen wir Gründe ab – Gründe für Überzeugungen und Gründe für Handlungen. In der Lebenswelt sind wir alle Realisten: Unsere Praxis der Verständigung ist nur sinnvoll, wenn man sie als den Versuch interpretiert, Sachverhalte zu klären. Humanisten gehen von dieser Praxis aus, sie distanzieren sich nicht von ihr. Sie nehmen die Menschen in ihrem realen Umgang miteinander ernst und führen diese Praxis – philosophisch und wissenschaftlich begleitet – fort. *Humanisten sind daher Realisten.*

Der Konflikt zwischen dieser realistischen Fassung humanistischen Denkens, für die ich hier plädiere, und der konstruktivistischen, zu der nicht nur John Rawls, Onora O'Neill und Christine Korsgaard, sondern auch Jürgen Habermas gezählt werden können, darf bei aller Heftigkeit die Gemeinsamkeiten nicht verdecken.[10] Der kantische Konstruktivismus ist zweifellos von humanistischen Grundimpulsen geprägt. Er versucht jedoch, anders als die hier vertretene realistische Variante humanistischen Denkens, diese humanistischen Inhalte mit einem naturalistischen Weltbild in Einklang zu bringen und muss sich daher auf in meinen Augen allzu gewagte transzendentale Bedingungen der Kommunikation (bei Jürgen Habermas), auf transzendentale Bedingungen personaler Identität (die frühe Korsgaard) bzw. von Handeln generell (die späte Korsgaard) oder auf quasi-logische, apriorische Bedingungen normativer Stellungnahme (Onora O'Neill) stützen. Damit geht der große Reichtum praktischer Gründe und ihre Verankerung in der Lebenswelt verloren, auch wenn dies nicht den Intentionen der kantischen Konstruktivisten entspricht. Dieser Reichtum muss für einen vitalen zeitgenössischen Humanismus unbedingt erhalten bleiben, und dies spricht gegen die konstruktivistischen Konzeptionen. Vor allem aber gibt es gar keinen Grund, derart defensiv auf

10 Vgl. dazu Kap. 4.III in diesem Band.

den naturalistischen Mainstream zu reagieren, der in vielen Hinsichten auf tönernen Füßen steht (eine Thematik, die hier nicht näher behandelt werden kann).[11] Ich empfehle, die humanistischen Inhalte offensiver, also ohne kompatibilistische Rückzugsgefechte gegenüber naturalistischer Metaphysik zu vertreten. Vor allem aber sind die normativen Inhalte humanistischer Theorie und humanistischer Praxis nicht lediglich (transzendentale) Voraussetzungen für Kooperation (Rawls), Handeln (Korsgaard) oder Kommunikation (Habermas), sondern haben den Status normativer Erkenntnisse. Wer diesen Status aufgibt, nimmt dem humanistischen Denken und der humanistischen Praxis ihre Vitalität, er trägt – vielleicht ungewollt – dazu bei, dass der zeitgenössische Humanismus in der Defensive verharrt und sich in allerlei Rückzugsgefechte verstrickt.

IV. Wahrheit

Wahrheitsansprüche scheinen dem humanistischen Ethos entgegenzustehen: Sie legen der Selbstentfaltung Grenzen auf und sie schränken die Gestaltungsfreiheit von Individuen sowie deren politische Selbstbestimmung ein. Wenn Menschenrechte eine objektive Geltung haben, dann ist es nicht mehr dem Belieben politischer Gemeinschaften überlassen, ob sie sich ihre Gesetze so geben, dass Menschenrechte gewahrt werden oder nicht.

Tatsachen beschränken den Raum des Möglichen. Radikale Konstruktivisten hassen solche Beschränkungen, sie schlagen vor, das, was als eine Tatsache erscheinen mag, als bloßes Konstrukt umzudeuten. Stehen sieben oder acht Stühle in diesem Zimmer? Man wird das nachzählen und dann mit ziemlicher Sicherheit wissen, wie viele Stühle in diesem Zimmer sind. Dies scheint eine Tatsache zu sein, die wir nicht erfunden haben. Konstruktivisten wenden ein: Doch, auch das sei eine Erfindung, denn es ist ja erst das Konstrukt der arithmetischen Zahlen und das Konstrukt der Zählung, die diese Tatsache ausmachen, die diese Tatsache »konstruieren«. Realisten werden unbeeindruckt erwidern: Unfug, auch wenn es niemanden gibt, der bis sieben zählen kann, bleibt es eine Tatsache, dass sieben Stühle in diesem Zimmer sind, auch dann,

11 Dieter Sturma (Hg.), *Vernunft und Freiheit. Zur praktischen Philosophie von Julian Nida-Rümelin*, Berlin 2012.

wenn niemand je in dieses Zimmer kommt und niemand über arithmetische Kenntnisse verfügt. Zu Unrecht beziehen sich manche radikale Konstruktivisten auf Kant und behaupten, dieser habe ja die Unerkennbarkeit des Dings an sich behauptet (was zutreffend ist) und schon die Anschauungsformen von Raum und Zeit als Konstrukte eingeführt (was unzutreffend ist). Für Kant sind die Anschauungsformen von Raum und Zeit *a priori*, es handelt sich um nicht-empirische Sachverhalte, nämlich Sachverhalte, die erst empirische Erkenntnis ermöglichen (in der kantischen Terminologie: um transzendentale Bedingungen unserer Erfahrung). Diese stehen aber keineswegs im Belieben eines Einzelnen oder einer ganzen Kultur. Hilfsweise wird ein evolutionsbiologisches Argument bemüht, wonach Spezies jeweils diejenigen Realitätskonstruktionen entwickeln, die sich im Selektionsprozess als vorteilhaft herausgestellt haben. So haben Tiere, für deren Nahrungsaufnahme Farben keine Rolle spielen, in der Regel keine Farbempfindung. Farben existierten daher nur für spezifische Spezies, seien speziesrelativ, und so verhalte es sich mit anderen Realitätskonstruktionen auch: Alles wird zum Konstrukt oder zu einer sekundären Qualität, wie das in der philosophischen Erkenntnistheorie genannt wird.

Es ist hier nicht der geeignete Ort, um tiefer in die erkenntnistheoretische Problematik einzusteigen, es genügt darauf hinzuweisen, dass der Übergang von einer Speziesrelativität von Sinneswahrnehmungen auf die generelle These, dass die Realität nicht existiere und jeweils ein Konstrukt sei, unzulässig ist. Die rote Farbe meines Pullovers ist kein Konstrukt, sondern eine Tatsache. Wer hier dazusetzen mag: »Eine Tatsache lediglich für uns Menschen und nicht für andere Spezies«, der soll das tun, es ändert nichts daran, dass es sich um eine objektive Tatsache handelt, dass dieser Pullover rot ist. Rot ist ein Pullover, wenn er unter bestimmten Bedingungen (normale Lichteinstrahlung) normalen Personen als rot erscheint. In diesem Fall können wir uns sicher sein, dass der Pullover tatsächlich rot ist. Subjektive Präferenzen der urteilenden Person oder verbreitete kulturelle Praktiken spielen dafür keine Rolle. Es ist wichtig, diesen Punkt genau zu verstehen: Natürlich kann eine Sprachgemeinschaft nur von roten Pullovern sprechen, wenn sie über den Begriff »rot« verfügt, das heißt über einen Ausdruck, der diese Eigenschaft erfasst. Das macht diese Eigenschaft aber nicht kulturrelativ. Ähnlich verhält es sich mit der Oberflächentemperatur eines Planeten. Diese lässt sich aufgrund verfügbarer astronomischer Daten ziemlich genau bestimmen. Es wäre völlig abwegig, anzunehmen, dass diese Eigenschaft erst dadurch in die Welt kommt, dass es diese Daten und ihre verlässliche physikalische Interpretation gibt. Natürlich hatte der Planet schon zuvor entsprechende Eigenschaften und er wird diese Eigenschaften auch dann behalten, wenn es irgendwann keine menschlichen Wesen mehr geben sollte. Die meisten anti-realistischen Argumente beruhen auf einer Konfusion von Kriterium und Eigenschaft. Die Eigenschaft ist die Oberflächentemperatur des Planeten, das Kriterium besteht in einem bestimmten Messverfahren. Oder anders formuliert: Messverfahren konstituieren keine Eigenschaften; Eigenschaften sind von Messverfahren unabhängig.[12]

Humanisten sind Realisten oder sollten es jedenfalls sein. Diese Einsicht ist vielen Humanisten jedoch schwer zu vermitteln. Dies hat im Wesentlichen drei Gründe: Die Vorstellung, dass die Realität als solche nicht existiert, sondern lediglich ein Konstrukt von Kulturen oder Individuen sei, scheint den menschlichen Gestaltungsspielraum deutlich zu erweitern. Gehört es nicht zum humanistischen Ethos, anzunehmen, dass Menschen fast alles möglich ist? Vor einigen Jahren ist eine Bewegung entstanden, die sich als »Transhumanismus« bezeichnet. Sie will neue technologische Möglichkeiten der Veränderung des menschlichen neurophysiologischen Systems, aber auch den Einsatz von Datenverarbeitungssystemen unterschiedlichster Art für die unbegrenzte Ausweitung menschlicher Möglichkeiten nutzen. Die Bezeichnung »Transhumanismus« ist durchaus treffend: Diese Bewegung lässt den Humanismus hinter sich, sie entfernt sich von humanistischen Prinzipien, zu denen die Einsicht in die Begrenztheit menschlicher Möglichkeiten gehört.

12 Es gibt eine merkwürdige Verbrüderung von postmoderner und positivistischer Erkenntnistheorie: Beide identifizieren Eigenschaften mit Kriterien und beide hängen einer instrumentalistischen Theorie von Überzeugungen, Hypothesen und wissenschaftlichen Theorien an. Diese vermeintlichen Antipoden der modernen Philosophie sind Brüder im anti-realistischen Geiste. Der Unterschied besteht in erster Linie darin, dass Positivisten ganz auf die Naturwissenschaft setzen, also in der Regel Szientisten sind, und postmoderne Erkenntnistheoretiker ihr Vertrauen den Kultur- und Geisteswissenschaften schenken. Dieser Methodenstreit verdeckt eine fundamentale Gemeinsamkeit, die man durchaus als »Realitätsphobie« bezeichnen kann.

Tatsachen – empirische wie moralische – begrenzen die politische und generell kollektive Selbstbestimmung. Wenn es Menschenrechte gibt, wenn es eine moralische Tatsache ist, dass niemand als bloßes Mittel zum Zweck gebraucht werden darf,[13] dann ist der demokratische Gesetzgeber nicht frei, sondern muss dem gerecht werden. Menschenrechte begrenzen politische Autonomie. Der erneuerte Humanismus, für den ich plädiere, kann sich die Position Rousseaus und seiner zeitgenössischen republikanischen Schüler, wonach die Republik die totale Selbstentäußerung des Individuums an die politische Gemeinschaft verlangt, nicht zu eigen machen. Auch die ideale Versammlung (die ideale Diskursgemeinschaft im Sinne von Habermas) hat die individuellen Rechte zu beachten. Ohne eine realistische Interpretation der moralischen und juridischen Pflicht, die menschliche Würde jeder einzelnen Person zu achten, wäre die Bestimmung des Deutschen Grundgesetzes unverständlich, dass auch mit verfassungsändernder Mehrheit dieses Prinzip nicht eingeschränkt werden darf. Es ist merkwürdig, dass die meisten Juristen, Rechtstheoretiker, auch Politiker, diese besondere – humanistische – Reaktion der verfassungsgebenden Versammlung auf zwölf Jahre NS-Terrorherrschaft als eine Selbstverständlichkeit anerkennen, aber zugleich den ethischen Realismus als eher exotische Interpretation unserer moralischen und rechtlichen Diskurse ansehen. Der Realismus ist jedoch die einzig plausible Interpretation dieses humanistisch geprägten Grundgesetzes (und Ähnliches ließe sich für andere Verfassungsordnungen zeigen).

Der dritte und vielleicht wirksamste Einwand gegen empirische und normative Wahrheitsansprüche ist jedoch die Sorge, diese würden Konflikte eskalieren lassen und den geistigen Bürgerkrieg

13 Das ist die kantische Fassung von Menschenrechten, die für die Rechtsprechung des Bundesverfassungsgerichtes immer wieder eine wichtige Rolle gespielt hat. Man vergleiche hierzu das Urteil des Bundesverfassungsgerichts vom 15. 2. 2006 (Urteil gegen die Ermächtigung zu unmittelbarer Einwirkung mit Waffengewalt gegenüber Passagiermaschinen; BVerfG, 1 BvR 357/05) sowie meinen Artikel zu diesem Thema: »Leben und töten lassen«, in: *Cicero* 5/2006, S. 80-82. Zur Rolle der Menschenwürde im deutschen Recht vergleiche man den Grundgesetzkommentar von Wolfram Höfling in: Michael Sachs, *Grundgesetz. Kommentar*, München 2003, sowie die Studie von Tatjana Geddert-Steinacher, *Menschenwürde als Verfassungsbegriff. Aspekte der Rechtsprechung des Bundesverfassungsgerichts zu Art. 1 Abs. 1 GG*, Berlin 1990.

befeuern. Der Vater dieser Auffassung ist Thomas Hobbes. Er befürchtete den Rückfall in den Krieg aller gegen alle, wenn es konkurrierende Auffassungen politischer Gerechtigkeit gibt, und überantwortete daher die Definition von Gerechtigkeit dem Souverän, das heißt derjenigen Instanz, die über alle Gewaltmittel verfügt. Ihm ging es insbesondere darum, die politischen Gestaltungsansprüche der Konfessionsgemeinschaften, der christlichen Kirchen, zurückzudrängen. So plausibel dieses Motiv ist, es etablierte ein folgenreiches Missverständnis. Der Kern dieses Missverständnisses besteht in der Vermengung zweier ganz unterschiedlicher Arten von Gründen. Die Tatsache, dass jemand eine wahre Überzeugung hat, legitimiert ihn nicht, Gewalt anzuwenden, um diese Überzeugung durchzusetzen oder eine Praxis zu bekämpfen, die dieser Überzeugung widerspricht. Wenn ein behandelnder Arzt zu dem Ergebnis kommt, dass es gesundheitsschädlich wäre, wenn sein Patient weiterhin raucht, gibt ihm dies nicht das Recht, ihm die nächste Zigarette aus der Hand zu schlagen oder andere Gewaltmittel einzusetzen, um diese zutreffende Überzeugung in eine davon geleitete Praxis umzusetzen. Die Überzeugung, dass die bestehenden Einkommens- und Vermögensverhältnisse in einem Land ungerecht sind, verleiht nicht das Recht, Gewalt anzuwenden, um diese zu verändern. Auch wenn Menschenrechte universell sind und es eine moralische Tatsache ist, dass Staaten verpflichtet sind, die Menschenrechte ihrer Bürgerinnen und Bürger zu achten und zu schützen, ergibt sich daraus allein noch keinerlei humanitäres Interventionsrecht, das heißt ein Recht anderer Staaten, zum Zwecke der Verteidigung der Menschenrechte mit militärischen Mitteln zu intervenieren. *Es gibt keinen logischen Zusammenhang zwischen der Wahrheit einer Überzeugung und der Rechtfertigung von Gewalt.*

Zudem ist gar nicht einzusehen, warum die Welt friedfertiger werden sollte, wenn sie sich nicht bemüht, Tatsachen zu erkennen. In manchen Fällen konfligieren Erkenntnisansprüche: Der eine ist überzeugt, dass dieses richtig ist, der andere ist überzeugt, dass jenes richtig ist. In anderen Fällen konfligieren Interessen: Der eine hat ein Interesse, dass dieses getan wird, der andere hat ein Interesse, dass jenes getan wird. Warum sollte der erste Typ von Konflikt eher zu Gewaltanwendung führen als der zweite? *Die Überführung von Erkenntniskonflikten in Interessenkonflikte macht die Welt nicht friedlicher* – das Gegenteil ist wohl eher der Fall. Solange es um

Erkenntniskonflikte geht, können die Konfliktparteien weiterhin ihre Gründe vortragen, die für oder gegen eine Überzeugung sprechen. Das Vortragen von Gründen ist mit Gewaltanwendung unvereinbar. Dort, wo Gewalt angewendet wird, endet die Praxis der Begründung, des Gebens und Nehmens von Gründen, die für oder wider eine Überzeugung sprechen. In Interessenkonflikten gibt es keine Auflösung durch das Anführen von Gründen. Am Ende geht es lediglich darum, zu konstatieren, dass ein Interessenkonflikt besteht. In humanen Gesellschaften sucht man dann nach einem Kompromiss, in inhumanen eskalieren Interessenkonflikte oft genug zur Gewaltanwendung.

Aber könnte nicht der Verzicht auf Wahrheitsansprüche, wie Richard Rorty nicht müde wurde zu behaupten, die Gesellschaft durch Toleranz aus Indifferenz befrieden? Wenn wir zwar nach wie vor widerstreitende Meinungen haben, aber gemeinsam davon überzeugt wären, dass es keine wahren Meinungen gibt, würden wir am Ende indifferent sein, uns nicht weiter darum sorgen, wer welche Meinungen hat: Die Befriedung der Gesellschaft dadurch, dass ihre Mitglieder eine Haltung der Indifferenz gegenüber Fragen einnehmen, die in vorausgegangenen Gesellschaften als existenziell wichtig galten.

Es ist ganz unbestreitbar, dass es solche kulturellen Prozesse gibt. Der Konflikt der beiden christlichen Konfessionsgemeinschaften – Katholizismus und Protestantismus – war ursprünglich ein existenzieller, der die richtige Form des Lebens und die richtige Form des Glaubens betraf und in den europäischen Bürgerkrieg des 17. Jahrhunderts mündete. Heute sind viele Menschen, vermutlich die Mehrheit, der Meinung, dass es keinen großen Unterschied ausmache, ob man evangelisch oder katholisch ist. Dies gilt besonders für das Schlachtfeld des Dreißigjährigen Krieges, den deutschsprachigen Raum, wo bis heute beide Konfessionsgemeinschaften in enger Nachbarschaft und vielfältig verflochten leben. Man könnte es zuspitzen und sagen, die Zugehörigkeit zu der einen oder anderen Religionsgemeinschaft wird irrelevant, sie ist kein starkes Merkmal der eigenen Identität mehr. Es war wohl einer der großen Irrtümer des Westens, nach dem Ende des ideologischen und politischen Ost-West-Konfliktes zu meinen, dass sich auf diese Weise die meisten Konflikte der Welt moderieren ließen. Tatsächlich ist das Gegenteil eingetreten: Die kulturellen und religiösen Identitäten beanspruchen eine größere gesellschaftliche und politische Rolle und der Versuch, diese durch eine gemeinsame Konsumkultur, durch Mobilität und eine wachsende ökonomische Interdependenz zu humanisieren, ist gründlich danebengegangen. Die alten Kriege, nämlich nicht die zwischen Staaten, sondern zwischen kulturellen und religiösen Identitäten, sind als »neue Kriege« zurück.[14] Sie sind gerade deswegen zurück, weil die Globalisierung westlicher Konsumkultur und westlicher Lebensstile ein Gefühl der Bedrohtheit schafft, das sich nun in Gewaltexzessen Bahn bricht. Auch wenn immer nur kleine Teile der Bevölkerung diese Exzesse verantworten und viele von ihnen nur lose mit den religiösen Gemeinschaften verbunden sind, so darf man sich doch nicht darüber täuschen, dass es einen Resonanzboden gibt, der diese Gewaltexzesse motiviert und ihnen eine politische Bedeutung gibt, die weit über die Zahl der Todesfälle hinausreicht. Die Befriedung durch Indifferenz ist hier keine Option. Dies war auch nicht die Antwort der europäischen Nachkriegsordnung auf Grundlage des Westfälischen Friedens von 1648. Die religiösen Identitäten waren zwar unverändert von existenzieller Bedeutung. Die Anwendung von Gewalt zur Durchsetzung der eigenen Glaubensvorstellungen erschien den beiden Kirchen nun allerdings als illegitim und die Fürsten versuchten von nun an – das Menetekel der europäischen Konfessionskriege vor Augen –, sich nicht mehr von klerikalen Interessen instrumentalisieren zu lassen. Die Konfessionsgemeinschaften wurden so schrittweise aus der politischen Sphäre hinausgedrängt und auf ihre spirituellen Aufgaben zurückgeführt. Die feudale Herrschaft versuchte sich in anderer Weise zu legitimieren, unter anderem durch ihren Beitrag zu ökonomischer Prosperität und kultureller Entwicklung. Nicht Wahrheitsansprüche sind die Ursachen der Gewalt, sondern Rücksichtslosigkeit und Intoleranz.

Internationale Organisationen, die sich für den Frieden in der Welt engagieren, berichten, dass Friedensprozesse in allen Kulturen mit der Suche nach der Wahrheit beginnen. Erst auf dieser Grundlage sei gegenseitiges Verzeihen möglich. Als dritter Schritt kann dann um eine gerechte Ordnung gerungen werden, die den Konflikt endgültig überwindet. Nelson Mandela, 27 Jahre vom weißen Apartheid-Regime hinter Gittern gehalten, setzte zunächst

14 Herfried Münkler, *Die neuen Kriege*, Hamburg 2014.

Wahrheitskommissionen ein, um dann zu wechselseitiger Vergebung aufzurufen: Erst Wahrheit, dann Vergebung, dann Gerechtigkeit – das ist das Programm einer der erfolgreichsten Beispiele humanistischer Politik.

V. Verständigung

Für Humanisten ist die Fähigkeit des Menschen, sich in komplexer Weise zu verständigen, von zentraler Bedeutung. Es gibt sogar eine philosophische Tradition, für die diese Fähigkeit das spezifisch Menschliche ausmacht, die den Menschen gewissermaßen als *homo communicans* versteht und alle Moralität auf diese Eigenschaft zurückführt. Auch die Diskursethik von Jürgen Habermas steht in dieser Tradition. Ein erneuerter Humanismus sollte das abschwächen. Zum einen insofern, als uns unterdessen zahlreiche ethologische Studien zur Verfügung stehen, die zeigen, in wie komplexer Weise auch hochentwickelte nichtmenschliche Tiere miteinander kommunizieren, und zum anderen, weil das spezifisch Menschliche nicht in seiner Sprachfähigkeit aufgeht. Genau gesehen muss noch mal unterschieden werden zwischen der Fähigkeit zu kommunizieren und der Fähigkeit, eine Sprache zu verwenden. Kommunikative Akte finden immer dann statt, wenn Intentionen, die der Sprecher mit einer bestimmten Geste, einem Laut, einer sprachlichen Äußerung verfolgt, vom Adressaten dieser Geste, dieses Lautes, dieser Äußerung dadurch verstanden werden, dass der Adressat diese Äußerung als den Versuch interpretiert, ihn entsprechend zu informieren.[15] Kommunikation in diesem anspruchsvollen Sinne gibt es nicht zwischen Ameisen, Wespen oder Bienen, auch wenn seit Karl von Frisch von einer »Bienensprache« die Rede ist,[16] sondern allenfalls bei hochentwickelten Säugetieren wie Menschenaffen,

15 Dies wird in der zeitgenössischen Philosophie als Grice'sches Programm bezeichnet, nach Paul Grice, der diesen Gedankengang in einer Reihe von Artikeln ausführte. Dieser Ansatz ist in der Sprachphilosophie hochumstritten. Ich halte ihn aber im Kern für unverzichtbar, auch wenn man gegenüber der Grice'schen Explikation von Bedeutung Modifikationen vornehmen muss. Vgl. dazu Kap. 13 in diesem Band.

16 Vgl. Karl von Frisch, »Über die ›Sprache‹ der Bienen. Eine tierpsychologische Untersuchung«, in: *Zoologische Jahrbücher (Physiologie)* 40 (1913), S. 1-186.

Elefanten oder Hunden sowie möglicherweise auch bei Rabenvögeln. Die Fähigkeit, sich in andere hineinzuversetzen, Vermutungen über ihre Absichten und emotiven Einstellungen anzustellen, ist Voraussetzung für Kommunikation, macht das Erlernen einer Sprache erst möglich. Andererseits erlaubt erst die Verwendung einer Sprache, genaue Kenntnisse über andere Personen zu erlangen. Der Spracherwerb funktioniert wie eine Leiter, auf deren Sprossen wir uns wechselseitig als von ähnlichen Überzeugungen, Emotionen, Erwartungen und Absichten geprägte Individuen erkennen, unser Handeln koordinieren, um uns auf diesem Wege Begriffe anzueignen, die wiederum Mitteilungen komplexeren Inhalts erlauben. Wir tauschen uns nicht nur über äußere Zustände, Ereignisse und Gegenstände aus, sondern auch über innere Zustände, Gefühlslagen, Wünsche und Hoffnungen, Meinungen und Zweifel. Am Ende dieser Leiter teilen wir lebensweltliche Erfahrungen und praktizieren eine gemeinsame Lebensform. Diese Lebensform umfasst mehr als sprachliche Verständigung, aber diese spielt hierfür eine zentrale Rolle.

Eine Sprachgemeinschaft kann sich nur ausbilden, wenn alle Teilnehmer sich ganz überwiegend an drei Regeln halten. Die erste Regel ist die der Wahrhaftigkeit, die verlangt, dass die Äußerungen einer Person ihre Absichten, Meinungen und emotiven Zustände angemessen repräsentieren. Wenn sie eine Überzeugung äußert, ist sie selbst von ihrer Richtigkeit überzeugt. Die zweite Regel ist die des Vertrauens, wonach umgekehrt die Hörer einer Äußerung davon ausgehen, dass diese die Einstellungen der Person in angemessener Weise wiedergibt. Und die dritte ist die Verlässlichkeit, wonach wir bemüht sind, in unserem Äußerungsverhalten der Realität gerecht zu werden. Man kann die Regeln der Wahrhaftigkeit und des Vertrauens verfolgen und doch den Bezug zur Realität verlieren. Menschen können wahrhaftig sein und doch die Unwahrheit sagen. Aber der Sprachlernprozess ist ohne Realitätsbezug gar nicht vorstellbar.[17]

Eine Sprachgemeinschaft, das heißt eine gelingende Kommunikation in einer Gruppe von Menschen, kann es nur geben, wenn es ein hohes Maß an Übereinstimmung in dieser Gruppe gibt. Dies

17 Vgl. dazu die Schriften Donald Davidsons: *Inquiries into truth and interpretation*, Oxford 2001; *Subjective, intersubjective, objective*, Oxford 2001; *Essays on actions and events*, Oxford 2001.

betrifft nicht nur Überzeugungen, sondern auch emotive Einstellungen, Absichten, Wünsche und Erwartungen. Ohne dieses hohe Maß an Übereinstimmung würde der Sprachlernprozess nicht in Gang kommen und Kommunikation regelmäßig scheitern. Auch ein Dissens setzt ein hohes Maß an Übereinstimmung voraus. Gäbe es dieses hohe Maß an Übereinstimmung nicht, könnte man gar nicht von einem Dissens sprechen, sondern lediglich von einem Verständigungsproblem: Wir wüssten gar nicht, wovon die andere Person jeweils redete.[18] Die geteilte Lebensform ist also zum einen Ausgangspunkt der menschlichen Fähigkeit, eine Sprache zu erlernen, und zum anderen Ergebnis der Sprachpraxis. Aus einem rudimentären, wohl genetisch vorgegebenen Bestand an geteilten Emotionen, Intentionen und einer geteilten Realitätsorientierung ist die Fähigkeit der sprachlichen Verständigung erwachsen, historisch und individuell. Diese Fähigkeit erlaubt dann eine Ausdifferenzierung unterschiedlicher Lebensformen, unterschiedlicher Lebenswelten, unterschiedlicher Praktiken und Überzeugungen. Der Humanismus darf nicht als eine normative Setzung von außen missverstanden werden. Er knüpft an diese menschliche Fähigkeit, unterschiedliche Kulturen auszubilden, an, stützt sich auf die etablierte Verständigungspraxis und aktiviert die Potenziale entfalteter Humanität. Die humanistische Kritik kommt nie von außen, sondern von innen. Sie bleibt an die etablierte Verständigungspraxis gebunden, führt Gründe an, die in der geteilten Lebensform verankert sind, und vertraut auf den »zwanglosen Zwang des besseren Argumentes« (Jürgen Habermas). Die Diskursethik von Habermas ist in diesem Sinne ein humanistisches Projekt, sie respektiert jeden Diskursteilnehmer gleichermaßen, sie kennt keine Kasten, keine Stände, keine Autoritäten, sie begreift Menschen als vernunftfähige Wesen und bezieht aus dieser Fähigkeit ihre normative Kraft. Die kommunikative Rationalität beinhaltet in der Tat Werte und Normen, ja setzt diese voraus: Die Regeln der Wahrhaftigkeit, des Vertrauens und der Verlässlichkeit lassen sich nur punktuell verletzen. Wenn sie zu häufig verletzt werden, bricht die Kommunikation als ganze zusammen, löst sich die Sprachgemeinschaft auf.

Die Vorstellung allerdings, in der Verständigungspraxis sei schon

18 Dies meint wohl die etwas rätselhafte Formulierung von Wittgenstein: »Wenn ein Löwe sprechen könnte, wir könnten ihn nicht verstehen.«

das gesamte humanistische Ethos enthalten, ist irrig. So gehört die Rücksichtnahme auch auf diejenigen, die an der Verständigung nicht teilnehmen, zu den unverzichtbaren Merkmalen einer humanen Gesellschaft. Auch Rücksichtnahme auf empfindungsfähige Lebewesen, mit denen wir nicht kommunizieren können, ist für Humanisten essenziell. Wenn wir in der Weise auf Menschen Rücksicht nehmen müssen, dass wir ihnen keine unnötigen Schmerzen zufügen, dann haben wir auch die Pflicht, empfindungsfähigen Lebewesen, die nicht der menschlichen Spezies angehören, keine unnötigen Schmerzen zuzufügen. Dies lässt sich mit den Normen der Verständigungspraxis nicht rechtfertigen. *Es ist das humanistische Prinzip der Achtung gegenüber jedem Einzelnen*, das sich hinsichtlich derjenigen Merkmale, die nicht auf die menschliche Spezies beschränkt sind, auch auf Normen im *Umgang mit Tieren überträgt. Humanismus ist keine Form des Speziesismus.* Humanismus ist auch keine Form der Diskriminierung aller nicht verständigungsfähigen Menschen. Auch gegenüber noch nicht sprachfähigen Kindern haben wir uns umsichtig und rücksichtsvoll zu verhalten. Menschen werden nicht erst dadurch moralisch relevant, dass sie mit uns kommunizieren.

Der erneuerte Humanismus vertraut auf die Fähigkeit des Menschen, sich von Gründen leiten zu lassen, er bildet Persönlichkeiten, die Autoren ihres Lebens sind, er setzt auf die Fähigkeit, sich zu verständigen und damit den Einsatz von Gewalt überflüssig zu machen, aber er beschränkt seine Werte und Normen weder auf die Mitglieder einer Sprachgemeinschaft noch auf die Mitglieder der menschlichen Spezies. *Der Humanismus ist universalistisch, weil er jede Form von Kollektivismus ablehnt.* Die menschliche Verständigungspraxis ist deswegen von besonderer Bedeutung für das humanistische Ethos, weil sie allein im Stande ist, eine humane Praxis zu etablieren.

VI. Autorschaft

Menschen sind Autorinnen und Autoren ihres Lebens. Handelnd wirken sie auf die soziale und natürliche Welt ein, sie interagieren mit anderen und ihre Praxis ist Ausdruck empirischer und moralischer Überzeugungen. Wir erfassen die Identität einer Person, indem wir das Gesamt ihrer Äußerungen und Handlungen interpretieren. Menschen sind in der Lage, sich in andere hineinzuversetzen, ihre Gefühle, ihre Emotionen und Empfindungen nachzuvollziehen. In völliger Isolation würden die menschlichen Fähigkeiten verkümmern und ein erfülltes Leben wäre unmöglich.

Gesellschaften, die nur einem Teil, zum Beispiel dem Adel, diese Autorschaft zugestehen, sind inhuman. Der politische Kampf um gleiche Rechte und gleiche Anerkennung beruht auf einer humanistischen Erkenntnis, nämlich dass alle Menschen, unabhängig von Geschlecht, Hautfarbe, Religion, Herkunft, Stand etc., zur Autorschaft ihres Lebens befähigt sind. Aus dieser Befähigung entwickelt der Humanismus seine normativen Prinzipien: Die Gesellschaft sollte so gestaltet sein, dass sie allen Mitgliedern gute Bedingungen für individuelle Autorschaft verschafft. Die Politik als gemeinsam verantwortete Gestaltung der institutionellen Bedingungen einer Gesellschaft steht in der Verantwortung, gleiche Freiheit zu ermöglichen.

Die menschliche Autorschaft hat drei miteinander verwobene, nicht isolierbare Dimensionen: erstens die *Autonomie (Freiheit) der Überzeugungen*, Meinungen und Meinungsäußerungen. Diese beruht auf der menschlichen Fähigkeit, sich selbst ein Urteil zu bilden, Gründe abzuwägen, die für oder gegen eine Überzeugung sprechen, sich zu informieren und sich in der Vielfalt von Daten zu orientieren. Humane Bildung hat daher das Ziel, Urteilskraft zu fördern, das notwendige Wissen und die notwendigen Fähigkeiten zu vermitteln, damit Menschen sich selbst ein verlässliches Urteil bilden können. Ein angemessener Realitätsbezug, zu dem auch die Einbeziehung wissenschaftlicher Forschungsmethoden und Forschungsergebnisse gehört, ist dafür unverzichtbar.

Die zweite Dimension ist praktisch: die *Autonomie (Freiheit) des Handelns*. Diese beruht auf der Fähigkeit, sich von Gründen leiten zu lassen, das eigene Handeln zu einer kohärenten Praxis zusammenzufügen. Dies setzt die Fähigkeit voraus, praktische Gründe, die dafür sprechen, so oder aber anders zu handeln, gegeneinander abzuwägen und auf diese Weise zu einem verlässlichen normativen Urteil zu kommen: Diese Handlung ist die richtige, ist gerechtfertigt, ist wohlbegründet.

Es ist daher ein Ziel humaner Bildung, Kenntnisse und Fähigkeiten zu fördern, die Entscheidungsstärke ermöglichen. Entscheidungsstärke äußert sich in einer strukturierten Praxis, die für andere nachvollziehbar und verständlich ist.

Die dritte Dimension menschlicher Autorschaft ist die der *Autonomie (Freiheit) der Emotionen*. Die emotiven Einstellungen von Personen sind nicht einfach gegeben, sondern selbst von Gründen geleitet. Angst vor etwas zu haben, von dem man weiß, dass es harmlos ist, wäre irrational. Zweifellos gibt es solche Ängste, diese sind dann allerdings pathologisch. Pathologische Gefühle sind solche, die sich von normativen wie empirischen Überzeugungen nicht beeinflussen lassen.

Es ist die Autorschaft des eigenen Lebens, die im Zentrum eines humanistischen Ethos steht. Humanisten wollen, dass die politischen, ökonomischen, sozialen und kulturellen Bedingungen so gestaltet sind, dass jede menschliche Person Autorin ihres Lebens sein kann. Der Humanismus wendet sich deswegen gegen jede Form von Unterordnung, Abhängigkeit, Unmündigkeit. Er findet sich weder mit Kasten- und Ständeordnungen noch mit der Ausbeutung von Menschen für ökonomische Zwecke ab. *Der Humanismus weist Weltanschauungen und spirituelle und politische Religionen in die Schranken der Vernunft.* Innerhalb dieser Schranken ist er mit weltanschaulichen, politischen und religiösen Glaubensbekenntnissen vereinbar. Er gerät aber mit ihnen in Konflikt, sobald sie diese Schranken verlassen: Religionen, die Menschenopfer oder die willenlose Unterordnung der Gläubigen unter eine unumschränkte klerikale Autorität verlangen, die die zivile Ordnung dem religiösen Gebot unterstellen wollen, die Gewalt als Instrument der Missionierung einsetzen, die Gläubige als heilige Krieger missbrauchen, die Frauen als Menschen zweiter Klasse behandeln, die von ihren Gläubigen ein *sacrificium intellectus* erwarten, die ihre Kritiker als Häretiker verfolgen, die wissenschaftliche Erkenntnisse als unvereinbar mit gläubiger Gesinnung unterdrücken, die die fundamentale Freiheit und Gleichheit aller Menschen ablehnen, die Andersgläubige als Feinde bekriegen, sind mit den zentralen Einsichten des Humanismus, mit humanistischer Philosophie und humanistischer Praxis unvereinbar. *Der Humanismus ist nicht anti-religiös, aber er schränkt die Spielräume religiöser Gesinnung und religiöser Praxis ein, hält die Religion in den Grenzen der Vernunft und wirkt auf Religionsgemeinschaften ein, sich zu verändern, wenn sie von inhumaner Gesinnung und inhumaner Praxis geprägt sind.* In diesem

Konflikt stehen sich nicht unterschiedliche Weltanschauungen gegenüber, sondern es geht darum, fundamentalen, empirischen wie normativen Erkenntnissen in der gesellschaftlichen, politischen, kulturellen und religiösen Praxis Geltung zu verschaffen. Klerikale Autoritäten, die die Zweitklassigkeit von Frauen predigen, verweigern sich der Einsicht in die gleiche Vernunftfähigkeit von Frauen und Männern. Sie predigen und handeln wider die Vernunft. Klerikale Autoritäten, die, diesbezüglich meist ohne eigene Lebenserfahrung, die Entwicklung einer selbstbestimmten Sexualität unterbinden wollen und gleichgeschlechtliche Liebe als Sünde deklarieren, haben das fundamentale Prinzip menschlicher Verantwortlichkeit nicht verstanden. Sie predigen und handeln im schlechten Sinne dogmatisch, sie schirmen sich von menschlichen Erfahrungen ab, um ihrer Ideologie treu bleiben zu können.

Autorschaft des eigenen Lebens setzt voraus, dass Menschen frei sind in dem, was sie tun. Ich verstehe dabei unter Freiheit nichts anderes als die Fähigkeit, sich in seiner Praxis von Gründen leiten zu lassen. Menschen sind verantwortlich, sofern sie frei sind. Oder präziser: Sie sind in dem Maße verantwortlich, in dem sie frei sind. Freiheit und Verantwortlichkeit lassen sich nicht entkoppeln, wie ein wichtiger Strang der zeitgenössischen praktischen Philosophie meint.[19] *Der Humanismus beruht letztlich auf der Einsicht in die Verantwortlichkeit und Freiheit des Menschen.*

Menschliche Freiheit und Verantwortlichkeit sind nicht bedingungslos, nicht absolut, aber sie sind umfassend. Sie beschränken sich nicht auf moralisch motiviertes Handeln, wie Immanuel Kant meinte. Wir sind verantwortlich für das Gesamt unserer Praxis, die Möglichkeit, aus dieser Verantwortung auszusteigen, besteht nicht. Jedes Handeln ist Ausdruck einer Stellungnahme der handelnden Person. Sie ist für diese Stellungnahme verantwortlich. Es ist ihre Stellungnahme, denn sie ist frei. Es ist letztlich das Gesamt unseres Lebens, für das wir Verantwortung tragen, weil wir es gestalten, weil wir Autorinnen oder Autoren unseres eigenen Lebens sind. Die gewählte Lebensform weist Brüche und Widersprüche auf, unser Reden und Handeln beruht auf Wertungen und Überzeugungen, die in der Regel nicht uneingeschränkt stimmig sind. Das humanistische Ethos verlangt nach der Bereitschaft, sich zu ver-

19 Vgl. Monika Betzler, Barbara Guckes (Hg.), *Harry G. Frankfurt. Freiheit und Selbstbestimmung. Ausgewählte Texte*, Berlin 2001.

ständigen, Kritik anzunehmen und Konflikte, so weit als irgend möglich, durch gegenseitige Beratung aufzulösen. Dafür bedarf es eines großen Bestandes an gemeinsamen Wertungen, Überzeugungen und emotiven Einstellungen. Meinungsunterschiede lassen sich nur verständlich machen, wenn wir in vielen Fragen übereinstimmen. Um etwas in Zweifel zu ziehen, etwas als rechtfertigungsbedürftig anzusehen, bedarf es geteilter Selbstverständlichkeiten, die nicht in Frage gestellt werden.

Die Bereitschaft, Überzeugungen, Handlungen und emotive Einstellungen zu begründen, endet in den geteilten Selbstverständlichkeiten einer Lebensform. Begründungen *ad infinitum*, eine Begründungspraxis, die kein Ende findet, münden entweder im Skeptizismus, in der verzweifelten Infragestellung von allem, oder in der rationalistischen Neukonstruktion allen Wissens und aller Praxis. So prominent beide Irrwege nicht nur in der europäischen Philosophie sind, es handelt sich um intellektuelle Überspanntheiten, die mit einem humanistischen Ethos unvereinbar sind. Beide Formen, die globale Skepsis wie auch die rationalistische Neukonstruktion, verlieren den Bezug zu lebensweltlichem Wissen und lebensweltlicher Erfahrung. Sie lösen sich davon ab und verlieren damit ihre Bewährungsinstanz in der lebensweltlichen Praxis der Verständigung. *Die geisteselitäre Attitüde desjenigen, der sich von allen Meinungen verabschiedet hat und auf ein höheres, von der alltäglichen Erfahrung unabhängiges Wissen zurückgreift, verbietet sich für Humanisten ebenso wie die des Skeptikers, der sich in der Haltung gefällt, nichts ernst nehmen zu müssen.* Humanisten können auf die innere Widersprüchlichkeit sowohl der rationalistischen wie der skeptischen Sichtweise verweisen. Beide lassen sich in der lebensweltlichen Praxis nicht durchhalten. Ihre Vertreter zeigen in der alltäglichen Praxis des Begründens und des Interagierens, dass sie ihren intellektuellen Überzeugungen untreu werden. Es ist die Einheit des Urteilens und des Handelns, die Rolle als Autor des eigenen Lebens, die den Ausstieg aus allen lebensweltlichen Bezügen unglaubhaft macht. *Humanisten nehmen ihre Mitmenschen als Autorinnen und Autoren ihres Lebens ernst und wollen sie in dieser Rolle stärken.*

B) Kritik des Anti-Humanismus

I. Sophistik

Die älteste in unserem Kulturkreis überlieferte Form des Anti-Humanismus ist die Sophistik – jedenfalls in der Form, in der sie uns von Platon präsentiert wird. Platons eigene Philosophie als Gegenentwurf ist zudem beides: ein Quell humanistischer Gedanken und eine Warnung vor dessen Deformation. Platons Kritik der Sophistik hat drei Teile, die man unterscheiden sollte. Instrumentalisierung der Bildung ist der erste Vorwurf. Er kritisiert die Sophisten dafür, dass sie aus der Bildung ein Geschäft machen, mit dem Versprechen, dass Bildung reich oder mächtig mache. Zum Zweiten kritisiert Platon die Sophisten dafür, dass sie kein echtes Wissen vermitteln, sondern nur Scheinwissen. Die Schüler der Sophisten meinen, dass sie über Wissen verfügen, in Wirklichkeit haben sie nur bestimmte Fertigkeiten erworben und können ihre Überzeugungen nicht wirklich begründen. Drittens kritisiert Platon die Sophisten dafür, dass sie mit ihren Bildungsangeboten nicht die ganze Person in den Blick nehmen, sondern lediglich einzelne Fertigkeiten. Platon stellt dem das Ideal einer harmonischen Seele (*psyche kalē*) gegenüber, die über eine entwickelte Urteilskraft (*sophia*), über Entscheidungsstärke (*andreia*) und Selbstbeherrschung (*sophrosyne*) verfügt und damit den gerechten Menschen (*anēr dikaios*) ausmacht. Er meint, dass dem sophistischen Bildungsprogramm einer oberflächlichen Kompetenzorientierung eine philosophische Bildung entgegengestellt werden muss. Diese ist allerdings so anspruchsvoll und langwierig, dass sie nur für einen kleinen Teil der Bevölkerung taugt. Während die Orientierung an Selbstdenken, Urteilskraft und Entscheidungsstärke als Alternative zu sophistischer Kompetenzorientierung den Kern humanistischer Bildungsphilosophie ausmacht, entfernt sich Platon mit seiner elitären Konzeption der philosophischen Bildung für Wenige und der Leitung des Staates durch diese Wenigen vom humanistischen Ethos. Oder – historisch korrekter gefasst –: Erst die Erkenntnis der Stoa, dass Menschen gleichermaßen vernunftfähig sind, und die Einsicht des Aristoteles, dass das Wesentliche der Bildung nicht in Akademien und Oberseminaren erworben wird, sondern durch die Lebenspraxis, also die Verallgemeinerung und Erweiterung des platonischen Erkenntnisideals, legt die Grundlagen einer humanistischen Bildungsphilosophie: Persönlichkeitsbildung statt Zurichtung, Selbstdenken statt Fertigkeitserwerb, Bildung als Selbstzweck.

Der Gegensatz zwischen Humanismus und Anti-Humanismus manifestiert sich in unserem Kulturkreis zum ersten Mal im Konflikt zwischen Sokratik und Sophistik. Der Humanismus überführt das Autarkie-Ideal eines epischen Helden wie Achill in der *Ilias* in das humanistische Autarkie-Ideal des Selbstdenkens und Selbsthandelns. Für Humanisten bleibt dieses Ideal an Erkenntnis und Erfahrung gebunden, für antike und zeitgenössische Sophisten verkommt es zur Selbstoptimierung. Dieser uralte Konflikt, der sich in immer wieder neuen Auflagen nicht nur durch die europäische Geistesgeschichte zieht,[1] ist hochaktuell: Der gegenwärtige Streit um die Ökonomisierung und Instrumentalisierung von Bildung, nicht nur in Europa, sondern auch in den USA oder China, ist nichts anderes als eine Wiederkehr dieses Konfliktes zwischen einem sokratischen und einem sophistischen Bildungsverständnis.

In Deutschland eskaliert dieser Konflikt auch deswegen, weil hier die humanistische Bildungstradition besonders ausgeprägt ist. Die Idee des durch Bildung befreiten menschlichen Individuums hat den Ausgang aus »selbstverschuldeter Unmündigkeit« beflügelt. Der Mensch wird erst als Vernunftwesen frei, löst sich aus Fremdbestimmtheit durch die Natur und kann sich selbst Freiheitsgesetzen unterstellen. Autonomie heißt nicht Willkür oder Zügellosigkeit, sondern Selbstgesetzgebung »aus Achtung vor dem Sittengesetz«. Die Schüler Kants entwerfen davon ausgehend die humanistische Idee der allseits gebildeten Persönlichkeit, die ihre »Kräfte«, wie Wilhelm von Humboldt das nannte, kontinuierlich in alle Richtungen entwickelt und sich damit vervollkommnet. Die bloße Ausbildung zur Fremdbestimmung, aber auch die Selbst-Instrumentalisierung für den ökonomischen Erfolg sollen durch einen selbstbestimmten Bildungsweg hin zu einer autonomen Lebensform ersetzt werden.

Die zeitgenössische Wiederauflage der Sophistik verfolgt die dazu gerade entgegengesetzten Absichten: Die staatlich verantwortete Allgemeinbildung soll zu einer von ökonomischen und

1 Mir scheint, dass der Konflikt zwischen Konfuzianismus und Legalismus in China ähnliche Züge aufweist.

privaten Interessen gesteuerten Ausbildung zu fremdbestimmten Zwecken werden. Die Bildungsabschlüsse sollen normiert, international vergleichbar und auf dem globalen Arbeitsmarkt verwertbar sein. Die Leistungskriterien sind nicht intern durch die Bildungsinhalte bestimmt, sondern extern durch abrufbare Kompetenzen, die vom jeweiligen Fachwissen, von der jeweiligen Disziplin und ihrer Methodik, abgelöst sind. Sowohl die zeitgenössische als auch die antike Sophistik versprechen Bildungsrenditen, also ökonomische Erträge für das Erreichen der nächsthöheren Qualifikationsstufe nach international normierten Kriterien. Die Humanisten des 19. Jahrhunderts wollten die staatliche bzw. damals die fürstliche Verantwortung für Bildung mit einer inhaltlichen Abstinenz des Staates verbinden. Sie wollten, dass die Eigenwertigkeit von Bildung sich auch darin zeigt, dass ihre Inhalte und Methoden nicht von außen festgelegt werden, sondern der inneren Bildungslogik entsprechen. Liberale Philosophen wie Wilhelm von Humboldt trauten eher dem Staat als privaten oder klerikalen Trägern zu, diese inhaltliche Abstinenz zu realisieren. Humboldt appellierte an den preußischen Staat, der ihn schließlich als obersten Bildungsbeamten bestellt hatte, den Bildungseinrichtungen dadurch ein Höchstmaß an Freiheit zu geben, dass sie vollständig staatlich finanziert und ohne fürstliche Einmischung agieren sollten. Der zeitgenössische bildungsökonomische Komplex dagegen möchte einen möglichst großen Teil der Allgemeinbildung in private Hände geben, nicht nur, weil ein so erschlossener Bildungsmarkt Umsätze in Milliardenhöhe erlauben würde, sondern auch, weil auf diesem Wege die humanistische Idee einer umfassenden, von unmittelbarer ökonomischer oder politischer Verwertbarkeit freien Bildung, die sich an alle richtet, von einer auf die unmittelbaren Verwertungsinteressen ausgerichteten Bildungsökonomie abgelöst werden kann. Die zeitgenössische Sophistik appelliert wie die antike an die Verwertungsinteressen derjenigen, die Bildung anbieten, und derjenigen, die Bildung nachfragen. Radikale Sophisten verstehen das humanistische Prinzip des Eigenwertes von Bildung nicht. Wenn jeder nach einem möglichst hohen Einkommen strebt, dann sollte doch auch Bildung so organisiert sein, dass Leistungen ökonomisch ratifiziert werden und ökonomisch Irrelevantes aus dem Bildungskanon ausscheidet. Humanisten stellen dem die Idee der Autorschaft gegenüber, zu der zweifellos die Fähigkeit gehört, von eigenem Einkommen zu leben, aber eben auch die Fähigkeit, ein in sich stimmiges, sinnvolles Leben zu leben, das neben ökonomischen auch andere Werte respektiert. Die sophistische Bildungstradition kennt Vielfalt nur unter dem Aspekt vielfältiger Verwertungsinteressen. Die humanistische Tradition schätzt Vielfalt, weil sie Respekt gegenüber jedem einzelnen menschlichen Individuum hat, das seinen Bildungs- und Lebensweg finden muss.[2]

II. Ökonomismus

Die auf Reichtum gerichtete Lebensform hatte bei den Philosophen der Antike einen schweren Stand. Interessanterweise war dabei nicht der Besitz als solcher verpönt (und sei er noch so üppig), sondern die Ausrichtung des eigenen Lebens an der Vermehrung des Reichtums. Ein Leben, dessen materielle Grundlagen durch eine Erbschaft gesichert sind, die es erlaubt, sich wichtigeren Dingen zu widmen, galt daher zum Beispiel Aristoteles als durchaus wünschenswert. Soweit die antiken Quellen zuverlässig sind, wurde Aristoteles von anderen Philosophen vorgehalten, dass er ein materiell gut gesichertes, gewissermaßen bürgerliches Leben führte und – selbst wohl von einfacher Herkunft – materielle Annehmlichkeiten durchaus zu schätzen wusste. Schon damals wurde offenbar materielle Genügsamkeit mit Philosophie in Verbindung gebracht. Man darf die Kritik der kaufmännischen Lebensform nicht missverstehen: Sie richtet sich nicht gegen Eigentum, sie ist nicht kommunistisch, sondern sie richtet sich gegen eine bestimmte Lebenshaltung, wonach alle anderen Projekte und Werte diesem einen, dem Erwerb materieller Güter und der Vermehrung des Reichtums, untergeordnet sind. Die moderne Variante ist der *Homo oeconomicus*, der sein gesamtes Leben nach der Nutzen-Kosten-Rechnung gestaltet. Für den *Homo oeconomicus* sind nur solche Tätigkeiten sinnvoll, die produktiv sind, die ein Produkt hervorbringen. Alle Tätigkeiten werden so zum bloßen Produktionsmittel.

In der *Nikomachischen Ethik* unterscheidet Aristoteles zwei Formen der Praxis: diejenige Praxis, die auf die Herstellung eines Produktes, eines Werkes (ἔργον), gerichtet ist, und diejenige, die man

2 Vgl. dazu Kap. 8 in diesem Band.

wegen ihrer ενέργεια, ihrer unmittelbaren Wirksamkeit, vollzieht. Für den *Homo oeconomicus* ist alles, was man tut, auf ein ἔργον gerichtet, eine nicht-produktive Praxis gibt es nicht, jedenfalls keine vernünftige. Aristoteles meinte in der *Nikomachischen Ethik*, dass eine Praxis, die auf die Herstellung eines Produktes gerichtet ist, sich nach der Qualität dieses Gutes bewerten lassen muss. Die Praxis des Schuhmachers bemisst sich als gut oder schlecht, je nachdem, wie gut die Schuhe sind, die er herstellt.

Eine ökonomisch effiziente Praxis ist mit einem humanistischen Ethos vereinbar, wenn sie eingebettet bleibt, wenn sie die Normen und Werte nicht zerstört, die eine humane Gesellschaft ausmachen. Eine ökonomische Praxis, die auf sich selbst gestellt ist, die alle Bereiche der menschlichen Lebensform erfasst, führt zu praktizierter Inhumanität, genauer: zu einer Instrumentalisierung allen Tuns und in letzter Konsequenz zur Instrumentalisierung aller Menschen. Die humane Einbettung ökonomischer Praxis ist paradoxerweise Bedingung des ökonomischen Erfolges. Eine ökonomische Praxis, die ausschließlich nach dem *Homo-oeconomicus*-Modell konstruiert ist, zerstört nicht nur die Bedingungen der Humanität, sondern auch die Bedingungen ihres eigenen Erfolges.[3]

Der Humanismus schützt die Selbstbestimmung des Individuums durch individuelle Rechte, die weder Machtinteressen noch ökonomischen Interessen geopfert werden dürfen. Eine produktivistische Gesellschaft, in der alles unter das Kriterium ökonomischer Rationalität gestellt wird, kann unveräußerliche individuelle Rechte nicht anerkennen, sie stören die ökonomische Optimierung. Staaten mit korrupten Machteliten und einer schwachen Zivilgesellschaft unternehmen in der Regel wenig gegen rücksichtslose ökonomische Ausbeutung menschlicher Arbeitskraft, gegen Kinderarbeit, gegen die Absenkung von Sozial- und Umweltstandards. Gesellschaften mit einer starken Vermögenskonzentration und hohen Einkommensdifferenzen, die also von Ungleichheit des Besitzes und der Arbeitsentlohnung geprägt sind, weisen in der Regel auch ein hohes Maß sozialer Immobilität auf, die bis zu einer Refeudalisierung gehen können in Gestalt weniger Oligarchen oder superreicher Familien, die nicht nur die ökonomischen, sondern auch die politischen und sozialen Geschicke des Landes bestimmen.

3 Dies habe ich näher ausgeführt in: JNR, *Die Optimierungsfalle*, München 2011.

Dieses Phänomen ist nicht nur in den Transformationsgesellschaften der früheren kommunistischen Staaten auffällig, sondern auch im formal nach wie vor kommunistischen China, in den Staaten Südamerikas sowie zunehmend auch in den USA. Der ökonomische, von Kapital und Konsuminteressen gesteuerte Markt ist ein wichtiges, ja unter den modernen Bedingungen unverzichtbares Element der Abstimmung von Produktion und Bedarf. Als dominantes Gestaltungsprinzip zerstört er jedoch die Bedingungen einer humanen Gesellschaft. Dies ist der Skandal der neoliberalen Ideologie,[4] die nun einige Jahrzehnte lang nicht nur in der öffentlichen Meinung, sondern auch in der politischen Praxis einen übergroßen Einfluss hatte. Die Auflösung von Staatsstrukturen zugunsten von Marktgesetzen, die Zerstörung kultureller Werte und moralischer Normen durch eine konsumistische und produktivistische Praxis, die über die ökonomische Sphäre auf die staatliche und die gesellschaftliche übergreift, ist mit humanistischem Ethos, mit den Prinzipien einer humanen Gesellschaft, mit verlässlicher Kooperation und dem Respekt vor jedem einzelnen menschlichen Individuum nicht vereinbar. Die damit einhergehende Kommodifizierung, das heißt die Umwandlung von Werten und Normen in handelbare Güter, trägt zusätzlich zum Verlust von Humanität bei.[5]

Die humanistisch motivierte Kapitalismuskritik des frühen Marx greift zu kurz, sie kritisiert lediglich das Gewinnstreben der besitzenden Klasse und führt alles Elend der damaligen Zeit dar-

4 Der Begriff »Neoliberalismus« ist umkämpft, er wird heute meist zur Bezeichnung einer marktradikalen Ideologie gebraucht, während er in der Nachkriegszeit von den Vertretern des Ordoliberalismus, also der so genannten Freiburger Schule für sich – positiv – in Anspruch genommen wurde. Der Ordoliberalismus ist jedoch im Gegensatz zum zeitgenössischen Neoliberalismus, der sich insbesondere auf F. A. von Hayeks Schriften stützt, gerade nicht marktradikal, sondern weist dem Staat die Aufgabe zu, die Wirtschaftsordnung durch gesetzliche Normen zu stiften und durch Kontrolle und Sanktionen aufrechtzuerhalten. Ein zeitgenössischer Vertreter des Ordoliberalismus ist in Deutschland Viktor Vanberg (vgl. ders., *Die zwei Soziologien: Individualismus und Kollektivismus in der Sozialtheorie*, Tübingen 1974; *The Constitution of Markets: Essays in Political Economy*, London 2001; *Moral und Wirtschaftsordnung: Zu den ethischen Grundlagen einer freien Gesellschaft*, Freiburg 2010). In den USA kann man den Nobelpreisträger James Buchanan dazu rechnen (vgl. ders., *Die Grenzen der Freiheit. Zwischen Anarchie und Leviathan*, Tübingen 1984).

5 Vgl. Michael J. Sandel, *Was man für Geld nicht kaufen kann. Die moralischen Grenzen des Marktes*, Berlin 2012.

auf zurück. Aber selbst eine nicht-kapitalistische Marktwirtschaft, das heißt ein ökonomisches System, in dem es kein Privateigentum an Produktionsmitteln gibt und daher das private Gewinnstreben keine Rolle spielt, wäre als Gestaltungsprinzip der menschlichen Gesellschaft inhuman. Auch in einer solchen nicht-kapitalistischen Marktgesellschaft würde alles Handeln ökonomischen Imperativen untergeordnet, würden die individuellen Rechte und die individuelle Würde des Einzelnen missachtet und kulturelle Werte wie moralische Normen zu handelbaren Gütern degradiert. Zwischen *homines oeconomici*, das heißt unter Akteuren, die sich ausschließlich an der Optimierung ihrer ökonomischen Interessen orientieren, wäre eine wahrhaftige, vertrauensvolle und verlässliche Kommunikation nicht möglich. Sie würden immer wieder von diesen Regeln abweichen, um ihre ökonomischen Ziele zu verfolgen. Damit aber entfiele eine Grundbedingung des ökonomischen Erfolges.

III. Kollektivismus

In einem bestimmten Sinne sind Humanisten Individualisten: Sie haben Respekt vor jeder einzelnen menschlichen Person, achten ihre Würde und respektieren ihre Rechte. Da sie sich gegen die Aufrechnung von Vorteilen des einen gegen die Nachteile des anderen wenden (der Humanismus ist mit dem Utilitarismus unvereinbar), sind Humanisten auf ein deontologisches Verständnis von Ethik festgelegt, für das Rechte und Pflichten nicht lediglich als Instrument anderer Ziele, sondern um ihrer selbst willen zu beachten sind. Für Humanisten ist jedes einzelne Menschenleben unersetzlich, es lässt sich weder mit ökonomischen oder politischen Werten noch mit anderen Menschenleben verrechnen. Aus diesem Grund ist jeder Krieg, auch der völkerrechtlich legitime, ethisch problematisch: Menschenleben werden zum Instrument anderer Ziele. Das Prinzip der Nicht-Verrechenbarkeit von Menschenleben wird fallengelassen, auch in den völkerrechtlichen Normen, die die Verhältnismäßigkeit kriegerischer Mittel bestimmen. Humanitär motivierte Kriege werfen daher für Humanisten ein ethisches Dilemma auf. Sie opfern Menschenleben, um Menschenrechte und andere Menschenleben zu schützen. Viele Humanisten sind daher Pazifisten und lehnen den Einsatz kriegerischer Mittel grundsätzlich ab. Oft kann sich der humanistische Pazifismus auf pragmatische Argumente stützen, etwa die Erfahrung der letzten Jahrzehnte, dass humanitär motivierte kriegerische Interventionen fast nie die Ziele erreichten, die sie verfolgten. Ein Beispiel ist die Libyen-Intervention gegen das Regime von Muammar al-Gaddafi, das Libyen zu einem Schlachtfeld islamistischer Terrorgruppen und Stammeskonflikte gemacht hat. Auch der zweite Irak-Krieg wurde humanitär gerechtfertigt. Die nicht zu leugnenden Gräueltaten Saddam Husseins wurden angeführt, um einen gewaltsamen, von außen erzwungenen Regimewechsel zu legitimieren. Zwar wurde in der Tat das blutige Regime Husseins abgelöst, der dann ausbrechende Bürgerkrieg hat aber wohl insgesamt weit mehr Menschenrechtsverletzungen nach sich gezogen. Unterdessen hat sich ein neues islamistisches Terrorregime in Teilen des Irak und Syriens etabliert, das den Zynismus im Umgang mit Menschenleben und Menschenrechten auf die Spitze treibt. Selbst die Afghanistan-Intervention als unmittelbare Reaktion auf die Terroranschläge vom 11. September konnte trotz massiver Bemühungen der beteiligten westlichen Staaten keine Demokratie etablieren; Afghanistan droht nach dem Abzug der westlichen Truppen wieder dem Bürgerkrieg oder den Taliban anheimzufallen. Was könnte aber gegen humanitäre Interventionen sprechen, die ihre Ziele erreichen? Die Antwort lautet: der implizite Kollektivismus, der allen Kriegen zugrunde liegt.

Nach kollektivistischer Auffassung besteht die Menschheit aus zwei Arten von Akteuren, individuellen und kollektiven. Auch kollektive Akteure tun sich gegenseitig etwas an, drohen mit Vergeltung, kooperieren miteinander, können sich vergeben oder Rache schwören. Ein Typ kollektiver Akteure sind Staaten. Andere sind Ethnien, Sprachgemeinschaften, Nationen, Religions- und Weltanschauungsgemeinschaften, regionale Gemeinschaften bis hin zu Nachbarschaften usw. Das grundlegende Problem des Kollektivismus ist, dass Menschen erst als Mitglieder des jeweiligen Kollektivs etwas gelten und nicht schon als Individuum. Damit differenzieren sich Rechte und Pflichten nach der Zugehörigkeit zu Gemeinschaften aus und die Verantwortung überträgt sich auf jedes Mitglied dieses Kollektivs. Im Bürgerkrieg auf dem Balkan zwischen Kroaten und Serben, Serben und Albanern, Muslimen und Orthodoxen löste sich eine multikulturelle und multisprachliche Gesellschaft in kollektive Identitäten auf, die jedes einzelne Mitglied zu berechtigen schien, Mitglieder anderer Gemeinschaften zu bekämpfen. Das Leid, das bestimmte Serben bestimmten Kroaten angetan haben und umgekehrt, schien, gemäß der kollektivistischen Ideologie, zu rechtfertigen, dass sich andere Kroaten und andere Serben an Mitgliedern der jeweiligen Volksgruppe rächen. Menschenleben wurden damit wertlos, zum bloßen Mittel im Machtkampf unterschiedlicher Ethnien, Sprach- und Religionsgemeinschaften. Tatsächlich gibt es jedoch nur eine einzige legitime Form kollektiver Verantwortlichkeit.[6] Eine Person ist kooperativ verantwortlich, wenn sie zusammen mit anderen Personen eine Handlung vollbringt, das heißt ihren Teil zu einer gemeinsamen Praxis beisteuert bzw. ihre Handlungen in der Erwartung vollzieht, dass andere jeweils Handlungen vollziehen, die zusammen ein bestimmtes Resultat haben. Wenn vier Mafia-Killer jeweils einen Schuss auf den Boss einer konkurrierenden Mafiafamilie abfeuern und dieser an den Folgen der vier Schüsse stirbt, dann sind alle vier für diesen Tod verantwortlich, auch dann, wenn jeder einzelne Schuss diesen Tod nicht herbeigeführt hätte. Selbst dann, wenn einer der Schüsse tödlich war und die anderen insofern überflüssig, um das gemeinsame Ziel zu erreichen, sind alle vier für diesen Mord verantwortlich. Man kann dann durchaus sagen, dass das Kollektiv dieser vier Killer gemeinsam eine Tat vollzogen hat und gemeinsam für diese Tat geradestehen muss. Wenn dagegen ein Mitglied einer Familie einen Mord begeht, sind die anderen Mitglieder dieser Familie, die davon nichts wussten und auch keine Möglichkeiten hatten, diesen zu verhindern, nicht verantwortlich zu machen, wie eng die Beziehung zwischen den Familienmitgliedern auch war. Die in vielen Kulturen tief verankerte Praxis der Blutrache, die Familienmitglieder zur Rechenschaft zieht, die selbst keinen Beitrag zu einem Verbrechen geleistet haben, ist zutiefst inhuman. Sie nimmt die Familie als kollektiven Akteur in den Blick und instrumentalisiert die Mitglieder dieser Familie, um an diesem Kollektiv Rache zu nehmen. Ähnliches gilt für den positiven Fall: Wenn ein Mitglied einer Gemeinschaft eine bewundernswerte Tat vollbracht hat, gibt es keinen rationalen Grund für die übrigen Mitglieder dieser Gemeinschaft, auf diese Tat stolz zu sein, zu der

6 Vgl. JNR, *Verantwortung*, Stuttgart 2011, Kap. VIII.

sie keinen eigenen Beitrag geleistet haben. Kollektive Verantwortung gibt es nur in Form der kooperativen Verantwortung, alles andere sind Mystifikationen, die das humanistische Ethos nicht akzeptieren kann.[7]

Der humanistische Individualismus ist selbstverständlich damit vereinbar, dass Menschen als isolierte Individuen nicht leben können, dass die moralische Identität von der Interaktion mit anderen und auch von der Zugehörigkeit zu Gemeinschaften bestimmt wird. Menschen sind keine Monaden, sie leben in sozialen und kulturellen Bezügen, ohne die sie ihre menschlichen Fähigkeiten nicht zur vollen Entfaltung bringen könnten. Die Interaktionen und die wechselseitigen Abhängigkeiten generieren moralische Verpflichtungen, insbesondere Kooperationspflichten, die gar nicht verständlich sind, wenn man individuelles Handeln atomistisch versteht, also als die Praxis eines einzelnen Akteurs gegenüber einer in der Regel nicht berechenbaren Umwelt. Man darf Individualismus und Atomismus nicht miteinander verwechseln.[8] Das Phänomen der Kooperation stellt eine unüberwindbare Grenze für ein atomistisches Verständnis menschlichen Handelns dar. Kooperation ist nur möglich, wenn sich Individuen in ihrer Praxis als Teil eines Interaktionsgefüges verstehen und jedes Individuum seinen Teil zum Gelingen der gemeinsamen Praxis leistet. Wenn Individuen immer nur das beitragen, was in ihrem eigenen Interesse ist,

7 Die Rechtsordnungen demokratischer Staaten sind ganz überwiegend individualistisch: Es sind Individuen, denen bestimmte Rechte zugeschrieben werden. Kollektive Rechte gibt es nur für juristische Personen, deren Existenz von der Zustimmung menschlicher Individuen abhängt. Allerdings gibt es Ausnahmen auch in den nationalen Rechtsordnungen der Demokratien (Gemeinnutz vor Eigennutz …) und das Völkerrecht weist kollektivistische Elemente auf, die in einem durchaus spannungsreichen Verhältnis zu individuellen Menschenrechten stehen (kollektive Selbstverteidigung, Staatshaftung bei völkerrechtswidrigem Handeln etc.). Selbst Avishai Margalit, ein analytisch geprägter israelischer Philosoph, der in einer sehr sensiblen Studie den Begriff menschlicher Würde und die ethischen Implikationen dieses Begriffs analysiert hat, bleibt an einigen Stellen einer kollektivistischen Sichtweise verhaftet. Vgl. Avishai Margalit, *The Decent Society*, Cambridge 1998, und meine Kritik dazu in JNR, *Über menschliche Freiheit*, Stuttgart 2005, Kap. IV.

8 Vgl. Charles Taylor, »Aneinander vorbei: Die Debatte zwischen Liberalismus und Kommunitarismus«, in: Axel Honneth (Hg.), *Kommunitarismus. Eine Debatte über die moralischen Grundlagen moderner Gesellschaften*, Frankfurt/M. 1993, S. 103-130.

kommt es nicht zur Kooperation, und ohne Kooperation gibt es keine humane Gesellschaft. Aber diese Überwindung des Eigeninteresses, um ein gemeinsames Interesse zu realisieren, darf nicht mit irgendeiner Form von Kollektivismus erkauft werden. Dieser ist nicht notwendig, um Kooperation angemessen zu verstehen, und gefährdet die Humanität einer Gesellschaft.

Auch wenn jede Form von Kollektivismus mit humanistischen Prinzipien unvereinbar ist und kollektive Verantwortung nur als kooperative Verantwortung legitimiert werden kann,[9] unterscheidet sich die Gefährlichkeit des Kollektivismus doch sehr danach, welche Kollektive zugrunde gelegt werden. Die verheerendsten Formen des Kollektivismus in der Menschheitsgeschichte waren Rasse und Religion. Die Rassenzugehörigkeit als Distinktionsmerkmal legitimierte über Jahrhunderte die Sklaverei, die Religionszugehörigkeit als Distinktionsmerkmal legitimierte über Jahrhunderte grausame Glaubenskriege. Unterdessen, nach 12 Jahren NS-Terrorherrschaft, wird die rassistische Variante des Kollektivismus nur noch selten vertreten. Am rechten Rand wird in Europa von der »europäischen Rasse« schwadroniert, die gegenüber der Einwanderung aus nicht-europäischen Regionen und generell der multikulturellen Gesellschaft zu verteidigen ist – mit der Extremvariante des »nordischen Kreuzritters« Breivik, der sich legitimiert fühlte, zahlreiche Jugendliche niederzumetzeln, um die sozialdemokratische Öffnung hin zur multikulturellen Gesellschaft zu bekämpfen. Er sah sich mit seinen Taten in der Tradition christlicher Kreuzritter und seine Schriften offenbaren ein konfuses Gebräu rassistischer und christlich-religiöser Ideologie. Aber auch das Geschlecht als Distinktionsmerkmal, die kollektive Identität als Mann oder Frau, hat über Jahrhunderte Unterdrückung und Ausbeutung der Frauen legitimiert. Selbst die Sprache als Distinktionsmerkmal ist für vielfaches Leid auf der Welt verantwortlich. Die Liste ließe sich lange fortsetzen: regionale und tribale Identitäten, Kasten-, Klassen- und Standeszugehörigkeit, Statusgruppen nach formaler Bildung, Weltanschauungsgemeinschaften etc. In dem Moment, in dem die jeweilige Gemeinschaft mehr ist als nur eine Ähnlichkeit ihrer Mitglieder unter bestimmten Aspekten oder eine Form der Kooperation, wenn sie Identitätsmerkmal und zur Basis kollektivis-

9 Vgl. JNR, *Verantwortung*, Stuttgart 2011, Kap. VIII bis X, V.

tischer Abgrenzung wird, droht eine inhumane Praxis und in vielen Fällen der reale (Bürger-) Krieg. Das humanistische Ethos stellt sich gegen jede Form des Kollektivismus, aus Respekt vor dem menschlichen Individuum und seiner Würde.

IV. Naturalismus[10]

Die radikalste, wenn heute auch vermutlich verbreitetste, Kritik des Humanismus ist *naturalistisch.* Unter »Naturalismus« wird allerdings sehr Unterschiedliches verstanden. Daher ist vielen, die sich selbst als Naturalisten verstehen, dieser Gegensatz gar nicht bewusst. Um die begriffliche Konfusion noch auf die Spitze zu treiben: Es gibt erklärte Naturalisten, die sich zugleich als Humanisten verstehen, dazu gehört zum Beispiel ein so prominenter Denker wie John Dewey. In der zeitgenössischen Philosophie wird unter »Naturalismus« die These verstanden, dass sich alle Ereignisse, alle Vorgänge, alle Fakten, alle Dinge, die die Welt ausmachen, mit den Mitteln der Naturwissenschaft beschreiben und erklären lassen. Damit scheint die Frage aufgeworfen zu sein, was denn nun allen Naturwissenschaften gemeinsam ist, was *die* naturwissenschaftliche Methode eigentlich ausmacht. Darauf wird in der Regel die Antwort gegeben, dass die Physik die naturwissenschaftliche Modelldisziplin sei, die paradigmatisch klarmache, wie Naturwissenschaft funktioniere oder funktionieren sollte. In der Tat eifern nicht nur die anderen Naturwissenschaften, sondern auch ein wachsender Teil der Sozialwissenschaften, insbesondere die Ökonomie, diesem Ideal nach. Demnach sollte es möglich sein, große und auf den ersten Blick äußerst komplex erscheinende Phänomenbereiche auf wenige Gesetzmäßigkeiten, die mit wenigen Grundbegriffen operieren, zu reduzieren. Allen ist natürlich bewusst, dass dieser physikalische Reduktionismus lediglich auf der Ebene der Theoriebildung funktioniert, nicht in der konkreten Beschreibung und Erklärung. Schon die Beschreibung eines Alltagsgegenstandes, wie etwa eines Stuhls oder eines Alltagsereignisses, wie das Zerbrechen eines Glases, nachdem man es von der Tischkante gestoßen hat,

10 Vgl. dazu ausführlicher meine Kritik des Naturalismus im zweiten Teil dieses Bandes.

würde die realen Möglichkeiten physikalischer Beschreibung und Erklärung angesichts einer beschränkten Datenverarbeitungskapazität überfordern.

Ich teile die Hochschätzung, auch die Faszination, die die Physik als eine besonders systematische und für mathematische Präzisierung besonders geeignete Disziplin ausmacht. Die Möglichkeit etwa der auf Newton zurückgehenden klassischen Physik, eine Vielfalt von Bewegungsformen (Planetenbewegungen, Kreiselbewegungen, Schwingungen ...) aus einem einzigen Grundgesetz (Kraft = Masse × Beschleunigung) deduktiv abzuleiten, zeigt die Erklärungskraft ihrer Methoden. Es ist von daher durchaus verständlich, dass im 18. und auch noch im 19. Jahrhundert der Kreis der physikalischen Naturalisten beständig wuchs und der Naturalismus sich zu einer Weltanschauung verfestigte, wonach es im Prinzip möglich sein sollte, alle Vorgänge in der Welt mit den deterministischen Gesetzen der klassischen Mechanik vollständig zu erfassen. Auch damals war den intelligenteren Zeitgenossen bewusst, dass dieses Programm *de facto* nicht durchführbar sein würde, dass aber andererseits allein die grundsätzliche Möglichkeit dieser vollständigen Erklärung des Weltgeschehens allen anderen Beschreibungs- und Erklärungsformen, wie sie in den anderen Naturwissenschaften, besonders aber in den Sozialwissenschaften den Charakter des Vorläufigen, des Unvollständigen, des in letzter Konsequenz durch Physik zu Ersetzenden verlieh. Als es Maxwell im 19. Jahrhundert gelang, auch die magnetischen und elektrischen Vorgänge elegant in wenigen Gesetzmäßigkeiten vollständig zu erfassen, schien das naturalistische Projekt, jedenfalls in der Theorie, vollendet zu sein: Die Welt als ganze gehorcht wenigen Prinzipien, die sich mathematisch elegant formulieren lassen. Es gibt keinen Rest, nichts, was sich in dieser Form nicht beschreiben und erklären ließe.

Wir erleben gegenwärtig eine Neuauflage des physikalistischen Naturalismus, transformiert in die These mancher Neurophysiologen, dass es keine menschliche Verantwortung gebe, weil es keine menschliche Freiheit gebe. Denn alles Geistige, alle Intentionen, alle Absichten, alle Wünsche und Überzeugungen seien nichts anderes als bestimmte neurophysiologische Prozesse, die selbst den Regeln der Physik gehorchten, wie rudimentär bislang auch die neurophysiologischen Konkretisierungen dieser Gesetze sein mögen. Weder im 18. Jahrhundert noch im 21. ist der physikalische

Naturalismus weltanschaulich neutral. Früher beinhaltete er ein Konzept der Welt, das durch einen Ausgangszustand und deterministische Gesetzmäßigkeiten für alle Zeit durch strikte Verlaufsgesetze determiniert ist, sich also im Prinzip auch jeder zukünftige Weltzustand vorhersagen lässt. Wer immer die Billardkugel ursprünglich angestoßen hat – wenn sie einmal ihren Lauf aufgenommen hat, ist die Berechnung der Ereignisse auf dem Billardtisch im Prinzip restlos möglich, jeder Nachfolgezustand lässt sich berechnen – bis zur nächsten Intervention. Allerdings gibt es in der realen Welt kein Analogon zu den Interventionen der Billardspieler. Das Spiel läuft *ad infinitum* und ist vollständig determiniert. Zeitgenössische Neurophysiologen variieren diese Weltanschauung folgendermaßen: Das Verhalten jedes Individuums ist durch seine genetische Ausstattung, epigenetische Effekte und die jeweiligen Umweltbedingungen vollständig determiniert. Das Individuum glaubt zu deliberieren, es glaubt zu entscheiden, es glaubt frei zu sein, ist aber nichts anderes als eine Billardkugel, auf die allerdings komplexe Prozesse (genetische, epigenetische, sensorische) einwirken.[11] Diese Botschaften, sowenig sie durch konkrete empirische Befunde gestützt sind, verfehlen ihre Wirkung auch außerhalb der akademischen Welt nicht. So beruht das deutsche Strafrecht auf der Schuldfähigkeit des Angeklagten, deren Kriterien in § 21 und § 22 des Strafgesetzbuches aufgelistet sind. Eine wachsende Zahl von Kritikern möchte dieses Schuldstrafrecht aufgeben oder zumindest abschwächen – oft genug unter Verweis auf diese vermeintlich eindeutigen Ergebnisse der zeitgenössischen naturwissenschaftlichen Forschung, wonach Kriterien wie Einsichtsfähigkeit und insbesondere die Annahme, der Täter hätte auch anders handeln können, einer überholten Philosophie angehören und durch Kriterien der Verhaltenssteuerung zu ersetzen sind. Manche meinen, es wäre sogar ein Beitrag zur Humanisierung, wenn die Erörterung von Schuldfragen keine Rolle mehr spiele, sondern Maßnahmen zu individuellen und sozialen Verhaltenssteuerungen ergriffen würden (im Mittelpunkt stünde dann die heute schon wichtige Individual- und Sozialprävention, der Sühneaspekt würde wegfallen). Dies

11 Diese These vertritt u. a. der Neurophysiologe Wolf Singer. Vgl. dazu: »Ist der freie Wille eine bloße Illusion? Ein Streitgespräch zwischen dem Hirnforscher Wolf Singer und dem Philosophen Julian Nida-Rümelin«, in: *Frankfurter Rundschau Magazin* vom 3. April 2004, S. 4 f.

würde dann allerdings eine Entmoralisierung der Sprache und der Praxis des Strafrechts nach sich ziehen. Eine solche Argumentation übersieht jedoch, dass den Straftätern (und menschlichen Individuen generell) so ihre spezifische Würde als verantwortliche Akteure genommen würde. Die Grenze zwischen Schuldfähigkeit und Nicht-Schuldfähigkeit verläuft entlang des Kriteriums der Autorschaft. Kinder sind nur eingeschränkt in der Lage, ihr Verhalten von Gründen leiten zu lassen, sie sind daher nur eingeschränkt verantwortlich und eingeschränkt schuldfähig (im moralischen Sinne und je nach Alter strafrechtlich nicht zu belangen). Es ist oberstes Bildungsziel, Verantwortung für die eigene Praxis übernehmen zu können; wer diese Fähigkeit erlangt hat, muss für sein Handeln geradestehen, muss in der Lage sein, Gründe anzugeben für das, was er tut, und gegebenenfalls zur Rechenschaft gezogen werden, wenn er andere Menschen schädigt oder ein anderes Unrecht begeht.[12] Wer sich nicht schuldig machen kann, ist für das, was er tut, nicht verantwortlich. Wer nicht verantwortlich ist, ist nicht oder nur eingeschränkt zurechnungsfähig – mit anderen Worten: Eine umfassende Schuldlosigkeit menschlichen Handelns auf naturalistischer Grundlage geht mit dem Verlust menschlicher Würde und Selbstachtung einher. Einen Erwachsenen wie ein Kind zu behandeln, heißt, seine Würde zu verletzen. Die naturalistisch motivierte Botschaft, dass Menschen nicht frei und nicht verantwortlich seien, nimmt ihnen ihren Status als Autorinnen ihres Lebens und macht sie in letzter Konsequenz zu bloßen Gegenständen der Manipulation und im günstigsten Fall der therapeutischen Besserung.[13]

Die gefährlichste Form des Naturalismus ist allerdings nicht die physikalistische, sondern die biologistische Variante. Wenn zwischenmenschliche Konflikte als Ausdruck von Rassenkonflikten und zum Kampf ums Überleben (*survival of the fittest*) umgedeutet werden, dann sind alle kulturellen Errungenschaften einer humanen Kultur gefährdet. Historisch am folgenreichsten war hier der Sozialdarwinismus, der im 19. Jahrhundert begann, die politische Ideologie und dann zunehmend auch die politische Praxis zu infiltrieren und der in den völkermordenden Exzess der NS-Ideologie

12 Ob es über die Schädigung anderer hinaus ein strafrechtlich zu verfolgendes Unrecht gibt, ist durchaus umstritten und wäre eine eigene Diskussion wert.

13 Der nach wie vor erschütternde Film *A Clockwork Orange* (1971, Stanley Kubrick) bietet zu dieser These einigen Diskussionsstoff.

und NS-Terrorherrschaft in Europa kulminierte. Hitlers politische Ideologie, die er in *Mein Kampf* ausbreitete, aber auch die ideologischen Schriften im Umfeld der NS-Bewegung, zum Teil von damals führenden Wissenschaftlern verfasst, sind durchgängig von sozialdarwinistischen Begriffen und Metaphern durchzogen, bis hin zu politischen Programmen der Rassenpolitik, der politischen Eugenik, der Unterjochung »minderwertiger Rassen« und der Planung des Völkermordes am europäischen Judentum. Es war die leichtfertige Übertragung theoretischer Kategorien aus der Biologie auf die politische und soziale Praxis, die inhumane Konsequenzen nach sich zog. Dieser Zusammenhang diskreditiert natürlich in keiner Weise den Darwinismus als Evolutionstheorie in der Biologie, und auch gegen die Methodik der zeitgenössischen Soziobiologie ist nichts einzuwenden, solange sie die Grenzen zur Sozialtheorie und zur politischen Programmatik nicht überschreitet.

Manche werden auf meine Kritik des naturalistischen Anti-Humanismus erwidern, dass sie nicht bereit seien, ihre wissenschaftlichen Einsichten zu opfern, um bestimmte Humanitätsideale aufrechterhalten zu können. In der Tat: Ein humanistisches Ethos sollte nicht mit wissenschaftlichen Erkenntnissen in Konflikt geraten. Tatsächlich gibt es jedoch kein einziges wissenschaftlich valides Forschungsergebnis, das die Grundprinzipien des Humanismus, wie wir sie im letzten Kapitel entwickelt haben, in Frage stellt. Der vermeintliche Konflikt erwächst daraus, dass zumal erfolgreiche wissenschaftliche Forschungsprogramme dazu neigen, einen weltanschaulichen Überschuss zu produzieren. Ihre Anhänger beschränken sich dann nicht mehr darauf, die wissenschaftliche Leistungsfähigkeit des jeweiligen Forschungsprogrammes zu erkunden, neue Anwendungsfelder zu erschließen und es gegen Kritik abzusichern; stattdessen überhöhen sie es zu einer Ideologie. Der oben erwähnte Sozialdarwinismus ist dafür ein markantes Beispiel. Das darwinistische Erklärungsprogramm in der Biologie ist Wissenschaft, der Sozialdarwinismus ist reine Ideologie, eine Form der politischen Religiosität: Er interpretiert die soziale und kulturelle Welt unter Verwendung von Begriffen aus einem spezifischen Forschungsbereich um und entledigt sich auf diesem Wege aller moralischer »Sentimentalitäten«, die als Hemmschuh für die Durchsetzung von Rasseninteressen empfunden werden. Und so kommt es, dass manche (besonders jene, die sich über andere erheben möchten) schließlich von der Züchtung eines Übermenschen schwadronieren.[14]

Humanität verlangt nach Mäßigung, nach Rücksichtnahme gegenüber anderen und ihren Interessen, nach einer verantwortlichen Praxis – der physikalistische oder biologistische Naturalismus ist damit unvereinbar. Beide Naturalismusvarianten sind nicht durch wissenschaftliche Forschungsergebnisse gestützt, vielmehr handelt es sich um Ideologien, die sich einer pseudowissenschaftlichen Terminologie bedienen.

Humanismus und Naturalismus sind nicht miteinander vereinbar. Dies mag angesichts der Tatsache überraschen, dass zahlreiche Intellektuelle, die sich als »Humanisten« definieren, zugleich Naturalisten sind, ja sich teilweise sogar ausdrücklich als naturalistische Humanisten charakterisieren. Daher muss nun der Versuch unternommen werden, ein Knäuel von Begriffen und weltanschaulichen Strömungen zu entwirren, um die systematische Klärung vorzubereiten.

Die humanistischen Prinzipien, die in Abschnitt A entwickelt wurden, sind mit religiösen Überzeugungen vereinbar, setzen diese aber nicht voraus und schränken sie dann ein, wenn sie in Konflikt mit den normativen Grundüberzeugungen des Humanismus geraten. Religionen mit politischem Herrschaftsanspruch sind mit dem humanistischen Ethos unvereinbar. Dies erklärt die Konflikte, die zwischen humanistisch gesinnten Intellektuellen und klerikalen Autoritäten seit dem Hochmittelalter die europäische Geistes- und Kulturgeschichte geprägt haben. Der so genannte säkulare Humanismus sieht sich in der Tradition dieses Konfliktes und lehnt religiöse Überzeugungen und Praktiken grundsätzlich ab. Damit geht er jedoch über das hinaus, was das humanistische Ethos verlangt: Gleicher Respekt vor jedem menschlichen Individuum, ein humaner, rücksichtsvoller Umgang untereinander, die Anerkennung unterschiedlicher Kulturen unabhängig von ihrer Herkunft und ihren normativen Prägungen sind auch für religiöse Menschen möglich. Der säkulare Humanismus lehnt zu Recht jede Form religiösen Herrschaftsanspruches auch in der abgeschwächten Gestalt einer privilegierten Rolle im Staat ab, weitet dies aber zu Unrecht auf

14 Vgl. Peter Sloterdijk, *Regeln für den Menschenpark. Ein Antwortschreiben zu Heideggers Brief über den Humanismus*, Frankfurt/M. 2008.

eine Kritik religiöser Gesinnung generell aus. Es gibt in der europäischen Geistesgeschichte überragende Persönlichkeiten, die religiöse Überzeugungen mit humanistischem Ethos verbunden haben, etwa Erasmus von Rotterdam oder Baruch de Spinoza. Auch ältere Leitfiguren wie Sokrates oder Konfuzius exemplifizierten vermutlich diese Verbindung von humanistischem Ethos und einer unaggressiven Religiosität, die in den rechtfertigenden Argumenten humaner Praxis keine Rolle spielt.

Es ist nicht verwunderlich, dass die Naturwissenschaft zu einem Verbündeten des Humanismus wurde. Beide stellten sich gegen die volkstümliche wie auch die theologische Wundergläubigkeit, sie etablierten eine rationale Form der Erklärung von Phänomenen, sie standen in Opposition zu jeder Form des Mystizismus. Auch heute ist dieses Bündnis von großer kultureller Bedeutung. Wenn an US-amerikanischen Schulen die biblische Evolutionsgeschichte gleichberechtigt neben der biologischen unterrichtet wird, ja Lehrkräfte dazu angehalten werden, hier nicht Stellung zu beziehen, so ist dies nichts anderes als der Rückfall in eine vor-aufklärerische Attitüde, die Erzählungen der Heiligen Schrift unkritisch für bare Münze nimmt. Humanisten müssen die Naturwissenschaften gegen diese Form des religiös motivierten Mystizismus in Schutz nehmen. Die naturwissenschaftliche Rationalität und die auf sie bezogenen medizinischen und technischen Praktiken sind für eine humane Gesellschaft unverzichtbar. Wer die wissenschaftliche Rationalität als eine Weltanschauung neben anderen abwertet, gerät in Konflikt mit allen im ersten Abschnitt entwickelten humanistischen Prinzipien.

Zugleich wendet sich ein wohlverstandener Humanismus gegen den Totalitätsanspruch naturwissenschaftlicher Erklärung, dem sich Naturalisten unterwerfen. Die wenigsten Physiker vertreten diesen Totalitätsanspruch und es ist auffällig, dass ihre führenden Repräsentanten sich fast alle gegen diesen gestellt haben.[15] Die Leitdisziplin der Naturwissenschaften scheint wohl gerade, weil sie in die Tiefe der naturwissenschaftlichen Erklärungsformen vordringt, gegen naturalistische Interpretationen weitgehend immun zu sein.

15 Dazu zählen Spitzenphysiker von Isaac Newton über Albert Einstein und Niels Bohr bis zu Werner Heisenberg und in der Gegenwart Lee Smolin, Roger Penrose oder Hans-Peter Dürr.

In der Biologie und der zeitgenössischen Neurowissenschaft scheint dagegen die naturalistische Gesinnung weiter verbreitet zu sein.

Naturalisten sind in aller Regel Reduktionisten, das heißt, sie sind davon überzeugt, dass andere, nicht-physikalische Formen der Erklärung und Beschreibung von Phänomenen prinzipiell unvollständig sind und es – prinzipiell – möglich ist, diese durch eine physikalische zu ersetzen. Der Reduktionismus naturalistischen Denkens äußert sich dann zum Beispiel darin, dass biologische Phänomene sich in einer idealen Wissenschaft als physikalische beschreiben und erklären lassen müssten – psychologische als neurowissenschaftliche, neurowissenschaftliche als biologische, biologische als chemische und chemische als physikalische. Auch wenn nichts darauf hindeutet, dass dieses reduktionistische Programm je zum Erfolg geführt werden kann, so ist doch die Überzeugung, dass eine solche Reduktion prinzipiell möglich ist, für eine naturalistische Wissenschaftstheorie charakteristisch. Die Radikalität dieses Totalitätsanspruches wird deutlich, wenn man kulturelle Phänomene einbezieht. Auch eine Gedichtinterpretation als ein geisteswissenschaftliches Projekt müsste sich im Prinzip in eine physikalische Begrifflichkeit überführen lassen. Da diese Vorstellung einigermaßen bizarr ist, bietet sich der einfache Weg an, alles, was sich prinzipiell gegen eine Überführung in eine Sprache der Physik sperrt, als unwissenschaftlich oder irrational abzuwerten und auszugrenzen.

Wir müssen uns hier nicht mit den wissenschaftstheoretischen Aspekten des Naturalismus auseinandersetzen, sondern mit seinem Verhältnis zum humanistischen Denken. Wie wir in Abschnitt A gesehen haben, gehören normative Prinzipien zum Kern humanistischen Denkens und humanistischer Praxis. Alles Normative sperrt sich aber prinzipiell gegen eine naturwissenschaftliche Beschreibung. Das naturalistische Transformationsprogramm ist mit der Existenz genuiner normativer Gründe, Gründe, die für oder gegen eine Handlung, für oder gegen eine Überzeugung, für oder gegen eine emotive Einstellung sprechen, unvereinbar. Ohne eine spezifische Normativität kein humanistisches Ethos, keine humanistische Theorie und keine humanistische Praxis. Der naturalistische Totalitätsanspruch zerstört nicht nur die normativen Fundamente des Humanismus, sondern auch die so geschätzte naturwissenschaftliche Praxis. Auch diese beruht auf dem Austausch von Gründen, auf dem Vorbringen von Argumenten, auf wissenschaftsethischen Normen wie denen der Wahrhaftigkeit und der Verlässlichkeit. Die naturwissenschaftliche Praxis selbst wird vom Naturalismus in radikaler Weise in Frage gestellt. Insofern scheitert der Naturalismus an einem performativen Widerspruch: Er bringt Gründe vor und bestreitet, dass es Gründe gibt.

Der Konflikt zwischen Humanismus und Naturalismus wird im Kernbereich des humanistischen Ethos am deutlichsten. Ohne die Idee menschlicher Autorschaft und damit menschlicher Verantwortlichkeit kann es keinen Humanismus geben. Wenn Handlungen nichts anderes wären als Epiphänomene einer physikalisch determinierten Welt, könnten wir Menschen rationaliter keine Verantwortung zuschreiben. Es ist unsere Fähigkeit zu deliberieren, Gründe für und wider abzuwägen, die uns zu Autorinnen und Autoren unseres Lebens macht, die uns Verantwortung gibt und die anderen den gebotenen Respekt abverlangt, die die demokratischen Verfassungsordnungen in Gestalt individueller Rechte und Freiheiten trägt. In einer Welt, in der es lediglich physikalische Gegenstände und Prozesse gibt, gibt es auch keine Verantwortlichkeit und keine Freiheit. *Wenn Gründe sich ohne Rest in physikalische Kausalitätsrelationen übersetzen ließen, wäre das humanistische Ethos gegenstandslos und das normative Fundament einer humanen Gesellschaft verloren. Gründe sind nicht naturalisierbar, sie kommen in einer physikalischen Beschreibung der Welt nicht vor. Ohne Gründe keine Vernunft, ohne Vernunft keine menschliche Gesellschaft, ohne Verantwortung keine Freiheit.*

Die zentrale philosophische Herausforderung humanistischen Denkens besteht also darin, das Wirken der Gründe – theoretischer für Überzeugungen, praktischer für Handlungen, emotiver für Einstellungen – in einer Weise zu interpretieren, die den legitimen Erklärungsanspruch der Naturwissenschaften nicht in Frage stellt, wohl aber den Totalitätsanspruch in Gestalt des Naturalismus. Der Humanismus verteidigt daher die Vielfalt der Beschreibungsformen menschlicher Praxis, wie sie in den Geistes-, Kultur- und Sozialwissenschaften zum Ausdruck kommt. Die menschlichen Angelegenheiten, das, was die Griechen *ta anthropina* nannten und die Römer *humaniora*, lässt sich mit den Mitteln der Naturwissenschaften allein nicht angemessen erfassen. Die nicht ganz zufällige sprachliche Verbindung im Englischen zwischen *humanities* und *humanism* hat ein systematisches Fundament. Humanisten wehren sich gegen die Abwertung und die Reduktionsversuche derjenigen Disziplinen, die sich mit dem spezifisch Menschlichen befassen. Der Naturalismus in allen seinen Varianten, von der reduktionistischen Wissenschaftstheorie bis zum neurowissenschaftlich motivierten Angriff auf menschliche Freiheit und Verantwortung, ist mit einem wohlverstandenen Humanismus unverträglich.

V. Postmoderne

Die postmoderne Rhetorik scheint unterdessen wie aus der Zeit gefallen: Hier ist die Rede von der Verabschiedung des Subjekts, der Wahrheit, der Vernunft, der Gerechtigkeit, generell der so genannten großen Erzählungen, hier dominiert das Spielerische und Unverbindliche, die ironische Weigerung, sich ernsten Fragen zu stellen. Und dennoch prägt postmodernes Denken, vielleicht heute stärker als in den 1980er Jahren, nicht nur einen Teil der Geistes- und Kulturwissenschaften, sondern auch der Feuilleton-Debatten und der gebildeten Öffentlichkeit.

In den 1980er Jahren schien die Postmoderne noch milieutypisch zu sein: Eine enttäuschte Generation vormals linker Intellektueller wollte sich den eigenen politischen Irrtümern nicht stellen und vermied nun jede Festlegung. Diese subjektiv verständliche Reaktion nach dem Scheitern alt- und neumarxistischer Theorie und Praxis wurde ins Grundsätzliche überhöht: Man trete nun in ein Zeitalter ein, das Subjekt und Vernunft generell verabschieden werde: Die Postmoderne als Versuch, sich der Verantwortung zu entziehen, sich den Zumutungen kohärenten Urteilens und kohärenten Handelns nicht mehr aussetzen zu müssen.

So stabil die postmoderne Ideologie und Metatheorie in bestimmten intellektuellen Milieus zu sein scheint, so auffällig ist aber auch der Kontrast zu den zeitgenössischen gesellschaftlichen und politischen Herausforderungen. Worin könnte die postmoderne Antwort auf die neuen religiösen Fundamentalismen und Fanatismen bestehen? Ironisch darauf hinweisen, dass es eben unterschiedliche Vorstellungen von Vernunft gibt? Welchen Beitrag kann postmodernes Denken leisten, um eine humane internationale Ordnung zu etablieren? Welche Ressourcen hat sie, die alten und neuen Feinde der Demokratie und der offenen Gesellschaft zurückzuweisen? Nur den achselzuckenden Hinweis auf die Subjektivität und Kulturrelativität jeder Stellungnahme. Die Ironie Richard Rortys passt in die Endzeit der bipolaren Nachkriegsordnung, aber nicht in die Gegenwart der neuen Kriege und der Auflösung politischer Gestaltungskraft.

Mit der Verabschiedung von Subjekt und Vernunft beraubt sich die Postmoderne selbst der Ressourcen politischer Gestaltung einer humanen Ordnung. Sie passt in eine Zeit, in der die Ordnungen vorgegeben sind und das Spielerische und Unverbindliche dazu dient, starre Grenzen aufzulockern, Übergänge zu markieren, unnötig Erstarrtes in Fluss zu bringen. Wenn die Ordnungsstrukturen als Ganzes jedoch zu kollabieren drohen, ist die postmoderne Attitüde obsolet geworden.

Es gibt Spielarten der Postmoderne, die sich selbst als humanistisch verstehen. Ihr prominentester Vertreter ist Richard Rorty. Aber diese Form des »Humanismus« ist kraftlos, wie es Rorty selbst formuliert, lediglich Ausdruck der Sozialisation der Ostküsten-Intellektuellen der USA, zu denen er sich selbst zählte. Wer statt auf Argumente auf seine Sozialisation verweisen muss, verliert als Gesprächspartner jede Glaubwürdigkeit. Es bleibt die Flucht in die bloße Ironie, das schwächste rhetorische Mittel, um sich Anti-Humanisten entgegenzustellen. Wer auf Gründe keine Gegengründe anführen kann, scheidet aus dem Diskurs aus. Wer seinen eigenen Standpunkt ironisiert, hat keinen. Die postmoderne Attitüde ist nur um den Preis des Verlustes jeder Normativität zu haben. Die Überführung normativer Stellungnahmen in historische Beschreibungen ist dafür charakteristisch. Wer aus der Tatsache, dass sich seine früheren, hoch normativen Stellungnahmen als falsch erwiesen haben, den Schluss zieht, dass normative Stellungnahmen nicht möglich sind, ist als Verbündeter einer humanistisch motivierten Politik ungeeignet. Keines der zuvor beschriebenen Prinzipien eines erneuerten Humanismus ist mit der postmodernen Verabschiedung des Subjektes und der Vernunft, der Wahrheit und der Realität, vereinbar.

Zwischen marxistisch inspiriertem Dogmatismus und postmoderner Ironie gibt es Spielraum für ein undogmatisches humanistisches Ethos, für humanistisches Denken und humanistische Praxis. Humanistisches Denken ist fallibilistisch, das heißt weder dogmatisch noch skeptizistisch. Humanisten wägen Gründe ab, die für und wider eine Überzeugung sprechen. Sie wissen, dass diese Abwägung nie ein endgültiges Ergebnis hat, dass sich jede Überzeugung, so gut sie auch begründet sein mag, als falsch herausstellen kann. Humanisten sind keine Szientisten, keine Rationalisten und erst recht keine Dogmatiker. Aber dieser Fallibilismus verführt sie auch nicht zum Skeptizismus, zur globalen Bezweiflung jeder Überzeugung oder sogar zur Behauptung, dass es keine zutreffenden Überzeugungen geben könne. Der erneuerte Humanismus ist fallibilistisch, aber nicht postmodern.

Die marxistischen Intellektuellen der 1960er und 1970er Jahre meinten auf ein fest gefügtes Theoriegebäude zurückgreifen zu können, das zwingende Ableitungen gestatte und konkrete Ziele politischer Praxis vorgebe. Die Humanisten bezweifelten die Festgefügtheit dieses Theoriegebäudes und die Ableitung einer Praxis aus der Wissenschaft. Sie setzten dem die umsichtige Erfassung genuin menschlicher Praxis entgegen, in der vielleicht eindrücklichsten literarischen Gestalt bei Albert Camus. Im Rückblick kann kein Zweifel bestehen, dass der Humanist Camus gegen den Eiferer und Dogmatiker Sartre im Recht war – so schwer es mehreren Generationen französischer Intellektueller fällt, dies einzusehen. Die jahrzehntelange Dominanz der Dogmatiker und Eiferer darf nicht durch eine jahrzehntelange Dominanz der Skeptiker und Indifferenten, sprich der Postmoderne, abgelöst werden. *Die Alternative zu Dogmatismus und Fanatismus heißt nicht Postmoderne, sondern Humanismus.*

VI. Fundamentalismus

In einem merkwürdigen Kontrast zur Dominanz der Postmoderne in den Feuilletons und in den *humanities*, auch den europäischen Geisteswissenschaften und weiten Kreisen der politisch resignierten Intelligenzija, steht das Phänomen erstarkender Fundamentalismen unterschiedlicher religiöser und weltanschaulicher Prägung. Eine fundamentalistische Gesinnung ist dadurch charakterisiert, dass bestimmte Grundüberzeugungen jeder Kritik entzogen werden und auf sie gestützt ein weltanschauliches Gebäude errichtet wird, dessen praktische Implikationen auf Politik, Gesellschaft und Lebenswelt ausgreifen. Eine fundamentalistische Gesinnung ist nicht zwingend mit Fanatismus, auch nicht mit Menschenverachtung und Gewalt gegen Andersdenkende verbunden. Es gibt den stillen Fundamentalismus des Rückzugs in eine aus Sicht seiner Anhänger wohlgeordnete Gedankenwelt, der mit einer veränderten Lebensform einhergeht. Manche Fundamentalismen legen sogar Wert darauf, nicht erkannt zu werden. Das gilt für den katholischen Geheimbund Opus Dei, aber auch für evangelikale Strömungen. Die Brüder im Geiste teilen fundamentale religiöse und lebenspraktische Prinzipien, sie stehen sich untereinander bei, sind zur internen Kooperation, aber auch zum Stillschweigen nach außen verpflichtet und können auf diesem Wege eine beträchtliche kulturelle Wirkung erzielen. Der deutsche Feuilleton-Katholizismus bietet dafür einiges Anschauungsmaterial.

Für jede Form von Fundamentalismus ist die eine oder andere Form von Abschottung charakteristisch: Abschottung gegenüber kritischen Argumenten, Abschottung gegenüber dem Rest der Gesellschaft, Abschottung gegenüber anderen Lebensformen, Intoleranz in der Beurteilung Andersdenkender, Zusammenhalt durch Dogmatismus. Fundamentalisten leben von einem ideologischen Feindbild. Sie schließen sich zusammen, um das Böse zu bekämpfen und sich ihrer eigenen Sonderstellung zu versichern. Religionsgründungen folgen fast immer dem Muster fundamentalistischer Gemeinschaftsbildung. Auch das Christentum hat eine blutige Geschichte der Verfolgung Andersdenkender, und es hat Jahrhunderte gebraucht, bis es von humanistischen Strömungen innerhalb des Christentums bzw. dann des Katholizismus und außerhalb zu einer Humanisierung fand. Dieser Prozess ist auch im Falle der Geschichte des Christentums ambivalent: Die Kritik von außen stärkt humanistische Strömungen im Inneren und führt die religiösen Dogmatiken und die praktischen Prinzipien, die aus ihnen »abgeleitet« werden, an die Grenzen der Vernunft. In diesem Falle besteht die Ambivalenz darin, dass die christliche Ethik einerseits humanistische Elemente aufweist, die in der Bergpredigt ihre prominenteste Stelle im Neuen Testament haben, dass aber zugleich der Humanismus, einschließlich der Idee der Menschenrechte und der Gleichberechtigung von Mann und Frau, vom christlichen Klerus vehement abgelehnt wurde – die katholische Kirche versöhnte sich erst im Zweiten Vatikanischen Konzil in den 1960er Jahren mit diesen zentralen Bestandteilen humanistischen Denkens und humanistischer Praxis. Eine ähnliche Ambivalenz wohnt auch islamischen Fundamentalismen, etwa der Taliban-Bewegung, inne: auf der einen Seite die inklusive, tribale Strukturen und feudale Herrschaftsordnungen überwindende Idee einer umfassenden Glaubensgemeinschaft, deren Inhalte durch intensives Studium des Korans bestimmt sind (die Taliban sind zunächst nichts anderes als eine Gemeinschaft von Koranschülern), um dann zur führenden politischen Kraft in Afghanistan zu werden, die sich mit al-Qaida verbündet und so für den schlimmsten Terroranschlag der Nachkriegszeit mitverantwortlich wird. Die sanften, gebildeten, vermeintlich nicht korrumpierbaren Glaubensbrüder, die aus den Koranschulen hervorgegangen sind, mutieren nicht nur zu erbarmungslosen Unterdrückern von Frauen (zum Beispiel: Ausschluss der Mädchen aus den Schulen), sondern auch zu Terroristen, zu deren Opfern – entgegen den Forderungen des Korans – Tausende von Unschuldigen, darunter viele Glaubensbrüder und -schwestern, gehören.

Die mittelalterlichen Kreuzkrieger brechen auf, um das Wohl der Menschheit zu mehren und die frohe Botschaft den Ungläubigen nahezubringen, und enden in einem grausamen Blutbad, angerichtet aus vermeintlich christlicher Gesinnung und Loyalität. Selbst den aus westlicher Perspektive friedlichen Weltreligionen Hinduismus und Buddhismus wohnt ein militantes, fundamentalistisches Potenzial inne, das in Konfliktsituationen jederzeit aktivierbar zu sein scheint, wie jüngste Konflikte zum Beispiel in Indien und Thailand zeigen.

Nicht jeder Fundamentalismus ist militant, aber jedem Fundamentalismus wohnt das Potenzial der Inhumanität inne, weil er nicht Menschen als solche achtet, sondern sie nach Weltanschauungs- und Religionsgemeinschaften separiert, weil er die Menschheit nicht in jeder Person achtet, sondern nur diejenigen, die zur eigenen Glaubensgemeinschaft zählen, weil er sich dem rationalen Argument entzieht, um die Unantastbarkeit eigener Glaubensüberzeugungen zu sichern, weil er die eigene Gemeinschaft durch Abgrenzung gegen andere stabilisiert, weil er Lebensformen etabliert, die ohne Ausgrenzung und Abgrenzung, ohne die Unterscheidung in »wir« und »die«, ohne die eristische Form des Überzeugungskonfliktes, ohne reale und fingierte Gegner und Feinde, nicht lebensfähig wäre.

Humanistisches Denken dagegen grenzt nicht aus, sondern bezieht ein. Humanisten versuchen in ihrer konkreten Praxis, die Menschheit als ganze zu achten und Respekt gegenüber jedermann, unabhängig von der religiösen oder weltanschaulichen Gemeinschaft, der er sich zugehörig fühlt, zu zeigen. Humanisten verharren nicht in der polemischen Attitüde der Besonderheit, sie versuchen zu verstehen und die Kommunikation auch über große inhaltliche Differenzen hinweg aufrechtzuerhalten. Sie haben Respekt vor kultureller und religiöser Differenz und instrumentalisieren diese nicht zum geistigen Bürgerkrieg, der oft genug in den realen umschlägt. *Fundamentalismus und Humanismus sind unvereinbar.*[16]

16 Vgl. Thomas Meyer (Hg.), *Fundamentalismus in der modernen Welt. Die Internationale der Unvernunft*, Frankfurt/M. 1989.

C) Demokratie und Kosmopolitismus

I. Das humanistische Verständnis von Demokratie

Die Grundlage der Demokratie ist nicht das Mehrheitsprinzip (die Mehrheit entscheidet), sondern der Konsens. Da es von Natur keine Herrschaftsordnung gibt, muss jede legitime Herrschaft durch die Zustimmung aller erst gestiftet werden. Die Mehrheit hat kein natürliches Recht, die Minderheit zu beherrschen.

Da eine politische Ordnung nur legitim ist, wenn sie auf Konsens beruht, kann kein Individuum gegen seinen Willen gezwungen werden, einer politischen Ordnung anzugehören. Immanuel Kant hat daher in seiner kleinen programmatischen Schrift »Zum ewigen Frieden« (1795) ein Welthospitalitätsrecht gefordert, das heißt das Recht jedes Menschen, als Gast eines anderen Staates aufgenommen zu werden. Jede legitime politische Ordnung garantiert danach jedem Individuum unveräußerliche, individuelle Rechte. Auf diese könnte nur dann verzichtet werden, wenn alle politischen Entscheidungen auf Konsens beruhten, das heißt zum Beispiel der Beschluss eines Gesetzes nur dann zustande käme, wenn alle, die diesem Gesetz unterworfen sind, ihm zustimmten. Die vollständige Selbstentäußerung des Einzelnen in der Rousseau'schen Republik ist nur unter dieser sehr speziellen Bedingung plausibel. Da der Konsens als Grundprinzip jeder legitimen demokratischen Ordnung zwar unverzichtbar ist, aber zugleich nicht erwartet werden darf, dass die relevanten politischen Entscheidungen, selbst diejenigen, die Gesetze etablieren, jeweils einvernehmlich getroffen werden können, sehen legitime politische Ordnungen die verfassungsmäßige und gesetzliche Garantie individueller Rechte vor. Damit werden kollektiven Entscheidungen Grenzen auferlegt. Die politische Gemeinschaft darf nur über diejenigen Angelegenheiten entscheiden, die individuelle Rechte Einzelner nicht verletzen. Die Zurückführung aller politischen Legitimität auf die grundsätzliche Zustimmung der von ihnen betroffenen Menschen macht den Kern eines humanistischen Verständnisses von Politik generell und Demokratie speziell aus.

Die politische Legitimation stiftende Zustimmung ist zunächst eine faktische: Menschen gehören einer politischen Ordnung an und sollten sich an ihre Regeln halten, wenn sie dieser Ordnung zustimmen können. Die Tatsache, dass diese Zustimmung nicht abgefragt wird, macht eine politische Ordnung noch nicht illegitim. Wenn die Möglichkeit besteht, sich dieser Ordnung zu entziehen, reicht die implizite Zustimmung in Gestalt der freiwilligen Zugehörigkeit, der Mitwirkung und der Einhaltung der Regeln aus. Damit das Faktum dieser Zugehörigkeit auch legitimationsstiftend ist, muss es die Möglichkeit geben, sich auch anders, also gegen die Zugehörigkeit zu entscheiden. Deswegen sollte die internationale Ordnung nach Kant das Menschenrecht auf Auswanderung und das Menschenrecht auf Gastfreundschaft realisieren. Ein humanistisches Verständnis von Demokratie geht vom Respekt gegenüber jedem einzelnen menschlichen Individuum aus und stellt die demokratische Ordnung als ganze vor ein imaginäres Gericht aller. Dort beraten die Geschworenen, das heißt die Gesamtheit der Bürgerschaft, über die Regeln kollektiver Entscheidungsfindung einerseits und die Grenzen kollektiver Entscheidungsfindung in der Selbstbestimmung der einzelnen Bürgerinnen und Bürger andererseits. Das imaginäre Gericht tagt in Permanenz. Es gibt nicht den einmaligen Akt der Ermächtigung der Politik und der Transformation des Bürgers in den Untertanen. In der humanistisch verstandenen Demokratie ist jede Person zu jedem Zeitpunkt immer Bürgerin oder Bürger und damit Teil des imaginären Schöffengerichtes, das über die demokratische Ordnung als ganze wacht und sicherstellt, dass sie von Respekt gegenüber jeder einzelnen Person geprägt bleibt.

Im humanistischen Verständnis gibt es also einen unauflöslichen Zusammenhang zwischen Menschenrechten und demokratischer Ordnung: Die Demokratie ist diejenige Staats- und Gesellschaftsform, die jeder Bürgerin und jedem Bürger (und auch jedem Gast) die unveräußerlichen menschlichen Rechte garantiert. Diese Rechte werden nicht erst durch die jeweilige politische Ordnung gestiftet, sondern sind Kriterien ihrer Legitimität. Die universelle Geltung der Menschenrechte ergibt sich in humanistischem Verständnis daraus, dass diese kultur- und politikinvariante moralische Sachverhalte zum Ausdruck bringen: Das Recht auf Leben, das Recht auf körperliche Unversehrtheit, das Recht auf rechtmäßig erworbenes Eigentum, das Recht auf individuelle und kollektive Selbstbestimmung, das Recht auf Zugehörigkeit zu einer Gemeinschaft, das Recht auf gleiche Anerkennung und gleichen Respekt sowie die konventionellen Erweiterungen dieser Kernelemente des Menschenrechts.[1] *Für Humanisten hat die kollektive Selbstbestimmung Grenzen und diese werden im Menschenrechtsdiskurs zu klären versucht.* Damit setzt sich ein humanistisches Verständnis von Demokratie deutlich von einem radikal-republikanischen ab, wonach die kollektive Selbstbestimmung grenzenlos ist. Das humanistische Verständnis von Demokratie steht daher den Verfassungsordnungen liberaler westlicher Demokratien näher als das republikanische.

Zugleich setzt sich das humanistische Verständnis von Demokratie von den liberalen Schrumpfformen ab: Die Funktionalität der Demokratie besteht nicht darin, der einzelnen Person Gestaltungsspielraum zu sichern oder sie gar in ihren wirtschaftlichen Interessen gegenüber anderen zu privilegieren. Neoliberalismus, Wirtschaftsliberalismus, die so genannten pluralistischen Demokratietheorien instrumentalisieren die politische Ordnung und entwerten die demokratische Praxis der gleichberechtigten Teilhabe an politischen Entscheidungsprozessen und die Gemeinschaftsstiftung systematisch. Die liberalen Schrumpfformen von Demokratie marginalisieren die politische Ordnung und schwächen die politische Gestaltungskraft und damit die politische Form der Gemeinschaftsbildung. Für Humanisten ist das Volk, von dem alle Staatsgewalt ausgeht, politisch gefasst; es wird gestiftet durch die Erfahrung der Teilhabe an politischen Gestaltungsprozessen. Das, was der Republikanismus verabsolutiert und ihn zur Abwertung überstaatlicher und vorpolitischer Grundrechte verführt, wird im humanistischen Verständnis von Demokratie in den universellen Rahmen der Menschenrechte eingebettet: Sofern die politische Entscheidungsfindung und die politische Praxis die Menschenrechte achtet und die konkreten Verfahren der kollektiven Entscheidungsfindung auf einem grundlegenden Konsens beruhen, realisieren diese politische Autonomie, stiften politische Identität und damit das Staatsvolk (*demos*). Jede Konstitution des *demos*, das in einem Konflikt mit den universellen Menschenrechten gerät, ist im humanistischen Verständnis illegitim, so effektiv sich auch in der Geschichte die Abwertung anderer oder die Verfolgung,

1 Was ich hier unter konventionellen Erweiterungen verstehe, werde ich weiter unten näher ausführen.

Vertreibung, ja Ermordung von Minderheiten für die politische Gemeinschaftsbildung erwiesen hat. Der oberste Wert ist für ein humanistisches Verständnis von Demokratie nicht die politische Gemeinschaft, sondern das menschliche Individuum, das gleichen Respekt und gleiche Anerkennung vor und innerhalb jeder politischen Ordnung verdient.

II. Legitimität kollektiver Entscheidungen

Wann sind aus humanistischer Sicht kollektive Entscheidungen möglich und verbindlich? Beides – die Möglichkeit und die Verbindlichkeit – hängt eng miteinander zusammen. Humanisten sind in dem oben geklärten Sinne Individualisten, das heißt, sie vertrauen auf die Verantwortungsfähigkeit von Individuen, sie glauben nicht an eine natürliche Herrschaftsordnung, die durch die Biologie, Herkunft oder spirituelle Autorität gestiftet ist. Daher können kollektive Entscheidungen nur verbindlich sein, wenn sie sich gegenüber jeder einzelnen betroffenen Person rechtfertigen lassen. Kollektive Entscheidungen, die aber keine normative Bindungskraft entfalten, sind allenfalls mit Gewalt durchsetzbar – diese Option scheidet für Humanisten aus. Eine kollektive Entscheidung ist legitim, wenn ihr alle beteiligten Personen (unter »Beteiligten« verstehe ich diejenigen, die die kollektive Handlung mit umsetzen, die an ihr *beteiligt* sind) und alle Betroffenen (unter »Betroffenen« verstehe ich all diejenigen, für die sich durch diese Entscheidung etwas ändert) zustimmen können. Dieser (potenzielle) Konsens stiftet die Legitimation und damit die Verbindlichkeit kollektiver Entscheidungen und die Möglichkeit ihrer Realisierung durch kollektive Praxis.[2]

2 Die Nähe zur Diskursethik ist hier unverkennbar. Die philosophische Differenz besteht darin, dass die humanistische Position substanziell charakterisiert ist, über spezifische Inhalte einer normativen Anthropologie und über ethische Haltungen wie die des Respekts gegenüber jedem menschlichen Individuum und jedem anderen empfindungsfähigen Lebewesen, der Anerkennung von Menschenrechten und der Einschränkung von Staatstätigkeit durch diese. Für die Diskursethik ist dagegen die einzige Quelle der Moral die menschliche Fähigkeit der Kommunikation, der Verständigungspraxis; die Inhalte, das heißt die Normen der Diskursethik, ergeben sich ausschließlich aus den konstitutiven Bedingungen gelingender Kommunikation. Damit nimmt die Diskursethik konstruktivistische Züge an,

Der aus humanistischer Sicht ideale Fall kollektiver Praxis ergibt sich aus einem doppelten Konsens: dem der Beteiligten und dem der Betroffenen. Wenn alle Beteiligten – nach Austausch der Gründe und Gegengründe – übereinstimmen, dass diese kollektive Entscheidung vernünftig ist und realisiert werden sollte, und zugleich alle von dieser Entscheidung Betroffenen zustimmen, dann ist die entsprechende kollektive Handlung legitim. Aber auch in diesem Idealfall stellen sich zwei Fragen: Was ist, wenn trotz des doppelten Konsenses inhaltliche Bestimmungen des Humanismus verletzt sind? Und: Wie kann die Effektivität der kollektiven Entscheidung gesichert werden, das heißt ihre Umsetzung in eine kollektive Praxis, die möglicherweise für die Einzelnen, die sich an ihr beteiligen, mit Nachteilen oder Kosten verbunden ist?

Wenn man ein ökonomisches Rationalitätsverständnis zugrunde legt, also davon ausgeht, dass die Akteure jeweils ihren Eigennutzen zu optimieren suchen, werden mit dieser Frage schwierige und teilweise unlösbare Probleme aufgeworfen: Kollektive Entscheidungen beziehen sich oft auf die Bereitstellung von kollektiven Gütern, also Gütern, die von allen gemeinsam genutzt werden, die nicht geteilt oder individuell konsumiert werden können. Zu den kollektiven Gütern gehören zum Beispiel Umweltgüter, wie die Qualität der Luft, oder auch die öffentliche Infrastruktur. Wenn sich diese kollektiven Güter zu vertretbaren Kosten bereitstellen lassen, werden alle dem zustimmen – aus ökonomischer Sicht stellt sich aber die Frage, wie die Bereitstellung, die Produktion dieser kollektiven Güter, organisiert werden soll. Da alle von der Bereitstellung profitieren und niemand von diesem kollektiven Gut ausgeschlossen werden kann, scheint es im je individuellen Interesse zu sein, nichts zur Produktion dieses kollektiven Gutes beizutragen, von seiner Bereitstellung dann aber kostenlos zu profitieren. Das wird als *Tragödie der Allmende* (der Weide im Gemeinbesitz) bezeichnet, die, so geht jedenfalls die Legende, immer überweidet

das heißt, sie versucht – in rationalistischer Tradition –, die Inhalte normativer Bindungen ausschließlich aus den formalen Bedingungen der Kommunikation (andere Varianten des Konstruktivismus versuchen dies aus den formalen Bedingungen von Handeln generell) abzuleiten. Die Substanz humanistischer Normativität ginge jedoch verloren, wenn sie sich von den Inhalten zurückzöge und sich auf formale Kriterien, etwa solche der Universalisierbarkeit, des Handelns oder der Kommunikation, beschränkte.

war und damit am Ende den Nutzen nicht mehr hatte, den sie bei verantwortlicher Nutzung hätte für alle haben können. Es ist überhaupt nicht zu bestreiten, dass es diese Tragödien der Gemeingüter gibt, allerdings ist es ein besonderes Merkmal der modernen konsumistischen und kapitalistischen Wirtschaftsweise, kulturelle Praktiken, die Gemeingüter schaffen, und ihre Konsumptionsregeln zu zerstören. Eine Gesellschaft, in der der ökonomische Markt der je individuellen Optimierer dominiert, tendiert dazu, andere Wirtschaftsweisen, die sich an der gemeinsamen Bereitstellung von Gemeingütern orientieren, zu verdrängen. In letzter Konsequenz bliebe dann nur noch der rein ökonomische Markt ausschließlich eigeninteressierter Individuen übrig, für die alles käuflich und verkäuflich wird und die sich jeweils nur in dem Umfang an der Realisierung kollektiver Entscheidungen beteiligen, als sie davon einen je individuellen Vorteil haben.

Als anthropologische oder soziologische Theorie ist dieses ökonomisch verkürzte Rationalitätsverständnis allerdings schlicht falsch: Empirisch nachweisbar, auch in einer Vielzahl von Experimenten bestätigt, handeln Menschen kooperativ, das heißt, sie beteiligen sich an einer gemeinsamen Praxis, wenn sie erwarten können, dass sich andere auch beteiligen, und es gute Gründe gibt, die für sie sprechen. Sie beteiligen sich keineswegs nur dann, wenn diese Beteiligung für sie vorteilhaft ist. Es kann als empirisch widerlegt gelten, dass Menschen reine Egoisten sind. Aber das Ausmaß des Egoismus variiert mit der Wirtschaftsweise und der Kultur. Wie Forschungen zeigen,[3] gibt es einen engen Zusammenhang zwischen Kultur und Ökonomie, der in vielen Fällen in beeindruckendem Umfang die Bereitstellung von Gemeingütern ermöglicht. Humanisten werden diese kulturellen Traditionen bewahren und ausbauen und dafür sorgen, dass die Logik des ökonomischen Marktes nicht übergriffig wird und diese Form der Gemeinwohlorientierung zerstört. In humanistischer Perspektive ist der ökonomische Markt mit seiner Atomisierung von Anbietern und Nachfragern ein Sonderfall menschlicher Interaktion, der in der modernen Gesellschaft unverzichtbar, aber nur kulturell und moralisch eingebettet effizient ist. Wenn diejenigen Regeln, die

3 Vgl. Elinor Ostrom, *Governing the Commons: The Evolution of Institutions for Collective Action*, Cambridge 1990.

Kommunikation und Kooperation erst ermöglichen, durch eine reine Marktorientierung der menschlichen Praxis zerstört würden, wären damit zugleich auch die Bedingungen des ökonomischen Erfolges von Märkten zerstört.[4]

Gründe motivieren. Dies gilt nicht nur individuell, sondern auch kollektiv. Wenn eine Gruppe von Personen Gründe für und wider eine gemeinsame Praxis abgewogen hat und zu dem Ergebnis gekommen ist, dass die guten Gründe überwiegen, dann beteiligen sich in der Regel all diejenigen, die an diesem Ratschlag mitgewirkt haben, an der Realisierung der so begründeten kollektiven Entscheidung. Menschen sind keine Monaden. Das humanistische Ethos ist darauf gerichtet, eine Balance zwischen der Autonomie des Individuums auf der einen Seite und der Kooperation von Individuen auf der anderen Seite sicherzustellen. Der je individuelle Respekt vor der Selbstverantwortung des Einzelnen ist selbst ein kollektives Gut, das sich nur realisieren lässt, wenn die Einzelnen nicht ausschließlich ihren Eigennutzen optimieren.

Kollektive Entscheidungen sind aus humanistischer Sicht nur legitim, wenn sich alle an der Entscheidung und ihrer Realisierung Beteiligten in ihr wiederfinden, das heißt sich selbst diese gemeinsame Praxis zuschreiben können. Damit dies überhaupt möglich ist, muss bei Abwägung der Gründe und Gegengründe aus Sicht derjenigen, die diese Entscheidung realisieren, auch von allen Betroffenen eine Zustimmung erwartet werden. Diese Charakterisierung humanistischer kollektiver Praxis mag den Eindruck von Weltfremdheit, ja unter Umständen sogar von Utopismus wecken. Führt uns dieses Kriterium legitimer kollektiver Praxis nicht geradewegs in die Anarchie der Wohlmeinenden, in die Herrschaftslosigkeit der freiwilligen Assoziation autonomer Individuen, wie es die Syndikalisten des 19. Jahrhunderts erträumten? Und – so könnte man diese Argumentation fortsetzen – führt das dann nicht doch zu einem Rückgriff auf Herrschaftsordnungen, die, unabhängig davon, wie sie historisch entstanden sind, erst kollektives Handeln sichern, obwohl sie nicht auf die Zustimmung aller setzen, ja gar nicht setzen dürfen, um sich nicht selbst zu zerstören? Ist es dann nicht am Ende doch die vorpolitische Gemeinschaft der Ethnie oder der Nation, die kollektives Handeln erst ermöglicht? Oder in

4 Vgl. JNR, *Die Optimierungsfalle*, München 2011.

philosophischer Terminologie: Scheitert dieser Humanismus nicht an den Einwänden Hegels und seiner modernen Adepten?

Meine Antwort darauf lautet: Die – humanistisch moderierte – praktische Vernunft reicht weiter, als Kollektivisten, Historisten und Postmoderne annehmen. Zur praktischen Vernunft gehört die Fähigkeit der Distanzierung sowohl von den unmittelbaren eigenen Interessen als auch von den jeweiligen Entscheidungssituationen. Es ist diese charakteristisch menschliche Fähigkeit, die es uns erlaubt, aus dem letztlich deterministischen System optimierender Monaden und genetisch fixierter Funktionalität auszubrechen. Schon die Fähigkeit zur Kooperation verlangt nach einer solchen Distanzierung: Zwei Individuen, die sich an einer gemeinsamen Praxis beteiligen, die für beide besser (wünschenswerter) ist als das Ergebnis, das sich einstellen würde, wenn beide je individuell optimierten, distanzieren sich von der punktuellen Optimierung, distanzieren sich von der isoliert betrachteten individuellen Interessenlage, um ein gemeinsames Interesse zu realisieren. Durch die Realisierung dieses gemeinsamen Interesses erwächst dann beiden je individuell ein Vorteil gegenüber der je individuellen Optimierung. Dies ist kein Dilemma, wie es die *Rational-Choice*-Orthodoxie seit Jahrzehnten behauptet, sondern das Charakteristikum von Kooperation generell. Das ist *Kooperation*: sich so verhalten, dass die Beteiligten gemeinsam eine Praxis realisieren, die für sie wünschenswerter ist als das, was sich aus der je individuellen Optimierung ergäbe. Die Akteure nehmen die Struktur ihrer Interaktionen in den Blick und verhalten sich gemäß gemeinsamer praktischer Vernunft.

Dies lässt sich verallgemeinern: Wenn sich eine Gruppe auf ein bestimmtes Entscheidungsverfahren einigt, zum Beispiel die Mehrheitsregel, dann verzichtet sie auf die jeweilige Durchsetzung eigener normativer Überzeugungen und eigener Interessen, um kollektive Handlungsfähigkeit generell zu sichern. Die Mitglieder dieser Gruppe sind dann als kooperationsbereite der Überzeugung, dass jeweils das getan werden sollte, was die Mehrheit präferiert. Zugleich mögen sie aus guten Gründen der Auffassung sein, dass ihre damit nicht übereinstimmende Präferenz, die sie in die kollektive Entscheidung eingespeist haben, besser begründet war. Sie distanzieren sich damit von ihren eigenen besseren Gründen und befürworten eine kollektive Praxis, die von der Mehrheit befürwortet wird, von der die Mehrheit meint, dass sie die besseren Gründe für sich habe. Mit anderen Worten, sie ermöglichen auf diesem Wege kollektive Entscheidungen, eine gemeinsame Praxis und die Gruppen- oder Gemeinschaftsbildung, die durch eine fortgesetzte gemeinsame Praxis erst möglich wird, indem sie auf die jeweilige Realisierung eigener normativer Überzeugungen und Interessen verzichten. Sie distanzieren sich also in einer umfassenden, auch die eigene normative Stellungnahme einbeziehenden Weise von ihrem je individuellen Standpunkt.

Das Mehrheitsprinzip, wonach kollektive Entscheidungen jeweils durch eine Abstimmung erfolgen und derjenige Vorschlag, der die Mehrheit auf sich vereint, dann realisiert wird, lässt sich nicht durch die – abwegige – These rechtfertigen, dass die Mehrheit jeweils die besseren Argumente auf ihrer Seite habe oder gar dass die Mehrheitspräferenz die wahren normativen Überzeugungen wiedergebe, sondern lediglich in der Form einer sekundären Regel, die kollektive Entscheidungsfindung und gemeinsame Praxis erst ermöglicht. Auch die Unterlegenen beteiligen sich an der kollektiven Praxis, weil sie der Auffassung sind, dass der Konsens über die sekundäre Regel (hier das Mehrheitsprinzip) diese anleiten soll.

Tatsächlich gibt es gute Argumente, die in der *Collective-choice*-Disziplin genauer analysiert wurden, die für eine herausragende Stellung des Mehrheitsprinzips sprechen. Die einfache Mehrheitsregel ist das einzige Verfahren kollektiver Entscheidungsfindung, das zwei Eigenschaften zugleich realisiert: *Neutralität* und *Anonymität.*[5] Neutral ist ein kollektives Entscheidungsverfahren dann, wenn der Inhalt der zur Abstimmung stehenden Alternativen keine Rolle für das jeweilige Kriterium spielt. Anonym ist ein Verfahren kollektiver Entscheidungsfindung dann, wenn es irrelevant ist, wer welche Präferenzen einspeist, sondern lediglich von Belang ist, welche Präferenzen in welcher Zahl in die Abstimmung eingehen. Anonymität und Neutralität kann man als eine Konkretisierung humanistisch motivierten Respekts interpretieren: Jede Person wird gleich wichtig genommen, es kommt daher nicht darauf an, wer

5 Ein Entscheidungsverfahren folgt der Mehrheitswahlregel genau dann, wenn es die Bedingungen der Anonymität, der Neutralität und der positiven Reaktion (*positive responsiveness*) erfüllt. Der Beweis dieses Theorems findet sich in J. Nida-Rümelin und L. Kern, *Logik kollektiver Entscheidungen*, München, S. 91-93, die Definition der positiven Reaktion auf S. 57.

welche Präferenzen hat, sondern nur, wie häufig diese Präferenzen vorliegen, und es wird keine Vorabfestlegung zu den zulässigen Inhalten getroffen: Die beteiligten Individuen bleiben je individuell und als Kollektiv autonom.

Allerdings dürfen das Mehrheitsprinzip und andere Regeln kollektiver Entscheidungsfindung nicht verabsolutiert werden. Das humanistische Ethos verlangt eine Einschränkung der Reichweite kollektiver Entscheidungen, es wendet sich gegen die Rousseau'sche *Selbstentäußerung des Individuums* an die Republik, an die Versammlung, die die Gesetze erlässt. Individuen haben individuelle Rechte, die niemand verletzen darf, auch der Gesetzgeber nicht. Das Mehrheitsprinzip kann also nicht universell Legitimation stiften, trotz der attraktiven Eigenschaften der Anonymität und Neutralität, sondern nur für bestimmte Bereiche kollektiver Entscheidungsfindung, in denen sichergestellt ist, dass die Inhalte des humanistischen Ethos nicht verletzt sind. Dies spiegelt sich im Aufbau der Verfassungsordnungen von Demokratien wider, in Gestalt der Grundrechte, die von kollektiven Entscheidungen nicht eingeschränkt werden dürfen.

III. Freiheit und Gleichheit

Freiheit und Gleichheit aller Menschen sind die beiden Prinzipien, auf denen jede demokratische Ordnung beruht. Im politischen Diskurs werden diese beiden Normen meist als gegensätzlich behandelt; man müsse abwägen, auf wie viel Freiheit man zugunsten der Gleichheit verzichten oder, umgekehrt, in welchem Umfang man das Gleichheitsideal verabschieden sollte, um individuelle Freiheit zu sichern. In der ökonomischen Debatte wird dieser Gegensatz oft als Unvereinbarkeit von *equity* und *efficiency* behandelt. In einem merkwürdigen Gegensatz zu dieser Entwicklung des zeitgenössischen politischen und ökonomischen Diskurses steht, dass die Klassiker der modernen europäischen politischen Philosophie durchgängig beide Prinzipien vertreten haben – und zwar nicht als Gegensatz, sondern als eine Einheit. Das gilt für Thomas Hobbes, der das individuelle Interesse jeder einzelnen Person an einer Überwindung des Krieges aller gegen alle durch die Etablierung einer Zentralgewalt (durch die Abtretung aller Gewaltmittel an diese) realisiert, ebenso wie für John Locke, der sich heftig gegen alle Konzeptionen einer von Gott gewollten Herrschaftsordnung von Menschen über Menschen richtet und jedem menschlichen Individuum die gleichen individuellen Rechte zuerkennt. Der Staat bezieht seine Legitimität und seinen Auftrag daraus, diesen individuellen Rechten in Gestalt einer stabilen Rechtsordnung Geltung zu verschaffen. Für Jean-Jacques Rousseau ist es die Gleichheit aller Bürger (*citoyens*) in der Versammlung, die die sittliche Körperschaft der Republik trägt. Sie realisieren ihre individuelle Freiheit dadurch, dass sie sich – gemeinsam – die Gesetze geben, nach denen sie handeln wollen. Die Ankündigung zu Beginn des *Contrat Social*, einen Weg zu weisen, wie die ursprüngliche Freiheit des Menschen, die im Laufe seiner Zivilisationsgeschichte verloren gegangen ist, wiederhergestellt werden kann, wird durch die Republik eingelöst, nicht durch ein »Zurück zur Natur«. Die ursprüngliche gleiche Freiheit aller besteht darin, sich selbst gemeinsam und mit allgemeiner Zustimmung vernünftig begründete Gesetze zu geben, nach denen alle handeln wollen. Die gleiche Freiheit ist für die *citoyens* der Republik garantiert, nicht für die *bourgeois* als Untertanen mit ihren jeweils privaten Interessen, die von der Gesetzgebung der Versammlung eingeschränkt werden können. Auch für Immanuel Kant sind alle menschlichen Personen gleich und frei, sie sind gleichermaßen zur Vernunft befähigt und realisieren diese, indem sie nur nach denjenigen Maximen handeln, die als allgemeine Handlungsregeln taugen. Menschliche Personen haben eine gleiche Würde, weil sie gleichermaßen vernunftfähig sind.

Der Kontrast zur zeitgenössischen Entgegensetzung von Freiheit und Gleichheit lässt sich erklären: Es ist die Abkehr von den humanistischen Ursprüngen der modernen Demokratie und ihre Uminterpretation zu einer Verteilungsmaschinerie von Gütern. Die ökonomische Theorie der Politik kann die für ein humanistisches Verständnis von Demokratie konstitutive Verbindung von Freiheit und Gleichheit nicht integrieren. Freiheit wird zur Souveränität des Konsumenten, der selbst entscheidet, welche Produkte und Dienstleistungen er zur eigenen Nutzenmehrung kauft. Gleichheit wird zu einem Maß der Güterverteilung. An die Stelle eines deontologischen Konzeptes individueller gleicher Rechte, gleicher Würde und individuellen gleichen Respekts tritt das konsequentialistische Modell der Güteroptimierung – je individuell im Falle des

Konsumenten und kollektiv im Falle staatlicher Verteilungspolitik. Je mehr Entscheidungen dem individuellen Konsumenten (und Produzenten) überlassen sind, desto geringer die Möglichkeiten von Seiten des Staates, in die Verteilung einzugreifen. Der Konflikt zwischen Freiheit und Gleichheit scheint zumindest dann garantiert, wenn zugestanden wird, dass ökonomische Märkte ein hohes Maß an Ungleichheit der Güterverteilungen generieren.

Staatliche Umverteilung entzieht dann den einzelnen Konsumenten einen Teil ihrer Entscheidungsoptionen, etwa in Gestalt der Einbehaltung eines Teils des Einkommens als Steuer oder in Gestalt der steuerlichen Belastung mancher Güter usw.

In der humanistischen Perspektive werden Freiheit und Gleichheit wieder auf ihre Ursprünge zurückgeführt, nämlich in der Verbindung von gleicher Würde, gleichem Respekt, gleicher Anerkennung und eben gleicher Freiheit. So ist die rechtliche Gleichbehandlung ein fundamentales demokratisches Prinzip, das genau diese Verbindung von Freiheit und Gleichheit zum Ausdruck bringt: Es geht damit auch um die gleiche Rolle vor Gericht und die Gleichbehandlung aller Personen durch die Gesetzgebung und die Exekutive. Dort, wo diese gleiche Freiheit beschränkt wird, wird die Selbstachtung von Personen gefährdet. Ohne guten Grund, warum sie anders behandelt werden als andere, fühlen sie sich zu Recht diskriminiert. Ein guter Grund hat zum Ergebnis, dass das, was als eine Ungleichbehandlung erscheint, bei Berücksichtigung aller normativ relevanten Aspekte der Situation keine Ungleichbehandlung ist. Welche Gründe im Einzelnen dazu taugen, wird im Laufe der politischen und kulturellen Entwicklung immer wieder neu bestimmt. Der humane Fortschritt besteht darin, diskriminierende Praktiken, also Praktiken, die die gleiche Freiheit verletzen, aufzudecken und ihnen gesetzlich und exekutiv vorzubeugen. Der Kern des Egalitarismus als Grundlage einer humanen Ordnung bezieht sich nicht auf Verteilungsfragen, sondern auf gleiche Anerkennung und gleiche Würde und die Bedingungen vergleichbarer Möglichkeiten, sein eigenes Leben zu gestalten, also gleiche Freiheit. *Der humanistischen Perspektive geht es um den Status der Person, nicht um Güterverteilungen. Gleichheit bezieht sich auf den gleichen Status der Würde, des Respekts, der Anerkennung, der Freiheit und nicht auf die gleiche Ausstattung mit Gütern.*

Sind Güterverteilungen also irrelevant für die demokratische

Ordnung? In der Tat ist die bloße Ungleichheit von Verteilungen für die humane Qualität einer Gesellschaft irrelevant, da vernünftige Menschen frei von Neid sind und sich daher für sie die Situation allein durch die Besserstellung Bessergestellter nicht verschlechtert. Gleichverteilung von Gütern ist kein Wert an sich. Insofern ist die in vielen Ländern gebräuchliche Armutsdefinition, die sich nach einem Prozentsatz des durchschnittlichen Einkommens richtet, abwegig: Eine Gesellschaft, in der jeder, der mehr als der Durchschnitt verdient, einen Einkommensaufschlag von zehn Prozent erhält, während die Einkommen unterhalb des Durchschnitts konstant blieben, würde nach dieser Definition dramatisch verarmen. Sie würde selbst dann verarmen, wenn diejenigen unterhalb des Durchschnitts einen fünfprozentigen Aufschlag erhielten. Solche Armutsdefinitionen dienen ideologischen Zwecken. Ihr Vorteil ist, dass man dann auch in einem reichen Land sagen kann, dass es ein hohes Maß an Armut gibt, ja, man kann dann unter Umständen sogar behaupten, dass diese Armut zunimmt, wenn alle Personen von Jahr zu Jahr einen deutlichen realen Einkommenszuwachs haben.

Einkommensungleichheit wird aus humanistischer Perspektive erst relevant, wenn es um den Status von Individuen geht, wenn sie in unterschiedlichem Maße mit Anerkennung und Respekt rechnen können, wenn die individuellen Gestaltungsfreiheiten ihres Lebens in einem Maße divergieren, das die Selbstachtung der einzelnen Person beeinträchtigt. Die gegenwärtige Tendenz zunehmender Einkommens- und Vermögensungleichheit ist nicht deswegen problematisch, weil wenige Reiche – besonders deutlich in den USA, aber auch global – einen Großteil des Wirtschaftswachstums für sich vereinnahmen können,[6] sondern deswegen, weil ein neuer Feudalismus droht, das heißt die Verfestigung der gesellschaftlichen Strukturen in einer Weise, die einzelnen Familien eine überproportionale politische Macht zugesteht und einen Großteil der Bevölkerung vom wirtschaftlichen Fortschritt abkoppelt, womit der kooperative Charakter der ökonomischen Praxis in Gefahr gerät: Wenn ein Großteil der Bevölkerung nicht mehr damit rechnen kann, dass eigene zusätzliche Anstrengungen auch dem eigenen Wohl dienen, erodiert die Kooperationsbereitschaft

6 Vgl. Thomas Pogge, *Weltarmut und Menschenrechte. Kosmopolitische Verantwortung und Reformen*, Berlin 2011.

und die Optimierung je eigener Interessen – die Gewinninteressen der Unternehmen und die Konsuminteressen der Verbraucher – lässt vertrauensvolles und verlässliches Verhalten innerhalb der Unternehmen und zwischen Unternehmen und Kunden bzw. Vertragspartnern erodieren. Der gleiche Status als Bürger,[7] der für Rousseau so zentral war, setzt voraus, dass alle in gleicher Weise auf die öffentlichen Entscheidungen Einfluss nehmen können. Der Lobbyismus ökonomischer Interessengruppen, von Konzernen und Verbänden, gefährdet diese Voraussetzung einer genuinen Demokratie, nämlich eine Gemeinschaft gleichermaßen freier Bürgerinnen und Bürger.

Müssen sich Humanisten daher gegen die Dynamik ökonomischer Märkte stellen und eine staatliche und zivilgesellschaftliche Beschränkung erreichen? Die Antwort lautet hier klarerweise: Ja. Allerdings aus anderen Gründen, als man zunächst annehmen mag. Es lässt sich beweisen, dass individuelle Rechte und Freiheiten mit der Effizienz in einem grundlegenden Konflikt stehen. Eine Gesellschaft, die individuelle Rechte als Ausdruck gleicher Freiheit ihrer Individuen ins Zentrum der Verfassung stellt, ist – aus logischen Gründen, die Amartya Sen aufgezeigt hat[8] – gezwungen, der Wahrnehmung von Freiheitsrechten ein Primat gegenüber ökonomischer Effizienz einzuräumen. Freiheit ist nicht das Kind ökonomischer Effizienz, sondern schränkt ökonomische Effizienz ein.

In den Grenzen, die der Vorrang der individuellen gleichen Freiheit der ökonomischer Effizienz aus humanistischer Perspektive setzt, sollten staatliche Umverteilungen jedoch immer auch ökonomisch effizient sein: Eine Umverteilung, die eine Person (unnötigerweise) schlechterstellt, ohne damit eine andere Person besserzustellen, sollte nach Möglichkeit vermieden werden. Dieses »nach Möglichkeit« ist als Hinweis darauf gemeint, dass der Staat nicht punktuell entscheiden kann, sondern nur durch Gesetze und Institutionen, und dass damit Regeln etabliert werden, deren konkrete individuelle Folgen nicht vollständig abschätzbar sind. Aber im Prinzip gilt: Kriterien der Verteilungsgerechtigkeit sollten so gestaltet sein, dass sie mit ökonomischer Effizienz verträglich sind. In der Sprache der Logik kollektiver Entscheidungen: Verteilungsgerechtigkeit ist pareto-inklusiv, das heißt, eine Verteilung, die nicht

7 Vgl. Elizabeth Anderson, *Value in Ethics and Economics*, Cambridge 1995.

8 Vgl. Amartya Sen, *Collective Choice and Social Welfare*, San Francisco 1970, Kap. 6.

effizient ist, ist auch nicht gerecht.[9] Der vermeintliche Konflikt zwischen *equity* und *efficiency*, zwischen Freiheit und Gleichheit, besteht nicht, wenn man die Begriffe und Kriterien präzise fasst.

IV. Kooperation und Solidarität

Eine humane Gesellschaft ist sowohl von Kooperation als auch von Solidarität geprägt. Kooperative und solidarische Verhaltensweisen unterscheiden sich jedoch deutlich, auch wenn das im zeitgenössischen politischen Diskurs unterschlagen wird. In der politischen Philosophie der Gegenwart wiederum dominiert der Versuch, alle politischen Verpflichtungsgründe, ja jede normative Beurteilung politischer Institutionen und politischer Praktiken auf Kooperation zurückzuführen. Dies erklärt die Renaissance vertragstheoretischer Konzeptionen in der politischen Philosophie seit den 1970er Jahren.

Das Phänomen der Kooperation ist für das moderne ökonomistische Denken im Grunde unbegreiflich: Wer kooperiert, verhält sich nach dieser Auffassung irrational.[10] Umso »skandalöser« ist dann die weite Verbreitung kooperativen Verhaltens, ja die konstitutive Rolle, die kooperative Praktiken für das Funktionieren einer Gesellschaft spielen. Experimente haben wieder und wieder gezeigt, dass Individuen, auch wenn ihnen die Folgen ihres Tuns voll bewusst sind und auch wenn sie nicht erwarten können, es mit der anderen Person erneut zu tun zu haben, sich für ein ko-

9 Wenn wir in diesem Paragraphen von Effizienz gesprochen haben, so immer in dem präzisen Sinne der so genannten Pareto-Effizienz, wonach eine Verteilung genau dann effizient ist, wenn es angesichts der gegebenen Bedingungen keine Möglichkeit gibt, eine Person besserzustellen, ohne eine andere schlechterzustellen. Solange es also möglich ist, mindestens eine Person besserzustellen, ohne eine andere Person schlechterzustellen, ist eine Verteilung nicht effizient, und es ist ein attraktives Merkmal funktionierender Märkte, dass sie solche Ineffizienzen durch Transfers beheben, an denen Beteiligte jeweils ein Interesse haben, ohne dass Dritte dadurch Nachteile erfahren. Vgl. JNR, *Die Optimierungsfalle*, S. 180-187.

10 Vgl. JNR, *Die Optimierungsfalle. Philosophie einer humanen Ökonomie*, München [2]2015, Teil I, »Ökonomische Rationalität«, speziell Kap. 7 bis 10.

operatives Verhalten entscheiden.[11] Wer sich vom ökonomistischen Anti-Humanismus nicht den Geist vernebeln lässt, für den ist Kooperation keineswegs ein rätselhaftes Phänomen: Eine kooperative Handlung besteht darin, seinen Teil zu einer gemeinsamen Praxis beizusteuern, die für alle potenziell Beteiligten wünschenswerter ist als das Ergebnis, das sich einstellen würde, wenn jeder nur seine eigenen Interessen optimierte. So akzeptieren wir in der lebensweltlichen Verständigung zum Beispiel üble Nachrede nicht, auch wenn diese für die Person, die der üblen Nachrede beschuldigt wird, vorteilhaft ist. Wir verlangen eine kooperative Einstellung für eine entsprechende Praxis, zu der gehört, dass man Konkurrenten nicht auf unlauterem Weg beiseitedrängt. Das rechtfertigende Argument, das sich ausschließlich auf eigene Interessen bezieht, hat weder im Alltag noch im Unternehmen noch in der politischen Öffentlichkeit Chancen, ernst genommen zu werden. Es ist eher besorgniserregend, dass die ökonomische Theorie und derjenige Teil der Sozial- und Kulturwissenschaften, die diesem ökonomistischen Anti-Humanismus verhaftet sind, sich derart weit von der lebensweltlich verankerten Vernunft entfernt haben.

Politische Institutionen, Rechtsnormen, *compliance*-Regeln, Vereinbarungen, Versprechungen etc. haben die Funktion, kooperatives Verhalten zu stabilisieren, insbesondere indem sichergestellt wird, dass diejenigen, die systematisch die Kooperationsbereitschaft anderer zum eigenen Vorteil ausnutzen, ohne selbst zu kooperieren, sanktioniert und in vielen Fällen rechtlich bestraft werden. Wenn der Ehrliche regelmäßig der Dumme ist, dann schwindet die Bereitschaft, ehrlich zu sein; dem wirken kulturelle Praktiken entgegen, die durch zivil- und strafrechtliche Normen in wichtigen Fällen gestützt werden.

Kooperation, in dieser abstrakten Weise verstanden, ist ein allumfassendes Phänomen menschlicher Praxis, da alle Regeln, denen wir folgen, ein bestimmtes Maß an Kooperation verlangen, das heißt davon absehen, die je eigenen Interessen punktuell zu optimieren, mit dem Ziel, eine gemeinsame Praxis zu ermöglichen. Ein Großteil der Sozial- und Kulturwissenschaft und leider auch der zeitgenössischen praktischen Philosophie beruht auf dem Denkfehler, dass eine Regel zu befolgen, deren allgemeine Befolgung im

11 Vgl. Anatol Rapoport, Albert M. Chammah, *Prisoner's Dilemma. A Study in Conflict and Cooperation*, Ann Arbor 1970.

Interesse aller ist, auch im Interesse jedes Einzelnen ist.[12] Das Gegenteil ist normalerweise der Fall: Eine Regel, an deren allgemeiner Befolgung wir je individuell ein Interesse haben, würde nur unzureichend befolgt, wenn jede einzelne Person ausschließlich ihre eigenen Interessen optimierte. Erst die Bereitschaft, die eigene Interessenoptimierung zurückzustellen und einen Beitrag zu einer Praxis zu leisten, die vernünftig ist (in diesem Falle einer Praxis, die von allen Personen im eigenen Interesse gewünscht wird), generiert das Maß an Verhaltenskonformität mit dieser Regel, das dieser überhaupt erst Wirksamkeit verschafft. Oder in der Sprache der Spieltheorie: Jede (moralische, soziale, politische, ökonomische) Regel generiert ein n-Personen-Gefangenendilemma, das heißt einen regelmäßigen Konflikt zwischen eigener Interessenoptimierung und allgemeiner Regelbefolgung, auch dann, wenn die allgemeine Regelbefolgung für alle Personen vorteilhafter ist als eine Praxis je individueller Interessenoptimierung, die alle schlechterstellen würde als die Praxis allgemeiner Regelbefolgung.

Die Überzeugung, dass Personen in der Lage sind, in klarer Kenntnis eigener Interessen von deren Optimierung abzusehen und sich stattdessen an einer gemeinsamen Praxis zu beteiligen, die vernünftig erscheint, gehört zu den zentralen Elementen einer humanistischen Perspektive. Wenn Menschen lediglich eigenorientierte »Monaden« wären, die gar nicht anders könnten, als ihre Interessen zu optimieren, gäbe es keine Humanität und keine Möglichkeit, eine Humanisierung der Verhältnisse zu erreichen. Es gäbe dann keine individuelle Freiheit, da jedes Individuum – heteronom im Sinne Immanuel Kants – die eigenen Interessen optimierte, es gäbe keine Möglichkeit, sich vom eigenen Interessenstandpunkt zu distanzieren und Gründe für eine gemeinsame Praxis gegenüber anderen vorzubringen, um damit zu konformem Verhalten zu motivieren. Ohne Kooperationsbereitschaft ist eine humane Gesellschaft nicht denkbar. Die Kooperationsbereitschaft lässt sich nur dann in eine kooperative Praxis überführen, wenn es die wechselseitige Erwartung gibt, dass sich auch die anderen an dieser Praxis beteiligen, wenn sie annehmen können, dass hinreichend viele mitmachen. Kooperation beruht also nicht auf Altruismus, nicht einmal auf Empathie, sondern lediglich auf dem Vertrauen, dass eine

12 Dieser Denkfehler unterläuft sogar David Lewis in »Language and Languages«, a. a. O.

kooperative Praxis nicht nur gewünscht ist, sondern auch realisiert wird, wenn die jeweiligen wechselseitigen Erwartungen bestehen. In einer Kultur des Misstrauens kann es keine stabile Kooperation geben. Manche vom ökonomistischen Anti-Humanismus geprägten Theoretiker schlagen vor, dass Kooperation durch Institutionen und Sanktionen erzwungen werden muss, doch das würde geradewegs in die totalitäre Gesellschaft der vollständigen Überwachung, Kontrolle und Bestrafung führen. Die vermeintliche Entlastung der Individuen von moralischen Verpflichtungen, wie zum Beispiel der Verpflichtung, unter den angedeuteten Bedingungen zu kooperieren, führt zu einer Fremdsteuerung und Instrumentalisierung individueller menschlicher Praxis. Es ist dann nicht mehr der eigene Antrieb, das wechselseitige Vertrauen, die Verständigung auf bestimmte gemeinsame wünschenswerte Praktiken, der Austausch von Gründen, die für diese sprechen, sondern die Angst vor Strafe. Dies ist der Weg – ob nun beabsichtigt oder nicht – in die inhumane Gesellschaft. Kooperation setzt also keinen Altruismus, aber eine gewisse Distanzierung von den eigenen Interessen voraus. Kooperation ist insofern auch ein Bruch mit der Vorstellung, das Verhalten anderer zähle als bloße Umwelt, wie das Wetter oder andere durch Handeln nicht beeinflussbare Umstände.

Es wäre allerdings ein (wenn auch weit verbreiteter) Irrtum, anzunehmen, dass Kooperation allein ausreicht, um Humanität zu sichern. Die Kritik rein instrumenteller, individuell optimierender Rationalität durch den so genannten Kontraktualismus seit den 1970er Jahren[13] war ein wichtiger Fortschritt auf dem Weg zu einer humanistischen Perspektive in der politischen Theorie. Der Kontraktualismus überwindet die je individuelle Interessenoptimierung und bettet die menschliche Praxis in Regeln und Institutionen ein, die gemeinsam verantwortet werden. *Aber in Kooperation erschöpft sich Humanität nicht, denn auch diejenigen, mit denen wir kein Kooperationsverhältnis haben, deren Handeln für uns keinen Vorteil erbringt, ja deren Ausgrenzung vielleicht individuell vorteilhaft wäre, haben ein Recht auf unsere Solidarität.* Eine Gesellschaft, in

13 Dieser Kontraktualismus setzte mit Rawls' *Theorie der Gerechtigkeit* ein. Diesem Entwurf folgten weitere: von Robert Nozick, *Anarchy, State and Utopia*, New York 1974, über James Buchanan, *The Limits of Liberty*, Chicago u. a. 1975, und David Gauthier, *Morals by Agreement*, Oxford 1986, bis Thomas Scanlon, *What We Owe to Each Other*, Cambridge/MA 1998.

die nur die Kooperationsfähigen und -willigen einbezogen sind, aber alle Nicht-Kooperationsfähigen und -willigen marginalisiert, ausgeschlossen, ausgegrenzt, vielleicht sogar verfolgt würden, wäre inhuman.

Wir haben alle ein Interesse daran, uns gegenseitig in den Wechselfällen des Lebens zu helfen – bei Arbeitslosigkeit, bei Elternschaft, bei Krankheit, im Alter. So kann man die staatlich organisierte soziale Solidarität wenigstens zum Teil als Sicherung von Kooperation interpretieren: Jeder Einzelne hat ein Interesse daran, dass jeder Einzelne in solchen existenziellen Situationen von der Solidargemeinschaft unterstützt wird, und befürwortet daher zum Beispiel die Entrichtung eines Sozialversicherungsbeitrags, aus dem dann im Falle von Arbeitslosigkeit, Krankheit, Alter, Pflegebedürftigkeit oder Elternschaft Unterstützungen gezahlt werden können. Aber was ist mit denjenigen, die zum Beispiel aufgrund einer körperlichen oder geistigen Behinderung nicht im Stande sind, zur Finanzierung des sozialen Sicherungssystems beizutragen? Hier gibt es zwar die Pflicht solidarischer Hilfe, aber diese lässt sich nicht als ein besonderer Fall von Kooperation interpretieren. Kooperation ist immer wechselseitig, nie einseitig.

Aus humanistischer Perspektive steht im Mittelpunkt die allgemein menschliche Solidaritätspflicht. Wir haben eine Pflicht, Menschen in Not zu helfen, unabhängig davon, ob wir mit diesen in einem Kooperationsverhältnis stehen oder nicht. Es gibt spezifischere Solidaritätspflichten, zum Beispiel gegenüber den Mitgliedern der eigenen Familie. Auch hier gilt, dass wir diese Solidaritätspflichten unabhängig davon haben, ob wir in einem Kooperationsverhältnis stehen. Unter den heutigen Bedingungen wird die Solidaritätspflicht von Eltern zu ihren Kindern recht einseitig praktiziert, in der Regel erwarten Eltern von ihren Kindern nicht, dass diese sie im Alter unterstützen. Dies ist in traditionellen Kulturen anders. Solidargemeinschaften sind keine Kooperationsgemeinschaften, auch wenn sich beide in vielen Fällen stark überlappen können. *Aus humanistischer Perspektive ist die Menschheit als ganze eine Solidargemeinschaft, die nicht vor den Grenzen der Hautfarbe, der Nation oder der Religion Halt macht. Die Entgrenzung der Solidaritätspflichten ist wohl die anspruchsvollste und zentralste Botschaft des Humanismus, neben dem Prinzip der gleichen menschlichen Würde.*

V. Humanistischer Kosmopolitismus

Für Humanisten ist die politische Gemeinschaft republikanisch, nicht ethnisch (völkisch), nicht geographisch, nicht historisch, nicht kulturell oder sprachlich verfasst. Die politische Gemeinschaft wird durch die Praxis kollektiver Entscheidungen gestiftet. Sofern eine solche legitime, das heißt durch Konsense höherer Ordnung geprägte Praxis kollektiver Entscheidungsfindung etabliert ist und eine gewisse zeitliche und institutionelle Stabilität aufweist, bildet sich eine politische Gemeinschaft, und in der Zugehörigkeit zu dieser politischen Gemeinschaft bildet sich eine *politische Identität* der an ihr teilnehmenden Menschen. Die Beteiligung an einer gemeinsamen Praxis kollektiver Entscheidungsfindung stiftet die politische Gemeinschaft, und da die Legitimität (Akzeptanz aller Beteiligten und Betroffenen) davon abhängt, dass die leitenden Gründe auf das öffentliche Wohl gerichtet sind, es sich also um Entscheidungen der *res publicae* handelt, wird nur ein *republikanisches* Verständnis von Politik den humanistischen Prinzipien, insbesondere dem Respekt gegenüber jedem menschlichen Individuum, gerecht. Oder kurz: Humanisten sind (in diesem Sinne) Republikaner, sie haben ein *republikanisches* Politik- und Staatsverständnis.

Im humanistischen Verständnis werden dem Republikanismus allerdings auch enge Grenzen gesetzt: Die politische Gemeinschaft ist nicht alles, es gibt soziale, kulturelle, auch ethnische, regionale Gemeinschaften, die von der politischen Gemeinschaft nicht marginalisiert werden dürfen. Vielmehr bestimmt das Verhältnis dieser Gemeinschaften zueinander das Maß der Humanität einer politisch-kulturellen Ordnung. Um das an einem konkreten Beispiel zu illustrieren: Der Umgang des kanadischen, ganz überwiegend englischsprachigen Staates mit der französischsprachigen Minderheit ist nicht nur ein Indikator der Humanität, des Respekts gegenüber Personen, die nicht zur englischsprachigen Mehrheit gehören, und gegenüber deren abweichenden kulturellen Werten und Normen, sondern ist zugleich ausschlaggebend für die Lebensfähigkeit dieses bilingualen Staates. Wäre diese Frankophonie Kanadas lediglich eine geduldete Minderheit, eingebettet in eine angelsächsisch-protestantisch geprägte Mehrheitskultur, die keine Chancen hätte, ihre politischen Anliegen mehrheitsfähig zu machen, dann wäre wohl mittel- oder langfristig die staatliche Ordnung Kanadas gefährdet.

Im Falle Belgiens wurde ein analoger Prozess mitten in einer stabilen demokratischen Region mit einer lange zurückreichenden Tradition staatlicher Institutionen, die in komplexer Weise versuchen, der kulturellen Vielfalt und der Bilingualität gerecht zu werden, vorexerziert. Belgien befand sich aufgrund der ungelösten Problematik des Umgangs mit regionalen und lingualen Identitäten in einer anhaltenden Staatskrise, die nun weitgehend überwunden zu sein scheint. In Südtirol hat sich nach dem Zweiten Weltkrieg Ähnliches ereignet und nach einer Phase der zunehmenden Gewaltneigung auf der einen und der Assimilationspolitik der italienischen Zentralregierung auf der anderen Seite wurde durch strikte Quotierungen eine Befriedung dieses Konfliktes erreicht. Wie fragil diese Konfliktlösung ist, zeigt sich daran, dass sich gegenwärtig wieder separatistische Tendenzen in Südtirol verstärken. Eine besondere Dramatik hat dieses Spannungsverhältnis politischer und kultureller Gemeinschaftsbildung im Falle Afrikas, weil dort nach Auflösung der Kolonialreiche Staatsgrenzen ohne jede Berücksichtigung regionaler, tribaler, sprachlicher, ethnischer – kurz: kultureller – Identitäten gezogen wurden.[14] Viele dieser Grenzen folgen der Logik der damaligen Großmachtkonflikte zwischen Frankreich und England und anderer Kolonialmächte wie Belgien, Portugal oder auch Deutschland; sie sind oft genug auf dem Reißbrett mit dem Lineal gezogen und weisen nur in den seltensten Fällen die Grenzen auf, die gewachsene staatliche Gebilde in der Regel haben (Flüsse, Gebirgszüge, Sprachgrenzen). Dennoch gilt der OAS, der Organisation Afrikanischer Staaten, die Grenzziehung der damaligen Kolonialmächte als unantastbar, wohl wissend, dass jede Neujustierung in einen endlosen Konflikt um kulturelle Identitäten, überlagert von politischen und ökonomischen Interessen, führen würde. Dieses pragmatische Prinzip der Abkoppelung politischer von kultureller Gemeinschaftsbildung hat allerdings einen hohen Preis. Insbesondere gerät er in Konflikt mit einem anderen, aus humanistischer Perspektive zentraleren Prinzip, nämlich dem der *individuellen und kollektiven Selbstbestimmung*. Nehmen wir den Fall der Kurden, deren kulturelle (sowie sprachliche und ethnische) Gemeinschaft sich über mehrere Staatsgrenzen erstreckt (Türkei,

14 »Kulturell« im Folgenden als Genusbegriff für spezifischere, nicht-politische Identitäten, wie ethnische, regionale, historische, linguale und tribale.

Iran, Irak und Syrien) und deren Angehörige sich zu einem eigenen Staat, also zu einer politischen Gemeinschaft, zusammenfinden wollen. Was könnte es rechtfertigen, dieser kulturellen Gemeinschaft bzw. den ihr angehörenden Individuen dieses Recht vorzuenthalten? Entgegen steht die durchaus nachvollziehbare Sorge, dass damit ein Krieg zwischen den betroffenen Staaten und möglicherweise ein Bürgerkrieg in den Regionen unklarer kultureller Zugehörigkeit entbrennen würde. Das Völkerrecht gibt hier nur unzureichend Hilfestellung, denn dort ist zwar das Recht auf kollektive Selbstbestimmung von Völkern etabliert, aber ohne zu bestimmen, was denn ein Volk ist. Wenn unter »Volk« die politische Gemeinschaft, also die Bürgerschaft eines Staates verstanden wird, würde es sich lediglich um ein Demokratie-Postulat handeln, dass alle Macht vom (Staats-)Volk, vom *demos*, auszugehen habe. Ganz offenkundig erschöpft sich darin jedoch nicht die Intention des Selbstbestimmungsrechts der Völker; es geht um die darüber hinausgehende Forderung, die Zugehörigkeit zu staatlichen Einheiten kollektiv entscheiden zu können, und das beinhaltet auch, sich einer etablierten Zugehörigkeit entziehen zu können. Die USA verdanken diesem Prinzip ihre staatliche Legitimation.

Politischer Humanismus ist Republikanismus in den Grenzen der Humanität. Diese Grenzen der Humanität im Einzelnen zu bestimmen, ist eine schwierige Aufgabe normativer politischer Philosophie. In den einzelstaatlichen Verfassungsordnungen ist die Möglichkeit eines Austritts kultureller oder regionaler Gemeinschaften in der Regel nicht vorgesehen. Trotzdem kommt es gelegentlich zu Separationen, etwa im Kosovo, dessen Separation von der NATO aus humanitären Gründen, aber ohne Mandat des Sicherheitsrats der Vereinten Nationen und in dieser Hinsicht völkerrechtswidrig, unterstützt wurde. Die Separation der Krim erfolgte mit der Unterstützung Russlands, und obwohl sie vermutlich mit Unterstützung der großen Mehrheit der Bewohner der Krim vollzogen wurde und nicht nur politische, sondern ebenfalls historische und kulturelle Gründe hatte, gilt sie dem Westen als völkerrechtswidrig (genauso wie die Separation des Kosovo China und Russland als völkerrechtswidrig gilt).

Das Selbstbestimmungsrecht der Völker ist aus humanistischer Perspektive nicht ein Recht, das einem Volk zukommt, sondern ein individuelles Recht politischer Partizipation. Es geht um die Beteiligung an einem bestimmten Typus kollektiver Entscheidungen, und die Legitimität etablierter Verfahren hängt von der grundsätzlichen Zustimmungsfähigkeit ab. Die systematische Ausgrenzung oder Marginalisierung von Gruppen der Gesellschaft entzieht der kollektiven Entscheidungsfindung ihre Legitimationsgrundlage und rechtfertigt eine Neukonstitution der politischen Gemeinschaft, einschließlich der Separation einzelner Teile der zuvor etwa in Gestalt eines Nationalstaates etablierten Form kollektiver Entscheidungsfindung. Es ist also nicht die vorpolitische kulturelle Gemeinschaft, der ein Recht auf Selbstbestimmung zukommt, sondern es ist das individuelle Recht einzelner Menschen, an der kollektiven Entscheidungsfindung, die sie betrifft, in angemessener Weise beteiligt zu werden, welches das Recht auf kollektive Selbstbestimmung trägt.

Eine pragmatische Antwort auf die Konflikte, die entstehen, wenn die Vorstellungen darüber, zu welcher politischen Gemeinschaft man gehören möchte und in welcher Weise diese konstituiert sein soll, konfligieren, bietet eine Mehr-Ebenen-Demokratie bzw. eine föderale demokratische Ordnung an. Diese ermöglicht es, kollektive Entscheidungen jeweils derjenigen politischen Gemeinschaft zu überlassen, die von dieser ausschließlich oder jedenfalls ganz überwiegend betroffen ist. Dies erhöht zudem die Partizipationschancen, da Angelegenheiten, die der eigenen Lebenswelt näherstehen, besser beurteilt und entschieden werden können. Das ursprünglich aus der katholischen Soziallehre stammende Subsidiaritätsprinzip ist in föderalen Ordnungen leichter mit den individuellen politischen Partizipationsrechten zu verbinden als in zentralstaatlichen.[15]

Der Vorteil föderaler Demokratie besteht auch darin, dass die Zuordnung von politischen Entscheidungskompetenzen zu unterschiedlichen Ebenen über den nationalstaatlichen Rahmen hinaus ausgedehnt werden kann. Die Europäische Union ist das weltweit avancierteste Projekt, das diese Ausweitung praktiziert. Als einzige übernationale Gemeinschaft schließt sie die Gesetzgebung mit ein, also eine Legislative, die für die einzelnen Nationalstaaten bindend ist. Diese legislative Kompetenz ist allerdings im Rahmen der Eu-

15 Zum Zusammenhang von Partizipation und Politik vgl. Volker Gerhard, *Partizipation: Das Prinzip der Politik*, München 2006.

ropäischen Union durch das Einstimmigkeitsprinzip und damit durch eine nationale Veto-Option limitiert; zudem ist die Legislative in letzter Instanz der Europäische Rat, also die Versammlung der Regierungschefs der Mitgliedsstaaten, was die demokratische Kontrolle durch die europäische Öffentlichkeit, repräsentiert durch das gewählte Europäische Parlament, einschränkt. Die Europäische Union ist ein politisches Gebilde sui generis, das Elemente supranationaler Demokratie mit der Praxis intergouvernementaler Verträge verbindet. Diese Verbindung ist gegenwärtig noch nicht demokratieverträglich gestaltet. Es fehlt an der Kontrolle einer europäischen Regierung durch die Opposition im Parlament, es fehlt aufgrund des Prinzips der Repräsentanz aller Mitgliedsstaaten in Gestalt eines Mitglieds der Europäischen Kommission an einer programmatischen Ausrichtung der jeweiligen europäischen Exekutive, es fehlt an politischer Kontrolle der Bürokratie und insbesondere an einer europäischen politischen Öffentlichkeit.

Der Ansatz einer Mehr-Ebenen-Demokratie, wie unzureichend diese in der Europäischen Union bislang auch immer realisiert ist, scheint mir aber für die weitere Entwicklung der Weltgesellschaft unverzichtbar zu sein. Immer mehr Herausforderungen können im nationalstaatlichen Rahmen nicht bewältigt werden, etwa die Regulierung der Finanzmärkte, die Durchsetzung von Sozial- und Umweltstandards in einer fairen und nachhaltigen Weise oder die Etablierung von Regeln einer kohärenten globalen Klimapolitik. Der *humanistische Kosmopolitismus* ist kein Ersatz für die nationalstaatlichen Ordnungen, sondern ein föderales Komplement dazu. Staaten, die ohnehin föderale Elemente aufweisen (und das ist bei so gut wie allen Demokratien der Fall), sollten einen Teil ihrer politischen Souveränität an supranationale Institutionen abtreten, weil nur so die politische Gestaltungskraft jenseits der Nationalstaaten in einer sich zunehmend nicht nur ökonomisch, sondern auch sozial und kulturell globalisierenden Weltgesellschaft bewahrt bzw. wiederhergestellt werden kann. In der größeren historischen Perspektive hat es eine Renaissance der Nationalstaaten als Reaktion auf zwei Weltkriege und die Verwerfungen der großen Weltwirtschaftskrise 1929 f. gegeben, die bis Ende der 1970er Jahre im Ganzen ein Erfolg war. Seitdem haben sich jedoch, spätestens mit dem Zusammenbruch der bipolaren Weltordnung Ende der 1980er Jahre, die Bedingungen verändert, die die Beschränkung partizipatorischer politischer Entscheidungen auf die Nationalstaaten erlaubten. Die wirtschaftliche Standortkonkurrenz der Nationalstaaten untereinander führt zu Kooperationsdilemmata, die die Politik zum Spielball ökonomischer Interessen auf globalen Märkten zu machen drohen. *Wer die Demokratie auch für das 21. und 22. Jahrhundert bewahren will, muss ihr eine kosmopolitische Perspektive geben. Der politische Kosmopolitismus ist ein zentrales Projekt des Humanismus geworden.*

Interessanterweise sind diese beiden Geistesbewegungen – der Humanismus und der Kosmopolitismus – schon in ihren Ursprüngen eng miteinander verbunden gewesen. Die Idee eines selbstverantwortlichen Individuums, das Rücksicht auf andere nimmt, schränkt die Bedeutung der Zugehörigkeit zu lokalen Gemeinschaften ein, wertet Menschen anderer politischer und kultureller Gemeinschaften auf, ja, gibt ihnen einen Status gleicher Freiheit und verlangt nach gleichem Respekt. So schien schon den Humanisten der Antike die politische Konsequenz naheliegend, die kleinteiligen Polis-Ordnungen als politischen und sozialen Lebensraum hinter sich zu lassen. Typischerweise entsteht dadurch ein Konflikt zwischen den Kooperationspflichten gegenüber denjenigen, mit denen man lebensweltlich umgeht, eine kulturell und sozial verfasste Lebensform teilt, und der – eher abstrakten – Pflicht gegenüber jeder menschlichen Person. Hans Jonas hat diesen Konflikt in einem Prinzip der Verantwortung aufzulösen versucht,[16] wonach man der Fortexistenz des menschlichen Lebens auf diesem Planeten Priorität einräumen sollte gegenüber den Nahbereichsethiken, die – wie er fälschlicherweise meinte – die traditionelle Ethik beherrscht hätten. Entscheidend ist aber hier, eine Balance herzustellen zwischen den spezifischen moralischen Verpflichtungen, die wir denen gegenüber haben, mit denen wir kooperieren, zu denen wir persönliche und emotionale Bindungen aufgebaut haben, die unser Leben in hohem Maße prägen, und der gleichen Würde jeder menschlichen Person und dem gleichen Respekt, den wir jeder menschlichen Person entgegenbringen sollten, also dem zentralen Prinzip des Humanismus. Tatsächlich besteht – systematisch betrachtet – zwischen diesen beiden Verpflichtungsgründen keine Unvereinbarkeit. Wir wollen in einer humanen Gesellschaft

16 Hans Jonas, *Das Prinzip Verantwortung. Versuch einer Ethik für die technologische Zivilisation*, Frankfurt/M. 1979.

leben, in der die Menschen verlässlich miteinander kooperieren, in der sie Bindungen und Zugehörigkeiten aufrechterhalten können, aber diese Praxis darf nicht zu Lasten Fernstehender gehen, sie darf deren Rechte nicht verletzen, ihre Lebenschancen nicht beeinträchtigen. Das gilt auch gegenüber zukünftigen Generationen, also heute noch nicht lebenden menschlichen Individuen. Auch diese haben aus humanistischer Sicht ein gleiches Recht auf ein selbstbestimmtes Leben, das wir durch unsere lebensweltlichen Bindungen und Praktiken nicht verletzen dürfen. Oder, um dies an einem Beispiel zu fassen: Die besondere Verpflichtung gegenüber den eigenen Eltern enthebt uns nicht der Verpflichtungen gegenüber jeder hilfsbedürftigen Person. Wir wollen alle in einer Gesellschaft leben, in der innerfamiliäre Bindungen bedeutsam sind; zugleich müssen wir sicherstellen, dass diejenigen, die auf diese – aus welchen Gründen auch immer – nicht zurückgreifen können, dennoch die notwendige Unterstützung erhalten. Dies ist der Grundgedanke des demokratischen Sozialstaates, der individuelle Anspruchsrechte formuliert und eben gerade nicht allein auf freiwilliges und karitatives Engagement setzt. Die humanistische Perspektive schließt nicht nur die liberalen, individuell Autonomie sichernden Rechte, sondern auch die soziale, organisierte, von den Zufälligkeiten kultureller und familiärer Gemeinschaftsbindung unabhängige soziale Kooperation in Gestalt individueller, gesetzlich gesicherter Anspruchsrechte mit ein.

Die große Herausforderung des humanistisch motivierten Kosmopolitismus ist es, eine Balance herzustellen zwischen den lokalen Bindungen und Gemeinschaftszugehörigkeiten und den globalen politischen Gestaltungsaufgaben. Eine zu weit gehende Verlagerung politischer Entscheidungskompetenz auf die internationale Ebene wäre mit einem empfindlichen Verlust individueller politischer Partizipation verbunden. Die Demokratie würde durch eine zunehmende Distanz zwischen politischen Institutionen und Bürgerschaft ausdünnen. Eine zu weit gehende Verlagerung politischer Entscheidungskompetenzen auf die unteren Ebenen, vom Stadtteil bis zum Nationalstaat, würde mit Inkohärenzen und Ineffizienzen bezahlt werden. Das deutsche, föderal verfasste Bildungssystem bietet hierzu reichlich Anschauungsmaterial. Ohne die koordinierende Rolle der jeweils höheren Ebene droht das föderale System zum Marktplatz politischer Konkurrenz zu verkommen und seine humane Qualität einzubüßen. Kleinere, weniger finanzstarke Einheiten würden gegenüber größeren, finanzstärkeren verlieren und die politischen Gestaltungsmöglichkeiten würden durch Zufälligkeiten, wie etwa die Gebietsgröße oder die Ansiedlungspolitik von Konzernen, in inakzeptabler Weise beeinträchtigt. *Der Kosmopolitismus als Mehr-Ebenen-Demokratie balanciert die Zuständigkeiten so aus, dass ein Höchstmaß an Partizipation mit einem Höchstmaß an Kohärenz und Gestaltungskraft verbunden wird. Ohne eine kosmopolitische Perspektive würde die nationalstaatliche Demokratie ausgehöhlt werden, die politische Gestaltungskraft generell schrumpfen und im schlimmsten Falle durch einen großen, ökonomischen Markt der Produzenten und Konsumenten ersetzt werden. Das humanistische Projekt individueller und kollektiver Selbstbestimmung, der politischen, republikanischen Gestaltung, der Regeln des Zusammenlebens, würde zu Grabe getragen.*

VI. Internationale Gerechtigkeit

John Rawls, der bedeutendste und einflussreichste Gerechtigkeitstheoretiker der Gegenwart, hat eine enge Verbindung zwischen Kooperation und Gerechtigkeit hergestellt.[17] Gerechtigkeit ist für Rawls, wie für Platon, die oberste, die umfassende politische Tugend. Während Gerechtigkeit für Platon jedoch auch ein Merkmal der einzelnen Person ist, wird sie bei Rawls ein Charakteristikum der institutionellen Grundstruktur einer Gesellschaft. In einer Welt, in der jeder für sich wirtschaftet, gäbe es keine Gerechtigkeitsfrage. Erst die Kooperation zum wechselseitigen Vorteil wirft die Frage auf, wie dieser zu verteilen ist. Das berühmte Differenzprinzip von Rawls beurteilt nur solche Verteilungen als gerecht, die allen, speziell der am schlechtesten gestellten Personengruppe, zugutekommen. Rawls wendet sich gegen die utilitaristische (oder ökonomistische) Auffassung, wonach der Vorteil des Einen gegen den Vorteil des Anderen verrechnet werden kann. Wir haben nur ein Leben (*the separateness of persons*) und insofern kann der Nachteil des Einen nicht durch Vorteile des Anderen aufgewogen werden. Damit steht die Rawls'sche Gerechtigkeitstheorie

17 John Rawls, *A Theory of Justice*, Cambridge/MA 1971 (dt. *Eine Theorie der Gerechtigkeit*, Frankfurt/M. 1975).

im Einklang mit dem humanistischen Grundprinzip, dass Personen zählen und nicht ihre instrumentelle Rolle, dass sie gleichen Respekt verdienen. Verstärkt wird dieser humanistische Charakter der Rawls'schen Theorie dadurch, dass über die Prinzipien durch allgemeine rationale Zustimmung entschieden wird, dass also auch für Rawls kollektive Entscheidungen auf einem Konsens, auf einer rationalen Zustimmung aller, beruhen müssen, um legitim zu sein.

In einer Hinsicht allerdings weicht Rawls von den Prinzipien eines erneuerten Humanismus, wie wir sie im ersten Abschnitt entwickelt haben, ab: Menschenrechte, Rechte vor aller Institutionalisierung der Kooperation, existieren in der Rawls'schen Konzeption der Gerechtigkeit nicht. Damit stellt er sich – möglicherweise ohne sich dessen bewusst zu sein[18] – in die Hobbes'sche Tradition des politischen Denkens, wonach die individuelle Rationalität die normative staatliche Ordnung begründet und es jenseits dieser staatlichen Ordnung keine moralischen Verpflichtungen gibt. Allerdings wird diese Abweichung von humanistischen Prinzipien dadurch abgeschwächt, dass das Prinzip gleicher maximaler individueller Freiheiten dem Verteilungsprinzip von Gütern vorgeordnet ist, also Güterverteilungen nur in den Grenzen zulässig sind, in denen individuelle Rechte nicht verletzt werden. Aber die Differenz bleibt insofern bestehen, als diese individuellen Rechte den Individuen nicht qua Individuum, sondern erst als Mitglieder einer politisch verfassten Kooperationsgemeinschaft zukommen. Dies hat weitreichende Folgen: Rawls lehnt deswegen folgerichtig die Ausweitung dieser Gerechtigkeitstheorie auf die globale Gesellschaft ab. Jenseits des Nationalstaates gibt es keine politisch verfasste Kooperationsgemeinschaft, die es rechtfertigen würde, die Prinzipien der Gerechtigkeit als Fairness institutionell zu etablieren. Nun kann man einige Jahrzehnte nach der Formulierung dieser Theorie argumentieren, dass die Kooperationsbeziehungen unterdessen auch jenseits des Nationalstaates weit intensiver geworden seien und dass parallel dazu die formierende Kraft der nationalstaatlichen Ordnung an Bedeutung verloren habe. So zutreffend das ist, verdeckt es jedoch den Grundkonflikt, nämlich, dass es für Rawls Gerechtigkeit nur als Merkmal von Kooperationsbeziehungen geben kann. Wer jedoch, wie Platon und Rawls, Gerechtigkeit zur obersten

18 Merkwürdigerweise wird Thomas Hobbes, anders als Locke, Rousseau und Kant, nicht als Referenz seiner Vertragstheorie aufgeführt.

politischen Tugend erklärt, muss alle normativen Aspekte der politischen Praxis und der politischen Institutionen einbeziehen, und dazu gehört auch der gebotene Respekt gegenüber jedem menschlichen Individuum, unabhängig davon, ob ich mit diesem in einer Kooperationsbeziehung stehe oder nicht. Selbst wenn die Wirtschaftsweise einer Nation keinen Einfluss auf die Lebensbedingungen ferner Menschengruppen hätte – was heute wohl nur noch in den seltensten Fällen stimmt –, gibt es nicht nur die individuelle, sondern auch die politische und moralische Verpflichtung, Menschen auf der Grundlage gleichen Respektes zu unterstützen, wenn sie zum Beispiel zu verhungern drohen. *Moralische und politische Verpflichtung wird nach humanistischer Auffassung nicht erst durch Kooperationsbeziehungen zum wechselseitigen Vorteil generiert. Die individuellen moralischen Verpflichtungen werden durch einen institutionellen Rahmen kollektiver Entscheidungsfindung in gemeinsame politische Verpflichtungen überführt.* Die Verletzung individueller (Menschen-)Rechte in Gestalt von Kinderarbeit, Frauenunterdrückung und Umweltzerstörung in vielen Weltregionen zu beenden, ist eine politische Aufgabe der Weltgemeinschaft, die globale politische Institutionen erforderlich macht. Auch die Bekämpfung des Klimawandels kann offenbar in der Form eines zwischenstaatlichen Verhandlungsprozesses nicht effizient organisiert werden. Ohne einen institutionellen Rahmen kollektiver Entscheidungsfindung auf globaler Ebene wird sich diese Herausforderung für die Menschheit als ganze nicht bewältigen lassen. Wer hier einwendet, dies sei alles nur eine Form politischer Fantasterei oder, schlimmer, eines neuen politischen Utopismus, der sei darauf verwiesen, dass es bereits eine Reihe globaler Institutionen gibt, die eine beträchtliche politische Gestaltungskraft entwickeln, ohne allerdings in ihrem Wirken legitimiert zu sein. Dazu zählen der Sicherheitsrat der Vereinten Nationen genauso wie der Internationale Währungsfonds oder die Weltbank. Die neoliberale politische Agenda des Internationalen Währungsfonds oder auch der GATS-Verhandlungen (seit 2000) ist von keinem Parlament, keiner Generalversammlung der Vereinten Nationen, nicht einmal von einer Versammlung der Regierungs- und Staatschefs beschlossen worden. Es kann jedenfalls keine Rede davon sein, dass es jenseits der Nationalstaaten keine kollektiven Entscheidungen gibt. Der humanistische Kosmopolitismus verlangt für diese kollektiven Entscheidungen eine Legitimation, die derjenigen demokratischer Verfassungsordnungen vergleichbar ist. *Gerechtigkeit als oberste politische Tugend lässt sich global nur im Rahmen einer institutionellen Ordnung kollektiver Entscheidungen realisieren, die den humanistischen Grundprinzipien gerecht wird.*

Humanismus als globale Leitkultur wird sich nicht als Amalgam der Weltregionen etablieren lassen, sondern nur als ein geteiltes politisches Ethos, als gemeinsamer Gerechtigkeitssinn, der die politische Weltgemeinschaft, ihre Institutionen und ihre kollektiven Entscheidungen prägt. Humanismus als Leitkultur ist nicht der kleinste gemeinsame Nenner eines überlappenden Konsenses, wie John Rawls dies für gerechte Nationalstaaten postuliert hat, sondern die Erkenntnis, dass jedes menschliche Individuum, unabhängig von seiner Herkunft, seinem Geschlecht, seiner Nation oder seiner Hautfarbe, gleichen Respekt verdient und die internationalen Beziehungen dem gerecht werden müssen. Dieser Gerechtigkeitssinn ist ein genuin politischer, das heißt, er stellt sich in keinen Gegensatz zu den lokalen kulturellen Praktiken und Traditionen, zu religiösen Identitäten und ethnischen Bindungen. Humanismus als globale Leitkultur schränkt vielmehr die Reichweite dieser partikularen Bindungen und Gemeinschaftsbildungen ein, insofern diese mit den Prinzipien humanistisch begründeter internationaler Gerechtigkeit in Konflikt stehen.[19] Dies ist keineswegs ein weltfremdes Postulat, sondern Inhalt des Menschenrechtsdiskurses, Inhalt der Normen des Internationalen Strafgerichtshofes und der völkerrechtlichen Verpflichtungen, die sich die vertragsschließenden Parteien der Menschenrechtspakte auferlegt haben. Der Humanismus als globale Leitkultur hat seine erste Bewährungsprobe in Gestalt einer detaillierten Kodifizierung der Menschenrechte[20] und der Beteiligung der allermeisten Staaten weltweit an den Menschenrechtsverträgen schon bestanden. Nun gilt es, ihn normativ zu unterfüttern und als politisch-soziales Programm gegen die neuen Fanatismen und Kollektivismen durchzusetzen.

Internationale Gerechtigkeit ist praktizierter Humanismus in den

19 Für die Vereinbarkeit kosmopolitischer Praxis und partikularer Bindungen argumentiert überzeugend Kwame Appiah, *Der Kosmopolit. Philosophie des Weltbürgertums*, München 2007.

20 Vgl. etwa die Zusammenstellung internationaler Menschenrechtsabkommen in: Ulrich Fastenrath, Bruno Simma (Hg.), *Menschenrechte: Ihr internationaler Schutz*, München ^{6}2010.

internationalen Beziehungen. Die vertragsschließenden Parteien, sprich Nationalstaaten, etablieren eine institutionelle Ordnung, die den humanistischen Prinzipien entspricht, die den Primat des Politischen jenseits der Nationalstaaten sichert und legitime kollektive Entscheidungen für die Weltgesellschaft ermöglicht. Die leitenden Normen sind für alle vertragsschließenden Parteien verbindlich, ihre konkrete Umsetzung obliegt aber je nach Allgemeinheitsgrad der kontinentalen, der nationalen oder der subnationalen politischen Gemeinschaft. Die Wahrnehmung ökonomischer Interessen durch Konzerne und Staaten wird in einer zivilen Ordnung eingehegt und für humane Fortschritte in Dienst genommen.

Der Skandal, dass die immense weltwirtschaftliche Dynamik der Gegenwart dem ärmsten Teil der Weltbevölkerung kaum zugutekommt, dass die ökonomischen Ressourcen also im Sinne des Rawls'schen Gerechtigkeitsprinzips ineffizient sind, kann nur auf diese Weise beendet werden. Die guten Erfahrungen, die die Nationalstaaten insbesondere nach der Weltwirtschaftskrise 1929 und nach dem Zweiten Weltkrieg mit dem Aufbau sozialstaatlicher Strukturen gemacht haben, sollte dazu ermutigen, analoge Schritte – *mutatis mutandis* – auf internationaler Ebene zu gehen.

Hunger und Not sowie viele weit verbreitete Krankheiten in den ärmsten Weltregionen wären mit einem geringen ökonomischen Aufwand zu beseitigen.[21] Ganz analog kam die immense wirtschaftliche Dynamik im Verlauf des 19. Jahrhunderts in den europäischen Industrienationen erst im Zuge des Aufbaus sozialstaatlicher Strukturen (in Deutschland seit der Reichsversicherungsordnung Bismarcks von 1913) auch den ärmeren Bevölkerungsteilen zugute. Erst diese politisch organisierte Solidarität etablierte die politische Gemeinschaft der entstehenden Nationalstaaten und ermöglichte eine Stabilisierung und Verstetigung der ökonomischen Entwicklung. Der gegenwärtig zu beobachtende weltweite Trend zunehmender Ungleichheit, nicht nur der Vermögen, sondern auch der

21 Thomas Pogge hat sich nicht nur mit den philosophischen, sondern auch mit den empirischen und praktischen Aspekten internationaler Gerechtigkeit intensiv befasst, seine Untersuchungen belegen diese These eindrucksvoll, vgl. u. a. *The Health Impact Fund: Making New Medicines Accessible for All*, zusammen mit Aidan Hollis, Incentives for Global Health, 2008, <http://www.healthimpactfund.org> und *Politics as Usual: What Lies behind the Pro-Poor Rhetoric*, Cambridge 2010.

Einkommen, stellt in historischer Perspektive einen Rückfall ins 19. Jahrhundert dar, mit all den Instabilitäten und sozialen Problemen, die damals damit verbunden waren.

Ungleichheiten sind legitim, wenn sie die wirtschaftliche Dynamik unterstützen und insbesondere der am schlechtesten gestellten Personengruppe zugutekommen. Dies ist der Inhalt des Differenzprinzips von Rawls, also der Theorie der Gerechtigkeit als Fairness. Dies gilt nicht nur national, sondern auch international. Erst die sozialstaatliche Einhegung und Regulierung ökonomischer Märkte macht diese, gemessen an den Kriterien einer humanen Entwicklung, effizient. Paradoxerweise gibt es ein Interesse der ökonomischen Akteure an der zivilen Einhegung der Märkte, denn ohne eine solche Einhegung sind diese instabil und führen zu Ungleichverteilungen, zu einer extremen Vermögens- und Einkommensungleichheit, die die Nachfrage schwächt und in Gestalt vagabundierenden Anlagekapitals zu Instabilitäten auf den Finanzmärkten führt. Das von vielen Akteuren nicht verstandene Paradoxon einer guten ökonomischen Entwicklung besteht in der Erkenntnis, dass es ein ökonomisches Interesse an der Beschränkung ökonomischer Interessenverfolgung gibt. Auch wenn sich jedes einzelne Unternehmen eine möglichst unbeschränkte Ausbeutung natürlicher und menschlicher Ressourcen wünschen mag, so sollte es sich doch bewusst sein, dass die Verfolgung ökonomischer Interessen kollektiv ineffizient wird, wenn ihr keine ethischen und politischen Beschränkungen auferlegt sind.

Umgekehrt muss sich die politische Linke von der Vorstellung lösen, dass der humanen Entwicklung der Menschheit am besten dadurch gedient wird, dass unternehmerisches Handeln durch Staatstätigkeit ersetzt wird. Der Primat der Politik sollte sich in der Gestaltungskraft einer humanistisch begründeten rechtlichen Ordnung erweisen und nicht in der Substitution ökonomischer Aktivitäten durch staatliche. Die Ausweitung der Staatstätigkeit ist per se ebenso wenig ein Humanitätsgewinn wie ihre Einschränkung. Neoliberalismus wie traditioneller Sozialismus beruhen auf demselben doppelten Missverständnis: Für beide sind ökonomische Märkte moralfrei und beide unterschätzen die normative Rolle staatlicher Institutionen: Neoliberale instrumentalisieren die staatlichen Institutionen zu Zwecken der Marktförderung, traditionelle Sozialisten etablieren die staatliche Ordnung zur Kontrolle und

Steuerung der Bürgerschaft. Nationale und internationale Gerechtigkeit wird sich nur im Zusammenwirken nationaler wie internationaler politisch verantworteter Institutionen sowie ökonomisch effizienter, aber ethisch und politisch eingebetteter Märkte und einer aktiven Zivilgesellschaft realisieren lassen.

Anhang*

* Der Anhang dokumentiert einige thematisch einschlägige Artikel, die in diversen Zeitungen und Zeitschriften erschienen sind.

Karl Marx: Ethischer Humanist – Politischer Anti-Humanist?*

Um Karl Marx ist es merkwürdig still geworden. Die Zeiten sind noch nicht lange vorüber, in denen sich die intellektuelle Landschaft in Marxisten und ihre Gegner teilte. Die Legende weiß bis heute zu berichten, dass es über Jahrzehnte seit dem Zweiten Weltkrieg für den hoffnungsvollen akademischen Nachwuchs etwa an den italienischen, an vielen südamerikanischen, an den Pariser Universitäten tunlich war, im weitesten Sinne als »Marxist« zu gelten. Entsprechend vieles und oft Unvereinbares wurde unter »Marxismus« subsumiert, sobald die Prägekraft von Parteidoktrinen nachgelassen und auch die ängstlichsten linken Intellektuellen in die geistige Selbstständigkeit entlassen waren. Das Phänomen kommunistischer Parteiloyalität führender französischer und italienischer Intellektueller wäre eine eigene Untersuchung wert, ebenso wie die Entwicklung der frühen und späten »Renegaten«, die ihre frisch gewonnene geistige Unabhängigkeit oft in wütender Polemik dokumentierten, die nur erneut ein fragwürdiges Licht auf ihre intellektuelle Urteilskraft warf. Als ich politisch aktiv wurde, war die Hochzeit des Neo-Marxismus in Deutschland schon vorüber, aber wer bei der damals noch einflussreichen Jugendorganisation der Sozialdemokratie, den Jungsozialisten, etwas erreichen wollte, sollte sich als Marxist bekennen und eine gewisse Resistenz gegenüber den Aufweichungstendenzen eines durchaus an Karl Marx orientierten Denkens zeigen, wie es durch die Entwicklung der Kritischen Theorie, durch Jürgen Habermas, Erich Fromm, Herbert Marcuse, Ernst Bloch und andere dokumentiert wurde. Sympathien in diese Richtung wiesen Nachwuchskräfte der SPD als so genannte »Undogmatische« aus, Reformisten, deren programmatische Zuverlässigkeit den eher dogmatisch gesinnten Marxisten zweifelhaft erschien. Diese wiederum teilten sich in die Anhänger der Theorie des staatsmonopolistischen Kapitalismus, die auch

* Anlässlich Marx' 125. Todestag zuerst erschienen in: *Zeitschrift für Politik*, Nr. 4 (2008), S. 462-470.

von der SED vertreten wurde, und solche, die dem so genannten real existierenden Sozialismus kritisch gegenüberstanden, ihm seinen »sozialistischen« Charakter absprachen und eine konsequente Orientierung an den marx'schen (Spät-)Schriften empfahlen, den so genannten Anti-Revisionisten, oder dem Hannoveraner Kreis, aus dem unter anderem Gerhard Schröder stammte, der aufgrund eines Bündnisses der marxistischen Dogmatiker gegen die »Undogmatischen« Bundesvorsitzender der Jungsozialisten wurde. Ich stand diesem Treiben etwas ratlos gegenüber, da ich mich mit Karl Marx – sowohl seinen Früh- wie seinen Spätschriften – intensiv beschäftigt hatte, ohne die Faszination nachempfinden zu können, die mehrere Generationen kritischer Intellektueller in Europa, jedenfalls westlich des Eisernen Vorhangs, geprägt hatte. Meine politischen Motive waren ethischer, oder wer will, kann spezifischer sagen: humanistischer Natur, aber die Traditionslinie des so genannten ethischen Sozialismus oft neukantianischer Prägung, wie sie den deutschen Katheder-Sozialismus über einige Jahrzehnte geprägt hatte, die für Ferdinand Lassalle, für die britische Fabian Society, für Leonard Nelson, den Revolutionär, aber auch für Eduard Bernstein, den Reformisten, charakteristisch war, schien unter linken Intellektuellen jede Basis verloren zu haben. Ethische Motive wurden mit bürgerlichem Gutmenschentum assoziiert und einer der Gründe für die Dominanz des Marxismus in diesen Kreisen war die Hoffnung, die humanistischen Impulse durch Sozialwissenschaft und Klassenstandpunkt ersetzen zu können.

Diese Hoffnung war es, die die Frühschriften von Marx und diejenigen, die diese diskutierten, so verdächtig machten. Schon in den 80er Jahren lässt die marxistische Orientierung der kritischen Intelligenz in Europa unter den Zeichen der Postmoderne nach, oder sollte man besser sagen: erodiert die kritische Intelligenz in Europa? Politisch gesehen ist das zweifellos zutreffend, in den Geisteswissenschaften und den anglo-amerikanischen *humanities* fand etwas statt, das man besser als Transformation marxistischer Denkfiguren in postkolonialistische, poststrukturalistische und postmoderne bezeichnen kann. Besonders in den USA, teilweise auch in den skandinavischen Ländern und in Deutschland, blüht zudem eine Disziplin auf, die ein rund 150-jähriges Siechtum hinter sich hatte, nämlich die politische Ethik, die Diskussion von Kriterien politischer Gerechtigkeit, die mit dem epochalen Werk von John Rawls

1971, *A Theory of Justice*[1], beginnt und unterdessen in zahlreichen Verästelungen bei der ethischen Diskussion empirischer Befunde globaler Ungleichheit, Diskriminierung und Freiheitsbeschränkung angekommen ist. Eine starke Strömung bekennt sich dabei zu einem ethischen Realismus, wonach es objektive moralische Sachverhalte gibt, deren Existenz weder durch Konsens noch durch den kulturellen Kontext oder die individuelle Einsicht konstituiert ist. Interessanterweise bekannten sich viele der zeitgenössischen Proponenten des moralischen Realismus früher zu marxistischen Positionen. Dennoch, es mutet merkwürdig an, dass mit dem Untergang der Sowjetunion in den späten 80er Jahren nun auch der Marxismus seine Faszination auf westliche Intellektuelle weithin eingebüßt zu haben scheint. Weder der sowjetische noch der chinesische Kommunismus konnten als Modell einer humanen Neugestaltung der politischen und der gesellschaftlichen Ordnung gelten – zu krass kollidierte die Praxis des so genannten real existierenden Sozialismus mit den humanistischen Ausgangsimpulsen der marxistischen Bewegung. Dass offensichtlich der Niedergang des sowjetischen Kommunismus und das merkwürdige Amalgam aus kommunistischer Einparteien-Herrschaft und kapitalistischer Ökonomie, wie es China nun mit einigem Erfolg praktiziert, die Faszination, die Karl Marx auf westliche Intellektuelle rund 100 Jahre ausübte, nun endgültig gebrochen zu haben scheint, entbehrt also nicht der Ironie. Karl Marx ist heute ein mindestens so »toter Hund« wie Hegel für den späten Marx.

Aber wie so mancher »tote Hund« kann auch dieser zum Leben erwachen – die gegenwärtige Hegel-Renaissance in der internationalen Philosophie, der eine Kant-Renaissance vorhergegangen war, illustriert das eindrücklich. In den 70er Jahren setzte sich in der politischen Philosophie analytischer Provenienz ein Kantianismus durch, der aus der Opposition zum utilitaristischen und Hume'schen Denken hervorgegangen war. John Rawls beginnt mit einer Ethikkonzeption, die eine große Nähe zum Utilitarismus aufweist, um sich dann in mehreren Schritten immer weiter in Richtung Kantianismus zu entfernen, bis hin zum Programm eines *Kantian Constructivism* der *Dewey Lectures* von 1980.[2] Der

1 John Rawls, *A Theory of Justice*, Cambridge/MA 1971 (dt. *Eine Theorie der Gerechtigkeit*, Frankfurt/M. 1975).

2 John Rawls, »Kantian Constructivism in Moral Theory: The Dewey Lectures 1980«, in: *Journal of Philosophy* 77 (1980), S. 515-572.

Good Reasons Approach von Kurt Bayer und Steven Toulmin bleibt einem Utilitarismus zweiter Ordnung verhaftet, auch wenn er ihn als Handlungsorientierung des Alltags ablehnt, um dann – jedenfalls bei Kurt Bayer – in eine ethische Theorie des kantischen Typs überzugehen. Die politischen und ethischen Theorien von Thomas Nagel, Onora O'Neill, Christine Korsgaard sind weitere Beispiele. Aber wer hätte gedacht, dass aus der Sellars-Schule, deren zumindest subkutaner Kantianismus in der Philosophie ihres *spiritus rector* immer schon deutlich war, ein neuer Hegelianismus analytischer Provenienz hervorgeht, wie er etwa von John McDowell oder Robert Brandom, zuvor aber auch schon von einem Denker ganz anderer Provenienz, nämlich Charles Taylor, repräsentiert wird? Ob diese Linie über Hegel hinaus bis zu Karl Marx fortgeführt wird, lässt sich heute schwer abschätzen. Sicher ist aber, dass es sich in diesem Fall nicht um eine Marx-Renaissance in tradierter dogmatischer Form handeln wird. Meine Vermutung ist, dass wenn Karl Marx als Denker eines Tages wieder zu einer Inspirationsquelle werden sollte, sich dies dann auf den humanistischen Gehalt seines Œuvre und sicher nicht auf die Geschichts-Metaphysik oder gar seine ökonomische Theorie beziehen wird.

Dieser humanistische Gehalt war Gegenstand einer heftigen, oft polemisch geführten Kontroverse schon vor dem Zweiten Weltkrieg, vor allem aber in den 60er und 70er Jahren mit dem Aufkommen des so genannten Euro-Kommunismus. Ein humanistischer Marxismus distanzierte sich nicht nur vom stalinistischen Schreckensregime und der gewaltsamen Nivellierungspolitik des Maoismus, sondern auch von den Staatsbürokratien poststalinistischen Zuschnitts in Mittel- und Osteuropa. Der humanistische Marxismus bezog sich auf die Frühschriften von Karl Marx, die im Westen neu entdeckt wurden und im Osten lange Zeit auf dem Index standen und dort als Dokumente noch unreifen Marx'schen Denkens galten.

Im Folgenden will ich versuchen, diesen humanistischen Gehalt des Marx'schen Denkens genauer zu erfassen und in Beziehung zu setzen zu einer weithin anti-humanistischen Praxis marxistisch gesinnter Politik. Ich will dabei besonders der Frage nachgehen, ob diese anti-humanistische Praxis eine späte Pervertierung Marx'schen Denkens war oder doch im politischen Programmatiker Karl Marx angelegt ist. Ich bin davon überzeugt, dass es nicht so sehr der Gegensatz zwischen Früh- und Spätschriften ist, sondern der Gegensatz von humanistischer Motivation und ethischer Grundlegung einerseits und instrumenteller politischer Strategie andererseits. Die Verbindung humanistischer Ethik mit anti-humanistischer politischer Praxis charakterisiert nicht nur den Marxismus, sondern auch Theorie und Praxis der Französischen Revolution, oder, um weiter zurückzugehen, das Verhältnis von Renaissance-Humanismus und Utopismus, ja vermutlich auch die politische Beratungspraxis eines Platon in Sizilien. Hier scheint ein immer wiederkehrendes Grundmuster auf, das nach Klärung verlangt. Meine These ist, dass dieses Muster Folge eines falschen, nämlich konsequentialistischen Praxisverständnisses ist. Konsequentialistische politische Praxis schlägt immer in Inhumanität um, unabhängig davon, welche ethischen Motive sie leiten. Es ist eine spezifische Rationalität, eine Rationalität, die Max Weber als konstitutiv für politische Praxis gehalten hat, die das Umschlagen humaner Motive in inhumane Praxis generiert. Humanistische Motive, ethische Motive generell, lassen sich nur in einer deontologischen, nicht-konsequentialistischen Praxis bewahren. Im deontologischen Verständnis sind der politischen Praxis Restriktionen auferlegt, die auch dann nicht überschritten werden dürfen, wenn dies dem angestrebten Guten dienlich ist. Keine Generation darf um des tatsächlichen oder nur vermeintlichen Wohles zukünftiger Generationen geopfert werden. Die Selbstachtung eines Individuums darf auch dann nicht in der politischen Praxis beschädigt werden, wenn diese Beschädigung den politischen Zielen, der Realisierung einer humanen Gesellschaft, förderlich wäre. Das Leben Unschuldiger darf auch dann nicht geopfert werden, wenn damit ein Menetekel für eine humanere Gesellschaft geschaffen, ja nicht einmal dann, wenn damit der Tod anderer Unschuldiger vermieden werden kann. Die absichtliche Tötung eines Unschuldigen bleibt ein Unrecht. Die konsequentialistische Rationalität, die Platon Frauen- und Kindergemeinschaften fordern ließ, die die Utopisten der frühen Neuzeit zu Befürwortern einer Erziehungs- und Nivellierungsdiktatur machte und die viele marxistische Programmatiker zu zynischen Machttechnikern werden ließ, führt zu einer Relativierung gerade derjenigen humanistischen Motive, die den ursprünglichen Impuls der politischen Praxis gaben, und gerade dies ist für das Œuvre von Karl Marx insgesamt in hohem

Maße charakteristisch. Die Verteidigung Karl Marx' und des Marxismus als einer Variante humanistischen Denkens etwa durch Herbert Marcuse oder Erich Fromm halbiert das Marx'sche und das marxistische Denken im doppelten Sinne: Es fokussiert auf die Marx'schen Frühschriften und blendet den Szientismus und Ökonomismus des späten Marx weitgehend aus, und es trennt die konsequentialistische politische Programmatik von den humanistischen Ausgangsimpulsen, der ethischen Fundierung dieser Programmatik, ab. Erst in der konkreten Praxis erweist sich jedoch die Ernsthaftigkeit und Verlässlichkeit der wertenden Stellungnahme. Ethik als bloße Theorie bleibt ein intellektuelles, meist innerakademisches Spiel. Die normative Stellungnahme bewährt sich an, ja äußert sich in konkreter (politischer) Praxis. Dieses Theorie-Praxis-Verhältnis, dieses Verhältnis von normativer Stellungnahme und individuellem, kollektivem, auch politischem Handeln, von Werten und Institutionen, lässt sich in zwei scheinbar gegensätzlichen Weisen beschreiben: In der stoizistischen als *prohairesis krisis estin*, wonach jede Handlung eine (normative) Stellungnahme, ein Urteil ist, wonach ich also durch die Praxis wertend Stellung nehme, oder in der pragmatistischen, wonach jeder Praxis Werte und Normen inhärent sind, Werte und Normen außerhalb jeder Praxis ohne Bedeutung sind. Ich halte beide Auffassungen für kompatibel.[3] Es ist hier nicht der Ort, dies näher zu erläutern, da die weitere Analyse dies nicht erforderlich macht.

Die historische Figur Karl Marx und sein Œuvre waren über Jahrzehnte umkämpftes Terrain. Seine engste Umgebung bewunderte ihn vorbehaltlos als Denker, aber offenkundig auch in seinen menschlichen Qualitäten. Die persönlichen Erinnerungen von Paul Lafargue, dem Schwiegersohn Karl Marx', der Brief der Tochter Eleanor Marx an die »Österreichischen Arbeiter und Arbeiterinnen«, die so glänzend »die Sache, für die Karl Marx lebte und wirkte«, verfechten, und viele weitere Dokumente zeichnen das Bild eines umfassend gebildeten, unerschütterlichen und liebevollen Menschen, das im deutlichen Kontrast zu Stellungnahmen seiner politischen Gegner steht. Es geht um den Erfolg oder Misserfolg der kommunistischen Partei, der Sozialistischen Internationale und da wird auf beiden Seiten die Wahrheit frisiert.

3 Vgl. dazu meine Überlegungen in *Strukturelle Rationalität*, Stuttgart 2001.

Keinen Zweifel kann es jedoch darüber geben, dass Karl Marx die politische Auseinandersetzung mit polemischer Schärfe und strategischem Geschick geführt hat, ja dass die inhaltliche Ausrichtung, aber auch die Form des politischen Kampfes der europäischen Arbeiterparteien in hohem Maße von Karl Marx geprägt waren. Die Konkurrenz zwischen marxistischen und nicht-marxistischen Kräften innerhalb der europäischen Arbeiterbewegung kann über weite Strecken als Konflikt zwischen wissenschaftlichem und ethischem Sozialismus beschrieben werden. Die scharfe Polemik, die Karl Marx gegen die Repräsentanten des französischen Frühsozialismus und die Linkshegelianer richtet, erfährt ihre Substantiierung in einem »wissenschaftlichen« Sozialismus, der auf die utopischen und idealistischen Motive einer humanistisch gesinnten Kritik verzichten zu können glaubt. Ist dieser »wissenschaftliche« Sozialismus, gegründet auf eherne historische und ökonomische Gesetzmäßigkeiten, ein Ideologie-Produkt des sowjetischen Kommunismus, das Karl Marx in keiner Weise gerecht wird? Humanistische Marxisten wie Erich Fromm waren davon überzeugt:

Die Philosophie von Marx ist wie existentialistisches Denken ein Protest gegen die Entfremdung des Menschen, gegen den Verlust seiner selbst und in seine Verwandlung in ein Ding. Diesen Protest erhebt sie gegen die Dehumanisierung und Automatisierung des Menschen, die mit der Entwicklung des westlichen Industrialismus verbunden ist […] Sie wurzelt in der humanistischen philosophischen Tradition des Westens, die von Spinoza über die französische und deutsche Aufklärung des 18. Jahrhunderts bis zu Goethe und Hegel reicht und deren innerstes Wesen die Sorge um den Menschen und die Verwirklichung seiner Möglichkeiten ist.

So Erich Fromm im Vorwort zu seiner Abhandlung *Das Menschenbild bei Marx*. In der Tat lassen sich in den Frühschriften für diese humanistische Interpretation zahlreiche Belege anführen. Marx schreibt in der Einleitung *Zur Kritik der Hegelschen Rechtsphilosophie*: »Die Kritik der Religion endet mit der Lehre, daß der Mensch das höchste Wesen für den Mensch sei, also mit dem kategorischen Imperativ, alle Verhältnisse umzuwerfen, in denen der Mensch ein geknechtetes, ein verlassenes, ein verächtliches Wesen ist.« An gleicher Stelle heißt es allerdings auch: »Die Waffe der Kritik kann allerdings die Kritik der Waffen nicht ersetzen, die materielle Gewalt muß gestürzt werden durch materielle Gewalt.« Und das berühmte Vorwort *Zur Kritik der politischen Ökonomie* verdeutlicht die geradezu eschatologische Hoffnung auf die endgültige Befreiung des Menschen aus knechtenden Verhältnissen: »Die bürgerlichen Produktionsverhältnisse sind die letzte antagonistische Form des gesellschaftlichen Produktionsprozesses, [...] die im Schoße der bürgerlichen Gesellschaft sich entwickelnden Produktivkräfte schaffen zugleich die materiellen Bedingungen zur Lösung dieses Antagonismus. Mit dieser Gesellschaftsformation schließt daher die Vorgeschichte der menschlichen Gesellschaft ab.« Die eigentliche Menschheitsgeschichte beginnt, wenn er endgültig befreit ist, Karl Marx erwartet wie Joachim de Fiore das Zeitalter der endgültigen Befriedung des Menschen, das Zeitalter des Heiligen Geistes ist die klassenlose Gesellschaft einer fernen Zukunft. Der Mensch verwirklicht sich im Laufe seiner Geschichte selbst und da die menschliche Natur jeweils historisch imprägniert ist (»die in jeder Epoche historisch modifizierte Menschennatur«, MEW 23, S. 637)[4] und da die Weltgeschichte nichts anderes ist als »die Erzeugung des Menschen durch die menschliche Arbeit« (MEW Erg. I, S. 546), tritt an die Stelle der göttlichen Erschaffung des Menschen seine Selbsterschaffung durch Arbeit. Damit ist bei Marx zweifellos ein wesentliches Element humanistischen Denkens realisiert, die Idee der Selbstbildung des Menschen, allerdings ist diese bei Marx keine individuelle, sondern eine kollektive und historische. In den Frühschriften gibt es Passagen, die noch eine individualistische Lesart zulassen, wonach es der Mensch als Individuum ist, der zum wahren Menschsein finden kann:

> Wenn Du Kunst genießen willst, mußt Du ein künstlerisch gebildeter Mensch sein; wenn Du Einfluß auf andere Menschen ausüben willst, mußt Du ein wirklich anregend und fördernd auf andere Menschen wirkender Mensch sein. Jedes seiner Verhältnisse zum Menschen – und zu der Natur – muß eine bestimmte, dem Gegenstand seines Willens entsprechende Äußerung seines wirklichen individuellen Lebens sein. (MEW Erg. I, S. 567)

Und noch deutlicher:

4 Dieses und die folgenden Zitate beziehen sich auf: Institut für Marxismus-Leninismus (Hg.), Karl Marx; Friedrich Engels: *Werke* (im Folgenden: MEW), Berlin 1962.

Das unmittelbare, natürliche, notwendige Verhältnis des Menschen zum Menschen ist das Verhältnis des Mannes zum Weibe. In diesem natürlichen Gattungsverhältnis ist das Verhältnis des Menschen zur Natur unmittelbar sein Verhältnis zum Menschen, wie das Verhältnis zum Menschen unmittelbar sein Verhältnis zur Natur, seine eigene natürliche Bestimmung ist. [...] Aus diesem Verhältnis kann man also die ganze Bildungsstufe des Menschen beurteilen. (MEW Erg. I, S. 535)

In hohem Maße unklar bleibt dabei die Marx'sche Anthropologie. In den ökonomisch-philosophischen Manuskripten von 1844 spricht er »vom Kommunismus als vollendetem Humanismus, als der wahrhaften Auflösung des Widerstreits zwischen dem Menschen und der Natur, die Auflösung des Streits zwischen Existenz und Wesen, zwischen Vergegenständlichung und Selbstbestätigung, zwischen Freiheit und Notwendigkeit, zwischen Individuum und Gattung« (MEW Erg. I, S. 536).

Die freie, bewusste Tätigkeit, man kann wohl auch sagen, die frei gewählte Arbeit, das produktive Einwirken des Menschen auf die Natur, entspricht dem Wesen des Menschen, dem, was Marx als »Gattungscharakter« bezeichnet. Dieses Wesen ist nicht kulturrelativ, es zeigt sich im Laufe des Geschichtsprozesses in der produktiven menschlichen Tätigkeit. Marx hofft, wie viele Humanisten vor ihm, auf die Gesellschaft, in der der Mensch den ganzen Reichtum seines Wesens realisiert, in der der »all- und tiefsinnige« Mensch Wirklichkeit wird. Dann erst lässt sich die Entfremdung aller physischen und geistigen Sinne überwinden, die auf den bloßen »Sinn des Habens« reduziert sind (MEW Erg. I, S. 540). Hier findet sich auch die Kritik von Karl Marx am »rohen Kommunismus« als einer

Herrschaft des sachlichen Eigentums so groß ihm gegenüber, daß er alles vernichten will, was nicht fähig ist, als Privateigentum von allen besessen zu werden; er will auf gewaltsame Weise von Talent etc. abstrahieren. [...] Die Bestimmung des Arbeiters wird nicht aufgehoben, sondern auf alle Menschen ausgedehnt [...] Dieser Kommunismus – indem er die Persönlichkeit des Menschen überall negiert – ist eben nur der konsequente Ausdruck des Privateigentums, welches diese Negation ist. Der allgemeine oder als Macht sich konstituierende Neid ist nur die versteckte Form, in welcher die Habsucht sich herstellt und nur auf andere Weise sich befriedigt. [...] Der rohe Kommunismus ist nur die Vollendung dieses Neides und diese Nivellierung von dem vorgestellten Minimum aus. [...] Wie wenig diese Aufhebung des Privateigentums eine wirkliche Aneignung ist, beweist eben die abstrakte Negation der ganzen Welt der Bildung und der Zivilisation, die Rückkehr zur unnatürlichen Einfachheit des armen, rohen und bedürfnislosen Menschen, der nicht über das Privateigentum hinaus, sondern noch nicht einmal bei dem selben angelangt ist. Die Gemeinschaft ist nur eine Gemeinschaft der Arbeit und die Gleichheit des Salairs, den das gemeinschaftliche Kapital, die Gemeinschaft was der allgemeine Kapitalist, auszahlt.

Geradezu prophetisch scheint Marx die Kritik des »rohen Kommunismus«, wie er in besonders krasser Form in Kambodscha, heute noch in Nordkorea und bis vor wenigen Jahrzehnten in China, aber auch in der stalinistischen Sowjetunion realisiert wurde, vorwegzunehmen. Verständlich, dass es untunlich war, in der DDR aus den ökonomisch-philosophischen Manuskripten zu zitieren. Besonders eindrücklich schlägt sich die humanistische Gesinnung von Karl Marx in seiner zynischen Kritik der kapitalistischen Ökonomie nieder:

Trotz ihres weltlichen und wollüstigen Aussehens [ist die Ökonomie] eine wirkliche moralische Wissenschaft, die allermenschlichste Wissenschaft. Die Selbstentsagung, die Entsagung des Lebens und aller menschlichen Bedürfnisse, ist ihr Hauptlehrsatz. Je weniger Du ißt, trinkst, Bücher kaufst, in das Theater, auf den Ball, ins Wirtshaus gehst, denkst, liebst, theoretisierst, singst, malst, fichst etc., umso mehr sparst Du, umso größer wird Dein Schatz, den weder Motten noch Staub fressen, Dein Kapital. Je weniger Du bist, je weniger Du Dein Leben äußerst, umso mehr hast Du, umso größer ist Dein entäußertes Leben, umso mehr speicherst Du auf von Deinem entfremdeten Wesen. (MEW Erg. I, S. 549)

Darüber kann kein Zweifel bestehen, der ursprüngliche sozialistische Impuls bei Karl Marx war die volle Entfaltung der individuellen menschlichen Persönlichkeit, die Aufhebung aller Gegensätze nicht nur zwischen den Klassen, sondern auch zwischen Freiheit und Notwendigkeit, zwischen Mensch und Natur. In der protestantischen Interpretation von P. Tillich ist der Marx'sche Sozialismus »eine Widerstandsbewegung gegen die Zerstörung der Liebe in der gesellschaftlichen Wirklichkeit«.[5]

Erst im Kapital wird die humanistische Orientierung individueller Befreiung gegenüber der kollektiven und technischen Kon-

5 Paul Tillich, *Protestantische Vision*, Stuttgart 1952, S. 6; vgl. auch ders., *Der Mensch im Christentum und im Marxismus*, Düsseldorf 1953.

trolle der Natur in den Hintergrund gedrängt. Die Freiheit besteht nun darin, »daß der vergesellschaftete Mensch, die assoziierten Produzenten, diesen ihren Stoffwechsel mit der Natur rationell regeln, unter ihre gemeinschaftliche Kontrolle bringen, statt von ihm als von einer blinden Macht beherrscht zu werden« (MEW Bd. 25, S. 828). Das Reich der individuellen Freiheit rückt in weite Ferne: »Jenseits des selben beginnt die menschliche Kraftentwicklung, die sich als Selbstzweck gilt, das wahre Reich der Freiheit, das aber auf jenem Reich der Notwendigkeit auf seiner Basis aufblühen kann.« Das Fortschreiten des Menschengeschlechtes, seine Erfüllung in einem Reich der Freiheit, verlangt die Opfer im Reich der Notwendigkeit, die Opfer des Klassenkampfes und die Disziplinierung in industrieller Arbeit. Der Kampf der Arbeiterklasse dient der Überwindung der kapitalistischen Ordnung und der Vorbereitung der letzten Revolution. Auf diesem Weg ist auf bürgerliche Sentimentalitäten und humanistische Schwärmereien vieler Sozialisten nicht Rücksicht zu nehmen, der Einzelne hat sich der großen Sache unterzuordnen, die von der wissenschaftlichen Erkenntnis der ehernen Gesetzmäßigkeiten der Ökonomie und der Geschichte geprägt ist. Die humanistischen Impulse, das (Mit-)Leiden an Unterdrückung und Ausbeutung wird in die kühle Analyse ökonomischer, historischer und politischer Notwendigkeiten übersetzt. Der Einzelne gestaltet sein Leben im Reich der Notwendigkeit nicht, das heißt, bevor das finale Ziel der Menschheitsgeschichte erreicht ist. Er ist Teil einer Klasse, er repräsentiert das Interesse dieser Klasse, seine Weltanschauung, seine moralische Orientierung, seine Hoffnungen und Ängste sind imprägniert vom aktuellen Stand des Klassenkampfes, der wiederum die Spannung zwischen den vorwärtstreibenden Produktivkräften, technologischer Beherrschung der Natur und den überkommenen Produktionsverhältnissen zum Ausdruck bringt.

Die Aufgaben sind vorgegeben, nicht gesetzt. Das humanistisch gesinnte Individuum mit seinem Streben nach Selbstbestimmung und (Mit-)Verantwortlichkeit wird zum Überbau-Phänomen kleinbürgerlicher Intellektueller. Der Ausbeutungsbegriff wird zu einer präzisen, ökonomisch definierten Größe, eine Funktion mit den Argumenten Mehrwert und Wert der Arbeitskraft. Die letzte Revolution schafft ein Reich der Notwendigkeit, die rationelle Beherrschung der Natur, die assoziierten Produzenten und die ökonomische Entwicklung auf der Grundlage disziplinierter Industriearbeit. Das Reich der Freiheit, die Hoffnungen des frühen Marx bleiben bestehen, aber sie rücken in weite Ferne.

Die politische Praxis der marxistischen Bewegung ist von humanistischen, ja eschatologischen Hoffnungen motiviert, ihre konkrete politische Praxis fühlt sich jedoch an die ethischen Bedingungen eines fernen Reiches der Freiheit nicht gebunden. Sie versteht sich als Agentur historischer Entwicklungen, bestenfalls als Katalysator zur Vorbereitung der letzten Revolution. Die marxistische Verachtung humanistischer Intellektueller, die Verachtung der utopischen Energien des französischen Frühsozialismus, der verbreitete Zynismus gegenüber Humanitätsduselei, Demokratiegerede und Moral hat einen Ursprung im Marx'schen Denken selbst, die Überführung humanistischer Hoffnung in strenge (ökonomisch-historische) Wissenschaft, die Übersetzung ethischer Kategorien in ökonomische Relationen, die Objektivierung moralischer Entrüstung als Instrument politischer Polemik, die politische Instrumentalisierung menschlicher Anteilnahme ist in der Ambivalenz des Marx'schen Œuvre selbst angelegt. Die alte Frage »Ist der Marxismus ein Humanismus?« lässt sich folgendermaßen beantworten: Der Marxismus nimmt seinen Ausgangspunkt in einem anthropologischen und ethischen Humanismus, im Leiden an der Entfremdung menschlicher Existenz unter den Bedingungen des Kapitalismus, zugleich transformiert die marxistische Programmatik und Praxis die humanistischen Impulse in wissenschaftliche Erkenntnis und technische Imperative – diese Transformation erklärt das Ausmaß anti-humanistischer Politik im Marxismus. Dieser Gegensatz – anthropologischer und ethischer Humanismus einerseits und politischer Anti-Humanismus andererseits – ist im Œuvre von Karl Marx angelegt und nicht lediglich den Entstellungen und Instrumentalisierungen der Marx'schen Lehre durch seine späten Adepten zu verdanken.

Respect. Ein Plädoyer für die gleiche Anerkennung unterschiedlicher Wissenschaftskulturen*

Die Geisteswissenschaften und diejenigen Disziplinen aus den Kultur- und Sozialwissenschaften, die der geisteswissenschaftlichen Fächerkultur angehören, befinden sich gegenwärtig auf einer abschüssigen Bahn, an deren Ende ihre weitgehende Marginalisierung stehen könnte. So wie das 19. Jahrhundert die Zeit der Geburt und der Reifung der geisteswissenschaftlichen Fächerkultur war, so könnte das 21. Jahrhundert zum Zeitalter ihres Niedergangs werden. Die Ursachen für diesen sich abzeichnenden Niedergang sind zahlreich, aber auch in Kombination nicht mächtig genug, um ihn heute als unumkehrbar erscheinen zu lassen. Ich will die wichtigsten Ursachen benennen, um mich dann auf die am wenigsten auffällige und am wenigsten diskutierte, aber möglicherweise gerade diejenige mit dem größten Zerstörungspotential zu konzentrieren.

Zu den Ursachen gehört zweifellos die Ökonomisierung akademischer Bildung, auch im Zuge des Bologna-Prozesses in Europa. Anders als weithin in Europa angenommen, sind die US-amerikanischen vierjährigen Bachelor-Studiengänge gerade nicht von ökonomischen Erwartungen, ja nicht einmal von *employability* geprägt. Vielmehr wurden die BA-Angebote ursprünglich eingeführt, um – eine schöne Ironie der Bildungsgeschichte – das Qualitätsgefälle des US-amerikanischen High-School-Diploms zum deutschen Abitur zu überbrücken und die Fähigkeit für ein wissenschaftliches Studium, das erst mit dem Master-Programm beginnt, zu sichern. Die Ironie besteht darin, dass Deutschland von dem Ziel der Hochschulreife abgegangen ist und sie durch eine bloße Hochschulzugangsberechtigung ersetzt hat. Damit ist in der Tat eine analoge Zwischenphase bis zur Aufnahme eines wissenschaftlichen Studiums für einen wachsenden Anteil derjenigen erforderlich geworden, die formal als studierfähig gelten.

Diese Zwischenphase ist aber in ihrer aktuellen Bologna-Form

* Erschienen in: *Forschung & Lehre* 5/15, S. 372-375; eine kürzere Fassung dieses Textes erschien unter dem Titel »Die Verschulung des Geistes« in: *Die Zeit* (vom 16. April 2015), S. 69.

missglückt. So wurden auch in den Geistes-, Sozial- und Kulturwissenschaften BA-Studiengänge eingeführt, die fachlich verengt sind, sich oft nur auf eine einzige Disziplin beschränken (anders als zuvor im Magisterstudiengang, der ein Hauptfach mit zwei Nebenfächern kombinierte). In ihrer Schmalspurigkeit und mit ihrer jedenfalls in den Geisteswissenschaften albernen Berufsorientierung wird mit einem solchen Bachelor oftmals nicht einmal die Befähigung zu einem wissenschaftlichen Studium erworben. Dass dies unter dem Rubrum der Herstellung internationaler Konkurrenzfähigkeit insbesondere gegenüber der transatlantischen Bildungskultur vollzogen wurde, könnte man für einen Treppenwitz halten, wenn dieser Vorgang nicht so tiefgreifend wäre und so weitreichende Folgen hätte. Jedenfalls ist die Aufnahme eines BA-Studiums der Philosophie oder der Vergleichenden Literaturwissenschaft mit dem Ziel, sich innerhalb von sechs Semestern für ein spezifisches Berufsfeld zu qualifizieren, von vorneherein zum Scheitern verurteilt, jedenfalls dann, wenn die inhaltliche Qualität eines solchen Studiums gewissen Minimalansprüchen genügen soll. Zu den besorgniserregenden Tendenzen der letzten Jahre gehört, dass ein wachsender Teil von Kolleginnen und Kollegen aus den Geisteswissenschaften – sei es aus Resignation, sei es aus Opportunismus, sei es aus Bequemlichkeit, gelegentlich auch unter äußerem Zwang, etwa im Falle einer bevorstehenden Akkreditierung – dazu übergegangen ist, Essentialia der geisteswissenschaftlichen Fächerkultur aufzugeben und durch didaktisch ausgerichtete Schmalspurangebote zu ersetzen. Eine wachsende Zahl von Studierenden erwartet im Laufe ihres Studiums einer Geisteswissenschaft,[1] von der Lektüre von Originaltexten weitgehend verschont zu bleiben – und Lehrende passen sich diesem Trend an, indem sie in den Modulen Lehrbücher statt Originaltexte zur Lektüre empfehlen.

Vom ersten Anbeginn der Geisteswissenschaften im 19. Jahrhundert gehörte es zum Ethos der in diesen Disziplinen Lehrenden, dass sie den Studierenden ihre eigenen Forschungsergebnisse präsentieren. Da die wissenschaftliche Lehre in Deutschland frei ist, das heißt alle entsprechend Qualifizierten (in der Regel durch Habilitation) als Professoren oder Privatdozenten selbst entscheiden

1 Immer in dem oben genannten Umgriff gemeint, also unter Einbeziehung von kultur- und sozialwissenschaftlichen Disziplinen mit einer traditionell geisteswissenschaftlichen Fächerkultur.

können, welche Lehre sie anbieten, gehört die Bereitschaft, mit den Kolleginnen und Kollegen hinsichtlich des Lehrangebotes so zu kooperieren, dass alle Bereiche hinlänglich abgedeckt sind, zum traditionellen Wissenschaftsethos. Damit ergibt sich ein Spannungsverhältnis zwischen den Erfordernissen des jeweiligen Lehrprogramms eines Studienganges einerseits und der Verkoppelung eigener Forschung mit den Inhalten eigener Lehre andererseits. Beides gehört zum Ethos geisteswissenschaftlicher Praxis an den Universitäten. Dass dieses Ethos auch in der Vergangenheit nicht immer friktionsfrei umgesetzt wurde, liegt auf der Hand. Aber eines dieser beiden Elemente aufzugeben hieße, die spezifische Kultur geisteswissenschaftlicher Praxis an den Universitäten zu beerdigen. Wenn Professorinnen und Professoren über Jahre hinaus gezwungen sind, die jeweiligen Modulverpflichtungen zu erfüllen, ohne dass ihnen der Spielraum bleibt, eigene Forschung in ihre Lehre einfließen zu lassen, wird der Identitätskern der geisteswissenschaftlichen Fächerkultur beschädigt. Die Relevanz geisteswissenschaftlicher Forschung zeigt sich auch daran, ob sie für die universitäre Lehre bedeutsam ist, und diese für die Geisteswissenschaften konstitutive Verkoppelung von Forschung und Lehre sichert zugleich das breitere bildungsorientierte Publikum in Gestalt einer Leserschaft, die sich für die in Buchform präsentierte Auseinandersetzung mit bestimmten geisteswissenschaftlichen Forschungsgegenständen oder auch der Präsentation ganzer kultureller Wissensgebiete befasst. Ohne dieses breitere, geistes- und kulturwissenschaftlich interessierte Publikum bliebe den Geisteswissenschaften nur der Rückzug in die innerakademische Auseinandersetzung, mit entsprechend trostlosen Folgen für die Entwicklung des jeweiligen Faches. Der Vorlesungsraum muss als Brücke zwischen allgemein interessierter, Bücher und Feuilletonbeiträge lesender Öffentlichkeit und innerwissenschaftlicher Auseinandersetzung erhalten bleiben. Hier müssen sich Argumente in einer verständlichen Form bewähren oder es ist zu erwarten, dass sie in einem breiteren, nicht-akademischen Resonanzraum scheitern werden.

In Ländern mit einer hohen Dichte kultureller Einrichtungen, wie sie besonders für Mitteleuropa charakteristisch ist, wirken geisteswissenschaftliche Publikationen auch in die Theater-, Museums- und Musikpraxis hinein. Nicht nur, weil ein Teil des künstlerischen und nicht-künstlerischen Personals an diesen Institutionen der Hohen Künste und des kulturellen Gedächtnisses ein geisteswissenschaftliches Studium absolviert hat, sondern auch, weil die Fortschritte der jeweiligen Disziplin Implikationen für die jeweilige künstlerische und kulturelle Praxis haben.

Keiner der genannten Aspekte hat ein direktes Analogon in den Naturwissenschaften. Physikalische Forschung ist auf einen Resonanzraum öffentlicher Erörterung, ist auf ein physikalisch gebildetes außerakademisches Publikum nicht angewiesen, so wichtig die gelegentliche Präsentation physikalischer Forschungsergebnisse in populärwissenschaftlichen Schriften auch ist. Auch die Präsentation eigener Forschungsergebnisse in der physikalischen Lehre ist allenfalls in einem Seminar am Ende des Studiums denkbar, aber nicht in der laufenden Standardvorlesung zur Theoretischen oder Angewandten Physik. Die Vorlesungsinhalte sind weitgehend genormt und der Wechsel der Dozenten bringt eher eine Veränderung des persönlichen Stils als eine Veränderung der Inhalte mit sich.

An diesem Beispiel sieht man, dass die Umstrukturierung des Studiums im Zuge der Bologna-Reform, anders als oft behauptet, nicht lediglich Äußerlichkeiten betrifft, wie die neue Messzahl des ECTS-Punktes (ein Punkt entspricht einem durchschnittlichen Arbeitsaufwand von 25-30 Stunden), die Normierung auf einen ersten Abschluss nach sechs Semestern Regelstudienzeit oder die Einteilung in Module, die kontinuierlich abgeprüft werden. In Bologna-Studiengängen sollen die Lehrinhalte in den eigenen Modulen (zusammengefasst im Modulhandbuch) genau beschrieben werden, unter Einbeziehung der notwendigen begleitenden Lektüre und der Kompetenzen, die in einer Klausur oder in einer anderen Prüfungsform abgefragt werden. Diese harmlose Vorschrift zerstört aber, wenn man sie konsequent umsetzt, ein wichtiges Charakteristikum der geisteswissenschaftlichen Fächerkultur, nämlich die Verbindung eigener Forschung mit eigener Lehre. Was in einem Studium der Physik unproblematisch ist, entwickelt eine zerstörerische Kraft in den Geisteswissenschaften. Es ist den Kolleginnen und Kollegen nicht zu verdenken, wenn sie den Kampf um dieses Identitätsmerkmal der Geisteswissenschaften aufgeben und sich in ihre Rolle als bloße Vermittler vorgegebener Inhalte fügen. Die Freiheit der Forschung und der Lehre ist anstrengend, sie verlangt im traditionellen Ethos der Geisteswissenschaften, mindestens jede zweite

Vorlesung über eigene Forschungsleistung zu erschließen, Neues zu präsentieren und damit neue Publikationen vorzubereiten. Da die Arbeitsbelastung gerade in den Geisteswissenschaften explodiert ist – dort sind die Betreuungsrelationen vielfach besonders ungünstig (so stieg die Zahl der von einem Professor bzw. einer Professorin betreuten Studierenden in den Geisteswissenschaften seit dem Jahr 2000 von durchschnittlich 75 auf über 100 an) –, minimiert die ständige Wiederholung des gleichen, in der Kollegenschaft weithin normierten Stoffes und die Bezugnahme auf denselben Korpus von Standardliteratur, oft genug ausschließlich Sekundärliteratur, den Arbeitsaufwand beträchtlich. Diejenigen, die in der Verbindung von Forschung und Lehre immer noch ein Identitätsmerkmal geisteswissenschaftlicher Praxis sehen, geraten dagegen in Konflikt mit den Studiengangbeauftragten, im ungünstigen Fall auch mit Ministerialen oder der Rechtsabteilung der jeweiligen Universität, die sich um die Gerichtsfestigkeit des Lehrangebots und der Prüfungspraxis sorgen. Was jahrzehntelang Praxis war, gilt unterdessen als rechtlich unzulässig, und in der Tat hat die Neigung von Studierenden, die das Studium als Recht auf eine möglichst rasche und glatte Berufsausbildung missverstehen, zugenommen, sich in Module, in Zulassungen und Abschlüsse hineinzuklagen. Während früher an den meisten führenden Universitäten die selbstgewisse, aber nonchalante Einstellung dominierte, dass man sich die freien Gestaltungsmöglichkeiten der Lehre nicht dadurch nehmen lassen wolle, dass klagende Studenten in der Regel vor Gericht wegen dem einen oder anderen Formfehler, der der Universität unterlaufen ist, obsiegen, gilt jetzt die entgegengesetzte, von den Juristen aus der Verwaltung und den Ministerien diktierte Regel, die Lehr- und Prüfungspraxis auf den *worst case* des klagenden Studierenden auszurichten, was entsprechende Standards der Vergleichbarkeit und Gleichwertigkeit, der Explizitheit und der Kontrolle etabliert.

Die möglicherweise verheerendste Auswirkung auf die geisteswissenschaftliche Fächerkultur hat die Orientierung der Wissenschaftspolitik an der Naturwissenschaft. In der Gründungsphase der modernen Wissenschaftsdisziplinen im 19. Jahrhundert hatten die Philosophie und die aus ihr früh hervorgegangenen Geisteswissenschaften eine normierende Kraft, zum Nachteil der Naturwissenschaften. Die Habilitationsleistung sollte in der Erarbeitung einer größeren Studie bestehen, die dann der jeweiligen Wissenschaftsgemeinschaft als Buch zu präsentieren ist, das die Befähigung zur universitären Lehre zweifelsfrei belegt. Es galt, große Bereiche geisteswissenschaftlicher Forschung in kohärenter Weise und mit eigenen Überlegungen angereichert zu präsentieren, also die Bewältigung einer gewaltigen Stofffülle verbunden mit eigener Forschungsleistung unter Beweis zu stellen.

Der Fächerkultur der Naturwissenschaft, oder nehmen wir speziell die Physik, ist das fremd. Die Präsentation von Forschungsleistungen bestimmter Fachgebiete erfolgt in Gestalt von Lehrbüchern, deren Erstellung aber keine eigene Forschungsleistung darstellt. Zwar sind die berühmtesten Lehrbücher der Physik von führenden Forschern, zum Beispiel Gerald Feinberg, geschrieben worden, aber niemand käme auf die Idee, die Erarbeitung dieser Lehrbücher selbst für eine Forschungsleistung in der Physik zu halten. Eine Habilitationsschrift in den Geisteswissenschaften ist kein Lehrbuch, sondern sie stellt traditionell die Auseinandersetzung des jungen Wissenschaftlers mit einem Stoffgebiet vor, aus der die eigene Positionierung deutlich werden soll. Die Vielfalt der Paradigmen, der Theorieansätze, der Grundlagenstreitigkeiten, die für die Geisteswissenschaften charakteristisch ist, gibt es so in der Physik und in den Naturwissenschaften generell nicht oder nur in ganz spezifischen Teilbereichen. Das, was für die Kultur der Geisteswissenschaften charakteristisch ist, nämlich die von tiefgreifenden Meinungsverschiedenheiten über Methode und Begrifflichkeit durchzogene intellektuelle Auseinandersetzung, ist den Naturwissenschaften fremd.

Nun vertreten manche – offen oder eher versteckt – die These, dass dieses in der Tat auffällige Merkmal der Geisteswissenschaften eher ein Krisensymptom sei als ein wesentliches Merkmal der geisteswissenschaftlichen Fächerkultur. Da dieses allerdings von Anbeginn die Geisteswissenschaften begleitete, kommen manche Kritiker zu dem Ergebnis, dass die Geisteswissenschaften streng genommen gar keine Wissenschaften seien, da sie sich der Vereinheitlichung der Begriffe und Methoden verweigern. Solche Debatten sind durchaus legitim und es hat in der allgemeinen Wissenschaftstheorie immer wieder Versuche gegeben, die geisteswissenschaftliche Forschungspraxis neu auszurichten, sie zu kritisieren und zu normieren – mit äußerst bescheidenem Erfolg. Heute ist die allgemeine Wissenschaftstheorie bescheidener geworden und nimmt die jeweils etablierten Praktiken in den Disziplinen ernster. Kaum jemand vertritt heute noch die Idee, die physikalische Methode als Ideal auch in der Germanistik zu etablieren.

Umso merkwürdiger ist, dass die Forschungssteuerung durch Wissenschaftspolitik und Hochschulleitungen zunehmend in diese Richtung tendiert, meist ohne sich dessen bewusst zu sein. Wer zum Beispiel fordert, dass auch die geisteswissenschaftliche Forschung in englischsprachigen Paperpublikationen führender amerikanischer und britischer Journale erfolgen sollte, versucht die in den Natur- und Lebenswissenschaften etablierte Forschungspraxis auf die Geistes- und Kulturwissenschaften zu übertragen – entgegen dem Selbstverständnis dieser Disziplinen und entgegen einer jahrhundertealten bewährten Tradition.

In allen Disziplinen wurden in den vergangenen Jahren die Rankings und Ratings internationaler wissenschaftlicher Journale wichtiger. Das, was früher eher zufällig erfolgte, nämlich die Publikation in einem A-Journal, wird nun oft zu einem entscheidenden Kriterium der Berufbarkeit. Es hat schon Berufungsverfahren gegeben, in denen der hoffnungsvollen Kandidatin gesagt wurde, dass sie grundsätzlich berufen sei, dass man aber noch die Publikation ihres ersten Papers in einem A-Journal abwarten wolle. Ökonomen haben Algorithmen entwickelt, mit deren Hilfe man die eigene wissenschaftliche Publikationspraxis über das Ranking von Journalen und angesichts der unterschiedlichen Ablehnungsquoten optimieren kann. Kaum diskutiert wird jedoch, dass allein schon das Ranking von Zeitschriften unvereinbar ist mit der geisteswissenschaftlichen Forschungskultur. Die einzelnen Zeitschriften sind in der Regel von mehr oder weniger bedeutenden Repräsentanten einer bestimmten Richtung, eines etablierten Paradigmas geisteswissenschaftlicher Forschung gegründet worden und repräsentieren ein bestimmtes fachliches Verständnis. Es ist gerade der Streit darüber, was gute Fachlichkeit in der jeweiligen Disziplin oder im jeweiligen Forschungsgebiet ist, der die geisteswissenschaftlichen Debatten vorantreibt. Ein Ranking von Zeitschriften legt diesen Streit implizit bei oder setzt die Beilegung dieses Streites vielmehr voraus. Ein Phänomenologe und ein Analytiker in der Philosophie verstehen unter einem guten philosophischen Argument etwas grundlegend anderes. Anhänger von Heidegger und Anhänger von Russell können sich nicht einigen, was sie unter Logik verstehen.

Selbst das stilistische Verständnis eines guten geisteswissenschaftlichen Textes variiert erheblich zwischen denjenigen, die Derrida oder Deleuze als Inspirationsquelle nutzen, und denjenigen, die beide als wissenschaftlich irrelevant erachten. Konflikte dieser Art werden im günstigsten Fall durch Argumente, im ungünstigeren durch Gefolgschaften, Schulbildungen, Kongressorganisationen und intellektuelle Polemiken ausgetragen. Wer sie, und sei es nur mit dem harmlosen Mittel der Forschungsevaluation, unterbindet, der zerstört – vermutlich ohne Absicht, aber dafür umso wirksamer – ein wesentliches Merkmal geisteswissenschaftlicher Forschungspraxis. Mit anderen Worten: Wo das Bewertungsmaß umstritten ist, ja wo dieser Streit um die angemessene Form eines geisteswissenschaftlichen Argumentes für die Forschungspraxis konstitutiv ist, bedroht jede Normierung, und sei es nur in der harmlos erscheinenden Form der Forschungsevaluation, die Identität der entsprechenden Disziplin. Man mag sich wünschen, dass die Beurteilung von Forschungsleistungen auch in den Geisteswissenschaften kohärenter ausfiele, als dies gemeinhin der Fall ist, aber man kann diese Kohärenz nicht von außen, durch einen politischen Octroi, erzwingen, ohne einen gewaltigen Flurschaden anzurichten und am Ende die Geisteswissenschaften als ganze zu beschädigen.

Was tun? Es mag manche verwundern, dass ein Philosoph analytischer Provenienz ein solches Plädoyer für die Eigengesetzlichkeit der Geisteswissenschaften formuliert. War es nicht gerade die analytische Philosophie, die durch ihre an der Modellwissenschaft Physik orientierten Normvorstellungen die gefährlichen Beurteilungsmaßstäbe erst in die Wissenschaftspraxis hineingetragen hat? In der Tat haben sich die *Philosophy Departments* in den USA, ganz überwiegend geprägt von der analytischen Tradition, von den *Humanities* (der US-amerikanischen Entsprechung zu den Geisteswissenschaften, wenn auch mit deutlichen Differenzen) abgesetzt. Philosophie in Amerika versteht sich in der Regel nicht als eine Geisteswissenschaft. Die von mir vertretene undogmatische, ja gegenüber dem internationalen analytischen Mainstream dissidente philosophische Position beinhaltet den Respekt gegenüber der Vielfalt von Kulturen generell und der der Wissenschaftskulturen speziell. Die intellektuelle Arroganz, sich aus der etablierten Praxis des Gründegebens und Gründenehmens herauszulösen und mit erhobenem Zeigefinger vorzuschreiben, wie diese auszusehen habe, hat die Philosophie – nicht nur die analytische, sondern auch die rationalistische der europäischen Aufklärung – in Sackgassen manövriert. Aber auch unabhängig von diesem innerphilosophischen Dissens sollte der Respekt, die gleiche Anerkennung, auch für diejenigen Leitschnur sein, die ein anderes Wissenschaftsideal vertreten. Auch der Elementarteilchenphysiker mit wenig Interesse an Feuilletondebatten und der Lektüre umfangreicher historischer Studien mag sich für den Erhalt der Museumskultur und der Geisteswissenschaften aussprechen. Differenz ist nicht der Feind des Respekts, sondern mangelnder Respekt ist das Ende von Differenz.

Also, was tun? Ich empfehle, sich den Normierungs- und Nivellierungstendenzen einer mehr oder weniger zentralisierten Forschungsevaluation in den Geisteswissenschaften zu widersetzen. Ich selbst habe als Präsident der Deutschen Gesellschaft für Philosophie dagegen votiert, sich an dem Versuch der Europäischen Kommission zu beteiligen, die philosophischen Zeitschriften in der EU einem solchen Rankingprozess zu unterwerfen. Natürlich heißt Verweigerung immer auch, dass man Einflussmöglichkeiten aufgibt. Das beinhaltet im Einzelfall eine schwierige Abwägung. Aber die Eigendynamik einer an der Praxis der Naturwissenschaften orientierten Forschungsevaluation, die damit einhergehende Kolonialisierung – Kolonialisierung im Sinne von Forschungspraktiken, die sich woanders bewährt haben, aber in den Geisteswissenschaften die Identität der Disziplinen bedrohen – verlangt dringend nach einer mutigen und konsequenten Widerständigkeit, die an vorderer Stelle von den etablierten Größen der jeweiligen geisteswissenschaftlichen Disziplinen ausgehen muss, da der wissenschaftliche Nachwuchs und der Mittelbau für Pressionen naturgemäß anfälliger ist. Die Praxis der Anbiederung hat uns eine Bologna-Reform beschert, hinter der unterdessen kaum noch jemand an den Universitäten steht – weder in den Natur- und Ingenieurwissenschaften noch in den Geisteswissenschaften. Dieses Zerstörungswerk darf sich nun nicht auf der zweiten Ebene der Forschungsevaluation fortsetzen. Keine Abschaffung der Individualpromotion in den Geisteswissenschaften, Aufrechterhaltung der hohen Standards geisteswissenschaftlicher Dissertationen, Rehabilitierung des Buches als geisteswissenschaftliche Forschungspublikation, enge Verbindung eigener Forschungspraxis und eigener Lehre in den geisteswissenschaftlichen Fächern, Multilingualität, differenziert nicht nur nach den jeweiligen Muttersprachen der ForscherInnen, sondern auch nach den Gegenständen der Geisteswissenschaften, Rückführung der Normierung von Lehrinhalten auf das unverzichtbare Minimum, Intensivierung der Kooperation mit den nationalen und internationalen Kulturinstitutionen und künstlerischen Praktiken, intensivere Beteiligung der GeisteswissenschaftlerInnen an öffentlichen Diskursen, Aufwertung der Feuilletons und der Kultursendungen durch geisteswissenschaftliche Beteiligung und schließlich: Bewahrung der geistes- und kulturwissenschaftlichen Inhalte und Methoden an den allgemeinbildenden Schulen, keine Ersetzung durch eine oberflächliche Kompetenzorientierung, Respekt vor der (geisteswissenschaftlichen) Fachlichkeit.

Humanismus als Leitkultur*

Der Zusammenhang, der von manchen Konservativen und Rechtsnationalen zwischen Flüchtlingsströmen und Terrorgefahr in Europa konstruiert wird, entbehrt jeder sachlichen Grundlage. Die Terroristen des 13. November in Paris kamen aus dem nahen Belgien oder aus Paris. Terroristen bezahlen keine Schlepper, die sie über das Mittelmeer oder die Balkanroute nach Westeuropa bringen. Und dennoch *gibt* es einen engen Zusammenhang zwischen Terrorgefahr und Flüchtlingsströmen in Europa: Ihre gemeinsamen Ursachen liegen in der Auflösung staatlicher Strukturen und der Eskalation religiös motivierter Konflikte im Nahen Osten und in Nordafrika. Zur Auflösung staatlicher Strukturen hat die westliche Interventionspolitik und ihre erratische Bündnisstrategie jahrzehntelang einen fatalen Beitrag geleistet. Diese Politik folgte den Paradigmen der Sicherung von Einflusszonen, ökonomischen Interessen und der Verteidigung der Menschenrechte in einem schwer durchschaubaren Amalgam. Sie war aber blind gegenüber den kulturellen Bedingungen der Region. Die Strategen im Pentagon, in Washington, in Brüssel und in den europäischen Hauptstädten haben es versäumt, diese komplexe Materie, wie sie etwa von Peter Scholl-Latour meisterhaft beschrieben wurde, in ihre Analysen einzubeziehen. Die Dominanz fundamentalistisch begründeter, islamistischer Politik nach dem Sturz der Diktatoren kam für den Westen offenkundig überraschend.

Zu einer realistischen Diagnose gehört, dass bei aller Unübersichtlichkeit der Gemeinschaftsidentitäten in dieser Region sich das aus dem 17. Jahrhundert bekannte Muster der europäischen Religionskriege wiederholt, nämlich eine Polarisierung zwischen Sunna und Schia mit den regionalen Vormächten Saudi-Arabien und Iran als staatliche Akteure und Finanziers im Hintergrund einer Konstellation, die ökonomische und staatliche Konflikte mit weltanschaulich-religiösen Differenzen auflädt und umgekehrt kulturell-religiöse Konflikte durch ihre geopolitische Instrumentalisierung eskalieren lässt.

* Erschienen unter dem Titel »Die Religion zivilisieren«, in: *Der Tagesspiegel* (vom 23. November 2015), S. 6.

Europa und die USA sind doppelt herausgefordert: Als außenpolitische Akteure dürfen sie den Normen und Werten, die ihre demokratische Verfassung ausmachen, nicht zuwiderhandeln, weder in Gestalt einer zynischen Geo-Politik der Einflusssicherung noch gar in undurchsichtigen und für die politische Öffentlichkeit nicht erkennbaren Bündnissen mit staatlichen und nichtstaatlichen Akteuren, die völker- und menschenrechtliche Normen systematisch verletzen. Aber auch nach innen, weil die Verteidigung der Demokratie und der sie tragenden Kultur nur gelingen kann, wenn der Krieg gegen den Terror nicht in eine Selbstaufgabe der offenen, säkularen, freiheitlichen und solidarischen Gesellschaft mündet. Das Außenpolitische wie das Innenpolitische müssen von einer Kultur der Humanität geprägt sein. Es ist die Leitkultur des Humanismus, die in dieser unübersichtlichen Lage Orientierung bietet. Die Demokratie ist nicht nur Staats-, sondern auch Lebensform, sie beruht auf einer Kultur gleicher Anerkennung, gleichen Respekts, gleicher Freiheit, und zugleich schränkt sie kulturelle und religiöse Praktiken auf ihre Kulturverträglichkeit ein. Dies bedeutet in den westlichen Gesellschaften eine Bildungs- und Sozialstaatlichkeit, die die kulturell-religiösen Identitäten überbrückt, die eine Gemeinsamkeit überwölbender Normen und Werte schafft und damit die Zivilität sichert. Und es bedeutet in der internationalen Politik, die staatlichen Akteure gegenüber den Religionsgemeinschaften zu stärken, um die schrittweise Zurückdrängung klerikalen Einflusses auf politische Entscheidungsprozesse zu ermöglichen. Die eigene, europäische Geschichte des Verhältnisses von Kirche und Staat, die neue Rolle der Religionsgemeinschaften in den säkularen Demokratien seit der europäischen Aufklärung, zeigt, wie langwierig dieser Prozess sein wird. Es ist die Leitkultur des Humanismus, der Zivilität, der Menschenrechte, der individuellen und kollektiven Selbstbestimmung, die dem religiösen Fanatismus und der menschenverachtenden Praxis der Vernichtung Andersgläubiger entgegengestellt werden muss. Es darf nicht die christliche, katholische oder protestantische, auch nicht die jüdische Identität sein, die dem neuen religiösen Fanatismus entgegengestellt wird. Die Rhetorik des christlichen Abendlandes folgt demselben Muster politischer Propaganda wie die islamistische Kritik an westlichem Lebensstil und individueller Freiheit. Die Rede von der postsäkularen Gesellschaft, die auch unter Linksintellektuellen unterdessen *en vogue* geworden ist, ist hochgefährlich. Wir leben nicht in einer postsäkularen Gesellschaft, sondern, wie seit der europäischen Aufklärung, in einer Kultur der Trennung religiöser und politischer Identität. Nur so ließen sich die religiösen Identitäten zivilisieren, das heißt demokratieverträglich machen. Die säkulare Gesellschaft ist nicht durch Atheismus und Religionskritik charakterisiert, sondern durch die Zivilisierung der Religionsgemeinschaften und die Entwicklung einer eigenständigen politischen Identität, dem, was in diesen schweren Tagen in Frankreich als republikanische Gesinnung beschworen wird. Hollandes Bestreben scheint darauf gerichtet zu sein, nicht den Westen (die NATO) als Hauptakteur in einem neuen kriegerischen Konflikt im Nahen Osten aufzubauen, der dem »Islamischen Staat« ein Ende setzt, sondern – und das scheint mir klug zu sein – eine internationale Kooperation zu erreichen, an der die USA und Russland, Saudi-Arabien und der Iran, auch die Türkei, Frankreich und Deutschland beteiligt sind. Eine solche Kooperation kann nur auf einen Minimalkonsens hoffen und zu diesem gehören das Primat staatlichen Handelns gegenüber nichtstaatlichen Akteuren, die Zurückdrängung religiöser Einflüsse aus der Politik, die Zivilisierung der Religionsgemeinschaften und das Selbstbestimmungsrecht der Völker.

Ausführliches Inhaltsverzeichnis

Zweiter Teil: Kritik des Naturalismus

Dritter Teil: Humanistische Anthropologie

Vierter Teil: Humanistische Semantik

Fünfter Teil: Plädoyer für einen erneuerten Humanismus

Anhang

»Geist und Gehirn« im Suhrkamp Verlag

François Ansermet / Pierre Magistretti. Die Individualität des Gehirns. Neurobiologie und Psychoanalyse. 282 Seiten. Gebunden

Olaf Breidbach. Die Materialisierung des Ichs. Zur Geschichte der Hirnforschung im 19. und 20. Jahrhundert. stw 1276. 476 Seiten

Gene, Meme und Gehirne. Geist und Gesellschaft als Natur. Eine Debatte. Herausgegeben von A. Becker, C. Mehr, H. H. Nau, G. Reuter und D. Stegmüller. stw 1643. 330 Seiten

Hirnforschung und Willensfreiheit. Zur Deutung der neuesten Experimente. Herausgegeben von Christian Geyer. es 2387. 296 Seiten

Eric R. Kandel. Psychiatrie, Psychoanalyse und die neue Biologie des Geistes. Mit einem Vorwort von Gerhard Roth. 341 Seiten. Gebunden

Benjamin Libet. Mind Time. Wie das Gehirn Bewusstsein produziert. 298 Seiten. Gebunden

Philosophie und Neurowissenschaften. Ist das psychologische Problem gelöst? Herausgegeben von Dieter Sturma. stw 1770. 266 Seiten

NF 155/1/3.07

Gerhard Roth

- Aus Sicht des Gehirns. 216 Seiten. Kartoniert
- Fühlen, Denken, Handeln. Wie das Gehirn unser Verhalten steuert. stw 1678. 608 Seiten
- Das Gehirn und seine Wirklichkeit. Kognitive Neurobiologie und ihre philosophischen Konsequenzen. stw 1275. 384 Seiten

John R. Searle. Freiheit und Neurobiologie. 91 Seiten. Kartoniert

Wolf Singer

- Ein neues Menschenbild? Gespräche über Hirnforschung. stw 1596. 144 Seiten
- Der Beobachter im Gehirn. Essays zur Hirnforschung. stw 1571. 240 Seiten
- Vom Gehirn zum Bewußtsein. 59 Seiten. Gebunden

NF 155/2/3.07